EDITORIAL

LYON MÉTROPOLE, LE POUVOIR DU CHOIX

Comme chaque année, le *Petit Futé* est entre vos mains pour vous accompagner dans vos choix. Acheter notre guide, c'est se donner le pouvoir de choisir entre toutes les bonnes adresses sélectionnées et testées pendant toute une année par une équipe d'experts qui n'ont qu'une idée en tête : dénicher les adresses dans toutes les catégories qui vous proposent le meilleur rapport qualité-prix. Parce que mieux consommer, c'est découvrir que consommer local de bons produits de saison, c'est parfois moins cher que d'aller au supermarché, le *Petit Futé* met en avant des adresses de circuits courts pour une juste rémunération des producteurs et artisans, pour des prix justes sans marges intermédiaires pour les consommateurs. Mieux consommer, c'est aussi préserver l'environnement et préférer aux grandes industries polluantes - des fermes industrielles qui alimentent de grandes enseignes aux usines textiles -, des productions engagées dans une démarche sincèrement écoresponsable. L'écoresponsabilité, une valeur à partager dans une Métropole de Lyon en action pour changer nos habitudes de déplacement, favorisant l'usage quotidien du vélo et des transports en commun au détriment de la voiture qui n'a plus sa place dans nos centres urbains. Pouvoir se déplacer en toute facilité sans polluer, pouvoir manger [illegible] its d'ici sans se ruiner, pouvoir habiter une Métropole [illegible] sibles se multiplient : visiter un site romain [illegible] manger à une table gastronomique [illegible] 'eure street-food dans un quartier [illegible] classé au patrimoine mondial de [illegible] ycée ou sur une péniche ; faire [illegible] Bocuse, remplir son panier de [illegible] ne bio... Rien ne s'oppose, toutes les [illegible] dans le *Petit Futé Lyon Métropole*.

EDITION

Directeurs de collection et auteurs : Dominique AUZIAS et Jean-Paul LABOURDETTE

Responsable d'édition : Laetitia GRANGE

Auteurs : Anthony SEREX, Jean-Paul LABOURDETTE, Dominique AUZIAS et alter

Directeur Editorial : Stéphan SZEREMETA

Rédaction France : Briséis CREAC'H-MENUT, Audrey VEDOVOTTO, Marie VIGNERON, Nicolas WODARCZAK, Mélanie PEILLET

Rédaction Monde : Laure CHATAIGNON, Morgane VESLIN, Pierre-Yves SOUCHET, Natalia COLLIER, Julie BEZ

FABRICATION

Maquette et Montage : Romain AUDREN, Julie BORDES, Delphine PAGANO

Iconographie et Cartographie : Anne DIOT, Julien DOUCET

WEB ET NUMERIQUE

Directeur Web : Louis GENEAU DE LAMARLIERE

Technical Project Manager : Hervé MARION

Développeurs : Guillaume BARBET, Adeline CAUX

Intégrateur Web : Mickael LATTES, Antoine DION

Webdesigner : Caroline LAFFAITEUR

Community Traffic Manager : Alice BARBIER, Noémie LE SAUX

DIRECTION COMMERCIALE

Directeur commercial : Guillaume VORBURGER

Coordinatrice des Régies commerciales : Manon GUERIN

Account Manager Marketplace : Leila ROUGEOT

Responsable Régies locales : Michel GRANSEIGNE

Responsables Développement régie inter : Jean-Marc FARAGUET et Guillaume LABOUREUR et Camille ESMIEU

Assistante commerciale Régie internationale : Leila ANTRI-BOUZAR

Chefs de Publicité Régie nationale : Caroline AUBRY, François BRIANCON-MARJOLLET, Perrine DE CARNE MARCEIN et Jonathan TOUTOUX

DIFFUSION ET PROMOTION

Directrice des Ventes : Bénédicte MOULET assistée d'Aissatou DIOP

Responsable des ventes : Jean-Pierre GHEZ assisté de Nelly BRION

Relations Presse-Partenariats : Jean-Mary MARCHAL

ADMINISTRATION

Président : Jean-Paul LABOURDETTE

Directrice des Ressources Humaines : Dina BOURDEAU assistée de Sandra DOS REIS et Eva BAELEN

Directrice Administrative et Financière : Valérie DECOTTIGNIES

Comptabilité : Guillaume PETIT, Aminata BAGAYOKO, Jeannine DEMIRDJIAN, Adama DIABY

Recouvrement : Fabien BONNAN assisté de Sandra BRIJLALL

Responsable informatique : Elie NZUZI-LEBA

PETIT FUTÉ LYON

LES NOUVELLES EDITIONS DE L'UNIVERSITE
18, rue des Volontaires - 75015 Paris.
✆ 01 53 69 70 00 - Fax 01 42 73 15 24
Internet : www.petitfute.com
SAS au capital de 1 000 000 € - RC PARIS B 309 769 966

Couverture : © Ron Dale - stock.adobe.com / © Oleg Kapustin - stock.adobe.com / © mkos83 - stock.adobe.com / © master1305 - stock.adobe.com / © Javier brosch - stock.adobe.com / © Corona Borealis - stock.adobe.com / © amenic181 - stock.adobe.com / © svetazi - stock.adobe.com / © Minerva Studio - stock.adobe.com / © Lustre - stock.adobe.com / © Prostock-Studio - iStockPhoto.com / © Stramyk Igor - stock.adobe / Place Stanislas © PlanetEarthPictures - stock.adobe.com

Impression : IMPRIMERIE CHIRAT - 42540 Saint-Just-la-Pendue
Achevé d'imprimer : avril 2023
Dépôt légal : 30/05/2023
ISBN : 9782305091556

Pour nous contacter par email, indiquez le nom de famille en minuscule suivi de @petitfute.com
Pour le courrier des lecteurs : info@petitfute.com

PEFC
10-31-1895
Certifié PEFC
Ce produit est issu de forêts gérées durablement et de sources contrôlées.
pefc-france.org

SOMMAIRE

© LAURENCE DANIÈRE

Théâtre antique de Fourvière, Lyon 5e.

© EMMANUEL SPASSOFF

Restaurant L'Artichaut, Lyon 2e.

© DR

Coffee shop Comme à la maison , Lyon 7e.

ON DIT QUE
LES LYONNAIS ONT
DE L'OR ENTRE
LES MAINS.
VÉRIFIEZ-LE
CHAQUE JOUR SUR
BFM LYON
Téléchargez
l'application dédiée
BFM
LYON
BONSOIR LYON
de 17h à 19h
avec Élodie Poyade
INFO LOCALE | SERVICES | PROXIMITÉ

SOMMAIRE

© PETIT FUTÉ

Catherine de la boutique Be Happy, Lyon 7e.

© EMMANUEL SPASSOFF

Bad's Club, Lyon 7e.

© EMMANUEL SPASSOFF

Le Comptoir du Cycle, Lyon 2e.

MOTIVÉE
radio
SCOOP
LA RADIO DE LYON
fm
dab+
RCS LYON 324872894. Photos : DR

LES VOIES LYONNAISES

© PÉNÉLOPE SEREX

La Métropole de Lyon met tout en œuvre pour faciliter et rendre plus sûrs nos déplacements à vélo. Les Voies Lyonnaises, c'est un réseau de voies, larges et sécurisées, dédiées aux vélos. 12 voies cyclables à l'horizon 2026 qui permettront de suivre des itinéraires continus. Les travaux de la Ligne 1 reliant Vaulx-en-Velin à Villeurbanne via Lyon et Villeurbanne sur plus de 20 km ont commencé en 2022.

FRESQUE KARIM BENZEMA

Impossible de la manquer en roulant à 70 km/h sur le périphérique lyonnais (dans le sens nord-sud) à hauteur de Bron, ville où a grandi KB9. KB9, c'est bien sûr Karim Benzema, né à

© ANTHONY SEREX

Lyon, formé à Bron, passé à l'OL et capitaine du Real Madrid. Mais si cette fresque de 35 m a vu le jour sur la façade d'un immeuble, c'est surtout pour célébrer le Ballon d'Or 2022. «Grandir ici, devenir une légende».

EAU PUBLIQUE DU GRAND LYON

C'est nouveau et ça nous concerne tous au quotidien. Depuis le 1er janvier 2023, la gestion de l'eau potable est assurée par une régie publique dans la Métropole de Lyon. La préservation de cette ressource précieuse, notre bien commun, est l'une des priorités de la Métropole de Lyon. Ce choix permet de sécuriser notre alimentation en eau potable sur le long terme et de mieux gérer les infrastructures.

© LAURENCE DANIÈRE MÉTROPOLE DE LYON

https://agence.eaudugrandlyon.com

AGENCE DES MOBILITÉS

© ANTHONY SEREX

Pour répondre à toutes vos questions sur les déplacements dans la Métropole de Lyon, rendez-vous à la toute nouvelle Agence des Mobilités. Et des questions, il est normal de s'en poser, surtout depuis l'entrée en vigueur de nouvelles mesures concernant la ZFE et l'interdiction progressive de circulation de certains véhicules trop polluants. Toutes les aides et les solutions pour changer sa mobilité.

GARE PART-DIEU

Les travaux de la gare de Lyon Part-Dieu, c'est un peu notre série à épisodes depuis... 2017. Avec une fin de chantier prévue en 2026, ces travaux ont connu une nouvelle étape importante en 2022 avec 6 projets menés à bien, dont la galerie Villette avec son puits de lumière et l'inauguration de la galerie Pompidou qui double presque l'espace voyageurs. De quoi rendre la gare déjà plus agréable.

© ANTHONY SEREX

TOUR TO-LYON

C'est la dernière en date - et la dernière tout court - à s'inscrire dans la skyline lyonnaise dont la dynamique reflète celle d'une Métropole active. Impossible de manquer la tour To-Lyon et ses 170 m de haut, deuxième plus haut gratte-ciel de la ville après la tour Incity et ses 202 m dans le quartier de la Part-Dieu. La tour et l'hôtel 4-étoiles qui se trouvera à son sommet seront achevés fin 2023.

© ANTHONY SEREX

SYTRAL MOBILITÉS

PLAN LIGNES FORTES

MÉTRO

- M A — Perrache / Vaulx-en-Velin - La Soie
- M B — Charpennes / Gare d'Oullins
- M C — Hôtel de Ville / Cuire
- M D — Gare de Vaise / Gare de Vénissieux

TRAMWAY

- T 1 — Debourg / IUT Feyssine
- T 2 — Hôtel de Région Montrochet / Saint-Priest Bel Air
- T 3 — Gare Part-Dieu Villette / Meyzieu Zi / Meyzieu Les Panettes
- T 4 — Hôpital Feyzin Vénissieux / La Doua - Gaston Berger
- T 5 — Grange Blanche / Eurexpo
- T 6 — Debourg / Hôpitaux Est - Pinel
- T 7 — Vaulx-en-Velin La Soie / Décines - OL Vallée

BUS

- C 1 — Part-Dieu - Jules Favre / Cuire
- C 2 — Part-Dieu - Jules Favre / Rillieux Semailles
- C 3 — Gare Saint-Paul / Vaulx-en-Velin - La Grappinière
- BUS S 1 — Gare Saint-Paul / Confluence Rambaud
- BUS S 6 — Hôtel de Ville / Croix-Rousse
- BUS N 80 N 83 — Vaulx-en-Velin - La Soie / Grand Parc Miribel Jonage
- BUS N 100 — Vaulx-en-Velin - La Soie / Eurexpo

FUNICULAIRE

- F 1 — Vieux Lyon / Saint-Just
- F 2 — Vieux Lyon / Fourvière

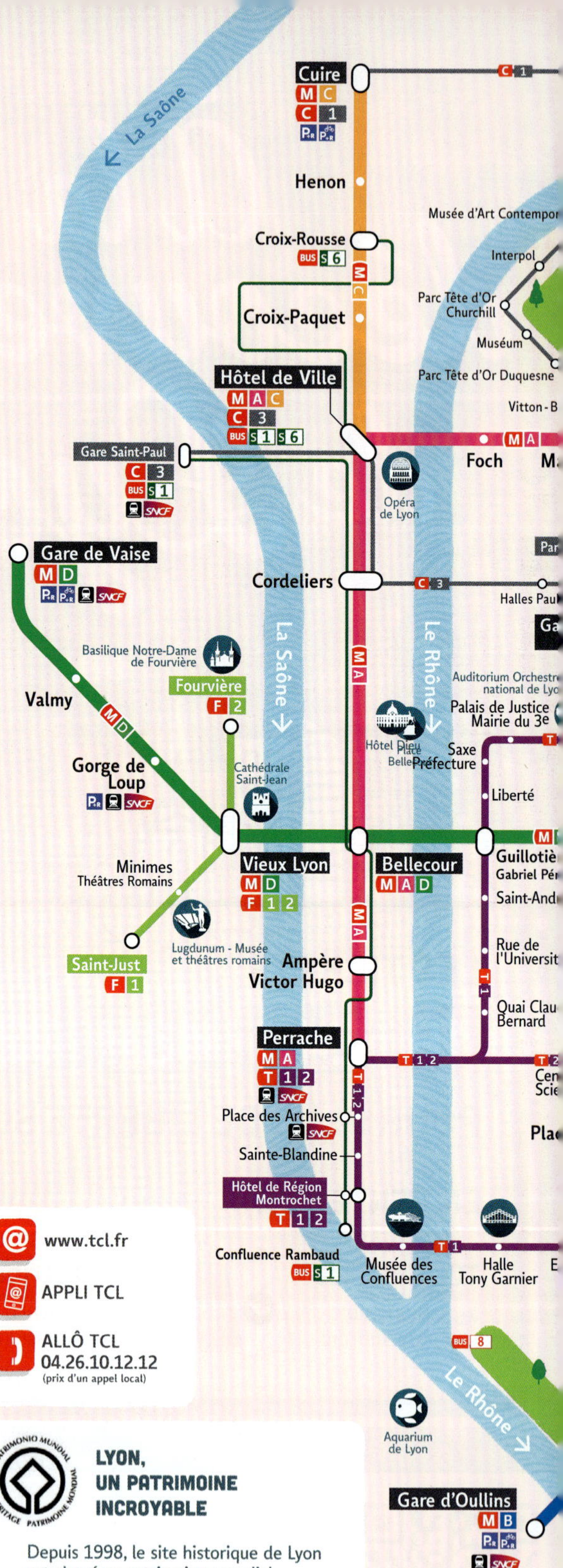

@ www.tcl.fr

APPLI TCL

ALLÔ TCL
04.26.10.12.12
(prix d'un appel local)

SERVICES

- P+R Parc relais TCL
- P+R Parc relais Vélo
- rhônexpress Desserte aéroport
- SNCF Gare Ferroviaire

• Toutes les stations de métro (sauf Croix-Paquet), funiculaire (Minimes : prendre la rame 1), tramway et trolleybus C1 C2 C3 sont accessibles.
• Pour connaître la disponibilité des ascenseurs, appeler le 04.26.10.12.12 ou consulter tcl.fr.

LYON, UN PATRIMOINE INCROYABLE

PATRIMONIO MUNDIAL · WORLD HERITAGE · PATRIMOINE MONDIAL

Depuis 1998, le site historique de Lyon est classé au patrimoine mondial de l'UNESCO.

www.lyon-france.com

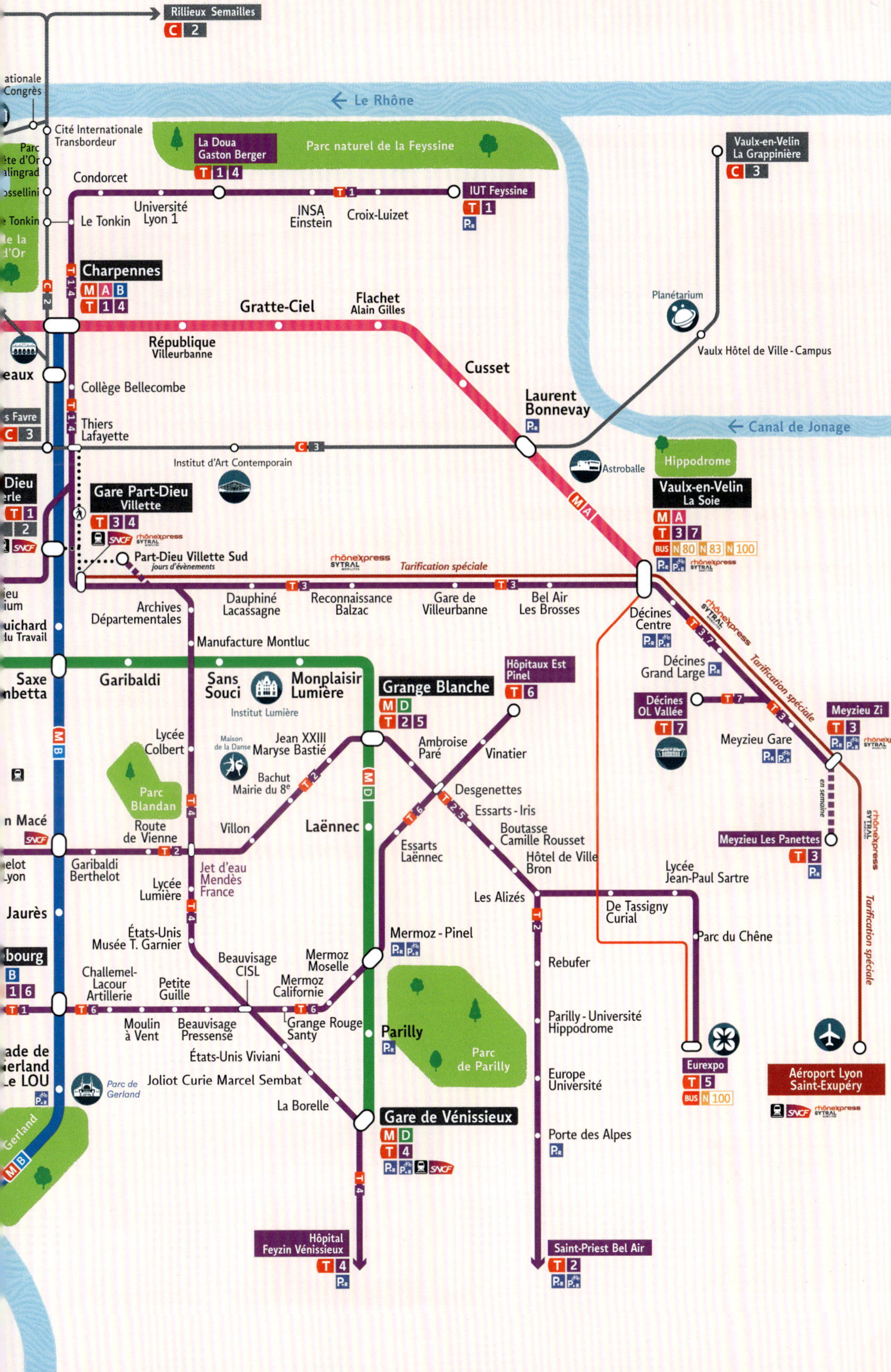

Édition 2023 — Cartographie : Latitude Cartagène — Illustrations / Conception graphique : at.gb Guillaume Bulété

LA VILLE EN MOUVEMENT...

A VÉLO

© ANTHONY SEREX

Se déplacer à vélo dans la Métropole de Lyon devient une évidence de plus en plus grande chaque jour. Mais comment faire pour bien choisir son vélo, se déplacer pour aller au travail ou pour sortir ? La nouvelle plateforme A Vélo vous donne tous les bons conseils et toutes les informations utiles pour vous déplacer à vélo. Louer un vélo, garer son vélo, bien s'équiper... Toutes et tous à vélo !

https://avelo.grandlyon.com

CITÉ INTERNATIONALE DE LA GASTRONOMIE

© ANTHONY SEREX

La gastronomie fait partie des choses qui définissent le mieux notre ville en France et à l'étranger. Après un premier essai infructueux, était-il impossible que Lyon n'ait pas sa Cité Internationale de la Gastronomie au Grand Hôtel-Dieu ? Objectif de ce nouveau projet, rendre la gastronomie vivante et valoriser les métiers de l'alimentation et de l'agriculture sur notre territoire. Un nouveau départ.

www.citegastronomielyon.fr

LYON ACCESSIBLE À TOUS

C'est en 2018 que Lyon a remporté l'Access City Award de la Commission européenne mettant à l'honneur les villes les plus accessibles aux personnes atteintes de handicap. La

© MÉTROPOLE DE LYON - CHASSIGNOLE OLIVIER

Métropole multiplie les bonnes pratiques en la matière. La majeure partie des équipements, dont les transports en commun, les bibliothèques municipales, les infrastructures sportives ou les parcs, permettent l'accès aux PMR.

FABRIQUÉ À LYON

Vous le croiserez dans notre guide et dans les boutiques lyonnaises, le label « Fabriqué à Lyon » offre la garantie que les produits achetés sont bien créés, fabriqués ou transformés sur le territoire lyonnais. Un gage d'authenticité et de qualité pour des produits manufacturés, des vêtements, de l'artisanat d'art, du design ou des produits alimentaires. A ce jour, plus d'une centaine de labellisés.

FABRIQUÉ À LYON
Made in Lyon

© VILLE DE LYON

LA RAME DES FIERTÉS

Si Lyon peut être fière de son réseau de trams qui quadrillent toute la Métropole, elle peut être encore plus fière du travail artistique réalisé sur des voitures qui véhiculent de beaux messages. À commencer par la «rame des Fiertés» réalisée par l'illustratrice lyonnaise Morgane Fadanelli, dédiée à la lutte contre les LGBTphobies. Un tram coloré à retrouver en circulation sur les lignes T3 et T4.

© ANTHONY SEREX

LIGNE B 100% AUTOMATIQUE

Après la ligne D, créée dès l'origine en mode automatique, la ligne B est passée en mode 100 % automatique. Reliant les stations de Charpennes à Villeurbanne à Gare d'Oullins au sud de la Métropole - en attendant le prolongement jusqu'aux Hôpitaux Sud à Saint-Genis-Laval -, la ligne B profite, malgré quelques pannes au démarrage, de nouvelles rames dotées d'un éclairage LED et entièrement accessibles.

© SYTRAL MOBILITÉS

© EMMANUEL SPASSOFF

© EMMANUEL SPASSOFF

EMMANUEL SPASSOFF

Photographe professionnel formé par Dominique Sudre à l'Atelier Magenta, Emmanuel Spassoff convoque dans son objectif les ombres et les lumières, les démons et les anges. Esprit ouvert et curieux, oeil d'une grande sensibilité, Emmanuel livre des photos d'une précision chirurgicale tout en laissant une large place à l'imagination. A travers son regard romantique et généreux, la Métropole de Lyon se dévoile sous un nouveau jour.

© FVM STYLISTE CULINAIRE

© EMMANUEL SPASSOFF

© EMMANUEL SPASSOFF

© EMMANUEL SPASSOFF

© EMMANUEL SPASSOFF

PAGE PRÉCÉDENTE

- ***En haut à gauche :*** Inspiration. Cours Lafayette, Villeurbanne.
- ***En haut à droite :*** Assiette du chef Alexis Busso, restaurant L'Inattendu, Grenoble.
- ***Au centre à droite :*** Stylisme culinaire.
- ***En bas à gauche :*** Inspiration. Perrache, Lyon.
- ***En bas à droite :*** Portrait de Christophe Aribert, Uriage-les-Bains.

SUR CETTE PAGE

- ***En haut à gauche :*** Inspiration. Quartier Jean-Jaurès, Lyon.
- ***En haut à droite :*** Restaurant Le Rustique, Lyon.
- ***Au centre à droite :*** Restaurant Le Rustique, Lyon.
- ***En bas à gauche :*** Au détour d'une rue, Villeurbanne.
- ***En bas à droite :*** Restaurant La Rotonde, Charbonnières-les-Bains.

© EMMANUEL SPASSOFF

© EMMANUEL SPASSOFF

© EMMANUEL SPASSOFF

LES RENDEZ-VOUS
INCONTOURNABLES DE L'ANNÉE

JANVIER	FÉVRIER	MARS
FESTIVAL VIVE LA MAGIE *(LYON)*  © JOAQUIN CORBALAN - ISTOCKPHOTO.COM Le plus grand festival de magie d'Europe fait escale à la Bourse du Travail. Si vous aimez ne pas tout comprendre, réservez !	**FESTIVAL YGGDRASIL** *(CHASSIEU)* Pour passer de l'autre côté du miroir, Yggdrasil est le festival des mondes de l'imaginaire où les rêves deviennent possibles.	**FÊTE DU LIVRE DE BRON** *(BRON)* Bron célèbre la littérature contemporaine dans le cadre exceptionnel de l'hippodrome de Parilly. Fête vivante avec des débats. **LE SALON DU RANDONNEUR** *(LYON)* Salon du Randonneur à la Cité Internationale pour découvrir de nouveaux parcours dans la région et partout ailleurs en France **MAHANA** *(LYON)* Mahana, le salon où il fait bon s'évader autour de Lyon, dans nos régions et dans le monde entier le temps d'un week-end.

JUILLET	AOÛT	SEPTEMBRE
TOUT L'MONDE DEHORS *(LYON)* Il fait trop chaud pour ne pas profiter des quelque 150 manifestations extérieures gratuites dans chaque arrondissement de Lyon.	**FESTIVAL WOODSTOWER** *(LYON)* Un festival de musique éclectique qui existe version été - Woodstower au Grand Parc Miribel Jonage - et version hiver - Wintower.	**BIENNALE DE LYON** *(LYON)* Un festival qui fait alterner art contemporain et danse. Biennale de la danse avec la plus grande parade chorégraphique d'Europe

La transformation de Lyon ces dernières années est aussi passée par son agenda. Le «tournant», c'est la Fête des Lumières et son passage de fête locale à forte connotation religieuse à fête populaire de renommée internationale attirant plusieurs millions de curieux autour du 8 décembre. Des événements à caractère national, voire international, Lyon en organise à toutes les saisons. Si l'hiver ce sont les Lumières, le printemps voit le retour des Quais du Polar et des Nuits Sonores ; l'été, les plus grands artistes chantent aux Nuits de Fourvière et l'automne nous fait rentrer dans les salles obscures pour célébrer le cinéma au festival Lumière. D'autres événements, de la traditionnelle Fête des Marrons au plus récent Yggdrasil sont des invitations à partager des moments festifs et futés.

AVRIL

FESTIVAL QUAIS DU POLAR

(LYON)

Le Festival Quais du Polar permet des rencontres dans l'univers du Noir entre auteurs du monde entier et lecteurs passionnés.

MAI

NUITS SONORES

(LYON)

Un festival incontournable qui fêtera ses 20 ans en 2023. Un festival des musiques électroniques ouvert aux autres musiques.

JUIN

LYON BD FESTIVAL

(LYON)

Le Lyon BD Festival, installé au Palais du Commerce, met la bulle à l'honneur avec près de 300 artistes présents.

LES NUITS DE FOURVIÈRE

(LYON)

Tous les arts de la scène, de la musique à la danse, se retrouvent sur la scène à ciel ouvert du Grand Théâtre romain de Fourvière.

OCTOBRE

LUMIÈRE - GRAND LYON FILM FESTIVAL

(LYON)

Un festival qui se déroule sur le lieu de l'invention du cinéma par les frères Lumière. Pas de compétition, mais des hommages.

MARCHÉ DE LA MODE VINTAGE

(LYON)

Un festival qui présente la mode, le design et les accessoires des années 1950 à 1990. Un saut dans le temps très à la mode.

NOVEMBRE

LA VOGUE DES MARRONS

(LYON)

La Vogue des Marrons, fête foraine et populaire, se tient depuis plus de 150 ans à la Croix-Rousse. En famille ou en amoureux.

DÉCEMBRE

FÊTE DES LUMIÈRES

(LYON)

© JAKEZ / SHUTTERSTUCK.COM

La fête incontournable avec des animations lumineuses sur les plus beaux monuments. Une fête populaire autour du 8 décembre.

MARCHÉ DE NOËL

(LYON)

Pendant tout le mois de décembre, ça sent bon le vin chaud et les cadeaux place Carnot où se tient le traditionnel marché de Noël.

LES ÉCO-RESPONSABLES

Être écoresponsable, c'est un choix que nous faisons de plus en plus souvent parce que nous en comprenons l'intérêt pour le vivant. Parce que de plus en plus de restaurants, de commerces nous invitent à l'être au quotidien. Nous avons sélectionné 10 adresses qui prennent leur part de responsabilité. Des restaurants engagés vers le bio et l'insertion, mais surtout vers le zéro gaspi. Une agence de voyage qui nous emmène autour de Lyon pour des randonnées touristiques à l'empreinte carbone quasi nulle. Les artisans du goût s'engagent aussi pour mieux produire, pendant que les épiceries et commerces proposent des produits - parfois labellisés «Fabriqués à Lyon» - éthiques et responsables dans tous les domaines : alimentation, vêtements, cosmétiques... L'écoresponsabilité, c'est notre choix.

MES PIEDS SUR TERRE

ECOTOURISME AUTOUR DE LYON

Envie de se reconnecter à la nature, au vivant, à soi... sans trop bouger de Lyon ? Faire une excursion touristique écoresponsable en prenant un train TER pour voyager à moins d'une heure de Lyon, c'est l'aventure que vous réserve Mes Pieds sur Terre. Une agence de micro voyages de proximité pour des randonnées pédestres et des rencontres gourmandes inoubliables. Petits voyages, grands plaisirs. ▶▶ Page 271

© MES PIEDS SUR TERRE

© ANDRÉA COURTIAL

TRATTINO

ECORESPONSABLE PAR NATURE

Trattino, plus grand restaurant bio de France par sa capacité, est un tiers lieu – à la fois restaurant, bar, épicerie, lieu d'événements festifs et culturels, ateliers... – sincèrement écoresponsable dans toutes ses démarches. Produits locaux 100 % bio, essentiellement en circuits courts, toujours issus d'un commerce équitable, et une volonté de zéro déchet. Écoresponsable, gourmand et intelligent. ▶▶ Page 182

© VILLE DE LYON

FABRIQUÉ À LYON

LE LABEL LOCAL

À l'heure où tout le monde voit l'intérêt écologique et économique d'acheter local, une excellente initiative de la Métropole de Lyon d'avoir créé un label « Fabriqué à Lyon ». Sous cette bannière, vous retrouvez uniquement des produits créés, fabriqués ou transformés sur le territoire lyonnais dans les domaines de la mode, de l'alimentation [hors restaurant], de la déco ou de l'artisanat d'art.

© EMMANUEL SPASSOFF

LE PAIN DU GÔNE

LE BOULANGER PAYSAN QUI FAIT DU BIEN

Quentin Sany est un boulanger paysan écoresponsable par nature. Pour fabriquer ses pains dans son fournil de Limas, il utilise des farines régionales, dont certaines sont issues des céréales cultivées sur les terres familiales en Saône-et-Loire, broyées à la meule de pierre dans un moulin de l'Ain. Faire du bon et du bien aujourd'hui, en local avec les recettes d'autrefois, c'est être écoresponsable.

▶▶ Page 156

© FLORIANNE PASQUET

VÉLO'V

VÉLO GRATUIT POUR LES ÉTUDIANTS

Une initiative de la Métropole de Lyon avec Vélo'v qui facilite nos déplacements urbains à vélo. Avec FreeVélo'v, tous les étudiants, boursiers ou non, et jeunes en insertion professionnelle de 18 à 25 ans, sans condition de revenus, qui résident dans la Métropole de Lyon, peuvent louer un vélo gratuitement pour une durée de 3 mois à 1 an. Renseignements en ligne sur https://freevelov.grandlyon.com

▶▶ Page 268

© STUDIO SENZAL

PICK&GRAM

PRODUITS NATURELS FAITS MAISON

Prendre soin de soi et de sa maison avec des produits naturels fabriqués par soi-même ! Au moins est-on sûr de la composition des produits cosmétiques et produits ménagers. Pick&Gram, c'est la possibilité d'apprendre, grâce à des ateliers, et d'avoir les moyens, grâce à des ingrédients naturels, de fabriquer soi-même et sur mesure des produits de qualité pour le bien-être de toute la famille.

▶▶ Page 226

© LAURENCE PAPOUTCHIAN - WWW.LAURENCE-PAPOUTCHIAN.COM

CAPUCINE ET GASTON

BIO ET SOCIAL PAR CONVICTION

Capucine et Gaston, le traiteur qui a tout bon. À cette adresse, face à la Halle Tony Garnier, on respecte non seulement l'environnement, mais aussi les personnes, toutes les personnes ! En effet, la cuisine de Capucine et Gaston est réalisée à partir de produits bio et locaux, conservée dans des bocaux recyclables, mais elle est aussi réalisée et servie par des personnes en situation de handicap.

▶▶ Page 113

© CLOTILDE BÉGAGNON

LA FOURMI

EPICERIE ANTI-GASPI, LOCALE ET BIO

Cette Fourmi, installée dans 4 boutiques lyonnaises et disponible en click-and-collect, permet de faire ses provisions en toutes saisons à moindre coût. Créée en 2015, La Fourmi est une épicerie sociale et solidaire, 100 % lyonnaise, où l'on trouve des produits déstockés en limite de DLC : gamme bio, fruits et légumes de saison, bières artisanales, charcuterie, produits du monde. Pour mieux consommer.

▶▶ Page 166

© HYPPAIRS

HYPPAIRS

POUR SOI ET UN CHEZ SOI ÉCORESPONSABLE

De plus en plus, les boutiques ne se définissent plus par catégorie, mais par thème. Ce qui prime chez Hyppairs, ce n'est pas qu'on y vend des vêtements, des accessoires, des objets de décoration..., mais un engagement sincère dans une démarche écoresponsable. Un vestiaire engagé, plus éthique, plus durable, des objets pour une maison plus saine. Pour vivre en totale harmonie avec de belles valeurs.

▶▶ Page 221

© WEDRESSFAIR

WEDRESSFAIR

DRESSING RESPONSABLE

L'industrie de la mode est à la fois source de pollution et d'exploitation sociale. Pour se constituer un dressing responsable, WeDressFair a rigoureusement sélectionné une vingtaine de marques, certifiées par des labels exigeants, répondant à des critères stricts en matière d'environnement et de conditions de travail. Une mode éthique et des vêtements, chaussures et accessoires écoresponsables.

▶▶ Page 221

INTERVIEW

© EMMANUEL SPASSOFF

PAIN DU GONE

PAINS À HAUTE VALEUR ENVIRONNEMENTALE ET HUMAINE

Formé chez les Compagnons du Tour de France, Quentin Sany a créé le Pain du Gone en 2008 dans le garage de ses parents, avec comme idée de faire du pain sur levain naturel avec des farines biologiques et locales. Aujourd'hui, il continue son activité sur les marchés, mais aussi dans ses 4 boutiques. Il nous explique son engagement en tant que boulanger paysan.

Comment êtes-vous devenu boulanger paysan ?

Mes parents, à l'origine agriculteurs en Saône-et-Loire, avaient un restaurant-pizzeria-grill avec un grand four à bois. Je suis né au-dessus d'un fournil ! J'ai toujours mis la main à la pâte pour faire du pain, des viennoiseries et des pizzas. En 2014, nous sommes revenus sur l'exploitation familiale à Chauffailles pour faire nos champs de blé. Des blés cultivés en bio et que nous utilisons pour une partie de notre production avec les blés de la Ferme de la Gauloise à Dijon, paysan meunier pionnier dans la culture des anciennes variétés de blé. La création du fournil de Limas en 2018 a permis au Pain du Gone de se développer tout en conservant ses valeurs fortes.

© FRED DURANTET

Quelles sont les valeurs défendues par le Pain du Gone ?

Nous faisons du pain parce que nous pensons que nous avons un rôle à jouer dans notre société, dans l'alimentation humaine. Nous avons un engagement écologique avec un fournil équipé de panneaux solaires. Pour le pain, nous utilisons une eau filtrée et activée, totalement pure. Nos déchets de farine et de pain sont donnés à une ferme qui élève des porcs bio. Nous recyclons nos restes de pain en fabriquant la Bière du Gone ! Nous revendons nos pains de la veille à -50 %. Notre volonté, c'est d'atteindre le zéro gaspi. Nous sommes engagés pour l'environnement, pour la santé, pour la solidarité. L'humain aussi est important avec de la bienveillance pour nos employés, une juste rémunération, une moindre pénibilité au travail.

© FRED DURANTET

Que mange-t-on au Pain du Gone ?

Une trentaine de variétés de pain, du pain de tradition française au pain de petit épeautre en passant par notre pain signature, le Saint-Roch, toujours avec beaucoup de fermentation. Des pains réalisés avec d'anciennes variétés de blé, non génétiquement modifiées, plus facilement assimilables par l'organisme. Des croissants jusqu'à la mayonnaise pour la gamme traiteur, des pizzas aux glaces, tout est fait maison, en utilisant des produits de saison issus de filières courtes. Par nos actions, avec nos produits, nous voulons contribuer au bien-être de chacun.

› LE PAIN DU GONE

102, cours Lafayette (3e)
Halles de Lyon Paul Bocuse - Lyon 3e
✆ 04 78 62 95 54 - www.lepaindugone.fr

LES RESTAURANTS

Et si Lyon redevenait la ville du « manger par plaisir », comme au temps des premiers bouchons ? Et si on laissait tomber cette fichue idée d'être la capitale de la gastronomie ? Et si on s'en moquait d'avoir 3 étoiles ? Du coup, on garde les « vieilles » recettes : un vrai travail de cuisinier et des personnalités derrière les fourneaux, de bons produits locaux et une grande dose de convivialité, de proximité pour partager de bons moments. Voilà les points communs à tous les restaurants qui rentrent dans ce Top 10. Qu'ils soient d'ici – de Chez Hugon à la Mutinerie – ou d'ailleurs – Krioya et sa street-food péruvienne – ; qu'ils soient bistronomiques, gastronomiques ou inclassables – comme notre coup de cœur Morfal –, ils ont en commun un mouvement de retour aux sources et de départ vers le plaisir.

CHEZ PIMOUSSE

PIMOUSSE DANS LA COUR DES GRANDS

L'année dernière, Pimousse figurait parmi nos graines de vainqueur. Et cette année, le *Petit Futé* le place parmi les meilleurs restaurants de Lyon Métropole. C'est largement mérité pour Pierre-Michaël Martin, dit Pimousse, qui nous propose dans sa belle maison une cuisine mêlant tradition, modernité et créativité. Meilleure preuve : l'œuf maison et ses habits de saison. Coup de cœur confirmé. ▸▸ *Page 70*

© AGENCE PANDA DIGITAL

© ANNE BERGERON PHOTOGRAPHE

RACINE

LE TERROIR RÉINTERPRÉTÉ

La racine du bon et du bien-manger se trouve dans notre terroir régional. Chez Racine, au cœur de Vaise, le chef Gabriel Delhomme se fournit chez les producteurs locaux, en circuit court, pour nous proposer une cuisine gourmande et contemporaine où le produit, légumes en tête, a la vedette. D'excellentes compositions de saison dans les assiettes et une sélection de vins nature dans le même esprit. ▸▸ *Page 78*

© KRIOYA

KRIOYA

STREET-FOOD PÉRUVIENNE

Le Pérou, une destination gourmande méconnue qui propose une escale adorable dans le 7e arrondissement. C'est pas compliqué, *Futé* aime tout chez Krioya. De l'ambiance musicale au décor coloré, de la gentillesse de l'accueil aux assiettes parfumées. Un véritable voyage culinaire à travers une cuisine street-food de qualité, le tout fait maison : ceviches, chifa woks et tapas péruviennes à partager. ▶▶ Page 131

© EMMANUEL SPASSOFF

LA CHOPINETTE

GOURMANDISES AU GRAND AIR

Parmi les meilleurs restaurants de Lyon Métropole, La Chopinette nous emmène sur les hauteurs de Francheville. A quelques minutes de Bellecour, Yannis et Emeline Rousseau perpétuent une belle et longue tradition d'accueil et de plaisirs gourmands à partager autour de la table et du comptoir. Spécialités lyonnaises et cuisine de saison comme nulle part ailleurs. Terrasse et terrains de pétanque aussi. ▶▶ Page 96

© EMMANUEL SPASSOFF

F2

FORMULE GAGNANTE

Avec le F2, Frédéric Fass-Thoulé a trouvé la formule gagnante sur la place charmante face à l'Hôtel-Dieu. Dans ce lieu inclusif par excellence, Frédéric Fass-Thoulé et toute son équipe nous reçoivent toujours avec bienveillance dans un lieu réservant de belles surprises, de la terrasse aux salles décorées avec goût. Cuisine maison de saison du chef Cherif pour un rapport qualité-prix exceptionnel. ▶▶ Page 83

© AGASTACHE

AGASTACHE

BISTRONOMIE AU NATUREL

Coup de cœur confirmé pour l'Agastache, le restaurant de Mathieu L'Her et du chef Benjamin Millard. Une association qui a fait ses preuves dans un restaurant bistronomique où le chef met les produits de saison, issus des circuits courts, en valeur. Carte courte pour une fraîcheur et une qualité optimales dans des menus dont les prix ne flambent pas. Superbes et savoureuses assiettes au goût du jour. ▶▶ Page 76

© NICOLAS VILLION

MORFAL

GASTRONOMIE ON VERRA BIEN

Il est temps que la jeunesse prenne la relève, qu'elle fasse de la cuisine comme elle en a envie. Qu'elle invente, quitte à se tromper. Qu'elle écrive de nouvelles pages pour une «gastronomie on verra bien» prônée par le chef Steven Thiebaut Pellegrino. Morfal, un restaurant vivant, organique, où chaque assiette a son caractère bien marqué, en dehors des sentiers battus. Déroutant et enthousiasmant !

▶▶ Page 64

© ANTHONY SEREX

CHEZ HUGON

LA BOUSSOLE DES BOUCHONS DE LYON

Pour ne perdre le nord dans une ville où tous les bouchons n'ont pas la même valeur, il faut se rendre Chez Hugon, une des références dans cette spécialité gourmande qui a fait connaître Lyon dans le monde entier. Arlette Hugon fait non seulement rayonner la gastronomie locale traditionnelle, mais elle rayonne tous les jours en salle au milieu de parfums d'une cuisine inimitable. Un amour de bouchon.

▶▶ Page 105

© MATTHIEU CELLARD

BURGUNDY BY MATTHIEU

LA BONNE INTUITION

Formé auprès de quelques grands chefs, notamment du côté savoyard de Maxime et René Meilleur, Matthieu Girardon a investi les cuisines du Burgundy. Maîtrisant les classiques, il les revisite à sa façon avec des produits de saison, notamment ceux trouvés sur le marché Saint-Antoine. Plaisir accru par une exceptionnelle cave de Bourgogne.

▶▶ Page 64

© AGENCE PANDA DIGITAL LYON

LA MUTINERIE

L'ÉTOILE DES ÉMOTIONS

Nicolas Seibold, on l'a découvert dans la saison 7 de *Top Chef*. 7 ans plus tard, et la création de sa Mutinerie en 2018, le jeune chef est justement récompensé d'une étoile dans le guide rouge. Dans le chic 6e, le décor apaisant de couleur brique laisse place dans les assiettes à des appels à la révolte. Une mutinerie menée par Nicolas Seibold à base de produits régionaux et de savoir-faire ajouté.

▶▶ Page 67

STEVEN THIEBAUT PELLEGRINO

KIFFER L'INSTANT CHEZ MORFAL

Né à la Croix-Rousse il y a tout juste 30 ans, Steven Thiebaut Pellegrino a repris les rênes de la Bijouterie pour créer Morfal. Désireux de repousser les limites d'une cuisine trop conventionnelle, ce jeune chef nous donne sa vision, sans langue de bois, de la gastronomie.

Quel est votre parcours ?

Lyonnais d'origine, j'ai grandi au gré des déménagements de mes parents militaires. Passionné d'histoire, j'ai très vite su que je voulais être cuisinier. Tout est allé très vite grâce à des personnes engagées avec leurs apprentis, comme Franck Delorme de la Brasserie Deruelle. Pratiquant les arts martiaux à haut niveau, j'ai pu allier mes passions en comprenant que rigueur et travail paient toujours. Un jour, j'ai mangé à la Bijouterie, 15 jours plus tard, je posais mon CV. Arnaud Lavardin m'a appelé et l'aventure a commencé. 6 ans et demi après, je suis copropriétaire et chef.

C'est quoi Morfal ?

Morfal est né post-Covid. Dans l'ambiance mortifère de la pandémie, il fallait bouger, créer autre chose. Arnaud m'a demandé ce que je voulais faire. J'ai répondu : un lieu de vie où l'on ne fait pas que manger. L'idée de Morfal, c'est d'ouvrir une bouteille de vin ou un soft, ici on ne juge personne, et prendre des assiettes. Chaque assiette a des goûts très tranchés, racés, souvenirs de mes rencontres, de mes voyages, mais elle tient aussi compte des retours des clients. Il faut accepter le mouvement, de ne pas tout savoir, d'être à l'écoute. Morfal est un lieu étriqué, où l'on peut se rencontrer. Un cyber-bouchon où toutes les personnes partagent du bon temps.

Comment vois-tu l'avenir de la restauration, à Lyon en particulier ?

En cuisine, il y a des codes qui posent un cadre. Mais ce cadre, c'est aux jeunes de lui donner une autre dimension. C'est à notre génération de cuisinier d'inventer de nouveaux modèles en faisant, avec honnêteté, ce que nous aimons. A Lyon, où l'on se regarde trop le nombril, il y a plein d'adresses confidentielles face à une gastronomie trop élitiste. Les Lyonnais doivent juste apprendre à plus kiffer l'instant, ne plus dire « nous verrons », mais « nous vivons ».

› MORFAL

16, rue Hippolyte Flandrin – Lyon 1er

✆ 04 78 08 14 03

© ANTHONY SEREX

© NICOLAS VILLION

© NICOLAS VILLION

LES ACTEURS DU BIEN-ÊTRE

Les Tops bien-être, c'est une nouveauté dans le *Petit Futé* qui vous indique clairement ses meilleurs plans pour se sentir bien. Ville au riche passé gallo-romain, Lyon possède une tradition de thermes qui se perpétue à travers de superbes établissements. Pour les thermes romains, l'hôtel Boscolo Lyon propose un spa qui nous plonge dans un décor splendide pour nous submerger des plus beaux instants de détente. Le Spa Lyon Plage fait de Lyon une ville à part, puisqu'il est le plus grand spa urbain de France, offrant des prestations incroyables. Les Bains de l'Opéra nous font voyager en Orient pour goûter aux plaisirs du hammam. Quintessence nous emmène aux sources du bien-être grâce à des massages du monde. Enfin, le bien-être, c'est aussi s'amuser et partager du bon temps à l'OL Vallée.

© BOSCOLO LYON

BOSCOLO LYON

THERMES ROMAINS, BIEN-ÊTRE IMMÉDIAT

Déjà dans l'Antiquité, Lyon abritait des thermes romains. Pour plonger dans le bien-être de thermes romains, rendez-vous au Boscolo Spa & Wellness Lyon, le seul spa avec piscine au cœur de la presqu'île. Décor féerique pour se couper de la ville dans ses caves voûtées offrant un véritable voyage sensoriel. Piscine, hammam, sauna et cabines de massages de bien-être pour une détente absolue. ▶▶ *Page 54*

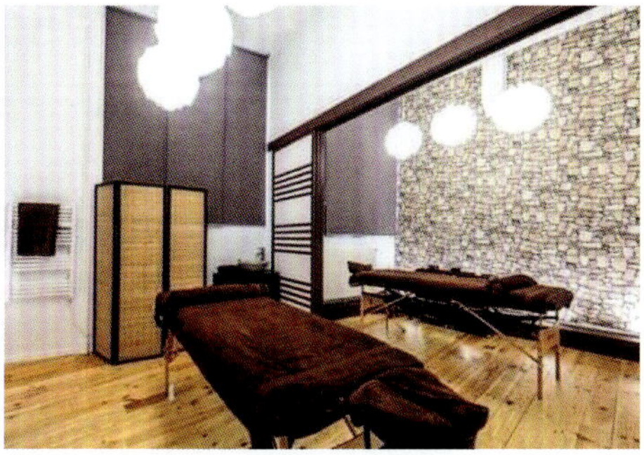

© QUINTESSENCE

QUINTESSENCE

L'ESSENCE DU BIEN-ÊTRE

Le bien-être, c'est être bien dans sa tête, bien dans son corps. Chez Quintessence, plénitude absolue grâce aux massages bien-être par Ania dans une ambiance zen. Forte de plus de 10 ans d'expérience, formée aux techniques du monde, Ania vous propose de faire un break en pleine journée avec une P'tite pause détente de 30 min, des massages apaisants aux pierres chaudes, des massages duo en couple.

▶▶ *Page 233*

© MAX COQUARD BESTJOBERS

SPA LYON PLAGE

UN BIEN-ÊTRE UNIQUE

Avec ses 8 000 m² dédiés à votre bien-être sous toutes ses formes, Spa Lyon Plage est le plus grand spa urbain de France. Un cocon de bien-être ouvert sur l'extérieur avec sa piscine olympique et sa plage privée très prisée. Mais aussi un incroyable parcours d'hydromassage à ciel ouvert, une piscine intérieure, un bassin de détente, un sauna, un hammam… Des soins par l'eau et un institut de beauté.

▶▶ *Page 232*

© ALEXIA DOMIN FASSERO - WWW.ALEXIADOMINFASSERO.COM

MEÏSO

UN BAIN DE BIENFAITS

Pris dans le tumulte du monde, qui prend le temps de se confronter à soi-même ? Meïso, centre de flottaison, propose une expérience qui en déroutera plus d'un : se couper du monde dans une capsule d'isolation sensorielle, un bain pour flotter en apesanteur dans l'eau d'Epsom. Le bien-être passe par le lâcher-prise et une vraie aventure intérieure peut commencer en toute sérénité. Bien-être garanti.

▶▶ *Page 231*

© SOPHIE SEREX

OL VALLÉE

PÔLE DE LOISIRS POUR ÊTRE BIEN

A côté du Groupama Stadium, le pôle de loisirs d'OL Vallée vous permet de multiplier les activités de loisirs sportifs, récréatifs et culturels. Dans cet espace inédit et facile d'accès - voiture avec parking, transports en commun -, un bowling, un City Surf Park, un parc de trampolines, des terrains de padel, badminton, foot en salle, une arène de réalité virtuelle, un théâtre et un musée dédié à l'OL.

▶▶ *Page 248*

LES PERSONNALITÉS

Si les deux personnalités lyonnaises les plus en vue de 2022 sont incontestablement 2 sportifs d'exception – Karim Benzema et son Ballon d'or ; Caroline Garcia et son Masters – (2 personnalités déjà mises en avant dans notre guide), nous avons choisi de récompenser d'autres personnalités dans une Métropole de Lyon qui rayonne grâce à : l'écriture sensible de Brigitte Giraud, prix Goncourt pour Vivre vite ; la classe d'un chef italien, Daniele Rustioni, à la tête de l'Opéra de Lyon et consacré Chef d'orchestre de l'année ; l'excellence d'un passionné du vin, parmi les Meilleurs Ouvriers de France, le sommelier Gaëtan Bouvier ; la fougue et l'audace de notre nouveau Champion du Monde de Skateboard, Aurélien Giraud ; l'humour et le talent seule en scène de la comédienne Bérengère Krief.

BRIGITTE GIRAUD

VIVRE VITE, GONCOURT 2022

Les amoureux des livres l'ont déjà croisée dans les allées de la Fête du Livre de Bron. Brigitte Giraud, lyonnaise d'adoption depuis son enfance, a remporté le prix Goncourt 2022. Elle est la première Lyonnaise (4 Lyonnais avaient déjà remporté le prix) et la 13e femme à inscrire son nom au palmarès. Son roman *Vivre Vite* est un livre bouleversant, une quête impossible de réponses face à la mort.

© GREGPOISSONNIER/FFRS

AURÉLIEN GIRAUD

SUR DES ROULETTES

Moins médiatisé que Karim Benzema et Caroline Garcia, Ballon d'or et Masters WTA, Aurélien Giraud pourrait bien être le prochain Brondillant tête d'affiche dans la catégorie Sport. Ce Lyonnais de 25 ans, bien connu dans le monde du skate, vient de remporter son premier titre de Champion du Monde de skate street, ce qui le place en bonne position en vue d'une qualification pour les JO de Paris 2024.

© JEAN-LOUIS FERNANDEZ

DANIELE RUSTIONI

UN AIR D'ITALIE À L'OPÉRA DE LYON

Lyon et l'Italie, une longue histoire d'amour qui passe par l'Opéra. Né à Milan, ce chef (il fête ses 40 ans en 2023 !), passé sur toutes les grandes scènes internationales, arrive à l'Opéra de Lyon comme Chef principal en 2017, avant d'en devenir le directeur musical en 2022. Daniele Rustioni, Lyonnais d'adoption, est nommé « Chef d'orchestre de l'année » aux International Opera Awards 2022.

© DR

GAETAN BOUVIER

L'EXCELLENCE AU SERVICE DU VIN

Né en Isère, formé à l'école hôtelière de Grenoble, Gaëtan Bouvier a commencé en cuisine avant de se passionner pour le vin. Depuis 2008 sur Lyon, nombreux sont les sommelières et sommeliers venus apprendre le métier à ses côtés. C'est tout naturellement qu'il officie et transmet en bon dépositaire des savoir-faire de sommellerie et de gestion de salle au restaurant Saisons à l'institut Paul Bocuse.

© BENJAMIN GUILLONNEAU

BÉRENGÈRE KRIEF

UN AMOUR DE LYONNAISE

Impossible de rester insensible aux mimiques craquantes et à l'humour cash de Bérengère Krief. Une pure Lyonnaise – scolarité à Jean Perrin à Lyon 9, fac d'arts et spectacles à Lyon 2, Acting Studio, Boui Boui...– qui a connu le succès sur scène à Paris. Comédienne pour le petit (mythique *Bref...*) et le grand écran (*Les Folies Fermières*), l'humoriste joue seule en scène dans son spectacle *Amour*.

LES GRAINES DE VAINQUEUR

Au *Petit Futé*, les Graines de Vainqueur sont cultivées avec amour. Chaque année, au moins l'une d'entre elles passe dans une autre catégorie de Top. Preuve que notre sélection constitue une véritable pépinière de champions ! Tous les restaurants retenus cette année dans la catégorie Graines de Vainqueur mériteraient d'ailleurs d'être déjà parmi les meilleurs du guide : Bulle, Brocoli, Copain comme Canard et Semo. Le Carré Fourvière s'impose naturellement comme le lieu incontournable pour organiser tous les événements. Pilo, lieu de vie et d'hébergement, est la preuve de l'attractivité et du dynamisme de Lyon. Quant au Cirque Imagine et au Théâtre de l'île Ô, ils montrent toute la vitalité du spectacle vivant dans notre métropole. Des graines pleines d'énergie, les champions de demain.

CARRÉ FOURVIÈRE

L'ÉVÉNEMENT À LYON

Un lieu pour donner une autre dimension à tous vos événements. Sur un site historique, emblématique et inspirant - tout à côté de la basilique de Fourvière -, Carré Fourvière offre un cadre unique pour organiser vos événements professionnels à Lyon. Au cœur d'une ville qu'il surplombe, Carré Fourvière met à votre disposition 800 m² d'espaces aménagés, dont la Cour Carrée avec sa verrière extraordinaire. ▶▶ Page 274

© DR

© BULLE

BULLE

BISTRONOMIE AVEC VUE

Une Bulle montée tout à côté de la basilique de Fourvière dans la rénovée Maison Carrée. Un lieu magique qui offre un cadre unique, un décor splendide et une vue panoramique exceptionnelle sur la métropole. Mais Bulle est encore plus fantastique grâce à Guy Lassausaie, Raphaël Courtin et Damien Montereau. Des chefs au service d'une excellente cuisine bistronomique dans une Bulle accueillante. ▶▶ Page 76

© THÉÂTRE L'ÎLE Ô

THÉÂTRE DE L'ÎLE Ô

THÉÂTRE SUR L'EAU

Lyon est une métropole qui aime bien innover. Et si la culture ressemble parfois à une aventure, celle-ci est encore plus belle à vivre dans des lieux insolites comme ce théâtre sur le Rhône, premier théâtre flottant d'Europe. Un lieu spectaculaire pour des spectacles - théâtre, danse, cirque, musique... - ouverts à tous les publics, notamment les plus jeunes. Une expérience unique à vivre ensemble.

▶▶ *Page 193*

© EMMANUEL SPASSOFF

COPAIN COMME CANARD

CANARD GOURMAND

A Lyon, où le cochon prend beaucoup de place, il était temps que le canard trouve la sienne ! Chose faite grâce à Hugues Chazottes qui a créé Copain comme canard, le temple du canard à Lyon. Un lieu où l'on peut boire un délicieux cocktail et des vins savoureux en mangeant du canard sous toutes ses formes, du magret au confit en passant par le tataki. Bar à foie gras.

▶▶ *Page 102*

© CIRQUE IMAGINE

CIRQUE IMAGINE

NOUVEAU SPECTACLE ACTE V

Une graine de vainqueur qui a déjà fait ses preuves du côté de Carré de Soie, mais qui nous régale d'un tout nouveau spectacle «cabaret-cirque» intitulé Acte V. Pour les 10 ans du Cirque Imagine, les artistes et circassiens nous embarquent dans leur univers à la fois spectaculaire et féerique. Un nouveau voyage, de nouveaux numéros d'exception à partager pour rêver le temps d'un dîner-spectacle.

▶▶ *Page 195*

© ALEXIS PICHOT

SEMO

RESTAURANT PAYSAN

Semo a trouvé tout naturellement un créneau qui nous plaît, celui de la bistronomie des champs ! Chez Semo, les légumes cultivés en permaculture viennent en direct des Halles, commune des monts du Lyonnais, et tous les produits frais au maximum de la région Auvergne-Rhône-Alpes. Le vin aussi ne fait jamais plus de 150 km pour arriver à table. Des producteurs régionaux pour une cuisine qui a du sens.

▶▶ *Page 70*

© STUDIO 5.5

© EMMANUEL SPASSOFF

PILO

DORMIR EN PILO-PILO

L'offre hôtelière lyonnaise s'agrandit et se diversifie pour le bonheur des visiteurs. Coup de cœur pour Pilo, hébergement nouvelle génération installé dans de l'ancien rénové avec beaucoup de goût, un collège des Pentes de la Croix-Rousse. Lieu unique et magique avec vue sur Fourvière. Lieu multiple pour dormir en chambre ou en dortoir, manger, boire, s'amuser et/ou travailler. Cocktail extra. ▶▶ Page 61

COUTELLERIE DE LYON

ARTISANS PASSIONNÉS ET AFFUTÉS

Ce n'est pas une nouveauté au sens où cette superbe boutique, toujours parée de nouvelles et superbes vitrines, a ouvert ses portes place Bellecour il y a plus de 10 ans. Mais poussent à l'intérieur, grâce à des artisans passionnés, Luce et Gérard, de nouvelles graines de couteaux pour tous les usages. Coup de cœur pour le Lyonnais, couteau maison, en version de table ou en version pliant à emporter. ▶▶ Page 261

© EMMANUEL SPASSOFF

© BROCOLI

BAD'S

REPRISE GAGNANTE

Parmi les Graines de Vainqueur, Le Bad's est une plante vivace qui fleurit depuis 24 ans. Ce qui place ce club dédié au squash et au badminton dans cette rubrique de nouveautés, c'est la reprise de l'entreprise familiale par John et Jonathan. Nouvelles offres avec des terrains de pétanque couverts, un restaurant avec des produits locaux et un nouvel espace séminaire pour des événements *corporate*.

▶▶ Page 245

BROCOLI

VÉGÉTAL ORIGINAL

Il y a ceux qui profitent du courant végétarien pour improviser un énième burger végétarien ou un bowl insipide... Et il y a ceux qui subliment le végétal. C'est le cas de Brocoli avec l'adorable Sylvain en salle et le talentueux Rémi derrière les fourneaux. Cuisine gourmande qui réinvente un bluffant faux-gras et propose des assiettes bistronomiques, voire gastronomiques, à tarifs raisonnables.

▶▶ Page 104

BAD'S CLUB

REPRISE GAGNANTE SUR TOUS LES TERRAINS

Les cousins John et Jonathan Olivier ont repris il y a 2 ans le Bad's Club, entreprise familiale créée en 1999 par Patrice et Eric Olivier, pour lui donner un second souffle. En duo, la nouvelle génération nous explique ce qu'elle a changé au Bad's Club.

Pourquoi avoir repris le club de vos parents ?

Nous l'avons vu se construire et nous avons un peu grandi dedans. Le reprendre, c'était une vieille idée, mais nous avons d'abord fait nos vies chacun de notre côté. Jonathan, graphiste de formation, a tenu une entreprise de logistique avec sa sœur. John s'est formé en France et en Australie dans le milieu de la restauration gastronomique et traditionnelle. Tous les deux, riches de nos expériences, nous avons eu le soutien de nos parents et de la famille pour que la transmission se fasse dans les meilleures conditions.

Comment avez-vous changé le Bad's Club ?

Après 20 ans, le club avait un peu vieilli et nous avons d'abord voulu le rénover et le refaire vivre. À l'origine, sur les 1 600 m² de superficie autrefois occupés par la miroiterie Targe, il n'y avait que du badminton, du squash et la partie restauration. Nous y avons vite rajouté la partie pétanque qui ramène de la convivialité. Les sportifs sont aussi de bons vivants ! Après le Covid, de nombreuses sociétés cherchaient des lieux pour se réunir et faire du team building. Nous avons créé une salle de séminaire afin d'avoir une offre complète. Une entreprise peut faire son petit-déjeuner, sa réunion sur la matinée, un bon déjeuner, une activité l'après-midi, un tournoi de pétanque ou une olympiade. Les particuliers aussi peuvent venir fêter un événement ou participer à nos animations régulières avec nos partenaires.

Vous avez aussi changé l'offre de restauration...

Au Bad's Club, on vient pour transpirer, s'amuser, travailler, mais aussi pour bien manger. Nos plats sont préparés maison avec des produits frais, pour la plupart issus de producteurs de la région. En dehors des heures des repas, nous pouvons réaliser des planches composées de saucissons artisanaux ou de terrines maison par exemple.

Quelle est votre définition du Bad's Club aujourd'hui ?

C'est un lieu familial, un lieu chaleureux offrant une parenthèse au cœur de la ville. Un lieu complet proposant des services pour les particuliers et les entreprises. On vient au Bad's pour se détendre et partager de bons moments.

› **BAD'S CLUB**
44, rue Victor Lagrange - Lyon 7
✆ 04 72 71 50 50
https://badsclub.com

© EMMANUEL SPASSOFF

© EMMANUEL SPASSOFF

© EMMANUEL SPASSOFF

petit futé
2023
LYON

JE VISITE MA VILLE

Tout comme Rome, Lyon ne s'est pas construite en un jour. Une ville née dans l'Antiquité quelque part sur les hauteurs de Fourvière, une capitale des Gaules dont il subsiste encore de nombreux vestiges à visiter à Lugdunum, musée et théâtres romains. Puis la cité s'est étalée vers les rives du Rhône où elle connaîtra de nouvelles heures de gloire à la Renaissance, imprégnée de l'influence italienne. Un quartier du «Vieux Lyon» classé au patrimoine mondial de l'humanité, où les touristes flânent sur les pavés de Saint-Jean. Lyon, c'est une longue histoire, un riche patrimoine conservé dans les rues comme dans les nombreux musées (City Card fortement recommandée) et une ville qui ne cesse de se réinventer, comme dans le quartier de Confluence avec un musée parmi les plus visités de France ou au Grand Hôtel-Dieu avec la réouverture de la Cité de la Gastronomie. Tant de lieux à visiter, de choses à voir, d'événements à partager, il ne reste plus qu'à choisir l'hébergement qui vous correspond, de l'auberge de jeunesse à l'hôtel de luxe, et à visiter «ma» ville avec mon *Petit Futé Lyon Métropole*.

VOTRE GUIDE DEVIENT
INTERACTIF

TAPEZ **PETITFUTE.APP**
DANS LE NAVIGATEUR DE VOTRE SMARTPHONE.

PRENEZ UNE PHOTO DE LA PAGE DÈS QU'ELLE A CE PICTO !

FOIRE

FOIRE INTERNATIONALE DE LYON

Boulevard de l'Europe - **CHASSIEU**
✆ 04 72 22 32 67
www.foiredelyon.com
En avril.

Après l'édition des retrouvailles et son petit millier d'exposants, 2023 sera-t-elle enfin une édition «normale» où des centaines de milliers de visiteurs viennent découvrir de nouveaux produits au plus près des démonstrateurs en plein show ? Depuis plus de 100 ans, cette Foire Internationale de Lyon attire un nombre incroyable de visiteurs. Impossible de ne pas s'égarer entre les stands des 7 halls immenses où chacun déambule à son rythme. Toujours de très nombreuses animations et des événements pendant une Foire qui invite régulièrement un pays à participer.

FOIRE

MAHANA

Place Charles-Mérieux (7e)
✆ 04 42 18 01 70
www.salons-du-tourisme.com
En mars 2024.

Si le tourisme mondial reste impacté par les crises et les événements géopolitiques, les professionnels du tourisme sont heureux de pouvoir proposer aux visiteurs du salon Mahana de nombreuses destinations pour s'évader. Que l'on souhaite s'échapper le temps d'une journée ou d'un week-end autour de Lyon, avec votre guide du *Petit Futé*, ou bien à l'autre bout de la planète, toujours avec votre *Petit Futé* lui aussi présent sur le salon, les professionnels de grande qualité que l'on rencontre au salon Mahana multiplient les offres. Balades et randonnées dans toute la région ou un autotour dans l'ouest des USA, c'est tout un monde qui s'ouvre à la Halle Tony Garnier le temps d'un week-end.

FOIRE

MARCHÉ DE LA MODE VINTAGE

49, quai Rambaud (2e)
✆ 04 78 42 99 27
www.marchemodevintage.com
Mars et octobre 2023.

Un saut dans le temps très à la mode. Parce que le vintage, c'est aussi de la seconde main, la preuve que la mode peut être durable. Un peu de nostalgie, beaucoup de fantaisie et de créativité venues du passé pour un événement - en mars ou en octobre comme l'an passé, les deux sans doute - à ne pas manquer. Ce marché présente la mode, le design et les accessoires des années 1950 à 1990. Luxe, mobilier, créateurs, photographes, coiffeurs, vinyles, retrogaming, danse, restauration. Si le festival se tient à date, des événements «MMV» se déroulent toute l'année.

FOIRE

MARCHÉ DE NOËL

Place Carnot (2e)
www.marche-noel-lyon.fr
En décembre 2023.

Pendant tout le mois de décembre, ça sent bon le vin chaud et le pain d'épices place Carnot. Un marché traditionnel qui se tient depuis plus d'une vingtaine d'années à Perrache, où s'installent une petite centaine de chalets. Dans les allées flotte une odeur de cannelle pendant que les visiteurs recherchent l'idée cadeau à mettre sous le sapin : artisanat local et d'ailleurs, produits du terroir, gourmandises de Noël, cadeaux originaux... Toute la famille devrait pouvoir trouver son bonheur. Le marché de Lyon offre bien plus qu'un joli décor de carte postale, puisqu'il est le seul marché de Noël en France à présenter chaque jour des animations gratuites pour toute la famille.

FOIRE

LE SALON DU RANDONNEUR

50, quai Charles-de-Gaulle (6e)
✆ 04 78 39 37 11
www.randonnee.org
Du 24 au 26 mars 2023.

La randonnée, c'est la première activité des Français et ça marche très bien en Auvergne-Rhône-Alpes ! Tous les ans, de très nombreux visiteurs, marcheurs, trekkeurs, mais aussi cavaliers et cyclo-randonneurs viennent au Salon du Randonneur à la Cité Internationale pour découvrir de nouveaux parcours sur notre territoire et partout ailleurs en France. De la balade dans son village aux itinéraires de grande randonnée, toutes les destinations sont ouvertes. Des animations pour apprendre à lire une carte topographique, faire de la cani-rando ou découvrir la marche nordique. Et tous les ans : la rando du salon de Lyon avec la FFRandonnée, à la découverte des plus beaux sites de la ville.

CINÉMA

LUMIÈRE - GRAND LYON FILM FESTIVAL

Avenue des Frères-Lumière (8e)
www.festival-lumiere.org
En octobre 2023.

Un festival unique puisqu'il se déroule dans les murs où le cinématographe fut inventé par les frères Lumière. 15e édition pour un festival particulier sans compétition, mais une sélection réalisée par des passionnés et la remise du Prix Lumière à une personnalité qui fait le cinéma. Un festival dirigé par Thierry Frémaux, montrant que la cinéphilie n'est pas qu'une affaire de critiques et que l'amour du cinéma reste en France une valeur partagée par le plus grand nombre. Ciné-concert à la Halle Tony Garnier. Réservez vos billets ! Lyon, la ville du cinéma.

CULTURE

FESTIVAL YGGDRASIL

CHASSIEU
https://festivalyggdrasil.eu
En février 2024.

Envie de vous évader le temps d'un week-end sans aller «physiquement» plus loin qu'Eurexpo, mais en partant «mentalement» loin, très loin... De l'autre côté du miroir ! Direction un festival vraiment pas comme les autres avec Yggdrasil, le festival des mondes de l'imaginaire. Le plus beau des voyages au Pays des Merveilles entre la poésie et le rêve grâce au travail d'artisans venus de toute la France et du monde entier. Que vous soyez un apprenti sorcier, un dresseur de licorne, un inventeur de machines destinées à repousser les limites du possible... Que vous soyez petits (mais pas trop non plus) ou grands, Yggdrasil vous ouvre ses portes vers l'infini et au-delà.

CULTURE

FESTIVAL ENTRE RHONE ET SAONE

(2e)
www.lyon.fr
Du 30 juin au 2 juillet 2023.

Parce que les Lyonnais et les visiteurs oublient que Lyon est une ville d'eau traversée par deux grands cours d'eau, un fleuve - le Rhône - et une rivière - la Saône -, la Ville de Lyon a mis l'eau au centre d'un festival. Début juillet aura lieu la deuxième édition - la première ayant été une véritable réussite - d'un événement à la programmation particulièrement riche avec des nombreuses activités gratuites en plein air pour tous les publics. Attention, le fameux Mâchecroute, monstre marin, reviendra dans les eaux du Rhône au niveau du pont de la Guillotière !

CULTURE

TOUT L'MONDE DEHORS

(1er)
✆ 04 72 10 30 30
De juillet à août 2023.

Dans la chaleur estivale d'une ville toujours agitée, tout l'monde est tellement mieux dehors plutôt que dans son appartement. Alors, si vous ne partez pas encore cet été, tant mieux ! Vous pourrez assister et participer à près de 150 manifestations gratuites dans la ville. Tous les arrondissements sont concernés et chacun peut trouver un événement selon ses goûts. Des projections cinématographiques avec des films pour petits et grands, de la danse en tout genre, des jeux, du sport, beaucoup de musique pour tous les styles et tous les âges, du théâtre et du cirque, des contes et des lectures, des découvertes étonnantes, sans oublier les fêtes d'été de chaque quartier.

CULTURE

FESTIVAL WOODSTOWER

5, rue d'Aguesseau (7e)
✆ 09 51 57 58 96
www.woodstower.com
Du 23 au 27 août 2023.

Un festival qui a la particularité d'exister en version été - Woodstower - et en version hiver - Wintower (en février à la Halle Tony Garnier en 2023). La version estivale se tient depuis 24 ans au Grand Parc Miribel Jonage. Un festival à la programmation éclectique qui continuera certainement avec sa belle programmation tous azimuts : world music, pop, électro, techno, rap... Ce qui ne devrait pas changer, plus que jamais d'actualité, ce sera l'engagement du festival pour le développement durable - avec l'ouverture d'un écovillage - et la promotion des jeunes talents, notamment de la région. La dernière fête de l'été au bord des eaux bleues, un festival à ne pas manquer.

DANSE

BIENNALE DE LYON

3, rue du Président-Edouard-Herriot (1er)
www.labiennaledelyon.com
Du 10 septembre au 31 décembre 2023.

Nouveau point «calendrier» pour s'y retrouver entre deux événements aussi importants l'un que l'autre pour les acteurs de la culture à Lyon. En 2023, après l'art contemporain, c'est au tour de la danse avec la 20e Biennale de la danse. Un événement majeur qui démarre toujours par le fameux défilé, la plus grande parade chorégraphique d'Europe. Pour participer à ce défilé, dont la thématique à un an des Jeux olympiques sera la rencontre entre la danse et le sport, rien de plus simple, il suffit de vous inscrire auprès de l'un des 12 groupes de toute la région AURA proposant des ateliers de danse, musique, costumerie, arts plastiques... A partir de 10 ans. De nombreux événements.

FÊTE

FÊTE DES LUMIÈRES

(1er)
www.fetedeslumieres.lyon.fr
Le 8 décembre 2023. Accès libre et gratuit.

A l'origine de cette fête populaire qui a pris des dimensions internationales, l'événement du 8 décembre 1852 quand des Lyonnais illuminèrent leurs fenêtres de lumignons en hommage à Marie (ou plutôt pour faire pression sur les autorités religieuses...), ce qui permit l'inauguration de la statue de la Vierge au sommet de la colline de Fourvière. Depuis plus de 30 ans, la ville a mis ses monuments à la disposition d'artistes de la lumière pour un véritable show qui se déroule essentiellement en Presqu'île, fermée à la circulation, et se prolonge vers le parc de la Tête d'Or. Arpentez si possible la Fête hors week-end et réservez vos hébergements à l'avance. Incontournable.

FÊTE

LA VOGUE DES MARRONS

(4e)
✆ 04 72 98 23 50
www.vogue-des-marrons.fr
Du 1er octobre au 15 novembre 2023.

La Fête des Marrons, ça rime avec tradition. La plus grande fête populaire de Lyon se tient depuis plus de 155 ans sur les hauteurs de la Croix-Rousse. Une «vogue» - fête foraine pour les non Lyonnais - qui anime le Plateau pendant plus d'un mois au rythme des manèges à sensations, train fantôme, auto-tamponneuses, pêche aux canards... et autres stands. Petits et grands adorent déambuler dans les allées d'où s'élèvent des parfums qui nous ramènent en enfance. Vivement que l'on puisse goûter aux pommes d'amour et aux marrons chauds qui participent d'une fête présente dans le cœur de tous les Lyonnais. La fête se termine vers 21h en semaine et se prolonge jusqu'à 23h le week-end.

LIVRE

LYON BD FESTIVAL

(1er)
www.lyonbd.com
Du 9 au 11 juin 2023.

Né sur la colline de la Croix-Rousse, installé au Palais du Commerce au cœur de la Presqu'île - essaimant dans les principaux lieux culturels lyonnais -, le Lyon BD Festival s'ouvre en temps «normal» par les États généraux de la Bande Dessinée, rencontre de professionnels où sont présents tous les acteurs de cet univers qui séduit toujours plus de lecteurs. Le festival « off » voit la ville de Lyon se parer aux couleurs du 9e art. Dans des lieux divers et variés, des expositions, rencontres, dédicaces, conférences mettent la bulle à l'honneur avec près de 300 artistes présents. Un programme dense et passionnant. Un Festival qui se prolonge toute l'année avec une riche programmation.

LIVRE

FESTIVAL QUAIS DU POLAR

(1er)
✆ 04 78 30 18 98
www.quaisdupolar.com
Du 31 mars au 2 avril 2023.

Le temps d'un long week-end, plongez dans l'univers du noir ! A qui profite le crime ? A Lyon et à tous les amoureux d'un genre longtemps décrié qui a trouvé ses lettres de noblesse. C'est au Palais de la Bourse que se donnent rendez-vous auteurs, éditeurs, libraires, journalistes et lecteurs présents pour partager une passion dévorante à travers de nombreuses rencontres. Pour patienter, *Petit Futé* vous recommande chaudement de suivre les indications de lecture sur le site de Quais du Polar. Un festival très dynamique et pluridisciplinaire (musique, cinéma, bande dessinée...) qui s'adresse aussi bien aux très jeunes enfants qu'aux parents. Un événement culturel et festif incontournable.

MUSIQUE

LES NUITS DE FOURVIÈRE

1, rue Cléberg (5e)
www.nuitsdefourviere.fr
De juin à juillet 2023.

Musique, danse, théâtre, cirque...Tous les arts de la scène se retrouvent sur celle, exceptionnelle, du Grand Théâtre romain de Fourvière. Une scène magique sous les étoiles - regardez bien la météo et habillez-vous en conséquence... -, une proximité étonnante avec les artistes, pour assister à des concerts, spectacles totalement inoubliables. Programmation remarquable - et places à tarifs encore raisonnables - avec plus de 150 représentations mêlant stars internationales et artistes moins connus, attirant près de 150 000 spectateurs à chaque nouvelle édition estivale. Précipitation conseillée pour avoir des places, même sans garantie d'être assis (coussins conseillés...).

LIVRE

FÊTE DU LIVRE DE BRON

BRON
✆ 04 78 26 09 31
www.fetedulivredebron.com
En mars.

Depuis plus de 35 ans, Bron célèbre la littérature contemporaine dans un lieu qui n'est pas à l'origine dédié à la culture, preuve que celle-ci peut s'épanouir partout, tout le temps. Dans le cadre exceptionnel de l'hippodrome de Parilly et d'autres lieux dans la ville, les écrivains prennent la parole lors d'une fête vivante avec des échanges et des débats, des dialogues avec des auteurs connus et de nouveaux talents qui rencontrent leurs lecteurs, mais encore une grande librairie indépendante où l'on peut découvrir des ouvrages originaux. Programmation spéciale pour le jeune public. Pendant toute l'année, découvrez les livres sélectionnés pour le prix Summer.

MUSIQUE

NUITS SONORES

(1er)
✆ 04 78 27 86 04
www.nuits-sonores.com
En mai.

C'est avec joie et fierté que nous fêterons tous ensemble, et comme il se doit, les 20 ans de Nuits Sonores en 2023 ! Notre cœur bat plus fort pendant les Nuits Sonores. Festival devenu emblématique au fil des années, il s'est installé ces dernières années aux anciennes usines Fagor du côté de Gerland. Un festival des musiques électroniques ouvert à toutes les autres musiques, du rock à la chanson française en passant par le rap et le hip-hop. Artiste emblématique du festival, de quelle manière Laurent Garnier nous régalera-t-il les oreilles pendant cette édition anniversaire ? On attend avec impatience le joli mois de mai pour voir revenir les festivaliers d'ici et d'ailleurs.

OFFICE DE TOURISME

AUVERGNE-RHÔNE-ALPES TOURISME

8, rue Paul-Montrochet (2e)
✆ 04 26 73 32 63

La région AURA s'étend sur un territoire offrant toute la gamme des activités touristiques et des sites fantastiques. Au centre, il y a la métropole de Lyon avec l'Hôtel de Région installé dans le quartier de Confluence. Lyon est la base idéale pour rayonner entre volcans d'Auvergne, sommets des Alpes, plaine de Bresse et collines provençales. Des lacs aux rivières en passant par les chemins, à commencer par ceux de Compostelle, des balades s'ouvrent à toute la famille. Gastronomie, sport, culture, loisirs, les plus belles expériences sont à vivre en Auvergne-Rhône-Alpes.

OFFICE DE TOURISME

OFFICE DE TOURISME DE LYON

Place Bellecour (2e) ✆ 04 72 77 69 69
www.lyon-france.com
Ouvert tous les jours de 9h30 à 18h. Fermé le jour de Noël et du Nouvel An.

Visiteur d'un jour, d'un plus long séjour, Lyonnaise, Lyonnais de toujours, l'office de tourisme de Lyon est là pour vous. Passage incontournable par le splendide pavillon de la place Bellecour où des experts, parlant plusieurs langues, vous accueillent dans les meilleures conditions (grand écran, wifi gratuit...). Conseils avisés pour partager tous les secrets d'une ville aux richesses incroyables. C'est ici que l'on prend sa Lyon City Card pour se faciliter la ville. Les groupes sont les bienvenus avec des visites sur mesure. La première destination pour découvrir Lyon.

OFFICE DE TOURISME

BUREAU DES CONGRÈS ET DES SALONS

Place Bellecour (2e) ✆ 04 72 77 72 40
https://events.lyon-france.com
Ouvert tous les jours de 9h à 18h. Fermeture les 1er mai, 25 décembre et 1er janvier.

Le tourisme d'affaires, les activités événementielles reprennent et c'est vital pour Lyon, 2e place des villes de congrès en France, notamment dans les secteurs scientifiques et médicaux. Avec près de 20 000 chambres d'hôtels, 200 espaces de réunion dont 4 sites majeurs, Lyon offre de nombreux atouts pour recevoir des événements petits et grands. Et pour répondre aux enjeux environnementaux actuels, organisez un événement écoresponsable avec des partenaires engagés dans la démarche. Etude de faisabilité de votre événement gratuite auprès du Bureau des Congrès.

OFFICE DE TOURISME

ONLY LYON

Place Bellecour (2e)
✆ 04 72 77 69 69
www.onlylyon.org
Ouvert tous les jours et les jours fériés de 9h à 18h.

Encore une fois, Lyon a été précurseur en créant, il y a 15 ans, une marque territoriale pour «agir ici et changer demain». En 15 ans, ONLY LYON s'est affirmé comme un véritable état d'esprit qui anime près de 30 000 ambassadeurs qui font rayonner Lyon en France et à l'international. De nombreuses actions sont menées afin de renforcer la notoriété et la compétitivité d'une ville capitale qui attire projets et touristes du monde entier. Faire connaître et faire aimer Lyon, des buts que l'on peut facilement partager en devenant ambassadeur ONLY LYON. Connectez-vous vite sur le site, c'est facile, c'est gratuit et en plus vous participerez à la vie d'un véritable réseau d'influenceurs.

OFFICE DE TOURISME

LYON CITY CARD

(2e)
www.lyoncitycard.com
Tarifs adulte de 27 €/1 jour à 57 €/4 jours. Promo web 24,90 €/1 jour, 33,90 €/2 jours. CityCard365 31 €.

Se faire plaisir en découvrant Lyon et faire des économies en même temps, c'est super futé ! Pour tout voir à Lyon, pour se déplacer sans compter pendant son séjour de 1 à 4 jours, la Lyon City Card offre la meilleure solution. Transports TCL illimités, accès libre dans 24 musées, visite guidée, croisière sur la Saône, tous les spectacles de Guignol, des réductions dans les grands magasins de la ville et de nombreuses offres spéciales pour profiter de bien d'autres activités... Vous n'avez pas fini de vous faire plaisir en faisant de sérieuses économies. Et avec la nouvelle Lyon City Card 365, offrez-vous un an d'escapades avec accès à 3 activités de découverte et 1 visite guidée !

OFFICE DE TOURISME

RHÔNE TOURISME

29, cours de la Liberté (3e)
www.rhonetourisme.com

Lyon, centre de la Métropole, demeure géographiquement au cœur du département du Rhône. La moindre escapade lyonnaise nous emmène naturellement dans le Rhône à la découverte de paysages variés, passant de la moyenne montagne aux plaines alluviales. Au nord, le Pays beaujolais et ses célèbres vignobles en pente douce sur des monts offrant de belles balades familiales. Aux portes de Lyon, à l'ouest, le Lyonnais, monts et coteaux. Toujours des vignobles sur les contreforts du Massif central, mais aussi les aqueducs à découvrir. Enfin, au sud, la région de Condrieu. Encore des vignobles mondialement réputés, la beauté naturel du Parc régional du Pilat et la douceur de la vallée du Rhône.

MONUMENTS & ÉDIFICES

GRAND HÔTEL-DIEU

Rue Bellecordière (2e)
www.grand-hotel-dieu.com

Patrimoine lyonnais, cet ancien hôpital fondé au Moyen Age, et fermé en 2010, a fait l'objet de la plus belle des réhabilitations. Avec son élégante façade de 400 m sur les quais du Rhône, son sublime dôme dessiné par Soufflot sous lequel se trouve l'un des plus beaux bars du monde, ses murs qui abritent un hôtel Intercontinental, de belles boutiques et restaurants pour tous les goûts, le Grand Hôtel-Dieu s'impose comme un incontournable dans la visite de Lyon. Plaisir de déambuler autour du cloître pour se rendre dans les Halles, sur les terrasses ouvertes sur cour des bars et restaurants ou à l'étonnant Musée de l'Illusion. Ne pas manquer de visiter aussi la chapelle. Un lieu de vie.

NEW

SITE DE DÉCOUVERTE

CITÉ INTERNATIONALE DE LA GASTRONOMIE

4, Grand Cloître du Grand Hôtel-Dieu (2e)
www.citegastronomielyon.fr

Ouvert mer et du ven au dim 11h-19h, jeudi 13h-21h. Gratuit -18 ans. Adulte 7 €, réduit 4,50 €. Gratuit 1er dim du mois.

Pas une nouveauté, mais une nouvelle version de la Cité Internationale de la Gastronomie installée dans le Grand-Hôtel Dieu. Beaucoup plus accessible, notamment côté tarifs, aux visiteurs, cette Cité a le projet de concilier dans ce lieu grandiose une gastronomie vivante, locavore, valorisante pour les métiers de l'alimentation et de l'agriculture du territoire. Régis Marcon, le chef 3 étoiles, a imaginé l'expo *Bonnes tables, belles tables*, mettant en valeur les arts de la table et l'art très français du service à table. Exposition *Banquet* jusqu'en novembre 2023.

MONUMENTS & ÉDIFICES

HÔTEL DE VILLE

1, place de la Comédie (1er)
✆ 04 72 10 30 30

Visites sur réservation auprès de l'office de tourisme.

C'est l'un des lieux emblématiques de la ville, s'ouvrant sur deux de ses façades vers des places elles aussi incontournables (place des Terreaux et place de la Comédie). C'est au début du XVIIIe siècle que Jules Hardouin-Mansart, architecte de Versailles et du Dôme des Invalides, entreprend la restauration d'un bâtiment qui avait brûlé en 1674. Facilement identifiable avec son beffroi doté d'un carillon de 65 cloches, dont trois datent de 1675, l'Hôtel de Ville de Lyon dispose de salons richement décorés d'étoffes de soie. Son atrium est parfois ouvert au public lors d'événements et il est possible de visiter le bâtiment avec un guide de l'Office de Tourisme (uniquement sur réservation).

MONUMENTS & ÉDIFICES

MAISON DES AVOCATS

60, rue Saint-Jean (5e)

Parce qu'elle est la plus visible, la plus simple d'accès pour les visiteurs et l'une des plus belles demeures Renaissance du secteur sauvegardé classé au Patrimoine mondial de l'Humanité. La Maison des Avocats est une bâtisse du XVe siècle située dans le Vieux Lyon, au 60 de l'historique et très passante rue Saint-Jean. Elle se compose de trois corps de bâtiments, d'une splendide galerie sur cour de type toscan (visible depuis la rue de la Bombarde) et a été le siège de l'Ordre des Avocats jusqu'en 1990, d'où son nom. Elle accueille aujourd'hui le musée de la Miniature et du Décor de Cinéma, une autre merveille qui permet aussi d'admirer la Maison sous toutes ses coutures.

MUSÉE

LA MAISON DES CANUTS

10-12, rue d'Ivry (4e) ✆ 04 78 28 62 04
www.maisondescanuts.com

Ouvert du mardi au vendredi 10h-13h et 14h-18h, samedi 10h-18h. Visites commentées à heures fixes. Entrée 2 €/adulte.

Maîtres Tisseurs de fils d'or, d'argent et de soie, les Canuts ont façonné par leur ingéniosité et leur travail une partie de l'histoire lyonnaise et de l'histoire de France. En effet, les Canuts sont à l'origine des premières révoltes ouvrières au début du XIXe siècle avec leur célèbre devise : « Vivre en travaillant ou mourir en combattant ». Dans cette maison à visiter impérativement, 3 salles d'exposition pour tout comprendre des Canuts et de la Fabrique, nom de l'industrie de la soie à Lyon. Atelier animé lors des visites commentées pour voir un métier à bras Jacquard en activité. Boutique présentant les accessoires de mode signés Philéone, marque 100% lyonnaise de la Maison des Canuts.

MUSÉE

MUSÉE DE L'ILLUSION

1, rue Bellecordière (2e) ✆ 04 78 85 91 39
https://museedelillusion.fr

Ouvert tous les jours 10h-21h, du jeudi au samedi jusqu'à 22h. Adulte 18 €. Famille (2 adultes + 2 enf) 45 €.

Juste une illusion... Mais dans un monde où l'on a parfois du mal à démêler le faux du vrai, il est bon de découvrir les techniques qui «embrouillent» nos sens et notre cerveau pour nous mettre littéralement sens dessus dessous ! Des illusions d'optique - trompe-l'œil, murs inclinés... - avec la possibilité de se mettre en scène dans des situations étranges, photos à l'appui ! Et à chaque fois des explications rationnelles qui vous montrent scientifiquement pourquoi vos sens nous ont trompés. Accrochez-vous dans un tunnel Vortex qui va vous faire tituber un bon moment, même après la sortie... Ludique et instructif, même si l'expérience nous semble un peu courte pour le tarif.

MUSÉE

MUSÉE DE L'IMPRIMERIE ET DE LA COMMUNICATION GRAPHIQUE

13, rue de la Poulaillerie (2e) ✆ 04 78 37 65 98 - M° Cordelier
www.imprimerie.lyon.fr

Ouvert mercredi au dimanche de 10h30 à 18h. Adulte 6 € (8 € si expo), tarif réduit 4 €. Gratuit -18 ans.

L'humanité a évolué grâce à la découverte du feu, de la roue et... de l'imprimerie. Le Musée de l'imprimerie et de la communication graphique retrace l'histoire de l'invention de Gutenberg, dont le musée possède un inestimable feuillet de la Bible, premier ouvrage imprimé en 1450. Lyon, qui fut au XVIe siècle l'une des capitales de l'imprimerie en Europe, nous ouvre les portes d'un lieu vivant. Atelier d'imprimerie en activité et ateliers pour mieux saisir tous les enjeux de l'impression. Expositions temporaires. Un musée qui conserve une partie de l'âme lyonnaise.

MUSÉE

MUSÉE DES BEAUX-ARTS DE LYON

20, place des Terreaux (1er) ✆ 04 72 10 17 40 - M° Hôtel de Ville Louis Pradel. Bus lignes 1, 3, 6, 13, 18, 19, 44. - www.mba-lyon.fr

Ouvert tous les jours, sauf mardi et jours fériés, 10h-18h (ven 10h30). Adulte 8 €. Réservation en ligne.

Lyon abrite place des Terreaux un joyau qui en contient bien d'autres. Il faut de franchir la porte du palais Saint-Pierre, ancienne abbaye bénédictine, pour s'émerveiller devant les œuvres du MBA. Classé parmi les plus beaux musées français, notamment pour la richesse de ses collections, le musée des Beaux-Arts de Lyon offre à ses visiteurs un voyage dans le temps. De l'Égypte ancienne à l'art moderne, de la peinture à la sculpture, le musée conserve de nombreuses œuvres d'artistes lyonnais. Les expositions temporaires renforcent l'intérêt d'un musée iconique.

MONUMENTS & ÉDIFICES

OPÉRA DE LYON

Place de la Comédie (1er) ✆ 04 69 85 54 54
www.opera-lyon.com

Visites individuelles à partir de 12 ans. Réservation sur le site Internet. Tarif unique 10 €.

La meilleure perspective sur ce chef-d'œuvre d'architecture remis au goût du jour par Jean Nouvel en 1993 se voit depuis les escaliers du Vieux Lyon ou depuis la colline de Fourvière. Difficile de lever la tête depuis la place de la Comédie vers les 17 étages et la fameuse verrière demi-cylindrique. Sous les arcades de l'entrée, de nombreux jeunes danseurs de hip-hop montrent que la danse n'a plus de frontières. Opéra National depuis 1996, l'Opéra de Lyon accueille dans une magnifique salle de la danse et des spectacles lyriques. Programmation complète à retrouver sur le site Internet de l'Opéra. Visite guidée en partenariat avec l'office de tourisme de Lyon sur réservation.

MUSÉE

MUSÉE DES CONFLUENCES

86, quai Perrache (2e) ✆ 04 28 38 12 12
www.museedesconfluences.fr

Ouvert du lundi au dimanche de 10h30 à 18h30, 1er jeudi du mois jusqu'à 22h. Gratuit -18 ans. Adulte 9 €.

Un musée du XXIe siècle qui réussit le pari de faire voyager ses visiteurs à travers le temps et l'espace pour mieux comprendre l'homme et le monde dans leur complexité. Une approche nécessaire dans notre société actuelle qui a tendance à tout vouloir simplifier dans un repli sur elle-même. Incroyable bâtiment aérien à la pointe de la Confluence, juste à la pointe entre Rhône et Saône, ce musée offre non seulement la meilleure image d'une ville moderne à son entrée Sud, mais surtout des collections inédites que chacun peut découvrir à son rythme dans une muséographie incroyable. Tous les visiteurs trouvent leur place dans cette immense structure en transparence où l'on est guidé par un personnel adorable qui sait nous diriger selon nos attentes. Il y a les «flâneurs» qui se baladent et qui montent (c'est gratuit !) dans le bâtiment tout en transparence jusqu'au 4e étage admirer la vue sur Lyon, les «visiteurs» qui montent au niveau 2 du «Nuage», structure métallique revêtue d'inox, pour découvrir les collections permanentes sur plus de 3 000 m². Celles-ci sont réparties en quatre expositions distinctes : Origines, les récits du monde ; Espèces, la maille du Vivant ; Sociétés, le théâtre des hommes ; Eternités, visions de l'au-delà - dans quatre espaces à visiter à son rythme, selon ses centres d'intérêt, pour découvrir les 8 000 objets (sur les 3 millions dont dispose le musée en réserve) exposés, avec des pièces uniques au monde et des collections prestigieuses, dans des salles aux scénographies différentes, profitant des dernières technologies (vidéo, audio, écrans tactiles) pour une muséographie vraiment interactive. Impressionnants squelettes de dinosaures ou inquiétante momie péruvienne, fragment de Lune à toucher et nombreux animaux terrestres à regarder : des objets du passé et du futur qui racontent tous une histoire, ouvrant des pistes de réflexion, apportant des solutions, s'adressant à tous les publics. La Galerie Émile Guimet rend hommage aux donateurs du musée des Confluences. 250 objets qui témoignent de la richesse et de la diversité des dons réalisés par d'authentiques passionnés. Musée contemporain, musée merveilleux qui ne se contente pas d'exposer, mais qui éveille des sentiments, nous parle de l'humanité, de la nature, nous ouvre des horizons et fait de chacun de nous un explorateur dans un monde en mouvement. Plus qu'un musée, un véritable lieu d'échange et de partage culturel. Des échanges qui se prolongent à travers de superbes expositions temporaires en 2023 : *Magique*, jusqu'en mars 2023, qui nous montre les pratiques magiques du monde, mais qui nous dit aussi combien une certaine forme de magie est présente au quotidien dans nos vies ; *Nous, les fleuves*, jusqu'en août 2023, nous fait suivre le cours d'un fleuve imaginaire dont on découvre tous les mystères ; *Secrets de la Terre*, jusqu'en décembre 2024, qui met en lumière la richesse d'un monde minéral exploité par l'homme pour construire son habitat, fabriquer ses outils et ses machines ou produire de l'énergie avec de nombreux enjeux environnementaux. Visites guidées passionnantes. Un musée pour comprendre et rêver le monde.

LE PATRIMOINE À L'HONNEUR

VIEUX LYON, FOURVIÈRE ET VAISE

MUSÉE

LUGDUNUM - MUSÉE ET THÉÂTRES ROMAINS

17, rue Cléberg (5e) ✆ 04 72 38 49 30
lugdunum.grandlyon.com
Du mardi au vendredi 11h-18h, week-end 10h-18h. Tarifs adulte de 2,50 à 7 €. Gratuité -18 et 1er dimanche du mois.

Lyon est une terre idéale pour remonter le temps. Lugdunum fut l'une des plus grandes et des plus belles capitales de l'Empire romain. Pour la découvrir de nos jours : un magnifique musée, véritable spirale à remonter le temps construit par l'architecte Zehrfuss, et un site archéologique comprenant deux monuments majeurs : un des plus anciens théâtres de la Gaule et un des plus luxueux odéons de l'Empire romain. De nombreuses offres de visites adaptées à tous les publics pour admirer l'une des plus riches collections archéologiques de France sur un site grandiose.

MUSÉE

L'ANTIQUAILLE

49, montée Saint-Barthélémy (5e) ✆ 09 72 41 14 98
http://antiquaille.fr
Ouvert du mercredi au samedi 10h à 18h, dimanche 14h à 18h. Gratuit -6 ans. Adulte 7 €. Enfant 4 €.

Lyon et le christianisme. Une longue histoire remontant aux Ier et IIe siècles de notre ère alors que la capitale des Gaules abrite une importante communauté chrétienne. Cet Espace Culturel du Christianisme à Lyon, aménagé sur le site de l'Antiquaille trop méconnu des Lyonnais, utilise toutes les techniques actuelles afin de présenter de manière vivante une histoire agitée. Autour d'un cloître, 15 salles et un parcours animé conduisant les visiteurs jusqu'au cachot de saint Pothin, premier évêque de Lyon et martyr, et à la crypte des mosaïques où se trouvent les noms de tous les martyrs. Un site unique qui nous fait voyager dans un passé qui ne s'adresse pas qu'aux chrétiens.

MUSÉE

GADAGNE / MAM / MHL

1, place du Petit-Collège (5e) ✆ 04 78 42 03 61 - Bus C3, C14, 19, 31 - Mo Vieux-Lyon. - www.gadagne-lyon.fr
Ouvert du mercredi au dimanche de 10h30 à 18h. Gratuit -18 ans. Tarifs 8 € plein, 6 € réduit.

Ancré dans le passé, Gadagne nous emmène vers la modernité. Installé dans l'une des plus belles demeures Renaissance du Vieux Lyon, abritant des objets emblématiques de l'histoire de la ville, Gadagne fait le lien entre passé et présent. Un lieu vivant où se racontent de belles histoires dans les 2 musées. Au MAM, dans un nouveau parcours, les marionnettes se tournent vers la création contemporaine. Au MHL, l'identité de Lyon se révèle à travers des objets emblématiques et l'histoire de la ville se déroule sous nos yeux. Expositions permanentes et temporaires se répondent. Visites guidées et contées, stages, ateliers et nombreux événements font aussi de Gadagne un lieu vivant.

EDIFICE RELIGIEUX

BASILIQUE NOTRE-DAME DE FOURVIÈRE

8, place de Fourvière (5e)
✆ 04 78 25 13 01
www.fourviere.org
Ouvert tous les jours de 7h à 19h. Visites guidées.

De construction «tardive» (fin du XIXe siècle), la basilique Notre-Dame de Fourvière est devenue l'emblème sacré de Lyon. Dominant la ville du haut de la «colline qui prie», la basilique fascine et intrigue par sa blancheur et ses lignes inhabituelles pour un édifice religieux, lui conférant le titre affectueux «d'éléphant retourné». L'imposant édifice a été construit à l'emplacement d'un sanctuaire marial sur lequel était bâtie une petite chapelle dédiée à la Vierge. Sanctuaire qu'il fallut agrandir au cours des siècles en raison de l'affluence du succès croissant du pèlerinage à Marie (remerciée chaque année en décembre depuis la colline avec des lettres illuminées). Au milieu du XIXe siècle, des projets d'agrandissement sont présentés, notamment par Blanchon et Bossan en surplomb du versant ouest de la colline. C'est en 1870 que l'archevêque Jacques Ginoulhiac prononce le vœu d'agrandir le sanctuaire si la ville est épargnée par les armées prussiennes. La ville étant épargnée, c'est le 7 décembre 1872 que la première pierre de l'édifice imaginé par l'architecte Pierre-Marie Bossan est posée. La construction de cette cathédrale moderne est unique en son genre, réunissant architectes et artistes autour des plans d'un Bossan très controversé. Fourvière, comme elle est appelée couramment, est une véritable «citadelle mystique» faite de pierres brutes, flanquée de quatre tours lui donnant l'aspect d'une forteresse de la foi. C'est aussi de la dentelle de pierres finement ciselées, pourvue d'une abondante décoration de mosaïques, le tout inséré dans un style byzantin peu utilisé en France. De la crypte obscure à l'église lumineuse, c'est tout un parcours symbolique qui s'offre au visiteur touché par les nombreuses figures mariales présentes à l'intérieur. Alors que les décors étaient loin d'être achevés - ils ne le seront qu'en 1964, soit un siècle après le début des travaux ! -, la consécration de Notre-Dame de Fourvière a lieu le 16 juin 1896. Ce lieu de culte à nul autre pareil a reçu la visite du pape Jean-Paul II en 1986. Aujourd'hui, la basilique reste le monument le plus visité de la région Auvergne-Rhône-Alpes. Pour accéder à Fourvière, privilégiez le métro (funiculaire au départ du Vieux Lyon), car les places de parking sont rares. A la sortie du métro, Fourvière impressionne le visiteur par sa façade occidentale blanche. Depuis le parvis, on peut accéder aux deux églises qui composent l'édifice. L'église basse, qui n'est pas vraiment une crypte, offre un vrai cheminement tel un pèlerinage. L'église haute, accessible par des escaliers à double volée, présente des mosaïques relatant l'histoire de la Vierge Marie. Le musée de Fourvière, actuellement en rénovation, abrite de superbes pièces d'orfèvrerie sacrée. Autre visite à faire absolument, celle des Toits de Fourvière. Après avoir monté 345 marches, le visiteur atteint le paradis en marchant sur les toits de la basilique, découvrant l'envers du décor. Le panorama qui s'ouvre là-haut est fantastique. Fourvière, la plus belle «vision» de Lyon.

LUGDUNUM

METTRE LE PASSÉ AU PRÉSENT

Entretien avec Claire Iselin, directrice de Lugdunum Musée et théâtres romains, qui nous explique comment, avec ses équipes, elle veut rendre le savoir accessible à tous les publics.

C'est quoi Lugdunum Musée et théâtres romains ?

C'est un musée de site qui a la particularité d'occuper l'espace lyonnais sur 6 hectares. Nous intervenons à trois niveaux : le musée avec son parcours permanent qui présente l'histoire de Lyon dans l'Antiquité, de l'événementiel et des expositions temporaires ; à l'échelle des sites antiques connus, le grand théâtre et l'odéon, moins connu, mais que nous voulons mettre en valeur et le hors les murs pour irriguer le territoire et toucher un plus large public.

Comment faire découvrir tous les sites antiques de Lyon ?

Notre rôle premier, en plus de la transmission du patrimoine, c'est d'accueillir tous les publics. Nous travaillons sur un projet de valorisation des sites à l'horizon 2025. Lyon est une ville parsemée de vestiges auxquels il faut redonner vie. Pour cela, nous allons proposer une expérience immersive. À travers des panneaux explicatifs, des maquettes, nous allons restituer les monuments complets dans l'environnement de l'époque. En complément, le numérique permettra une immersion encore plus grande. Une signalétique urbaine sera mise en place. Enfin, la découverte se fera aussi hors les murs via des outils de médiation.

De nombreux événements animent le musée et les sites antiques. Quel est le programme 2023 ?

Notre événementiel est varié : Nuit des Musées (13/05), Journées européennes de l'archéologie (16 au 18/06), Musée'stival de juin à fin août. Après les Journées du Patrimoine (16/09) aura lieu la 3e édition du Festival Romain et le lancement de notre nouvelle exposition temporaire. Après *Spectaculaire ! Le divertissement chez les Romains* qui se termine en juin, nous accueillerons à la rentrée une exposition originale en Lego qui nous fera voyager à travers l'Empire romain. 38 maquettes, dont 4 inédites de monuments lyonnais reconstitués en briques Lego. Les visiteurs viennent comme ils sont et nous nous chargeons de tous les intéresser.

› LUGDUNUM - MUSÉE ET THÉÂTRES ROMAINS

17, rue Cléberg – Lyon 5e
✆ 04 72 38 49 30
lugdunum.grandlyon.com

© DR

© DR

© DR

LE PATRIMOINE À L'HONNEUR

RHÔNE RIVE GAUCHE

MUSÉE

MUSÉE D'ART CONTEMPORAIN - MAC

81, quai Charles-de-Gaulle (6e) ✆ 04 72 69 17 17 - Bus TCL lignes C1, 4, 58 : arrêt Musée d'art contemporain.
www.mac-lyon.com
Ouvert du mercredi au dimanche de 11h à 18h. Tarif selon expos.

Ce musée ne présente pas une collection permanente – bien que le MAC possède plus de 1 400 œuvres regroupées dans un pôle des Musées d'Art de Lyon –, mais uniquement des expositions temporaires ou itinérantes dans un lieu modulable. Au cœur de la Cité internationale, le musée d'Art contemporain – le MAC Lyon – est accessible à tous les publics. Après les artistes de la biennale de Lyon, qui le MAC mettra-t-il à l'honneur en 2023 ? Des rendez-vous où tous les publics trouvent du plaisir, ne serait-ce que celui de la découverte dans un musée « décloisonné ».

MUSÉE

MUSÉE LUMIÈRE

25, rue du Premier-Film (8e) ✆ 04 78 78 18 95
www.institut-lumiere.org
Ouvert du mardi au dimanche de 10h à 18h30. Gratuit -7 ans. Adulte 8 €. Audioguides ou visites guidées +3 €.

C'est ici que le cinéma est né. Installé dans le « château Lumière », ce musée est consacré à la vie et aux inventions des frères Lumière, Louis et Auguste. Une grande partie du musée est dédiée au cinéma, avec la présentation du célèbre appareil n°1 inventé à Lyon en 1895, réalisant les premières prises de vue cinématographiques. Dans les 21 pièces, de nombreux objets témoignent de l'ingéniosité des deux frères en marche vers une nouvelle ère. Un voyage dans le temps à travers la culture. Ne pas manquer la boutique, de l'autre côté de la rue, avec quelques bijoux pour enrichir votre cinémathèque. Un lieu magique où une certaine vision de la modernité est née en même temps que le cinéma.

MUSÉE

MUSÉE URBAIN TONY GARNIER

4, rue des Serpollières (8e) ✆ 04 78 75 16 75
www.museeurbaintonygarnier.com
Accueil boutique du mar au sam 14h-16h. Visite appart du mar au sam à 14h30 et 16h30. Accès libre parcours permanent.

C'est dans les années 1930 que Tony Garnier imagine et construit dans le quartier des États-Unis une cité d'Habitations à Bon Marché, précurseurs des HLM. Ce Musée Urbain propose de découvrir l'histoire du quartier et l'œuvre de l'architecte urbaniste à travers 25 grandes fresques murales en solo avec un histoguide et un roadbook ou en balade guidée et visite de l'appartement 1930, reconstitution d'un logement moderne des années 30. Au musée, des expositions temporaires consacrées à l'architecture et l'urbanisme, ainsi qu'une boutique. Visite originale.

MUSÉE

MUSÉE JEAN COUTY

1, place Henri-Barbusse (9e) ✆ 04 72 42 20 00
www.museejeancouty.fr
Ouvert du mercredi au dimanche de 11h à 18h. Gratuit -12 ans. Adulte 6 €. Tarifs réduits 4 €.

Être témoin de son temps, donner sa vision des hommes, des villes et des paysages qui se transforment à travers une peinture capturant le réel bien mieux qu'une image, c'est l'art du Lyonnais Jean Couty (1907-1991). Peintre majeur qui traversa le XXe siècle, il eut l'art de rendre compte de son époque. Le public curieux de découvrir l'homme, mais aussi la ville de Lyon qu'il aimait tant, visite le Musée d'art moderne et contemporain Jean Couty. Créé par Charles Couty, le fils du peintre, à côté de la demeure familiale face à l'île Barbe, le Musée permet d'admirer des œuvres connues ou inédites de l'artiste. Expos temporaires et thématiques pour faire de belles découvertes.

MUSÉE

OL LE MUSEE

10, avenue Simone Veil - **DÉCINES-CHARPIEU** ✆ 08 92 69 69 69
Accès par la mezzanine d'OL Store (entrée nord du stade).
www.groupama-stadium.com/ol-le-musee
Ouvert samedi 10h à 19h, dimanche 10h à 18h. Ouvert 7j/7 vacances scolaires. Gratuit -5 ans. Adulte 10 €.

L'OL, c'est Lyon. Un club qui porte haut les couleurs de la ville. Mais connaissez-vous l'histoire d'un des plus grands clubs européens ? Connaissez-vous les coulisses et les vestiaires d'une équipe qui a vu passer plein de grands joueurs et entraîneurs ? Installé dans le Groupama Stadium, ce musée est unique en France, notamment par les technologies de pointe utilisées pour immerger le visiteur dans le jeu. Grâce aux hologrammes, vivez une mi-temps dans les vestiaires avec les grands capitaines lyonnais, jouez dans les espaces, arrêtez les tirs ou marquez un penalty... Un musée riche en émotions et en histoires à partager. À compléter par une visite du stade. Passion et émotion au Musée OL.

MUSÉE

THE DISTURB HOUSE MUSEUM

144, avenue de la Colombe - **GRIGNY** ✆ 06 76 78 49 27
https://thedisturbhousemuseum.book.fr
Ouvert du mardi au samedi. Se renseigner pour les horaires. Gratuit -10 ans. Adulte 8 €. Skateshop en accès libre.

Un Disturb House Museum qui nous emmène à Grigny, au sud de la Métropole, dans un quartier résidentiel où l'on ne s'attend pas à découvrir ce musée au nom aussi original que son contenu. Dimitri Jourdan est tellement passionné par le skateboard qu'il a le projet d'ouvrir le premier musée français de la planche à roulettes. Présentation d'une incroyable collection de plus de 500 skateboards aux formes, aux couleurs, aux usages variés, d'authentiques pièces de musée allant du vintage aux séries limitées. En complément, des œuvres d'artistes liés à la discipline, ainsi qu'une bibliothèque-vidéothèque sur le skate pour alimenter la curiosité des passionnés. Skateshop et conseils d'un passionné.

MUSÉE

MUSÉE DE SCIENCES BIOLOGIQUES DOCTEUR MÉRIEUX

309, avenue Jean-Colomb - **MARCY-L'ETOILE** ✆ 04 37 20 01 01
www.musee-docteur-merieux.com

Ouvert du mercredi au vendredi 10h-12h30 et 14h-17h, dimanche 14h-18h (sur résa). Gratuit -16 ans. Adulte 5 €.

A Marcy-l'Etoile, où débuta l'aventure Mérieux, plongez au cœur du vivant en découvrant les micro-organismes qui nous entourent, nous habitent et, parfois, diffusent des maladies infectieuses contre lesquelles il faut lutter. Visites guidées, animations, ateliers pédagogiques, expositions temporaires. Visite passionnante d'un musée qui fait le lien entre biologie, médecine et sciences humaines, le passé et le futur. Un musée qui ferme temporairement ses portes cette saison pour les rouvrir fin 2023 sur un nouveau parcours permanent et des expériences de visites étonnantes.

MUSÉE

MUSÉE HENRI MALARTRE DE L'AUTOMOBILE

645, rue du Musée - **ROCHETAILLÉE-SUR-SAÔNE**
✆ 04 78 22 18 80 - www.musee-malartre.com

Ouvert toute l'année du mercredi au dimanche 10h30-18h (uniquement sam et dim en janvier). Gratuit -18 ans. Adulte 6 €.

Les voitures vous font vibrer ? Nous aussi. Pour vivre de belles émotions autour des plus belles voitures, direction le Musée Henri Malartre de l'automobile. Aux portes de Lyon, dans le cadre merveilleux du château de Rochetaillée, la prestigieuse collection d'Henri Malartre composée de pièces rares comme une Ford T, un mythique taxi de la Marne, la monstrueuse Mercedes blindée d'Hitler ou une Gordini GP. Au total, une centaine de voitures de 1892 à nos jours, avec des marques lyonnaises à l'honneur. Possibilité de privatiser le musée ou une voiture de prestige.

MUSÉE

LA DEMEURE DU CHAOS

17, rue de la République - **SAINT-ROMAIN-AU-MONT-D'OR**
✆ 04 78 22 35 24 - www.demeureduchaos.com

Ouvert uniquement de mars/avril à octobre, à l'occasion de temps forts. Voir l'agenda du site Internet. Gratuit.

Si l'art est le miroir d'une époque, la Demeure de Chaos est le musée du futur. Un musée qui - après des batailles juridiques et des victoires historiques pour défendre l'art contemporain - a changé ses habitudes d'ouverture en 2022. Désormais, jours d'ouverture et événements seront intimement liés et annoncés au fur et à mesure sur le site Internet. Donc, plus d'ouvertures systématiques les week-ends, mais des événements à suivre avec beaucoup d'intérêt. Et toujours 6 500 œuvres d'art : peintures, portraits, graffitis, sculptures, installations, œuvres numériques, performances... A découvrir pour suivre le véritable flux de création artistique de cette Demeure vivante.

SITE DE DÉCOUVERTE

BELVEDERE CENTRALE DE CUSSET

85, rue Pierrefrite
VILLEURBANNE

Ouvert tous les jours de 7h à 19h en été, de 8h à 18h en hiver.

© EDF_TOMA-DENIS-CHAUSSENDE

© EDF_TOMA-DENIS-CHAUSSENDE

L'hydroélectricité est la première source d'énergie renouvelable. Pour découvrir cette énergie verte, direction le Belvédère de la centrale hydroélectrique de Cusset. Construite il y a plus de 120 ans, cette centrale continue de produire une énergie propre et renouvelable. Un belvédère accessible par une passerelle métallique vous amène au plus près du bâtiment. Sentez l'humidité de l'air, la puissance de l'eau, le vrombissement des machines ! Avec un smartphone, la réalité augmentée vous permettra de visiter l'intérieur de l'usine pour comprendre son fonctionnement.

LE PATRIMOINE À L'HONNEUR
VIEUX LYON, FOURVIÈRE ET VAISE

NEW

MUSÉE

MUSEE DE FOURVIERE

8, place de Fourvière (5e)
www.fourviere.org
Ouvert tous les jours de 14h à 17h30.

Installé dans la Maison Carrée, sur la colline de Fourvière, ce musée nous fait découvrir, notamment à travers une très riche collection d'objets d'art sacré, l'histoire de Fourvière et de l'église de Lyon. Magnifiques ouvrages d'orfèvrerie par les plus grands maîtres en la matière, textiles religieux, objets de la piété lyonnaise, documents liés à la construction de la basilique. Fourvière est un haut lieu de spiritualité depuis l'Antiquité, puisque des fouilles récentes sous le bâtiment ont permis de mettre au jour les vestiges d'un temple romain. Sur un site exceptionnel, un musée sacrément surprenant. Exposition Marcoville «Lumières Célestes» jusqu'au 1er octobre 2023.

MUSÉE

LE PETIT MUSÉE DE GUIGNOL

6, rue Saint-Jean (5e)
✆ 04 78 37 01 67
www.musee-de-guignol.fr
Ouvert lundi 14h à 18h, du mardi au dimanche 10h30 à 12h30 et 14h à 18h30. Adulte 5 €. Gratuit -2 ans.

Figure emblématique de Lyon, Guignol a son Petit Musée dans le quartier de Saint-Jean. Sur deux étages, le plus célèbre des Gones vous livre tous ses secrets, de sa fabrication dans un morceau de bois de tilleul à sa manipulation par de véritables artistes. Créé par une famille d'authentiques passionnés de Guignol, ce musée permet aux visiteurs de découvrir la grande «famille» de Guignol, personnage impertinent inventé par Laurent Mourguet. Des extraits vidéo de « pestacles » pour une visite aussi amusante qu'instructive à faire en famille. Belle boutique.

EDIFICE RELIGIEUX

PRIMATIALE SAINT-JEAN-BAPTISTE

70, rue Saint-Jean (5e) ✆ 04 78 54 76 21
https://primatiale.fr
Ouvert du lundi au vendredi 8h15-19h45, samedi 8h15-19h, dimanche 8h-19h. Ouverture à 13h les jours fériés.

Primatiale des Gaules, foyer de l'Église de France, la cathédrale Saint-Jean-Baptiste-Saint-Etienne est située sur les bords de Saône, dans le quartier auquel elle a donné son nom : Saint-Jean. Les premiers chrétiens, réunis au IIe siècle autour de saint Pothin et saint Irénée, avaient édifié, dès le Ve siècle, une église dans le même périmètre, sans doute la plus ancienne de France (d'où son titre de «primatiale»). La façade a été ravalée en 1982 et 2011 afin de redonner tout son éclat à ce joyau lyonnais. A noter que la cathédrale adhère au label Église Verte, soucieuse de réduire son empreinte écologique.

MUSÉE

CENTRE D'HISTOIRE DE LA RÉSISTANCE ET DE LA DÉPORTATION

14, avenue Berthelot (7e) ✆ 04 78 72 23 11 - www.chrd.lyon.fr
Mercredi à dimanche 10h-18h. Fermé jours fériés, sauf 8/05 et 11/11. Gratuit -18 ans. Adulte 8 € (avec expo temporaire).

Lyon est l'une des capitales de la Résistance. Une visite au Centre d'Histoire de la Résistance et de la Déportation s'impose à toutes les générations. Entre 1943 et 1944, le tortionnaire nazi Klaus Barbie avait ses bureaux dans cette ancienne école de santé militaire occupée par la sinistre Gestapo... Les collections de ce musée évoquent la déportation et la Résistance dans un contexte local. Les salles profitent d'une présentation modernisée afin de transmettre aux plus jeunes une histoire qui ne doit surtout pas être oubliée. Un lieu de mémoire à découvrir en famille.

LIEU DE MÉMOIRE

MÉMORIAL NATIONAL DE LA PRISON DE MONTLUC

4, rue Jeanne-Hachette (3e) ✆ 04 78 53 60 41
www.memorial-montluc.fr
Les horaires d'ouverture peuvent être modifiés en raison de travaux en cours, infos à vérifier sur le site. Gratuit.

Visite édifiante pour transmettre la mémoire aux plus jeunes, espérer que la barbarie ne revienne jamais. Construite en 1939, quelques mois après la déclaration de guerre avec l'Allemagne nazie, réquisitionnée par l'armée allemande de février 1943 à août 1944, la prison de Montluc fait partie du système répressif nazi en plein cœur de la « Capitale de la Résistance ». Sous le contrôle de la terrible Gestapo et de Klaus Barbie, elle fut le lieu de détention de Jean Moulin, André Frossard, des enfants d'Izieu et de nombreuses familles juives. Montluc est la prison de plus de 10 000 victimes des autorités du IIIe Reich. Résistants, juifs, civils, tous connaissent la dureté des conditions de détention. Montluc n'est souvent qu'une étape dans le parcours menant vers la déportation et souvent l'extermination. Mais l'histoire, souvent glaçante, de ce lieu inhumain ne s'arrête pas là. En effet, après guerre, la prison de Montluc abrite le quartier des condamnées à mort. Entre 1958 et 1966, 4 criminels seront ainsi guillotinés dans l'enceinte de la prison. Montluc connaîtra d'autres exécutions liées à la Guerre d'Algérie dans les années 1960. En 1983, Klaus Barbie sera emprisonné temporairement à Montluc, juste retour de l'Histoire. La prison ferme définitivement ses portes en 2009. Montuc n'est pas un musée, mais un haut lieu de mémoire. Depuis janvier 2022, le bâtiment, resté proche de son état d'origine, fait l'objet d'une restauration et d'une réhabilitation pour mieux accueillir les visiteurs, notamment pour les conditions d'accessibilité, et rendre compte à tous les publics d'une histoire qu'il ne faut surtout pas oublier. Les travaux, prévus jusqu'en 2025, ne permettent pas d'assurer une visite complète de la prison, notamment les cours extérieures et certaines parties du bâtiment, visibles selon les périodes. Une visite fortement recommandée.

© EMMANUEL SPASSOFF

© EMMANUEL SPASSOFF

MUSÉE

MUSÉE CINEMA ET MINIATURE

60, rue Saint-Jean (5e)
✆ 04 72 00 24 77
www.museeminiatureetcinema.fr
Ouvert tous les jours 10h-19h (18h30 hors vac scol), dernière entrée 1h av. Adulte 12,50 €, enfant 9,50 €. Réduit 10 €.

Dans la ville qui a vu naître le cinéma, le musée n° 1 du cinéma dans le monde. Au cœur du Vieux Lyon, un musée exceptionnel qui présente au grand public l'une des plus grandes collections d'objets de tournages. Des objets authentiques et uniques, comme le gant d'Iron Man, une mise en scène fantastique pour vivre une expérience inoubliable. Décors de films, effets spéciaux... : les visiteurs passent de l'autre côté de l'écran. Espace Instagramable pour poser avec Harry Potter ou Batman. En 2023, une exposition dynamique sur les dinosaures. Sensations garanties !

© EMMANUEL SPASSOFF

© EMMANUEL SPASSOFF

© EMMANUEL SPASSOFF

VISITE GUIDÉE

BALADES URBAINES

(1er) ✆ 04 72 10 30 30
www.gadagne-lyon.fr
Réservation obligatoire. Gratuit. Programme détaillé sur les sites.

Parce que vous connaissez bien Lyon, parce que vous avez même déjà fait une visite guidée de Lyon ou parce que vous êtes un curieux, vous allez adorer les Balades Urbaines organisées par Gadagne. Des visites originales dont les thèmes varient très régulièrement. Des guides-conférenciers pointus sur des sujets de traverse nous font découvrir Lyon sous un autre angle : on adore. Des hauts et des bas, pour mieux comprendre comment les caractéristiques géomorphologiques de la ville ont eu un impact sur son urbanisation ; plongée dans la ville, le 8e un quartier fertile, place(s) aux spectacles... Des balades urbaines passionnantes pour découvrir Lyon sous tous les angles.

VISITE GUIDÉE

LIV'STORY

(1er)
Durée des balades : environ 30 min. Prix : 4,99 €. Application téléchargeable sur Play Store et App Store.

Pour une fois, nous allons vous encourager à mettre vos écouteurs tout en visitant Lyon. Créée par Virginie Lacroix, Liv'Story est une appli - disponible sur App Store et Google Play - qui permet de visiter Lyon en suivant trois parcours (audioguidés) réalisée par un authentique guide de la ville. Pratique, il suffit d'acheter la visite en ligne pour la suivre à votre rythme. Trois visites sont actuellement disponibles dans les quartiers du Vieux Lyon, Croix-Rousse et Confluence. Facile d'utilisation et passionnante, cette appli offre aux jeunes et aux moins jeunes une nouvelle façon de découvrir Lyon, son histoire, son patrimoine et quelques secrets cachés.

VISITE GUIDÉE

LES BATEAUX LYONNAIS

13 bis, quai Rambaud (Siège) (2e)
✆ 04 78 42 96 81
www.lesbateauxlyonnais.com
Ouvert tous les jours début mars à fin décembre. Cap Presqu'île 15 €/adulte. Cap Confluence AS avec accès musée 17 €.

© BATEAUX LYONNAIS

La plus insolite des visites de la ville se fait depuis le pont... des Bateaux Lyonnais ! Sur le pont ou derrière les larges baies vitrées des Bateaux Lyonnais – dont les Navilys à propulsion électrique –, profitez d'un point de vue unique. Vieux Lyon, Presqu'île, île Barbe, Confluence avec visite possible au Musée des Confluences, la balade commentée permet de profiter de la beauté des sites tout en découvrant l'histoire et l'architecture. Avec les enfants, croisière Moussaillons pour jouer aux pirates d'eau douce. Accueil et service de grande qualité. Croisières gourmandes à bord de l'*Hermès I* et *II*. Réservations en ligne sur le site Internet. Organisation d'événements privatifs.

VISITE GUIDÉE

CYBÈLE

Place Saint-Jean (1er) ✆ 04 20 88 00 34
www.cybele-lyon.fr
Visites particuliers week-ends et vacances scolaires. Groupes : tous les jours sur demande. Réservation en ligne.

Les visites «traditionnelles» vous ennuient ? Depuis 10 ans (bon anniversaire !), l'équipe de Cybèle vous permet de ne jamais, mais alors jamais, vous ennuyer pendant une visite. Des visites hautement insolites puisqu'elles sont contées pour les enfants, théâtralisées pour les adultes. En plus, les thématiques abordées sont elles aussi insolites, comme ces visites Cymoches des lieux les plus moches de Lyon - centre d'échange de Perrache et Part-Dieu -, les chroniques des Lyonnaises inconnues dans l'histoire ou un jeu de piste dans le Vieux Lyon. Sans oublier la visite historique et coquine, idéale pour un EVJF ou un EVG... Avec les agents spéciaux de Cybèle, multipliez les découvertes.

VISITE GUIDÉE

LYON BIKE TOUR

23, quai Romain-Rolland (5e)
✆ 06 51 36 33 47
www.lyonbiketour.com
Ouvert tous les jours. Essentiel de Lyon en 2h 30 €.

Vous pensez ne pas avoir la condition physique pour visiter la ville aux deux collines à vélo ? Avec Lyon Bike Tour, l'entreprise 100% locale, découvre Lyon à vélo électrique sans faire trop d'efforts. Accompagné d'un guide passionné, partez sur un VAE dernière génération pour 2 heures (tour des Gones), 3 heures (tour des Canuts) ou 4 heures (tour des Lyonnais) ou la journée complète en combinant les tours. Sans oublier de faire quelques pauses gourmandes pour agrémenter votre parcours entre deux pistes cyclables. Possibilité de visite guidée privée de Lyon sur demande et combinaison avec une croisière sur la Saône. Également locations de vélos électriques 7 j/7.

VISITE GUIDÉE

COMHIC SEGWAY TOUR

7, quai Romain-Rolland (5e) ✆ 06 07 33 07 65
www.comhic.com
Ouvert tous les jours de 9h30 à 18h. Découverte 1h 32 €, Historique 1h30 42 €, Confluence ou Tête d'Or 2h 52 €.

Sur 2 ou 4 roues, l'électrique fait partie des modes doux de déplacement urbain à privilégier. C'est aussi valable pour votre prochaine visite de Lyon faite à un rythme différent avec un mode de transport original : le gyropode Segway ou le VAE, deux façons peu fatigantes et écoresponsables de se promener librement dans toute la ville, en suivant un guide pour découvrir tous les sites clés. Plusieurs balades de 1h à 3h en direction de Fourvière, Croix-Rousse, Confluence, Tête d'Or... ComhiC propose également des solutions pour les entreprises et les collectivités, pour les EVJF et les EVG, et, toujours plus original, des drones avec caméra embarquée pour découvrir la Terre vue du ciel.

VISITE GUIDÉE

VISITER LYON

Place Bellecour (2e)
✆ 04 72 77 69 69
www.visiterlyon.com

Rien de plus beau que de (re) découvrir Lyon en compagnie de l'un des guides-conférenciers. C'est parti pour une visite thématique guidée avec, en vedette, l'incontournable visite du Vieux Lyon (visite guidée possible en 1h). Coup de cœur pour les visites contées qui captiveront petits et grands. Parmi les visites originales, citons celle qui nous emmène à la découverte des plus beaux points de vue de la colline de Fourvière et qui nous permet de mieux cerner la ville. A noter que le site Internet regroupe de très nombreuses visites guidées, proposées par différents prestataires validés, à Lyon et dans les environs. La meilleure façon de visiter, c'est d'être accompagné !

VISITE GUIDÉE

LYON CITY TOUR

1, rue de la Martinière (1er) ✆ 04 78 56 32 39
www.lyoncitytour.fr
Toute l'année. 1er passage 10h, 35 place Bellecour. Bus toutes les 30 min. en été. Adulte 22 €/1 jour. Famille 50 €.

Tout voir en une journée, mais à son rythme. C'est l'avantage de choisir le bus panoramique à impériale de Lyon City Tour. Une ligne verte et 12 arrêts stratégiques pour pratiquer le « hop-on hop-off » (je monte et je descends quand je veux) et explorer la ville tout en profitant d'une visite guidée audio (8 langues). Vous ne manquerez rien des incontournables, comme le Vieux Lyon, Fourvière ou le quartier de Confluence, et vous pourrez choisir de vous attardez là où bon vous semble pour visiter un musée - pass avec le musée des Confluences - ou faire du shopping. Possibilité de faire le circuit complet en une seule fois, durée 1h45. Pour monter à la Croix-Rousse, prenez le Lyon City Tram.

VISITE GUIDÉE

LYON CITY TRAM

17, rue Paul Chenavard (1er) ✆ 04 78 56 32 39
www.lyoncitytour.fr
Départ 1, rue Martinière. Horaires selon saison, se renseigner. Adulte 10 €. Enfant 5-15 ans 6 €.

Perché sur les hauteurs de la colline qui travaille, le quartier de la Croix-Rousse reste peu fréquenté des Lyonnais et parfois ignoré des visiteurs, car trop à l'écart de l'hypercentre en Presqu'île. Afin de ne pas manquer tout un pan de la culture et du patrimoine local – l'histoire des Canuts, de la soie et l'architecture du «village» – Lyon City Tram offre la meilleure solution. Un petit train rouge au toit panoramique qui emmène les voyageurs des Terreaux au Plateau pendant 1h à travers les Pentes et les rues de la Croix-Rousse, faisant découvrir points de vue sur Lyon, traboules, murs peints et maisons de Canuts. Idéal et original pour découvrir un autre visage de Lyon.

ESCAPE GAME

LE LIBRE LYON

3, rue des Estrées (5e) ✆ 06 72 01 36 53
https://lelibrelyon.com
Sur réservation. Tarifs 26 €/adultes, 24 €/enfants -12 ans.

Mystères, trésors cachés, Lyon recèle bien des secrets ! Et si vous n'avez pas envie de suivre un guide, participez plutôt aux escape game du Libre Lyon. Version extérieure, découvrez Lyon et son quartier Renaissance classé au patrimoine mondial d'une façon ludique et interactive grâce aux interventions (sur demande) d'un game master. Mieux qu'une simple visite, une aventure passionnante à vivre en famille puisque cet escape game en extérieur est écrit en version adulte et enfant, chacun suivant le même parcours. Petits et grands partageront leurs découvertes après avoir résolu l'énigme finale ! Et pour une aventure à l'intérieur, Le Libre Lyon propose un escape au Grand Hôtel-Dieu.

VISITE GUIDÉE

CYCLO CITY TOURS

43, rue Molière (6e) ✆ 06 23 14 30 08
www.cyclocitytours.com
Ouvert toute l'année. Visite en Cyclo pousse à partir de 25 €/adulte. Gratuit -6 ans.

Découvrir Lyon en douceur, en préservant notre environnement et en diminuant notre stress, ce serait pas un peu ce que tous les visiteurs recherchent actuellement ? Des visites originales à faire avec Cyclo City Tours. À bord de confortables triporteurs (cyclo-pousse) à assistance électrique munis d'un toit panoramique pour ne rien manquer de votre visite urbaine, circulez en douceur avec votre guide local selon les thèmes choisis : Lyon historique, gourmande, capitale de la soie, Guignol... Possibilité d'embarquer gratuitement un enfant de moins de 6 ans. Et pour ne pas rester les bras croisés sur les sièges, possibilité de compléter la visite avec une chasse au trésor gourmande.

PARC / JARDIN

LE PARC DES HAUTEURS

Montée Nicolas de Lange (5e)
Ouvert tous les jours. 24h/24.

Ce parc est bien plus étendu qu'on ne pourrait le croire quand nombre de touristes empruntent le Jardin du Rosaire pour descendre (ou monter si l'on est courageux) de Fourvière dans le Vieux Lyon vers Saint-Paul. Promenade magnifique, pentue mais naturellement ombragée avec des esplanades pour se reposer. En passant par la Tour métallique, le cimetière de Loyasse, il faut découvrir une autre partie de ce Parc des Hauteurs, notamment la Passerelle des Quatre Vents (chemin du Viaduc). Les plus téméraires dévaleront à VTT la piste de la Sarra. Des endroits charmants pour une balade dominicale avec les enfants ou avec son amoureux pour faire une pause romantique sur un banc.

PARC / JARDIN

PARC DE GERLAND

allée Pierre de Coubertin (7e)
✆ 04 72 73 68 00
Ouvert toute l'année. Fermé la nuit.

Moins fréquenté que celui de la Tête d'Or et moins grand que celui de Parilly, le parc de Gerland est pourtant un des poumons verts de la ville entre les rives du Rhône, la zone portuaire et les installations du Matmut Stadium. Un poumon vert et un lieu de promenade idéal pour les familles qui profiteront ici d'une « plaine des jeux » avec de nombreuses installations adaptées aux enfants (entièrement gratuites), un manège 1900 et de vastes pelouses. Des tables sont aménagées pour le pique-nique et les plus jeunes peuvent courir sans crainte. Autres atouts de ce parc : des plantations magnifiques pour botanistes en herbe, un restaurant et un skatepark couvert.

PARC / JARDIN

DOMAINE DE LACROIX-LAVAL

1171, route de Lacroix-Laval - **MARCY-L'ETOILE**
✆ 04 26 83 89 50 - www.grandlyon.com
Ouvert toute l'année. Ouvert de 6h à 22h en été et de 7h à 20h en hiver. Gratuit.

A Marcy-l'Etoile, le parc du domaine de Lacroix-Laval offre 115 ha de jardins, prairies et forêts, dédiés à la promenade en famille. Lacroix-Laval est situé juste à côté d'un château dont les fondations datent du XIIe siècle, le potager et la roseraie historiques sont des conservatoires de fruits, de légumes et de fleurs d'origine lyonnaise, anciennes et remarquables. Le domaine de Lacroix-Laval a obtenu le label Ecojardin, qui récompense la mise en œuvre d'une démarche de gestion soucieuse de l'environnement, ainsi que le label Jardin remarquable. Sportifs, amoureux de la nature et passionnés de culture s'y retrouvent tout au long de l'année. Petit train et restauration.

SITE URBAIN

CONFLUENCE

(2e)

Longtemps le nom de Confluence n'évoquait aux Lyonnais qu'un lieu géographique où se rejoignent Rhône et Saône au sud de la ville. C'est en 1995, devant une pression immobilière grandissante sur la Presqu'île, que la ville de Lyon décida de créer un «morceau de ville» sur 150 ha. Un des plus importants chantiers urbains de France. Avec l'implantation de l'Hôtel de Région, d'un pôle de loisirs et de commerces, de grandes entreprises, Confluence renaît sous le crayon d'architectes et d'immeubles futuristes faisant des quais de Saône un lieu de balade jusqu'au Musée des Confluences. Le logo OnlyLyon trônant au bout de la Confluence offre un autre but de promenade et un joli spot photo.

PARC / JARDIN

PARC DE PARILLY

Boulevard Emile-Bollaert - **BRON** ✆ 04 26 83 89 00
www.grandlyon.com
Ouvert toute l'année. Du 1er mai au 30 septembre de 7h à 20h, et du 1er octobre au 30 avril de 8h à 18h. Gratuit.

Traversé par le périphérique, accessible en métro et proposant de nombreux parkings, le Parc de Parilly - qui a obtenu le label EcoJardin - est le poumon vert de l'est de la ville. Un immense parc, propriété de la Métropole de Lyon, composé d'une superbe zone boisée couvrant la plupart des 178 hectares de sa superficie. C'est l'endroit idéal pour faire une balade ou un footing autour de l'hippodrome qui se situe au centre. Dans les allées, on peut croiser de nombreuses essences d'arbres et des écureuils peu sauvages. Ce parc est l'endroit idéal pour faire une balade, même en poney, entre les zones boisées et l'hippodrome qui se trouve au centre. De nombreux équipements sportifs.

PARC / JARDIN

LE JARDIN ROSA MIR MERCADER

87, Grande-Rue de la Croix-Rousse (4e)
Accessible via les visites guidées de Lyon Nature.

Au-delà des 5 000 plantes méditerranéennes et des nombreux végétaux, c'est toute une architecture qui crée la beauté de ce lieu insolite. Il s'agit de l'œuvre d'un maçon espagnol, Jules Sénis, arrivé à Lyon après avoir fui le régime de Franco. Guéri d'un cancer de la gorge, il fit vœu d'édifier un jardin dédié à sa mère, Rosa Mir. Inspiré par l'architecte Gaudi et le Facteur Cheval. Coquillages, roses des sables, pierres du monde entier, coquilles d'escargots habillent les colonnes, obélisques, banquettes et autres vasques. Excentrique et fantastique.

SITE URBAIN

LA CROIX-ROUSSE

(4e)

Métro Croix-Rousse

Quartier emblématique de Lyon, et pourtant l'un des moins visités lors d'un passage à Lyon en raison de sa position dominante, la Croix-Rousse est une colline qui s'étend des limites de la commune de Cuire aux Pentes du 1er arrondissement entre Rhône et Saône. L'histoire de ce quartier est liée à l'industrie de la soie, lorsqu'au XIXe siècle Lyon était la première ville ouvrière de France. A cette époque, la Croix-Rousse est devenue la colline qui travaille en opposition à celle de Fourvière où l'on prie. La Croix-Rousse fut rattachée à Lyon le 19 mars 1852. Elle tire son nom d'une croix en pierre dorée de Couzon-au-Mont-d'Or installée en 1560. La Croix-Rousse, c'est une architecture très particulière et très dense - surtout à l'est du quartier - avec ses fameux immeubles ateliers de 4 à 5 étages avec une hauteur sous plafond remarquable, prévue pour accueillir les métiers à tisser équipés de la mécanique Jacquard. A l'ouest, la Croix-Rousse est plus aérée, plus verdoyante, avec un habitat plus résidentiel très recherché. Mais si la Croix-Rousse est mondialement célèbre, c'est avant tout grâce aux canuts, maîtres tisseurs de fils d'or et d'argent, qui se révolteront en novembre 1831 pour faire établir et appliquer un tarif minimum et qui se battront derrière leur fameux drapeau portant la devise «Vivre en travaillant ou mourir en combattant». De cette époque de lutte, parmi les premières luttes ouvrières en Europe, la Croix-Rousse a gardé un esprit d'indépendance. D'ailleurs, certains habitant du «village», nom qui sert communément à désigner la Croix-Rousse, se vantent de ne jamais avoir mis les pieds à Lyon... Aujourd'hui, le «village» – correspondant au 4e arrondissement – vaut pour son ambiance et la préservation de sa mémoire ouvrière grâce au musée des Canuts. Il y fait particulièrement bon vivre avec son grand marché 6 jours sur 7, ses commerces indépendants, ses animations, son crieur public. Pour visiter le quartier, il faut y monter à pied par l'un des accès, le plus pittoresque étant la Montée de la Grande-Côte, sorte de cordon ombilical entre la place des Terreaux (siège du pouvoir lyonnais) et le quartier des Canuts. Autre accès, la montée Saint-Sébastien relie la Croix-Paquet au Gros Caillou. Ce «Gros Caillou» est le plus célèbre des blocs erratiques emportés par les glaciers alpins pendant les dernières glaciations (140 000 av. J.-C.). Ce bloc de roche, provenance des massifs de Haute-Maurienne ou de Haute-Tarentaise, a été déplacé d'au moins 175 km. Selon la légende, le Gros Caillou serait le cœur d'un huissier qui aurait expulsé une famille de canuts. Autre curiosité à voir lors de votre montée sur le «plateau» : le *Mur des Canuts*. Cette fresque murale gigantesque, l'une des plus grandes fresques d'Europe s'étalant sur 1 200 m², rappelle la vie quotidienne des travailleurs de la soie. De nombreuses traboules permettent de redescendre vers la Presqu'île lyonnaise. C'est l'occasion de passer par la célèbre Cour des Voraces, traboule des Pentes de la Croix-Rousse avec son escalier monumental de 6 étages où les canuts ont affronté l'armée régulière. Visite passionnante d'un quartier riche en histoires.

SITE URBAIN

VIEUX LYON

(5e)

Le «Vieux Lyon» ne désigne pas le quartier le plus ancien de la ville. Lugdunum a commencé son histoire sur les hauteurs de Fourvière plutôt que sur les berges de Saône. Le Vieux Lyon désigne le quartier Renaissance de la ville, sauvé d'une destruction promise en devenant le premier secteur sauvegardé de France par André Malraux en 1964, classé au patrimoine mondial de l'humanité par l'UNESCO. Le Vieux Lyon est assez clairement délimité par la colline de Fourvière qui le surplombe, la Saône qui le longe, la montée de Choulans au sud et la rue Saint-Paul au nord. Les quais offrent une agréable balade avec de nombreux bars festifs qui animent le quartier à la nuit tombée.

Saint-Georges. Depuis Bellecour, empruntez la passerelle Saint-Georges pour vous retrouver au chevet de l'église construite par Pierre Marie Bossan, futur architecte de la basilique Notre-Dame-de-Fourvière. Rénovée il y a une quinzaine d'années, l'église s'intègre parfaitement dans l'ensemble du Vieux Lyon. Il faut découvrir la place de la Trinité, croisement de ruelles typiques du quartier, dont la célèbre montée du Gourguillon en direction de Fourvière. Cette place doit en grande partie sa notoriété à la Maison du Soleil. La Maison de Guignol se trouve de l'autre côté de la place et la rue Mourguet perpétue la mémoire du créateur de la célèbre marionnette.

Saint-Jean. Avec ses ruelles pavées, ses demeures de la Renaissance, ses airs d'Italie et ses édifices remarquables, Saint-Jean offre un saut dans le temps. La balade se fait essentiellement par les deux axes que sont la rue Saint-Jean et la rue du Bœuf. Parmi les sites : la Cour des Loges, la Maison du Crible qui abrite la fameuse «Tour Rose», un des emblèmes du Vieux Lyon. Après la place du Petit Collège, on se dirige par la rue Gadagne (Musée d'Histoire de Lyon et Musée des Arts de la Marionnette) vers la rue du la Loge. Halte sur la place du Change où l'on peut admirer l'une des plus anciennes maisons de Lyon, la Maison Thomassin, les visiteurs repartent vers le sud par la rue Saint-Jean où se succèdent les demeures admirables : Maison Laurencin, Maison du Chamarier, Maison de Jean Gay et Maison des Avocats dont les élégantes arcades de style Renaissance italienne sont visibles depuis la rue de la Bombarde. En revenant vers la cathédrale, poussez la porte du n° 54 pour parcourir la plus longue et la plus belle traboule du Vieux Lyon qui permet de traverser 4 maisons pour rejoindre la rue du Bœuf au n° 27.

Saint-Paul. Comme les autres quartiers du Vieux Lyon, Saint-Paul s'organise dès le XIIe siècle autour d'une des plus anciennes églises de la ville, mais aussi, et c'est plus original, autour de sa gare toujours en service. Au Moyen Age, le quartier devient le refuge des familles juives expulsées au XIVe siècle. La rue Juiverie rappelle encore cette période de l'histoire et compte parmi les mieux préservées, les plus authentiques du Vieux Lyon. De riches banquiers et les familles consulaires de la ville s'installent dans de riches demeures avec la fameuse Maison des Têtes de Lions jadis habitée par les Médicis et au n° 8 la splendide galerie réalisée par Philibert Delorme.

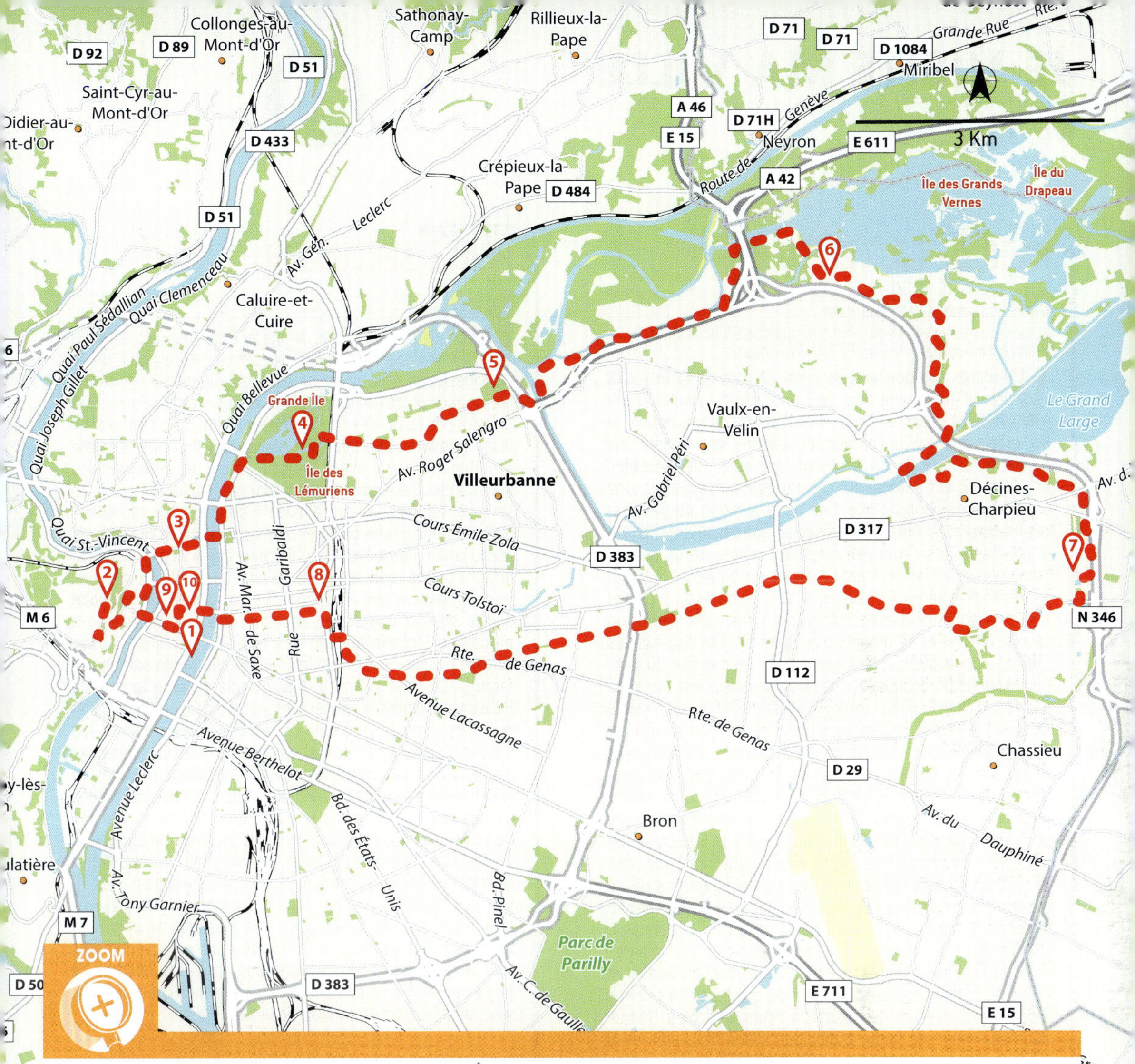

BALADE DANS LA MÉTROPOLE EN VAE

Le vélo musculaire, c'est idéal pour se balader en ville. Mais pour monter à Fourvière ou parcourir la métropole, rien ne vaut un VAE : Vélo à Assistance Électrique. Si vous n'avez pas de VAE, il est possible d'en louer, notamment avec E-Velo'v (location longue durée). Doté d'une batterie bien chargée, vous voilà parti pour un périple de 39 km, environ 3h, sur 85 % de voies aménagées, avec un dénivelé positif de 435 m à grimper facilement. Bonne balade !

Départ de la place Bellecour (**1**), plus grande place piétonne de France, en direction de la Saône que l'on traverse pour arriver dans le quartier classé du Vieux Lyon. 140 m de dénivelé en empruntant la montée du Chemin Neuf pour grimper vers la basilique de Fourvière (**2**) d'où l'on admire la vue panoramique sur l'esplanade. Descente par la même voie aménagée. Sur les quais, on remonte la Saône que l'on traverse. Tout comme on traverse la Presqu'île par la place des Terreaux (**3**). Hôtel de ville, Opéra, c'est au tour du Rhône d'être enjambé. La ville fait place au Parc de la Tête d'Or (**4**) pour faire une pause au milieu des arbres et des roses. On se dirige vers l'est par la Doua jusqu'à la Nécropole Nationale (**5**), cimetière militaire abritant plus de 6 300 tombes de soldats des 1er et 2e Guerre mondiale. On franchit le périphérique et le canal de Jonage pour prendre les chemins qui conduisent au Grand Parc Miribel Jonage (**6**). Baignade possible, détente et pique-nique. Cheminement à travers le parc, nouvelle traversée du Canal de Jonage et passage impressionnant autour du Groupama Stadium à l'OL Vallée (**7**). Retour vers Lyon-centre par Vaulx-en-Velin la Soie et Villeurbanne sur une longue portion, plus de 10 km, parfaitement aménagée pour les cyclistes. Détour par la Part-Dieu et l'Auditorium (**8**) dans un quartier récemment végétalisé, agréable rue de la Part-Dieu et sa piste réservée aux vélos, avant de revenir sur la Presqu'île par le pont Wilson. Dernières pauses place de la République (**9**), au milieu de l'artère piétonne la plus fréquentée, et place des Célestins (**10**) face au théâtre. Arrivée place Bellecour.

PARC / JARDIN

PARC DE LA TETE D'OR

(6e) ✆ 04 72 10 30 30
www.loisirs-parcdelatetedor.com
Ouvert tous les jours. Mi-octobre à mi-avril de 6h30 à 20h30. Mi-avril à mi-octobre de 6h30 à 22h30. Gratuit.

Véritable poumon vert de Lyon, le parc de la Tête d'Or est le plus grand parc de France situé au cœur d'une ville. Le domaine de la Tête d'or appartenait depuis le XVIe siècle à la famille Lambert, et son nom se référait à une mystérieuse tête de Christ en or rapportée des croisades et qui aurait été enfouie sur ces terres marécageuses. Une autre légende voudrait que, lors de la création du parc par des canuts au chômage, le trésor ait été découvert. Devant le spectacle des canuts se disputant la tête en or, celle-ci aurait versé une larme, créant le lac et engloutissant le trésor à jamais. A la fin du XIXe siècle, le sénateur Vaïsse, préfet et maire de Lyon, décide de racheter le terrain afin d'offrir un lieu de verdure et de détente aux Lyonnais. Les paysagistes Eugène et Denis Bühler se voient confier les dessins du parc. Bientôt le jardin des plantes de la Croix-Rousse est transféré à la Tête d'Or et le jardin zoologique est créé. Près d'un siècle plus tard, en 1964, la princesse Grace de Monaco inaugurera la roseraie. Autour d'un lac de 16 hectares alimenté par le Rhône s'étend le parc paysager de 110 hectares. Bosquets d'arbres centenaires et massifs de fleurs ornent les vastes pelouses, et les allées sinueuses entraînent les visiteurs au jardin botanique, au jardin zoologique, aux 5 hectares de roseraie ou encore au bois. Le jardin botanique, riche d'environ 15 000 plantes, accueille dans ses serres de verre et de fer nombre de spécimens originaux. Les grandes serres abritent les plantes tropicales, la serre aquarium cache le nénuphar d'Amazonie, la serre hollandaise enferme les plantes carnivores. Dans les petites serres chaudes orchidées et fougères se tiennent compagnie, tandis que les petites serres froides sont le refuge des plantes à fleurs horticoles. Unique dans son genre, le jardin zoologique s'étend sur près de 8 hectares dans l'enceinte du parc. Créé en 1858, il était destiné à accueillir des animaux de la ferme, comme des vaches pour donner du lait frais aux petits Lyonnais, et quelques animaux sauvages. C'est à partir de 1876 que les animaux exotiques, attirant les foules de visiteurs, vont remplir les espaces clos. Des cages sont alors aménagés pour accueillir (dans des conditions parfois peu dignes et souvent décriées...) des girafes, éléphants et lions. Depuis les années 2000, la ville de Lyon aménage différemment les espaces, veillant au bien-être animal avec une plaine Africaine ou une forêt d'Asie. D'une superficie totale de 117 hectares, le parc de la Tête d'Or a accueilli de nombreux événements, dont l'Exposition Universelle de 1872. Ses grilles monumentales, parfaitement restaurées, ont été réalisées en 1898 par Charles Meysson. Le parc abrite également divers bâtiments : un théâtre de Guignol qui fait partie du patrimoine de Lyon, un vélodrome Georges Préveral toujours en service, de nombreux jeux et attractions pour les enfants. Fréquenté par tous les sportifs, à commencer par les coureurs et les cyclistes qui font des tours, où les joueurs de tennis de l'Open Parc, il reste le lieu privilégié des balades familiales dominicales. Un parc incontournable des sorties lyonnaises.

SITE URBAIN

PLACE BELLECOUR

(2e)
Métro Bellecour

Entre Saône et Rhône, la place Bellecour est le point kilométrique 0 de Lyon, le centre névralgique de la Presqu'île et la place de tous les superlatifs. Troisième plus grande place de France, derrière la Concorde à Paris et les Quinquonces à Bordeaux, elle détient le titre de la plus grande place piétonne d'Europe. Une place dont l'histoire remonte à l'Antiquité, quand elle était occupée par les entrepôts des marchands. Les débris des amphores et tuiles enfouies en sous-sol rendent la terre difficile à creuser et à construire. Mais on peut y faire pousser une vigne appelée *bella curtis* (beau jardin) dès le XIIe siècle. Racheté par la ville en 1604, ce terrain nommé La Belle Cour va devenir un lieu de promenade. C'est également une place d'armes sur laquelle le Consulat décide d'ériger une statue équestre de Louis XIV, statue à propos de laquelle courent des légendes urbaines... (non, l'artiste n'a pas oublié la selle d'un roi qui monte son cheval à cru !). Ce n'est qu'en 1871 que la place prend le nom de Bellecour. Nombreux immeubles avec façade à l'antique et quelques curiosités, comme ce *Veilleur de pierre* (angle rue Gasparin), mémorial de la résistance intérieure française inauguré en 1948 en hommage à 5 résistants assassinés en juillet 1944 à la prison de Montluc. Autre statue, peu visible à l'angle sud-ouest de la place, celle du *Petit Prince* d'Antoine de Saint-Exupéry, aviateur et écrivain originaire de Lyon. Lieu de rassemblements populaires où l'on aime se retrouver à la sortie du métro (attention, plusieurs sorties possibles !), la place Bellecour a fait l'objet de travaux de rénovation, retrouvant ses tilleuls d'origine, des kiosques améliorés et l'indispensable pavillon de l'office de tourisme. Événements tout au long de l'année : grande roue en hiver, concours de boule lyonnaise, illuminations, manifestations. Cœur de la ville, carrefour incontournable de la vie lyonnaise.

SITE URBAIN

TRABOULES

(5e)
Veillez à la tranquillité du voisinage.

Les traboules font partie du patrimoine lyonnais. Plus ou moins ouvertes au public respectueux des habitants, elles se visitent en faisant une balade à travers la ville, du Vieux Lyon à la Croix-Rousse. Le terme vient de deux mots latins : *trans* et *ambulare* signifiant «passer à travers». Ces passages couverts entre deux cours d'immeubles permettent de passer d'une rue à l'autre dans un espace étroit. Dans le Vieux Lyon, les traboules Renaissance forment un réseau dense offrant de nombreux passages aux personnes et aux marchandises. À la Croix-Rousse, les traboules du XIXe siècle permettaient de transporter les tissus de soie sans les mouiller. Balade à faire avec ou sans guide.

AQUARIUM

AQUARIUM DE LYON

7, rue Stéphane-Déchant - **LA MULATIÈRE** ✆ 04 72 66 65 66
www.aquariumlyon.fr
Ouvert toute l'année. Haute saison tous les jours de 10h30 à 18h30. Adulte 17 €. Enfant de 5 à 10 ans 13 €.

La beauté, le calme, l'évasion : tout ce dont vous rêvez se trouve à L'Aquarium de Lyon. À la hauteur de la Confluence, plongeon dans les eaux d'un monde que l'on visiter en toute sécurité. L'Aquarium de Lyon, ce sont plus de 3 000 poissons de près de 300 espèces présentés dans 39 écosystèmes pour faire le tour de la planète bleue. Un aquarium où l'on ne fait pas qu'admirer des poissons plus ou moins étranges, colorés, impressionnants, mais où l'on comprend mieux les particularités de chaque espèce grâce à des explications facilement accessibles. Incontournable : la fosse aux requins, bassin gigantesque de 500 000 litres, et les Récifs du monde avec les coraux. Boutique et snack.

PARC D'ATTRACTIONS

GRAND PARC MIRIBEL JONAGE

Chemin de la Bletta
VAULX-EN-VELIN
✆ 04 78 80 56 20
www.grand-parc.fr
Ouvert toute l'année. Parking.

Sur le territoire de la Métropole, ce parc est le lieu de baignade le plus accessible depuis le centre-ville de Lyon. Base de loisirs axée sur l'eau et les espaces naturels, le Grand Parc propose de nombreuses activités : raid aventures, parcours accrobranches, course d'orientation, escalade, golf, tir à l'arc, roller, VTT, barque, optimist, catamaran, planche à voile, canoë, kayak, aviron. 8 parcours pédestres et VTT balisés. Location matériel, plages gratuites et payantes (Atol'), nombreux coins pique-nique. Une grande bouffée d'oxygène pour toute la famille.

ENFANTS

WAKOO PARK

38, Clos Verger - **VÉNISSIEUX** ✆ 04 78 74 61 62
https://wakoopark.com
Ouvert de mi-mars à début novembre. Tarif enfant 2 à 12 ans 12 €.

Waouh, on part en famille au Wakoo Park pour se défouler avec les enfants au parc de Parilly. Du printemps à l'automne, un espace réservé aux plus jeunes avec des structures adaptées à tous les âges, jusqu'à 12 ans. D'abord, un espace réservé aux moins de 5 ans avec trampoline, structure gonflable, maisonnette en bois… Pour les pilotes, un circuit de karts à pédales réglables selon la longueur des jambes des gones. Pour les plus grands, 3 grands trampolines et un filet géant, même un petit parcours accrobranche et tyrolienne, de grandes structures gonflables, sans oublier un labyrinthe et de grands brumisateurs pour faire de belles batailles d'eau quand il fait trop chaud.

PARC D'ATTRACTIONS

MINI WORLD

2, rue Jacquard - **VAULX-EN-VELIN** ✆ 04 78 52 90 88
www.miniworld-lyon.com
Ouvert mercredi au dimanche 11h à 18h. 7j/7 pendant vacances scolaires. Adulte 15 € (14 € web). Enfant 10 € (9 € web).

On voit le monde en plus grand quand il est tout petit ! Sur plus de 3 000 m², Mini World Lyon est tout simplement le plus grand parc de miniatures animées de France. Un parc de loisirs unique où petits et grands ouvrent grand les yeux pour admirer 4 mondes - ville, montagne, campagne et la ville de Lyon animée par la fête des lumières - et leurs 70 000 mini-habitants. Un sens du détail remarquable, un travail titanesque et un spectacle «gigantesque» ! Avec le guide, partez à la recherche de personnages célèbres comme Charlie ou les protagonistes de séries TV ! Une féérie pour toute la famille. Restauration sur place. Expo Lego® Star Wars et cinéma 3D avec les dinosaures. À faire absolument.

PARC ANIMALIER / FERME

TOUROPARC.ZOO

400, rue du Parc - **ROMANÈCHE-THORINS** ✆ 03 85 35 51 53
www.touroparc.com
Haute saison tous les jours de 9h30 à 19h. Basse saison de 10h à 17h. Adulte 24 €. Enfant de 3 à 2 ans 20,50 €.

A Touroparc, le bien-être animal est essentiel. Plus de 600 animaux de 140 espèces différentes -mammifères, oiseaux, reptiles du monde entier- vivent ici sur 12 hectares de nature, dans des écosystèmes adaptés à leur épanouissement. Avec un peu de patience vous pourrez surprendre les éléphants prendre un bain, les lions perchés sur leur rocher, les hippopotames nager, un bébé maki catta dans les bras de sa mère, un panda roux faisant la sieste dans un arbre ou l'impressionnant Dragon de Komodo. En accès libre, les animations plaisent à toute la famille, petits et grands. Rencontres avec les soigneurs, visites au plus près des animaux. Touroparc.zoo, naturellement grand.

PARC D'ATTRACTIONS

WALIBI RHÔNE-ALPES

1380, route de la Corneille - **LES AVENIÈRES VEYRINS-THUELLIN**
✆ 08 20 42 64 36
www.walibi.fr
Ouverture en avril. Juillet et août tous les jours 10h-19h. Adulte 35 €. Enfant 30 €. Gratuit -1 m.

C'est (re) parti pour des sensations fortes à Walibi ! Cet été, le meilleur plan pour passer une journée de folie, c'est Walibi. Facile et rapide d'accès, un parc grandiose. Retrouvez toutes les attractions et tous les spectacles d'un parc magique adapté à toute la famille. Grimpez au ciel avec le *Mystic* et sa montée verticale de 31 m. Attachez votre ceinture dans l'*Airboat*, une nouveauté qui pourrait bien vous donner le mal de mer ou de l'air… Les enfants s'amuseront dans les *P'tits Chaudrons*. La saison se termine en beauté avec Halloween. Belle offre de restauration : burgers, pause au Jazz Sugar Club ou déjeuner au Louisie Yan. Evasion et fous rires garantis au parc Walibi.

ET POUR DORMIR ?

HÔTEL

IBIS STYLES LYON CONFLUENCE***

26, quai Perrache (2e)
✆ 04 78 37 16 64
https://ibis.accor.com

84 chambres. Chambre double à partir de 80 €. Petit déjeuner inclus. Wifi. Restauration (le Bistrot d'Auguste).

© EMMANUEL SPASSOFF

© EMMANUEL SPASSOFF

Sur les quais du Rhône, accès facile depuis la M7, proche de la gare TGV de Perrache et de tous les transports en commun, l'Ibis Styles Confluence profite d'un emplacement privilégié dans le quartier de Confluence. Décor tourné vers le cinéma pour mettre en lumière votre séjour dans la ville qui vit naître le 7e art. Hôtel aux lignes contemporaines qui rend hommage au passé, c'est un lieu de séjour idéal aussi bien pour les couples, les familles que pour les affaires. Gentillesse et professionnalisme de l'équipe dirigée par Bertrand Furet. Restaurant Bistrot d'Auguste.

HÔTEL

GRAND HÔTEL DES TERREAUX****

16, rue Lanterne (1er) ✆ 04 78 27 04 10
hotel-lyon-grandhoteldesterreaux.fr

Ouvert toute l'année. 53 chambres. Chambre double à partir de 180 €.

Un indépendant à l'esprit de famille. Un hôtel «grand» par le style et les prestations qui ne vous propose pas un «simple» séjour, mais une véritable expérience. Adresse qui a su conserver le charme de l'ancien tout en le mariant avec le confort moderne d'un 4 étoiles irréprochable. 53 chambres insonorisées, des cocons haut de gamme décorés de façon unique. Le plus de cette incroyable adresse, ce sont les «bassins de détente» entre les murs voûtés des sous-sols et le bar intimiste. Idéal pour un séjour relaxant en amoureux en plein cœur de la ville (sortez tout de même !).

HÔTEL

MAISON NÔ****

11, rue du Bât d'Argent (1er) ✆ 04 81 13 21 90
www.maisonno.com

45 chambres de 180 € à 450 €, suites. Restauration (rooftop). Vente. Sauna.

Au cœur battant de Lyon, un hôtel à la fois intimiste et monumental, singulier et pluriel. Au centre de la Presqu'île, la Maison Nô est installée dans un magnifique bâtiment, une ancienne banque réaménagée avec beaucoup de goût. Entrée spectaculaire par l'atrium, espace autour duquel se déploient les chambres dans les étages. Beauté des lignes, verticalité qui tend à nous emmener vers le toit d'une maison qui abrite le plus beau rooftop de Lyon et son restaurant. Services sur mesure, chambres contemporaines charmantes, salon privé pour se réunir et espace détente/fitness pour se relaxer. 2 salles pour les séminaires jusqu'à 35 pers. Maison Nô : la plus belle expérience lyonnaise.

HÔTEL

BOSCOLO LYON*****

11, quai Jules Courmont (2e) ✆ 04 87 25 72 00
www.boscolocollection.com

133 chambres. Chambre double à partir de 159 €, suite à partir de 298 €. PDJ inclus. Wifi gratuit. Restauration.

Le raffinement et le design italien dans un écrin luxueux au cœur de la Presqu'île lyonnaise, bienvenue au Boscolo. Rénovation magistrale d'un authentique palais du XIXe siècle pour abriter un véritable joyau d'hôtellerie. Expérience unique dans ce lieu de séjour apaisant au centre animé de la métropole. Décor splendide - de l'incroyable salon sous verrière aux murs en pierre des thermes romains qui accueillent le spa avec piscine -, accueil VIP, chambres et suites spacieuses d'une élégance rare, sans oublier le restaurant de cuisine gastronomique italienne Angelo, le brunch à volonté, le bar à cocktail, des événements avec des concerts... Le bonheur est sans limites au Boscolo.

HÔTEL

GLOBE ET CÉCIL HÔTEL****

21, rue Gasparin (2e) ✆ 04 78 42 58 95
www.globeetcecilhotel.com

59 chambres. Chambre double à partir de 135 €. Parking. Séminaires. Wifi gratuit.

Soixante chambres et toutes différentes ! Au cœur battant de la Presqu'île, dans un quartier chic, commerçant, un vrai hôtel de charme qui a de la personnalité. Avec son style unique, au sein des Aubergistes Lyonnais, cet hôtel propose plus que ses prestations 4 étoiles pour s'occuper avant tout de l'humain dans un esprit de famille réconfortant. Une relation qui s'établit dans un climat fait de bienveillance. Emplacement idéal au cœur des quartiers animés de Lyon, chambres personnalisées et décorées avec goût, services parfaits. Hôtel complété par le Comptoir Cecil, restaurant tenu lui aussi par des passionnés, avec la cheffe Rosie et son équipe. Choix judicieux.

HÔTEL

GREET HOTEL LYON CONFLUENCE***

26, cous de Verdun Perrache (2e)
✆ 04 78 71 17 47

79 chambres. Chambre double à partir de 75 €. Wifi gratuit. Restauration.

Le groupe Accor multiplie les propositions pour vous accueillir à Lyon. Le Greet Hôtel, c'est une expérience faite de convivialité, de design, de confort et d'esprit green (vert). Bref, c'est dans l'air du temps et ça nous plaît. Idéalement situé pour utiliser les modes doux après votre arrivée en train à la gare de Perrache, le Greet Hôtel vous place entre Bellecour et le Musée des Confluences. Magnifique décor composé d'objets chinés pour un ensemble unique ! Chambres en version Pure ou Pop, chambres familiales. Table gourmande chez Mademoiselle Simone bar jazz.

HÔTEL

ÉLYSÉE HÔTEL**

92, rue Président-Edouard-Herriot (2e)
✆ 04 78 42 03 15
www.hotel-elysee.fr

29 chambres. Chambre double de 82 € à 92 €. Petit déjeuner 9 €. Animaux acceptés. Wifi gratuit.

© PETIT FUTÉ

Entre les deux plus belles places de Lyon, Bellecour et Jacobins, proche du Vieux Lyon et de tous les quartiers à visiter, dans une rue chic façon Champs-Élysées (en moins large, mais avec de nombreux commerces et d'adresses gourmandes), un hôtel aux chambres confortables tout ce qu'il y a d'abordable. Situation exceptionnelle et tarifs tout doux, sans oublier des chambres confortables (insonorisées et climatisées), une ambiance familiale et décontractée, de la gentillesse et des conseils d'un réceptionniste toujours présent pour bien profiter de votre séjour. Savoureux petit déjeuner servi dans une belle salle voûtée où l'on peut aussi venir boire un verre en soirée.

HÔTEL

HÔTEL DE L'ABBAYE****

20, rue de l'Abbaye (2e) ✆ 04 78 05 60 40
www.hotelabbayelyon.com

21 chambres. Chambres à partir de 165 €. Animaux acceptés. Wifi gratuit. Restauration.

Dans une ville chargée d'histoire, Lyon, vivez la plus belle des histoires dans un hôtel au style unique. Face à l'abbaye d'Ainay, dans un quartier à la fois calme et central entre Perrache et Bellecour, l'Hôtel de l'Abbaye a su marier le charme de l'ancien avec une décoration contemporaine. Résultat, un ensemble accueillant et atypique, des chambres spacieuses et personnalisées comme de véritables petits cocons douillets. Service et prestations impeccables, avec un Wifi qui passe parfaitement dans ces vieux murs et des salles de réunion qui devraient bientôt voir le jour. Pâtisseries maison et délicieux petit déjeuner de produits régionaux. Le restaurant l'Artichaut ajoute à notre bonheur.

HÔTEL

HÔTEL DE BRETAGNE*

10, rue Dubois (2e)
✆ 04 78 37 79 33

30 chambres. Chambre double à partir de 80 €. Petit déjeuner : 9 €. Wifi gratuit.

Cet hôtel n'est pas un palace, mais il offre l'essentiel aux voyageurs de passage qui ne veulent pas mettre tout leur budget dans l'hébergement. Central, entre Terreaux et Bellecour, à un saut de puce de tous les sites lyonnais, dans la fameuse shopping zone de la Presqu'île, l'emplacement est idéal. Un hôtel simple aux prix rares sur la Presqu'île, même si le confort n'est pas maximal. Pour un séjour en solitaire ou en famille (certaines chambres peuvent accueillir jusqu'à 4 personnes), pour un déplacement professionnel rapide au cœur de Lyon ou une visite complète de la ville, l'Hôtel de Bretagne est une adresse aux tarifs raisonnables dans un quartier prisé.

HÔTEL

HÔTEL ROYAL*****

20, place Bellecour (2e)
✆ 04 78 37 57 31
www.lyonhotel-leroyal.com
72 chambres. Chambre double à partir de 175 €.

Soyez une reine, devenez un roi sur votre balcon s'ouvrant sur la place Bellecour et la statue de Louis XIV. Dans ce superbe immeuble haussmannien, avec sa rotonde surmontée d'un bulbe iconique répondant au clocher de la Charité, cette maison lyonnaise 5 étoiles offre tout le luxe d'une maison de famille bourgeoise sur laquelle souffle encore l'esprit de Paul Bocuse. Chambres mariant la beauté d'un style classique – amoureux de la toile de Jouy en extase à tous les étages – au confort moderne. Immense bravo à toute l'équipe qui nous reçoit avec cette « french touch » que le monde entier nous envie. Grand sens de l'accueil et du service. Séjour romantique au cœur de la ville.

HÔTEL

HÔTEL SILKY****

2, place Francisque-Régaud (2e) ✆ 04 78 37 17 17
www.hotel-silky.com
46 chambres. Chambre double à partir de 91 €. Chambre familiale.

En plein cœur de Lyon, au-dessus du café Perl, un hôtel abrité dans un bel immeuble chargé d'une histoire lyonnaise autour du commerce de la soie (d'où le nom). Ce que l'on retiendra surtout de cet hôtel, ce sont ses offres adaptées à notre mode de vie moderne. Ici, il est possible de réserver une chambre pour 6h (en journée pour travailler au calme ou un rendez-vous d'une autre nature...), 12h ou 24h. Tout le reste est à la carte : petit-déjeuner, champagne, vin, heures supplémentaires, petite restauration... À vous de prendre ce qui vous fera plaisir pour bien occuper votre temps... De la chambre simple éco à la chambre familiale, des tarifs attractifs et de super services.

HÔTEL

HÔTEL DU SIMPLON**

11, rue Duhamel (2e) ✆ 04 78 37 41 00
www.hotel-simplon-lyon.com
37 chambres. Chambre double à partir de 100 €. Offres sur le site Internet.

Si vous faites la distinction entre hôtel et hostel, le Simplon a réussi le pari de réunir ces deux formes d'hébergement sous le même toit. Entre hôtel traditionnel, véritable maison de charme à deux pas de Perrache et de Confluence, et hostel, sorte d'auberge où la convivialité et le partage sont des valeurs fortes, le Simplon fait office de refuge urbain, de nid douillet où l'on se sent bien. Petit déjeuner savoureux et généreux dans une atmosphère détendue. Plus qu'un hôtel, le Simplon devient vite une seconde maison pour écrire de belles pages de son histoire lyonnaise. Le plus : l'accueil réservé aux cyclistes avec de nombreux services (box fermé, nettoyage, kit de réparation...).

HÔTEL

HÔTEL DE LA CROIX-ROUSSE**

157, boulevard de la Croix-Rousse (4e)
✆ 04 78 28 29 85
www.hoteldelacroixrousse.com
33 chambres. A partir de 80 € par nuit pour 2 pers. Dimanche soir dès 50 € pour 2 pers.

Tout le charme du quartier de la Croix-Rousse, dominant Lyon depuis la colline des Canuts. On respire mieux et on atteint rapidement les sites lyonnais en empruntant le métro (à 50 m). Les nuits sont douces à la Croix-Rousse dans cet hôtel profitant du charme d'un quartier historique et vivant. Belle rénovation pour un hôtel offrant des nuits douillettes dans des chambres bien équipées, certaines avec balcon ouvert sur la ville. Accueil charmant et souriant. Bon plan : les offres du dimanche soir. Le plus : la vue sur la ville depuis le balcon du dernier étage.

HÔTEL

INTERCONTINENTAL*****

20, quai Jules Courmont (2e) ✆ 04 26 99 23 23
https://lyon.intercontinental.com
SHe Travel Club. La Clef Verte. 144 chambres (et suites). Chambre double à partir de 280 €. Wifi gratuit. Restauration.

Synonyme de luxe, de prestige dans le monde entier, InterContinental s'est installé au cœur de Lyon dans un des lieux les plus emblématiques de la ville : le Grand Hôtel-Dieu. Un bâtiment aux murs chargés d'histoire et d'une incroyable beauté depuis sa rénovation. Un véritable havre de paix et de bonheur au centre de l'animation urbaine. Dans ce cadre magique, les visiteurs du monde entier, à deux ou en famille, posent leurs valises et leurs soucis à l'InterContinental. Chambres grandioses, service merveilleux, restaurant gourmand Epona, superbe bar Le Dôme, spa et fitness... L'Académie offre un centre de conférence unique à Lyon pour organiser tous vos événements.

HÔTEL

MOB HOTEL LYON CONFLUENCE

55, quai Rambaud (2e)
✆ 04 58 55 55 88
www.mobhotel.com
100 chambres. Chambre double à partir de 71 €.

Un style de vie fait de cool et de culture actuelle. Proche du musée des Confluences, facile d'accès (tram et grands axes), le Mob Hôtel profite d'une situation au cœur d'un quartier certes un peu excentré, mais animé jour et nuit de nombreux événements, comme ceux organisés au Mob sur le rooftop ou en terrasse ! Les chambres sont aussi belles que surprenantes avec leurs lits de palace et le petit déjeuner délicieux. Cantine certifiée bio et bien d'autres moments à partager en intérieur comme en extérieur. Un lieu pour tous les curieux avec des offres à ne pas manquer.

HÔTEL

MIHOTEL

24, rue du Plat (2e) ✆ 04 28 29 65 94
https://www.mihotel.fr
26 chambres (suites). Suite de 174 € à 239 €. Petit déjeuner : 12 €. Garage : 15 €. Wifi.

Hôtel de tradition nouvelle génération. Art de vivre à la française dans l'une des 40 suites de prestige, chics et design, installées dans le centre-ville de Lyon. Art de vivre moderne avec la «dématérialisation» de l'accueil en digital, puisque vous devrez réserver en ligne ou sur l'appli pour recevoir les codes d'accès à votre suite à laquelle vous accéderez librement. De véritables cocons pour les couples, mais aussi pour un séjour business sans stress. Beauté des suites décorées avec beaucoup de goût et une liste infinie d'options (extras pour une mise en scène, un repas, une sortie...). Choix de suites exceptionnelles installées dans la Tour Rose au cœur du Vieux Lyon.

HÔTEL

MERCURE LYON CENTRE CHÂTEAU PERRACHE****

12, cours de Verdun-Rambaud (2e) ✆ 04 72 77 15 00
www.mercure.com
120 chambres. Chambre double à partir de 122 €. Garage payant. Salle de fitness.

A la sortie immédiate de la gare TGV de Perrache, impossible de manquer ce superbe bâtiment Art nouveau construit en 1906, classé Monument historique, abritant un hôtel grand confort entièrement rénové. Beauté et caractère des murs anciens - ne pas manquer d'admirer la marquise à l'entrée -, lignes design et fonctionnalité du contemporain avec des chambres plus spacieuses que la moyenne et décorées avec goût. Chambres familiales. Nombreuses salles de réunion. Un 4-étoiles à l'arrivée de votre train à Lyon, mêlant avec bonheur charme de l'ancien et confort moderne.

HÔTEL

NOVOTEL CONFLUENCE****

3, rue Paul-Montrochet (2e)
✆ 04 37 23 64 00
www.novotel.com
150 chambres. Chambre double à partir de 122 €.

Le quartier de Confluence présente de nombreux avantages pour un séjour à Lyon. A commencer par la proximité du musée des Confluences, d'un grand centre commercial et de loisirs version XXIe siècle, mais aussi d'une connexion avec la nature côté Saône et de belles promenades le long des berges vers le Vieux Lyon. Simple d'accès par la route et même par l'eau en empruntant le Vaporetto, cet hôtel moderne répond parfaitement à son standing de gamme supérieure avec des services et prestations de qualité. Les plus : la terrasse surplombant la Saône, un restaurant en forme de comptoir lyonnais contemporain, le Gourmet Bar, des salles de réunion dernier cri et un parking fermé.

HÔTEL

HÔTEL RADISSON BLU****

129, rue Servient (3e)
✆ 04 78 63 55 00
La Clef Verte. 245 chambres. Chambre double à partir de 190 €. Wifi gratuit.

© RADISSON BLUE

© RADISSON BLUE

Lyon comme dans un rêve. Au cœur de la métropole - à 5 min à pied de la Gare Lyon Part-Dieu et à 2 min des transports en commun -, et au-dessus de l'agitation urbaine, le Radisson Blu Hotel donne de la hauteur à notre bonheur. En haut de la tour emblématique de la Part-Dieu, vue panoramique dégagée en direction du Vieux Lyon, de Fourvière ou des Alpes. Lever et coucher de soleil inoubliables depuis sa chambre ou du Celest Bar au 32e étage, un cocktail à la main. Belles envolées gastronomiques au Celest Restaurant, ainsi qu'au bistro Italien Galleria 32. Pour les évènements professionnels, le Radisson Blu Hotel Lyon dispose de 11 salles de réunion modulables, toutes à la lumière du jour.

ET POUR DORMIR ?

HÔTEL

SOFITEL LYON BELLECOUR*****

20, quai Gailleton (2e) ✆ 04 72 41 20 00
www.sofitel-lb.com

164 chambres. Chambre double à partir de 170 €. Petit déjeuner 25 €. Restaurant gastronomique. Spa.

Un véritable institution lyonnaise qui trône sur les berges du Rhône, tout à côté de Bellecour. Cet hôtel d'architecture contemporaine fut le tout premier 5 étoiles de Lyon. Longtemps connu pour abriter un restaurant étoilé à son sommet, il faut découvrir la nouvelle version gourmande, plus accessible, des 3 Dômes proposée par le chef Jérémy Ravier. Voiturier, concierge, spa Deep Nature, bien-être, fitness, bar. Chambres et suites de grand standing pour un séjour de prestige. Des tarifs à la hauteur des prestations et des promotions à guetter sur le site Internet.

HÔTEL

SLO LIVING HOSTEL

5, rue Bonnefoi (3e) ✆ 04 78 59 06 90
www.slo-hostel.com

9 chambres. Chambre double à partir de 75 €. Petit déjeuner 5 €. Lit en chambre partagée à partir de 20 €. Wifi gratuit.

Voyager différemment et vivre à son rythme sans se ruiner. Cette auberge de jeunesse nouvelle génération permet aux voyageurs de choisir leur mode d'hébergement en profitant toujours d'un accueil adorable, d'un bon confort et de petits prix. Chambres doubles, avec une Deluxe, comme à l'hôtel ou chambre partagée en dortoir de 4 à 8 personnes. Une autre façon d'aborder le voyage en découvrant Lyon à son rythme, en faisant des rencontres, en vivant le voyage plutôt qu'en le subissant. Slo Living Hostel s'adresse à tous les voyageurs ouverts d'esprit à la recherche d'un lieu à vivre économique, confortable et design. Un hôtel pas cher qui peut offrir ce qui n'a pas de prix : la convivialité.

HÔTEL

LYON MÉTROPOLE & SPA****

85, quai Joseph-Gillet (4e)
✆ 04 72 10 44 44
www.lyonmetropole.com

174 chambres. Chambre double à partir de 135 €. Parking 15 €.

Non, vous ne vous êtes pas trompé de destination. Et si Lyon n'est pas encore au bord de la mer, la métropole compte déjà une superbe «plage» sous la forme du plus grand City Spa de France ! Au pied de la Croix-Rousse, au bord de la Saône, 8 000 m² consacrés à votre bien-être, à votre détente et à votre repos dans un cadre exceptionnel. A 5 minutes à peine du cœur de Lyon, le Lyon Métropole & Spa propose non seulement une parenthèse dépaysante au cœur de la ville, mais aussi les services et le confort d'un établissement de standing. Chambres, studios et appartements avec la possibilité d'être hébergé en court, moyen et long séjour. Brasserie au bord de la piscine olympique.

HÔTEL

COLLÈGE HÔTEL****

5, place Saint-Paul (5e) ✆ 04 72 10 05 05
www.college-hotel.com

40 chambres. Chambre double à partir de 99 €. Petit déjeuner inclus.

Après avoir admiré les façades des demeures Renaissance du Vieux Lyon, laissez-vous surprendre par la façade aux chaises perchées du Collège Hôtel. Au cœur du secteur classé au patrimoine mondial de l'humanité, près des quais de Saône, emplacement stratégique pour un séjour touristique à proximité de tous les sites patrimoniaux. A l'intérieur, à l'accueil et dans les chambres, beaucoup de blancheur, des touches de couleur et tableau noir pour le contraste. Accueil adorable et service parfait pour un hôtel qui fait bien ses devoirs et nous invite à participer. Barãgones pour se détendre, savourer tapas et cocktails entre amis et prolonger la soirée. Un hôtel noté 10/10 !

HÔTEL

COUR DES LOGES*****

6, rue du Bœuf (5e) ✆ 04 57 74 74 74
www.courdesloges.com

Loges et appartements. En cours de rénovation. Réouverture septembre 2023.

Malgré sa fermeture pour travaux la première moitié de l'année, impossible de ne pas mentionner le plus prestigieux des hôtels lyonnais. Un prestige qu'il doit en partie à sa localisation dans l'une des plus belles demeures Renaissance du Vieux Lyon, un ensemble architectural unique pour un hôtel unique. La Cour des Loges, 5 étoiles, et son restaurant étoilé sont passés entre les mains du groupe Radisson qui mène une campagne de travaux pour améliorer l'expérience fantastique de loger entre ses murs. Réouverture prévue en septembre 2023 pour cette maison que l'on annonce plus «lumineuse» et modernisée (elle en avait besoin...), mais qui devrait conserver son charme atemporel.

HÔTEL

FOURVIÈRE HÔTEL****

65, rue Roger-Radisson (5e) ✆ 04 74 70 07 00
www.fourviere-hotel.com

75 chambres. Chambre double à partir de 110 € ; suite à partir de 195 €. Petit déjeuner 25 €. Spa.

Ça vous dirait de dormir en cellule dans l'un des plus beaux hôtels de Lyon ? Situation privilégiée sur les hauteurs de Fourvière pour cet hôtel installé dans l'ancien couvent de la Visitation imaginé par Bossan, l'architecte de la basilique toute proche. Les superlatifs manquent pour décrire un bâtiment qui a fait l'objet d'une rénovation audacieuse et pleine de charme. Réception insolite dans l'ancienne chapelle et votre séjour lyonnais commence sous les meilleurs auspices. Chambres très confortables, même pour les «cellules» des sœurs, couloir de nage, spa, bar Les Collections, Bouchon et restaurant bistronomique Les Téléphones autour du cloître. Adresse divine.

HÔTEL

VILLA FLORENTINE*****

25, montée Saint-Barthélemy (5e) ✆ 04 72 56 56 56
www.villaflorentine.com
29 chambres. Chambre double à partir de 250 €, suite à partir de 480 €. Restaurant étoilé. Spa.

Dans une montée qui ne se prend qu'en descente (et cela fait polémique), cette Villa Florentine nous assure une belle vue sur la ville et un séjour dans un lieu unique, témoignage d'une des périodes les plus fastes de Lyon en termes d'échanges culturels entre la France et l'Italie. Ancien couvent au XVIIIe siècle, adossé à la colline de Fourvière, la Villa Florentine nous emmène en Toscane avec ses fresques d'époque. Quiétude et douceur dans cette prestigieuse bâtisse Relais & Châteaux où chaque étage dévoile ses secrets, dont une piscine parmi les plus convoitées de la ville. Beauté du site, luxe de l'hôtel, excellence de la table étoilée Les Terrasses de Lyon. Un régal.

HÔTEL

VILLA MAIA*****

8, rue Pierre Marion (5e) ✆ 04 78 16 01 01
www.villa-maia.com
34 chambres. Chambre double à partir de 430 €, suite 1 200 €, appartement 2 500 €. Petit déjeuner inclus. Spa.

Le beau, le bon goût, l'espace, la vue, tous les sens en éveil, le passé tellement présent, le futur à l'horizon… Installée sur la colline de Fourvière, la Villa Maïa nous reçoit dans un cocon ouvert sur la ville, entre les thermes à la romaine qui abritent un magnifique spa, l'architecture contemporaine respectueuse de l'histoire du site et des chambres décorées par l'excellent Jacques Grange qui a soigné le moindre détail : couettes en fibre de soie, marbre de Carrare d'Italie dans de majestueuses salles de bains, WC japonais… Les suites, spacieuses et confortables, offrent une vue spectaculaire sur la ville, alors que l'appartement est simplement grandiose. Une splendeur.

HÔTEL

HÔTEL EDMOND W.***

17, rue Professeur-Weill (6e) ✆ 04 78 65 02 12
https://hotel-edmondw.fr
32 chambres. Chambre double à partir de 108 €. Petit déjeuner 10 €.

Dans un monde qui se réinvente, les boutiques peuvent prendre plusieurs formes : un café ou un hôtel. Edmond se situe dans la seconde catégorie sans renier la première. Un trois étoiles bien situé dans le quartier des Brotteaux pour s'élancer à la conquête de la ville et du parc de la Tête d'Or tout proche, sans s'éloigner de la gare de la Part-Dieu. Atmosphère feutrée dans un lieu insolite qui plaira aux amateurs de cabinets de curiosités version contemporaine. C'est beau, c'est chaleureux à l'image de l'accueil reçu, et les chambres, rénovées et bien équipées, climatisation comprise, offrent un repos mérité. Petit déjeuner buffet gourmand avant de partir à l'assaut de Lyon.

HÔTEL

HÔTEL LE LUMIÈRE**

26, rue Villon (8e)
✆ 04 78 00 66 81
www.hotel-lelumiere-69.com
Chambre double de 79 € à 95 €. Petit déjeuner 8 €. Parking 8 €. Séminaires.

© EMMANUEL SPASSOFF

© EMMANUEL SPASSOFF

Un hôtel que le *Petit Futé* est fier de mettre en lumière ! Au cœur du beau quartier de Monplaisir, tout à côté de l'Institut Lumière et d'une station de métro qui vous emmène directement vers Bellecour et le Vieux Lyon, cet hôtel vous fait profiter d'un emplacement idéal pour séjourner à Lyon et visiter toute la ville. Accueil adorable et service personnalisé par Geneviève Chardon et son équipe. Confort actuel de chambres rénovées, climatisées et insonorisées, dont le décor évoque… le cinéma bien sûr ! Excellents petits déjeuners dans la cour intérieure. Possibilité d'organiser séminaires et réunions de travail. Réservations et promos en direct et en ligne sur Internet.

ET POUR DORMIR ?

HÔTEL

HÔTEL DAULY***

28, rue de Prévieux
BRON
✆ 04 78 26 04 37
www.dauly-lyon.com
22 chambres. Chambre double à partir de 71 €. Petit déjeuner 10 €. Parking privatif inclus. Wifi gratuit. Restauration.

© HOTEL_DAULY

Pour séjourner et visiter Lyon dans les meilleures conditions, il faut garer sa voiture (gratuitement et en sécurité) et emprunter le réseau de transports en commun qui nous emmène rapidement sur tous les sites. A l'est de la ville, le DauLy offre une situation idéale pour faire étape sur la route des Alpes et séjourner en ville tout en profitant d'un coin de nature. Terrasse au jardin, maison rénovée à l'atmosphère douce, chambres à la décoration inspirée par la nature et service personnalisé de toute l'équipe d'Audrey Boni. Belles propositions, sans gluten possible, au petit déjeuner, restauration. Excellent rapport qualité-prix pour un séjour découverte ou travail.

HÔTEL

CROWNE PLAZA LYON CITÉ INTERNATIONALE****

22, quai Charles-de-Gaulle (6e)
✆ 04 78 17 86 86
www.crowneplaza.com
156 chambres. Chambre double à partir de 170 €.

Entre nature – le Rhône et le parc de la Tête d'Or – et architecture de la Cité Internationale, le Crowne Plaza ne manque pas d'atouts pour le tourisme ou les affaires (travail rime ici avec détente). Accueil et service polyglottes au top. Rénovées, les 156 chambres climatisées disposent de larges ouvertures pour faire entrer la lumière naturelle. Repos dans de larges lits, mais on peut aussi surfer sur la toile. Centre de fitness au 8e étage pour se dégourdir après une journée de congrès ou de réunion. Bistrot Rive Gauche et détente au Lounge Bar.

HÔTEL

OKKO HÔTELS****

14bis, quai du Général-Sarrail (6e) ✆ 04 28 00 02 50
www.okkohotels.com
85 chambres. Chambre double à partir de 124 € tout compris. Petit déjeuner inclus. Wifi gratuit.

Pour bien voir les étoiles, quatre en l'occurrence, il ne faut aucun nuage ! Et ça tombe bien, parce que chez Okko le ciel est dégagé grâce à l'Espace Club (accessible aux non clients de l'hôtel à forfaits accessibles) où l'on peut faire «comme à la maison» puisque tout est compris ! Des ordinateurs et une imprimante si vous voulez travailler, de quoi boire et grignoter toute la journée, mais encore un bon petit déjeuner ou l'aperitivo proposé tous les soirs. Espace forme avec sauna, animaux acceptés, early check-in et late check-out offerts pour une réservation en direct... Sans oublier le confort des chambres conçues comme des cocons. Aucun nuage à l'horizon d'un séjour au calme chez Okko.

HÔTEL

MAMA SHELTER

13, rue Domer (7e) ✆ 04 78 02 58 00
www.mamashelter.com
156 chambres. Chambre et petit déjeuner à partir de 120 €. Animaux acceptés. Wifi gratuit. Restauration. Bar.

Ok, il y a des chambres familiales... Mais on ne va pas se mentir, si on lorgne du côté du Mama pour réserver une chambre, c'est surtout pour le pack Sexy Mama ! Enfin un hôtel qui assume en faisant la promotion de chambres pour des moments «coquins». Pas de fausse pudeur ni de tabous, on a aussi le droit de s'envoyer en l'air dans une chambre d'hôtel. Le pack Sexy Mama est là pour ça avec nuit, cocktails, petit-déj, la box Sexy Mama et des films XXX gratuits. Vous pouvez aussi passer une nuit plus apaisée (et non pas à bai...), manger et boire dans un bar iconique ou bien, quelle idée, travailler et vous réunir sans penser à... (no zob in job). L'amour, l'amour, l'amour.

NEW HÔTEL

THE RUCK HOTEL****

345, avenue Jean Jaurès (7e) ✆ 04 28 38 69 00
www.theruckhotel.com
134 chambres. Chambre double de 119 € à 585 €. Chambres familiales à partir de 215 €. Wifi gratuit. Restauration.

A votre tour d'entrer dans le Ruck ! Fan de rugby (vous savez ce qu'est un ruck...), voici l'hôtel qui vous permettra de dormir à deux pas, mais vraiment deux pas, du Matmut Stadium où joue le Lou Rugby. A l'entrée sud de Lyon, facile d'accès en voiture (parking privé) ou en transport en commun (métro Stade de Gerland - Le Lou) dans le quartier de Gerland dédié au sport et à la santé, un nouvel hôtel entouré d'un jardin. Pour visiter Lyon ou faire une pause sur la route des vacances, pour assister à une réunion ou pour affaires, The Ruck Hôtel offre une situation idéale, un confort premium et des services à la hauteur, notamment côté restauration avec son Atelier. Transformation réussie.

HÔTEL

HÔTEL PARKSAONE***

26, rue Félix Mangini (9e) ✆ 04 72 22 00 00
www.hotelparksaone.com

100 chambres. Chambre double à partir de 109 €. Séminaires. Wifi gratuit.

Dans le quartier de Vaise facilement accessible par le périphérique nord (un atout pour les vacanciers en direction du Sud mais aussi des Alpes), au milieu des immeubles récents et des grandes entreprises nombreuses dans le secteur, l'hôtel ParkSaône a le mérite de s'ouvrir vers la rivière en se nichant dans un écrin de nature. Bel ensemble contemporain au goût du jour, des chambres lumineuses et parfaitement équipées. Restaurant Tibone et Dorade pour de savoureux repas aux accents méditerranéens sur la grande terrasse ombragée avec vue sur la Saône. Accueil sympathique pour un séjour sur la route des vacances, une découverte de Lyon ou un séjour professionnel.

HÔTEL

HÔTEL & SPA PANORAMA 360****

4, rue Paul Gateaud - **MÂCON**
✆ 03 85 50 20 42
www.hotelmacon-panorama360.com

Chambre double à partir de 149 €. Spa/Fitness, bar Rooftop. Séminaires. Tarifs complets en ligne.

Au cœur de Mâcon, réservez votre chambre à l'Hôtel & Spa Panorama 360. Une superbe bâtisse en pierre entièrement rénovée dans un style contemporain du meilleur goût qui sert d'écrin à ce lieu raffiné de détente et de bien-être absolu avec spa et piscine intérieure. 69 chambres et suites haut de gamme, dont 8 aménagées PMR. Sur le toit, un surprenant rooftop avec son skybar pour admirer la ville et les Alpes au loin tout en sirotant un cocktail. Hautement recommandé !

APPARTEMENT

MON HÔTEL PARTICULIER

3, place du Change (5e)
✆ 06 64 28 71 34
www.mon-hotel-particulier-lyon.com

Appartement à partir de 90 € la nuit, 490 € la semaine.

Un emplacement de rêve dans un bâtiment historique au cœur du Vieux Lyon – l'ancien Hôtel de la Bibliothèque du XVIe siècle – pour 8 hébergements d'exception créés par deux amoureux du Vieux Lyon, Vincent et Jean-Luc. Tout le confort actuel dans ses vieux murs, une décoration superbe réalisée par Jean-Yves Arrivetz, talentueux architecte lyonnais, des prestations haut de gamme et un séjour inoubliable. A noter que Mon Hôtel Particulier propose d'autres hébergements dans le Vieux Lyon, notamment dans la Maison des Avocats, l'une des plus belles demeures du quartier classé au patrimoine de l'Humanité. Autres adresses à Saint-Georges et sur la Presqu'île avec le Loft des Augustins.

APPARTEMENT

URBAN SÉJOUR

7, rue Saint-Georges (5e) ✆ 04 78 53 23 68
www.urbansejour.com

Accueil bureau ou téléphone de 10h à 13h et de 14h à 18h du lundi au vendredi et le samedi de 13h30 à 18h30.

Home sweet home, même quand on quitte le sien pour un séjour à Lyon. Pour quelques nuits ou quelques semaines, en hypercentre ou en périphérie, un studio pour une personne seule ou un grand appartement pour une famille, Urban Séjour a forcément le logement qu'il vous faut. Pratique, le site Internet permet de remplir tous vos critères et de trouver, parmi plus de 160 hébergements, celui qui vous correspond parfaitement. Vous pouvez aussi les appeler, avec les conseillers c'est encore plus rapide ! Service de conciergerie, prestations de qualité, ménage sur demande. Nouvelles offres, promotions exclusives sur le site – visite des appartements en 3D – en fonction des périodes.

AUBERGE DE JEUNESSE

PILO

10, montée des Carmélites (1er) ✆ 04 28 01 86 00
www.pilohotels.com

45 chambres (200 lits). À partir de 20 € en dortoir, 59 € en chambre privée et 99 € en chambre familiale. Restauration.

Avec Pilo, entre Terreaux et plateau de la Croix-Rousse, Lyon n'a pas fini de vous étonner. Un lieu d'exception, un ancien collège réhabilité et transformé en tiers-lieu de 5 000 m² où l'on peut (bien) dormir et (bien) manger, se détendre ou travailler. Concept innovant entre auberge de jeunesse et hôtel, Pilo (pour *pillow*, oreiller en anglais) nous invite à voir et à vivre Lyon autrement. 5 catégories de chambres pour s'adapter aux besoins de chacun. Lieu de vie et de partage, Pilo c'est aussi un bistrot locavore. On aime encore la formule télétravail à la journée, la salle de séminaire ou la mezzanine à privatiser pour organiser des événements. Animations. Nouvelle destination.

AUBERGE DE JEUNESSE

AWAY HOSTEL

21, rue Alsace-Lorraine (1er) ✆ 04 78 98 53 20
www.awayhostel.com

La Clef Verte. Dortoirs à partir de 22 € la nuit, double privée à partir de 75 € la nuit. Wifi gratuit.

Pas un hôtel, mais un «hostel», quelque part entre l'auberge de jeunesse avec ses dortoirs, la chambre d'hôtes avec l'accueil personnalisé et l'hôtel avec ses chambres traditionnelles. Away offre une alternative à tous les voyageurs. Dans un immeuble face à Croix-Paquet, quartier central animé, Away vous invite à rentrer chez vous. Style scandinave, murs clairs, mobilier design, chambres privées, chambres partagées (on ne dit plus dortoir) à la literie confortable, parquet et moulures aux plafonds. Un séjour simple mais cocooning quand même. Coffee-shop avec de bons cafés et des produits locaux cuisinés maison ajoutant au charme du concept. Organisation d'événements.

ET POUR DORMIR ?

AUBERGE DE JEUNESSE

LE FLÂNEUR

56, rue Sébastien-Gryphe (7e) ✆ 09 81 99 16 97
www.leflaneur-guesthouse.com
Réception 24h/24 et 7j/7. 80 lits. Dortoir mixte à partir de 20 €. Chambre privée à partir de 50 €. Wifi gratuit.

Flâner à Lyon pour découvrir la ville en séjournant dans une guesthouse au cœur du 7e arrondissement (dans un quartier parfois un peu agité). Plus qu'une auberge de jeunesse, une grande maison taillée pour la convivialité et les explorateurs urbains. Immense espace commun de 160 m² pour faire des rencontres entre voyageurs venus flâner à Lyon à partir de ce quartier à la fois tendance, populaire et animé. Dortoirs mixtes (et un réservé aux femmes), chambres privatives, chacun peut passer une ou plusieurs nuits à petits prix dans de bonnes conditions (il y a aussi des salles de réunion). Lieu de vie géré par une SCOP, le Flâneur permet de séjourner à Lyon d'une autre façon.

CHAMBRE D'HÔTE

LE GOURGUILLON

46, montée du Gourguillon (5e) ✆ 09 72 62 56 58 - Métro Vieux Lyon ligne D - www.legourguillon.fr
7 chambres à partir de 190 €. 1 suite à partir de 523 €. Ouvert 7j/7. Services sur mesure.

De véritables cocons, 6 chambres et 1 suite haut de gamme à entrée privative, chacun avec bain à remous privatif, pour recevoir les amoureux dans un quartier paisible du Vieux Lyon. Accueilli par une femme formidable, chacun profite de logements d'exception, de petits paradis à partager et de prestations de haut standing. De nombreux forfaits pour un séjour personnalisé : possibilité de massages, décoration particulière, petit-déjeuner ou repas en tête-à-tête... Sans oublier, pour certaines chambres, des terrasses ou jardins privatifs accrochés à la colline avec vue sur Lyon. Sublime suite Rouge. Adresse parfaite pour les amoureux désirant un séjour «so romantic» à Lyon.

CAMPING

CAMPING DE LYON****

Porte de Lyon - **DARDILLY** ✆ 04 78 35 64 55
www.camping-lyon.com
Ouvert à l'année. Emplacement de 23,90 € à 29,20 €. Locatifs. Jeux pour enfants. Animaux acceptés. Wifi gratuit.

Ah bon, il y a un camping à Lyon ! ? Oui et un grand ! Entre la métropole et les porte du Beaujolais, le Camping de Lyon, accessible par la M6, vous accueille dans un beau parc naturel avec ses 239 emplacements ombragés et verdoyants répartis sur 6 ha. A quelques minutes du centre-ville, c'est le lieu idéal pour un séjour à Lyon sur la route des vacances. Ce camping dispose d'une piscine, indispensable en été, et d'un point de restauration avec une terrasse en bois. Si l'on peut camper sous la tente, il est également possible de louer des roulottes, des mobil-homes, des chalets et même des cahuttes en bois. Des jeux pour les enfants complètent la panoplie d'un camping haut de gamme.

CHAMBRE D'HÔTE

HOSTELRY MUSIC REPETITION

11, chemin de Charbonnières
ECULLY
✆ 06 61 43 45 35
www.hostelry.fr
Chambre double à partir de 130 €. Wifi gratuit. Restauration.

Déroutante. Parce que cette adresse se trouve en dehors des sentiers battus sur un chemin quelque part entre la M6 et Charbonnières-les-Bains dans un coin de verdure d'Ecully. Et parce que cette superbe demeure, avec parc et piscine, ne ressemble à rien de ce que vous avez déjà vu en matière d'hébergement. Si les extérieurs sont une invitation au farniente, l'intérieur est surprenant. La musique est partout dans un décor improbable d'objets d'une autre époque, le tout assemblé avec goût. Chambres spacieuses et confortables. Bonne table et excellent petit déjeuner.

CHAMBRE D'HÔTE

PÉNICHE BARNUM

3, quai Sarrail (1er) ✆ 06 63 64 37 39
www.peniche-barnum.com
1 chambre (cabine). De 142 € à 250 € la nuit. Petit déjeuner inclus.

Envie d'un séjour insolite en plein cœur de Lyon ? Découvrez un nouveau point de vue sur la ville pour votre prochain séjour en embarquant sur une péniche amarrée aux berges du Rhône face à l'hôtel de ville. Vue imprenable et situation idéale pour visiter tout Lyon, notamment la Presqu'île. Au calme, le long des berges, les visiteurs se laissent bercer par les flots. Une péniche cosy et charmante qui propose deux chambres d'hôtes haut de gamme, dont une Cabine de l'Amiral suite spacieuse très confortable qui nous permet de profiter d'un emplacement de parking gratuit sécurisé à proximité de la péniche. Depuis la terrasse sur le pont du bateau, point de vue inédit sur la ville.

RÉSIDENCE HÔTELIÈRE

APPART HÔTEL ODALYS CONFLUENCE

7, cours Bayard (2e) ✆ 04 78 82 49 02 - Tram T1 arrêt Sainte-Blandine. - www.odalys-city.com
Accueil 24h/24. A partir de 85 € le week-end. A partir de 99 € en semaine. Petit déjeuner 12,50 €. Wifi gratuit.

Entre culture - Musée des Confluences, Sucrière... -, loisirs et shopping au Pôle de loisirs et de commerce, la Confluence propose de nombreux expériences. Parfaitement desservi par les transports en commun, l'Appart'hôtel Odalys Confluence offre des prestations haut de gamme avec piscine intérieure et salle de fitness. Studios et junior suites spacieux avec kitchenette. Grande salle de petit déjeuner avec prestation de qualité. Pour un séjour court ou long, en famille ou pour affaires, l'Appart'hôtel Odalys Confluence s'affiche au palmarès de nos meilleures adresses.

JE ME RÉGALE

Après avoir été la capitale de la cuisine bourgeoise, celle des Soyeux, de la cuisine populaire, celle de nos fameux bouchons, de la nouvelle cuisine de Paul Bocuse (à jamais dans nos cœurs), Lyon serait-elle en train de devenir la capitale de la bistronomie, d'une autre façon de faire de la gastronomie accessible à tous ? Dans tous les cas, les adresses du genre se multiplient et trouvent un public gourmand de plus en plus averti, jeunes compris. Après des années difficiles pour la restauration, c'est la main-d'œuvre qui manque... Et les restaurateurs doivent limiter les jours d'ouverture. Autres limitations en cours dans nos restaurants, l'utilisation de produits aux origines lointaines pour privilégier les circuits courts. Et comme nous n'en sommes plus à un paradoxe près, la street-food internationale, de l'Asie à l'Amérique latine, n'a jamais été aussi présente. Du Food Traboule au Food Society, les comptoirs reviennent en force, mais en version moderne avec commande par smartphone. Laboratoire d'idées en matière de restauration, Lyon s'inspire du passé pour inventer l'avenir.

VOTRE GUIDE DEVIENT INTERACTIF

TAPEZ **PETITFUTE.APP** DANS LE NAVIGATEUR DE VOTRE SMARTPHONE.

PRENEZ UNE PHOTO DE LA PAGE DÈS QU'ELLE A CE PICTO !

GASTRONOMIQUE

LÉON DE LYON

1, rue Pléney (1er) ✆ 04 72 10 11 12
www.leondelyon.com
Ouvert du mardi au samedi le midi et le soir. Menu 3 plats 28,70 € en semaine, 34,20 € le week-end.

Avez-vous suivi le feuilleton Léon de Lyon ? Pour la faire courte, exit les Gastronomistes qui ont laissé la place à Laurent Gerra, déjà dans l'affaire, allié au groupe Bocuse. Ça, c'est pour la tambouille lyonnaise. Ce qui nous importe, c'est que cette institution locale fondée en 1904 a rouvert ses portes à la fin du mois de septembre 2022. Retour donc chez Léon de Lyon nouvelle version, un restaurant mythique où le chef réinterprète à sa manière les classiques de la cuisine française pour les mettre dans les mains d'un service 5-étoiles. Du pâté en croûte aux sorbets maison, tout est au diapason. Egalement un bar avec des cocktails maison à déguster dans un décor étonnant. Retrouvailles !

GASTRONOMIQUE

LA QUINTESSENCE

31, rue du Bât-d'Argent (1er) ✆ 04 72 00 08 08
www.restaurant-laquintessence.fr
Ouvert du mardi au samedi le midi et le soir. Menus de 62 € à 98 €. Formule midi 32 €.

Surprise en poussant la porte de La Quintessence du chef Anthony Baud quand les gourmands venus se régaler les papilles se régalent déjà les yeux d'un décor comme seul Lyon peut en offrir. Dans cette rue discrète de la Presqu'île, ce restaurant gastronomique est en effet installé dans un ancien réfectoire de Jésuites avec ses murs en pierres dorées qui donnent une chaleur particulière à la salle. C'est beau et c'est bon dans des assiettes qui marient, à l'image du décor, charme des bons produits de saison et pointes de modernité. Incontournable œuf à la truffe du chef, mais aussi un ris de veau, également à la truffe, ou un homard bleu parfaitement préparé. Menu végétarien de qualité.

GASTRONOMIQUE

LA MÈRE BRAZIER

12, rue Royale (1er) ✆ 04 78 23 17 20
www.lamerebrazier.fr
2 au guide Michelin. Ouvert du lundi au vendredi midi et soir. Formule midi 95 €. Menus de 155 € à 215 €.*

Sans comparer la Mère Brazier à Paul Bocuse, rappelons que le second a fait son apprentissage chez la première, voilà les deux noms qui restent de la grande cuisine lyonnaise. Grâce au chef Mathieu Viannay, la Mère Brazier a connu une seconde jeunesse et a retrouvé deux étoiles au cœur de Lyon. Et si Mathieu Viannay a cédé les murs de la Mère Brazier pour développer l'enseigne, marque de prestige, en France et à l'étranger, le restaurant classé parmi les meilleurs au monde (122e...) continue de nous régaler d'une incontournable poularde de Bresse aux écrevisses ou d'un mariage parfait entre ormeau et andouillette de veau. Carte des vins époustouflante. Offre exceptionnelle au déjeuner.

GASTRONOMIQUE

PRAIRIAL

11, rue Chavanne (1er) ✆ 04 78 27 86 93
www.prairial-restaurant.fr
1 guide Michelin. Ouvert du mardi au samedi soir, vendredi et samedi midi. Menu déjeuner 69 €. Menus 89 € à 109 €.*

Sur le calendrier républicain, créé pendant la Révolution française, le mois de prairial était, entre mai et juin, la période des récoltes des prairies, juste avant les moissons. Dans son restaurant étoilé de la Presqu'île, le chef Gaëtan Gentil suit à son tour les saisons. Une cuisine au naturel inspirée par le terroir d'Auvergne-Rhône-Alpes et les rencontres avec des producteurs passionnés pour une gastronomie durable, respectueuse de l'environnement, mais surtout délicieuse ! Si la saison de la chasse amène des plats particulièrement remarquables autour du gibier, toutes les saisons sont l'occasion de faire de belles balades gourmandes. Magnifique carte des vins.

GASTRONOMIQUE

MORFAL

16, rue Hippolyte-Flandrin (1er)
✆ 04 78 08 14 03
Ouvert du jeudi au lundi soir, vendredi et samedi midi. Carte 30 € environ.

La Bijouterie s'est éteinte et Arnaud Laverdin a confié ses cuisines à Steven Thiebaut-Pellegrino, son second. Côté déroutant d'une adresse qui aime bousculer les codes sous des néons rouges. Certains diront qu'on est plus dans l'expérimental que dans la gastronomie. Tout dépend de ce que l'on entend par gastronomie et la vision «on verra bien» du jeune chef nous plaît beaucoup. En cuisine ouverte sur le monde, ça cherche, ça invente, ça ose. Parfois c'est compliqué, souvent il y a des fulgurances qui permettent à la cuisine d'avancer dans une nouvelle direction. Successions de petits plats à partager et à petits prix. Bonne musique et belle ambiance. Le futur, c'est maintenant !

GASTRONOMIQUE

BURGUNDY BY MATTHIEU

24, quai Saint Antoine (2e) ✆ 04 72 04 04 51
https://burgundybym.fr
Ouvert du jeudi au lundi le midi et le soir. Menus de 70 € à 105 €. Formule du midi 39 €.

Comme son nom l'indique, ce restaurant des quais de Saône offre l'une des plus belles caves de Bourgogne avec un millier de flacons allant des plus grands crus aux petites parcelles moins connues. Les amateurs apprécieront ce choix exceptionnel. Pour la cuisine, c'est le chef Matthieu Girardon qui régale de la plus belle des manières. Dans un cadre cosy où l'on se sent en totale confiance, le chef ne propose pas de carte, mais un nombre de plats réalisés selon les produits de saison, certains en provenance du marché Saint-Antoine qui se tient juste en face de l'établissement. Belle salle voûtée pour abriter les repas de famille ou de petits groupes (10 personnes max). Toujours un régal.

GASTRONOMIQUE

CUISINE ET DÉPENDANCES

68, rue de la Charité (2e) ✆ 04 78 37 45 02
www.fabricebonnot.fr

Ouvert du lundi au vendredi midi et soir. Menus de 50 € à 100 €. Formule midi 25 €.

Envie d'un sourire (nom de la remarquable association solidaire du chef Fabrice Bonnot) et de bien manger dans l'une des adresses gastronomiques les plus sympathiques de Lyon ? Direction le quartier d'Ainay où l'on est particulièrement bien reçu (il y a même la possibilité d'un parking privé sur demande) par toute une équipe enthousiaste. Salle superbe où l'on ne sent pas à l'étroit, avec un salon privatif pour recevoir les groupes, et cuisine volontiers tournée vers les produits de la mer : supions marinés au basilic, suivis d'un pavé de thon rouge snacké, crème de parmesan, légumes rôtis. Carte des vins inspirée. Cours de cuisine. Il ne faut pas en perdre une miette !

GASTRONOMIQUE

EPONA

20, quai Jules Courmont (2e) ✆ 04 26 99 24 24
http://lyon.intercontinental.com

Ouvert tous les jours le midi et le soir. Formule déjeuner semaine 32 €. Menu découverte 85 €. Carte 60 € environ.

A la beauté du Grand Hôtel-Dieu, Epona ajoute un décor magnifique et surtout une cuisine qui ne cesse de marquer des points à notre palmarès des meilleures tables lyonnaises. Salle grandiose d'un grand restaurant qui réussit à nous mettre à l'aise grâce à un service des plus chaleureux. Cuisines ouvertes pour admirer le travail du chef Matthieu Charrois et de son équipe qui s'amusent avec virtuosité à réinterpréter les classiques lyonnais, avec une incontournable K'nelle ou un Poulet de Bresse au vin jaune servi à table, mais pas que, avec un excellent Mi-cuit de thon rouge fumé au foin. Les tarifs n'avaient pas bougé lors de notre rédaction. Une occasion en or et une table à ne pas manquer.

GASTRONOMIQUE

L'INSTITUT

20, place Bellecour (2e) ✆ 04 78 37 23 02
www.linstitut-restaurant.fr

Ouvert du lundi au vendredi le midi et le soir. Carte : 60 € environ.

C'est amusant comme beaucoup de restaurants ne veulent plus qu'on les qualifie de «gastronomiques», terme devenu indésirable et volontiers remplacé par «bistronomique». Ainsi, l'Institut, que l'on ne peut s'empêcher de relier au nom de Bocuse, qualifie sa cuisine de «bistronomique». Et c'est vrai que la carte met à l'honneur des plats qu'un bistrot servirait volontiers, comme ce poireau «crayon» ou ce paleron de bœuf cuit doucement comme un bourguignon accompagné d'un gratin de macaronis au parmesan. Mais, le cadre sublime de la maison, le service appliqué des étudiants, tout l'univers de l'Institut mérite bien que le *Petit Futé* classe cette adresse en gastronomie. Valeur refuge.

GASTRONOMIQUE

MONSIEUR P

8, place des Célestins (2e) ✆ 04 82 31 87 63
www.monsieurp.fr

Ouvert du lundi au vendredi midi et soir. Menu midi 34 €. Dîner de 78 € à 118 €.

Dans son écrin de la place des Célestins, Monsieur P continue son chemin en nous faisant partager ses voyages gourmands. Florent Poulard est un chef formé aux meilleures tables qui crée, petit à petit, son univers culinaire. Et ce n'est pas une mince affaire de trouver sa propre voie dans une gastronomie partagée entre authenticité et créativité. Dans un cadre de rêve propice aux dîners romantiques comme aux repas de famille, Monsieur P sublime les meilleurs produits pour nous envoyer une fine raviole de volaille de l'Ain, foie gras et hysope, suivi d'un homard bleu breton ou d'un ris de veau, noisette et estragon. Le rapport qualité-prix reste remarquable.

GASTRONOMIQUE

THOMAS

6, rue Laurencin (2e) ✆ 04 72 56 04 76
www.restaurant-thomas.com

Ouvert du lundi au vendredi midi et soir. Menu soir 49 €. Formule midi 25 €. Plat du jour 16 €.

En 20 ans, on n'a pas vu le temps passer. Et dans ce quartier, que certains associent volontiers au nom du chef, tout le monde connaît Thomas Ponson et ses différentes maisons dédiées : à la cuisine de marché (Thomas), aux produits de la mer (La Poissonnerie), aux spécialités lyonnaises (Le Bouchon), aux tapas (Café Thomas) et aux vins (La Réserve). Mais revenons à notre Thomas Ponson, chef atypique qui se réinvente à chaque saison, inspiré par les produits frais (et régionaux) de qualité. Cadre convivial pour savourer à l'automne une côte de veau française, avec cèpes de Haute-Loire, haricots de Paimpol, avant de succomber pour un pain perdu caramélisé et sa poêlée de quetsches. Bonheur.

GASTRONOMIQUE

LES TROIS DÔMES

20, quai Gailleton (2e)
✆ 04 72 41 20 97
www.les-3-domes.com

Ouvert du lundi au samedi midi et soir. Carte 60 € environ.

Longtemps Les Trois Dômes ont donné une certaine vision classique de la gastronomie lyonnaise. Au huitième étage du Sofitel, la vue n'a pas changé, toujours aussi belle, mais tout le reste si ! Du cadre des Trois Dômes est né un lieu plus chaleureux, plus actuel. En cuisine, plus de course aux étoiles pour le nouveau chef Jérémy Ravier qui ne présente qu'une carte, pas de menu, inspirée par une certaine lyonnitude (le chef a fait ses classes à Lyon et dans la région) : lentilles vertes du Puy, saucisson lyonnais, voile de Porto, suivies d'une brioche de brochet, petit épeautre, sauce écrevisse. Bien d'autres plats et d'autres destinations. Desserts à partager ou pas. Cocktails maison.

GASTRONOMIQUE

CELEST

129, rue Servient (3e)
✆ 04 78 63 55 00
www.celest-bar-restaurant.com
Ouvert du mardi au samedi soir. Dîner 72 €. Dégustation 92 €.

Envolée gourmande au 32e étage de la tour de la Part-Dieu ! Une vue à couper le souffle sur la ville et bien au-delà. A l'intérieur, esprit constellation pour une salle contemporaine de toute beauté. Accueil charmant, service remarquable pour nous présenter la cuisine du chef Benoît Charvet. Assiettes gourmandes et raffinées où se marient volontiers produits locaux et saveurs venues d'ailleurs : quasi de veau cuit au sautoir, baby carottes multicolores au tamarin et morilles glacées, jus corsé ou lotte rôtie, risotto au lait d'amande, amandes grillées et champignons shiitakés, émulsion safranée. Expérience unique d'un voyage qui met tous les sens en éveil. Celest, c'est absolument divin.

GASTRONOMIQUE

AU 14 FÉVRIER

36, rue du Bœuf (5e) ✆ 04 78 92 91 39
www.ly-au14fevrier.com
1 au guide Michelin. Ouvert du lundi au vendredi le soir et le vendredi midi. Menu Q.E.D 110 €.*

Pour déclarer sa flamme, quoi de plus naturel qu'un restaurant ? Parce que la flamme, c'est ce qui allume les fourneaux et permet au chef japonais Tsuyoshi Arai de nous proposer une cuisine inspirée par les seuls produits de saison. Dans cette rue du Vieux Lyon devenue la plus étoilée de France, 14 Février affiche son étoile et nous invite à découvrir une cuisine unique, alliance franco-japonaise qui ne manque jamais de surprendre dans l'assiette comme en bouche. En mettant les légumes au cœur de ses créations de saison, le chef propose un menu Q.E.D. d'une extrême fraîcheur. Et sur réservation, possibilité de savourer le bœuf wagyû. Coup de foudre aussi pour la carte des vins.

GASTRONOMIQUE

JÉRÉMY GALVAN

29, rue du Bœuf (5e) ✆ 04 72 40 91 47
www.jeremygalvanrestaurant.com
1 guide Michelin. Ouvert du lundi au vendredi le soir, vendredi le midi. Déjeuner 65 €. Dîner 125 € (-35 ans 109 €).*

Jérémy Galvan est un explorateur qui nous invite à la métamorphose. Dans la série des étoiles Michelin d'une incroyable rue du Bœuf, Jérémy Galvan est sans aucun doute le plus créatif, le plus novateur. En quête d'émotions, avec des envies de sensations, il faut suivre un chef qui repousse les limites de la connaissance pour s'aventurer sur des terres inconnues. Un voyage de tous les sens qui commence par une sélection des meilleurs produits grandis, poussés, élevés dans notre région gourmande. Proposition pour les moins de 35 ans qui voient leur addition se réduire. Venez découvrir l'univers unique de Jérémy Galvan qui vous emmène dans la plus extraordinaire des aventures gourmandes.

GASTRONOMIQUE

LES LOGES

6, rue du Boeuf (5e)
✆ 04 72 77 44 44
www.courdesloges.com
1 Michelin. Fermeture pour travaux jusqu'au mois de septembre.*

Joyau à plus d'un titre. A commencer par le cadre qui n'a pas d'adjectifs pour être qualifié. Fabuleux, renversant... Simplement au cœur de la Cour des Loges - en pleine rénovation, fermeture du site au moins jusqu'au mois de septembre -, hôtel à 5 étoiles auxquelles il faut ajouter celle qui brille sur le restaurant du chef Anthony Bonnet. Somptueusement installé dans la cour florentine, sous la verrière de 17 m de haut, les yeux s'écarquillent aussi sur des assiettes qui nous emmènent en balades gourmandes dans la région en passant chez les meilleurs producteurs. Expérience unique à prolonger lors d'un petit-déjeuner en Grande-Cour ou d'un déjeuner au Café-Epicerie.

GASTRONOMIQUE

LA SOMMELIÈRE

6, rue Mourguet (5e) ✆ 04 78 79 86 45
www.la-sommeliere.net
1 au guide Michelin. Ouvert du mercredi au dimanche le soir et dimanche midi. Menu unique à 87 €.*

Alors que le restaurant a fait l'objet de travaux, félicitons-nous que le Vieux Lyon abrite cette Sommelière d'origine japonaise, Shoko Hasegawa, un chef également d'origine japonaise, Takafumi Kikuchi, qui forment un duo frôlant la perfection de la cuisine française. Dans un restaurant pas bien grand mais tellement mignon, des assiettes en totale maîtrise et en superbe équilibre : foie gras de canard, variation de maïs fumé ; pintade française, sauce en deux façons, ratatouille ; pour finir avec une compote de pêches blanches parfum de fleur de sureau. L'accord mets et vins s'impose naturellement. Une étoile méritée pour deux talents gourmands à suivre passionnément.

GASTRONOMIQUE

LES TERRASSES DE LYON

25, montée Saint-Barthélemy (5e) ✆ 04 72 56 56 02
www.villaflorentine.com
1 étoile au guide Michelin. Ouvert du lundi au samedi midi et soir. Menu midi 49 €. Menus de 77 € à 125 €.

Il y a des expériences qu'il faut vivre au moins une fois dans sa vie. Comme un dîner aux Terrasses de Lyon. Lieu magique, un ancien couvent transformé en hôtel de luxe avec spa, avec son restaurant exceptionnel tant par son décor, sa vue que la cuisine du chef étoilé David Delsart. Sous la verrière, la vue sur Lyon est splendide. Beauté d'un paysage urbain qui s'illumine au fur et à mesure que la soirée avance. Dans les assiettes, David Delsart offre un équilibre parfait entre tradition et modernité avec une quenelle d'omble chevalier émulsion au citron ou un pigeon fermier cuit sur coffre, cuisses confites. Excellent menu Maraîcher pour les végétariens. Carte des vins remarquable.

GASTRONOMIQUE

CHRISTIAN TÊTEDOIE

4, rue Professeur Pierre Marion (5e) ✆ 04 78 29 40 10
www.tetedoie.com

1 guide Michelin. Ouvert tous les jours, sauf mardi, midi et soir. Formule midi 48 €. Menus de 78 € à 136 €.*

Parmi les figures de la cuisine lyonnaise, Christian Têtedoie occupe une place à part. Meilleur Ouvrier de France, chef étoilé, Christian Têtedoie s'est cherché avant de se trouver à l'Antiquaille. Homme de valeurs, humaniste, il s'est aussi engagé pour une gastronomie durable, obtenant une étoile verte. Et le restaurant dans tout ça ? Site exceptionnel de l'Antiquaille offrant une vue spectaculaire sur Lyon, salle splendide et cuisine personnelle : incontournable homard et tête de veau, plat signature, et bien d'autres bonheurs à savourer selon les saisons et les audaces du chef. Cave fabuleuse. Restaurant bistronomique et rooftop estival suspendu sur la ville.

GASTRONOMIQUE

LE GOURMET DE SÈZE

125, rue de Sèze (6e) ✆ 04 78 24 23 42
www.legourmetdeseze.com

1 étoile au Michelin. Ouvert du mardi au samedi le midi et le soir. Menu midi 45 €. Menus de 75 € à 118 €.

On pourrait l'imaginer «classique» par son expérience, plus de 30 ans pour ce restaurant et 20 ans d'étoile Michelin pour le chef Bernard Mariller. Mais Le Gourmet de Sèze continue de nous étonner à chaque visite. Salle contemporaine d'une élégance raffinée tout en noir et blanc, comme pour mieux mettre en valeur des assiettes pleines de saveurs et de créativité. Produits de grande qualité et de saison. Menu Signature avec 4 plats surprises en portions réduites. On ne trouve plus de menu 100% végétal, mais le légume garde son importance. Originaux, les Paniers étoilés à emporter sur commande, disponibles les vendredis et samedis pour se faire plaisir à domicile.

GASTRONOMIQUE

MAISON CLOVIS

19, boulevard des Brotteaux (6e) ✆ 04 72 74 44 61
www.maisonclovis.com

Ouvert du mardi au samedi midi et soir. Menus de 79 € à 105 €. Formule midi 42 €.

Une adresse signature du quartier des Brotteaux. Le chef Clovis Khoury nous invite dans une salle élégante aux tons relativement neutres de blanc et de gris pour nous emmener vers des assiettes beaucoup plus colorées. D'origine libanaise, le chef aime travailler les produits de la mer, sachant sublimer des poissons déjà exceptionnels. Des goûts et des saveurs dans des assiettes magnifiquement dressées : carpaccio de maigre de ligne, babys légumes, cueillette d'herbes sauvages et caviar d'Osciètre, avant le plat phare de la maison avec un homard breton poché minute sur un tapis volant. Délicieuses notes sucrées autour du chocolat Valrhona. Très belle carte des vins à prix caviste.

GASTRONOMIQUE

LA MUTINERIE

123, rue Bugeaud (6e) ✆ 04 72 74 91 51
www.la-mutinerie.fr

Ouvert du mardi au samedi le soir, vendredi et samedi le midi. Menu déjeuner 55 €. Au dîner 84 €.

La Mutinerie, c'est plein de partis pris réussis qui font de ce restaurant gastronomique - désormais étoilé - un lieu unique. Le décor, entre brique et blancheur avec quelques touches de végétal, signe une vraie originalité. Ensuite, la cuisine du chef Nicolas Seibold qui met le produit au cœur de l'assiette pour tendre vers une simplicité lumineuse. Ni classique ni moderne, le chef trace sa propre voie, fait ses recherches et nous livre des créations pleines de sensations au naturel. Chaque détail compte et tout est mis en œuvre pour partager de grandes émotions. Une Mutinerie qui met à l'honneur les produits du terroir local pour émouvoir nos sens. Une gastronomie accessible avec plaisir.

GASTRONOMIQUE

LE NEUVIÈME ART

173, rue Cuvier (6e) ✆ 04 72 74 12 74
www.leneuviemeart.com

2 Michelin. Ouvert du mercredi au samedi midi et du mardi au samedi soir. Menus de 130 € à 200 €.*

Christophe Roure est un artiste passionné. Un véritable virtuose qui a atteint l'excellence avec le titre de Meilleur Ouvrier de France en 2007. Mais une grande technicité, une connaissance parfaite ne sont rien sans la créativité, l'audace, toutes les recherches faites par un chef sensible qui marie l'art et la matière - titre d'un des menus - comme personne. Tous les sens en alerte dans une salle apaisante, volontiers végétale, pour se tourner vers des assiettes aussi belles à regarder que délicieuses à savourer : Agneau Allaiton d'Aveyron, pamplemousse mélisse, riz hom Mali au jasmin et gingembre. Desserts dans la même veine. Un Neuvième Art qui nous touche profondément.

GASTRONOMIQUE

LE PASSE TEMPS

52, rue Tronchet (6e) ✆ 04 72 82 90 14
www.lepassetemps-restaurant.com

1 au guide Michelin. Ouvert du mardi au samedi midi et soir. Menus midi 59 € et 79 €. Menus dîner 89 € et 109 €.*

Il n'y a pas de grande cuisine sans grande passion. De la passion et une incroyable technicité, le chef sud-coréen Younghoon Lee n'en manque pas. Il faut pousser la porte de cet établissement discret, et étoilé, de la rue très chic rue Tronchet pour découvrir l'univers gourmand du Passe-Temps. Salle épurée, tons apaisants, loin du brouhaha de la ville, un service particulièrement attentionné nous propose une cuisine inspirée par les produits de saison. Pas de carte, mais du mouvement selon les arrivages. Des assiettes d'une grande beauté et des plats alliant cuisine française et notes coréennes avec délicatesse. Chaque bouchée est une révélation. Harmonie gourmande.

GASTRONOMIQUE
LE PRÉSIDENT
11, avenue de Grande-Bretagne (6e)
www.restaurantlepresident.com
Ouvert du lundi au vendredi le midi et le soir. Carte 65 € environ.

Lyonnais d'origine, président des Toques Blanches Lyonnaises, Christophe Marguin est un ardent défenseur d'une cuisine traditionnelle raffinée mise en exergue dans son restaurant proche du parc de la Tête d'Or. Terrasse colorée, bar convivial dans l'esprit des comptoirs, salles cossues avec une belle touche de modernité et un Salon des Chefs décoré des vestes de cuisine de chefs prestigieux autour d'une table d'une dizaine de convives. Cuisine à base de produits d'excellence, entre tradition et inspirations au fil des saisons : grenouilles sautées au beurre de Bresse, ail et fines herbes, volaille de Bresse à la crème d'Etrez... Vins en rapport. Votez pour ce Président.

GASTRONOMIQUE
RESTAURANT TAKAO TAKANO
33, rue Malesherbes (6e) ✆ 04 82 31 43 39
www.takaotakano.com
2 Michelin. Ouvert du lundi au vendredi midi et soir. Menus de 130 € à 170 €. Formule midi 60 €.*

Précision, partage, plaisir... Autant de mots qui ne suffisent pas à qualifier la cuisine du chef d'origine japonaise Takao Takano. Autodidacte discret et travailleur acharné, le chef doublement étoilé est guidé par la passion de l'art culinaire et l'amour des bons produits. Une quête personnelle qu'il partage dans une salle sans trop de fioritures où toute l'attention se porte vers l'assiette. Finesse et créativité pour des assiettes qui ouvrent l'esprit, le cœur et laissent aux papilles la découverte de nouvelles et subtiles saveurs d'une cuisine française réinventée. Cuisine au rythme des «matières» de saison en toute liberté, comme sur une page vierge. Magnifique carte des vins.

GASTRONOMIQUE
PAUL BOCUSE
40, quai de la Plage - **COLLONGES-AU-MONT-D'OR**
✆ 04 72 42 90 90 - www.bocuse.fr
2 guide Michelin. Ouvert du mercredi au dimanche midi et soir. Menus de 200 € à 310 €.*

Que dire objectivement du restaurant de Paul Bocuse ? Que le grand chef n'est plus parmi nous depuis plus de 4 ans, mais que sa maison demeure. Une maison qui ne s'est pas figée depuis la disparition du pape de la cuisine française, mettant en avant le concept de «tradition en mouvement». La quête de l'excellence continue donc du côté de Collonges où, dans un décor unique, des Meilleurs Ouvriers de France réalisent à la perfection des plats mythiques comme la soupe aux truffes noires Élysée, le loup en croûte feuilletée sauce Choron ou la volaille de Bresse en vessie Mère Filioux. Classiques d'une «nouvelle cuisine» revisitée. Passage obligatoire pour toutes les générations.

GASTRONOMIQUE
SAISONS
1A, chemin de Calabert - **ECULLY** ✆ 04 28 31 70 44
www.saisons-restaurant.fr
1 guide Michelin. Ouvert du lundi au vendredi midi et soir. Menu 98 €. Formule midi 75 €.*

Créé par Paul Bocuse et Gérard Pélisson en 1990, le restaurant Saisons est le restaurant d'application de l'Institut Bocuse installé dans le château du Parc du Vivier. Un lieu d'excellence pour la gastronomie, les arts culinaires et les arts du service à table ; un lieu d'exception car Saisons est bien le seul restaurant d'application à pouvoir afficher une étoile, largement méritée, au guide *Michelin*. Le chef exécutif Florian Pansin, le chef de cuisine Christian Née et l'excellent Gaëtan Bouvier en salle et au service du vin, tous contribuent, avec les élèves, à rendre ce lieu unique. Assiettes actuelles pleines de saveurs. La meilleure façon de se faire plaisir en toutes Saisons.

GASTRONOMIQUE
LA ROTONDE
200, avenue du Casino - **LA TOUR-DE-SALVAGNY**
✆ 04 78 87 79 70 - www.pavillon-rotonde.com
1 Michelin. Ouvert du mardi au samedi midi et soir. Déjeuner de 49 € à 59 €. Menus de 89 € à 125 €.*

Pas besoin - même si c'est mieux... - d'avoir gagné au casino voisin pour s'offrir une Rotonde aux tarifs encore «raisonnables». Une table qui profite d'un environnement exceptionnel. Une des rares tables étoilées lyonnaises s'ouvrant sur un parc de verdure ! Créée il y a 30 ans, la Rotonde offre un formidable écrin à la cuisine du chef Jean-François Malle depuis une dizaine d'années. Incontournable pâté en croûte «Champion du monde». Le chef breton aime les produits de la mer, comme cette langoustine cuite au naturel, jambon ibérique, faisselle, laitue ou ce gravlax de sériole aux aromates, artichaut, pêche, verveine. Carte des vins en conséquence. Une Rotonde qui remporte la mise.

BISTRONOMIE

ARVINE

6, rue Hippolyte Flandrin (1er)
✆ 04 78 28 32 26
http://arvine-restaurant.fr
Ouvert du mardi au samedi le soir. Menu Découverte 55 €.

Chez Arvine, bonne chère et bon vin le soir au cœur de Lyon. Le chef Benjamin Capelier, un cérébral au parcours atypique, nous propose sa vision de la cuisine bistronomique à partir de produits frais et locaux avec un menu unique en 5 temps. Ce qui plait au chef, c'est de mettre à l'honneur les bons produits selon les arrivages et des saveurs qui ne sont pas trop dénaturées par les sauces. Des assiettes qui vont à l'essentiel, des associations pour fondre de plaisir - comme cette Pluma/Carotte/Gnocchi - et pour se marier avec l'autre bonheur d'Arvine : les vins. Cave exceptionnelle avec de très nombreuses références de toute la France pour faire de beaux voyages à travers les terroirs.

BISTRONOMIE

LE BALTHAZ'ART

7, rue des Pierres-Plantées (1er) ✆ 04 72 07 08 88
www.restaurantbalthazart.com
Ouvert du mardi au samedi le soir. Le midi du jeudi au samedi. Menu du jour 21 €. Menu 39 €.

Serions-nous visionnaires ? Car nous avions anticipé le changement de catégorie d'un Balthaz'Art qui s'affirme bistronomique. Et pas seulement parce que la décoration de la salle - toujours magnifique, mêlant style rétro de la galerie des ancêtres, papiers peints rigolos et lignes plus contemporaines - a changé, mais surtout parce que les assiettes continuent d'évoluer suivant le travail du chef Frédéric d'Ambrosio : l'esprit d'une blanquette moderne dédiée aux poissons ou une épaule d'agneau confite toute une nuit, sans oublier l'incontournable maison gardé sur la carte, le fameux tartare façon mauresque. Moelleux au chocolat au beurre salé pour terminer. Excellente carte des vins.

BISTRONOMIE

L'ATELIER DES AUGUSTINS

11, rue des Augustins (1er) ✆ 04 72 00 88 01
www.latelierdesaugustins.com
Ouvert du mardi au vendredi le midi, du mardi au samedi le soir. Menu déjeuner 39 €. Menus Dîner de 59 € à 75 €.

En matière de bons produits, on peut dire que Lyon se trouve au cœur de la plus belle et de la meilleure des régions. C'est ce que nous prouve le chef Nicolas Guiloton qui a posé ses valises dans un magnifique Atelier des Augustins où le cadre - mêlant beauté de l'ancien et lignes contemporaines aux notes colorées - met en valeur une cuisine personnelle pleine de sensibilité. Sélectionnant ses produits dans un rayon de 200 km autour de Lyon, le chef compose des menus surprises inspirés par les saisons et les saveurs. Beaucoup de plaisir jusqu'aux desserts. Autre belle mise en avant, celle des vins de terroir en accord pour compléter le bonheur d'un repas à cet Atelier gourmand.

BISTRONOMIE

LE COMPTOIR BOURGUIGNON

14, rue Royale (1er)
✆ 04 87 37 10 99
https://comptoir-bourguignon.com
Ouvert du mardi au vendredi midi, du lundi au vendredi soir. Formules midi 24 €/3 plats. Menus dîner 36 € et 46 €.

© EMMANUEL SPASSOFF

© EMMANUEL SPASSOFF

Dans la rue emblématique de la gastronomie lyonnaise, une délicieuse enclave bourguignonne par le chef Alexis Billoux. Un chef qui ne cherche pas à retrouver l'étoile laissée du côté de Dijon, mais qui veut retrouver le bonheur de partager une certaine simplicité et l'amour des bons produits de sa région. Résultat, un lieu hyper chaleureux profitant d'une magnifique décoration ; des assiettes étonnantes qui changent au rythme des meilleurs produits de saison, le plus souvent en provenance de Bourgogne ; et, naturellement, une sélection d'une centaine de vins (de Bourgogne notamment...) remarquable. Superbe cave voûtée à découvrir pour choisir directement sa bouteille. Coup de cœur assuré.

NEW

BISTRONOMIE

CANOPEE

12, rue Major Martin (1er)
✆ 09 75 20 11 09

Ouvert du mercredi au samedi le soir, week-end le midi. Menu dégustation 39 €.

Lyon verdit. Et si ce n'est pas encore la jungle, quoique ça dépende par ce que l'on entend par «jungle», voilà une nouvelle Canopée qui va ajouter sa touche verte dans une petite ruelle toute proche de la minérale place des Terreaux. Canopée, c'est tout nouveau et parfaitement dans l'air du temps. Mur végétal sous le plafond à la française pour se projeter plus loin qu'en centre-ville et profiter pleinement d'une cuisine bistronomique de partage. Laissez-vous tenter par la version «dégustation», carte blanche au chef pour une sélection de plats à partager. Carte courte, cuisine à base de produits sourcés et de saison, avec des versions pour les intolérances et les végétariens.

BISTRONOMIE

LE COCHON QUI BOIT

23, rue Royale (1er) ✆ 04 78 27 23 37
www.lecochonquiboit.fr

Ouvert du mardi au samedi midi et soir. Menu 39 €. Formule midi 25 €.

Bien boire (du vin et de la bière), bien manger (du cochon, mais pas seulement) à une adresse qui affiche les deux piliers de la gourmandise locale. Surtout qu'il n'y a pas qu'à boire et à manger, il y a aussi de la bonne humeur à la table bistronomique du chef Nicolas Lhote. Le Cochon qui boit nous invite au fil des produits de saison du terroir local à de belles assiettes dont les saveurs explosent en bouche au gré des produits de saison. Cet hiver, un mille-feuille de butternut petit épeautre avec une saveur moutardée, du bœuf Aubrac bio préparé en fonction de la pièce du jour... Vins vivants et desserts maison très réussis. Un Cochon qui a notre oreille et notre palais.

BISTRONOMIE

FLUXUS

12, rue des Augustins (1er)
✆ 04 78 93 52 55

Ouvert du mardi au samedi le midi, du mercredi au samedi le soir. Formule midi 24 €. Menu soir 36 €. Carte.

Comme l'art est difficile (et la critique est aisée...), difficile de décrire Fluxus, restaurant-boutique qui nous invite à explorer de nouveaux univers gourmands, mais pas seulement. Car Fluxus, lieu en perpétuel mouvement, abrite différentes créations et expositions, si bien que vos yeux pourront se balader de l'assiette aux toiles colorées. Atelier café ouvert à de larges horaires, Fluxus prend une dimension supplémentaire avec le travail du chef Alexandre Cornu. Carte courte pour mieux valoriser les meilleurs produits frais sélectionnés par des passionnés : volaille de l'Ain, farce aux champignons des bois et marrons, cranberry, mousseline de courge. Excellent rapport qualité-prix.

BISTRONOMIE

CHEZ PIMOUSSE

27, quai Saint-Vincent (1er) ✆ 09 82 47 73 60
www.chezpimousse.com

Ouvert du lundi au vendredi le midi et le soir. Formule du midi 35 €. Menu Carte Blanche 75 €.

Quel bonheur de voir le chef Pimousse, de son «vrai» nom Pierre-Michaël Martin, s'épanouir dans sa belle maison des quais de Saône. Une créativité maîtrisée, des envies débordantes qu'il faut savoir contenir, le chef se fait plaisir et nous fait plaisir en changeant sa carte régulièrement. Lieu superbe, légèrement «décalé», atelier d'artiste pour se régaler en laissant carte blanche au chef au rythme des meilleurs produits de saison. Ça twiste les classiques dans les assiettes, autour de la chasse cet hiver par exemple, mais encore avec un filet de sole chouxchouté (et ce n'est pas une faute). Beaux flacons pour accompagner et cocktails eux aussi de saison. Amour grandissant.

BISTRONOMIE

REGAIN

3, rue d'Algérie (1er) ✆ 09 81 10 65 08
www.regainrestaurant.fr

Ouvert du lundi au vendredi le midi et le soir. Formule midi 26 €. Dîner 43 € à 53 €.

Qui dit Regain, dit Giono, dit Provence. Sans doute celui que souffle sur sa cuisine le chef Benjamin Sanchez qui s'est lancé dans l'aventure aux côtés de Thomas Rolland en salle et Lolita Chevreau au service du vin. Une adresse qui a remis en lumière ce quartier entre Terreaux et quais de Saône. Il est nécessaire de réserver pour trouver une place dans cette salle chaleureuse aux grandes baies vitrées où l'on est toujours bien accueilli. Midi et soir en semaine, de belles propositions de saison réalisées à partir de produits essentiellement locaux, des plats qui bousculent juste ce qu'il faut les traditions dans des associations parfois surprenantes. Cuisine créative et bonnes bouteilles.

BISTRONOMIE

SEMO

2, rue des Fantasques (1er) ✆ 04 26 17 85 34
www.semo-lyon.com

De mercredi à dim le soir, de vendredi à dim le midi. Formule midi 26 €. Le soir, assiettes à partager. Dimanche 25 €.

Les plus courageux monteront à pied par la montée Coquillat. Superbe vue sur le Rhône et Lyon qui se profile à l'horizon d'une nouvelle adresse, preuve que la gastronomie locale se réinvente avec audace. La cheffe Fanny Duranton, formée aux meilleures tables, travaille des produits de saison locaux, notamment les légumes et herbes cultivés en permaculture par Raphaël Quentin dans les Monts du Lyonnais. Semo nous emmène dans les champs dans un joli décor de terre cuite et de matières brutes, mais aussi devant des assiettes gourmandes. Le soir, de petites assiettes à partager pour découvrir des saveurs de saison. Vins régionaux dans le même esprit. Une graine a germé.

© EMMANUEL SPASSOFF

© EMMANUEL SPASSOFF

BISTRONOMIE

L'ARTICHAUT

20, rue de l'Abbaye d'Ainay (2e)
✆ 04 78 05 69 02
https://hotelabbayelyon.com

Ouvert du mardi au samedi le midi et le soir. Formule midi 29 €. Menus de 49 € à 74 €.

Il est entré dans nos cœurs cet Artichaut qui a poussé face à l'abbaye d'Ainay. A l'écart de l'agitation urbaine, dans un lieu hors du temps - un ancien presbytère rénové avec goût -, le chef Clément Lopez nous propose une cuisine française actuelle réalisée à partir des meilleurs produits français. A midi, le Menu du Marché offre de belles associations au rythme des saisons. Ambiance apaisée pour se régaler de plats en équilibre entre tradition et modernité : poulpe et soubressade ; lieu, betteraves, coques, citron noir et bouillon curcuma. Carte des vins bien inspirée avec plus de 150 références, avec des vignerons écoresponsables, pour tous les budgets. Pour fondre de plaisir.

© EMMANUEL SPASSOFF

© EMMANUEL SPASSOFF

© EMMANUEL SPASSOFF

Terrasse de la Maison Nô dans le 1er arrondissement.
© EMMANUEL SPASSOFF

ZOOM

LES TERRASSES DE LYON

Il y a plusieurs sortes de terrasses à Lyon. Il y a les terrasses annuelles et les terrasses sur stationnement, du 1er mai au 30 septembre. Cette page ne présente que les premières. Il y a des terrasses pour toutes les envies : le *farniente* au soleil, le rendez-vous discret, la partie de pétanque, l'apéro très tôt et les tapas très tard, un dimanche au bord de l'eau… Lyon a la culture des terrasses. Des terrasses dont l'existence même a été remise en question cette saison. Alors, faisons attention aux voisins, aux nuisances sonores, mais défendons nos terrasses comme des lieux à partager.

- **Le Broc Bar** (1er). La terrasse la mieux animée à toute heure et la mieux fréquentée – parce que vous y êtes – de l'hypercentre. Une tranche de vie lyonnaise.
- **Maison Nô** (1er). Depuis le dernier étage de la Maison Nô, la terrasse en *rooftop* qui domine les toits de Lyon offre une incroyable vue. Un régal pour les yeux et le palais.
- **Les Terrasses Saint-Pierre** (1er). La terrasse cachée, le jardin secret du musée des Beaux-Arts, de la foule de la place minérale des Terreaux au havre de paix végétalisé juste derrière la façade.
- **L'Officine** (2e). Les bars à cocktails disposent rarement d'une terrasse et encore moins d'une en balcon sur les hauteurs du Grand Hôtel-Dieu. Un vrai bonheur.
- **Café Gadagne** (5e). La plus perchée des terrasses, accessible par ascenseur dans Gadagne. Au cœur du vieux Lyon, pourtant loin de l'agitation, pause idéale entre deux visites.
- **Le Rooftop Têtedoie** (5e). Dans le cadre de l'établissement gastronomique de Christian Têtedoie, une magnifique terrasse estivale avec vue panoramique sur Lyon.
- **La Petite Auberge** (5e). Le 5e, ce n'est pas que le vieux Lyon, c'est aussi autour de Fourvière un quartier à découvrir avec la belle terrasse de La Petite Auberge s'ouvrant sur des mausolées romains.
- **27 Madeleine** (7e). Une terrasse façon guinguette que l'on ne soupçonne pas depuis la rue. Haut lieu de convivialité autour d'une partie de pétanque.
- **Au bord de l'eau** (Décines-Charpieu). La terrasse la plus dépaysante de la métropole, puisqu'elle nous donne l'impression d'être face à la mer. Grand bol d'air et de gourmandise.
- **La Chopinette** (Francheville). Mieux qu'un bouchon avec une terrasse, c'est La Chopinette. Ambiance guinguette, partie de pétanque, belle carte à manger et à boire.
- **Le Canotier** (Rochetaillée-sur-Saône). Dès les premiers rayons de soleil, les Lyonnais profitent des bords de Saône. Direction Le Canotier, terrasse guinguette pour se faire plaisir à de larges horaires.

BISTRONOMIE

LA TABLE WEI

13, rue Neuve (1er) ✆ 04 78 28 58 79
www.latablewei.com
Ouvert du mardi au samedi le midi. Menus de 42 € à 62 €. Formule du midi : 25 €.

Dans une rue Neuve qui s'impose comme l'une des rues les plus gourmandes de Lyon, la Table Wei ouvre nos horizons vers une cuisine asiatique contemporaine. Non pas un, mais trois diplômés de l'Institut Paul Bocuse ont ouvert ce restaurant à la fois élégant et apaisant - lumière douce, blancheur et notes colorées - pour nous faire découvrir des saveurs mélangées dans une cuisine fusion entre France et Asie. Sur une carte courte, la cheffe Sun Ruijun réalise des associations mêlant les genres, comme pour ce Xiao long bao, canard confit et poireaux. Autre belle surprise de cette table bistronomique, la possibilité de plats à emporter, notamment des sandwichs maison.

NEW BISTRONOMIE

L'ARQUEBUSE

6, rue Neuve (2e) ✆ 04 82 31 41 97
www.restaurantlarquebuse.com
Ouvert tous les jours le midi, du lundi au samedi le soir. Formule du midi 17,50 €. Menus de 34 € à 41 €.

La rue Neuve se refait une santé grâce à l'Arquebuse. Rassurez-vous, le nom de ce nouveau restaurant renvoie davantage à un spiritueux servi comme digestif, bien alcoolisé, qu'à une arme médiévale ! C'est une belle flèche décochée par le chef Jérôme en cuisine, Daphné en salle et toute leur équipe. Ensemble élégant avec sa terrasse sur une rue animée et une salle de bistrot raffiné, à l'image d'une cuisine qui magnifie les bons produits de saison, comme ces figues rôties, chèvre, noix, vinaigrette balsamique et miel. Agneau confit 6h, joue de bœuf façon bourguignon et poisson cuit basse température. La sélection des vins participe au bonheur. Une Arquebuse qui touche au cœur de la cible.

BISTRONOMIE

L'ETABLI

22, rue des Remparts d'Ainay (2e) ✆ 04 78 37 49 83
www.letabli-restaurant.fr
Ouvert du lundi au vendredi midi et soir. Formule midi 37 €. Le soir 68 € et 88 €.

Tout commence ici, à l'Etabli. Une enseigne bien ancrée à Lyon dans le quartier d'Ainay, mais surtout bien ancrée dans le terroir rhônalpin (ça doit se dire ainsi). En effet, les excellents produits utilisés par le chef Louis Fargeton viennent de la région, les légumes des producteurs engagés de chez Agriz tout comme les beaux couteaux à choisir en début de repas. Décor d'une belle et chaleureuse maison de campagne où l'on aurait envie de se retrouver autour d'un feu pour savourer la cuisine de saison. A la saison de la chasse : biche, cardon et cerise, mais aussi chou-fleur, cacahuète et citron. Soufflé à la Chartreuse, calamansi et caramel pour terminer. Un Etabli en pleine ascension.

BISTRONOMIE

MAISON NÔ

11, rue du Bât d'Argent (1er)
✆ 04 81 13 21 90
www.maisonno.com
Ouvert du mardi au samedi midi et soir. Formule midi 27 €. Soir à la carte, plats à partir de 18 €.

© EMMANUEL SPASSOFF

© EMMANUEL SPASSOFF

Lyon est encore plus belle vue de haut. Alors, manger avec les toits et les monuments de Lyon à l'horizon, c'est un luxe qu'il faut absolument s'offrir ! Direction la Maison Nô et son restaurant avec terrasse en rooftop. Délicieuse sensation d'instants suspendus à partager avec celles et ceux que l'on aime. Cuisine de saison réalisée à partir de produits de qualité et de proximité, que ce soit au menu du déjeuner ou à la carte en soirée. Cocktail signature maison pour bien commencer, avant de savourer un œuf mollet plein air de la Drôme façon meurette, puis un paleron de bœuf braisé de la Loire sauce au beaujolais ou un poisson selon arrivage. Belle sélection de vins. Émotions à partager.

BISTRONOMIE

LE COMPTOIR D'AINAY

41, rue Auguste Comte (2e)
✆ 04 72 16 90 97
www.le-comptoir-dainay.com

Ouvert du mardi au samedi midi et soir. Formule midi 24 €. Menu Lyonnais 27 €. Menu bistronomique 36 €.

© EMMANUEL SPASSOFF

© EMMANUEL SPASSOFF

La bistronomie, c'est une cuisine qui mêle savoir-faire et bons produits. Mais la bistronomie, c'est aussi un état d'esprit fait de convivialité et de joie de vivre. Bienvenue au Comptoir d'Ainay où toute une équipe de bons vivants vous propose de les rejoindre autour de tables gourmandes. Petite terrasse en saison, salle chaleureuse, comptoir avec chaises hautes, service adorable pour déguster dans les meilleures conditions la délicieuse cuisine d'instinct, et de saison, signée du chef Romain Renard. Entre recettes traditionnelles lyonnaises et créations gourmandes, il y a vraiment de quoi se faire plaisir selon l'envie du moment. Possibilité de privatisation pour événements festifs.

BISTRONOMIE

CAFÉ ARSÈNE

2, rue Vaubecour (2e) ✆ 04 72 10 07 99
www.cafearsene.fr

Ouvert du lundi au vendredi midi, lundi, jeudi et vendredi le soir. Formule déjeuner 26 €.

Ouvert sur une place paisible du quartier d'Ainay, le Café Arsène offre une agréable terrasse estivale et une façade blanche qui ne laisse pas présager du décor intérieur. Entre tradition d'un sol façon tomettes, des chaises scolaires indus, des tables de bistro, ambiance conviviale pour découvrir une cuisine bistronomique à partager. Sur l'ardoise du jour, des plats à base de produits locaux de saison pour une fraîcheur optimale et des saveurs qui bousculent juste ce qu'il faut les classiques. Le menu du jour est une aubaine à ne pas manquer, avec des propositions veggies, pour un excellent rapport qualité-prix. Le soir, carte de tapas elle aussi évolutive. Agréable carte des vins.

BISTRONOMIE

RUSTIQUE

14, rue d'Enghien (2e)
✆ 04 72 13 80 81
www.rustiquelyon.fr

1 Michelin. Ouvert du lundi au vendredi le soir. Menu unique 90 €.*

En plein cœur de la ville, dans une rue du quartier d'Ainay, une balade en pleine nature en compagnie du chef Maxime Laurenson. Chaleur des matériaux bruts, du bois et des pierres, même si le lieu se veut rustique, il est rustique chic. Ce qui n'enlève rien à son charme. Pas de carte, mais un menu unique, un instantané de nature composé selon les produits de saison en provenance des terroirs de la région Auvergne-Rhône-Alpes. Chaque assiette contient des caractères de saison, des morceaux gourmands qui nous emmènent dans les bois, les prés, les rivières... Derrière une rusticité revendiquée, un travail soigneux pour mettre en valeur toutes les qualités des produits.

BISTRONOMIE

AROMATIC

15, rue du Chariot d'Or (4e) ✆ 04 78 23 73 61
www.aromaticrestaurant.fr

Ouvert du mardi au samedi midi et soir. Formule 3 plats 40 €. Menu dégustation 50 €.

Dans leur cuisine ouverte sur une belle salle intimiste, Frédéric et Pierre réinventent au quotidien une cuisine bistronomique qui nous parle et nous étonne. Se fournissant en local de produits de saison et de qualité, les cuisiniers d'Aromatic nous régalent d'une carte courte où chaque plat bouscule nos habitudes dans des harmonies de saveurs qui mettent en valeur... le produit. Surprenant et délicieux quasi de veau rôti servi froid, confit niçois aux olives de Kalamata, mayonnaise à l'estragon, tomates confites et Moliterno truffé. On aime aussi la belle table d'hôtes pouvant accueillir jusqu'à 12 personnes. Carte des vins en conséquence. Excellent rapport qualité-prix dans sa catégorie.

BISTRONOMIE

LE BISTROT DES VORACES

13, rue d'Austerlitz (4e) ✆ 04 72 07 71 86
www.bistrotdesvoraces.com

Ouvert du lundi au vendredi midi et soir. Formule menu 25 €. Plats à emporter. Terrasse.

Les «Voraces» de la Croix-Rousse avaient soif et faim de justice sociale quand ce groupe de canuts se révolta en 1848. Les voraces d'aujourd'hui peuvent se rendre plus paisiblement à la table bistronomique du chef Cédric Blin. Dans ce beau bistrot de la rue d'Austerlitz, il mène le combat pour le bien manger en nous proposant des plats élaborés à partir des meilleurs produits de saison, notamment d'excellents poissons et fruits de mer, chose encore rare à Lyon. Terrasse, cadre chaleureux d'une salle aux pierres apparentes pour servir une cuisine tendance bistronomique qui nous réserve de belles surprises. Carte des vins dans le même esprit de plaisir à partager.

BISTRONOMIE

SUBSTRAT

7, rue Pailleron (4e) ✆ 04 78 29 14 93
www.substrat-restaurant.com

Ouvert lundi, mardi et du jeudi au samedi soir. Mardi, vendredi et samedi midi. Formule midi 25 €. Menu La Ballade 48 €.

De l'audace et beaucoup de savoir-faire ! Le chef Hubert Vergoin ne cesse de nous étonner dans un Substrat en constante évolution. Dans ce bistrot moderne de la Croix-Rousse, ambiance conviviale et chaleureuse, une carte courte qui ne cesse d'évoluer au rythme des saisons et des inspirations du chef. Impossible de vous dire ce que vous réservera la carte lors de votre venue, mais vous avez l'assurance de vous régaler d'harmonies de saveurs pas goûtées ailleurs, comme ces Légumes de Buyon marinés et fermentés, salade d'herbes ou cette Chiffonnade de bœuf fumé cuit, sauce ravigote. Bons fromages et superbe carte des vins. Excellent rapport qualité-prix pour découvrir la bistronomie lyonnaise.

BISTRONOMIE

5INQ MAINS

12, rue Monseigneur-Lavarenne (5e) ✆ 04 37 57 30 52
www.cinqmains.fr

Ouvert du mardi au samedi midi et soir. Formule midi 25 €. Menu 39 € (3 plats).

Plein de raisons font de 5inq Mains une adresse rare, à fréquenter avec une assiduité gourmande. Par son emplacement à Saint-Georges avec sa belle et grande terrasse s'ouvrant sur les quais de Saône. Par la composition de son équipe à 5 mains : Grégory Cuilleron (1 main et plein de talent mis en avant dans des émissions culinaires), Thibault Cuilleron (2 mains et la passion du vin) et Antoine Larmaraud (2 mains et la passion des bons produits). Convivialité, décor chaleureux de murs de pierre, une légèreté qui fait du bien au corps et à l'esprit dans notre atmosphère pesante. Cuisine qui s'amuse à revisiter savoureusement la cuisine française pour nous régaler. Plaisirs à partager.

BISTRONOMIE

TABLE ET PARTAGE

52, rue Etienne Richerand (3e)
✆ 04 87 24 79 74
www.table-et-partage.com

Ouvert à midi du lundi au vendredi, jeudi et vendredi le soir. Menus midi 27 et 35 €. Menus soir de 35 à 45 €.

© EMMANUEL SPASSOFF

© EMMANUEL SPASSOFF

Si vous faites confiance au *Petit Futé*, c'est pour trouver des adresses comme Table & Partage. Juste ce qu'il faut à l'écart de l'agitation de la Part-Dieu, facilement accessible, cette adresse bistronomique ne présente que des avantages. Chez Table & Partage, Thomas et Susana officient conjointement. Elle en salle avec un atout majeur, la sommellerie ; lui en cuisine, avec une vraie formation de cuisinier et un parcours gastronomique. Le mariage est parfait. Cuisine de grande qualité avec des assiettes composées de produits de saison, notamment sur une carte du midi qui change chaque semaine. Superbe carte des vins et vrais conseils pour accompagner vos plats. Partage de plaisirs gourmands.

BISTRONOMIE

BULLE

9, place de Fourvière (5e) ✆ 04 30 30 32 16
http://www.bullerestaurantfourviere.fr

Ouvert tous les jours midi et soir. Au déjeuner 42 €. Menus à 55 € et 75 €.

Déconnectez-vous ! Prenez de la hauteur en montant à Fourvière, réservez votre table chez Bulle. Ce magnifique restaurant bistro-gastronomique créé par le chef étoilé Guy Lassausaie et son amie Gaëlle Manin s'est installé dans un superbe bâtiment classé aux Monuments historiques offrant, depuis ses deux terrasses, l'une des plus belles vues panoramiques sur Lyon. Un écrin chaleureux pour savourer une *Bistronomie Urbaine Légère Locale et Écoresponsable* (pour Bulle), créative et raffinée, toujours respectueuse du produit. En cuisine, les chefs Raphaël Courtin et Damien Montereau réalisent de délicieux tableaux gourmands. Des moments uniques à partager. Salon privé pour les groupes.

BISTRONOMIE

LES APOTHICAIRES

23, rue de Sèze (6e) ✆ 04 26 02 25 09
www.lesapothicairesrestaurant.com

1 Michelin. Ouvert du lundi au vendredi midi et soir. Menu midi 44 € en 3 services. Menu soir 94 € en 8 services.*

S'ils ont posé leurs valises depuis un bon moment à Lyon, Tabata et Ludovic Mey ne se reposent pas pour autant ! Et s'ils multiplient les projets et les réussites, Food Traboule en tête, ils n'oublient surtout pas leur maison mère, Les Apothicaires. Un lieu profondément chaleureux, presque intimiste avec sa trentaine de couverts, où l'on peut se détendre et admirer le travail de cuisiniers qui partagent leurs origines, s'influencent, cherchent et trouvent le juste équilibre. Créativité, inspiration à la recherche d'associations de saveurs quand viandes et poissons se font bousculer par le végétal. Des Apothicaires qui changent le paysage de la cuisine lyonnaise pour notre plus grand plaisir.

BISTRONOMIE

COURT BOUILLON

4, rue Ferrachat (5e) ✆ 04 78 42 49 33
www.courtbouillon-lyon.fr

Ouvert du mercredi au dimanche midi, du mercredi au samedi soir. Menu midi 23,50 €. Menu soir WE et jours fériés 33 €.

Pour faire court, nous voilà devant une adresse coup de cœur. Entre Saint-Georges et Saint-Jean, le Court Bouillon ne fait ni dans l'ostentatoire ni dans le touristique. Le Court Bouillon a le sens des priorités, préfère l'assiette au décor, même si la salle dégage une authentique ambiance bistrot comme on les aime. Mais l'essentiel se trouve dans les assiettes du chef Clément Guille, formé aux meilleures tables et qui a su trouver un style personnel, et de Margo, pâtissière qui nous régale au moment du dessert. Sympathique carte des vins. Il est plus que prudent de réserver dans ce Court Bouillon qui continue son chemin, s'affirmant parmi les meilleures tables lyonnaises.

BISTRONOMIE

BISTRO B

90, rue Duguesclin (6e) ✆ 04 78 89 12 21
www.bistrob-lyon.fr

Ouvert du mardi au samedi midi, du mercredi au samedi le soir. Menu déjeuner 25,50 €. Menu soir 29,90 € à 41,90 €.

A.D.N. de ce plan B, comme Bistronomie, qui pourrait bien devenir votre plan A, comme Amour des Bonnes Choses (ABC), c'est de la fraîcheur et des saveurs avant tout ! De la sobriété avec une carte ultra courte et les plats du chef Thomas Nicolle, formé aux grandes tables étoilées. Une cuisine composée de bons produits du marché de saison qui nous redonne goût à la vie au déjeuner, avec un rapport qualité-prix de premier plan, et au dîner de vrais accords mets et vins pas trop chers. D'ailleurs, excellente carte des vins avec une sélection de bouteilles de tous les terroirs à emporter à prix caviste. Toute la simplicité et la convivialité que l'on aime partager.

BISTRONOMIE

AGASTACHE

134, rue Duguesclin (6e) ✆ 04 78 52 30 31
www.agastache-restaurant-lyon.fr

Ouvert du lundi au vendredi le midi et le soir. Menus de 35 € à 42 €. Menu déjeuner 25 €.

Quel drôle de nom pour une belle rencontre gourmande ! Celle de Mathieu l'Her et du chef Benjamin Millard, parcours croisés chez Christian Têtedoie (grand formateur de talents installés à Lyon, merci). Tous les deux réunis par une même démarche éthique et responsable, l'envie de proposer des produits régionaux (circuits courts) de qualité et de saison avec des plats qui changent au rythme du marché, ils ont créé Agastache. Le végétal, le bois et la pierre trouvent naturellement leur place dans le décor pendant que les saveurs explosent dans des assiettes éclatantes de saveurs. Cuisine d'instinct et carte des vins de propriétaires. Adresse vivace à suivre pour se régaler.

BISTRONOMIE

L'INATTENDU

95, rue Bossuet (6e) ✆ 04 37 24 13 44
www.linattendulyon.fr

Ouvert du lundi au vendredi midi, du mardi au vendredi le soir. Menu midi 26 €. Menus de 39 € à 54 €.

Si vous aimez être surpris quand vous allez au restaurant, vous serez bien servi à l'InaTTendu. Depuis 8 ans, le chef Marc Boissieux, passionné de cuisine, nous étonne en mêlant tradition lyonnaise et création personnelle. Dans son restaurant comme un atelier d'artiste, le chef joue avec virtuosité des compositions gourmandes. Sur une carte courte pour une fraîcheur et une qualité irréprochables, incontournable plat signature avec le tataki de bœuf, cervelle des canuts au citron vert et wasabi, légumes croquants. A suivre, un poisson du jour, panais, lait de coco, algues et citrons confits. Sélection de vins en harmonie avec les plats. InaTTendu pour se faire bousculer les papilles.

BISTRONOMIE

LE K2

81, rue Masséna (6e) ✆ 06 76 13 87 92
https://k2-restaurant.fr
Ouvert du jeudi au samedi le midi, du mardi au samedi le soir. Midi 2 plats 20 €. Carte 40 €.

Sous-titré «bar à manger», le K2 est un restaurant qui a tout compris à la bistronomie. Cadre sympathique avec son comptoir côté bar, chaleureux côté salle, composé de matériaux bruts rehaussés de clins d'œil street-art bien vus. L'important se trouve bien dans les assiettes imaginées par Aude qui n'aime rien d'autre que de travailler les meilleurs produits de saison. Carte ultra courte avec un millefeuille végétarien ou des mini-bruschettas pour commencer. A suivre, l'incontournable poulpe snacké, le plat signature qui nous fait craquer, ou un délicieux tataki de bœuf, avant la tarte citron et yuzu déstructurée. Carte des vins en harmonie. A découvrir pour vite y revenir.

BISTRONOMIE

M RESTAURANT

47, avenue Foch (6e) ✆ 04 89 41 08 59
www.mrestaurant.fr
Ouvert du lundi au vendredi midi et soir. Menu midi 32 €. Menu soir 35 €. Carte.

M comme mmmm ! Dans un quartier où tout le monde cherche de belles adresses abordables, le m affiche depuis 14 ans un très mérité Bib Gourmand grâce aux talents, et ils sont nombreux, du chef Julien Gautier et de toute son équipe, le chef Harvey en tête. Un bistro chic qui touche à la perfection dans bien des domaines. De sa décoration contemporaine sobre à la cuisine créative et précise de saison - la carte change tous les deux mois - à base de produits frais de qualité présentée à l'ardoise, en passant par une cave aussi belle que remarquable avec une sélection de 300 références, aucune fausse note même au moment de l'addition ! Une adresse qu'on m du début à la fin.

BISTRONOMIE

PY RESTAURANT

16, cours Vitton (6e) ✆ 04 78 52 71 30
https://pyrestaurant.fr
Ouvert du mardi au samedi le midi et le soir. Menu déjeuner 25 €. Menu dîner et week-end 35 €.

Le Py, c'est une infinité de possibilités de nous régaler. Dans un discret recoin du cours Vitton où vient s'installer une petite terrasse, une maison de belle tradition où se marient sobriété et élégance. C'est beau et le voyage ne fait que commencer. Côté cuisine, la fusion entre France et Asie - dont Pierre Mercier et Yuko Matsumoto furent parmi les précurseurs à leur première adresse de la Croix-Rousse - poursuit son chemin avec une progression constante vers des plats de plus en plus personnels, comme ce paleron de veau confit 6h aux sucs de clémentine. Associations délicieuses à prix abordables, sans oublier les desserts absolument divins. Rapport qualité-prix exceptionnel.

BISTRONOMIE

L'ART ET LA MANIÈRE

102, Grande-Rue de la Guillotière (7e) ✆ 04 37 27 05 83
www.art-et-la-maniere.fr
Ouvert du lundi au vendredi le midi et le soir. Formule midi 24 €. Menu soir 39 €.

Bien avant la déferlante bistronomique, avant même que le mot ne passe dans le langage courant, L'Art et la Manière a su imposer son style mêlant bistrot et gastronomie dans le quartier populaire de la Guillotière. Depuis plus de 20 ans, L'Art et la Manière nous reçoit dans un cadre ravissant - vieilles pierres et poutres apparentes - pour nous servir des assiettes aussi belles que délicieuses, composées d'excellents produits de saison. Créativité grâce au savoir-faire du chef Jeff qui renouvelle la carte avec bonheur : célerisotto au parmesan, tuile de patate douce, gel de raisin noir, quinoa frit. Merveilleux service du vin. Podcast de comptoir à écouter pour se mettre dans l'ambiance.

BISTRONOMIE

BERGAMOTE

123, rue de Gerland (7e) ✆ 04 78 72 64 32
https://restaurant-bergamote.fr
Ouvert lundi au vendredi à midi. Du mercredi au vendredi le soir. Formule déj 19 € à 25 €. Formule dîner 35 € à 46 €.

C'est une joie de voir que le travail (et l'audace) du chef Maxime Pujol et de ses associés est aujourd'hui reconnu non seulement par le guide rouge, avec un Bib gourmand, mais aussi par un prix du public The Fork Awards... Après que votre guide vous a conseillé cette adresse bien avant tout le monde ! A cet angle d'un quartier en pleine mutation, Bergamote offre une salle ravissante mais surtout une cuisine à l'audace maîtrisée par un chef à la fois curieux et minutieux. Résultat, une carte courte, des associations pas vues ailleurs et des assiettes de saison qui nous surprennent à chaque visite rapprochée grâce à des tarifs abordables. Une graine de vainqueur qui pousse vers les étoiles ?

BISTRONOMIE

L'ECUME

119, avenue Jean Jaurès (7e) ✆ 04 78 58 70 48
www.lecume-lyon.com
Ouvert du lundi au vendredi midi et soir. Plat jour 18 €. Midi 3 services 26 €. Menu Soir 39 € à 49 €.

Un peu à l'écart de l'agitation de la ville, de ce côté-ci de la gare Jean Macé, il faut découvrir l'Écume. Aux beaux jours, une agréable terrasse protégée sur le trottoir et une salle chaleureuse pleine de fraîcheur à l'image de la cuisine proposée par Laurent et Quentin. Une cuisine inspirée par les produits de saison, puisque l'Écume ne propose pas de carte fixe, mais des plats «surprises» créés au gré du marché. Si les poissons et fruits de mer ont la part belle dans cette Écume vivifiante, les produits de la terre ne sont pas oubliés. Xavier, en salle et au service du vin, présente de très belles bouteilles avec une sélection de 300 références pour une parfaite harmonie.

BISTRONOMIE

BISTROT BERTHET

10, rue Sergent Michel Berthet (9e) ✆ 04 72 19 40 53
www.bistrot-berthet.fr

Ouvert du lundi au vendredi le midi, du lundi au jeudi le soir. Formule midi 24 €. Carte de produits de saison le soir.

Tout à côté du métro Valmy, avec sa terrasse protégée du passage et abritée des intempéries, le Bistrot Berthet invite à s'installer dans un refuge urbain aux airs campagnards pour les gourmands en quête de convivialité et d'authenticité. A l'image du décor, entre tradition et modernité, la cuisine du Bistrot Berthet revisite les classiques pour livrer des assiettes actuelles aux saveurs affirmées. Plats pour toutes les envies avec un étonnant mélange de céréales, œuf parfait, crème de légumes, butternut et choux. Le menu de midi, au fil des produits du marché du jour, offre une aubaine dont il faut profiter. Le soir, assiettes à partager... ou pas. Très belle carte de vins de nos terroirs.

BISTRONOMIE

LE TIROIR

20, Grande-Rue de Vaise (9e) ✆ 04 78 64 75 96
www.restaurant-letiroir.fr

Ouvert du lundi au vendredi midi, du mercredi au vendredi le soir. Formule midi 24,90 €. Menus de 35 € à 55 €.

Si ce n'est déjà fait, un Tiroir a vite ouvrir pour y découvrir le plaisir d'une cuisine qui tient toutes ses promesses au déjeuner - avec des tarifs qui n'avaient pas augmenté depuis l'an passé à notre visite, bravo - et au dîner où se dévoile tout le potentiel du chef. Aux côtés de Rémi Charvet et d'Aurélien Rulliat, le chef Alexis Lauriac, passé chez l'immense Laurent Petit, continue son chemin gourmand dans la bonne direction. Cadre chaleureux et assiettes réconfortantes composées de bons produits de saison sur une carte aux accents régionaux qui change souvent. Superbe carte des vins elle aussi à tendance régionale élargie à la Bourgogne. Le bonheur est dans ce Tiroir !

BISTRONOMIE

L'EPICK

30, rue des Docks (9e) ✆ 04 74 71 31 23
https://epick.fr

Ouvert du lundi au vendredi le midi, du jeudi au samedi le soir. Formule midi 22 €.

A Vaise, Epick poursuit son aventure gourmande autour des produits du marché en augmentant ses soirées d'ouverture. Epick qui s'est donné pour consigne de nous régaler de produits en provenance directe des producteurs locaux dans une démarche écoresponsable. L'Epick répond à tous les critères, mêlant savoir-faire technique et inspiration du chef Matthew Grody, sélection des meilleurs produits de saison et des recettes qui n'hésitent pas à sortir des sentiers battus. Salle chaleureuse et sourire de l'équipe autour de Marie-Caroline Guillot. Excellent rapport qualité-prix avec une version actualisée et toute personnelle du bœuf bourguignon ou un burger de paleron de bœuf cuit 18h. Un régal.

BISTRONOMIE

LA-HAUT SUR LA COLLINE

81, route du Mont Cindre - **SAINT-CYR-AU-MONT-D'OR**
✆ 04 78 47 25 17

Ouvert tous les jours midi et soir. En continu de 10h à 23h du vendredi au dimanche. Menu du jour 22 €.

Prendre l'air, prendre de la hauteur, mettre la tête à l'ombre, les bras au soleil, les pieds dans l'herbe et le nez dans son assiette ! À 15 min du centre de Lyon, montez siffler là-haut sur la colline dans une ambiance chaleureuse. En semaine, et le dimanche midi aussi, cuisine maison réalisée au rythme des produits de saison. Formule déjeuner, plat et dessert, économique au déjeuner en semaine, planches à partager à l'apéro, et de belles assiettes où la tradition est bousculée juste ce qu'il faut avec, cet hiver, un fameux pot-au-feu du mont Cindre et son os à moelle ou un risotto carnaroli aux légumes d'hiver avant le mi-cuit au chocolat Valrhona. Belle sélection de vins.

BISTRONOMIE

RACINE

1, rue du Chapeau-Rouge (9e) ✆ 04 26 18 57 15
www.racinerestaurant-lyon.com

Ouvert du lundi au vendredi midi, jeudi et vendredi le soir. Formule midi 24 €, soir 27 €. Menu Dégustation 45 €.

Retour à Racine où le chef Gabriel Delhomme poursuit son travail autour des meilleurs produits de notre terre. Salle chaleureuse, plantes vertes et objets en bois, dont des caisses – le vin étant l'un des points forts des lieux –, et une grande terrasse ombragée pour l'été. Carte courte – 4 entrées, 4 plats et 3 desserts – et des plats inspirés par les produits frais de saison. Le produit, souvent bio, tient la vedette et surprend par la qualité de sa préparation : escargots, purée fenouil-escargot, chips de pain, chorizo ; filet de poulet fermier, sauce cèpes, cerfeuils tubéreux, mille-feuille de pommes de terre, morilles. Créativité gourmande. Excellente carte des vins. Savoureuse Racine.

NEW

BISTRONOMIE

LE POTAGER

1171, avenue de Lacroix-Laval - **MARCY-L'ETOILE**
✆ 06 43 56 74 09
https://cfa-gastronomie.com

Formule du midi : 24 €. Menu soir 35 €.

Sous l'égide du chef étoilé Christian Têtedoie qui veut encourager et permettre aux jeunes de se former aux métiers de la restauration, le Centre de Formation d'Apprentis de la Gastronomie Auvergne-Rhône-Alpes a vu le jour au château de Lacroix-Laval. Site magnifique qui accueille des jeunes apprentis en internat, mais aussi des gourmands venus se régaler dans ce nouveau restaurant bistronomique (avant l'ouverture d'une version gastronomique) : Le Potager. Dans une démarche de développement durable, produits frais et locaux, carte de saison qui revisite les classiques avec, cet hiver, un suprême de volaille, pressé de chou, bisque de homard, gratiné de pommes de terre au comté. Coup de cœur.

ALBERT

10, place Fernand-Rey (1er)
✆ 04 78 27 95 56
www.chez-albert-restaurant.eatbu.com
Ouvert du mardi au samedi midi et soir. Formule midi 21 €. Menu 33 €.

Albert, c'est la définition même d'une «bonne table». Depuis plus de 20 ans, Albert nous reçoit en toute convivialité sur une place discrète qui compte pourtant parmi les plus belles de Lyon. Et c'est un peu pareil pour Albert, un restaurant qui ne fait pas beaucoup de bruit mais qui offre l'assurance d'un repas de qualité à chaque service. Petite terrasse, salle chaleureuse à l'image de l'accueil adorable, cuisine de tradition, d'inspiration souvent régionale - pâté en croûte maison à la volaille de Bresse et foie gras de canard -, mais qui ne s'interdit pas quelques belles touches venues d'ailleurs comme des gambas à la plancha. Intéressante sélection de vins. Valeur sûre.

L'ASSIETTE DU VIN

8, rue Duviard (4e)
✆ 04 78 39 07 50
www.lassietteduvin.com
Ouvert du mardi au samedi midi et soir. Formule midi 26,90 €. Menu 32,90 €.

Comme son nom l'indique, ce restaurant fait une liaison parfaite entre assiette et vin dans une balade culinaire qui nous fait sortir de la Croix-Rousse pour nous emmener dans nos campagnes. Petite terrasse agréable en saison, salle chaleureuse avec son comptoir et ses colonnes d'un ancien atelier de Canut, mais surtout une cuisine pleine de fraîcheur et de saveurs dans des assiettes qui ne manquent pas d'une certaine poésie. Le chef Patrice Chenet nous fait partager sa passion pour les bons produits du terroir au rythme du marché de saison. Formules midi et soir pour un excellent rapport qualité-prix. Carte des vins dans le même esprit de plaisir et de découverte.

AUGUSTE LE BISTROT

24, quai Perrache (2e)
✆ 04 78 92 83 31
www.le-bistrot-auguste.com
Ouvert du lundi au vendredi à midi, du lundi au jeudi le soir. Ardoise midi 16 €/plat du jour, 25 €/3 plats.

L'Auguste met en lumière tout le quartier de Confluence, offrant une pause gourmande entre le musée des Confluences et le pôle de commerces et de loisirs, facile d'accès depuis la M7 sur la route des vacances. Avec sa terrasse estivale, sa salle qui rend hommage à l'invention des frères Lumière avec de belles citations sur le cinéma, ses couleurs pleines d'énergie et ses cuisines ouvertes, l'Auguste nous offre le meilleur des scénarios. Cuisine maison à base de produits frais de saison. Excellent rapport qualité-prix pour l'ardoise de midi et carte pour toutes les envies, des belles salades estivales aux desserts maison. Planches à partager et happy hour autour de bonnes bouteilles.

NEW BELLIE

61, rue Mercière (2e)
✆ 04 72 41 90 47
Ouvert tous les jours le midi et le soir. Formule 28 €. Plats à partager le soir.

Quand vous verrez l'adresse rue Mercière, ne faites pas marche arrière ! Enfin, une adresse qui réveille la restauration un peu ronflante du quartier. Et pas seulement par son décor coloré, notamment composé d'une fresque signée Grems, d'une salle pas bien grande (avec étage) où règne la bonne humeur communicative des serveurs. Bellie, qui veut dire quelque chose comme *ventre* ou *panse* en anglais, est là pour nous régaler de la cuisine inspirée d'Alex, passé par l'excellent Racine. Plats à l'ardoise de saison avec des associations comme cette longe de veau, crème anchois, wasabi. Le soir, plats à partager. Vins vivants et bières craft. Une nouveauté qui em-Bellie nos sorties gourmandes.

NEW BICHON

9, rue Neuve (1er)
Ouvert tous les jours midi et soir, sauf mardi toute la journée et dimanche soir. Menu midi 19 €. Festin 35 €.

Dans la série «On tient un bon concept mais on ne propose pas la cuisine qui va avec» : Bichon. Dans une rue Neuve en pleine effervescence culinaire, Bichon a choisi la voie du réconfort. A l'intérieur, il faut être né dans les années 1970-1980 pour avoir toutes les références. Carte glissée dans un bouquin de Gérard de Villiers, fallait oser, pour une «auberge nouvelle génération» (c'est le concept) qui a réussi son décor. Accueil adorable, service prévenant, bande-son fantastique (chacun son style...), c'est dans les assiettes que ça coince. Le prix est plus que correct au déjeuner, mais nos plats du jour manquaient trop d'assaisonnement et de saveur. Allez Bichon, tu peux faire mieux !

BISTROT - BRASSERIE

BISTROT BEL AMI

34, rue Sergent Blandan (1er)
✆ 09 87 14 20 50
Ouvert du mardi au samedi le midi et le soir. Formule midi 25 €. Tapas en soirée.

Ouvert sur la plus belle place de Lyon (qui doit retrouver son calme l'été prochain...), ce «bistrot à vins» à la façade d'un très joli vert foncé nous offre un lieu de gourmandise en toute saison. L'été, on profite de la terrasse sur un site rendu aux piétons pour goûter à la dolce vita locale. Hors saison, on trouve refuge dans une salle chaleureuse où le patron, Sébastien Huilard, nous offre tout le réconfort nécessaire. Super sélection de vins par un passionné qui sait nous faire partager ses coups de cœur, carte courte à midi avec des plats de saison parfaitement réalisés et dressés. Le soir, tapas entre France et Espagne. Des bonheurs simples à partager.

BONNES TABLES

PRESQU'ÎLE ET CROIX ROUSSE

BISTROT - BRASSERIE

BISTROT ORCIA

15, rue d'Austerlitz (4e) ✆ 09 82 33 33 02
www.bistrotorcia.fr

Ouvert du mercredi au dimanche midi et soir. Formule midi 24,50 €. A la carte le soir.

Terrasse protégée sur cette place typique de la Croix-Rousse, face au Gros Caillou. Façade bleutée qui nous invite à découvrir un bistrot intimiste, élégant et chaleureux, où il fait bon venir partager du bon temps en famille ou avec des amis. Cuisine faite maison composée de bons produits locaux préparés avec amour par le chef, amoureux de la belle cuisine traditionnelle française et de mélanges de saveurs italiennes. Après un apéro planche, choix sur une carte courte : crevettes marinées aux zestes d'agrumes, salades XXL, burger au parfum d'Italie, Filet mignon de porc lardé au speck, véritable tiramisù... Carte des vins sympathique, notamment en bourgognes. Une maison savoureuse.

NEW

BISTROT SENIOR

25, rue Sergeant Blandan (1er)
✆ 04 72 26 61 60
https://bistrot-senior.fr

Ouvert du mardi au dimanche le soir. Carte 30 € environ.

Soyez tout de suite rassuré, il n'y a pas d'âge pour être un senior dans ce bistrot qui manie l'humour décalé avec un certain talent. Le talent, c'est un lieu hors du temps, vintage pourrait-on dire, avec son carrelage d'un autre siècle et son joli comptoir, marié à une cuisine complètement dans l'air du temps. Autre curiosité, le Bistrot Senior est aussi une sorte de studio pour une radio web qui accueille des artistes... Beau décor, bon son et bonne bouffe, on est loin de l'Ehpad ! En soirée, cuisine faite entièrement sur place à partir de produits frais et bio, avec des associations venues d'ailleurs pour twister chaque plat. Vins dans le même esprit de partage. Belle découverte.

BISTROT - BRASSERIE

BOUILLON BARATTE

25, rue du Bât d'Argent (1er) ✆ 04 78 39 58 58
www.brasseriebouillonbaratte.com

Ouvert tous les jours de 12h à 1h. Service continu midi-minuit. Carte environ 35 €. Plat environ 17 €.

C'est ouvert quand ? Tout le temps. Et c'est bien ? Oui. Originalité dans ce quartier animé de la Presqu'île, avec un lieu entre bouillon populaire et brasserie traditionnelle, un restaurant unique au décor surprenant. Car la première chose que l'on remarque, après la terrasse protégée du passage urbain, c'est bien le décor d'une grande salle aux murs carrelés à l'ancienne dans un style actuel. Accueil d'une équipe dynamique et souriante. Sur une carte de saison, le chef Guillaume twiste les classiques avec un œuf-mayo à la truffe ou un pot-au-feu et raifort ! Incontournable mousse au chocolat noir Valrhona pour terminer. Belle sélection des vins. Nombreux événements sur place.

BISTROT - BRASSERIE

LES BOULISTES

9, place Tabareau (4e)
✆ 04 78 28 44 13
www.lesboulistes.fr

Ouvert du mardi au samedi midi et soir. Menus des Boulistes 32 €.

Bien sûr, les boules sont aussi lyonnaises. Marseille et la Provence n'ont qu'à bien se tenir, car la place Tabereau peut aussi revendiquer le titre de capitale du jeu de boules. Belle terrasse croix-roussienne pour assister au spectacle des boulistes et salle chaleureuse aux allures d'autrefois pour se régaler dans un authentique bistrot quand la météo nous oblige à nous abriter. Après un apéro à partager, chacun goûte aux plats de tradition revisités, comme ces poireaux-vinaigrette, mais encore un tajine d'agneau à la tunisienne ou un délicieux tartare de bœuf au couteau. Incontournable moelleux au chocolat au beurre salé. Belles quilles pour éviter la soif pendant la partie. Carreau !

BISTROT - BRASSERIE

BRASSERIE GEORGES

30, cours de Verdun (2e) ✆ 04 72 56 54 54 - M° ligne A et tramway lignes 1 et 2 (arrêt Perrache). - www.brasseriegeorges.com

Ouvert tous les jours midi et soir. Service continu. Menus de 23,50 € à 28,50 €. Plats du jour 17,75 €.

Depuis 187 ans, la Brasserie Georges fait partie du patrimoine de Lyon. Un cadre exceptionnel, avec son incroyable salle, son plafond de 700 m² et ses lustres splendides. Un personnel prévenant et souriant, une chorégraphie impressionnante entre les tables. Sans oublier l'essentiel : la cuisine. Avec des prix qui n'avaient pas encore augmenté lors de notre visite, une carte de grande tradition de brasserie française et lyonnaise : immanquables plats du jour, impeccables plateaux de fruits de mer, célèbres choucroutes, spécialités lyonnaises, fameux steak tartare. Omelette norvégienne avec extinction des lumières pour célébrer son anniversaire au son du limonaire. Éternel coup de cœur.

CERCLE ROUGE

36, rue de l'Arbre-Sec (1er)
✆ 04 78 28 41 98
www.cercle-rouge.fr

Ouvert du mardi au samedi midi et soir. Formule 3 plats 24 €. Menu 38 €.

Il faut rentrer dans ce Cercle sans hésiter. Une adresse discrète au cœur d'un quartier animé, mais qui mérite vraiment votre curiosité pour réaliser un beau voyage gourmand aux côtés du chef Florent El Sair. Service adorable, joie de vivre dans une ambiance conviviale, salle à l'étage pour partager des moments intimes et gourmands, il ne reste plus qu'à découvrir des assiettes qui marient les saveurs dans des compositions surprenantes. Ne pas hésiter à se faire expliquer la carte pour mieux comprendre l'itinéraire de plats ouverts sur la cuisine du monde. Carte courte pour un plaisir maximal, avec ce porc à la shanghaïenne. Vins en accord. Un Cercle ouvert aux plaisirs.

BISTROT - BRASSERIE

CHANTECLAIR

151, boulevard de la Croix-Rousse (4e) ✆ 04 78 28 13 69
https://chanteclairbrasserie.com
Ouvert tous les jours le midi ; du lundi au samedi le soir. Carte : 25 € environ.

Ancré dans le patrimoine culinaire lyonnais et le paysage gourmand de la Croix-Rousse, le Chanteclair a (encore) changé de mains pour passer entre celles de Laurent Gerra. Cela ne change rien à la beauté atemporelle d'un lieu créé il y a bien longtemps, et à la grande terrasse totalement incontournable sur le boulevard, même les jours de marché. A l'heure de notre visite, la carte n'avait pas vraiment changé. Mais pourquoi changer ce qui marche ? En toute saison, tradition lyonnaise et plats contemporains à base de produits frais de qualité : œuf en meurette, tataki de bœuf, suivi d'une belle daurade entière rôtie, d'un burger maison ou d'un risotto aux gambas. Carte des vins et cocktails.

NEW

DELICIEUX EPICERIE MODERNE

50, rue Franklin (2e)
✆ 06 48 34 29 62
Ouvert du lundi au vendredi. Plat environ 14 €.

De Déli à Délicieux, le lieu a changé de nom et de propriétaire. Côté Rhône de la rue Franklin, une nouvelle adresse inclassable - on peut s'y arrêter du petit-déjeuner au goûter en passant par le déjeuner - créée par une mère et sa fille, Mina et Manon. Ce n'est pas bien grand, mais tout à fait charmant. Carte ultra courte inspirée par le Sud pour du fait maison comme cette brick à la courge, avant d'enchaîner avec un cheesecake. Cookies à déguster avec le café pour prolonger le plaisir. Produits d'épicerie salée, toujours dans le même esprit méditerranéen.

DIPLOID

18, rue de la Platière (1er)
✆ 04 69 67 58 93
www.diploid.fr
Ouvert du lundi au vendredi de 8h30 à 18h30, samedi et dimanche de 9h30 à 18h30. Breakfast. Brunch.

Autant coffee-shop que restaurant, animal hybride s'adaptant à la situation avec ses larges horaires en journée, le Diploid attise notre gourmandise. Favorisant les produits «healthy» et «veggie», le Diploid attire l'attention d'une clientèle jeune à la recherche d'apaisement dans une jungle urbaine agitée. Quelques plantes, beaucoup de convivialité et le tour est joué avec talent par une équipe hautement sympathique. Breakfast savoureux à de larges horaires, bons cafés en grains, lunch gourmand à base de produits frais et des pâtisseries, dont certaines véganes ou sans gluten, servies toute la journée. Brunch à la carte, chose plutôt rare, le week-end. Toujours dans l'air du temps.

CAFE HOTEL DIEU

2, place de l'Hôpital (2e)
✆ 04 26 28 39 59
https://cafehoteldieu.com
Ouvert du lundi au samedi de 10h à 1h. Service continu. Plat du jour 12,90 €.

© EMMANUEL SPASSOFF

© EMMANUEL SPASSOFF

Au cœur de Lyon, la terrasse ouverte à l'année offre une vue de carte postale sur le dôme du Grand Hôtel-Dieu. Mais l'intérieur aux détails soignés du Café Hôtel Dieu - entre poutres, pierres apparentes et fresque murale street-art, sans oublier le salon Mosaïque à l'étage avec ses notes Art déco - nous abrite dans un décor chaleureux, cosy. Boissons chaudes le matin, plats à l'esprit bistrot au déjeuner avec les incontournables gratin de ravioles et croque-monsieur truffé servis toute la journée... Planches apéritives, tapas en soirée. Carte des vins très accessible, bières locales et cocktails. Privatisation de 20 à 60 pers. Simplicité, sincérité et convivialité, tout ce que l'on aime.

BONNES TABLES

PRESQU'ÎLE ET CROIX ROUSSE

OPALINE

8, rue Pailleron (4e)
✆ 04 78 28 80 86
www.restopaline.fr

Ouvert du mardi au samedi midi et soir. Déjeuner 25 €. Dîner 38 €. Menu Surprise 49 €.

Restaurant bistronomique sans prétention dont l'ambition est de nous faire vraiment plaisir. A la Croix-Rousse, bienvenue chez Fabrice Roche, un chef qui a déjà décroché une étoile du côté de Villefranche et qui a remis le couvert avec Opaline. Deux salles chaleureuses pour savourer une cuisine créative réservant de belles surprises. Produits ultra frais de saison pour réaliser des assiettes inspirées, comme cette pêche du jour cuite en basse température, endives, noix, kumquat et son bouillon coco/curry ou une pièce de bœuf, panais cuit en papillote. Un vrai bonheur pour un prix raisonnable à ce niveau. Carte des bières et de vins naturels à la hauteur. Simple et étonnant !

LE POTAGER DES HALLES

3, rue de la Martinière (1er)
✆ 04 72 00 24 84
www.lepotagerdeshalles.com

Ouvert du mardi au samedi le midi et le soir. Dimanche brunch 32 €. Menu du jour 21,50 €.

Au Potager, c'est bien normal, une cuisine du marché originale ! Originale aussi parce que cette adresse du côté des Halles de la Martinière en a précédé bien d'autres en matière d'utilisation de produits frais de producteurs le plus souvent locaux pour composer des plats au rythme des saisons et rien que des saisons. Sur la terrasse, véritable jardin en ville, ou dans une salle à la cuisine ouverte pour ne rien cacher, dégustation de bons verres de vin accompagnés d'une large carte plutôt orientée vers le Sud, oscillant entre terre et mer, avec des couteaux gratinés, beurre d'escargot aux noisettes par exemple. Une valeur sûre pour se retrouver entre amis dans une bonne humeur contagieuse.

SELCIUS

43, quai Rambaud (2e)
✆ 04 78 92 87 87
http://selciusrestaurant.fr

Ouvert du mardi au vendredi midi et soir, samedi soir. Brunch le dimanche midi. Carte 50 € environ.

Avec sa terrasse qui vous emmène vers le Sud et sa cuisine méditerranéenne, le Selcius met du soleil dans nos cœurs et dans nos assiettes. A Confluence, sur les bords de Saône, le lieu parfait pour chiller entre personnes de bonne compagnie qui veulent aussi goûter à l'ambiance chic et festive des soirées de fin de semaine. Cadre propice aussi bien aux déjeuners d'affaire, aux repas de groupes qu'aux rencontres amoureuses, le Selcius nous offre de beaux moments d'évasion gourmande : carpaccio de poule, rigatoni à la truffe, souris d'agneau confite 6h façon tajine et viandes au gril argentin. Carte des vins et des cocktails pour prolonger le plaisir. Croisière vers le sud.

BISTROT - BRASSERIE

LE GRAND RÉFECTOIRE

12, rue Bellecordière (2e) ✆ 04 72 41 84 96
www.legrandrefectoire.com

Ouvert tous les jours du mardi au samedi midi et soir. Formule midi 24,50 €. Menu Découverte 39 €.

Ici, tout est grand ! Grande histoire du Grand Hôtel-Dieu, grande salle rénovée de l'ancien réfectoire de l'hôpital, grande cuisine composée par le chef étoilé Marcel Ravin. Une grandeur qui n'empêche pas la chaleur de nous envahir au fur et à mesure d'un repas savoureux. Décor envoûtant d'une salle mêlant son caractère d'origine à de belles touches contemporaines. La cuisine orchestrée par le chef consultant nous emmène loin par l'association des meilleurs produits d'ici et d'ailleurs. Carte courte de saison avec le plat signature du chef, l'Oeuf de Marcel ou un tartare de bœuf à la truffe noire. Carte des vins dans le même esprit. Émerveillement pour un bon rapport qualité-prix.

KAÏA

14, rue Grolée (2e)
✆ 04 72 04 44 44
https://kaiarestaurant.fr

Ouvert du mardi au samedi le midi et le soir. Carte 50 € environ.

Dans un univers urbain souvent trop minéral, surtout au cœur de la Presqu'île, une oasis végétale au nom exotique : Kaïa. Un lieu exubérant, vivant à de très larges horaires d'événements divers, où il fait bon faire escale pour un repas entre amis permettant de couper les ponts avec l'agitation de la ville. Bruit d'une bande-son parfois mixée en live par un DJ, agréable terrasse, décor végétal pour ambiance tropicale, bonnes vibrations, cuisine ouverte sur le monde. A la carte, midi et soir, tartare de saumon ou de bœuf en entrée ou en plat, burger maison, poke végétarien ou une côte de bœuf à partager. Autres plats à partager en soirée. Carte de cocktails maison et tequilas.

LE LAYON

52, rue Mercière (2e)
✆ 04 78 42 94 08
https://lelayon-lyon.fr

Ouvert tous les jours midi et soir. Service continu samedis et dimanches. Menu Lyonnais 26 €. Menu Gourmand 34 €.

Un «historique» qui a participé à la réputation gourmande de la rue Mercière et qui poursuit son chemin depuis 1989 ! Un air de jazz, des notes de produits frais cuisinés avec talent flottent au Layon. Le chef Jean-Luc Léger nous régale de sa passion pour les bonnes choses de la vie. Agréable terrasse pour savourer une cuisine pleine de fraîcheur, composée de bons produits du marché, qui ne cherche pas à plaire à tous les touristes de passage. La cuisine lyonnaise reprend des couleurs avec une andouillette de chez Braillon sauce moutarde à l'ancienne ou un foie de veau en persillade. Très belle sélection de vins, notamment du Val de Loire, par un passionné. Adresse de référence.

CHEZ LUCIEN

2, rue de Belfort (4e)
✆ 04 26 07 35 76
www.chez-lucien.fr
Ouvert du mardi au samedi le midi et le soir. Menu carte 42 €.

Bistrotier quel beau métier ! Tous Chez Lucien, surtout qu'il a désormais une annexe (P'tit Lucien dans le 3e). Un lieu décalé pour nous aider à lutter contre la faim, la soif et la morosité. En salle comme en cuisine, joie de vivre communicative autour de Lucien le chien, du chef Benjamin Nieto aux influences du Sud-Ouest et de la sommelière Léa. Apéritifs à partager, menu carte en soirée avec de beaux morceaux comme cet osso buco de veau de l'Aveyron et son ragoût de haricots de Paimpol au chorizo. Produits de saison et de qualité pour des plats originaux, comme ce ragoût de pieds de cochon aux piquillos gratiné à la moelle. Belle carte des vins. Adresse hyper réconfortante.

NEW CHEZ MARTI

Place Gabriel Rambaud (1er)
✆ 04 81 91 85 82
Ouvert tous les jours le midi et le soir. Plats du jour 15 €. Desserts 7 €.

Le principe est simple : prendre et partager du plaisir ! Chez Marti, c'est la nouvelle adresse qui va donner une bonne énergie aux Halles de la Martinière. C'est ouvert tout le temps, toute la journée à de larges horaires (sauf de 1h à 8h...) et c'est toujours le bon moment pour s'y arrêter boire un verre en terrasse ou au comptoir et rester pour manger derrière les grandes vitres en écoutant de la bonne, bonne, bonne musique (on insiste vraiment), en live parfois. Cuisine fraîche de saison préparée avec des bons produits bio. Chaque jour 3 plats différents : un à base de viande, l'autre de poisson et une proposition veggie. Vins bio aussi. C'est parti, on va Chez Marti.

BISTROT - BRASSERIE

NOSCH

24, rue du Palais Grillet (2e) ✆ 04 78 42 08 31
www.nosch.fr
Ouvert du lundi au vendredi le midi et le soir. Comptoir du lundi au samedi midi. Carte 35 €. Formule Comptoir 15 €.

Je suis passé chez Nosch. C'est tout aussi difficile à dire et encore plus compliqué en sortant de chez Nosch ! Nosch, c'est à la fois sérieux, pour bien boire et bien manger, et pas sérieux, pour s'amuser, rigoler... D'un côté, le Comptoir. De l'autre, le restaurant. Dans les deux cas, le bonheur de profiter d'un vrai lieu de vie au centre de la Presqu'île et d'une cuisine réalisée à partir de bons produits. Nosch - acronyme de Naturelle, Observatrice, Sociable, Communicante et Heureuse –, c'est une carte de 700 vins de vignerons passionnés pour se faire largement plaisir, tout en découvrant une cuisine pour bons vivants. Au Comptoir, sandwichs cuisinés minute. Le régime attendra !

LE F2

2, place de l'Hôpital (2e) ✆ 04 78 82 22 22
Métro Belcour. Parking République à proximité.
www.lef2.com
Ouvert du mardi au samedi de 10h à 1h. Menu jour midi 25 €. Plat du jour 13 €. Menu jour soir et samedi 27 €.

© EMMANUEL SPASSOFF

© EMMANUEL SPASSOFF

Bienheureux celles et ceux qui vont au F2 ! Au cœur battant de Lyon, une magnifique terrasse face à la chapelle du Grand Hôtel-Dieu. Ballet gracieux de toute une équipe souriante autour de Frédéric Fass Thoulé, intronisé Toques Blanches Lyonnaise pour son excellence au service. En salle, comptoir sans fin et salles étonnantes, et toujours cette merveilleuse énergie qui nous relie. Le chef Cherif propose une délicieuse cuisine maison réalisée à partir d'excellents produits de saison à l'ardoise du jour. A la carte : burger du F2, noix de Saint-Jacques ou Tomawak Herdshire à partager. Belle carte de vins. Cocktails, tapas et planches pour l'apéro. F2, une Fabuleuse Formule gourmande.

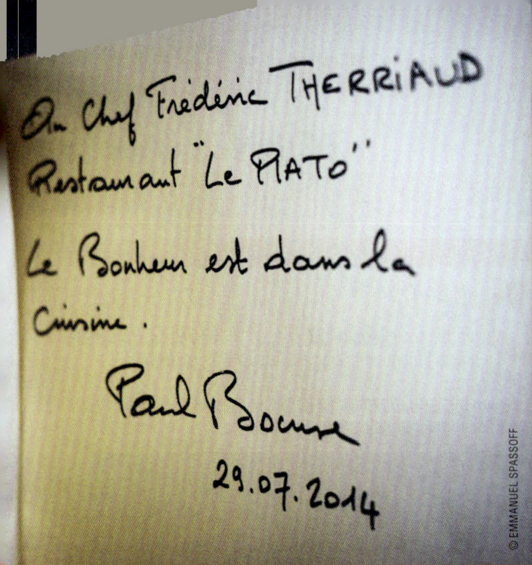

© EMMANUEL SPASSOFF

© EMMANUEL SPASSOFF

LE PLATO

1, rue Villeneuve (4e) ✆ 04 72 00 01 30
www.leplato.fr

Ouvert du lundi au samedi midi et soir (dernier service 23h). Formule midi 24 €. Menu carte 41 €. Terrasse.

Un Plato qui met en scène de la plus belle des manières, dans une salle splendide sous une verrière lumineuse et sur une terrasse élégante, l'excellente cuisine du chef Frédéric Therriaud. Ambiance conviviale autour du grand comptoir, salle au décor raffiné où sont servis des plats mêlant tradition et créativité du chef passionné. Assiettes généreuses, saveurs éclatantes au rythme des saisons, menu du marché à midi et carte gourmande avec une terrine de foie gras de canard maison, un filet de dorade royale doré sur sa peau, un filet de bœuf poêlé façon Rossini. Superbes desserts. Carte des vins remarquable. Service tardif et possibilité de privatisation (séminaire). Vite, à table au Plato !

© EMMANUEL SPASSOFF

© EMMANUEL SPASSOFF

© EMMANUEL SPASSOFF

VICTOIRE & THOMAS

27, rue de l'Arbre-Sec (1er)
✆ 04 81 11 86 19
www.victoire-thomas.com
Ouvert du mardi au samedi le midi et le soir. Formule du midi 25 €. Le soir, à la carte.

Partage chez Victoire & Thomas. Partage entre la terrasse dans cette petite rue animée proche de l'Opéra ou à l'intérieur dans un décor au naturel où les matériaux - vieilles pierres et boiseries - sont parfaitement mis en valeur. Partage entre la cuisine de midi, cuisine de marché, savoureuse et généreuse composée de bons produits de saison, et celle du soir, cuisine de partage plus innovante. Après les planches à partager, une dizaine de plats conçus pour être partager à table : un ris de veau croustillant, jus réduit, chutney d'échalotes au paprika fumé, mûre fraîche ou des ravioles frites, champignons et burrata. Desserts maison du même tonneau. Excellente carte des vins.

NEW ARMADA

16, rue du Boeuf (5e)
✆ 09 83 22 88 47
www.armada-lyon.fr
Ouvert tous les jours le midi, du lundi au samedi le soir. Carte : 30 € environ.

Du Vieux Lyon à la plus belle, la plus gourmande des modernités, c'est Armada ! Conquis par une façade rouge sombre tout en retenue devant la place Neuve Saint-Jean, partons à la découverte d'une nouvelle Armada composée de Thibault Martel et du globe-trotter Baptiste Rivière. A quatre mains, ils nous livrent leur vision d'une cuisine contemporaine aux saveurs inédites. Dans une salle aux matières brutes chaleureuses, chaque assiette amène de nouvelles découvertes. Excellence des produits, harmonies troublantes comme pour ce pulled pork ou cette truite saumonée, tomate et piment. Vins coquins pour prolonger le plaisir. Sensations garanties toutes les semaines.

CAFÉ GADAGNE

5, place du Petit-Collège (5e)
✆ 04 78 62 34 60
www.cafegadagne.fr
Ouvert du mercredi au dimanche de 11h à 18h. Formule : 29,50 €. Week-end, brunch 30 €. Terrasse.

La terrasse la mieux cachée et certainement l'une des plus belles. Sur les hauteurs de Gadagne - il faut monter au dernier étage - se trouve un véritable paradis qu'il faut connaître pour profiter du bonheur d'un déjeuner au calme dans le Vieux Lyon, deux choses souvent incompatibles ! Une terrasse ombragée donnant sur un jardin fleuri, un lieu craquant où l'on aime faire une pause gourmande entre deux visites. Autre belle surprise, la cuisine réalisée à partir de produits frais de saison. Carte très courte allant à l'essentiel et des plats bien réalisés au rythme du marché. Le brunch du week-end avec buffet à volonté fait partie des incontournables. Une adresse «suspendue»

AUX 3 MARIES

1, rue des Trois-Maries (5e)
✆ 04 78 37 67 28
www.aux-3-maries.fr
Ouvert midi et soir du mardi au dimanche. Menus de 28 à 38 €. Menu du jour 22,50 €.

© EMMANUEL SPASSOFF

© EMMANUEL SPASSOFF

Alliance parfaite d'un lieu d'exception, l'un des plus anciens bouchons de la ville avec une magnifique terrasse sur les pavés de la plus belle place de Vieux Lyon, et de l'esprit contemporain de plats réalisés à partir d'excellents produits en provenance des Halles de Lyon, mettant au goût du jour la tradition lyonnaise. Délicieuses 3 Maries qui nous régalent autant en salle, avec une équipe adorable et efficace autour de Clémentine Roure, qu'en cuisine au rythme des saisons. Sublime gâteau de foies de volaille maison ; noix de Saint-Jacques à l'huile de truffe noire. Desserts maison et carte des vins au diapason. Réservation conseillée à cette adresse divine.

BISTRONOMIE

LE COMPTOIR B

23, rue Saint-Pierre de Vaise (9e) ✆ 04 78 83 70 50
www.comptoirb-restaurant.com
Du mardi au samedi le midi, du jeudi au samedi le soir. Formule midi 23 €. Menu Comptoir B 35 €. Menu Dégustation 44 €.

© LE COMPTOIR B

Au cœur de Vaise, le Comptoir B fait sa place. Une terrasse estivale, mais surtout une salle toute mignonne où l'on se sent bien en toutes saisons. Aux commandes de ce néobistrot, qui mérite d'être connu bien au-delà du quartier : Mélanie en salle et Loïc en cuisine, aidés par la jeune Lénaïg. Dans ce lieu qui respire l'amour et la bienveillance, il faut partager les plaisirs d'une cuisine maison réalisée avec passion. Produits de qualité d'ici – beaucoup de fournisseurs locaux – et d'ailleurs – viande de l'Aveyron –, carte courte (quatre choix) autour des produits, créativité et saveurs dans les assiettes au rythme des saisons. Sélection de vins dans le même esprit. Bonheur au Comptoir B.

L'ALEXANDRIN

83, rue Moncey (3e)
✆ 04 72 61 15 69
www.lalexandrin.fr
Ouvert du mardi au samedi midi et soir. Menus de 69 € à 125 €. Formule Affaire 40 €.

Les vrais cuisiniers sont animés de passion. Laurent Rigal est un vrai cuisinier passionné qui nous régale depuis une vingtaine d'années dans un Alexandrin toujours en avance sur son temps. Un chef créatif et inspiré qui a su mêler, bien avant d'autres, cuisine lyonnaise et cuisine actuelle en bousculant les codes juste ce qu'il faut. Dans une salle lumineuse et chaleureuse à la fois, les assiettes subliment les produits du terroir relevés de douces épices. Le végétal est aussi à l'honneur dans un menu de saison. Un Alexandrin faisant rimer classicisme et modernité avec saveurs. Expérience à partager, la table d'hôtes dans les cuisines. Tentations auxquelles il ne faut pas résister.

ARSENIC

132, rue Pierre-Corneille (3e)
✆ 09 62 39 85 55
www.arsenicrestaurant.com
Ouvert du lundi au vendredi midi et soir. Formule midi 26 €. Dîner de 38 € à 52 €.

Venez prendre votre dose d'Arsenic ! Loin de vouloir vous empoisonner, le *Petit Futé* vous invite plutôt à vous régaler à cette table imaginée par le chef étoilé Christian Têtedoie. Le concept est de «lancer» un jeune chef prometteur qui deviendra, à coup sûr, un As (l'arsenic a pour symbole « As » au tableau périodique des éléments) de la restauration. C'est toujours Alexandre Delteil, 25 ans, que l'on retrouve derrière les fourneaux. Carte courte (2 entrées, 2 plats, 2 desserts), produits de saison issus des circuits courts, plats savoureux où le végétal n'est pas oublié, les fromages non plus : ravioles de courge végétale, girolles et chabichou. Pépinière de talents à découvrir.

ECOLE

UNE FAIM D'APPRENDRE

24, rue Joannes Masset (9e)
✆ 09 62 60 92 68
https://unefaimdapprendre.eatbu.com
Ouvert du lundi au vendredi le midi. Menus de 22,90 € à 36,90 €.

Dans ce quartier de Gorge de Loup, très actif à l'heure du déjeuner, voici une adresse insolite puisqu'il s'agit du restaurant d'application du centre de formation ABCR créé par les chefs Toques Blanches Dominique Moreaud et son complice Christian Lavault. Agréable terrasse, grande salle façon brasserie, comptoir convivial, mais également un espace de vente à emporter, bien pratique si vous n'avez pas le temps de vous assoir. Startup du jour, dos de merlu façon Dugléré, éternelle volaille rôtie et sa tombée de champignons du moment : des assiettes savoureuses servies avec mille attentions par des apprenants à votre service. Possibilité de plats à emporter avec commande en ligne.

NEW LES ENCAVES

12, rue Juiverie (5e)
✆ 04 72 07 27 79
www.les-encaves.com
Ouvert du mardi au samedi le soir ; du mercredi au samedi le midi. Carte : 40 € environ. Climatisation.

La rue Juiverie est la plus belle du Vieux Lyon. Il n'y manquait qu'un restaurant à sa hauteur, chose faite avec la création des Encavés ! Déjà, le nom annonce la couleur d'une joie de vivre communicative. Lieu de haute convivialité dans un cadre orienté rugby, le restaurant mené par le jeune et talentueux chef Grégoire Mignot est une invitation au partage. Planches à partager en bonne compagnie tout en découvrant une carte courte qui met l'accent sur les produits de saison issus des circuits courts. Qualité des viandes de la maison Bello ou d'herbes cultivées à Lyon pour une cuisine gourmande. Belle cave pour accueillir repas de groupe et séminaires. Encavez-vous !

BISTROT - BRASSERIE

FAV

16, rue de la Favorite (5e)
✆ 09 81 67 23 57
Ouvert du mardi au samedi midi et soir. Formule midi 21 €. Menu soir 29 €.

Un «bistrot de quartier» qui a tout d'une bonne adresse. Dans une rue de la Favorite qui mérite un détour gourmand, allons à la découverte d'une maison qui a su conserver ses murs de vieilles pierres et une belle allure d'autrefois autour de son comptoir. Surprenante terrasse « cachée » qui ne manquera de produire son petit effet quand vous la découvrirez au printemps prochain. Cuisine du chef Thomas Vinay avec des assiettes - désormais servies midi et soir - pleines de saveurs et de couleurs, des plats composés à partir de produits essentiellement locaux et de saison pour une cuisine à tendance bistronomique mais aux tarifs raisonnables. Adresse qui tient toutes ses promesses.

LES FINES GUEULES

16, rue Lainerie (5e) ✆ 04 78 28 99 14
www.fines-gueules.fr
Ouvert du mardi au samedi midi et soir. Menu Tradition Bouchon Lyonnais 35 €.

Des Fines Gueules qui n'usurpent pas leur nom. Non loin de la place du Change, Joël Salzi vous reçoit dans son bouchon qui mérite toute votre attention. Véritable cuisinier qui a fait ses classes auprès de l'immense Paul Bocuse dans son auberge de Collonges, Joël Salzi nous propose une authentique cuisine lyonnaise de tradition, gourmande, généreuse, faite de bons produits et de passion. Du 100 % fait maison, avec du traditionnel comme cette quenelle de brochet artisanale et sa bisque d'étrilles maison ou ces pieds de cochon patiemment désossés et panés. Affichage très clair des intolérances, notamment au gluten. Carte des vins à la hauteur. Valeur sûre du bien-manger lyonnais.

BISTROT - BRASSERIE

GRIVE

1, rue du Viel Renversé (5e) ✆ 04 72 64 15 26
https://griveepicierbistrotier.com
Ouvert du mardi au samedi le midi et le soir. Formule midi 25 €. Assiettes le soir.

A Lyon, pas besoin de manger des merles puisqu'on a Grive. Un restaurant du Vieux Lyon qu'il est un peu frustrant de cantonner à une seule catégorie, puisque ses larges horaires d'ouverture - de 8h30 à minuit - lui permettent de servir toute la journée du petit-déjeuner au grignotage en soirée façon bar à vin. En plus, c'est aussi une épicerie... Terrasse sur la place et salle à la tapisserie originale pour s'installer en toute convivialité. Cuisine bistrotière de qualité, à l'ardoise le midi, à l'assiette en soirée, toujours avec des produits de qualité et des recettes originales mêlant les influences. Pâtisseries maison pour le goûter. Carte des vins dans le même esprit de découverte.

LE BAVARD

1, quai Romain Rolland (5e)
✆ 06 64 28 71 34
Ouvert tous les jours de 8h à 1h. Service de 11h à 22h30.

© EMMANUEL SPASSOFF

© EMMANUEL SPASSOFF

Même s'il ne faut pas parler la bouche pleine, le Bavard est celui qui vous parle le mieux de Lyon autour d'une bonne table. Magnifique terrasse qui garde l'entrée du Vieux Lyon depuis les quais de Saône. Petit déjeuner et café pour bien commencer la journée avant d'arpenter la ville. Bavarder, ça donne faim et soif. Heureusement, les heures de service de ce restaurant sont adaptées à tous les visiteurs, les serveurs efficaces et souriants, les burgers, tapas, snacking et plats à partager bien réalisés, la carte des vins, les bières et les cocktails de qualité. Dans ce lieu de vie animé, possibilité de privatisation pour organiser un événement dans les meilleures conditions.

BONNES TABLES

VIEUX LYON, FOURVIÈRE ET VAISE

LE COMPTOIR DU BŒUF

3, place Neuve-Saint-Jean (5e)
✆ 04 78 92 82 35
www.comptoirduboeuf.com
Ouvert tous les jours midi et soir. Menu Lyonnais 24 €. Menu Plaisir 30 €. Menu Comptoir 35 €.

© EMMANUEL SPASSOFF

© EMMANUEL SPASSOFF

Le Comptoir du Bœuf offre tout ce que Lyon propose de meilleur : terrasse idéale sur une place de carte postale, deux salles de caractère quand il fait froid, chaleur humaine à l'accueil - avec Sébastien Chenu au comptoir et son équipe en salle - et service aussi efficace que souriant. Et ça continue dans les assiettes ! La cheffe Marie-Noëlle Brun prépare de délicieuses pièces de viande charolaise accompagnées, au choix, de frites maison. Tartare maison, onglet, assiette du boucher, entrecôte géante ou super côte de bœuf ! Spécialités lyonnaises dans le même esprit de qualité et de générosité. Belles quilles de nos terroirs. Rapport qualité-prix-plaisir exceptionnel !

MAÎTRE BŒUF

6, place de la Baleine (5e)
✆ 04 78 37 37 90
www.maitreboeuf.com
Ouvert tous les jours midi et soir, sauf mardi et mercredi. Formule midi 20 €. Menus de 29 € à 44 €.

Parmi notre sélection de bonnes adresses dans le Vieux Lyon, Maître Bœuf régale les carnivores depuis plus de 30 ans. Décor de carte postale sur la magnifique place de la Baleine, pendant que l'intérieur nous invite à la ferme avec la vache Marguerite, mascotte de l'établissement. Incontournable terrasse aux beaux jours, salles chaleureuses aux portraits bovins, accueil et service sans fausse note. A la carte, des viandes racées, comme ce filet de bœuf Aubrac, cette bavette Angus ou cette côte de bœuf Charolaise ; des spécialités lyonnaises avec le gratin d'andouillette à la moutarde ou la quenelle de brochet. Desserts maison. Belle sélection de vins en vallée du Rhône notamment.

MILORD CIRCUS

27, rue de Saint-Cyr (9e)
✆ 04 72 48 75 97
https://milord-circus.eatbu.com
Ouvert du lundi au samedi le midi et le soir. Formule du midi : 24 €. Repas du soir à la carte, environ 25 €.

Le chapiteau du Milord Circus s'est installé à Vaise, à deux pas d'un pont piéton sur la Saône, donnant un nouveau souffle gourmand au quartier. Terrasse pour les beaux jours, mais surtout une salle chaleureuse à la déco inspirée des cirques d'autrefois. Sous le plafond à la française, de la couleur, autour de la piste du comptoir, de joyeuses tablées et une cuisine 100 % maison par une jeune cheffe qui nous régale sur l'ardoise du jour. 3 entrées, 3 plats et 2 desserts à base de produits frais de saison et de qualité, avec une proposition veggie. Le soir, le cirque nous fait partager sa tournée mondiale avec des planches aux saveurs d'ailleurs. Cocktails pour prolonger le plaisir.

LA MONSTRUEUSE

8, rue Juiverie (5e)
✆ 04 78 28 96 71
https://lamonstrueuse.fr
Ouvert du mercredi au samedi le soir. Brunch dimanche. Menu de la semaine 31 €.

Une enseigne qui ne doit pas vous effrayer dans la plus belle rue du Vieux Lyon, et la moins fréquentée, sauf par les gourmands curieux... Création du chef Jérémie Hercberg, La Monstrueuse fait référence à une grosse tomate lyonnaise, preuve que le chef aime les produits du terroir avec lesquels il prépare un menu différent chaque semaine. Petite terrasse sur les pavés, salles d'un autre âge aux pierres apparentes et assiettes de saison d'actualité. Cette semaine, sur une carte courte : Omble chevalier aux épices tandoori, purée de patates douces et beurre rouge de sauge. Sélection de vins dans le même esprit. Le dimanche, c'est un brunch assez complet. Une Monstrueuse sympathique.

L'OCTAVE

60, rue des Docks (9e)
✆ 04 37 50 28 55
www.loctave-restaurant.com
Ouvert du lundi au vendredi le midi ; du mardi au samedi le soir. Formule du midi 27 €. Menu dîner 45 €.

Dans le rythme effréné de nos vies, faire une pause gourmande à l'Octave pour faire baisser la pression et monter le plaisir autour de la table. Un lieu à étages avec une superbe cave à vin voûtée au sous-sol, des salons pour se réunir et recevoir à l'étage, et un restaurant contemporain baigné de lumière et de couleurs au rez-de-chaussée. Beauté du décor, gentillesse de l'accueil, convivialité en salle, bonheur d'une cuisine saine et savoureuse, composée de produits sourcés et de saison. Au déjeuner, assiettes équilibrées pour bien manger. Au dîner, cuisine créative qui monte d'un ou plusieurs octaves. Carte des vins remarquable. Superbe partition à l'Octave.

LA PETITE AUBERGE

2, place Eugène-Wernert (5e)
✆ 04 78 25 29 33
www.lapetiteaubergelyon.fr
Ouvert du mardi au samedi midi et soir (+ lundi en été). Menu midi 18 €. Menus 28,90 €. Fondue le soir. Raclette.

Un refuge gourmand niché sur les hauteurs de Saint-Just. L'été, on s'installe pour boire un verre et manger à de larges horaires (en continu) sur une magnifique terrasse. Savourer une pièce de viande grillée ou des salades bien composées sur un air de vacances, un plaisir à partager. L'hiver, dans une salle façon chalet d'alpage, la Petite Auberge ensoleille nos repas. Philippe et Alain, deux professionnels passionnés de restauration, nous proposent les meilleures spécialités de montagne : fondue et raclette. Mais encore : terrine du chef, ravioles gratinées et desserts maison. Belle carte des vins et bières. Rapport qualité-prix exceptionnel pour le menu de midi. Bonheur en toute saison.

CHEZ GRAND-MÈRE

11, rue du Bœuf (5e) ✆ 09 51 61 35 38
Métro Vieux Lyon.
www.chezgrandmere.fr
Ouvert tous les jours midi et soir. Menus 24,90 €. Carte.

© DR

Au cœur du Vieux Lyon, un bouchon tout ce qu'il de plus réconfortant pour partager du bon temps et bien manger. Sur deux étages, avec une grande salle abritée dans un caveau aux jolis murs en pierre, Marilyne et son équipe nous reçoivent à bras ouverts pour savourer une délicieuse cuisine lyonnaise. Une cuisine réalisée le plus possible à partir de produits locaux, 50 km autour de Lyon, pour une Grand-Mère responsable qui défend de belles valeurs. Plaisir de plats parfaitement réussis : saucisson brioché, quenelle de brochet sauce homardine, ravioles, pour terminer sur une merveilleuse poire pochée au vin rouge. Tous les jours sans exception, cette Grand-Mère sait nous rendre heureux.

BISTROT - BRASSERIE

27 MADELEINE

27, rue de la Madeleine (7e) ✆ 04 72 80 90 54
https://27madeleine.com
Ouvert du mercredi au dimanche midi, du mardi au samedi le soir. Carte 30 €. Brunch week-end 27 €.

Coolitude à la lyonnaise version 7e arrondissement, le 27 Madelaine est un modèle du genre. Un restaurant que l'on apprécie d'autant plus avec l'arrivée des beaux jours quand on peut profiter de la grande terrasse et des 4 terrains de pétanque d'une étonnante cour-jardin. Au bar, on partage des verres de vin ou des cocktails maison, notamment un Madeleine, avant de se laisser inspirer par la carte. Petits plats sans prétention à partager en soirée pour se retrouver. Végétariens bienvenus. Le week-end, c'est brunch et street-food, toujours avec des produits de saison de qualité. Événements à ne pas manquer. Tout est bon dans ce 27 Madeleine, en pointe parmi nos bonnes adresses.

BISTROT - BRASSERIE

BARCANDIER

65, rue de Marseille (7e)
www.barcandier.com
Ouvert du lundi au samedi de 17h à 1h. Formule 30 €.

Difficile de classer une adresse pareille, de celles qui débordent joyeusement des cases ! Impossible de ne pas aimer le Barcandier, installé dans ce quartier étudiant et populaire où il fait bon s'encanailler le soir venu. Une vraie adresse de copains où l'on ne se prend pas la tête pour se faire plaisir autour d'une bonne bouteille de vin, de bière ou d'un cocktail maison. Barcandier, c'est un bar de haute convivialité pour partager du bon temps. Un bar qui se prolonge à l'étage d'une salle de restaurant pour se régaler d'une cuisine volontiers végétale qui sort des sentiers battus. Produits de saison, associations surprenantes et de vraies surprises jusqu'aux desserts. A suivre.

BONNES TABLES
RHÔNE RIVE GAUCHE

BISTROT - BRASSERIE

LE BISTROT DES FAUVES

29, rue Saint-Michel (7e)
✆ 09 81 44 46 05
Ouvert tous les jours de 8h30 à 1h. Formule 19,40 €.

Les Fauves marquent leur territoire, celui d'un quartier du 7e animé en semaine, moins le week-end. On aime que les Fauves soient ouverts le dimanche, qu'on puisse profiter d'une petite terrasse et que le décor de la salle change régulièrement, au rythme des expositions temporaires d'artistes dans tous les styles. Si certains râlent que leur bière ne soit pas servie assez vite, qu'ils aillent trouver ailleurs de véritables lieux de vie où l'on peut à la fois boire et manger en toute convivialité ! Côté assiette, une belle cuisine maison faite de produits et de plats de saison sur une ardoise courte qui privilégie la fraîcheur au nombre. Carte des vins appréciable. Les Fauves t'attendent.

BISTROT - BRASSERIE

LE BISTROT DU POTAGER

83, rue de Gerland (7e) ✆ 04 37 70 36 95
www.lebistrotdupotager.com
Ouvert du lundi au vendredi midi et soir, sauf mardi soir. Menu jour 28 €. Carte 45 €. Accueil groupes.

Dans un quartier de Jean Macé qui ne cesse d'évoluer, le Bistrot du Potager fait office de phare gourmand. Déjà, le bâtiment de pierre magnifiquement restauré illumine le longue rue de Gerland. La grande salle, mêlant lignes contemporaines autour du comptoir et pierres apparentes, nous réchauffe le cœur, à l'image d'un accueil et d'un service en toute convivialité. Une générosité à retrouver dans les assiettes imaginée par le chef Floriant Remont. Produits frais de petits producteurs locaux pour des plats à partager et quelques coquineries de saison bien senties. Bon choix de belles bouteilles, cocktails maison pour prolonger la soirée, dans ce Potager qui pousse le quartier vers le haut.

BISTROT - BRASSERIE

LE BOUILLON PARADIS

58, rue Salomon-Reinach (7e)
✆ 09 83 91 52 72
Ouvert du lundi au vendredi de 9h à 1h, week-end de 9h30 à 1h. Formule midi 16 € (2 plats).

Le Bouillon, c'est un restaurant à vocation populaire, un lieu où l'on mange bien pour pas trop cher (d'ailleurs les prix n'ont pas augmenté.... enfin pas encore), un lieu animé d'un esprit de partage et de convivialité. Le Bouillon Paradis, c'est tout cela dans ce quartier gentrifié. Comme beaucoup de restaurants (notamment en raison de l'augmentation du télétravail), cuisine sympathique avec formule sur ardoise avec des plats de tradition revisités, comme ces maquereaux au court-bouillon et purée de panais à la vanille, blanquette de veau ou burger végé, pour terminer avec un cinnamon roll. Service souriant, ambiance joyeuse, événements et bonne musique pour un bouillon bouillonnant.

BISTROT - BRASSERIE

BRASSERIE DES BROTTEAUX

1, place Jules-Ferry (6e)
✆ 04 72 74 03 98
www.brasseriedesbrotteaux.com
Ouvert tous les jours le midi et le soir. Carte : 50 € environ.

110 ans d'histoire gourmande vous contemplent. Enfin, c'est plutôt vous qui allez contempler la magnifique verrière de l'entrée et une salle qui a su préserver son décor Art nouveau. Une brasserie élégante, raffinée, un lieu de mémoire et de vie où l'empreinte du passé s'imprime dans un présent gourmand. Sur une carte qui change régulièrement, des classiques réussis, des plats signatures de belle envergure comme ces poireaux mimosa, harengs fumés et noisettes grillées ou un œuf de poule fermier aux morilles. Le reste est à l'avenant et l'assiette Brassere ou le tartare maison font partie des incontournables. Autre plaisir, la carte des vins avec des crus d'exception. Au patrimoine lyonnais.

LE CAFÉ DES ANGES

81, rue Vauban (6e)
✆ 04 37 24 07 95
www.cafedesanges.fr
Ouvert lun au ven 9h-15h, mer, jeu et ven 19h-23h, dim 11h-15h. Menus 29 €/mer, 27 €/terre, 24 €/végé. Brunchs dim 30 €.

Dans un quartier très, trop, minéral, beaucoup de douceur dans un restaurant étonnant. Etonnant notamment par sa cour intérieure où l'on pourrait se croire à la campagne en plein Lyon. Décor intérieur tout aussi angélique, chaleureux et convivial, pour se retrouver entre amoureux des bonnes choses. Entre la maison de famille et le bistrot chic, le Café des Anges a trouvé sa place dans le paysage gourmand. Larges horaires pour prendre un verre, le temps d'un apéro prolongé avant de savourer une cuisine inspirée par les produits de saison et le marché du jour. Mer, terre et végé, tout le monde est gâté. Brunch maison le dimanche. Un lieu où l'on se sent pousser des ailes.

LE CAFÉ DU PEINTRE

50, boulevard des Brotteaux (6e)
✆ 04 78 52 52 61
www.lecafedupeintre.com
Ouvert du lundi au vendredi midi, jeudi et vendredi le soir. Le soir groupes sur réservation. Formule midi 25 €.

Convivialité et bien manger dignes des meilleurs bouchons. Savoir-faire d'une cuisinière hors-pair, Florence Périer. Bienvenue au Café du Peintre, institution du boulevard des Brotteaux où il faut avoir mangé pour goûter au bonheur d'être à Lyon. Tous les midis – même avant pour le traditionnel mâchon –, il faut se retrouver dans ce restaurant où se perpétue la tradition lyonnaise du fait maison avec amour. Celle d'une cuisine réalisée à partir de bons produits frais de saison selon un savoir-faire transmis de génération en génération. Parmi les incontournables, la terrine ou la tête de veau. Le vin, avec 1 200 références sélectionnées par Max, est l'autre plaisir de cette maison gourmande.

LA COMMUNE

3, rue Pré Gaudry (7e)
www.lacommune.co
Ouvert tous les jours midi et soir, sauf lundi toute la journée et dimanche soir. Environ 16 €.

Un lieu qui a bousculé les codes de la restauration lyonnaise en regroupant, dans un lieu insolite - une ancienne fabrique en plein 7e -, de jeunes chefs désireux de se lancer en «testant» leur concept culinaire. La Commune est toujours active, même si elle a revu ses ambitions à la baisse, n'ouvrant plus que 6 échoppes sur les 12. Le plaisir reste grand de prendre le temps d'un repas à la découverte des cuisines d'ici et d'ailleurs. Du Burger façon Sous-marin jaune aux fameux Bo Buns de la Maman (Indocafé on t'aime), en passant par les currys de Farah's Kitchen, il faut revenir pour tout goûter ! 3 bars et une ambiance de folie. Sur place, nombreux événements engageants. Vive la Commune !

NEW

BISTROT - BRASSERIE

LE COMPTOIR GUEULETON

102, Cour Lafayette (3e)
www.gueuleton.fr/gueuleton-lyon
Ouvert du mardi au dimanche le midi. Formule du midi 24 €. Carte selon appétit.

Gueuleton, vous en avez déjà entendu parler, surtout si vous habitez dans le 6e où cette enseigne canaille et nationale s'est installée pour proposer des viandes grillées et des quilles à déguster. Nouvelle adresse au cœur des Halles de Lyon Paul Bocuse pour se retrouver entre copains, qui ont quand même les moyens..., et partager (ou pas) autour du déjeuner et de l'heure d'un apéritif qui n'en finit pas quelques délicatesses maison : pâté croûte, terrine du chef, œuf mimosa ciboulette ou fromage de tête. A partir de midi, la carte s'étoffe de plats dans le même esprit bistrot canaille avec une tête de veau snackée ou des encornets à la plancha. Belle carte des vins pour se faire plaisir.

DANTON...

8, rue Danton (3e)
✆ 04 37 48 00 10
Ouvert du lundi au vendredi le midi et le soir. Menu Trio 41 €. Dégustation 61 €.

La dernière révolution du Danton..., c'est une salle qui s'est métamorphosée pour offrir un écrin élégant et chaleureux à la cuisine du chef Benjamin Besse. Ce qui n'a pas changé, c'est la (petite) cuisine donnant sur la salle derrière ses grandes vitres pour admirer le tour de main d'un chef qui ne cesse de nous régaler de bons produits de saison aux saveurs simplement sublimées dans des associations parfaites. Carte hyper courte pour une fraîcheur maximale, assiettes dressées avec art et un régal total à chaque bouchée, comme pour ce quasi de cochon des monts Lasgast cuit rosé. Desserts sublimes. Carte des vins à la hauteur. Du bonheur à l'état pur et un rapport qualité-prix exceptionnel.

L'ESCAPADE DU DANTON

8, rue Danton (3e)
✆ 04 78 60 48 67
Ouvert du lundi au vendredi midi et soir. Formules de 25 € à 30 €.

© DR

Pas besoin de sortir de Lyon pour faire la plus gourmande des escapades. Une escapade qui nous amène dans le quartier de la Part-Dieu, juste à côté d'une autre version du Danton. Convivialité et chaleur dans un intérieur mêlant les matériaux bruts, des pierres apparentes sur le mur au bois des tables. C'est beau, mais c'est surtout très bon. Depuis la salle, on devine le travail du chef Marc Balorin qui perpétue la tradition d'une cuisine 100 % maison qui met en avant les saveurs des produits de saison. Carte courte, cuisson lente pour ce cochon fondant, superbe travail sur les légumes, desserts délicieux. Belle carte des vins. Indispensable Escapade au remarquable rapport qualité/prix.

EN METS FAIS CE QU'IL TE PLAIT

43, rue Chevreul (7e)
✆ 04 78 72 46 58
Ouvert du lundi au samedi le soir, du lundi au vendredi le midi. Menus de 38 € à 48 €. Formule midi 25 €.

Il existe un décalage entre la décoration des lieux - disons étonnante - et la cuisine d'un des meilleurs chefs présents à Lyon : Katsumi Ishida. Il ne faut pas venir ici pour trouver un restaurant gastronomique élégant, mais des assiettes gastronomiques composées des meilleurs produits de saison sélectionnés par un chef passionné, à la créativité iconoclaste et au savoir-faire remarquable. Plats au rythme du marché entre grande tradition française et sensibilité japonaise, avec un travail particulier sur les poissons. Vins nature. Délicieusement inclassable.

BONNES TABLES

RHÔNE RIVE GAUCHE

GRUM & GRAM

264, rue Duguesclin (3e)
✆ 04 72 31 60 57
www.grumetgram.com
Ouvert du lundi au vendredi midi et soir. Formule 22 € à midi et 28 € le soir.

Chez Grum&Gram, toute la chaleur des bistrots d'antan avec un décor délicieusement vintage, la gentillesse d'un accueil souriant, une convivialité naturelle que l'on aime partager autour d'un bon verre de vin - c'est pour le Grum - et d'un plat de saison - c'est pour le Gram. Des plats proposés à l'ardoise du jour pour une cuisine aux accents du marché de saison. Une belle cuisine de bistrot, dans la lignée des bouchons sans l'obligation de passer par toutes les spécialités lyonnaises, mais avec un délicieux saucisson chaud lyonnais sauce vigneronne ! Belle carte des vins à faire rouler entre les dents et des rhums à déguster avec modération. Nouvelle version plus italienne à quelques pas.

BISTROT - BRASSERIE

LE HANGAR

69, cours Albert Thomas (3e) ✆ 04 72 13 66 04
www.lehangarrestaurant.fr
Ouvert du lundi au vendredi le midi et le soir. Formule 2 plats 23 €. Formule 3 plats 26 €. Bar.

A quelques pas de la maison où fut inventé le cinéma par les frères Lumière - une fresque murale les représente -, le Hangar rend hommage à tout ce que Lyon fait de meilleur. A commencer par la cuisine. Dans ce décor cinématographique, dans une ambiance chaleureuse et feutrée, la cheffe Coraline Forest propose une cuisine oscillant entre classicisme et modernité : Terrine maison de truite fumée, un velouté de panais et ses gésiers de canard, de la joue de bœuf braisée aux morilles accompagnée de son gratin dauphinois, un bon tartare de bœuf ou un smash burger avant un entremets au chocolat Valrhona. Bonne prise gourmande dans ce quartier qui ne compte pas tant de bons restaurants.

LES INNOCENTS

113, rue Sébastien Gryphe (7e)
✆ 09 87 01 65 13
Ouvert du mercredi au samedi de 9h à 1h. Formule midi 24 €.

Une adresse cinégénique dans ce quartier animé près de l'Université, à l'angle de la très gourmande rue Chevreul. Avec sa terrasse, ses grandes tables et ses bancs à partager sur le trottoir, mais surtout tout le charme de sa salle façon café d'autrefois, le resto Les Innocents s'affirme comme une place conviviale et gourmande. Jeunes gens dynamiques au service d'une cuisine pleine de fraîcheur. Ardoise courte de plats de saison composés de produits préparés avec un beau savoir-faire. De quoi se faire plaisir à toute heure, puisque les petits déjeuners sont gourmands et les planches idéales en soirée. Le petit plus : la carte des vins et alcools derrière le bar. Des Innocents confirmés.

LE JEAN MOULIN

45, rue de Sèze (6e)
✆ 04 78 37 37 97
www.lejeanmoulin-lyon.com
Ouvert du mardi au samedi le midi et le soir. Menu carte 36,90 €.

Un nom illustre, la figure lyonnaise et française de la Résistance, pour une adresse qui fait son chemin. Le Jean Moulin s'inscrit dans la lignée des bonnes tables, tendance gastronomique, où l'on peut reconnaître la signature d'un chef formé aux meilleures tables : Grégoire Baratier. Un chef qui aime travailler les meilleurs produits et revisiter des plats de tradition comme cette fricassée de ris de veau avec ses champignons de saison et jus réduit ou un surprenant parfait glacé au vin jaune, mousse légère aux cèpes, cristalline de sucre. La carte des vins confirme la bonne impression générale. La résistance gourmande s'organise au Jean Moulin autour d'un bon rapport qualité-prix.

KINGA

95, rue Masséna (6e)
✆ 04 28 38 43 23
https://kingalyon.com
Ouvert du mardi au samedi le soir, du mardi au vendredi le midi. Carte : 55 € environ.

A deux pas d'une gare des Brotteaux qu'il connaît bien, Arthur Donjon a ouvert le Kinga. Un restaurant que l'on aurait pu classer dans différentes catégories : festif pour l'ambiance, italien pour la cuisine. Select et branché, le Kinga réussit le pari de mélanger clinquant des Années folles et design plus contemporain. Atmosphère feutrée au bar en début de soirée pour l'apéro, gourmande autour de la cuisine italienne du chef Giuseppe Capraro, et plus festive, voire dansante, pour bien commencer la nuit. Un triptyque valable aussi le midi. A goûter, les *polpette* du chef et des *spaghetti alla carbonara* à la truffe. Pour clientèle aisée du quartier qui aime les bons produits et faire la fête.

KITCHEN CAFÉ

34, rue Chevreul (7e)
✆ 06 03 36 42 75
www.lekitchenlyon.com
Ouvert lundi, jeudi et vendredi 8h à 18h30, week-end 8h30 à 18h30. Déjeuner 22 € à 26 € semaine, 31 € à 35 € week-end.

Définition du *Futé* pour le Kitchen Café : lieu de vie pour se régaler toute la journée. C'est simple et tellement bon qu'on en oublierait que c'est ce restaurant et (le seul) bar à desserts de Lyon qui a mis sur orbite ce quartier aujourd'hui très prisé. Parce qu'ils ont osé se lancer dans l'aventure et bousculer les codes il y a quelques années, un immense bravo à Connie Zagora et Laurent Ozan. Une des plus belles et gourmandes terrasses de la ville, petite salle trop mignonne et carte courte de saison qui mêle qualité et originalité. Incontournables Kanelbulle et granola maison au petit-déjeuner. Exceptionnel bar à desserts pour prolonger le plaisir tout l'après-midi. Cœur sur le Kitchen.

L'ÂME SŒUR

209, rue Duguesclin (3e)
✆ 04 78 42 47 78
www.restaurantlamesoeur.fr
Ouvert du lundi au vendredi le midi, du mardi au vendredi le soir. Menu 29 €. Menu de saison 58 €.

En nous proposant un premier menu abordable à tous les budgets, le chef Olivier Paget nous prouve que la gastronomie n'est pas qu'une histoire de prix. Aux portes du palais de justice, dans un quartier animé au déjeuner, le chef propose une cuisine du marché pour une carte qui change toutes les 3 semaines. Fraîcheur et qualité garanties des produits pour un menu unique comptant parmi les meilleurs rapports qualité-prix de la ville. Superbes associations de saveurs de saison et assiettes raffinées dans une salle aux fenêtres ouvertes en trompe-l'œil sur le vignoble de la vallée du Rhône, notamment le Côte-Rôtie. Splendide carte des vins. Une Âme Sœur tentante.

NEW BISTROT - BRASSERIE

LE MORAND

67, avenue Maréchal Foch (6e)
✆ 04 78 89 11 18
Ouvert du lundi au samedi de 6h30 à 0h. Carte : 30 € environ. Plats de 15 € à 23 €.

Sur le large trottoir de l'avenue Foch, la terrasse du Morand profite des rayons du soleil qui se couche de l'autre côté du Rhône. Dolce vita d'un 6e arrondissement où l'on aime se retrouver dans ce lieu de vie qu'est Le Morand, nouvelle version par Lionel et Pascal. Terrasse donc, mais aussi un intérieur à la fois chic et convivial, aux notes bleues des plus agréables. Du petit déjeuner à la soirée entre amis, Le Morand évolue au fil d'une journée qui se prolonge volontiers. Côté cuisine, les plats de saison s'affichent à l'ardoise avec de bons classiques de brasserie comme les œufs mimosa, le croque-monsieur truffé, la salade Caesar, un plat végé et un onglet d'Angus. Adresse à partager.

BISTROT - BRASSERIE

MOWGLI

27, rue Capitaine Robert Cluzan (7e) ✆ 04 78 02 75 32
www.mowglicafe.com
Ouvert du lundi au vendredi de 9h à 19h, samedi de 10h à 18h, dimanche de 10h à 17h. Formule midi 23 €. Brunch.

Explorateur dans la jungle urbaine, vous êtes toujours à la recherche des bonnes adresses ? Mowgli en fait partie. Un lieu de vie – restaurant lunch café cuisine de partage bar – avec des horaires étendus, du petit déjeuner à la fin de journée, pour partager les bienfaits d'une cuisine artisanale à base de bons produits. Une vraie démarche écoresponsable dans une cuisine faite essentiellement de produits locaux, de saison - toujours pour les légumes et les fruits qui sont mis à l'honneur -, une cuisine artisanale naturelle et généreuse. Autre bonheur, la gentillesse de toute l'équipe qui nous reçoit. Excellent brunch. Manger sain et bien. Ateliers dans le même esprit bien-être.

VAS-Y VAS-Y

10, rue des Verriers (7e)
✆ 04 37 37 10 61
Ouvert du lundi au vendredi midi. Menu midi 22 €. Carte soir.

© LAETITIA GRANGE

La meilleure invitation que vous pourrez recevoir aujourd'hui, c'est d'aller au Vas-y Vas-y ! Il est temps de profiter de cet restaurant pour savourer la cuisine généreusement savoureuse de Nicolas Revol, fan de rugby qui affiche de beaux maillots dédicacés. Carte du jour avec 2 entrées et 2 plats, de la fraîcheur et de bons produits de saison cuisinés de manière traditionnelle. Carte dans le même esprit avec des spécialités lyonnaises et d'autres du Sud-Ouest, comme ce cassoulet maison aux 4 viandes, seulement à quelques dates. Belle carte des vins avec une cave pour acheter de bonnes bouteilles. Foie gras à commander en fin d'année. Privatisation possible à partir de 25 pers.

SAKU RESTAURANT

27, rue Rachais (7e)
✆ 04 78 69 45 31
www.sakurestaurant.wordpress.com
Ouvert du lundi au samedi midi et soir, sauf mercredi midi. Menus de 35 € à 50 €. Formule midi 23 €.

Tout un poème qu'il faut partager. Une adresse sur laquelle on ne tombe pas par hasard, mais ça tombe bien puisque vous lisez le *Petit Futé* ! A vous de découvrir et d'aimer Saku, un modèle du genre en matière de cuisine fusion franco-japonaise. Une salle dont la principale qualité est de ne pas distraire de l'essentiel : la beauté et les saveurs des assiettes. Un dressage absolument remarquable par le chef japonais Seisaku Miyamoto. Formé chez Lassausaie, il maîtrise à la perfection les classiques de la grande cuisine française pour les mettre à sa sauce avec brio. La carte courte change régulièrement, une bonne raison de revenir souvent se laisser surprendre chez Saku.

CHEZ RAPHAEL

30, rue Tête d'Or (6e)
✆ 04 78 94 60 25
www.chez-raphael.fr
Ouvert lundi au samedi midi et mardi au samedi soir. Formule midi 24,90 €. Menu à partager soir 37 €/pers.

Ce qui est essentiel Chez Raphaël, c'est le partage et la générosité. Un vrai lieu de vie au cœur du 6e. Terrasses accueillantes, décoration chaleureuse entre pierres apparentes et bois, salle cosy en mezzanine, cave vitrée remplie de bonnes bouteilles, comptoir et convivialité, on sait recevoir chez Raphaël Richard. L'autre grand bonheur, c'est la cuisine du chef Rémi Loureiro qui sélectionne les meilleurs produits régionaux pour composer des plats gourmands : filet de canette des Dombes ou rigatoni à la crème de truffe. Carte inspirée jusqu'aux desserts avec un pain perdu maison, coup de cœur pour les planches, les plats ou le menu à partager du soir. La vie est belle Chez Raphaël.

BISTROT - BRASSERIE

RAVIGOTE

76, rue Mazenod (3e) ✆ 04 72 15 45 54
www.restaurant-ravigote.com
Ouvert du lundi au vendredi le midi, jeudi et vendredi le soir. Formule midi 28 €. Menus soir 52 €. Carte.

Avec son Annexe où l'on peut se revigorer dès le matin d'un babka chocolat-noisettes ou d'un brunch avant de passer en mode sandwich, le Ravigote vous apporte tout le réconfort dont vous avez besoin dans la période. Aux commandes, une joyeuse bande composée de Xavier, Marie-Laure et Philippe en salle. Convivialité et bonne humeur garanties, mais l'essentiel reste les bons produits du terroir fournis par la famille Pyod. Après avoir épongé un pot de sauce ravigote au pain de chez Antoinette, on attaque un pressé de légumes racines puis une basse côte de veau au tandoori. Plateau de fromages et confiture maison. Végétariens et enfants bienvenus. Belle sélection de vins au verre.

LE SUPRÊME

106, cours Gambetta (7e)
✆ 04 78 72 32 68
www.lesupremelyon.fr
Ouvert du mardi au vendredi midi et du mardi au samedi le soir. Formule midi 30 €. Menus soir 51 € et 61 €.

Ami jeune et autre fashionista, Suprême ne désigne pas seulement une marque de vêtements de skate hors de prix, mais aussi un excellent restaurant lyonnais, Sans doute l'une des plus belles surprises de notre guide, surtout si vous n'êtes jamais sorti à la station de métro Garibaldi ! Salle chaleureuse aux murs de pierres apparentes et tout le savoir-faire d'un duo gagnant de cuisiniers formés chez les plus grands : Grégory Stawowy, originaire de La Rochelle - il cuisine le poisson à la perfection - et son épouse sud-coréenne, Yun Young. Résultat, une carte courte de saison mêlant qualité des produits, technicité et créativité. Du grand art culinaire à savourer sur place, ou à emporter.

LA TABLE DE MAX

46, avenue Jean Jaurès (7e)
✆ 04 78 72 09 73
www.table-de-max.fr
Ouvert du mardi au vendredi le midi, du mardi au samedi le soir. Menus de 43 € à 49 € (le soir).

Comment trouver La Table de Max ? Cherchez une maison avec un homard bleu géant peint sur l'un des côtés. Maxime Strafach, que tout le monde appelle Max, a concentré son attention sur deux produits d'exception : la viande de bœuf (fournie par l'excellente boucherie Bello) et le homard bleu de Bretagne. Accompagné de Romain et Antoine en cuisine, et de Charlotte en salle, Max nous propose des plats pleins d'une joyeuse créativité : un demi-homard grillé, servi avec un hamburger maison sur lequel va dégouliner une avalanche de cheddar fondu. Une tuerie ! Autres mariages signatures, le beef & lobster ou le poulpe et l'onglet de bœuf. Excellente carte des vins. Adresse gourmande.

TRATTINO

58, rue Clément Marot (7e)
✆ 04 72 76 10 47
https://trattino.fr
Ouvert du mardi au samedi le midi et le soir. Formule du midi 16 €.

Dans un quartier en mouvement, Trattino est à la fois l'adresse idéale pour cultiver son jardin, nourrir le corps et l'esprit. Grande terrasse avec ses luminaires façon guinguette, salles à plusieurs niveaux dans un ancien garage réaménagé avec goût et l'accueil de toute une équipe bienveillante. On se sent tellement bien... Mais on mange quoi ? Trattino, c'est un trait d'union entre la France et l'Italie avec des plats faits minute aux accents méditerranéens composés de produits 100% bio, locaux et équitables : antipasti, gnocchi, risotto... Choix végan, végétarien ou sans gluten. Restaurant, bar-café, épicerie dans le même esprit et programmation culturelle. Coup de cœur à partager.

NEW

LA VERRIERE

64, rue Ney (6e)
✆ 06 60 20 12 84
www.la-verriere-restaurant.fr
Ouvert du mardi au samedi le midi ; du mercredi au samedi le soir. Formule du midi : 23 €.

Comptoir carrelé, tables et chaises en bois, murs de pierres apparentes, mezzanine, mais surtout une belle verrière qui laisse voir tout ce qui se passe en cuisine. Grégoire Laverrière, c'est bien son nom, n'a rien à cacher dans son tout premier restaurant. Issu d'une famille de cuisiniers lyonnais, il s'est lancé dans l'aventure avec un concept parfaitement dans l'air du temps : une ardoise ultra courte à midi avec des produits frais de saison, des assiettes à partager le soir et la même place pour le boire que pour le manger ! Belle sélection autant du côté des vins que du côté des spiritueux, notamment avec une magnifique jarre de cognac posée sur le bar. Belle découverte.

© DR

© DR

L'AERO

Aéroport de Bron
BRON
✆ 04 72 15 01 02
https://restaurant-laero.fr
Ouvert tous les jours midi et soir, sauf lundi et dimanche soir. Formule complète 25 €.

Partir loin en restant près de Lyon, se régaler tous les jours sans détour. Direction l'Aéro, restaurant dans un cadre atypique. Terrasse magnifique avec sa pergola bioclimatique s'ouvrant sur les pistes de l'aéroport de Bron, salle immense et mezzanine lumineuses sur le thème de l'aviation, accueil adorable et équipage souriant pour un service impeccable. Le chef nous offre des plats de brasserie, avec de belles destinations gourmandes, réalisés à partir de produits de qualité : salades, poulpe à la plancha, tartares, lyonnaiseries, burgers et desserts généreux. Super bar à cocktails, vins et bières à la pression ! Organisation d'événements, DJ en soirée les fins de semaine.

© EMMANUEL SPASSOFF

© DR

© EMMANUEL SPASSOFF

© EMMANUEL SPASSOFF

LA CHOPINETTE

78, route du Bruissin
FRANCHEVILLE
✆ 04 72 41 33 85 - www.la-chopinette.fr

Ouvert du lundi au vendredi à midi, jeudi et vendredi en soirée. Formule du midi 18 €.

Si vous habitez Francheville ou les environs, La Chopinette doit être dans votre carnet d'adresses. Si vous êtes lyonnais, n'attendez plus pour découvrir ce petit paradis à quelques encablures de Bellecour. Une terrasse façon guinguette qui nous donne des envies d'apéro et de pétanque. Une salle chaleureuse avec son comptoir et ses tables bien mises. Les merveilleux Yannis et Emelie Rousseau sont entourés d'une équipe exceptionnelle. Les plats ne se racontent pas, ils se savourent. Produits de qualité et cuisine maison : foie gras, saumon fumé, escargots, viandes excellentes et frites maison, poissons du moment, spécialités lyonnaises, machons... Vins à la hauteur. Adresse préférée.

© EMMANUEL SPASSOFF

© EMMANUEL SPASSOFF

© EMMANUEL SPASSOFF

VICTORIA HALL

33, rue du Repos (7e)
✆ 04 37 28 07 97
www.victoriahall.fr
Ouvert du mardi au vendredi midi, du mardi au samedi soir. Formule midi 28 €. Carte 60 €.

Dans Lyon, un lieu hors du temps, hors de l'agitation. Dans un quartier pas très excitant, une maison bourgeoise avec son parking privé. Luxe, calme et volupté ne sont pas des termes galvaudés pour définir l'ambiance de cette maison à l'élégance raffinée. Terrasse somptueuse aux airs méditerranéens, espace cigares et spiritueux, salles magnifiques... Cuisine inventive de Denis Pasdeloup qui travaille les meilleurs produits de saison pour nous proposer une carte courte pleine de fraîcheur et de saveurs. La soirée se prolonge au bar lounge à l'étage du Victoria Hall avec la carte des cocktails maison, vodkas et champagnes. Convient aussi bien aux dîners romantiques qu'aux réunions entre amis.

VIEILLE CANAILLE

14, rue Saint-Jérôme (7e)
✆ 04 72 71 47 12
Ouvert du lundi au samedi le midi et le soir. Formule midi 22 €. Menu 32 €.

Dans ce coin du 7e, ça sent bon les recettes transmises par la mamie pour régaler les canailles gourmandes réunies autour de la table. Un restaurant de copains façon bistrot de quartier ou bouchon de tradition où l'on se sent bien pour savourer des assiettes goûteuses et boire quelques quilles sélectionnées avec grand soin. Terrasse animée à de larges horaires pour partager un verre et plus si affinités, planches de terrines maison qui n'oublient pas pour autant les veggies dans une autre version. Cuisine de saison réconfortante entre lyonnaiseries et plats de tradition française, bières pression et toujours la sélection de bons vins du cru. Adresse comme il en faudrait partout.

MODJO LYON PART-DIEU

152, rue du Docteur Bouchut (3e)
✆ 04 82 54 54 45
https://restaurants-modjo.fr
Ouvert du lundi au mercredi de 9h à 23h, jeudi et vendredi de 9h à 1h, samedi de 10h à 17h. Carte 16 € environ.

Le Modjo, c'est une énergie pure, sauvage, passionnante. Dans le quartier hyper actif de la Part-Dieu, un lieu pour se poser, boire et manger en partageant du bon temps autour d'un verre et d'un plat haut en couleur et en saveur. Grand espace idéal pour venir à plusieurs et/ou faire des rencontres, Modjo adapte son offre aux temps de la journée, du matin jusqu'à très tard le soir. Travail l'après-midi en networking avec un délicieux café, afterwork pour se détendre. Et le soir ambiance festive avec les meilleurs DJ locaux autour d'une planche et d'un cocktail réalisé par des experts. Brunch le samedi et des événements à surveiller. Pour faire le plein d'énergie positive.

BDO BY AU BORD DE L'EAU

Chemin du Pontet - **DÉCINES-CHARPIEU**
✆ 04 78 49 02 39
www.aubordelo.fr
Ouvert du lundi au samedi midi, du jeudi au samedi le soir. Carte 40 € environ.

© DR

Comment passer d'un paysage urbain à une terrasse les pieds dans l'eau sans quitter la Métropole de Lyon ? Direction le Grand Large et cette adresse qui remplace l'agitation de la ville par le doux bruit du clapotis de l'eau. Une maison qui nous laisse le choix, selon les saisons, entre une grande salle aux baies vitrées et une magnifique terrasse façon bord de mer pour prendre un cocktail avant de manger. Accueil adorable de l'équipe dirigée par l'excellent Pierre Muguet. Côté cuisine, des charcuteries maison Duculty, des planches à partager, une sélection de viandes d'exception - dont de superbes côtes de bœuf - et des grenouilles (le week-end). Purs instants de bonheur.

NEW RN BEER

100, Route de Paris
CHARBONNIÈRES-LES-BAINS
✆ 04 28 70 45 88
www.rnbeer.com
Ouvert tous les jours le midi et le soir. Formule du midi : 23 €.

Au RN Beer, tout est fait pour vous rendre la vie plus gourmande. Parking souterrain, salle chaleureuse, rooftop pour profiter d'une terrasse à l'abri de l'agitation au-dessus des Halles de l'Ouest. Un lieu moderne qui a bien d'autres atouts que sa situation et son décor, puisqu'il a été imaginé par le chef Philippe Gauvreau. En cuisine, c'est le chef Laurent Lecompte qui nous propose de bons plats de saison préparés avec des produits locaux. Formules du jour économiques. Autres plaisirs avec le bar à bières artisanales, 15 tireuses, la carte des vins et les cocktails originaux. Planches à partager en soirée. Larges horaires d'ouverture pour se régaler à tous les moments de la journée.

BONNES TABLES
DANS LES ENVIRONS

BISTROT - BRASSERIE

ANGELY'S

43, rue de la République
GENAS
✆ 04 72 47 06 34
http://angely-s.fr
Ouvert du mardi au samedi midi et soir. Formule midi 17,80 €. Menu grenouilles 30,50 € (soir uniquement).

© DR

© ANGELY'S

Tout près de Lyon, Genas a encore des allures de village avec sa belle église, son marché, ses commerces et l'Angely's. Ici, pas de problème de stationnement et l'assurance d'être à la fois bien reçu et de se régaler ! Un restaurant charmant avec sa belle terrasse estivale abritée dans une cour intérieure et une salle chaleureuse où l'on est accueilli par l'adorable Claire. Le chef Pascal Bonnamour nous régale toujours de plats généreux et savoureux faits maison : incontournables grenouilles comme en Dombes, un foie de veau à la persillade, un ceviche de daurade royale, des burgers, mais aussi des pizzas maison les jeudis et vendredis, sur place ou à emporter. Convivialité et gourmandise.

LE TEMPS DES SAISONS

1bis, impasse du Boucher - **JONAGE**
✆ 09 83 38 05 07
www.letempsdessaisons.com
Ouvert du lundi au vendredi le midi, vendredi et samedi le soir. Formule midi 21,50 €. Formule carte 26 €.

Pour les Lyonnais, Jonage est souvent synonyme de sortie au Grand Parc. Et si vous découvriez son cœur de ville aux airs de place de village ! Juste ce qu'il faut à l'écart de la circulation pour nous proposer une agréable terrasse, le Temps des Saisons est une belle maison tenue depuis 8 ans par Stéphanie Dorrier. Seule en cuisine, forte de son titre de Maître Restaurateur, cette authentique passionnée de cuisine et de restauration nous présente une carte courte qui change très régulièrement. Produits de qualité pour un habile mélange entre tradition française et créativité élargissant les horizons dans des assiettes gourmandes. Une adresse à découvrir en toute saison.

ENTRE TERRE ET MER

20, route de Lyon - **LA TOUR-DE-SALVAGNY** ✆ 04 78 48 05 32
www.entreterreetmerlatour.fr
Ouvert du mercredi au samedi le soir, du jeudi au dimanche le midi. Menus de 36 € à 54 €.

Une salle aux tons neutres contemporains, une terrasse naturellement ombragée pour se détendre en été, un service adorable par Stéphanie Jannuzi, pour se concentrer sur l'assiette préparée par la cheffe Cécile Minot. Une cuisine créative à partir de produits frais pour des harmonies éphémères à savourer avec les yeux – plats magnifiquement dressés – et les papilles pour de belles émotions. Associations pimpantes entre des rillettes de truite fumée, crème rafraîchie de chou-fleur, œuf de truite ou des noix de Saint-Jacques, dashi infusé aux champignons, shiitaké cébette et sésame torréfié. Accords parfaits avec les vins. Cuisine créative à l'honneur dans un lieu bousculant nos habitudes.

BISTROT - BRASSERIE

O'BISTROT

3, rue du 11 Novembre - **MIONS** ✆ 04 78 25 30 12
https://obistrot-lyon.eatbu.com/
Ouvert du mardi au samedi midi et soir. Plat du jour 12 €. Formule complète 18,50 €.

Au cœur de Mions, une belle maison - café, comptoir et restaurant - tenue par un Maître Restaurateur passionné par son métier, l'excellent Pascal Favre. Salle climatisée et une belle terrasse à l'arrière bien à l'abri de la rue. Ambiance décontractée dans ce lieu vivant à de larges horaires. Cuisine artisanale de caractère réalisée à partir de bons produits. Excellent rapport qualité-prix pour le plat du jour, comme ces moules poulette frites fraîches du vendredi, ou pour les plats de la carte avec une ballotine de foie gras maison, des grenouilles en persillade, une belle côte de bœuf ou un burger maison avec ses frites et ses sauces, le tout maison. Animations festives en soirée.

LE TABAGNON

214, avenue Charles de Gaulle
TASSIN-LA-DEMI-LUNE
✆ 04 72 38 00 54
Ouvert du lundi au dimanche midi et soir, sauf dimanche soir. Formule du jour 19 €.

Une adresse à plusieurs facettes - restaurant, cave, bar à vin et épicerie fine - qui se rejoignent dans un seul et unique Tabagnon gourmand. A deux pas du quartier des Tuileries, entre Tassin, Francheville et Craponne, ce café comptoir est un véritable lieu de vie pour se régaler toute la journée. Terrasse agréable, salle conviviale, notes tropicales aux murs, décoration rustique chic, le ton est chaleureux. Une chaleur à partager avec Florian, spécialiste du vin - 600 références en cave -, et Christophe au service. Le chef Stéphane Byczko réalise une cuisine maison faite de produits frais et de saveurs de saison. Le soir, planches pour prolonger le plaisir. Plats à emporter.

BISTROT - BRASSERIE

DADDY POULE

173, avenue Charles de Gaulle - **TASSIN-LA-DEMI-LUNE**
✆ 04 74 70 07 07 - www.daddypoule.com
Ouvert tous les jours le midi et le soir. Formule midi 24 €. Menu 38 €.

Vous vous demandez encore où manger ce dimanche midi ? Et la question est encore plus forte un dimanche soir ? Direction Tassin pour manger au grand air sur le rooftop d'un bâtiment moderne investi par le chef, plusieurs fois étoilé dans le passé, Philippe Gauvreau. Un lieu très cool, une grande salle chaleureuse, une incroyable terrasse, une ambiance conviviale, voire festive et musicale certains soirs de fin de semaine et une cuisine maison pour satisfaire toutes les envies : wraps de volaille, burger de bœuf charolais, tentacule de poulpe fondant et grillé, mais aussi des assiettes véganes ou végétariennes. Desserts maison. Daddy Poule : pour se faire gâter à table tous les jours.

CHEZ CARO

25, rue Louis Saulnier - **MEYZIEU**
✆ 04 78 72 63 03
chez-caro.fr
Ouvert du mardi au dimanche midi, mardi et du jeudi au samedi soir. Formule 15,60 €. Menu arménien. Plats à emporter.

© EMMANUEL SPASSOFF

En plein cœur de Meyzieu, pas loin du Groupama Stadium et de balades au Grand Large, offrez-vous un voyage gourmand en compagnie de Caroline, une authentique cuisinière. Ici tout est maison même le pain ! Deux cartes différentes pour le meilleur de la tradition culinaire française et de délicieuses spécialités arméniennes. Au déjeuner, des plats de saison réalisés avec des produits frais cuisinés maison. Une aubaine à ne surtout pas manquer. Comme tout le reste d'ailleurs ! Cuisses de grenouilles à la persillade (sur commande), cuisse de canard confite, mais aussi merveilleuses feuilles de vigne ou raviolis farcis (sur commande). Desserts également maison. Adresse ensoleillée.

ALLARDON RESTAURANT

16, Grande-Rue - **SAINT-PRIEST**
✆ 04 78 20 18 33
www.restaurant-allardon.fr
Ouvert du mardi au samedi midi et soir. Formules à la carte de 34 € à 45 €.

Toutes les raisons sont bonnes pour aller à Saint-Priest chez Christophe Allardon, 3e génération de cuisinier. Il y a la brasserie côté place du village, la superbe terrasse fleurie côté cour avec le restaurant, un décor intérieur au style contemporain, mais surtout une cuisine bistronomique composée de produits de qualité. incontournable Fricassée de grenouilles fraîches persillées comme en Dombes et sa poêlée de pommes rattes au beurre frais, un régal qui a fait la réputation de la maison, mais aussi des plats de saison comme ce paleron de veau confit au miel de châtaigne façon tajine. Véritables gaufres maison servies avec chocolat chaud et chantilly. Plaisirs gourmands à partager.

MAISON BARBET

6, avenue du Général Brosset - **VOURLES**
✆ 04 72 04 32 10
www.barbet-restaurants.fr
Ouvert du lundi au vendredi midi, jeudi et vendredi soir. Carte 25 € environ.

Le plaisir a un nom : Claude Barbet. Quelque part entre l'Amérique du Sud et le terroir lyonnais, cet homme a su imposer son style fait de bien vivre, de bien boire et de bien manger. Dans une maison où se retrouvent toutes ses passions, Claude Barbet nous reçoit à bras ouverts pour partager du bonheur autour d'une table à haute convivialité environnementale. Décor vraiment original, merveilleuse sélection de vins avec possibilité de se servir à la cave - 1 000 références - moyennant un droit de bouchon et cuisine maison à base des meilleurs produits de saison et de viandes de qualité cuites à la broche. Une maison idéale pour profiter de tous les bons moments de la vie. Traiteur.

BASQUE

LA LÙZ

6, petite rue des Feuillants (1er) ✆ 04 78 30 67 70
www.cafe-comptoir-laluz.fr

Ouvert du mardi au samedi le soir. Dimanche et lundi groupes sur réservation. Tapas 6 € environ. Vente à emporter.

La Lùz, lumière de nos soirées, brille depuis plus de 20 ans dans cette petite rue à deux pas des Terreaux. A la Lùz, toutes générations confondues, il faut partager de bons moments avec de savoureuses tapas et un verre – voire un pichet c'est mieux – de sangria maison. La Lùz, c'est un bar à tapas à caractère jovial pour croquer à pleines dents le soleil du Pays basque avec du jambon de qualité et bien d'autres charcuteries, sans oublier le poulpe à l'ail ou le foie gras au piment d'Espelette. Alcools régionaux, cocktails, décor chaleureux et ambiance sympathique. Convient aussi bien aux repas en tête-à-tête qu'aux tables d'amis avec possibilité de privatisation pour vos événements.

CRÊPERIE

BIGOUDENE

21, avenue Debourg (7e) ✆ 04 78 69 52 19
www.creperiebigoudene.com

Ouvert du lundi au vendredi le midi, jeudi et vendredi le soir. Formule midi 14,50 €. Menu 23 €.

Chaud comme la Breizh, nom d'une crêpe de la maison, pour prendre un bon bol d'air breton ? Direction le sud de Lyon, pas très loin de la Halle Tony Garnier dans un quartier en pleine effervescence. Chez Bigoudène, la Bretagne est à l'honneur de la meilleure des façons. Petite et agréable terrasse, décor actuel, l'essentiel se trouve à la fois dans l'accueil, adorable, et dans l'assiette, gourmande. Farine de blé noir IGP Bretagne pour composer de délicieuses galettes, légumes du jardin, produits de qualité issus de circuits courts, Bigoudène a tout bon ! Formules végétariennes. Crêpes dans le même esprit. Cidres bretons et bières artisanales. Et maintenant des brunchs le week-end !

NEW

CRÊPERIE

BREIZH CAFÉ LYON

3, place d'Albon (1er)
✆ 04 78 23 40 53
www.breizhcafe.com

Ouvert tous les jours de 11h à 22h. Formule déjeuner 19 €.

Rendue aux piétons après les travaux, s'ouvrant sur la Saône, la place d'Albon était le lieu idéal pour voir débarquer la Bretagne à Lyon. Breizh Café, enseigne qui essaime le bon goût de la Bretagne en France et au Japon, nous présente sa version, excellente d'ailleurs, de la galette et de la crêpe. Terrasse urbaine très jolie pour les beaux jours, grande salle accueillante pour nous servir les spécialités maison à base de bons produits (engagement pour les circuits courts et l'agriculture biologique). Amuse-galettes pour l'apéro, galettes de sarrasin - dont une à l'andouille de Guémené... -, originaux Breizh rolls et crêpes signatures pour terminer. Cidres bretons et bonne humeur.

HAPPYCOW

Depuis 1999, HappyCow répertorie les adresses véganes proches de chez vous. On se crée un profil, se géolocalise et c'est parti pour une aventure culinaire… internationale ! Plus de 180 000 adresses, 600 000 membres et 180 pays y sont enregistrés : de quoi se faire une to *food list* aux petits oignons et pourquoi pas rencontrer les utilisateurs près de chez soi sur son prochain lieu de vacances.

CRÊPERIE

LA TABLE BRESTOISE

10, rue Mourguet (5e)
✆ 04 78 85 08 96

Ouvert lundi 11h30-15h, du mercredi au samedi 11h30-21h30, dimanche 11h30-19h. Crêpes à emporter à partir de 2,50 €.

Tonnerre de Lyon, la Table de Brest reçoit les visiteurs gourmands dans les murs en pierre d'une maison de ce quartier classé qui n'a pas fini de nous surprendre. Dans une petite rue pavée dédiée au créateur de Guignol, ambiance chaleureuse pour cette crêperie bretonne où l'on aime se réchauffer à deux ou entre amis à de larges horaires. Côté crêpes, de bons ingrédients, des compositions classiques ou plus créatives pour varier les plaisirs, de la générosité et des saveurs à partager. Même avec les enfants parfaitement reçus aux heures des repas et du goûter (avec un menu goûter notamment). Salon de thé pour les plus grands. Cidre de qualité pour accompagner la bonne cuisine maison.

CRÊPERIE

BRUITS DE COULOIR

88, rue Magenta - **VILLEURBANNE**
✆ 06 50 92 83 73

Ouvert du lundi au samedi le soir. Galettes à partir de 11 €. Crêpes à partir de 5,50 €.

A deux pas du Totem, rencontre en terre bretonne. Ce «couloir» abrite un délicieux bar à cidres/crêperie où tous les espaces ont été aménagés chaleureusement, sans compter quelques surprises qui ouvrent des horizons lumineux. Accueil adorable, ambiance joyeuse et convivialité rappelant un Fest-noz, cuisine exigeante qui va vous faire changer d'avis sur les crêperies. Une dizaine de compositions de galettes et de crêpes garnies de produits de qualité, dont une Lyonnette digne d'un bouchon local. Sélection de cidres aux origines variées et cocktails maison mettant la pomme à l'honneur. Originalité et saveurs pour cette adresse qui mérite de faire du bruit dans le Landerneau lyonnais.

CORSE

A CANTINA COMPTOIR CORSE

4, rue Giuseppe Verdi (1er)
✆ 06 44 27 18 61

Ouvert du lundi au vendredi le midi ; tous les jours le soir. Menu complet 35 €.

Lyon et les comptoirs, c'est toute une longue histoire qui s'étend volontiers avec des comptoirs d'autres régions. Dans une rue de Verdi animée toute l'année, convivialité en direct de l'île de Beauté dans ce Comptoir Corse A Cantina. Non, ce n'est pas «bruyant», c'est vivant et le service fait ce qu'il peut pour satisfaire tout le monde. Car ce qu'il ne faut surtout pas manquer, c'est la sélection de produits corses, comme cette charcuterie AOP de Félix Torre. Des porcs que l'on retrouve dans une terrine de cochon au figatellu ou une recette de bavette de cochon grillée. Bien d'autres recettes pleines de saveurs, comme ces délicieux cannellonis au brocciu. Vins corses pour accompagner.

CORSE

CHEZ EUX

180, rue de Créqui (3e) ✆ 04 72 61 96 73
www.chezeux.fr

Ouvert du lundi au vendredi le midi ; le vendredi et le samedi le soir. Menus de 25 € à 30 €.

Une histoire de famille. Un restaurant qui ne triche pas sur ses origines, puisque le patron vient de Prunelli di Casacconi, petit village charmant sur les hauteurs près de Bastia. Retour à Lyon, dans une salle originale qui nous emmène faire un bond dans les années 1970-1980, pour goûter aux plaisirs d'une cuisine inspirée par les produits de saison et, surtout les bons produits de Corse. Assiette de charcuterie, omelette au brocciu, à suivre un confit d'agneau au four à la nepita ou des linguine aux gambas. Tartare de bœuf maison bien réussi, sans oublier la mousse au chocolat maison et sa confiture de clémentines corses bien entendu. Vins insulaires qui donnent envie de rester «Chez eux».

CUISINE DU NORD

LE CH'TI POT NEY

39, rue Ney (6e) ✆ 04 37 24 13 95
www.lechtipotney-restaurant-lyon.com

Ouvert du mardi au samedi le soir, vendredi midi. Moules-frites 15,50 €.

Mieux qu'une baraque à frites pour représenter la cuisine du Nord à Lyon, l'incontournable Ch'ti Pot Ney. Une adresse qui marie à la perfection cuisine traditionnelle d'euch Nord et bonnes bières artisanales maison, avec les déclinaisons de l'Ovalys - oui, on aime aussi le rugby par ici - et des bières venues d'ailleurs. Mais revenons à la cuisine dans cet estaminet du 6e. Tarte au maroilles, salade de harengs, fameuse carbonnade flamande ou imprononçable potjevleesch ! Et le vendredi midi, on se damnerait pour les meilleures moules marinières-frites de Lyon. Gaufre liégeoise et Ch'tiramisu à la chicorée. A table comme au bar, essai transformé à chaque visite.

ALSACE

L'ALSACIEN

8, rue Chavanne (1er)
✆ 04 26 65 86 01
www.lalsacien.com

Ouvert tous les jours, sauf lundi et dimanche soir. Menus midi de 10,90 € à 15,90 €. Sur place et à emporter.

© EMMANUEL SPASSOFF

© EMMANUEL SPASSOFF

Aller en Alsace tout en restant à Lyon ? Allez chez L'Alsacien pour goûter à ses incontournables flammekueches. Alors, comme c'est un peu compliqué à prononcer, surtout la bouche pleine, dites que vous voulez une «flamme» ! C'est aussi bon et comme les serveurs sont sympathiques, ils comprendront. Ambiance chaleureuse pour savourer de délicieuses flammes maison. Savoureuses tartes aux bords tressés et croustillants, produits de qualité sur les incontournables et les créations maison, de la Volksvegan à la Commissaire Magret, en passant par la Jean-Michel Au Lard, la meilleure, à la petite sucrée. Privatisation possible et menu groupe. Bonne humeur et bonnes flammes.

SUD-OUEST

COPAIN COMME CANARD

22, rue de la Part-Dieu (3e) ✆ 04 78 38 24 74
https://copaincommecanard.com
Ouvert du mardi au samedi le midi et le soir. Carte 30 € environ. Formule midi 19 €.

© EMMANUEL SPASSOFF

© DR

Ici, la star, c'est le canard ! Nouveau coup de génie d'Hugues Chazottes - fondateur des cafés Gonéo, ce Béarnais d'origine est proche de la famille Argaud, maison d'excellence du canard et du foie gras -, et Antoine Ramey, restaurateur. Dans une salle chaleureuse, la carte tourne uniquement autour des meilleures spécialités à base de... canard. Bons vins pour accompagner des rillettes de canard ou un croque-monsieur à l'effiloché de canard. Incontournables magrets de canard cuits à la perfection, salade lyonnaise aux gésiers de canard, burger au canard... Ossau Iraty et gâteau basque. Bar à foie gras et cocktails maison en accord. On n'a pas élevé les canards ensemble, mais on adore déjà !

SAVOIE

ALTITUDE

200, rue de Créqui (3e) ✆ 04 27 78 68 08
https://altitude-lyon.fr
Ouvert lundi et du jeudi au samedi midi et soir. Fondue et charcuterie 26,50 €.

Lyon n'a jamais été aussi près des Alpes que chez Altitude. Précisons tout de suite que cette adresse montagnarde, tendance chalet savoyard, est ouverte été comme hiver. Car il n'y a pas de saison pour manger une bonne brasérade, voire une raclette au braséro. Pour les fondues, nature ou aux cèpes, servies avec de la charcuterie de montagne, il faudra attendre la saison hivernale. Pour la gratinée à l'oignon et les diots au vin blanc, à vous de voir. Assiettes généreuses de bons produits des Alpes – charcuterie, diots, gratin de crozet et fromages excellents – pour des plats à savourer dans un décor boisé chaleureux. Vins de Savoie naturellement. Adresse pour se faire du bien.

SAVOIE

LA PETITE AUBERGE

2, place Eugène-Wernert (5e) ✆ 04 78 25 29 33
www.lapetiteaubergelyon.fr
Ouvert du mardi au samedi le midi et le soir. Formule du midi : 18 €. Menus : 28,90 €. Fondue et raclette.

A Lyon, la Savoie voisine ne pointe guère le bout de ses skis. Pour la trouver pendant les longues soirées d'hiver, il faut monter à Fourvière, à la Petite Auberge, un refuge gourmand niché sur les hauteurs de Saint-Just. L'hiver, dans une salle aussi chaleureuse que l'accueil que l'on y reçoit, un cocon façon chalet d'alpage, La Petite Auberge ensoleille nos repas. Philippe et Alain, deux professionnels passionnés de restauration, nous proposent les meilleures spécialités de montagne : fondue et raclette, mais encore terrine du chef, ravioles gratinées et desserts maison. Belle carte des vins et bières. Rapport qualité/prix exceptionnel pour le menu de midi. Bonheur en toute saison.

SAVOIE

LES TERRASSES D'ALEX

11, Jean Claude Vivant - **VILLEURBANNE** ✆ 04 78 65 95 74
www.lesterrassesdalex.com
Ouvert du mardi au samedi le midi, du jeudi au samedi le soir. Carte 30 € environ. Accueil des groupes. Parking.

Alex, il est bon en toutes saisons. Il est bon en saison estivale quand sa terrasse s'offre comme une invitation à la gourmandise urbaine. Mais quand les premiers froids arrivent, Alex est aussi une bonne adresse pour nous proposer une carte aussi chaleureuse que l'accueil qui nous est réservé. Aux Terrasses d'Alex, c'est un patron et toute une équipe qui font de notre repas un vrai moment de plaisirs à partager, à commencer par les spécialités montagnardes. En vedette, une raclette au lait crue servie à volonté, accompagnée de charcuterie. Dans le même esprit, tartiflette maison ou mont-d'or du Jura cuit au four, sans oublier le Lenny's burger et des ravioles du Dauphiné.

VÉGÉTARIEN

CULINA HORTUS

38, rue de l'Arbre Sec (1er) ✆ 04 69 84 71 08
www.culinahortus.com
Ouvert du mardi au samedi midi et soir. Menu midi 35 €. Menu découverte 70 €.

Incompréhension. Pourquoi cette adresse sublime, à la cuisine innovante et délicieuse, n'affiche-t-elle pas encore une étoile, même verte ? Mystère ! Pour nous, ce n'est pas une étoile, mais toutes les étoiles que l'on décerne à Culina Hortus. Au cœur de Lyon, Thomas Bouanich et Maxime Rémond montraient la voie, pendant que le chef Adrien Zedda - aujourd'hui chef exécutif - affirmait qu'une autre cuisine gastronomique était possible. Du 100 % végétarien pour régaler tous les gourmands, même les plus carnivores. Savoir-faire et inspiration, des saveurs inédites au rythme des produits de saison et des récoltes servies dans des assiettes colorées. A faire absolument !

VÉGÉTALIEN

LIKE AN ELEPHANT

11, montée Saint-Sébastien (1er) ✆ 09 82 59 59 24
www.likeanelephant.fr
Ouvert du mercredi au samedi midi et soir, dimanche midi. Menu 2 plats 21 €. Menu 3 plats 26 €.

Eat like an elephant ! Mange comme un éléphant, plus gros animal terrestre qui se nourrit exclusivement de... végétaux. Meilleure preuve qu'il ne suffit pas de manger de la viande pour grandir et devenir intelligent... Like an Elephant, c'est toujours notre coup de cœur pour une adresse qui sait nous faire partager son engagement pour une meilleure alimentation végane en proposant une cuisine savoureuse avec le travail du chef Anthony Magnin mis en valeur par le service adorable d'Antoine Janin. Produits de saison, mais aussi burger du moment au steak de pois chiche ou une fricassée de soja châtaignes et cidre, crumble de légumes de saison. Grosse claque gourmande garantie.

VÉGAN

HANK BURGER

5, rue Pizay (1er)
✆ 04 28 29 78 99
www.hankrestaurant.com
Ouvert tous les jours le midi et le soir. Menus de 14 € à 16 €.

Fast-food, burger et véganisme, des mots que tout oppose et pourtant... Hank a réussi le pari de réconcilier le vite manger avec le bien manger dans un quartier paisible au cœur de la ville. Hank, ça signifie « Have a nice Karma ». Ici, aucune matière animale dans les burgers, mais du fait-maison à base de légumes, d'un steak végan et bio et d'astuces pour donner du goût au sandwich bien ficelé. Options sans gluten pour n'oublier personne sur le bord de la route gourmande. Addition à peine plus salée que la moyenne des fast-foods, qualité au rendez-vous et promesses tenues. Milkshakes, glaces véganes et bonne humeur pour une adresse qui fait aussi du *gluten free*.

VÉGÉTARIEN

LES MAUVAISES HERBES

3, rue du Jardin des Plantes (1er) ✆ 04 27 01 52 26
www.les-mauvaises-herbes.fr
Ouvert du mardi au samedi le soir, du jeudi au samedi le midi. Formule midi 21 €.

Il n'y a que du bon dans ces Mauvaises Herbes. Au bas des Pentes de la Croix-Rousse, Les Mauvaises Herbes ont trouvé une terre fertile pour pousser au rythme de la nature urbaine. Belle salle à étage, accueil sympathique pour savourer une cuisine mettant en avant la nature et les produits de saison. La carte change très régulièrement et les plats se composent de produits bio et de préférence locaux. Belles assiettes pleines de fraîcheur, de couleur et d'originalité. Du végétal à toutes les sauces, des graines germées et des fruits sur des desserts sans gluten. Bon choix de vins et bières naturels pour arroser ces Mauvaises Herbes. Bonne humeur et saveurs pour une cuisine végétale joyeuse.

VÉGÉTARIEN

LASKA

13, rue Terraille (1er) ✆ 04 78 98 86 30
www.laska-lyon.fr
Ouvert du mardi au samedi le midi et le soir. Formule du midi 24 €. Menu soir 42 €.

Le végétal a toute sa place chez Laska, un mot qui veut dire « amour » en slovaque. Une belle adresse proche de l'Opéra, installée entre des murs en pierre et une petite traboule de la rue Terraille, pour nous faire goûter aux nombreux plaisirs de la cuisine végétarienne. Une cuisine 100 % maison à base de fruits et légumes à la fois gourmande, généreuse, vivante et conviviale. Décor chaleureux, service souriant et assiettes colorées, savoureuses, mêlant les textures, à partir de produits bio de saison, comme dans ce gaspacho andalou servi avec des pickles de courgettes et une salade de radis. D'autres bonnes surprises avec la carte des vins. Créativité et originalité.

VÉGÉTARIEN

MATERR.

13, rue du Plat (2e) ✆ 04 78 85 48 39
https://restaurant-materr.com
Ouvert du mardi au samedi midi et soir. 1er dimanche du mois brunch 28 €. Formules à partir de 13 €.

Se faire du bien et faire du bien à notre Terre, c'est l'engagement de Materr. Une adresse pour mieux vivre ensemble et mieux manger autour d'une table où l'on se sent apaisé au cœur de l'agitation urbaine. Clara, passionnée de cuisine inspirée par la Sicile et ses voyages autour du globe, et Arthur, brésilien, partagent leurs connaissances des saveurs et des bienfaits des aliments pour notre santé. Vision holistique et gourmande pour un repas complet en différents formats, de la salade de légumes frais du marché à emporter au brunch du dimanche parfaitement composé. Produits sourcés de la région lyonnaise mêlés aux épices du monde pour se régaler en toute conscience.

VÉGÉTARIEN

CAFÉ VERT

1, montée des Epies (5e) ✆ 09 81 33 20 33
https://cafevert-lyon.fr

Ouvert du vendredi au samedi soir, du vendredi au dimanche midi. Carte environ 26 €.

Tous les goûts sont dans la nature et toutes les cuisines dans le Vieux Lyon. Du côté de Saint-Georges, belle mise au vert pour ce café qui met en avant une cuisine vivante : 100 % bio, végane, sans gluten et faite maison, tout ça pour le bien-être de tous, humains et animaux. Vue vers la Saône pour savourer un menu de saison autour d'une alimentation vivante – riche en bons nutriments – composée de légumes, de fruits, de graines et de céréales germées. Carte courte garantie de fraîcheur avec délicieux faux-gras et son confit, suivie d'une assiette chaude bien composée et d'un carré citron pour terminer. Bonne nouvelle, Café Vert fait aussi coffee-shop pour faire une pause.

VÉGÉTARIEN

BROCOLI

71, rue Masséna (6e) ✆ 04 78 24 35 27
https://brocoli-restaurant.fr

Ouvert du mardi au samedi midi et soir. Formule midi 24,50 €. Menu soir 29,50 €.

Brocoli : nom d'un légume peu aimé par les enfants, peu cuisiné par les parents. Ce qu'il ne faut surtout pas bouder, c'est ce nouveau restaurant 100% végétarien confortablement installé dans le 6e arrondissement. Cadre à la fois sobre et élégant, loin de l'imagerie veggie/végane, accueil et service adorables, et une cuisine qui nous a bluffés. Incontestablement, le chef a l'art de détourner les produits pour satisfaire notre palais d'omnivore. La terrine Sud-Ouest façon foie gras prend une autre dimension avec de délicieux pickles de légumes, alors que la croquette de brocoli s'anime d'un jus bien corsé. Excellente ganache chocolat pour terminer. Un Brocoli qui a tout bon.

VÉGÉTARIEN

AGAINST THE GRAIN

135, rue Sébastien-Gryphe (7e)
✆ 04 72 94 05 33

Ouvert du mardi au samedi de 11h30 à 18h. Plat du jour. Brunch 23 €.

Une enseigne qui fut précurseur du mouvement végan en allant à «contre-courant» (c'est ainsi qu'on peut traduire *Against the Grain*) d'une restauration pour omnivores. Agréable terrasse ouverte sur un petit square laissant apparaître un peu de verdure et salle pastel où l'on retrouve les créations gourmandes du moment 100 % végétales. Cuisine végane 100 % maison réalisée selon le marché de saison. Franchement, c'est bon. Coup de cœur pour les desserts adaptés à tous les régimes avec un bon choix de gâteaux – donuts, marbré, brookies, carrot cakes, cookies... – à l'heure du goûter, autre temps fort de la journée. Brunchs de saison délicieux. Prenez-en de la graine et venez vous régaler.

VÉGÉTARIEN

RITA-PLAGE

68, cours Tolstoï - **VILLEURBANNE** ✆ 04 72 41 33 29
www.rita-plage.com

Ouvert lundi au vendredi à midi, mercredi au samedi le soir. Buffets en semaine à midi 12 €. Brunch 18 €. Pas de CB.

Un lieu militant dans le bon sens du terme qui propose une cuisine soit veggie soit végane, faite sur place avec des produits frais, locaux et de saison. L'originalité, c'est la formule sous forme de buffets végétariens et bien meilleure qu'à la cantine. Le tout avec des prix «libres» selon vos moyens. Des plats mijotés pleins de saveurs, des recettes qui ont du goût et des couleurs, sans oublier qu'ils sont servis dans la bonne humeur et dans un esprit de partage. Le Rita fait aussi bar et lieu de vie pour les grands, mais aussi pour les enfants, avec des événements culturels, festifs et réflexifs ! Brunchs certains dimanches. Un lieu où la gourmandise n'est pas que dans les assiettes.

VÉGÉTALIEN

AU BONHEUR DES CHATS

5, rue de Bonald (7e) ✆ 09 87 18 24 24
www.au-bonheurdeschats.fr

Ouvert du mardi au vendredi de 11h à 18h30, week-end de 11h30 à 18h30. Formule midi 10 €. Brunch week-end 25 €.

Au bonheur des chats, qui sont les rois à cette adresse (avec possibilité d'en adopter un auprès de l'association qui les place), et au grand bonheur des végétariens. La Guillotière n'en finit pas de nous surprendre quand on pousse la double porte d'une enseigne à laquelle vous ne pensez pas pour vous régaler d'un buddha bowl aux légumes de saison, sauce japonaise sucrée ou salée, et une tartine de houmous ou un chili sans viande, à un tarif plus que raisonnable. Le grand plus, c'est la gentillesse de l'accueil d'une équipe avec qui on pourrait jouer à chat perché. Par contre, c'est petit malgré l'étage, et il est plus que prudent de réserver, notamment le week-end pour le brunch.

NEW

VÉGAN

AME CAFE

16, rue Bonald (7e)

Ouvert du lundi au vendredi de 8h30 à 16h30. Formules de 13 € à 17 €.

Dans un coin de Lyon ouvert sur le monde, et l'Asie en particulier, un nouveau café cantine qui a pour particularité de proposer une cuisine 100 % végétale inspirée par le Japon. Un refuge urbain où s'abriter (Amé ⊠ signifie pluie en japonais) auprès de Léa et Julien pour partager, du petit déjeuner au goûter, cette fameuse cuisine végétale asiatique préparée, et c'est un tour de force, avec des produits de qualité de l'agriculture régionale, comme ce tofu fabriqué dans le Beaujolais ou le café Dolia torréfié dans la Drôme. Deux plats à l'ardoise du jour, toujours pleins de goût, avec un curry japonais aux champignons vraiment savoureux le jour de notre visite. On aime déjà Amé.

BOUCHON LYONNAIS

LE BOUCHON DES FILLES

20, rue Sergent-Blandan (1er) ✆ 04 78 30 40 44
www.lebouchondesfilles.fr

Ouvert tous les jours le soir, samedi et dimanche le midi. Menu 30 €. Réservation conseillée.

Des filles qui n'ont pas attendu la nouvelle génération pour prendre le pouvoir en ouvrant leur bouchon il y a une quinzaine d'années. Ayant su recréer un bouchon à leur manière, les filles - Isabelle et Laura - ont eu la bonne idée de proposer une cuisine débarrassée du gras superflu, révélant toutes les saveurs des spécialités lyonnaises. Défilé de saladiers lyonnais revisités avec gourmandise et une incontournable croustille de boudin aux pommes, salade d'herbes. Ganache au chocolat noir, poire, crumble aux noisettes. Carte des vins du même tonneau. Lieu de haute convivialité pour passer de bonnes soirées en savourant une cuisine de qualité faite maison. Un bouchon pour toutes et tous.

BOUCHON LYONNAIS

LE BOUCHON DE L'OPÉRA

11, rue des Capucins (1er)
✆ 04 78 28 49 47

Ouvert lundi soir et du mercredi au samedi le soir. Menus de 22 à 32 €.

Un de nos chouchous en matière de bouchons. Pas très loin des Terreaux, dans les Pentes, l'Opéra nous chante aux papilles les plus beaux airs gourmands. Décor fantastique d'une salle façon brocante tout ce qu'il y a d'authentique, à l'image de la cuisine du chef bressan Stéphane, meilleur gardien de la tradition d'une incontournable soupe de gaudes dont vous nous direz des nouvelles ! Service ensoleillé de Florence et plaisir garanti dans les assiettes avec du tout fait maison : ravier lyonnais, gratin d'andouillette au saint-marcellin, gaude et quenelle de brochet maison avant de terminer avec une tarte praline. Carte des vins régionale. Mâchon et brunchon. Des bonheurs à partager.

BOUCHON LYONNAIS

LE CAFÉ DES FÉDÉRATIONS

8-10, rue du Major-Martin (1er)
✆ 04 78 28 26 00

Ouvert du lundi au samedi midi et soir. Réservation conseillée. Menu soir 34 €.

150 ans et toutes nos dents pour manger une authentique cuisine lyonnaise ! Vive les Fédérations, sans doute l'un des plus vieux et des meilleurs bouchons de Lyon, dirigé par les excellents Jean-Luc Plasse et Bruno Boutareaud. Vous en connaissez beaucoup des bouchons qui ont des chansons à la gloire de leur cuisine et des verres de beaujolais que l'on y sert ! ? Accueil et service remarquables par une équipe fantastique, collection de cochons et assiettes gourmandes : incontournable andouillette à la fraise de veau, quenelle de brochet sauce langoustine, civet de joue de porc, ris de veau aux morilles et tarte à la praline. Cuvée des Fédés en morgon pour le vin. Carte postale gourmande.

BOUCHON LYONNAIS

NEW

BOUCHON DES ARTISTES

98, rue Mazenod (3e) ✆ 04 78 03 37 40
www.le-bouchon-des-artistes.fr

Ouvert tous les jours le midi et le soir. Formule midi 21 €. Menu Lyonnais 29 €.

© DR

La pièce que jouent ces Artistes n'est pas à la Bourse du Travail dont l'arrière se trouve devant le restaurant... Elle se joue dans une salle chaleureuse façon bistrot animée par une équipe au top – Michael, l'adorable patron, et Caroline en salle – et dans les cuisines du chef Guillaume. Toute la semaine, l'ardoise du jour fait la meilleure proposition du quartier avec un rapport qualité-prix remarquable. A la carte, une cuisine maison par des passionnés et des plats de tradition remis au goût du jour, comme cette quenelle de brochet soufflée bisque de crabe vert et son riz pilaf. Fournisseurs clairement affichés pour de bons produits. Belle carte des vins. Chapeau les Artistes !

BOUCHON LYONNAIS

CHEZ HUGON

12, rue Pizay (1er) ✆ 04 78 28 10 94
www.bouchonlyonnais.fr

Ouvert du lundi au vendredi le midi et le soir. Réservation recommandée. Menu unique à 29 €.

Arlette, qui ne vieillit pas, n'est pas derrière les fourneaux de ce bouchon depuis son ouverture en 1937 ! Elle en a pris les commandes en 1985. Chez Hugon, c'est une partie bien vivante du patrimoine lyonnais qu'il faut visiter tout en se régalant des spécialités maison. Car Arlette Hugon, infatigable reine des bouchons et de la nuit lyonnaise, est un trésor que le monde entier nous envie. Dans cette salle d'un autre âge qui a vu passer les plus grandes célébrités, les gourmands plongent dans ce que Lyon fait de meilleur : poulet au vinaigre, quenelles maison, gâteau de foies de volaille sauce Nantua, boudin aux pommes confites... Le tout arrosé de morgon. Arlette *for ever* !

BOUCHON LYONNAIS

LA MEUNIERE

11, rue Neuve (1er) ✆ 04 78 28 62 91
www.lameuniere.fr
Ouvert du mardi au samedi. Machon du mardi au samedi à 9h. Formule midi 23,50 €. Menu 30 €.

Dans la rue Neuve, on aime les «vieilles» adresses. De celles qui sont au patrimoine gourmand de la ville et qui ont largement contribué à sa réputation à travers le monde. La Meunière, fondée en 1921, est un bouchon tout ce qu'il y a plus authentique, aujourd'hui entre les mains, habiles, de l'excellent Olivier Canal. Un chef, figure de la cuisine lyonnaise, nous livre sa version de plats de haute tradition réalisés avec des produits de qualité : assiette de saladiers lyonnais, l'incontournable de la maison depuis longtemps, tablier de sapeur sauce gribiche, quenelle de brochet crème d'écrevisse, pour terminer sur une coupe Gnafron. Bons vins et bonne humeur. Une Meunière que l'on adore.

BOUCHON LYONNAIS

AU PETIT BOUCHON CHEZ GEORGES

8, rue du Garet (1er) ✆ 04 78 28 30 46
www.aupetit-bouchon-chez-georges.fr
Ouvert du lundi au vendredi midi et soir. Menu midi 28 €. Menu soir 34 €. Mâchon tous les matins.

Parmi ceux qui ne trichent pas. Chez Georges, une institution lyonnaise bien en place depuis 1960. Il faut dire tout le bien qu'on pense de ces murs (endommagés par un incendie...) chargés d'histoire, des propriétaires des lieux qui perpétuent le meilleur de la tradition, d'une cuisine généreuse présentée sur une carte où ne manque aucune spécialité lyonnaise, du gâteau de foies de volaille à la quenelle de brochet sauce homardine. Autre tradition, le mâchon dès 9h du matin pour bien commencer une journée de travail ! Super carte des vins. Au top !

BOUCHON LYONNAIS

LE SAINT-VINCENT

6, place Fernand-Rey (1er)
✆ 04 72 07 70 43
Ouvert du mardi au samedi midi, vendredi et samedi soir. Plat du jour 23 €. Menu complet 32 €.

Le bonheur simple et typiquement lyonnais de s'arrêter sur une terrasse dont on a envie de... ne communiquer l'adresse à personne d'autre qu'à ses meilleurs amis ! Un petit paradis niché sur la plus belle de la ville, à notre avis très objectif..., pour ce bouchon où la tradition se mêle à une modernité bien contenue dans un décor ravissant. C'est beau, c'est accueillant, mais c'est surtout très bon dans des assiettes maison où les spécialités lyonnaises sont bousculées juste ce qu'il faut par le chef Olivier Meignant : tartare de hareng aux deux pommes, œuf meurette, quenelle de brochet sauce Nantua et andouillette à la moutarde, avant un fromage du jour affiné et une tarte praline.

BOUCHON LYONNAIS

LA TÊTE DE LARD

13, rue Désirée (1er) ✆ 04 28 31 69 83 - Métro Hôtel de ville.
www.bouchonlatetedelard.fr
Ouvert du mardi au samedi midi et soir. Formule midi 22 €. Menu complet soir 30 €.

A Lyon plus qu'ailleurs, «tête de lard» peut être le plus beau des compliments ou une invitation cochonne ! Un bouchon des plus authentique dans la forme et dans le fond. Terrasse au frais d'une rue sans circulation avec ses nappes à carreaux rouges et blancs et salle pittoresque avec ses hommages appuyés au cochon. Un authentique cuisinier, Yoann Blanc, formé dans les meilleurs bouchons lyonnais, perpétuant le bon goût de la tradition tout en y ajoutant une petite touche personnelle. Sur l'ardoise du jour, des classiques jamais gras, mais généreusement servis, comme cette merveilleuse langue de veau ravigote (que l'on ne trouve pas souvent). Carte des vins régionale et de qualité.

BOUCHON LYONNAIS

LE BISTROT DE LYON

64, rue Mercière (2e)
✆ 04 78 38 47 47
www.bistrotsdecuisiniers.com
Ouvert tous les jours midi et soir tard. Menu du moment 26,90 €.

Alors que la rue Mercière n'était pas encore un haut lieu touristique et gourmand, Jean-Paul Lacombe créait en 1974 - non loin du Léon de Lyon qu'il dirigeait - un bistrot de copains. Le Bistrot de Lyon était né. Au fil des années, le Bistrot a su affirmer les valeurs des fameux «Bistrots de cuisiniers» : authenticité, convivialité, générosité et enthousiasme. Magnifique salle Belle Epoque avec sa collection d'objets, terrasse animée, service adorable et cuisine mettant à l'honneur les classiques de la cuisine lyonnaise, parfois revisités juste ce qu'il faut, du gâteau de foies de volaille au Saint-Cochon du Bistrot, sans oublier le Gnafron au rhum en dessert. Emblématique.

BOUCHON LYONNAIS

BOUCHON TUPIN

30, rue Tupin (2e) ✆ 04 78 37 45 93
www.bouchontupin.com
Ouvert du mardi au samedi le midi et le soir. Menu des Canuts 30 €. Formule du jour 25,50 €. Terrasse.

Ce n'est ni le nombre des années ni le décor de carte postale qui font la qualité d'un bouchon. Il ne suffit pas de mettre une marionnette de Guignol et une nappe à carreaux pour bien recevoir et bien faire à manger ! Installé dans une vieille maison de restauration lyonnaise, le Bouchon Tupin offre un cadre contemporain, convivial et soigné, marié à des assiettes mêlant à leur tour tradition et modernité. Belle énergie à tous les niveaux, de l'accueil aux plats composés de produits de saison : œuf parfait en meurette ou un effiloché de joues de cochon confites, avant de terminer par un riz au lait crémeux maison. Belle carte des vins. La preuve que rien n'est meilleur qu'un bon bouchon !

BOUCHON LYONNAIS

CHEZ ABEL

25, rue Guynemer (2e)
✆ 04 78 37 46 18
www.maisonabel.fr
Ouvert tous les jours le midi et le soir. Menus de 36 € à 52 €.

Plutôt que de parler de bouchon, on parle ici de «bistrot bourgeois» car la clientèle y était moins populaire que dans d'autres quartiers ouvriers de Lyon. Il n'en demeure pas moins que cette adresse, créée en 1928, a été le repère de l'une des plus fameuses «mères lyonnaises», la mère Abel. Dans un décor authentique qui nous plonge dans une autre époque, la carte perpétue la tradition des spécialités lyonnaises : pâté en croûte maison, andouillette sauce moutarde, tripes façon Abel, tête de veau sauce gribiche, quenelle de brochet en gratin, gratin d'écrevisses et incontournable poulet aux morilles à la crème. Parfait à la Chartreuse verte. Excellente carte des vins. Institution locale.

BOUCHON LYONNAIS

CHEZ MOUNIER

3, rue des Marronniers (2e)
✆ 04 78 37 79 26
Ouvert du mardi au samedi le midi et le soir. Formule 18 €.

S'il est un bouchon où l'on peut venir les yeux fermés depuis au moins 3 générations – quand on aime, on ne compte pas –, c'est bien Chez Mounier. Dans une rue où il faut être prudent avant de choisir sa table, Chez Mounier est plus qu'une valeur sûre, c'est un véritable refuge pour les gourmands, qu'ils soient Lyonnais ou visiteurs. La formule de midi compte parmi les meilleures servies à Lyon et la carte fait défiler toutes les meilleures spécialités lyonnaises : andouillette à la moutarde, boudin noir aux pommes, saucisson chaud. De la bonne humeur, de bons produits et une cuisine faite maison, oui tout est fait maison, même la pâte à tarte. Chez Mounier, une adresse pleine d'amour.

BOUCHON LYONNAIS

LES CULOTTES LONGUES

42, rue Sala (2e)
✆ 04 78 37 13 00
Ouvert du mardi au samedi midi et soir. Menu 28 € (le soir). Formule midi 20 €.

Attention, rapport qualité-prix exceptionnel dans un quartier, celui de la place Bellecour, où visiteurs et Lyonnais cherchent de bonnes adresses. A l'heure du déjeuner, c'est une véritable aubaine de découvrir l'ardoise du jour qui suit le rythme des saisons. Derrière les fourneaux, l'excellent David Cano fait des merveilles avec les suggestions du marché. Vous en connaissez encore des maisons où l'on vous propose un club sandwich au cresson ? Bonne humeur et spécialités lyonnaises, comme ce duo de ris de veau et rognons qui a fait la réputation de la maison. Excellente carte de vins, notamment en beaujolais, et service adorable d'Audrey. Une adresse de confiance.

BOUCHON LYONNAIS

BOUCHON PALAIS GRILLET

8, rue Palais Grillet (2e)
✆ 04 72 04 04 00
www.bouchonpalaisgrillet.com
Ouvert du mardi au samedi le midi et le soir. Formule du midi 18 €. Menu Lyonnais 32 €.

© EMMANUEL SPASSOFF

© EMMANUEL SPASSOFF

Pour faire un bon bouchon, il faut une bonne dose de tradition, mais il ne faut surtout pas oublier d'y ajouter la signature de la maison. Chose faite au Palais Grillet, un bouchon qui marie avec bonheur recettes des mères lyonnaises et savoir-faire d'un Maître Restaurateur - avec deux merveilleuses cheffes en cuisine - pour mettre au goût du jour les plats traditionnels. Salles chaleureuses jusqu'à l'étage, ambiance familiale typique d'un bouchon, cuisine maison généreuse et savoureuse déclinant les meilleures spécialités réalisées avec des produits de qualité, des excellents pâté croûte et terrines jusqu'à la tarte praline, elle aussi maison. Un bouchon pour les plus exigeants des palais.

BOUCHON LYONNAIS

LE GARET

7, rue du Garet (2e)
✆ 04 78 28 16 94
Ouvert du lundi au vendredi le midi et le soir. Menu 31 €. Formule midi 23 €.

Entre ici que tu sois lyonnais ou d'ailleurs. Entre au Garet pour découvrir ce qu'est un véritable bouchon - depuis 1918 - au décor incroyable et à la cuisine haute en saveurs. Entre ici rejoindre d'illustres figures comme Jean Moulin, dont la table était toujours la même à l'entrée. Entre dans ce décor de film et dans cette maison gourmande en place depuis 150 ans et tenue depuis plus de 20 ans par l'excellent Emmanuel Ferra, autre figure lyonnaise. Cervelle meunière, tête de veau, tétines de vache et des suggestions de saison qui permettent au chef de travailler les bons produits d'une nature sauvage. Un bon bouchon qui a des histoires à partager avec le monde entier. Une valeur sûre.

BOUCHON LYONNAIS

LE JURA

25, rue Tupin (2e)
✆ 04 78 42 20 57
www.bouchonlejura.fr
Ouvert du mardi au samedi midi et soir. Menu 30 €.

A Lyon, on ne va pas «dans» le Jura, on va « au » Jura, parmi les institutions locales gourmandes qui conserve en ses murs un peu de l'histoire locale et beaucoup d'une femme d'exception, digne héritière des mères lyonnaises, la mère Josserand, Brigitte de son prénom. Créé en 1867, le Jura offre un décor incroyable et une cuisine réalisée à partir de bons produits du marché par la mère aux fourneaux de la maison depuis bientôt 50 ans ! En salle, Benoît assure le service d'assiettes qui tiennent toutes leurs promesses : tête de veau sauce Hélène Neveu (recette de 1930), tablier de sapeur sauce Choron, poulet fermier de l'Ain au vin jaune et morilles, coq au vin... Adresse sincère et généreuse.

BOUCHON LYONNAIS

LA MÈRE JEAN

5, rue des Marronniers (2e)
✆ 04 78 37 81 27
https://lamerejean.fr
Ouvert du lundi au samedi le midi et le soir. Menus de 18 € à 29 €.

La réputation de la rue des Marronniers tient encore à quelques adresses qui font la fierté de Lyon. A commencer par la Mère Jean, bouchon lyonnais depuis 1924 qui n'a pas besoin d'en rajouter pour nous prouver que l'on peut bien manger les meilleures spécialités locales sans être pris pour un touriste américain ! Ambiance collé-serré en terrasse et dans une salle trop mignonne, à l'image d'un service vraiment adorable et efficace. Carte courte, ardoise de saison... Manger des produits frais à ce prix-là, c'est possible grâce à un approvisionnement malin plein de fraîcheur et de saveurs. Légumes de saison et plats de tradition. De bons vins aussi, dont le meilleur gamay du monde !

BOUCHON LYONNAIS

LE MUSÉE

2, rue des Forces (2e)
✆ 04 78 37 71 54
Ouvert du mardi au samedi midi, du mardi au vendredi le soir. Formule midi 26 € (32 € soir). Mâchon.

Si tu cherches un bouchon à Lyon, pour être sûr de ne pas te tromper tu vas au Musée. Pas au musée de l'Imprimerie qui se trouve de l'autre côté de la traboule que tu vas visiter après ton repas avec le patron, le fabuleux, l'inimitable, l'irremplaçable Luc Minaire. En salle, dans les anciennes écuries de l'hôtel de ville, ça joue des coudes et ça rigole avec les voisins. Menu carte annoncé à la voix, blagues comprises, et choix compliqué entre le meilleur saucisson chaud brioché de Lyon, des pieds et museau en salade, un tablier de sapeur sauce gribiche ou une cervelle de canut. Tarte à la praline et digestif pour terminer. Pots de vin sur table et belles quilles. Notre chouchou.

BOUCHON LYONNAIS

LE VIVARAIS

1, place Gailleton (2e) ✆ 04 78 37 85 15
www.restaurant-levivarais.fr
Ouvert du mardi au samedi midi et soir. Menu du Marché 23 €. Menus de 31 € à 41 €.

Quand on parle tradition du bien manger à Lyon, on peut se référer sans se tromper au Vivarais. Non seulement parce que la maison est ouverte depuis le 7 novembre 1917, il y a 106 ans, mais aussi parce que la cuisine est assurée par Williams Jacquier, un des Meilleurs Ouvriers de France, qui a su remettre au goût du jour un pâté en croûte Richelieu au foie gras, une tête de veau Belle Époque, la traditionnelle quenelle de brochet sauce Nantua ou un porcelet rôti à la broche ou une tête de veau belle époque. Le menu du Marché, composé de produits de saison parfaitement cuisinés, offre un excellent rapport qualité-prix à l'heure du déjeuner. Un classique au goût du jour.

BOUCHON LYONNAIS

A MA VIGNE

23, rue Jean-Larrivé (3e)
✆ 04 78 60 46 31
Ouvert du lundi au samedi le midi, vendredi et samedi le soir. Formules à 29 € et 31 €.

Parmi les bouchons de Lyon, A Ma Vigne tient une place à part. Déjà par son emplacement, sur la rive gauche du Rhône, dans un quartier où l'on ne s'attend pas forcément à croiser l'une des institutions de la ville, créée en 1960 ! Raymond Barre y avait son rond de serviette et tous les gourmands lyonnais se doivent d'y faire un pèlerinage pour savourer quelques-unes des spécialités de la maison : incontournables tripes façon Joséphine 8h de cuisson et steak poêlé au beurre d'Etrez servi avec ses pommes frites maison, mais encore un gratin d'andouillette. Pour terminer avec la fabuleuse tarte maison à l'orange. Vins en pot avec une belle sélection régionale. Le bonheur est A ma Vigne.

BOUCHON LYONNAIS

DANIEL ET DENISE

156, rue de Créqui (3e) ✆ 04 78 60 66 53
www.danieletdenise.fr

Ouvert du lundi au vendredi midi et soir. Formule midi 2 plats 21 €. Menu de saison 41 €. Mâchon.

Un bouchon, c'est souvent une histoire de couple. Le père en salle, la mère en cuisine. Ici, c'est monsieur qui s'est installé derrière les fourneaux d'un célèbre bouchon repris par Joseph et Françoise Viola il y a bientôt 20 ans. Le chef, un des Meilleurs Ouvriers de France, a perpétué le meilleur de la tradition du bien manger lyonnais tout en y apportant sa touche personnelle. Meilleur exemple gourmand avec son fameux pâté en croûte au foie gras de canard et ris de veau Champion du Monde 2009. Saladiers, tête de veau cuite au court-bouillon sauce ravigote, volaille de Bresse aux morilles... A en perdre la tête ! D'autres bouchons à la même enseigne à Croix-Rousse et Saint-Jean.

BOUCHON LYONNAIS

CAFÉ DU SOLEIL

2, rue Saint-Georges (5e)
✆ 04 78 37 60 02
www.restaurant-cafedusoleil.fr

Ouvert tous les jours midi et soir. Menus de 27 € à 32 €.

Vous reconnaissez le décor ? C'est normal, c'est l'image typique de Lyon que l'on retrouve dans bien des castelets de Guignol. Avec sa terrasse sur la place de la Trinité, du côté de Saint-Georges, le Café du Soleil réenchante la tradition des bouchons lyonnais dont il est le doyen. Parce qu'il faut bien prendre des forces avant de monter le Gourguillon, cuisine généreuse et de saison, service agréable, et plats à ne surtout pas manquer : fameuse Quenelle du Soleil de Pascal Bonhomme cuisinée à la sauce Nantua, tripes à la lyonnaise pommes vapeur, suggestions de saison et tarte à la praline. Quenelles de brochet à emporter pour mettre du soleil dans votre cuisine.

BOUCHON LYONNAIS

COMPTOIR CHABERT

14, quai Romain-Rolland (5e) ✆ 04 78 42 99 65
www.chezchabert.com

Ouvert du lundi au samedi le soir, du mardi au dimanche le midi. Menu 28 €.

Chez Chabert, bouchon rime avec tradition. Chabert, c'est un gage de qualité pour bien manger les spécialités locales. Ici, on fait dans l'authentique. Tables colléesserrées, grande banquette, salles chaleureuses à l'image du service, petite salle façon caveau, assiettes signées du Comptoir Chabert pour une cuisine maison selon le meilleur répertoire lyonnais : défilé des saladiers, de la salade de lentilles aux harengs marinés, plat au choix, du foie de veau persillé à la quenelle sauce Nantua en passant par l'andouillette à la lyonnaise. Saint-marcellin, cervelle de canut et saladiers de desserts maison, des poires au vin aux îles flottantes. Carte des vins à la hauteur. Un régal.

BOUCHON LYONNAIS

LES PAVÉS DE SAINT-JEAN

23, rue de Saint-Jean (5e)
✆ 04 78 42 25 13

Ouvert tous les jours, sauf dimanche soir et lundi. Menus de 21 € à 28 €

© EMMANUEL SPASSOFF

© EMMANUEL SPASSOFF

Une maison gourmande du Vieux Lyon qui coche toutes les cases de nos envies. A commencer par le décor d'une salle ravissante qui nous emmène à la campagne, mais aussi un beau caveau aux pierres apparentes. On continue avec un accueil adorable et une serveuse prévenante qui nous présente la carte de spécialités lyonnaises. Point d'orgue des Pavés de Saint-Jean, la cuisine maison - visible depuis la salle - réalisée à partir de bons produits : salade lyonnaise aux oreilles de cochon, œuf meurette, la quenelle soufflée, tripes de veau sautées au vin blanc... Desserts maison de qualité. Comme ils sont doux les pavés de Saint-Jean quand on va manger dans un bouchon digne de ce nom !

BOUCHON LYONNAIS

LES FINES GUEULES

16 rue Lainerie (5e) ✆ 04 78 28 99 14
www.fines-gueules.fr
Ouvert du mardi au samedi midi et soir. Menu Tradition 35 €. Formule midi 21 €.

Des Fines Gueules qui n'usurpent pas leur nom. Non loin de la place du Change, Joël Salzi vous reçoit dans son bouchon qui mérite toute votre attention. Véritable cuisinier qui a fait ses classes auprès de l'immense Paul Bocuse dans son auberge de Collonges, Joël Salzi nous propose une authentique cuisine lyonnaise de tradition, gourmande, généreuse, faite de bons produits et de passion. Du 100 % fait maison, avec du traditionnel comme cette quenelle de brochet artisanale et sa bisque d'étrilles maison ou ces pieds de cochon patiemment désossés et panés. Affichage très clair des intolérances, notamment au gluten. Carte des vins à la hauteur. Valeur sûre du bien-manger lyonnais.

BOUCHON LYONNAIS

LE FRANÇOIS VILLON

20, rue du Bœuf (5e) ✆ 04 78 68 58 81
www.lefrancoisvillon.fr
Ouvert du jeudi au lundi et les jours fériés le midi et le soir. Carte 30 € environ.

C'est grâce à des adresses comme le François Villon que l'on se dit qu'il fait bon vivre à Lyon, même dans son quartier le plus touristique. Car ici, on ne vous prend pas pour un touriste, mais pour un gourmand en quête de bons plats au rythme des saisons. Dans une salle chaleureuse entre murs de pierres apparentes et vieux objets, accueil adorable et généreuse cuisine lyonnaise : quenelle de brochet servie avec son écrasé de pommes de terre, gratin d'andouillette, tête de veau sauce gribiche, Délice du Villon ou gros poulet du dimanche à savourer en famille. Assiettes à partager à l'apéro, saint-marcellin et café gourmand au dessert. Notre péché mignon dans le Vieux Lyon.

BOUCHON LYONNAIS

NOTRE MAISON

2, rue Gadagne (5e) ✆ 04 72 41 78 48
www.bouchonnotremaison.com
Ouvert du lundi au samedi le soir ; le week-end le midi. Réservation recommandée. Menu de saison 33 €.

Il y a une certaine poésie rabelaisienne à réciter la carte de Notre Maison : rosette de Lyon, pâté de tête persillé, gâteau de foies de volaille, pied de cochon rôti, rouleau de cochon, quenelle de brochet, andouillette ficelle, tripes en sauce, sabodet aux lentilles, joue de bœuf au miel... Ça fait des années que ça ne change pas et ça ne doit surtout pas changer ! Le meilleur de la tradition servi dans des plats en fonte posés sur la table, un décor théâtral et une ambiance plus que conviviale, on se régale. Ah oui, les râleurs passeront leur chemin et les mangeurs de salade partageront leur plat avec les chèvres... Authentique esprit lyonnais dans un bouchon volontiers festif.

BOUCHON LYONNAIS

LE BOUCHON SULLY

20, rue Sully (6e) ✆ 04 78 89 07 09
www.lebouchonsully.com
Ouvert du lundi au vendredi midi et soir. Formule du midi 27 €. Menu 29 €.

Le « bouchon », c'est une cuisine faite de produits frais et de bons plats lyonnais, et un état d'esprit, lui aussi bien lyonnais. Carrelage à l'ancienne, papier peint vintage, vieilles pierres, tables bistrot, le ton est donné pour cette maison climatisée qui s'approprie les codes du bouchon pour mieux les détourner. Ambiance chaleureuse pour savourer une cuisine dans le même esprit, proposant des plats «classiques» ancrés dans la culture gourmande lyonnaise avec une touche personnalisée. Bourgognes, beaujolais et vins de la vallée du Rhône à l'honneur. Possibilité d'accueillir des groupes et de privatiser l'établissement. Un bouchon d'aujourd'hui aussi bon que ceux d'hier.

BOUCHON LYONNAIS

LES FRÈRES BARBET

58, boulevard Emile-Zola - **OULLINS**
✆ 04 78 51 33 92
Ouvert du lundi au samedi le midi ; le jeudi et le vendredi le soir.

Et si l'un des meilleurs bouchons de Lyon se trouvait à Oullins ? Julien Barbet a de qui tenir puisque sa grand-mère paternelle était l'une des fameuses mères lyonnaises et que sa grand-mère maternelle argentine cuisinait aussi. Chez les Frères Barbet, la journée commence bien avec un machon du matin (sur réservation), avant de s'attaquer au plat du jour en fonction des saisons et du marché. Végan et healthy, passez votre chemin, ici on mange de bonnes viandes cuisinées généreusement, tous les morceaux du cochon, du gibier à l'automne, des plats mijotés préparés avec amour et savoir-faire. Saucisses fumées maison, brochettes et grillades d'exception, carte des vins et des bières. A taaable !

VIANDE

DELICATESSEN

6, rue de Savy (1er) ✆ 04 78 39 57 04
www.pigmalyon.com
Ouvert du lundi au samedi le soir, samedi midi. BBQ 5,50 € les 100 g.

Delicatessen ne veut pas dire délicat. C'est un terme américain qui désignait d'abord une épicerie avant de se rapporter à la restauration. A Lyon, Delicatessen garde ce rapport à la restauration populaire en cuisant une bonne viande cochon fermier d'Amplepuis au barbecue... américain. Le patron, Brice Fournier, est un touche-à-tout de génie, aussi à l'aise en gemmologie que devant la caméra d'Alexandre Astier... Dans un lieu joyeusement décalé où l'on fait du sérieux sans se prendre au sérieux, on vient savourer de l'art et du cochon, mais aussi un paleron de bœuf mariné à la bière noire, le tout servi avec des cowboy beans et des sauces maison. Belles bouteilles pour enquiller la soirée.

VIANDE

B.L.O.

37, rue de la Charité (2e) ✆ 04 72 31 76 95
www.blo-restaurant.com
Ouvert du lundi au samedi midi et soir. Menu jour 23,90 €. Viande à partir de 25 €.

Frédéric Bello est un passionné de viande, passionné par son métier de boucher, passionné aussi de restauration. Au B.L.O., à 50 m de sa boucherie, il nous propose de savourer des viandes grillées d'exception. Issues de bêtes sélectionnées avec soin, des viandes découpées à la demande et cuites par un cuisinier expert en la matière. Dans une salle loin des clichés de la boucherie, chacun choisit selon ses envies : onglet de bœuf, tomahawk de bœuf irlandais, tartare au couteau ou côte de veau. Le tout servi avec frites ou légumes de saison. Pièces encore plus rares sorties de la cave, comme ce Wagyu, ce Rubia Gallega ou ce Salers. Excellente carte des vins. Le meilleur de la viande.

VIANDE

CARNEGIE HALL

253, rue Marcel-Mérieux (7e)
✆ 04 78 58 85 79
Ouvert du lundi au samedi le midi et le soir. Pas de menu. Carte : 35 € environ.

C'est le restaurant à viande historique de Lyon. Celui où les sportifs, les vrais et les «faux», se retrouvent après un match à Gerland (après le foot, le rugby). Celui où les amoureux de viandes se retrouvent toujours, même si les abattoirs qui se trouvaient ici ont déménagé vers Corbas (où se trouve un autre Carnegie Hall). Autour de Jean-Baptiste Killijian, figure emblématique, et dans un décor un peu vieillissant, on vient se régaler de viandes de qualité. Parmi les incontournables : le Marius, spécialité de la maison, la palette de viandes, le Cannibale et tous les tartares, même le tartare de veau allégé. Adresse où l'on s'attarde volontiers entre carnivores.

VIANDE

L'ARGOT

132, rue Bugeaud (6e)
✆ 04 78 24 57 88
Ouvert du mardi au samedi le midi, mardi, jeudi et vendredi le soir. Plaisir carnassier (viande prix au kg + 15 €/pers).

Un restaurant dans une boucherie. A moins que ça ne soit l'inverse. Dans tous les cas, de la qualité dans des viandes d'exception à savourer sur place… ou à la maison. Superbes armoires réfrigérées comme autant de présentoirs à viandes, certaines maturées. A table, on se régale d'une viande Wagyu persillée, d'un onglet de bœuf du Limousin, d'une pièce de Salers ou d'Aubrac maturée plus de 60 jours, d'une côte de veau d'Auvergne directement servie dans la poêle… Il faudra revenir souvent pour tout goûter ! Sans oublier le cochon dont l'Argot fait aussi de bons saucissons et des oreillers… Très belle carte des vins. Prix en rapport avec la qualité de viandes inoubliables.

VIANDE

LE FRENCH FUMOIR

16, rue Elie Rochette (7e)
✆ 04 87 62 22 06
www.lefrenchfumoir.com
Ouvert du mardi au samedi midi et soir. Carte 30 € environ.

Fumer peut faire du bien ! Attention, le *Petit Futé* ne fait pas la promotion du tabac, mais d'un fumoir du genre barbecue texan à la française. Dans ce coin discret du 7e arrondissement, une adresse où les viandes et les poissons se fument lentement au bois de chêne pour révéler de nouvelles saveurs dans les assiettes. Un goût particulier à retrouver un tartare de bœuf fumé ou un filet de julienne fumé pour les plats de la semaine. Un lieu chaleureux (terrasse, événements et salle climatisée) pour partager de nouvelles sensations avec un Pulled pork ou un Beef short ribs inimitable. Végétariens bienvenus. Glaces signées Unico et cheesecake maison. Rallumons le feu !

NEW

VIANDE

LES OIES SAUVAGES

120, rue Bugeaud (6e)
✆ 09 54 56 58 29
Ouvert du lundi au samedi de 9h à 1h. Formule midi 23,50 €. Plats à partager le soir.

Façade en rouge et noir, une petite terrasse proche des Brotteaux, bois et pierres apparentes pour un décor chaleureux, il ne reste qu'à suivre ces Oies Sauvages (hommage au grand Michel) dans la bonne direction, celle des amoureux de la viande et des machons lyonnais. Cuisine de saison à l'ardoise du jour - 3 entrées, 3 plats et 3 desserts 100% maison - entre belle assiette de charcuterie, tartare de bœuf à l'italienne ou un gigot d'agneau grillé, crème d'ail, purée et légumes. Suggestion de viande dans le même esprit. Super rapport qualité-prix. On revient le soir pour partager une viande de qualité en bonne compagnie. Planches à partager, côte de bœuf, craft beer et blind test en soirée.

BRUNCH

LE DESJEUNEUR

3, rue des Pierres-Plantées (1er)
www.ledesjeuneur.com
Ouvert du lundi au vendredi de 10h à 16h, le week-end de 10h à 18h. Formule brunch 19,50 €.

Bruncher, ça peut paraître compliqué. C'est pas tous les jours, à toutes les heures, faut réserver… Au Desjeuneur, les horaires sont élargis au quotidien et il n'y a pas de réservation ! S'il n'y a pas de place, on prend la sienne (de place) sur une file d'attente virtuelle. Simple. Dans cette rue paisible de la Croix-Rousse, le Desjeuneur vous propose de bruncher tous les jours de la semaine, le week-end aussi ! Fournisseurs locaux de bons produits frais pour composer un brunch maison : yaourts fermiers, granola maison, pain frais avec des confitures et du beurre salé, une pile de pancakes ou des œufs au plat… Boisson chaude et verre de jus de fruit artisanal. The brunch to be.

POISSONS - FRUITS DE MER

CHEZ LÉON

102, cours Lafayette (3e)
✆ 04 78 62 30 28
www.chez-leon.com
Ouvert du lundi au samedi de 9h à 22h, dimanche de 9h à 14h. Commande en ligne.

© EMMANUEL SPASSOFF

Léon, depuis les origines, il a toujours été au cœur des Halles de Lyon. Léon, un nom synonyme de qualité, une enseigne plus que centenaire ancrée dans le présent. Et si c'est Chez Léon que l'on débarque, c'est chez l'excellent Damien Sibert, entouré de tout son fidèle équipage de joyeux poissonniers et écaillers - José et David -, que l'on vient se régaler d'un plateau d'huîtres et/ou de fruits de mer. Bonne humeur contagieuse et grandes saveurs iodées au programme des réjouissances. Sélection de qualité des huîtres aux oursins selon arrivages. Plateaux composés à la demande et commandes en ligne avec vente à emporter pour faire bonne pêche. Click & Collect et livraison.

ECOLE

UNE FAIM D'APPRENDRE

24, rue Joannes Masset (9e)
✆ 09 62 60 92 68
https://unefaimdapprendre.eatbu.com
Ouvert du lundi au vendredi le midi. Menus de 22,90 € à 36,90 €.

Dans ce quartier de Gorge de Loup, très actif à l'heure du déjeuner, voici une adresse insolite puisqu'il s'agit du restaurant d'application du centre de formation ABCR créé par les chefs Toques Blanches Dominique Moreaud et son complice Christian Lavault. Agréable terrasse, grande salle façon brasserie, comptoir convivial, mais également un espace de vente à emporter, bien pratique si vous n'avez pas le temps de vous assoir. Startup du jour, dos de merlu façon Dugléré, éternelle volaille rôtie et sa tombée de champignons du moment : des assiettes savoureuses servies avec mille attentions par des apprenants à votre service. Possibilité de plats à emporter avec commande en ligne.

FROMAGES

LES FROMAGIVORES

3, rue Romarin (1er)
✆ 04 78 91 28 92 - Croix-Paquet
www.lesfromagivores.com
Ouvert du mardi au samedi le soir. Ardoises à partir de 13,90 €.

Vous qui priez chaque jour saint-félicien et saint-marcellin. Vous pour qui mont-d'or désigne un fromage coulant plutôt qu'un territoire de la Métropole. Vous qui connaissez le bonheur d'un aligot truffé accompagné d'une bonne bière artisanale. Vous allez adorer Les Fromagivores. Quelque part entre Terreaux et Croix-Paquet, un bar à fromages bien vivant qui nous donne tout plein d'amour et de fromages fermiers. Maxi planches de fromages à partager (ou pas pour ne rien manquer) avec un bon saucisson pour varier les plaisirs. On craque aussi pour le croque-monsieur truffé. Carte des vins pour se faire plaisir en rouge et en blanc, sélection de bières artisanales. Soyez fromagivrés !

FROMAGES

L'AMOUR DE NUIT

80, rue de Marseille (7e)
✆ 04 37 66 57 12
www.amourdenuit.fr
Ouvert du mardi au samedi le soir, brunch samedi midi.

De l'amour et du fromage, quel beau programme pour la plus belle des soirées. Une soirée qui peut commencer tôt, dès 16h30, pour partager de superbes planches dégustation et des assiettes pleines de petits morceaux de bonheur. L'Amour de Nuit, c'est un fromage bourguignon fabriqué entre les grands crus. Un fromage qui se marie, comme tous les fromages, avec la sélection de vins - vins bio, biodynamiques et nature - proposés par une crémière amoureuse du terroir. D'autres associations avec les bières artisanales. Et pour les amoureux des fromages fondus, il faut succomber à la Raclette de l'Amour ou à la Fondue de Brillat-Savarin, spécialité maison. Plateaux à emporter. Un Amour !

FRUITS DE MER - POISSONS

HUÎTRES MERLE

102, cours Lafayette (3e) ✆ 04 78 62 30 29
www.maison-merle.fr
Ouvert du lundi au samedi midi et soir, dimanche midi. Carte 40 € environ. Plateau dégustation 85 €/2 pers.

Monter à bord du wagon aménagé par la maison Merle au cœur des Halles de Lyon Paul Bocuse, c'est faire un voyage gourmand, destination le bord de mer ! Merle, c'est le spécialiste des huîtres et des coquillages depuis... 1938 ! Provenances clairement affichées pour de produits de la mer d'une fraîcheur remarquable. Des huîtres et coquillages à savourer soit debout, installé au comptoir avec son assiette P.B.C. (pain, beurre, citron), soit plus confortablement dans le wagon, servis sur un plateau. Soupe de poissons, moules marinières, confit de coquilles Saint-Jacques, avant de terminer par l'incontournable baba au rhum maison. Adresse incontournable des Halles et de Lyon.

FRUITS DE MER - POISSONS

LE GABION

13, boulevard Eugène-Deruelle (3e) ✆ 04 72 60 81 57
www.legabion-lyon.fr
Ouvert du lundi au samedi midi, du mercredi au samedi le soir. Formule midi 25,90 €.

A Lyon, difficile de tenir tête au cochon. C'est pourtant ce qu'a très bien réussi le Gabion, la référence locale en matière de... poisson ! La recette du Gabion pour durer dans ce quartier «mouvant» de la Part-Dieu : qualité et fraîcheur des produits de la mer. Dans un décor contemporain entre galets du Rhône et couleurs chaudes, le Gabion perpétue la tradition du bon poisson frais en arrivage direct de nos ports. Incontournable poisson grillé entier et pavé de morue grillé au thym. Ambiance conviviale pour une adresse qui convient aussi bien aux repas romantiques qu'aux groupes. Un bateau fiable et gourmand qui nous emmène sur les flots avec un excellent rapport qualité-prix.

INSOLITE

CAPUCINE ET GASTON

14, place des Docteurs Charles et Christophe Mérieux (7e)
✆ 04 81 06 03 06
www.capucineetgaston.fr
Ouvert du lundi au vendredi de 10h à 19h. Carte : 20 € environ.

Chez Capucine et Gaston, sur la grande place face à la Halle Tony Garnier, on y va d'abord parce que c'est bon. Mais cette adresse, que l'on a classée parmi les insolites faute d'une autre rubrique, possède bien des valeurs ajoutées. A commencer par son personnel composé d'hommes et de femmes en situation de handicap qui réalisent un super boulot en cuisine comme en salle. C'est bon, fait maison, c'est inclusif et en plus, cerise sur le gâteau, c'est tout bio ! Sans oublier de signaler que le rapport qualité-prix est lui aussi excellent. Des sourires sur toutes les lèvres et de la gourmandise en bouche, on se régale. Bocaux à emporter, livraisons et service traiteur. Trop fort !

INSOLITE

LA TABLE EN BRAILLE

44, quai Charles de Gaulle (6e) ✆ 04 72 39 92 31
www.table-enbraille.fr
Ouvert le mardi et du jeudi au samedi le soir. Menus de 49 € à 55 €.

Envie de goûter à de nouvelles sensations ? Dans le cadre du Comptoir de la Cité Internationale, venez découvrir La Table en Braille. Une expérience culinaire unique et ludique pour mettre tous vos sens en éveil autour d'une table. Plongé dans le noir complet - vous allez laisser tous les objets pouvant créer de la lumière, à commencer par votre téléphone, au vestiaire -, allez-vous reconnaître les ingrédients qui composent votre plat ? C'est loin d'être évident. Pour compenser la vue, l'ouïe, le toucher, l'odorat et le goût s'activent et font monter le plaisir. Passé quelques fous rires, vous découvrirez autrement des plats raffinés aux saveurs et textures mêlées. A faire au moins une fois.

INSOLITE

CIRQUE IMAGINE

5, avenue des Canuts - **VAULX-EN-VELIN** ✆ 04 78 24 32 43
www.cirqueimagine.com
Déjeuner ou dîner spectacle à 75 € ou 95 €. Formule planche spectacle à 55 €.

Régalez-vous le temps d'un dîner-spectacle exceptionnel au Cirque Imagine. Sous le chapiteau installé au Carré de Soie depuis 10 ans, tout commence dans le Chapiteau d'Accueil au Chapiteau Baroque par un apéritif, de la musique live et un close-up de magie. Vous serez ensuite dirigé dans le Chapiteau Baroque où une vingtaine d'artistes enchaînent les numéros et les tableaux du spectacle cabaret-cirque. Confortablement attablé autour de la piste, vous savourez les prouesses d'une troupe internationale et votre repas assuré par Declerck Traiteur avec 2 menus au choix. Avec les chèques cadeaux, offrez un repas vraiment insolite, un dîner-spectacle unique. Spectacle renouvelé tous les ans.

INSOLITE

LE BAD'S

44, rue Victor Lagrange (7e) ✆ 04 72 71 50 50
www.badsclub.com
Ouvert du lundi au vendredi de 10h à 23h, week-end de 9h à 19h30. Formule 25 €. Brunch.

C'est quoi le rapport entre un club sportif et notre rubrique Restaurants ? Rentrez une seule fois au Bad's pour goûter à la cuisine maison et vous comprendrez par vous-même ! Un lieu insolite, une terrasse estivale, une salle rénovée avec goût, un accueil adorable, un service dans l'esprit du lieu, cool et attentionné, pour un repas surprenant. Les cousins Olivier, Jonathan et John - ce dernier formé en restauration -, sélectionnent avec soin les produits - le plus souvent régionaux - qui vont composer les plats de saison. Avec le chef, ils nous proposent une cuisine savoureuse. Planches à partager, brunch les derniers dimanches du mois et pétanque avant/après le repas. Renversant !

SPÉCIALITÉS

COSY CORNER

3 bis, place du Petit-Collège (5e)
✆ 04 78 42 74 80
Ouvert du lundi au dimanche le midi et du mercredi au dimanche le soir. Formule du jour 20 €. Terrasse.

Accueil et service les plus sympathiques du quartier et un rapport qualité-prix remarquable font du Cosy Corner une adresse à part dans le Vieux Lyon. Profitant d'une des rares placettes du Vieux Lyon, une terrasse parmi les plus agréables, alors que la salle est installée dans une superbe bâtisse du XIVe siècle et a une cour intérieure pittoresque. Incontournable formule du jour composée de produits de saison et de qualité cuisinés maison par une authentique cuisinière, Laurence. Au service du vin, Isabelle assure en dénichant de bonnes bouteilles à prix raisonnables. Carte pour petits creux à de larges horaires. Incontournable burger du moment. Un coin de paradis pour bons vivants.

ITALIEN ET PIZZERIA

CHEZ CARLO

22, rue du Palais-Grillet (2e)
✆ 04 78 42 05 79
www.chezcarlo-lyon.fr
Ouvert tous les jours midi et soir. Formules. Pizzas de 13 € à 22 €.

© DR

Première pizzeria ouverte à Lyon en 1958, Chez Carlo fait partie du patrimoine gourmand de la ville. Et si la façade a été embellie, modernisée, Chez Carlo offre toujours un décor typiquement lyonnais avec des salles installées de part et d'autre d'une traboule. De la terrasse aux salles aussi chaleureuses que le service, Chez Carlo assure un repas sous un ciel bleu azur. Cuisine maison pleine de saveurs avec de fameuses pâtes à la truffe blanche d'été, une escalope de veau à la milanaise et pâtes à la tomate, sans oublier les incontournables pizzas au feu de bois, dans des versions traditionnelles ou gastronomiques, ou le tiramisu à la cuillère. Chez Carlo, c'est toute l'Italie à Lyon.

ITALIEN ET PIZZERIA

ULTIMO

4, rue Giuseppe Verdi (1er)
www.ultimolyon.fr
Ouvert tous les jours midi et soir. Carte 25ccc environ.

Ultimo, un établissement difficilement classable entre le restaurant et le bar, entre l'Italie et des pays plus lointains, qui nous donne du plaisir à partager sans (trop) compter. Et le plaisir commence quand on s'installe sur une terrasse animée, dans une salle étonnante, en découvrant une carte qui n'a pas, elle non plus, vraiment de frontières. Excellentes pâtes fraîches maison et bio avec toujours un coup de cœur pour les bucatini al ragù au cochon fondant ou les bucatini au pecorino, poivre et guanciale. Bien d'autres plaisirs à découvrir en plus ou moins grosses quantités avec le Katsu sando ou un œuf mayo raifort. Afogato à manger jalousement. Belle carte des vins et cocktails.

ITALIEN ET PIZZERIA

MARIA

3, rue des Pierres Plantées (1er) ✆ 06 64 87 90 85
www.maria.pizza
Ouvert tous les jours, sauf mardi, midi et soir. Pizzas à partir de 9 €.

Chez Maria, des images pieuses nous invitent à la tentation... de dévorer d'excellentes pizzas d'inspiration napolitaine. Un savoir-faire ramené en haut des pentes de la Croix-Rousse par une jeune femme adorable dans une pizzeria qui bouscule les codes en respectant la tradition. Belle façade bleutée, plafond à la française, convivialité et surtout un four «made in Napoli» avec Maria écrit dessus. Carte très courte – 7 pizzas, dont 2 végés – pour une qualité maximale avec des produits en provenance directe d'Italie. Pâte réalisée en prenant le temps, farine italienne, fermentation lente... Ne pas résister à la tentation et même rajouter une glace à l'italienne maison.

ITALIEN ET PIZZERIA

CARMELO

7, rue Neuve (1er)
✆ 04 78 72 02 95
www.bigmammagroup.com
Ouvert tous les jours le midi et le soir. Carte 25 € environ.

L'Italie exubérante, foisonnante. L'impression, très agréable, de rentrer dans un décor de cinéma où chaque table devient hautement instagramable. Décor étonnant composé de milliers d'objets hétéroclites qui donnent une certaine image de l'Italie. Plus cliché, tu meurs, mais c'est tellement «trop» que ç'en est beau ! Dire aux serveurs qu'il n'est pas besoin d'en rajouter à partir de là... Et les assiettes ? Elles n'en rajoutent pas - et c'est parfois dommage -, mais composent avec de bons produits en provenance directe d'Italie. Une carte qui bouscule juste ce qu'il faut les classiques de la Botte : carpaccio de truite marinée au jus d'agrumes, pizza et profiteroles napolitaines.

ITALIEN ET PIZZERIA

ANGELO

11, quai Jules Courmont (2e)
✆ 04 87 25 72 00
https://boscolocollection.com
Ouvert tous les jours le midi et le soir. Carte : 60 € environ.

L'élégance et les saveurs de l'Italie. L'Angelo, c'est le restaurant de gastronomie italienne au cœur de Lyon et de l'hôtel Boscolo. Décor raffiné et convivialité vont de pair. Intimité ou partage, romantisme ou repas de groupe, Angelo s'accorde avec toutes vos envies. Côté cuisine, ouverte sur la salle, fraîcheur et saveurs grâce au savoir-faire du chef Michele Tarantino. Produits sélectionnés avec soin, assiettes gourmandes, généreuses et soignées. Poulpe rôti, Saint-Jacques snackée, caviar, vinaigre au persil et mayonnaise maison ou alors *taglioni* maison au homard, ou délicieuse pizza à la truffe fraîche. Gelato Boscolo et tiramisù. Formule brunch jusqu'à 15h. Superbe voyage gourmand.

ITALIEN ET PIZZERIA
ANTONIO & MARCO

19, rue Thomassin (2e) ✆ 04 78 79 77 61
https://antoniomarcopizzeria.com
Ouvert tous les jours le midi et le soir. Formule : 15 €. Pizzas à partir de 12 €.

C'est l'histoire d'une famille italienne – sicilienne précisément –, la famiglia Morreale, passionnée de restauration et installée à Lyon, représentée par les frères Antonio et Marco. Entre tradition d'un artisanat de qualité et une certaine modernité inspirée de leurs années passées à l'Institut Bocuse, les frères ont su inventer un concept mêlant qualité de la cuisine et convivialité à l'italienne. *Pizza, Amore e Fantasia*, telle est la devise maison. Délicieuse pâte maison faite à partir de farine bio et de levain naturel reposant 48h, garnie de produits italiens de qualité, le tout cuit au feu de bois. Antipasti et autres plats gourmands dans le même esprit. *Italia per sempre !*

ITALIEN ET PIZZERIA
CASA NOBILE

3, place de l'Hôpital (2e) ✆ 04 78 03 02 54
www.casanobile.fr
Ouvert du lundi au samedi le midi et le soir. Pizzas à partir de 12 €. Plats à partir de 12 €.

Hommage à Pierre Lonobile, parti beaucoup trop tôt en plein service dans son restaurant, trattoria et pizzeria, italien et surtout sicilien, de la place de l'Hôpital. Un chef comme on en fait peu, entièrement dévoué à sa maison, la fameuse Casa Nobile. Amoureux des bons produits qu'il allait lui-même chercher de l'autre côté des Alpes. Désireux de faire plaisir et de partager le goût des bonnes choses, ce passionné laisse un grand vide. Toute la famille Lonobile et toute son équipe sont là pour perpétuer l'œuvre gourmande et continuer de nous régaler des pizzas maison cuites au four à bois et des plats siciliens aux recettes ancestrales comme nulle part ailleurs.

ITALIEN ET PIZZERIA
NEW
PIZZERIA NO.900

11, rue Laurencin (2e)
✆ 04 72 40 25 93
https://no900.fr
Ouvert du mardi au samedi midi et soir. Pizzas de 9 € à 17 €. Épicerie 11h-22h. Sur place, à emporter, livraison.

© DR

Naples, c'est le berceau et la capitale de la pizza. Alors, quand une nouvelle adresse est certifiée par l'Associazione Verace Pizza Napoletana, garantissant la qualité d'une pizza confectionnée dans la plus pure tradition napolitaine, il faut foncer ! Belle terrasse dans ce quartier d'Ainay, salle absolument renversante de beauté, accueil et service adorables, il ne reste qu'à déguster les pizzas cuites au four à 900 °F pendant 90 secondes. Des pizzas à la pâte fine, garnies des meilleurs ingrédients en provenance directe d'Italie. Coups de cœur pour la Margherita Antica et la Bœuf Fumé. Cocktails et vins italiens. Épicerie dans le même esprit de qualité. Naples, Lyon, union gourmande.

NEW
ITALIEN ET PIZZERIA
FALCONE

15, rue Mercière (2e) ✆ 04 78 79 30 24
www.restaurantfalcone.com
Ouvert du mardi au samedi le midi et le soir. Carte 40 € environ. Pizza le soir à partir de 11 €.

Dans ce coin moins touristique de la rue Mercière, impossible de manquer cette nouvelle enseigne à la jolie façade d'un vert profond. Agréables terrasses bien exposées loin de l'agitation et salles chaleureuses, à l'image de l'accueil d'un restaurant inspiré par l'Italie. Au programme, fantaisie et dolce vita autour d'une équipe qui fait sérieusement son travail sans trop se prendre au sérieux. Et on mange quoi dans ce petit nid douillet du Falcone ? De bonnes pizzas maison composées d'excellents produits italiens, mais encore de délicieuses lasagnes ou une souris d'agneau confite des heures dans un jus aux pruneaux. Desserts maison. Planches et antispati, bières, vins et cocktails.

ITALIEN ET PIZZERIA
FRAZARIN BISTROT FRANCO ITALIEN

23, rue de Condé (2e) ✆ 339 82 39 92 73 - Place Carnot, métro arrêt Perrache, vélib, bus Perrache. - www.frazarin.com
Ouvert du mardi au vendredi midi, du mercredi au samedi soir. Formule du midi 24 €. Menu du soir 37 €.

A deux pas de la place Carnot, quel bonheur de découvrir Frazarin, bistrot franco-italien. Voyage entre France et Italie avec la cuisine bistronomique du chef Harold qui mêle produits de saison et recettes des deux pays dans de savoureuses assiettes. Carte courte entre tradition et modernité, une révélation à chaque bouchée ! Du traditionnel hareng pomme à l'huile aux *pappardelle* au ragoût tomaté de sanglier, émotions garanties jusqu'au dessert. D'autres belles rencontres avec Maxence et Quentin, en salle et au service du vin. Réservation conseillée. *Frizzante !*

ITALIEN ET PIZZERIA

IL FICO

54, rue Ney (6e)
✆ 04 72 15 92 83 - Massena
www.pizzeria-ilfico.com
Ouvert du lundi au vendredi le midi et le soir. Pizzas environ 14 €.

© DR

Il Fico, c'est une histoire d'amour qui continue avec Baptiste et Capucine. Quelques travaux pour rendre la salle encore plus accueillante, toujours chaleureuse avec ses murs aux pierres apparentes et ses lumières douces, sans toucher à ce qui fait le bonheur des amoureux de la pizza : le four à bois. Capucine met du soleil en salle, pendant que Baptiste en met dans nos assiettes avec de savoureuses spécialités comme les Panuozzos, des pizzas garnies de légumes grillés au feu de bois qui plairont autant aux végétariens qu'aux omnivores. Des pizzas napolitaines à déguster en toute décontraction. Convivialité et bonne humeur assurées. Privatisation possible. Une reprise réussie.

ITALIEN ET PIZZERIA

MOZZATO

63, rue Mercière (2e) ✆ 04 81 47 11 76
www.mozzato.fr
Ouvert tous les jours le midi et le soir. Assiette découverte 19 €. Carte 30 € environ.

Lyon est la ville des comptoirs. Et pas seulement ceux où l'on s'accoude pour boire un verre, mais aussi ceux où l'on s'attable pour bien manger. Chez Mozzato est un comptoir à mozzarella et à burrata que l'on peut simplement accompagner de tomates, chiffonnade de charcuterie ou bruschettas de légumes. *Futé* vous conseille les assiettes de dégustation pour découvrir de nouvelles saveurs, notamment fumées. Produits de grande qualité que l'on retrouve dans les Mozzato sticks et dans bien d'autres plats : pâtes, *piadine* et *foccacie*. Agréable terrasse et salle à la déco décalée, service adorable. Vins et cocktails italiens pour accompagner ces instants de plaisir.

NEW

ITALIEN ET PIZZERIA

GRAM E BASTA

223, rue de Créqui (3e)
✆ 09 88 53 84 51
Ouvert du lundi au vendredi le midi et le soir. Pizzas sur place ou à emporter à partir de 12 €.

Première déclinaison de Grum & Gram que l'on suit avec appétit depuis son ouverture dans le 3e. A quelques encablures de la maison mère, c'est donc une version italienne qui a vu le jour dans un lieu hyper chaleureux. Et ça tombe bien, parce que cette enseigne est la meilleure porte-parole d'une convivialité que l'on aime partager midi et soir en semaine autour des deux plats qui trustent la carte : les pâtes et les pizzas. Coup de cœur pour ces dernières à la pâte craquante/fondante, parfumées comme il se doit. Des compositions plutôt classiques aux noms décalés, comme cette Elizabeth Queen ou Dans ta truffe, réalisées avec des ingrédients de qualité. Sélection de vins intéressante.

ITALIEN ET PIZZERIA

LE MIRTILLO

5, rue des Marronniers (2e) ✆ 09 71 16 01 38
https://lemirtillo-restaurant.com
Ouvert du jeudi au mardi midi, lundi, le mardi et du jeudi au samedi le soir. Formule midi 18 €. Menu Mirtillo 28 €.

Quel bonheur de découvrir Le Mirtillo. Parce que Lyon est un prolongement naturel de l'Italie et que cette rue piétonne à deux pas de la place Bellecour fait souffler sur la ville un air de *dolce vita* qui nous va bien à la terrasse du Mirtillo. Beauté du site qui se prolonge à l'intérieur par une décoration superbe mêlant en douceur des touches colorées à un design contemporain. C'est beau, soigné dans les moindres détails. Excellente cuisine italienne réalisée à partir de produits frais et locaux pour un voyage culinaire réussi. Linguine aux palourdes, risotto à la truffe, magret de canard Mirtillo et tiramisu maison. Étonnante carte des vins. Salles adaptées pour les groupes.

ITALIEN ET PIZZERIA

LELLO

231, rue Paul-Bert (3e) ✆ 09 72 55 38 74
www.lello.fr
Ouvert du lundi au vendredi le midi, jeudi et vendredi le soir. Spécialités. A emporter.

Lello, surnom du chef sarde Antonello Cabras, c'est de la cuisine sincère, faite avec le cœur et un immense savoir-faire. Si la version Cantina a fermé ses portes en décembre dernier, il reste heureusement l'adresse phare du chef, l'osteria incontournable de la rue Paul Bert. C'est là, dans une salle - ou en terrasse dans le patio - et une ambiance chaleureuses, qu'on peut se régaler de plats inspirés par les meilleurs produits italiens sélectionnés sur place par le chef en personne. Incontournables, les tagliatelles fraîches à la sauge plongées dans une meule de Parmiggiano Reggiano, servies avec l'huile de truffe blanche d'Alba. La fameuse *pasta bianca* en soirée reste une tuerie absolue !

ITALIEN ET PIZZERIA

TOTO LI VIGNI

50, cours du Docteur-Long (3e)
✆ 04 78 42 19 24
www.totolivigni.com
Ouvert du mardi au samedi le midi et le soir. Carte 25 € environ. Pizza à partir de 10,20 €.

Parmi les grands personnages de la cuisine à Lyon, Toto li Vigni représente tout ce que l'on aime : la générosité, la convivialité et, surtout, le savoir-faire exceptionnel d'un chef passionné. Dans son *ristorante* du quartier de Montchat, Toto li Vigni nous donne beaucoup d'amour pour nous faire atteindre l'orgasme culinaire. Superbe terrasse sur cour, salle chaleureuse pour savourer des plats tous plus délicieux les uns que les autres: de la *parmigiana rivisitata*, création maison incontournable, aux *spaghetti alle vongole* en passant par le *risotto* du chef et les *pizze* à vous retourner le cerveau - la recette de la pâte est top secrète -, c'est un régal à l'italienne.

ITALIEN ET PIZZERIA

ITALIA E SAPORE

88, rue Vendôme (6e) ✆ 04 78 24 76 84
www.italiaesapore.com
Ouvert du mardi au samedi le midi, du jeudi au samedi le soir. Pizzas à partir de 12,50 €.

L'Italie que l'on aime, qui se partage à table et à la maison. Dans cette rue paisible, une terrasse estivale, mais surtout un restaurant savoureux qui n'est pas « qu'un » restaurant, puisqu'il nous emmène un peu plus en Italie dans une boutique/épicerie pleine de spécialités gourmandes. En provenance directe d'Italie, les bons produits sont à l'origine de tous les plats maison préparés par des passionnés. Et ça se sent dans des assiettes de dégustation – antipasti, jambon truffé, jambon de Parme, mortadelle... – et des farandoles à tomber. Salades et pâtes dans la même veine. Pizzas parmi les topissimes. Le plus : la possibilité de rapporter les bonnes saveurs et les plats à la maison.

ITALIEN ET PIZZERIA

CHEZ CARLO GERLAND

241, rue Marcel-Mérieux (7e) ✆ 04 78 72 62 48
http://chezcarlo-lyon.fr
Ouvert tous les jours le midi et le soir. Pizzas classiques à partir de 13 €, gastronomiques à partir de 18 €. Terrasse.

Face à une place des Pavillons qui a radicalement changé, pour le meilleur d'ailleurs, Chez Carlo offre un joli coin d'Italie. Belle terrasse pour profiter d'un quartier apaisé, plus animé les jours de match à Gerland. Grande salle chaleureuse, convivialité, accueil et service dans le tempo, il ne reste plus qu'à savourer la cuisine réalisée à partir de produits issus des meilleurs producteurs et fournisseurs lyonnais (boucherie Massot, maison Masse, Mère Richard). Pizzas gastronomiques cuites au feu de bois, pâtes à la truffe et escalope de veau à la milanaise. Desserts maison avec un tiramisu à la cuillère. Belle carte des vins aux accents italiens. Destination gourmande.

ITALIEN ET PIZZERIA

CASA FLAVIO

98, rue Chevreul (7e)
✆ 04 72 73 17 43
http://casa-flavio-lyon.com
Lundi et mardi 8h30 à 15h, du mercredi au vendredi 7h30 à 23h non-stop. Menu midi 21 € et carte. A emporter.

© EMMANUEL SPASSOFF

© EMMANUEL SPASSOFF

Une histoire d'amour à l'italienne dans la maison de Flavio Landi. Une histoire humaine et gourmande faite de sourires et de plats à savourer sans compter... depuis plus de 20 ans ! La beauté d'une salle chaleureuse, la gentillesse d'un accueil adorable, une bande-son jazzy qui se prolonge parfois par des concerts live, la possibilité de manger à de larges horaires - surtout du mercredi au vendredi - et une carte qui excite les sens. Pizza du mois, incontournables pizzas aux saveurs sucrées-salées, escalope à la milanaise, générosité des pâtes et des lasagnes cuisinées maison et délices d'un tiramisu. Cocktails. Vins italiens et épicerie italienne de qualité. La maison du bonheur.

ITALIEN ET PIZZERIA

DON VITO

154, avenue des Frères-Lumière (8e)
✆ 04 78 09 22 88
www.donvito.fr

Ouvert du mardi au samedi midi et soir. Menus de 29,90 € à 35,90 €. Formule midi 17,90 €. A emporter.

© EMMANUEL SPASSOFF

© EMMANUEL SPASSOFF

Total respect à Don Vito, le restaurant de spécialités italiennes à Lyon 8e qui nous donne envie de traverser la ville pour découvrir le quartier de Monplaisir (musée Lumière). Belle et agréable terrasse en contrebas de la rue et trois salles décorées aux couleurs de l'Italie. Julien, le propriétaire et gérant des lieux, a toujours à cœur de proposer une cuisine maison qui nous emmène de l'autre côté des Alpes. Délicieuses pizzas, pour toutes les envies, garnies de produits frais et des plats gourmands, généreux et savoureux : salades, pâtes, risotto, poissons frais, tartare de bœuf au couteau... Sans oublier le tiramisu maison. Belle sélection de vins italiens. Belle vita a Don Vito !

NEW

ITALIEN ET PIZZERIA

CASA NOBILE GERLAND

283, avenue Jean Jaurès (7e)
✆ 04 78 72 10 10
www.casanobile.fr

Ouvert du mardi au samedi midi et soir. Pizzas environ 15 €

On aura à peine eu le temps de vous présenter la version Mare de la maison Nobile - dont nous regrettons la disparition de Pierre Lonobile, chef et cofondateur de la Casa Nobile - que le bateau de Gerland amarré dans les anciennes halles s'est transformé en annexe de la maison mère. Pour les amoureux de pizzas d'un quartier qui ne cesse de bouger, c'est une immense nouvelle ! Une Casa Nobile bis pour se régaler des fameuses pizzas *forno a legna*, d'*antipasti*, de *penne con polpette alla Siciliana* ou de *linguine alle vongole* qui nous ramènent vers la mer. Salades composées de produits frais et incontournable tiramisu maison (mais le semifreddo aussi...). Une «nouveauté» qui fait du bien.

NEW

ITALIEN ET PIZZERIA

CASA LULA

3, rue Edouard Nieuport (8e)
✆ 04 78 76 06 14

Ouvert du lundi au vendredi de 12h à 20h. Carte : 20 € environ.

Dans ce quartier de Mermoz, à l'une des entrées de l'hôpital, une maison qui passait jusque-là inaperçue. Il aura fallu qu'un de nos couples de restaurateurs préférés la reprenne pour jeter sur elle un nouvel éclairage et un air d'Italie. Ce couple, c'est Blérimo et Aurélie, croisés à leur précédente adresse Il Fico, une des meilleures pizzerias de Lyon. Plus de pizzas, mais plus d'espace, notamment une grande terrasse extérieure pour se détendre et jouer aux boules ! Côté cuisine, des produits de qualité et toujours un savoir-faire italien inimitable : des *antipasti*, des pâtes, des *piadine*, des salades et un tiramisu maison. Belle carte des vins et cocktails pour chiller à la Casa Lula.

ITALIEN ET PIZZERIA

LA CANTINA

29, place des Pavillons (7e)
✆ 09 87 01 58 51

Ouvert du lundi au vendredi le midi. Carte : 15 € environ.

L'Italie a sa maison place des Pavillons. Une place des Pavillons qui a profité d'une belle rénovation pour devenir entièrement piétonne, ce qui rend encore plus agréable la terrasse de cette Cantina. Accolé à la délicieuse épicerie italienne - et ses célèbres sandwichs de produits italiens, un régal ! -, La Cantina de Giovanni Colettta perpétue la tradition d'une cuisine italienne généreuse et savoureuse. Venez de bonne heure pour profiter d'une portion de pâtes à la truffe car elles partent vite ! Des plats du jour réconfortants autour des pâtes, des lasagnes, des viandes... mais encore des *polpette*, *arancini* et desserts maison. Sur place ou à emporter, toujours servis avec le sourire.

ITALIEN ET PIZZERIA

VERANOTUTI

122, rue Montesquieu (7e) ✆ 04 37 66 16 22
www.veronatuti.com
Ouvert du mardi au vendredi midi, du mercredi au samedi le soir. Formule midi 25 €. Dîner (menu unique) 34 €.

Comme nous, vous avez craqué pour le livre de F. R. Gaudry *On va déguster l'Italie*. Mais vous n'avez pas eu le courage de vous mettre aux fourneaux pour réaliser ces délicieuses recettes. Pas de besoin de cuisiner quand le Veranotuti nous offre le plus beau des voyages. De la vraie cuisine traditionnelle italienne avec les meilleurs produits à la une. Lieu chaleureux et coloré tenu par d'authentiques passionnés, Veranotuti propose des produits exceptionnels de l'entrée au dessert (le *semifreddo* aux amandes de Sicile est une tuerie) en passant par la carte des vins. Tous les plats changent au gré de la région visitée et du marché de saison, les spécialités nous affolent. Formidable.

ITALIEN ET PIZZERIA

GIUSEPPE

62, quai Charles de Gaulle (6e) ✆ 04 72 44 02 21 - Cordeliers
www.giuseppe-lyon.fr
Ouvert du lundi au samedi midi, du mercredi au samedi soir. Plat du jour 13 €. Plat du jour et dessert 17 €. A emporter.

Au cœur de la Cité Internationale, tout à côté du centre des Congrès (Parking P1 pour mieux en profiter) Giuseppe nous emmène en voyage en Italie. Superbe terrasse pour boire une bière pression ou un Spritz sur un air de dolce vita dans ce bistro italien. En salle, décor chaleureux, équipe sympathique autour de Jean-Mi et bonne musique pour se détendre. Service efficace pour les déjeuners pressés, mais on peut aussi prendre son temps à l'afterwork ou en soirée en partageant une planche composée de produits italiens de qualité. Antipasti, délicieuses pizzas, focaccia et un burger italien avec son pain puccia à découvrir. Vins italiens dans le même esprit. Validé !

ITALIEN ET PIZZERIA

ACCANTO

12, rue Pré Gaudry (7e) ✆ 04 72 70 46 76
https://accanto.fr
Ouvert tous les jours le midi et le soir. Pizza à partir de 15 €. Brunch 28 €.

En attendant l'EM Lyon qui arrive bientôt tout à côté (Accanto en italien...), voici un restaurant sympathique servant italian food et bières locales. Une double promesse tenue qui nous a attiré l'œil et le palais. Grande salle chaleureuse, terrasse sur cour pour profiter des beaux jours. Accueil adorable d'une équipe jeune et souriante qui nous propose un voyage culinaire joyeusement décalé. Produits italiens de qualité complétés de produits français -»d'à côté»- pour la garniture (rigotte de Condrieu, fourme d'Ambert, œufs des Monts du Lyonnais...), pizzas savoureuses et généreuses, plats végés ou pas avec accord à la bière (large carte). Agréable bande-son. Bonne pioche.

ITALIEN ET PIZZERIA

LA NONNA

29, rue Ney (6e) ✆ 04 26 28 16 06
www.restaurant-lanonna.com
Ouvert du mardi au samedi midi et soir. Pizzas à partir de 13 €. Plat du jour 13,90 €. Vente à emporter.

Le seul restaurant où tu veux bien te faire rouler à Lyon, c'est chez Nonna ! Attention, quand on dit «rouler», ce n'est pas que la Nonna nous prend pour des pigeons, bien au contraire ! C'est que l'une des spécialités maison est le «roulé Nonna», une pizza comme un gâteau roulé, généreuse et savoureuse, avec 4 recettes - italien, norvégien, chèvre et mexicain - et une sauce maison. Institution italienne depuis 36 ans, la Nonna fait partie des références dans son domaine gourmand. Salades, pâtes, gratins, viandes - dont une véritable escalope de veau à la milanaise - et large choix de pizzas, dont une à la burrata. Sélection de vins italiens et français. Une valeur sûre.

MAROCAIN

RESTAURANT LE TOUAREG

38, rue du Boeuf (5e) ✆ 04 72 77 69 66
www.letouareg.fr
Ouvert tous les jours midi et soir de 11h30 à 23h30. Formules déjeuner 15 €. Menus de 27 € à 39 €. Plats à emporter.

Dans cette rue pavée du Vieux Lyon, la plus étoilée de France, une destination insolite, une adresse qui ne triche pas et nous régale depuis longtemps. Le Touareg est une institution gourmande qui nous emmène vers l'Afrique du Nord et la Méditerranée. Décor chaleureux, à l'image de l'accueil souriant, fait de vieilles pierres pour savourer les classiques revisités de la cuisine marocaine avec des spécialités comme la pastilla royale, la Tangia d'Essaouira, les grillades, le filet de rouget, sans oublier les incontournables couscous et tajine touaregs. On a aimé aussi les midis d'été à la Casbah à budget maîtrisé. Galette libanaise à emporter. Pâtisseries orientales. Beau voyage gourmand.

PORTUGAIS

CAFE LISBOA

9, rue des Quatre Chapeaux (2e)
✆ 04 78 42 83 10
www.cafelisboa.fr
Ouvert tous les jours midi et soir. Carte 25 € environ. Tapas.

Dans cette rue discrète et pourtant très centrale de la Presqu'île, impossible de manquer la façade colorée du Café Lisboa. Invitation à s'arrêter tous les jours et à de larges horaires pour savourer une cuisine pleine de saveurs originales. Chaleur humaine, joie de vivre et une belle philosophie de partage autour de plats eux aussi colorés. Une cuisine du soleil réalisée avec amour par un chef qui connaît sur le bout des doigts des produits tirant vers le large : Choco guisado et Bacalhau à brás en tête. Cuisine parfumée allant aussi vers la douceur avec un toast de brebis et confiture de figues. Bières, cocktails et vins participent à l'évasion, direction Lisbonne en plein cœur de Lyon.

CUISINE D'AFRIQUE DU NORD

CHEZ BOUGACI

29, rue Gambetta - **SAINT-FONS** ✆ 04 78 70 92 55
www.restaurantchezbougaci.fr

Ouvert du mardi au dimanche le midi, du mercredi au samedi le soir. Carte 20 € environ.

Cela fait 46 ans que le nom de Bougaci est synonyme de délicieux couscous pour tous les connaisseurs. Véritable institution à Saint-Fons, c'est un restaurant tout ce qu'il y a de plus authentique qui vous emmène par son décor de mosaïques de carrelage et ses saveurs de l'autre côté de la Méditerranée, dans les montagnes de Kabylie. Chez Bougaci, maison de cuisiniers de père en fils, on se transmet la passion d'une cuisine traditionnelle faite avec le cœur et de bons produits. Générosité des assiettes et saveurs pour se régaler de plats composés d'une semoule comme nulle part ailleurs, de légumes qui ont du goût et de viandes parfaites (poulet, agneau, bœuf, merguez). Beau voyage gourmand.

CUISINE MÉDITERRANÉENNE

ICEO

147, avenue Jean-Jaurès (7e)
✆ 04 72 73 00 00 - Métro Jean Jaurès
www.iceorestaurant.fr

Ouvert du lundi au vendredi midi et soir, samedi soir. Pizza à partir de 12 €. Plat à partir de 16 €.

S'il y a bien un bateau solidement arrimé à Lyon, c'est ICEO. Sur cette avenue Jean-Jaurès en pleine mutation, entre Gerland et Jean Macé, un restaurant qui pourrait passer incognito si ce n'était quelques couleurs chatoyantes qui nous attirent l'œil vers une terrasse aux airs de vacances. Normal, ICEO - pour Italie, Corse, Espagne et Orient - nous propose une escale en Méditerranée dans un cadre dépaysant. L'équipage à la manœuvre est à la fois souriant et très efficace pour nous plonger dans une carte mêlant pizza dès l'apéro, point fort de la maison, et des plats pleins de soleil, comme ces poulpes grillés à la plancha. Vins et cocktails dans le même esprit ensoleillé.

IGOURMAND

Vous avez décidé de devenir végétarien mais vous ne savez pas quoi cuisiner ? L'appli iGourmand pourrait vous redonner goût à la cuisine car elle va vous apprendre à préparer de plats 100 % végétariens. Vous allez même découvrir que la cuisine veggie peut être savoureuse, variée et parfumée. Voilà une belle façon de surprendre vos amis carnivores en les invitant à dîner !

CUISINE MÉDITERRANÉENNE

KABESTAN

3, place Amédée Bonnet (2e) ✆ 04 72 32 24 77
www.kabestanlyon.fr

Ouvert lundi et mardi de 15h à 0h, du mercredi au vendredi de 15h à 1h, samedi de 12h à 1h. Carte 35 € environ.

Voyage des sens dans un lieu d'exception au cœur du Grand Hôtel-Dieu. A la carte de Kabestan, toutes les merveilles de la cuisine méditerranéenne avec des mezzés et des plats colorés aux saveurs ensoleillées. Des assiettes qui nous font voyager vers d'autres rivages avec les mezzés maison, pains pita salés et sucrés et de merveilleux plats à partager, comme un gigot d'agneau de lait confit cuit à basse température ou un couscous de poulpe. Salade de poulpe ou poisson entier rôti au four pour varier les plaisirs. Terrasses pour boire un cocktail maison en écoutant du bon son en soirée, salle splendide autour du bar central et groupes acceptés. Bonheurs à partager au Kabestan.

CUISINE MÉDITERRANÉENNE

LA GRENADE

5, rue du Garet (1er) ✆ 04 78 72 47 38
www.cantinelagrenade.com

Ouvert du lundi au samedi midi et soir. Formule du midi 23 €. Le soir, mezze à partir de 9,50 €.

Une Grenade à dégoupiller d'urgence pour faire exploser vos sens. Une cantine qui n'est pas clandestine puisqu'elle est unanimement reconnue comme l'une des meilleures adresses de ce quartier animé proche de l'Opéra. Délicieuse cuisine d'inspiration méditerranéenne pleine de couleurs, de saveurs et d'originalité par la cheffe Alissa Guevara et son équipe. Cuisine 100 % maison, véritables leçons de vivre-ensemble. Produits frais de qualité pour des mezzes en soirée, pastilla, épaule d'agneau effilochée aux épices pour finir sur un pain d'épices. Carte des vins dans le même esprit. Une Grenade qui prouve à chaque bouchée qu'il n'y a rien de meilleur que la diversité.

ESPAGNOL

BELLOTA-BELLOTA

102, cours Lafayette (3e) ✆ 04 78 62 82 46
www.bellota-bellota.com

Ouvert tous les jours, sauf lundi, aux horaires des Halles de Lyon. Traiteur, épicerie fine, restauration.

Tout comme la gastronomie lyonnaise fait partie de notre patrimoine, le jambon ibérique Bellota-Bellota® fait partie du patrimoine de la gastronomie mondiale ! Un produit unique, parmi les meilleurs jambons de la planète, dont il faut se régaler en faisant une grande halte gourmande au cœur des Halles de Lyon Paul Bocuse. Un délice à savourer au comptoir de cette enseigne ou à emporter avec des Bocadillos, sandwichs préparés avec amour et garnis de produits d'exception : jambons Bellota-Bellota®, lomo, chorizo, Manchego. Tostados chauds tout aussi délicieux. Planches pour l'apéritif, fromages époustouflants à accompagner d'un verre de vin gorgé de soleil et trésors de la mer. Un régal.

JAPONAIS
KOME IZAKAYA

4, rue Lanterne (1er) ✆ 04 78 28 36 64
https://komeizakaya.com/
Ouvert du mercredi au lundi le midi et le soir. Bento midi à partir de 12,99 €.

En Espagne, il y a les bars à tapas. Au Japon, il y a les izakaya. Et à Lyon, il y a Komé. Un mix entre le bistrot de quartier et le restaurant japonais à l'ambiance chaleureuse et décontractée. Ouvert tous les jours, sauf le mardi, à deux pas de la place des Terreaux, Komé nous fait voyager autour de bières, de cidres, de whiskys, de cocktails maison avant même de découvrir une carte gourmande composée par un véritable chef. Grillades Jiaozi, donburi, chirashi, sushi, nigiri, sashimi, california rolls, udon ramen... Toute la street-food japonaise, mais aussi poke bowl pour varier les plaisirs. A emporter, plateaux à partager. Grande gentillesse, bonne humeur et saveurs.

JAPONAIS
IMOUTO

21, rue Pasteur (7e) ✆ 04 72 76 99 53
www.imouto.fr
Ouvert du mercredi au samedi le midi et le soir. Formule du midi 27 €. Menu du chef 47 €.

Imouto, c'est le plus lyonnais des restaurants japonais. A moins que ça ne soit le plus japonais des restaurants lyonnais tellement le chef Gaby Didona fait partie du paysage gourmand de la ville. Quel plaisir de le retrouver derrière les fourneaux de son Imouto installé dans le petit quartier asiatique de la Guillotière. Architecture toujours remarquée d'un décor qui nous fait rêver, au même titre que les assiettes fusionnant les genres au rythme des saisons : Saint-Jacques poêlées, pomme de terre yuzu, jus de viande, homard flambé au Nikka, écume épinard, huile verte, champignons des bois et pickles. Desserts de même niveau. Végétariens et végétaliens participent à la fête. Un régal.

JAPONAIS
MUBYOTAN

6, rue Duviard (4e) ✆ 06 24 53 20 39
www.mubyotan.fr
Ouvert du mercredi au samedi midi, du mercredi au vendredi le soir. Midi 15 €. Soir 30 €.

Ils auraient pu s'installer à Kyoto pour faire découvrir la cuisine française aux Japonais. Heureusement, ils ont choisi la Croix-Rousse pour faire découvrir aux Lyonnais la cuisine traditionnelle japonaise. Eux, c'est Naoko et Adrien, couple franco-japonais, elle au service, lui en cuisine. Dans une salle épurée, l'impression de manger dans une famille japonaise, surtout à midi avec le « teishoku », plat du jour bien accompagné. Saveurs délicates et prononcées, ce qu'il faut pour voyager. Coup de cœur pour le dessert, une pâte de haricot rouge enveloppée dans un petit beignet à l'effigie de la maison. Végétariens bienvenus. Excellente adresse dans l'air du temps.

JAPONAIS
OTO OTO

15, rue d'Aguesseau (7e)
✆ 04 37 37 84 23
www.oto-oto.fr
Ouvert du mercredi au dimanche midi et soir. Carte 25 € environ.

L'izakaya est au Japon ce que le pub est à l'Angleterre, un lieu convivial et gourmand où l'on aime se retrouver après une journée de travail pour se détendre, bien boire et bien manger. Dépaysement garanti chez Oto Oto avec ses murs recouverts de couvercles en bois de boîtes de riz. Le plus insolite, de véritables «grottes» en forme de cocon où l'on peut s'isoler pour boire des verres ! Côté cuisine, le chef Dany Hu nous régale de saveurs japonaises en version chaude et froide, normale ou grande. Produits des meilleurs fournisseurs pour des plats de qualité. Excellents plats à base de poisson, bentos, plats à partager, carte de sakés et de whiskies. Une adresse à aimer.

JAPONAIS
CHEZ TERRA

81, rue Duguesclin (6e)
✆ 04 78 89 05 04
www.chezterra.com
Ouvert du mardi au samedi le midi et le soir. Carte : 40 € environ.

Ça y est, le décor de Chez Terra est à la hauteur de sa cuisine ! Rénovation complète pour ce restaurant désormais plus clair, plus lumineux, dans l'esprit d'une cuisine elle aussi lumineuse. Un «bistrot japonais» – dites *izakaya* – qui reste – selon nos sources japonaises et notre propre avis – le meilleur restaurant japonais de Lyon. A la découverte d'un art de vivre autant que d'un genre culinaire raffiné grâce au chef Hiroshi Teramoto et à son équipe des plus sympathique. Accords plats-saké de haute qualité sur une carte qui nous propose des plats grillés, comme ce délicieux travers de porc, des ragoûts, des fritures et des sushis. Merveilleux voyage culinaire au Pays du Soleil Levant.

JAPONAIS
RESTAURANT WASABI

76, rue d'Anvers (7e)
✆ 04 37 28 08 77
www.wasabilyon.com
Ouvert du mardi au samedi soir. Menus de 43 € à 68 €.

Ouvert uniquement pour le dîner, le Wasabi s'est spécialisé dans l'art de la dégustation des sushis et des sashimis. Cela fait plus de dix ans que le chef Kim s'est installé rue d'Anvers dans un décor romantique, poétique qui se prête parfaitement aux dîners en amoureux, prouver tout son bon goût à sa moitié. Sushis, sashimis, makis, california rolls de premier choix réalisés avec des produits de la mer frais - saumon, daurade, thon, turbot, mais aussi crevettes - et de grande qualité. Des sushis qui se déclinent dans des menus variés et généreux, agrémentés d'une soupe Missoshiru pour se «rincer» la bouche entre chaque pièce. Wasabi authentiquement japonais.

NEW

VIETNAMIEN

CHEZ VAY

1, rue des Bouquetiers (1er)
✆ 04 72 02 43 57

Ouvert le lundi de 11h à 17h, du mardi au samedi de 11h à 20h. Plat du jour 11 €. Formule sandwich 6,50 €.

Lyon est une ville de comptoirs. Alors, quand un comptoir asiatique s'ouvre sur le nouveau grand passage entre Saint-Nizier et la Saône, aucune hésitation pour le découvrir. Petite terrasse pour profiter de la vue vers Fourvière et toute petite salle pour se poser si vous ne voulez pas emporter. Au comptoir, accueil adorable de ces dames qui vous présentent le fameux *banh mi*, sandwich composé d'un pain spécial - une baguette héritée du temps des colonies - et d'ingrédients selon la dizaine de recettes maison : poulet mariné, porc laqué, bœuf citronnelle, «spécial maison» ou en version végétarienne... Un excellent rapport qualité-prix pour bien manger sans se ruiner.

VIETNAMIEN

CHEZ BANOI

152b, rue Moncey (3e) ✆ 07 79 48 13 01
https://chezbanoi.com

Ouvert du lundi au samedi le midi, du mardi au samedi le soir. Bun à partir de 14 €.

On aurait bien voulu écrire Banoï comme sur la façade bleutée de cette belle maison, mais il doit manquer des caractères à notre clavier ! À deux pas des Halles de Lyon Paul Bocuse, une vraie découverte, ouverte en 2018 (qui nous avait échappée avant la pandémie...) et que l'on peut classer parmi nos meilleures adresses de cuisine traditionnelle vietnamienne. Une cantine où l'on est toujours bien reçu par Nhu dans une ambiance joyeuse, voire festive quand la musique s'en mêle ! On adore. Cuisine de qualité, vegan compatible pour certains plats, par la mère derrière les fourneaux, entre bun, mi xao (nouilles de blé) et riz com. Desserts maison, tout comme le thé glacé. Adresse à partager.

VIETNAMIEN

MAMASAN

46, rue Ferrandière (2e)
✆ 04 78 37 44 84
www.mamasan.eu

Ouvert du mardi au samedi le midi et le soir. Carte : 30 € environ.

Du bon goût, ils n'en manquent jamais. De l'humour, ils en ont toujours (enfin, faut pas les pousser quand même...). Xin Chào à Mamasan, le temple lyonnais d'une cuisine entre Vietnam et Laos qui mérite toute notre curiosité gourmande. Chez Mamasan, le voyage est partout, dans l'assiette comme dans les toilettes (mais ne faites pas de lien entre les deux !). La cheffe Fanny continue de s'inspirer des recettes de la cheffe mère Huong pour nous régaler d'une cuisine aux saveurs incomparables. La qualité des produits utilisés renforce notre bonheur à manger un *Bò bún* ou un porc aux épices douces. Sauces maison. Partir loin de Lyon, c'est un luxe à s'offrir chez Mamasan.

NEW

CORÉEN

CHIKIN BANG

17, rue du Docteur Bouchut (3e)
https://chikinbang.com

Ouvert tous les jours de 11h30 à 22h. Menus de 12,90 € à 18,90 €. Bowls 13,50 €.

Loin de l'image surannée des restaurants asiatiques, voici le Chikin Bang. Installé dans le centre Westfield de la Part-Dieu, ce restaurant coréen plonge ses racines dans une street-food authentique mise en lumière, et en saveurs, par le chef coréen, passé par les meilleures tables gastronomiques, Yoon Hyeok. Que tu sois amoureux de la culture sud-coréenne, très en vogue au cinéma et à la télévision, ou que tu sois simplement curieux, Chikin Bang ne te décevra pas. Des plats à manger sur le pouce avec les fameuses ailes de poulet déclinées en plusieurs versions, de l'épicé Gochu-Bang au Curry Parmesan, des guabao et des bowls. Autre adresse à venir rue Neuve, au cœur de Lyon.

VIETNAMIEN

PETIT GRAIN

19, rue de la Charité (2e)
✆ 04 72 41 77 85

Ouvert du mardi au samedi de 11h à 22h. Bobun 15 €.

Dans ce quartier entre Ainay et Bellecour, à hauteur d'un Musée des Tissus dont on espère la prochaine réouverture, on est bien au Petit Grain. Une adresse qu'il ne faut jamais négliger à l'heure du déjeuner et surtout pour passer une bonne soirée. Terrasse sur une rue agréable, salle pas bien grande mais hautement conviviale grâce à l'animation permanente d'un patron à la joie communicative. Dans ce «bistrot vietnamien» de quartier, excellent bobun - avec une version végétarienne -, des dim sum, nems, baos et des crevettes tempura. Cuisine maison - même les desserts sont faits maison - réalisée avec de bons ingrédients pour des saveurs prononcées. Soirées thématiques à partager.

VIETNAMIEN

HONG HA

21, rue Saint-Jean (5e) ✆ 04 78 42 18 92
www.restaurant-hong-ha.fr

Ouvert du mardi au samedi le midi et le soir, dimanche midi. Bobun 12 €.

Dans le Vieux Lyon, certains bouchons n'ont rien d'historique quand le Hong Ha, installé depuis 1977, fait partie du patrimoine gourmand de la ville. Cette affaire de famille compte parmi les meilleurs vietnamiens de Lyon. Bien sûr, la petite salle d'une trentaine de couverts et la patine du temps ne sont pas pour plaire aux affranchis de la décoration moderne, mais tout cela donne un charme supplémentaire à ce lieu totalement inclassable. Le «best-of» de la carte s'appelle «My Xao Hong Ha» (avec quelques accents en plus) et demeure un secret que l'on se transmet de génération en génération. A découvrir, une carte pleine de richesses préparées «minute» avec des produits frais. Délicieux.

NEW

VIETNAMIEN

LA MAMAN

13, rue de Bonald (7e)
✆ 06 18 97 52 35
Ouvert du lundi au samedi de 12h à 21h. Plat du jour 9 €. Bar à bobun 14 €. Bar à nems.

Ils sont de retour dans une version 100 % street-food ! Ils, ce sont Tété, de l'Indo Café pour les amnésiques, sa maman, celle qui prépare les meilleurs bobun de la planète, sa sœur et une équipe d'amis ! Dans ce quartier riche en expériences culinaires, en voici une nouvelle qui nous ravit. Seulement à emporter ou en livraison, de la «good viet food» cuisinée selon les bonnes recettes de la maman avec des ingrédients de qualité. Et quand les bobun s'appellent Simone, Colette et Rosalie, on reconnaît la patte de Tété. Nems savoureux et créatifs, dont un à la fourme de Montbrison et un banane-chocolat en dessert. Sans oublier les délicieux rouleaux de printemps. Meilleur *comeback* gourmand.

VIETNAMIEN

THE PHAMILY

7, rue du Boeuf (5e)
✆ 04 78 92 83 20
www.thephamily.co
Ouvert du mercredi au lundi le midi et le soir. Menu 24 € et carte.

Le Vieux Lyon est ouvert à la cuisine du monde. Surtout quand le cuisinier partage d'authentiques recettes familiales transmises de génération en génération, s'approvisionne tous les matins en légumes frais au marché voisin en limitant son empreinte carbone. Cuisine sincère 100 % maison, faite avec amour et passion, qui fait le lien direct entre les traboules lyonnaises et les ruelles de Saïgon par un transfert des sens. The Phamily, c'est un lieu de vie où l'on partage de bons moments en se régalant des spécialités maison que sont la soupe Pho au bœuf ou le Bo Bun. Végétariens bienvenus. Thés et sodas bio pour varier les plaisirs. Une porte gourmande vers le Vietnam.

CHINOIS

CARNET GOURMAND

15, rue Neuve (1er)
✆ 04 72 73 05 45
Ouvert du lundi au samedi le midi, tous les jours le soir. Carte 25 € environ. Formule midi 13,50 €.

Dans une rue Neuve où se multiplient les propositions gourmandes, on pourrait facilement passer devant ce Carnet Gourmand sans trop s'y attarder. Grave erreur ! Car si la vitrine avec ses menus affichés n'est pas très engageante, le reste est à ne surtout pas manquer. Petite terrasse aux beaux jours, petite salle tout en longueur, mais grand cœur pour un accueil adorable et une authentique cuisine chinoise, généreuse et savoureuse. Voyage culinaire avec des raviolis chinois faits maison, un poulet du Sichuan, un bar grillé à la sauce aigre-douce, une étonnante salade racine de lotus frais, des nouilles, des vermicelles et des boulettes de riz au thé Puer pour terminer. Une vraie surprise.

VIETNAMIEN

THÊ' VÂN

6, rue Passet (7e)
✆ 04 72 71 33 64
Proximité métro/tramway Guillotière
Ouvert du mardi au samedi midi et soir. Menus de 14,90 € à 19,90 €. Formules midi 11,40 € à 15,90 €. Vente à emporter.

© EMMANUEL SPASSOFF

© EMMANUEL SPASSOFF

Passerelle gourmande entre Lyon et le Vietnam depuis plus de 20 ans, Thê'Vân fait partie des incontournables recommandés par le *Petit Futé* depuis... toujours. Au cœur du petit quartier asiatique de Lyon, Thê'Vân nous reçoit toujours avec un sourire naturel et sincère dans un agréable décor, loin des clichés du genre. Hospitalité et gourmandise se marient à la perfection dans ce restaurant familial où chaque plat montre un savoir-faire remarquable. Les menus offrent, midi et soir, un rapport qualité-prix exceptionnel. Produits de qualité. Il faut absolument goûter à la soupe Phô et à l'un des meilleurs Bò Bún de la ville, sans oublier toute la carte ! Cuisine du cœur.

CHINOIS

BAO TIME

5, rue de l'Arbre Sec (1er)
✆ 04 78 58 52 51
www.baotime.fr
Ouvert tous les jours de 11h30 à 22h. Formules à partir de 11 € (2 baos).

© EMMANUEL SPASSOFF

© EMMANUEL SPASSOFF

Il est temps de vous mettre aux bao ! Surtout que Lyon abrite trois adresses signées Bao Time pour savourer ces spécialités de la cuisine street-food chinoise. De délicieuses petites brioches farcies selon des recettes composées par une authentique cheffe bao d'origine chinoise. Dans l'une des adresses lyonnaises, à commencer par celle de la Presqu'île, découvrez 11 recettes de bao gourmands 100 % faits maison de manière artisanale à partir d'ingrédients frais de qualité. Autres découvertes avec les bao burgers, des mini-bao et des tianbao sucrés. Boissons maison et bières artisanales. Commandes à emporter et livraisons. Un véritable moment de douceur à partager.

CUISINE ASIATIQUE

SABAI SABAI

4, Petite Rue des Feuillants (1er)
✆ 04 26 72 45 87
http://sabaisabai.fr
Ouvert du mardi au samedi le soir. Tapas à partir de 4,50 €.

Voyager sans trop bouger à la nuit tombée. Une petite rue en pente nous emmène ailleurs, dans une petite rue thaïlandaise où l'on nous invite à découvrir les saveurs authentiques d'une cuisine street-food inspirée par l'Asie du Sud-Est. Sabaï Sabaï, ça réveille le corps et l'esprit dans une ambiance décontractée et conviviale qui ouvre l'horizon de nos débuts de soirées. Des tapas originales à déguster en soirée dans un cadre cosy ravissant. Des tapas de qualité : prix accessible, qualité faite à base de produits frais, mais encore – et c'est rarissime – la possibilité de réaliser des accords tapas et vins avec une belle carte en la matière. Cocktails pour prolonger le plaisir.

CUISINE ASIATIQUE

N'AUTRE MONDE

16, avenue de Montlouis - **CHAMPAGNE-AU-MONT-D'OR**
✆ 09 81 65 45 25
Ouvert du lundi au vendredi midi, du jeudi au samedi le soir. Menus midi 18,50 € et 21 €. Vente à emporter.

Qui n'a pas rêvé d'un N'autre Monde où la Terre serait… ? Avant de partir à l'autre bout du monde, partons au Vietnam dans une avenue paisible de Champagne-au-Mont-d'Or. Gentillesse de l'accueil, chaleur et convivialité de l'ambiance, le voyage commence dans les meilleures conditions. Tout continue parfaitement à table avec les plats d'une cuisine pleine de fraîcheur et de saveurs. Nems, raviolis, rouleaux de printemps, samoussas, soupe tom yum pour débuter. Incontournable bò bún maison, pad thaï poulet ou crevettes, délicieux curry de poulet, wok aux légumes ou marmite du pêcheur pour continuer. Pâtisseries françaises faites maison. Une « N'autre » façon de se régaler dans la Métropole.

CORÉEN

SINABRO

126, rue de Sèze (6e)
✆ 04 78 52 74 34
www.sinabro.fr
Ouvert du mardi au samedi le midi et le soir. Formule midi 22 €.

Petit à petit (c'est ce que peut signifier *sinabro* en coréen), le chef fait son nid dans ce quartier du 6e arrondissement. Ce chef étoilé - ici, il y a aussi une recommandation du guide rouge -, c'est Younghoon Lee à retrouver au Passe-Temps voisin, avec une patte au Sinabro pour nous faire partager une autre vision de la cuisine coréenne populaire dans le cadre apaisant d'une salle tout en longueur. Produits de qualité pour une cuisine à la fois «street food», saine et raffinée, envoûtante par ses saveurs. Bibimbap, et Dopbab, plats coréens à base de riz, pour se régaler de bœuf ou porc sauté et pimenté servi avec 3 accompagnements et une soupe du jour. Un régal abordable.

RECETTE DE BAO PAR BAOTIME

Les baos sont des brioches farcies et cuites à la vapeur. Baotime a voulu faire découvrir ce plat traditionnel au plus grand nombre en le déclinant en 11 recettes, toutes réalisées maison. Baotime met un point d'honneur à utiliser des produits frais, de qualité et locaux. Voici une recette de bao au porc à tester à la maison pour vous régaler.

Recette de bao au porc

Ingrédients de la farce

400 g Porc
50 g Céleri
50 g Poireau
30 g Sauce soja crue
15 g Sauce soja cuite
200 cl Eau
20 g Huile de sésame
10 g 5 épices

Brioche

La pâte de la brioche, comme pour une pâte à pain, est composée de farine, de levure et d'eau. Creuser un puits dans la farine, ajouter la levure, puis pétrir la pâte en versant l'eau petit à petit. Laisser reposer la pâte de la brioche.

Préparation

Commencer par parer, ouvrir et émincer le poireau et le céleri. Ensuite, hacher le porc et le mélanger avec l'eau, puis ajouter les deux sauces soja et les 5 épices, mélanger toujours dans le même sens. Incorporer le céleri et le poireau et mélanger. Finir en ajoutant l'huile de sésame.

Déposer une boulette de farce sur un morceau de pâte. Fermer chaque petite brioche en soudant les quatre coins ensemble.

Cuisson 20 minutes à la vapeur.

Ateliers

Afin de faire découvrir l'art des baos, la fondatrice de Baotime organise régulièrement des ateliers en petits groupes, permettant d'apprendre à confectionner ses propres baos à travers la réalisation de deux recettes. Cet atelier de 3 heures permettra aux plus gourmands d'entre vous de découvrir tous les secrets des baos et de la culture chinoise tout en ayant un échange particulier avec la cheffe bao.

› **BAOTIME**
19, rue Voltaire – Lyon 3 ✆ 04 78 92 16 72
81, rue de Marseille – Lyon 7 ✆ 09 70 93 72 45
5, rue de l'Arbre Sec – Lyon 1er ✆ 04 78 58 52 51
Site Internet : www.baotime.fr

© EMMANUEL SPASSOFF

© EMMANUEL SPASSOFF

© EMMANUEL SPASSOFF

SAVEURS D'ASIE

THAÏLANDAIS

SEAZEN

175, avenue Jean Jaurès (7e) ✆ 04 72 08 88 88 - Métro Jean Jaurès.
https://seazenbuffet.wordpress.com
Ouvert tous les jours midi et soir. Formule buffet 19,90 € à 23,90 € midi, 25,90 € à 27,90 € soir. Vente à emporter.

© EMMANUEL SPASSOFF

© EMMANUEL SPASSOFF

Vous avez tendance à vous méfier de la formule buffet à volonté ? Hygiène, qualité, en aurai-je vraiment pour mon argent ? Des questions que le *Petit Futé* se pose aussi et c'est pour ça qu'il n'a retenu qu'une seule adresse du genre : Seazen. Sur la place Jean Jaurès, ce restaurant buffet à volonté met les moyens pour proposer au quotidien des produits frais cuisinés maison. Salle chaleureuse, accueil vraiment sympathique et circulation agréable pour passer de sa table aux buffets. Cuisine principalement asiatique, avec un beau bar à sushis, un salade bar, du choix aussi pour le chaud, des grillades sur plaque chauffante, des woks en soirée, des desserts... Tout bon, très impressionnant.

THAÏLANDAIS

BANGKOK ROYAL

40, rue Sergent-Blandan (1er) ✆ 04 78 28 19 83
https://bangkok-royal-lyon.fr
Ouvert du mardi au dimanche le soir, du jeudi à dimanche le midi. Carte 30 €. A emporter.

La meilleure ambassade de la cuisine thaïlandaise à Lyon depuis près de 20 ans. Si la décoration commence un peu à dater, le côté «vintage» des lieux fait aussi partie du charme du Bangkok Royal. De toute façon, l'essentiel se trouve dans les assiettes qu'il faut partager avec les convives installés autour de la table. Carte claire et niveau de piment bien indiqué pour éviter les surprises. Saveurs délicieuses dans des plats typiques comme ce fameux canard grillé. Une cuisine authentique pour tous les goûts, avec une recommandation particulière pour les currys maison, excellents. A Lyon, il est toujours possible de voyager dans un royaume gourmand : la Thaïlande.

CUISINE ASIATIQUE

SAPNA

7, rue de la Martinière (1er) ✆ 09 81 77 27 25
www.sapna.fr
Ouvert du mardi au samedi le soir, vendredi et samedi le midi. Carte 26 € environ.

Sapnà, qui signifie «rêve» en hindi, c'est un peu un OGNI, un Objet Gourmand Non Identifié. Mis sur orbite par le chef Arnaud Lavardin et ses amis – Thomas et Rémy –, Sapnà nous emmène vers des territoires inconnus de nos palais européens. Belle sobriété chaleureuse dans une salle très personnelle, à l'image d'une cuisine inédite. Le midi en fin de semaine se décline autour des bao et quelques petits plats innovants. Le soir, la carte varie en fonction des recettes inspirées par les voyages, laissant une belle place au sucré - véritable «bar à desserts» -, chose rare dans cette catégorie. De la douceur, des saveurs, le plus gourmand des rêves éveillés nous tient en haleine.

THAÏLANDAIS

KOH PHANGAN

92, rue Pierre Corneille (3e) ✆ 04 78 38 30 79
www.kohphanganrestaurant.fr
Ouvert du lundi au vendredi le midi, du lundi au samedi le soir. Formule midi 16,80 €. Carte 25 € environ.

La Thaïlande : ses plages, ses îles, ses petits coins de paradis et sa cuisine traditionnelle parfumée. En attendant d'y aller, partez immédiatement au Koh Phangan. Une salle spacieuse avec sa paillote tropicale et une petite terrasse dans la rue aux beaux jours. Décor sobre et gentillesse au service de monsieur, français, qui nous explique les plats préparés par belle-maman, véritable cheffe thaïlandaise. Ah, le curry de belle-maman... Carte courte réalisée avec des produits frais de qualité, ce qui peut causer un peu d'attente. Patience récompensée par son lot de saveurs, parfums, textures. Régal jusqu'au dessert. Végétariens bienvenus. Une île paradisiaque à savourer sans modération.

TIBÉTAIN - NÉPALAIS

LA VOIE HIMALAYA

200, rue Garibaldi (3e)
✆ 04 28 31 69 13
www.lavoiehimalaya.com
Ouvert du lundi au samedi le midi et le soir. Menus de 20 € à 30 €.

Ce n'est pas un hasard si La Voie Himalaya a été élu Meilleur resto de quartier dans la catégorie Cuisine du monde. En effet, si ce restaurant ouvre naturellement une voie vers le Népal et le Tibet, il s'inscrit parfaitement dans ce quartier récemment rénové. Profitant d'un large trottoir ombragé pour installer sa terrasse, la Voie Himalaya offre zénitude, couleurs chatoyantes, parfums et saveurs. Salle chaleureuse, accueil adorable, plats traditionnels réalisés par un cuisinier passionné qui nous fait découvrir les saveurs de son pays. Viandes marinées, cuisson au tandoor, raviolis népalais, nouilles et naans. Bières, rhums et whisky népalais à tester. Laissez-vous surprendre.

MALAISIEN

BOLEH LAH

11, rue Salomon Reinach (7e) ✆ 07 86 70 81 82
www.bolehlah.fr
Ouvert du lundi au samedi le midi et le soir. Carte 25 € environ. Brunch certains dimanches, se renseigner.

La quartier de la Guillotière n'en finit pas de nous faire voyager vers des destinations surprenantes. Dernières découvertes en date : la Malaisie. Ce n'est clairement pas le pays le plus connu de cette partie du monde, l'Asie du Sud-Est pour les nuls en géo, mais une cuisine qui mérite largement d'être goûtée, mélange des cuisines indiennes, chinoises et... malaisiennes. Aux commandes, trois amis - Paul, Caroline et Amélie - qui ont tout appris là-bas et tout fait ici pour partager leur passion. Saveurs épicées, viandes mijotées, poulet frit mariné au soja et glacé au citron (que c'est bon ! ! !), pain feuilleté pour saucer et desserts exotiques. Extrêmement cool et merveilleusement bon.

THAÏLANDAIS

SIAM BISTROT

7, rue Danton (3e) ✆ 04 78 95 07 28
www.siambistrot.com
Ouvert du lundi au vendredi le midi, du mercredi au vendredi le soir. Formule midi 22 €. Menu soir 34 €.

© DR

Le Siam, c'est notre petit coin de paradis dans ce quartier de la Part-Dieu. Une authentique destination gourmande tenue par des personnes adorables. Direction l'Asie du Sud-Est entre terrasse et salle où règne une grande convivialité. Ici, on partage joie et bonheur de se retrouver autour d'une table et d'assiettes où se mêlent de délicieux produits d'ici, des recettes traditionnelles thaïlandaises et des saveurs parfumées. Fusion siamoise parfaite ! Au déjeuner, menu du jour offrant des plaisirs de saison avec un rapport qualité-prix imbattable. Afterwork avec des tapas thaïes maison, menu et carte évolutive en soirée. Végétariens bienvenus. Royaume pour celles et ceux qui ont du goût !

INDIEN

LE SHALIMAR

39, quai Gailleton (2e) ✆ 04 78 42 18 20
https://le-shalimar.com
Ouvert du lundi au samedi le soir, du mercredi au samedi midi. Menu midi 16,90 €. Menus de 26,90 € à 34 €. A emporter.

Plus qu'un parfum d'Orient, une adresse qui a traversé le temps. Voyage vers les Indes pour le restaurant lyonnais historique – 38 ans – de la destination. Pas le restaurant le plus simple d'accès – parking parfois compliqué dans le quartier –, mais celui qui nous emmène le plus loin. Décor traditionnel raffiné, boiseries sculptées, accueil et service prévenants, reste à explorer une large carte et à s'extasier devant des assiettes aussi belles à regarder que délicieuses à savourer. Le Shalimar Naan fourré aux piments verts est à fondre, les crevettes jouent des variations tout comme les viandes avec, en point d'orgue, un Shalimar Biryani. Carte de cocktails. Adresse envoûtante.

INDIEN

DEB'S BISTRO INDIEN

26, rue Lortet (7e) ✆ 04 72 71 49 11
www.debsbistro.com
Ouvert du mardi au samedi le midi et le soir. Carte 25 € environ. Formule midi 19,50 €.

L'Inde offre une extraordinaire richesse culinaire et chaque région abrite des trésors gourmands révélés par le chef Debdutta Gupta. Tout près de la gare Jean Macé, voyage à la fois culturel et gastronomique dans une salle où règnent une grande convivialité et l'esprit de partage. Découverte de plats aux saveurs incroyables pour un rapport qualité/prix lui aussi incroyable ! Au déjeuner, plat complet dans le dabba et les bowls. Les soirs et les week-ends, mélange de street-food et de recettes traditionnelles, certaines veggies et vegans compatibles. Une cuisine réconfortante et savoureuse, aux épices parfumées parfaitement dosées. Brunch le week-end. Un amour de bistro indien.

CUISINE OCÉAN INDIEN ET PACIFIQUE

OHANA POKE BAR

9, rue Gentil (2e)
✆ 04 78 72 18 74
www.ohanapoke.fr

Ouvert du mardi au samedi midi et soir. Poke de 13 € à 15 € + 3 € avec dessert et boisson.

© DR

Alors qu'il y aura bientôt plus d'adresses de poke bowls que de tacos - certains tacos proposant même des poke bowls ! - rien ne vaut un authentique poke bowl - un des premiers ouverts à Lyon - dans une version hawaïenne. D'excellentes combinaisons de saveurs réalisées à base de produits de qualité à retrouver dans un lieu chaleureux façon baraque au bord de la plage. Julio nous invite dans sa famille, Ohana en hawaïen, pour savourer des plats uniques qui touchent tous les sens. Saumon d'Écosse de qualité, crevettes bio... Des poke bowls généreux, composés de bons produits de saison et assaisonnés d'une sauce maison. Thé glacé maison, bières Belafonte, café Loutsa. Meilleur de sa catégorie.

ARGENTIN

RESTAURANTE MILONGA

59, rue Ney (6e) ✆ 04 72 75 22 18
www.restaurantmilonga.fr

Ouvert du lundi au vendredi le midi ; du jeudi au samedi le soir. Parillada dégustation 63 €/2 pers.

Viva Argentina ! Milonga est toujours là pour nous rappeler que l'Argentine n'est pas qu'une terre de football. C'est avec bonheur qu'il faut goûter une cuisine argentine mettant en avant les bons produits argentins, viandes en tête. Ça commence par les empanadas ou un ceviche de cabillaud et le leche de tigre. Les meilleures viandes de bœuf cuisent sur des braises ardentes, alors qu'il faut goûter le bacalao coco-coriandre. Coup de cœur pour les parilladas qui permettent de goûter plusieurs viandes tout en partageant le plat à deux. Le voyage ne serait pas complet sans les vins. Un restaurant carnivore à l'accent dépaysant et au service adorable. Excellent voyage.

BRÉSILIEN

SAMPA

22bis, rue d'Enghien (2e) ✆ 04 78 37 43 60
https://sampalyon.fr

Ouvert du mercredi au samedi midi et soir. Dimanche brunch. Menu midi 22 €. Brunch 27 €.

Sur une samba brésilienne... Que vous connaissiez les pas ou pas, que vous sachiez danser ou pas, il faut juste bouger un peu pour franchir la porte du Sampa - terme qui désigne São Paolo. Vieilles pierres brutes, mobilier qui aurait pu être chiné, sol vinyle façon mosaïque noir et blanc, ce n'est pas dans le décor que Sampa investit mais dans l'ambiance humaine et chaleureuse, à l'image d'une cuisine de partage aux saveurs totalement dépaysantes par la cheffe Fernanda Ribeiro. Tout est fait maison et avec passion en utilisant des produits frais d'ici et en provenance directe d'Amazonie. Généreuse feijoada à midi. Brunch tous les week-ends. Une vraie rencontre culturelle et gourmande.

BRÉSILIEN

LE PAIN DE SUCRE

82, rue Masséna (6e)
✆ 04 72 74 17 09
www.lepaindesucre-lyon.fr

Ouvert du mardi au samedi le soir. Carte 40 €.

Samba ! Echappez-vous de la ville pour un voyage des plus authentiques vers le Brésil et Rio. Tenu par Robson Vicente, originaire d'Angra dos Reis, et Philippe, authentique Lyonnais, le Pain de Sucre est bien plus qu'un restaurant à l'ambiance chaleureuse : une ambassade des saveurs brésiliennes. La cuisine proposée par le chef est 100 % maison, réalisée à partir de produits de qualité directement importés du Brésil. De la confection des beignets jusqu'aux desserts en passant par la sauce piment, toujours servie à part, tout est vraiment maison. L'incontournable, c'est la Pincaha de bœuf Angus servie avec des accompagnements brésiliens. Musique les fins de semaine. Passion gourmande.

BRÉSILIEN

RIO DIZIO

167, rue Duguesclin (6e)
https://riodizio.fr

Ouvert du lundi au samedi midi et soir, sauf vendredi midi. Déjeuner à partir de 17,50 €. Dîner 32 €.

Envie de mettre de la couleur et des saveurs dans une vie lyonnaise qui ne décolle pas ? Direction une nouveauté à deux pas des Halles de Lyon Paul Bocuse et du cours Lafayette. Même si l'on n'est pas totalement transporté à Rio, un décor contemporain mêlant végétation et couleurs vives nous plonge dans l'ambiance brésilienne. Accueil adorable pour découvrir la cuisine d'un chef inspiré par les recettes de son pays et les bons produits à retrouver sur les buffets froids et chauds. Car c'est l'originalité du lieu, ces buffets qui accompagnent un service à table des viandes (hallal) - de qualité dans des préparations maison - à la broche découpées dans votre assiette. C'est la fête !

BRÉSILIEN

SAMBAHIA

8, rue du Viel Renversé (5e) ✆ 04 78 37 82 10
www.sambahia.fr

Ouvert du lundi au samedi de 19h à 1h. Carte : 30 € environ. Chèques non acceptés. Chèque Restaurant. Végan-friendly.

Sur une samba brésilienne, Cristina Gonçalves est sur la scène gourmande lyonnaise depuis plus de 40 ans. Dans le Vieux Lyon, le Sambahia s'est imposé comme une véritable institution de la cuisine brésilienne. Décor exotique et typique qui nous transporte au cœur de Rio de Janeiro ! C'est dans une ambiance chaleureuse et festive que Cristina et son chef proposent une cuisine authentiquement brésilienne : picanha, feijoada, galinhada, moqueca de peixe ou un plat 100 % végétal. Côté cocktails : caïpirinha, boisson brésilienne par excellence. Excellents moments gourmands et festifs avec les musiciens et les danseuses brésiliennes qui viennent rythmer les soirées le week-end.

CUISINE DU MONDE

MAS AMOR POR FAVOR

10, rue Burdeau (1er) ✆ 04 72 07 95 07 - Métro Croix-Paquet.
www.masamorporfavor-lyon.com

Ouvert du mardi au samedi le soir de 18h à 1h, dimanche midi 11h à 15h. Plats à partir de 10,50 €. Carte environ 25 €.

Au cœur de Lyon, vous n'en manquerez jamais grâce à des adresses comme celle-ci. Quoi ? De l'amour bien sûr. De l'amour à partager en commandant des plats, tapas notamment, eux aussi à partager dans cette cantine tropicale installée sur les hauteurs de la place Sathonay. Aux commandes de ce lieu « caliente », trois associés : Jean, Alexandre et l'incontournable Tony. Chaleur humaine d'un lieu convivial sous le regard de Frida Kahlo pour savourer ensemble des tapas du monde : poulpe rôti, Bao de pulled pork, tataki de thon, accras de butternut, bœuf Nikkei ou maffe végétarien... jusqu'aux desserts maison. Belle carte de cocktails à prix corrects. Adresse pleine d'amour.

CUISINE DU MONDE

L'ACCENT

61, rue Masséna (6e) ✆ 09 63 53 85 64 - Masséna ou Brotteaux
https://laccent-lyon.fr

Ouvert du lundi au samedi le midi et le soir. Formule du midi : 24 €.

Envie de vous évader à petit prix ? Prenez l'Accent. Parfois, c'est au coin de la rue que l'on découvre des destinations lointaines ! Ailleurs dans le monde, c'est ici dans le Sud-Ouest avec l'adorable Christelle et toute son équipe. La bonne idée de ce bistrot guinguette, en plus de la terrasse où savourer des tapas, c'est le fameux «Tourniquet de bolinettes». Servi le soir, un plateau tournant avec des petits bols bien garnis de produits cuisinés selon les recettes du monde : 2 viandes, 2 poissons et 2 végétariens pour faire plaisir à tout le monde, sans oublier le riz thaï à volonté. Propositions végétariennes et street-food. Adresse pleine de bonne humeur et de bonnes saveurs.

CUBAIN

BODEGUITA CUBANA

44, rue de Cuire (4e) ✆ 04 72 07 95 47
www.bodeguitacubana.fr

Ouvert du lundi au vendredi le midi, du mardi au samedi le soir. Menus de 25 € à 28 €.

Cuba, un pays qui évoque tellement de belles choses mais où nous n'aurons sans doute jamais la chance de mettre les pieds ! Heureusement Hugo Aguilera et Allucha nous emmènent là-bas dans leur bistrot – traduction locale de Bodeguita – au cœur de la Croix-Rousse. Des couleurs chaleureuses, notamment du bleu, et des objets qui évoquent cette île devenue mythique par sa musique. Après un mojito, embarquement pour des déjeuners aux saveurs rythmées par le marché du jour, mais encore plus pour des repas typiques qui ont le goût de l'Amérique latine. Le soir et le week-end, les soirées s'animent autour de la salsa, notamment le samedi soir, à cette adresse qui a le sens de la fiesta.

INTERNATIONAL

PETIT OGRE

15, rue de la Bannière (3e) ✆ 04 78 60 28 93
www.petitogre.fr

Ouvert du lundi au samedi le midi et le soir. Menu Trio 36 €. Menu Petit Ogre 42 €. Vente à emporter.

Petit Ogre, grand cœur. Explorer d'autres continents, s'offrir un voyage culinaire mêlant les saveurs d'ici et d'ailleurs à travers une cuisine généreuse, colorée, diversifiée... Mauritanien d'origine, Jules Niang partage sa passion pour les cuisines du monde. Service souriant, ambiance chaleureuse en salle et en terrasse parmi les plus agréables à la belle saison. Sur une carte qui évolue aussi au fil des semaines des plats pleins de créativité. Belle carte des vins de terroir et du monde. Un Petit Ogre aux bottes de sept lieues qui nous emmène en voyage gourmand - même à la maison avec des plats à emporter -, voici une adresse à conserver précieusement dans son carnet d'adresses.

CUISINE D'AMÉRIQUE ET CARAÏBES

CASA JAGUAR

157, rue Cuvier (6e) ✆ 04 78 24 03 73
www.casajaguar.fr

Ouvert du mardi au samedi de 18h30 à 1h. Carte 40 € environ. A emporter.

Une adresse indomptable où l'on vient autant pour la cuisine tropicale que pour l'ambiance sud-américaine, à moins que ça ne soit l'inverse ! Dans tous les cas, un Jaguar plutôt du soir qui sait nous plonger dans une atmosphère décalée pour nous faire oublier nos journées de travail. Décontraction, convivialité autour des tables, à manger et à boire pour se faire plaisir. A la carte, qui change régulièrement, des plats traditionnels revisités, comme ce poulpe fondant confit au mojo ou ce tataki de magret de canard. Ne surtout pas manquer les grillades maison. Et pour accompagner de merveilleux cocktails maison, carte tout aussi alléchante avec une polenta à la truffe par exemple !

IRANIEN

MOJGAN

20, rue Royale (1er) ✆ 09 83 72 66 67
www.mojgan.fr

Ouvert du mardi au vendredi le midi, du mardi au samedi le soir. Formule du midi 24,50 €. Menu soir 43 €.

Mojgan Tashvighi porte haut les couleurs et les saveurs d'un pays que l'on connaît à travers l'actualité, mais pas à travers sa cuisine. Et pourtant, la cuisine iranienne - puisque c'est de l'Iran dont il s'agit - compte parmi les meilleures cuisines du monde, par ses produits et par ses influences qui lui donnent des parfums inimitables. Passée par l'Institut Bocuse, la cheffe a ouvert son propre restaurant il y a 5 ans dans la rue Royale. Recréant les recettes de sa grand-mère à partir de produits frais et de typiques, Mojgan y ajoute sa touche personnelle. Le riz basmati maison, au centre de toutes les attentions, suffit à nous transporter vers un ailleurs gourmand. Voyage culinaire.

IRANIEN

LE PETIT PERSAN

8, rue Longue (1er) ✆ 04 78 28 26 50
https://le-petit-persan-lyon.fr

Ouvert du mardi au samedi le soir, mardi et du jeudi au samedi le midi. Menus de 27 € à 37 €.

Et si l'Iran n'était qu'un pays savoureux où tout n'est que douceur ! Tous les délices de la Perse, ancien nom de l'Iran, dans la rue Longue au cœur de Lyon. Le Petit Persan offre un charmant havre de paix en soirée. Chaleur du décor et de l'accueil de Mansour Parsa pour des assiettes dont la qualité est toujours confirmée. L'Assiette du Petit Persan offre un assortiment d'entrées chaudes et froides pour tout goûter du bout des doigts et à pleine bouche : feuilles de vignes farcies, caviar d'aubergine, concombre au yaourt, galette de viande... Plats mijotés, mais encore des brochettes marinées aux parfums d'Orient. Desserts enivrants. Beau voyage culinaire dans un grand pays.

NEW

LATINO

PICAFLORES

41, rue Professeur Grignard (7e) ✆ 04 27 78 24 88
www.picaflores-restaurant.fr

Ouvert du lundi au vendredi le midi ; du lundi au samedi le soir. Formule du midi : 22 €. Carte soir 35 € environ.

Voyage en Amérique latine en suivant un colibri, le picaflor, à retrouver sur la tapisserie du salon-bar de ce nouveau restaurant. Pauline, cuisinière, et Tangui, barman, nous emmènent à travers l'Amérique du Sud découvrir des saveurs étonnantes. Décor chaleureux, musique traditionnelle, accueil et service adorables pour nous servir une cuisine délicieusement parfumée, juste ce qu'il faut de relevée : ceviche de coques, leche de tigre, fruit de la passion, suivi d'une pincaha de bœuf, chimichurri, légumes de saison, tuiles de pain, pour terminer sur un alfajor au chocolat. Excellent choix de vins d'Amérique du Sud et belle sélection d'alcools (tequila, rhums...). Coup de cœur assuré.

LATINO

RESTAURANT CANAIMA

24, rue Leynaud (1er) ✆ 09 87 05 87 25
www.restaurantcanaima.fr

Ouvert du mardi au samedi le soir, samedi midi. Carte 40 € environ.

Quand la bistronomie dépasse les frontières hexagonales, ça se passe dans une rue discrète en bas des Pentes. Canaima, c'est un trait d'union entre la France et l'Amérique latine pour voyager de l'autre côté de l'Atlantique sans bouger de Lyon. Décor sobre et chaleureux, clins d'œil exotiques et aux commandes le chef Andrés Sandoval, diplômé de l'Institut Bocuse, et Veronica Suñé. Gentillesse de l'accueil pour nous servir des assiettes colorées où se marient la cuisine et les produits français au fil des saisons avec les recettes sud-américaines pour un bœuf au lard, un poisson du moment ou une cachapa revisitée. Même esprit pour la carte des vins. Végétariens bienvenus. Révélation !

LIBANAIS

MON LIBAN

19, rue Mercière (2e) ✆ 04 78 42 35 00
https://lemonliban.fr

Ouvert tous les jours midi et soir. Formule midi 18 €. Mezze de 64 € à 126 €/2 pers. Menus 37 € à 47 €. Animations.

Mon Liban d'il y a 34 ans et Mon Liban d'aujourd'hui n'ont plus grand-chose à voir, si ce n'est l'amour du pays et l'image que chacun peut se faire d'un pays à la gastronomie particulièrement riche et parfumée. Salle merveilleuse, digne d'une grande adresse, entre modernité et tradition, qui nous emmène en voyage vers d'autres rivages. Accueil adorable, service prévenant, il ne reste plus qu'à découvrir et partager une cuisine envoûtante, inspirée de différentes cultures. Large carte permettant de varier les plaisirs en partageant de fameux mezzes. Végétariens bienvenus. Autre bonheur de Mon Liban, l'exceptionnelle cave à vin et ses bouteilles d'ici et du Liban. Voyage en terre gourmande.

MEXICAIN

GOMEX CANTINA

16, rue des Capucins (1er) ✆ 04 78 49 66 36
https://commande.go-mex.fr

Ouvert du mardi au dimanche le midi et le soir. Samedi et dimanche en continu de 11h30 à 22h. Carte : 16 € environ.

S'offrir le Mexique et sa cuisine de rue sur un plateau, c'est ce que vous propose Gomex au milieu des Pentes. La restauration rapide n'est pas incompatible avec le fait de prendre son temps dans un lieu chaleureux entre terrasse et salle aux notes joyeusement colorées. Bravo à Enrique Gomez Moro, passé par l'Institut Bocuse et des établissements prestigieux, et son équipe qui ont su mettre à l'honneur une cuisine mexicaine de qualité à savourer sur place ou à emporter. Tacos, burritos, tortas, fajita fiesta à partager à 4, ceviche, des recettes gourmandes composées d'excellents produits, comme ce paleron de bœuf confit pendant 9h. Cantine populaire et autre adresse à Confluence.

MEXICAIN

TWO AMIGOS

1, rue Henri-IV (2e) ✆ 09 53 11 86 70
www.twoamigos.fr

Maître Restaurateur. Ouvert tous les jours le midi et le soir. Burritos à partir de 15 €. Vente à emporter.

Que connaissez-vous de la cuisine mexicaine ? La cuisine industrielle standardisée en sachet ? Alors découvrez vite la véritable cuisine mexicaine artisanale ! Direction Two Amigos pour se régaler d'authentiques burritos, nachos, quesadillas fabriqués sur place, sous vos yeux, à partir de produits frais. Ici, c'est de l'amour que l'on savoure avec le Give me love ou le Green Peace, des Burritos Signature épicés sur demande. Des noms amusants pour des plats qui ont du caractère, comme ce Kill Bill Chorizo fait de bons produits maison : chips de maïs et chorizo mexicain. Desserts maison dans la même veine. Cocktails maison avec plusieurs margaritas et de la tequila comme nulle part ailleurs.

MEXICAIN

PIQUIN

16, rue d'Essling (3e) ✆ 04 72 32 98 48
www.piquin.fr

Ouvert du mardi au samedi le midi et le soir. Suggestion du jour 12,50 €. Tacos 9,90 € les 3.

C'est quoi une taqueria ? C'est un restaurant de spécialités mexicaines. Dans son style, Piquin nous réserve le meilleur de la cuisine mexicaine ! Chez Piquin, concentré de bonne humeur, la restauration est 100 % maison : des tacos aux tortillas, en passant par le dessert du jour à vous retourner le cerveau. Piquin, que vous prononcez comme vous voulez, c'est l'aventure culinaire de Sandra Alvarez, mexicaine d'origine passée par l'Institut Bocuse, qui fait des merveilles derrière les fourneaux, et d'Hugo Boissin qui anime une salle colorée. Des passionnés de la cuisine et de la culture mexicaines. Ceviche, guacamole, nachos, bières locales et dégustation de tequilas. Pépite !

MEXICAIN

ALEBRIJE

1, rue Justin Godart (4e)
✆ 04 72 00 03 02
https://alebrijelyon.fr

Ouvert du mardi au samedi le soir. Menus de 37 € à 48 €.

Comme il est plus facile d'aller à la Croix-Rousse qu'au Mexique, c'est avec grand plaisir que nous faisons escale gourmande à l'Alebrije. Une jeune cheffe mexicaine, Carla Kirsch passée par l'Institut Bocuse, nous offre une expérience unique dans un lieu coloré. Une adresse tendance gastronomique, habile mélange de savoir-faire français, de produits... français (locaux et régionaux de préférence) et de recettes traditionnelles mexicaines pour des assiettes aux saveurs incroyables, comme ce filet de canette au mole manchamantel aux poires confites et coings au vinaigre, lentilles beluga ou ce dessert vanille et café. Quand la cuisine nous emmène vers un ailleurs délicieux.

PÉRUVIEN

KRIOYA

33, rue de la Thibaudière (7e)
✆ 09 75 27 48 39
www.krioya.com

Ouvert du mardi au samedi midi et soir. Formules midi de 15 € à 23 €. Carte 25 € environ.

© DR

De Krioya à cris de joie, il n'y a qu'à franchir la porte de ce charmant restaurant de street-food péruvienne. Salle joyeusement colorée, accueil souriant et adorable, QRCode pour les menus, mais des plats à se faire expliquer de vive voix pour tout comprendre. Cuisine de grande qualité préparée par la cheffe Veronica Moreno qui travaille des produits frais à la minute pour des ceviches et chifa woks de haute volée. C'est aussi beau que bon, avec des saveurs pleines et inattendues ! Merveilleuse sauce leche de tigre, incontournable ceviche maison El Spécial à base de daurade ou un Lomo Street-food. Cocktail Pisco Sour et piqueros à partager en soirée. Voyage gourmand.

PÉRUVIEN

LA CEVICHELA

18, rue de Bonald (7e)
✆ 04 37 70 11 25
www.la-cevichela.com

Ouvert du mardi au samedi le soir. Ceviche à partir de 14 €.

La toute première cevicheria lyonnaise. Si tu ne sais toujours pas ce qu'est un ceviche, c'est que tu n'es pas sorti depuis le premier confinement ! Alors, sors de ton appartement découvrir ce délicieux plat emblématique du Pérou réalisé à base de poisson frais et cru, de citron... pour composer le fameux Leche de Tigre (la marinade à base d'agrumes) et bien d'autres ingrédients suivant les recettes. Plat healthy par excellence, le ceviche est un pur régal quand il est préparé dans les règles de l'art – poisson frais du jour – ce qui est le cas à la Cevichela. Egalement huîtres et fruits de mer pour varier les plaisirs. Carte des vins et cocktails maison pour voyager. Toujours tout bon.

SÉNÉGALAIS

LYON DAKAR

227, rue de Créqui (3e)
✆ 04 78 62 29 54
Ouvert midi et soir du mardi au samedi. Midi 13,90 €. Menus de 18,50 € à 26 €.

© EMMANUEL SPASSOFF

© EMMANUEL SPASSOFF

Dakar Sénégal, le voyage commence à Lyon rue de Créqui. Un lieu à part qui dépasse les frontières, abolit la distance pour nous transporter, depuis plus de 20 ans, vers l'ouest de l'Afrique. Un lieu magique animé par l'adorable Samy et toute son équipe, serveuses souriantes et efficaces, dans une salle chaleureuse. L'excellente Maryama, authentique sénégalaise, s'affaire en cuisine pour nous préparer les spécialités de son pays. Cuisine généreuse et savoureuse, à commencer par l'incontournable thiéboudienne, plat national sénégalais à base de mérou, un bar grillé ou un Thiep à la viande. Dégustation de rhums pour néophyte, amateur ou expert. Végétariens bienvenus. Adresse envoûtante.

PÉRUVIEN

MIRAFLORES

112, boulevard des Belges (6e) ✆ 04 78 24 49 71
www.restaurant-miraflores.com
1 Michelin. Ouvert du mardi au samedi soir. Menu Machu Pichu 165 €.*

Une étoile dans le ciel du Pérou quand on regarde du côté du Miraflores. Pour une expérience unique à Lyon, ce restaurant gastronomique est emmené par le chef Carlos Carmino. Lieu merveilleux, ambassade de la cuisine et de la culture péruvienne pour une immersion complète dans ces terres inconnues et cette nature généreuse qui va de l'océan aux plus hauts sommets des Andes. Qualité des produits qui viennent d'ici mais surtout de là-bas pour nous régaler dans des assiettes déroutantes comme huîtres fines de claire, aji (piments péruviens) et noix d'Amazonie. Plats de la mer et des montagnes. Il faudra revenir pour tout goûter. Sans oublier YKA, le bar où l'on savoure des ceviches. Un délice.

RÉUNIONNAIS

LES FILAOS

1, place Fernand-Rey (1er) ✆ 04 78 28 67 60
www.lesfilaos-lyon.com
Ouvert du mardi au samedi midi et soir. Formule midi 21 €. Menus soir de 25 € à 31 €. Terrasse.

A Lyon, La Réunion porte un autre nom. Installée depuis 37 ans sur une des belles et des plus discrètes places de Lyon, la famille Grondin nous embarque à bord des Filaos à la découverte de la gastronomie réunionnaise. Terrasse joyeuse où il fait bon vivre les heures les plus chaudes entre les lauriers et la salle chaleureuse pour une animation permanente. Des plaisirs naturels qui se prolongent naturellement dans les assiettes avec des recettes authentiques transmises de génération en génération : bouchons, samoussas, rougail (servi aussi à midi), bœuf massalé... Cave à rhum. La Réunion s'invite chez vous grâce à la vente en livraison ou à emporter. Adresse de cœur.

TEX-MEX

MULLI

13, rue Mercière (2e)
✆ 04 78 05 11 90
https://mulli.fr
Ouvert du mardi au samedi midi et soir. Formule complète 20 €.

L'adresse qui « pique » dans le bon sens du poil ! Quand la rue Mercière nous ouvre une porte vers le Mexique, pays dont la cuisine ne se résume pas à certains clichés publicitaires. Le chef Mauricio Hernandez nous fait entrer dans une maison mexicaine à la découverte d'une cuisine de tradition. Accueil adorable, ambiance et décor chaleureux pour savourer une cuisine maison pleine de saveurs : incontournable guacamole, soupe aztèque, tostada de ceviche, choix des tacos – à manger avec les doigts –, tortas, flautas, enchiladas... et desserts maison à l'ardoise. Bières mexicaines pour accompagner le tout. Idéal pour célébrer Dia de Muertos. Le Mexique version authentique.

À EMPORTER

LA BROCHE

14, rue Romarin (1er) ✆ 04 82 33 13 24
www.labroche-notrerecettedukebab.com
Ouvert tous les jours le midi et le soir. Week-end en continu de 11h à 22h. Menus à partir de 11,90 €.

A chacun sa recette du kebab, pourvu qu'elle soit gourmande et composée des meilleurs ingrédients ! David et Fabrice, deux frères venus du Nord – ce qui explique qu'ils savent faire de bonnes frites aussi – préparent une version originale du kebab. Dans un pain bun's au sésame signé Pozzoli, garantie lyonnaise de qualité, les frangins glissent des morceaux de poulet français mariné 24h découpés à la broche montée chaque matin, des légumes frais eux aussi marinés et une bonne sauce maison. Version végé avec feta et légumes frais. Plus calorique, la version poutine. Frais, simple, efficace, service souriant : une alternative locale séduisante et gourmande. Faut vite embrocher !

À EMPORTER

BABA LA GRENOUILLE

102, cours Lafayette (3e) ✆ 04 78 60 30 94
https://baba-la-grenouille.fr
Ouvert du mardi au dimanche de 8h30 à 14h, du jeudi au samedi de 8h30 à 19h. Grenouilles sauvages 23 €. A emporter.

Les Halles de Lyon-Paul Bocuse rassemblent sous un même toit de haute convivialité toutes les spécialités gourmandes de la région. Et parmi ces spécialités, les grenouilles ! Spécialité de la Dombes, les grenouilles à la persillade préparées par une Baba team emmenée par Thomas Védrine s'accompagnent volontiers d'un petit verre de blanc et d'un gratin dauphinois. Bien sûr, les grenouilles ne peuvent pas venir de la région, c'est interdit, mais elles sont de belle qualité et parfaitement préparées. Bonne humeur et conseils pour réchauffer son plat à la maison. D'autres plats à emporter avec le couscous et la paella, bien pratique dans la période. Sautez sur cette adresse.

À EMPORTER

LIPOPETTE

17, rue Hippolyte Flandrin (1er) ✆ 09 83 49 01 56
www.lipopettelyon.fr
Ouvert du lundi au vendredi midi et soir. 1 maki (8 pièces) à partir de 7,50 €. Menu Donburi à partir de 15,90 €.

Comme les sandwichs, les kebabs, les crêpes… Les makis peuvent se préparer à toutes les… garnitures. Car un maki, ce n'est jamais qu'un rouleau d'algue nori entourant du riz blanc assaisonné à du vinaigre de riz sucré et farci… par ce que l'on veut ! Et c'est là qu'est l'idée de génie d'Adrien et Etienne qui ont inventé le maki local et de saison. Produits français de qualité : gravlax de truite saumonée, tofu mariné, fromage frais… Idéales à emporter, ces pièces gourmandes offrent des compositions de saison, comme ce maki Des monts au fromage frais citron-ciboulette, caviar de légumes et fruits frais. Franchement bluffant. Autres bonheurs, les Donburis. Super Lipopette !

À EMPORTER

LES BURGERS DE PAPA

112, cours Charlemagne (2e)
www.lesburgersdepapa.fr
Ouvert tous les jours de 11h à 23h. Menus de 8,90 € à 15,40 €. Click & Collect. Vente à emporter. Livraisons.

© DR

© DR

On est sans doute des Tanguy toujours à la maison, mais on n'est pas près de quitter Papa, le meilleur cuisinier de burgers au monde ! Chez Papa, on aime tout. A commencer par la convivialité, la bonne humeur et l'envie de partager de bons moments dans l'une des 3 adresses lyonnaises : Confluence, Part-Dieu et Lyon 8 Lumière. Dans les burgers aux noms rigolos, de bons produits du terroir. Version bœuf pour les carnivores et galette de légumes pour les veggies. Ça dégouline d'amour et de saveurs. Super frites maison, bonnes sauces, nuggets, camemboules originaux, crousticlettes qui en jettent, salade César façon Papa, desserts gourmands… Binouze et limonade de Papa.

NEW

À EMPORTER

CULINA IN VIA

24, rue Ferrandière (2e)
https://culina-invia.com

Ouvert du mardi au samedi de 12h à 18h. Formules de 14 € à 19 €. Vente à emporter.

Après le magistral Culina Hortus, restaurant gastronomique 100 % végétal parmi les meilleurs au monde, voici la version street-food. Cuisine de rue - traduction littérale de Culina in Via - gastronomique et 100 % végétarienne avec des sandwichs cuisinés et des garnitures gourmandes, le tout imaginé par le chef Adrien Zedda, toujours aussi inspiré. Recettes au fil des saisons avec régulièrement de nouveaux sandwichs à base de pain frais de la boulangerie Miette. Desserts maison de haute volée pour se régaler jusqu'à la dernière bouchée. Boissons dans le même esprit, dont une étonnante bière maison à la verveine. Attention, pas de repas sur place, uniquement à emporter !

À EMPORTER

ROTISSERIE MAISON BLANCHET

102, cours Lafayette (3e)
✆ 04 78 60 15 98
www.maisonblanchet.fr

Ouvert tous les jours le midi. Plat du jour. Poulet fermier rôti.

Quand l'excellence et la gastronomie nous régalent au cœur des Halles de Lyon depuis 20 ans. Michel Blanchet n'est pas un inconnu puisque le chef nous propose de délicieux plats garnis de truffe dans son échoppe voisine : Passionnément Truffes. Pas facile de trouver à Lyon un bon poulet rôti à rapporter à la maison. Manque réparé avec cette rôtisserie où volailles bio, poulets fermiers, de Bresse, mais aussi pintades, canards ou cochons à la broche sont préparés dans les règles de l'art. Burger de volaille pour changer ses habitudes. Sandwichs chauds du rôtisseur.

À EMPORTER

HEAT

70, quai Perrache (2e)
https://h-eat.eu

Ouvert tous les jours à midi et le samedi de 12h à minuit. Selon les containers.

Une halle à manger, c'est toujours mieux que food-court, comme Lyon en a le secret. A deux pas du Rhône, dans le quartier de Confluence, un lieu où l'on vient sans pression, juste pour se faire plaisir et se régaler. Heat rassemble dans un lieu accueillant toute une communauté cool réunie par l'envie de se détendre en pleine jungle urbaine et de bien manger dans une grande cantine à ciel ouvert ou sous la Serre. Les restaurateurs changent régulièrement, mais mettent tous en avant les circuits courts et la qualité des produits à tendance bio. Événements festifs et culturels réguliers, du bon son et un bar pour chiller sur la grande place en jouant à la pétanque.

À EMPORTER

PIECE OF CAKE

5, rue d'Aguesseau (7e)
✆ 09 83 37 88 84
www.pieceofcake.fr

Ouvert du mardi au vendredi de 9h à 18h, samedi de 8h à 18h.

Qu'est-ce qu'une pââtisserie (c'est écrit ainsi) vient faire dans notre rubrique des restaurants ? C'est inédit, mais Piece of Cake, boutique spécialisée dans les cheesecakes et autres pâtisseries artisanales, mérite largement de changer de catégorie pour nous régaler à de larges horaires et de nombreuses occasions. Chez Piece of Cake, tout est fabriqué maison. A commencer par de délicieux bagels, les meilleurs de la ville, et des hot-dogs qui peuvent vous rendre complètement addict ! Le *Futé* valide totalement le bagel à la truite fumée des Dombes, Philadelphia, ciboulette, oignon rouge et concombre. Salades, sandwichs et tout plein de savoureux gâteaux. Adresse hyper réconfortante.

NEW

À EMPORTER

FOOD SOCIETY

17, rue Docteur Bouchut (3e)
www.foodsociety.fr

Ouvert tous les jours de 9h à 23h. Plat environ 13 €.

Dans ce nouveau bâtiment du centre Westfield Part-Dieu, un lieu joyeux, festif où il fait bon partager un plat fait en direct à l'un des dix comptoirs ouverts sur la street-food mondiale *made in* Lyon. Pour commander, smartphone et agilité numérique recommandée. Les «anciens» qui galèrent se feront aimablement aider. Tu scannes le QR code et tu choisis ta cuisine. Pizza sur la terrasse, tacos, couscous, kébab, bao, falafel, burger... ou boulangerie façon Mère Brazier. Il y en a pour tous les goûts. Ça grouille de monde, ça vit, ça bouge et dans les assiettes, c'est vraiment frais et bon. Engagement zéro plastique, on aime. Bar pour les boissons et le café Gonéo, notre préféré. Belle surprise.

NEW

À EMPORTER

FRATELLI TRATTORIA

2, avenue Tony Garnier (7e)

Ouvert du lundi au vendredi de 8h à 19h30. Formules 8,90 € (pizza), 13,90 € (lasagne), 15,90 € (pasta).

Nouvelle adresse pour Fratelli entre le musée de Confluence et la Halle Tony Garnier. Nouveau concept pour Fratelli qui devient Trattoria plutôt que Ristorante. La différence ? Un décor et une ambiance plus décontractés, même si l'on retrouve le joli bleu des murs du *ristorante*, un soin particulier et des sourires dans le service. Cuisines ouvertes pour ne rien cacher des savoureuses préparations au bon goût de l'Italie. Car ce qui n'a pas changé, c'est la qualité des produits italiens utilisés pour préparer une cuisine faite d'amour et de générosité. Des plats simples, faciles à emporter (ou à manger sur place), de la part de pizza à la boîte de pâtes avec sauce maison. A vite redécouvrir.

BURGER
THE ROSTER

22, rue de la Platière (1er)
www.theroster.fr
Ouvert tous les jours le midi et le soir. Combo burgers à partir de 12 €.

Le *Futé*, qui sillonne notre belle région, l'a découvert du côté d'Annecy où The Roster cartonne au bord du lac. Créée par des snowboarders, l'enseigne gourmande prône des burgers qui glissent entre bons ingrédients de proximité - même pour les patates qui poussent en Savoie - et sauce qui dégouline. Recettes permanentes, dont une veggie (The Redemption, même si toutes les recettes peuvent se décliner en version veggie), et un Lunatic qui varie chaque semaine. C'est très bon, avec une préférence pour The Patriot qui nous emmène dans les montagnes. Croqs, Lil'Burgers pour les p'tits creux et des frites spéciales qui vont en caler plus d'un avec crème de cheddar maison, bacon et sauce Roster !

BURGER
GUY & SONS CORDELIERS

14, rue Tupin (2e) ✆ 04 72 82 88 06
www.guyandsons.fr
Ouvert 7j/7 midi et soir. Formule lunch 11,90 €. Terrasse. A emporter. Livraison.

Dans le monde florissant des burgers, Guy & Sons a su tailler sa place en même temps qu'il taillait ses frites au quotidien. Une précision importante, on dit « Guy » à la française, sinon c'est tout l'Aveyron qui se vexe… Un restaurant de burger qui joue avec bonne raison la carte de la qualité en préparant ses sandwichs à base de bons ingrédients frais et bruts : du pain artisanal, des viandes françaises et des fromages de qualité, à commencer par le saint-nectaire. Versions veggie. Mais il n'y a pas que les burgers dans la vie de Guy, il y a aussi les club-sandwichs et des salades gourmandes préparées sur place. Futé : le programme de fidélité Guy & Sons.

NEW
BURGER
PNY

59, rue Mercière (2e)
www.pnyburger.com
Ouvert du lundi au vendredi de 12h à 15h et de 19h à 23h, le week-end de 12h à 23h. Burgers à partir de 13,90 €.

Dans une vie où tout est siglé, bienvenue au très looké PNY pour Paris New York. Pour le coup, vous êtes rue Mercière à Lyon dans un lieu vraiment atypique qui pourrait être inspiré par le Hollywood de *Mulholland Drive* et un bar vu dans un épisode de *Star Wars*. Des néons courbés, des lignes nettes, des banquettes confortables pour un voyage américain vers la patrie des burgers, la spécialité maison. Sélection impeccable de bons produits bien travaillés, du pain maison à la viande maturée et hachée sur place, des compositions originales et savoureuses. Autres plaisirs maison avec le Fried chicken, poulet fermier mariné 24h au saté, et le Sunlight salad. Loaded fries généreusement gourmandes.

BURGER
LE BAFF' BURGER

1, rue de la Ligne de l'Est
VILLEURBANNE
✆ 06 34 12 47 21
Uniquement livraison via plateforme ou à emporter. Du mer au lun soir, du lun au ven midi. Menus de 9,50 à 14,50 €.

© BAFF BURGER

Délicat en ce moment de dire qu'on aime prendre une bonne Baff' ? Pourtant, il suffit de goûter au Baff' Burger pour se prendre un vraie claque. Des recettes originales, du 100% fait maison, préparées avec des ingrédients de qualité, par une équipe sympathique qui partage ton envie de bien manger dans ton canapé (ou sur une table si tu es plus civilisé). Des recettes créées par Florent Joly qui te propose un incroyable Smash Burger, son bun boulanger et ses viandes smashées, ou un burger végétarien avec sa galette gourmande faite maison. Frites également maison en double cuisson. L'équipe joue aussi à domicile pour vos événements privés. Prendre une Baff', c'est toujours un plaisir !

BURGER
L'ATELIER DE MARION

3, rue de Bonald (7e) ✆ 06 67 82 07 82
http://hamburgerlyon.com
Ouvert du mardi au samedi le midi et le soir. Burger avec frites maison à partir de 9,90 €.

À deux pas de la piscine du Rhône, dans un coin tranquille de la Guillotière, l'Atelier de Marion se définit comme une «hamburgeria lyonnaise». Lieu chaleureux, façon bistrot de quartier amélioré, pour savourer un sandwich complet, rapide et pratique à emporter, composé de produits frais sélectionnés avec un soin particulier. La formule burger-frites maison, c'est la base, c'est un plaisir qu'il ne faut pas se refuser dans un Atelier où les petits pains se multiplient à la carte. Burgers aux origines marquées - Australien, Auvergnat, Corse, Savoyard, Italien…-, généreux et particulièrement savoureux. Salades aux beaux jours dans le même esprit de fraîcheur. Du tout fait maison avec amour.

HAPPYCOW

Depuis 1999, HappyCow répertorie les adresses véganes proches de chez vous. On se crée un profil, se géolocalise et c'est parti pour une aventure culinaire… internationale ! Plus de 180 000 adresses, 600 000 membres et 180 pays y sont enregistrés : de quoi se faire une to *food list* aux petits oignons et pourquoi pas rencontrer les utilisateurs près de chez soi sur son prochain lieu de vacances.

FRUITS DE MER - POISSONS

SKIPJACK

12, rue d'Auvergne (2e) ✆ 09 81 35 36 36
www.skipjack-lyon.com
Ouvert tous les jours le midi. Formule à partir de 12,50 €. Brunch 21 €.

Des bowls, tout le monde en fait. Mais tout le monde ne fait pas des bowls comme Skipjack. Skipjack est une espèce de thonidé, un thon quoi, que l'on retrouve dans la composition des plats maison, notamment les fameux Hawaiian poke où le poisson est roi (même si le saumon est bien présent en version crue ou cuite). Le décor nous donne des envies de plage et de baignade, accueil et service adorables et des possibilités qui nous laissent vraiment le choix dans des compositions traditionnelles que l'on peut facilement enrichir avec des extras. Boissons maison et cheesecake. Tous les samedis, en plus des poke, c'est brunch californien. Livraisons possibles. Bonne pêche !

À DOMICILE

COUSBOX

16, rue d'Algérie (1er) ✆ 04 78 28 27 78
www.cousbox.com
Ouvert tous les jours en continu de 9h à 1h. Couscous de 9,99 € à 20,99 €.

C'est quoi un couscous engagé ? C'est un couscous fait maison à partir de produits frais et locaux, avec des fournisseurs du Rhône et de l'Ain clairement identifiés. Un couscous préparé tous les jours selon des recettes savoureuses transmises depuis 3 générations dans la famille Hedia. Graine de qualité cuite à la vapeur, légumes de saison, viande ou accompagnement au choix, c'est un régal absolu ! Salades, soupes, taboulé et plats pour les veggies et végans. Sur place, à emporter ou en livraison en boîtes compostables, des couscous savoureux et généreux à prix doux pour se régaler tous les jours. Desserts maison. Joie de vivre et de bien manger où vous voulez avec Cousbox.

INSOLITE

UNI

35, rue Mercière (2e)
www.lieuxdevie.restaurant-uni.com
Ouvert tous les jours de 12h à 23h. Avec ou sans abonnement. Abo 5,90 €/mois. Plats sans abo 13,90 €.

UNI®, c'est une autre façon d'aller au restaurant en payant un abonnement pour profiter de repas gourmands et équilibrés à petits prix. Chez UNI® la fidélité ça paye une partie de l'addition ! Dans la très courue rue Mercière (autre adresse à Décines OL Vallée), une grande adresse par la taille, belle terrasse, qui multiplie les innovations. Chez UNI®, on s'abonne pour réduire les prix et accéder à des animations particulières. On télécharge une application qui permet de réserver une table, commander un plat (et le noter le cas échéant) et régler la note ! Carte courte de 7 plats et 5 desserts, pizzas, burgers et autres plats de saison. Salle de jeux pour les enfants et menus Kids. UNI® que !

BIO

GRIMPEURS CYCLIST HOUSE

2, rue d'Oran (1er) ✆ 04 72 98 00 04
www.grimpeurs.cc
Ouvert du lundi au samedi 8h-19h, dimanche 8h-15h. Carte 22 € environ. Terrasse. A emporter. Boutique.

Pour un bon grimpeur, il faut avoir une alimentation saine et équilibré. Un lieu original créé par d'authentiques passionnés du vélo, où l'on peut aussi bien choisir ou réparer son engin musculaire ou électrique, s'entraîner et transpirer, mais aussi boire et manger du petit-déjeuner au goûter. Pause gourmande et healthy avec un choix de plats composés de produits le plus souvent bio et locaux. Cuisine maison simple et savoureuse. On recommande le club sandwich, mais les lasagnes Grimpeurs méritent aussi toute notre attention. Pâtisserie maison pour prendre des forces avant de repartir sur la route de nos vies citadines, tout en rêvant d'évasion vers les grands cols des Alpes.

KEBAB

CHËF

10, rue Terme (1er)
www.chefberliner.fr
Ouvert du lundi au samedi le midi et le soir. Kebap, frites et boisson 12,50 €. Bowl, frites et boisson 14 €.

Oublie tout ce que tu crois savoir sur les kebabs et va au devant d'une nouvelle expérience culinaire : Chëf ! Tellement plus qu'un kebab qu'il faudrait une catégorie spéciale pour le classer. Au pied des Pentes, attends-toi à faire la queue pour savourer un «berliner kebap» d'exception. Ici, tout est fait maison, des sauces aux frites, de la broche aux desserts. Ce qui est bluffant, ce sont les saveurs qui se livrent à profusion dans ces pains moelleux juste comme il faut. Broche de veau ou de poulet, seitan mariné maison aussi pour les veggies, de merveilleux légumes grillés, de la feta et bien d'autres ingrédients. Citronnade ou ayran maison. Une dinguerie.

LIBANAIS
AKLÉ

102, cours Lafayette (2e) ✆ 04 78 60 72 16
www.akle.fr
Ouvert mardi et mercredi de 9h30 à 14h30, du jeudi au samedi de 9h à 19h, dimanche de 9h à 13h.

Les gourmands connaissent déjà Aklé et son restaurant du quartier de la Part-Dieu. Mais il faut encore découvrir les deux comptoirs libanais ouverts par Aklé sur l'avenue des Frères Lumière et aux Halles de Lyon Paul Bocuse, sans oublier le food-truck. Excellent rapport qualité-prix pour savourer une délicieuse cuisine pleine de saveurs. Il suffit de choisir les mezzes froids ou chauds à déguster sur place - pas beaucoup de place... - ou à emporter à la maison. Incontournable houmous, taboulé, moutabbal, batata barra, falafel, rikakat... et les brochettes à rajouter aux formules. Chez Aklé, nombreux produits libanais pour mettre du soleil dans sa cuisine (épices, huiles, olives, vins...).

SALADERIE
JOUR HEALTHY BY NATURE

23, rue Thomassin (2e)
www.jour.fr
Ouvert du lundi au vendredi de 11h à 21h, samedi de 11h à 18h. Bowl à partir de 9,50 €

Le « fast healthy food » a le vent en poupe et c'est tant mieux ! Avec l'ouverture de 2 adresses – une à la Part-Dieu, l'autre en Presqu'île –, Jour, Healthy by nature, Lyon est engagé dans le bien-manger, sain et équilibré, même quand on est pressé. Idéalement situé dans la Shopping Zone, Jour reprend tout ce qui rend la restauration rapide vraiment rapide – bornes de commande, commande en ligne, appli, click & collect – tout en proposant des plats, bowls et salades, des soupes en hiver, des quiches..., le tout composé de produits de saison issus d'une agriculture bio ou raisonnée. Précurseur de la vague « healthy food », Jour nous invite à faire une vraie pause gourmande.

PIZZAS
PAPAVERI

37, rue de la Thibaudière (7e) ✆ 04 81 68 34 33
https://papaveri-pizza.com
Ouvert du lundi au samedi le soir. Pizzas à partir de 9 €. Sur place et à emporter.

Si l'adresse est depuis longtemps dédiée au monde délicieux de la pizza, elle a changé d'enseigne. Et c'est une vraie réussite avec l'arrivée de l'équipe de Papàveri qui a su (re)créer un véritable lieu de vie dans ce quartier où les bonnes adresses gourmandes se multiplient. Superbe décoration qui nous amène dans une Italie joyeuse et très colorée pour savourer l'une des meilleures pizzas de Lyon. Chez Papàveri, tout est fait maison à partir de produits frais, souvent bio, toujours délicieux. Pâte artisanale à la recette secrète et à la texture parfaite, ingrédients de qualité, comme cette sauce tomate maison, de la truffe d'Alba... Authentique tiramisù dans le même esprit. Un régal.

NEW SANDWICHERIE
BANNETON

28, rue Neuve (2e)
✆ 04 78 39 47 97
https://banneton.fr
Ouvert du lundi au vendredi de 7h30 à 16h. Formule 12,90 €.

De ce côté-ci de la rue Neuve, près du lycée Ampère, Banneton a pris au bond notre envie de bien manger même pressé. Qu'a-t-elle de si différent, cette «sandwicherie artisanale» ? Outre le fait qu'elle soit trop mignonne avec sa petite terrasse et son intérieur où l'on se poserait volontiers, Banneton fait la différence par la qualité de ses sandwichs maison. Pains fabriqués sur place à partir d'un levain bio et produits - le plus souvent locaux - de qualité pour de généreuses et savoureuses garnitures. Recettes délicieuses, du classique au pastrami aux plus étonnants croque-truffé et au tataki de thon mariné. Cafés Gonéo, bravo, et thés ChariTea. Petit déjeuner et goûter. Formule gagnante.

RESTAURANT DE BURGER
GUY & SONS CHARPENNES

89, cours Vitton (6e) ✆ 04 37 44 20 00
www.guyandsons.fr
Ouvert tous les jours midi et soir. Lunch 11,90 €. Menu à emporter 15,90 €. Terrasse. A emporter. Livraison.

Cette adresse so freshhhh n'est pas un fast-food comme vous l'entendez trop souvent. C'est un vrai restaurant de burgers faits maison à partir de bons ingrédients frais. Et ça fait toute la différence, comme le fait que ces burgers soient servis à table en temps «normal». Chez Guy & Sons – Guy qu'il faut prononcer à la française pour ce concept né du côté de Clermont –, on fait son pain tous les matins et on le garnit d'ingrédients de saison soigneusement sélectionnés. Pour les veggies, galette de légumes maison. En plus des burgers, Guy & Sons propose une salade cool et un croque truffé délicieux. Sur le cours, petite terrasse devant les baies vitrées pour prolonger la pause gourmande.

SANDWICHERIE
PIGNOUF LYON

22, rue Chevreul (7e) ✆ 04 28 29 99 66
pignouflyon.fr
Ouvert tous les jours de 11h à 23h30. Smash burger 7 €. Pignouf 9 €.

Adresse pour public averti ! Ou pour les grands enfants qui ont gardé le sens de la blague graveleuse, toujours juteuse... Nous, on aime et c'est bien dans l'esprit potache du quartier. Un bar de coin de rue faussement déglingué qui fait du bien aux jeunes comme aux anciens (si tu n'as plus de dents, c'est meilleur pour manger les Dwichs maison...). On commence par vous parler de la carte des bières, parce qu'elle est originale. Ensuite viennent les fameux Dwichs faits avec amour (et des doigts propres) avec de bons pains et des viandes françaises, sauf pour le Miso King puisqu'il est à base de saumon. Finitions au Fat Cookie et crumble de saison. Les Pignoufs sont des Ouf !

SUR LE POUCE

YAAFA

112, cours Charlemagne (2e)
https://yaafa.fr
Ouvert tous les jours de 11h30 à 21h30. Formules de 9,50 € à 15 €. Étudiants -10%.

Impossible de passer à côté de Yaafa, le meilleur distributeur - perso, on préfère à dealer - de falafels de toute la métropole. Il faut dire qu'avec ses 6 adresses Yaafa quadrille Lyon de la Croix-Rousse à Monplaisir en passant par Confluence, 7 jours sur 7, midi et soir. Une enseigne que le *Futé* aurait pu classer dans la rubrique végétariens, puisque tout est 100 % veggie, fait à partir de légumes frais et locaux. Des boulettes croustillantes de purée de pois chiche, persil et épices inspirées par différentes recettes, du Grec au Thai, le tout dans un excellent pain pita servi avec des sauces maison, mais aussi un kebab végé et des salades pour faire bonne mesure. Simple et savoureux.

SUR LE POUCE

FOOD TRABOULE

22, rue du Boeuf (5e) ✆ 04 87 91 55 33
www.foodtraboule.com
Ouvert du lundi au vendredi midi et soir, samedi de 11h45 à 23h, dimanche de 11h45 à 21h45. Happy midi 13 €.

Food Traboule : la plus belle et la meilleure innovation en matière de restauration installée au cœur du Vieux Lyon dans les murs de l'incroyable Tour Rose. Le food-court, c'est la possibilité de trabouler dans un lieu d'exception tout en se régalant aux 13 comptoirs de chefs tout aussi exceptionnels ! Possibilité de manger en terrasse sur rue, mais c'est encore mieux à l'intérieur. Déambulation gourmande pour choisir ses plats, de l'apéro au sucré, en passant par des lyonnaiseries revisitées ou les plats des Apothicaires par Tabata et Ludovic Mey, les créateurs du Food Traboule. Ne surtout pas manquer la formule de midi, véritable aubaine pour se régaler à moindre prix dans le quartier.

SUSHI

TOASUSHI

69, avenue des Frères Lumière (8e) ✆ 04 78 78 00 03
https://toasushi.fr
Ouvert tous les jours de 9h à 22h. Formules midi à partir de 12,90 €.

Ce qui fait la qualité des sushis, c'est le savoir-faire des *sushimen*, mais c'est avant tout la qualité des produits. Et chez Toasushi, où l'on respecte l'art des sushis à la japonaise, la qualité des produits est exemplaire. Sur l'avenue des Frères Lumière, tradition et originalité de sushis composés de bons produits, à commencer par le poisson (saumon de Norvège) découpé comme il se doit. Sushi maki, california rolls, spring rolls... Des plus classiques aux plus créatifs avec des recettes Signatures ou des sushi rolls Veggie et d'autres sans poisson cru, végans compatibles. Nigiri, poke bowl, sashimi et tataki, tous les goûts sont permis ! Voyage gourmand en première classe à petits prix.

TRAITEUR

PIGNOL

8, place Bellecour (2e)
✆ 04 78 37 39 61
www.pignol.fr
Ouvert du lundi au samedi de 8h à 19h.

La maison Pignol, c'est près de 70 ans d'expérience au service des plus belles créations gourmandes. La tradition est respectée, parfois bousculée juste ce qu'il faut, pour faire rêver tous les convives autour des plats préparés par les équipes d'un artisan Meilleur Ouvrier de France. Repas à la carte pour un dîner en amoureux ou buffet pour 2 000 personnes, cocktail apéritif ou dinatoire.... Grande gamme de prestations avec la qualité en point commun. La boutique permet d'emporter les plats les plus réputés de la maison. Une adresse communicante avec la pâtisserie Pignol de la rue Emile-Zola, âme de la maison Pignol, pour la partie sucrée. Une maison gourmande.

TRAITEUR

CYRIL NITARD

84, rue Béchevelin (7e) ✆ 04 72 70 77 59
www.cyril-nitard.com
Ouvert lundi de 17h à 19h30, du mardi au vendredi de 11h à 13h30 et de 17h à 19h30, samedi de 10h à 13h.

Dans ce quartier pionnier qu'est le 7e, Cyril Nitard – cuisinier de métier passé par de belles maisons gastronomiques – a réinventé le métier de traiteur dans son atelier-boutique. Contact direct avec le chef installé dans sa cuisine. Pas de barrières dans ce lieu ouvert où l'on vient chercher des plats préparés à partir d'excellents produits. Parmi les incontournables, les pâtés croûtes maison, cuisinés avec amour et un grand savoir-faire, comme le Béchevelin - noix de veau, filet de porc et foie gras - toujours présent à la carte, des plats cuisinés de saison ou du snacking avec un croque étoile. Apéros dînatoires à piocher dans la vitrine ou sur commande. Grands plaisirs lyonnais.

TRAITEUR

SASSOUN TRAITEUR

73, avenue des Frères-Lumière (8e) ✆ 04 78 74 27 18
www.sassoun.fr
Ouvert du lundi au samedi de 9h30 à 19h30. Formules midi de 10,90 € à 13,50 €.

Tout le savoir-faire de la famille Toumayan. Restaurateur à Valence depuis 1976, la nouvelle génération porte haut le drapeau de la cuisine libano-arménienne dans la Métropole lyonnaise. Coup de cœur pour l'adresse de l'avenue Frères Lumière. Sobriété chic d'une salle blanche bien agencée, authenticité et qualité des plats proposés derrière la grande vitrine. Promesses alléchantes tenues. Sur place ou à emporter, des plats de tradition à partager : les fameux falafels, les Beureg – chaussons arméniens au fromage –, un choix de houmous colorés et parfumés, sans oublier le choix des desserts avec les baklava ou les yaourts grecs. Accueil adorable, ensemble délicieux.

GEORGES BLANC

Place du Marché - **VONNAS** ✆ 04 74 50 90 90
www.georgesblanc.com
3 Michelin. Ouvert du mercredi au dimanche le soir, du vendredi au dimanche le midi. Menus de 280 € à 345 €.*

Au patrimoine mondial de la cuisine française, le restaurant Georges Blanc se trouve au cœur d'un ensemble luxueux intitulé «Village Blanc» avec hôtel, spa, boutique... L'Auberge de Vonnas, ce sont 150 ans de tradition gourmande et une longévité record de 3 étoiles au Michelin (depuis plus de 40 ans). La tradition revisitée, la créativité permanente autour des meilleurs produits – notamment les plats de Mémoire avec la fameuse crêpe vonnassienne et l'emblématique poularde de Bresse «Elisa Blanc» –, voici quelques définitions rapides du travail de Georges Blanc, un chef secondé par son fils Frédéric. Une expérience gourmande unique à prolonger d'un séjour dans ce fameux village.

HÔTEL DES BAINS

345, rue Principale - **CHARAVINES**
✆ 04 76 06 60 20
www.hoteldesbains-charavines.com
Ouvert toute l'année. Tous les jours. Menus de 26 € à 31 €. Assiette végétarienne 18 €.

Tout près du lac, une belle maison gourmande aux allures d'autrefois – depuis 1872 – avec son enseigne Hôtel des Bains et sa caisse enregistreuse d'un autre âge. Une adresse de tradition où l'on est toujours reçu avec le sourire pour savourer une cuisine faite maison servie dans des assiettes généreuses. Tapas à partager et des menus à composer avec une terrine de foie gras maison. Choisir de rester côté terre avec des viandes de qualité ou côté poissons avec de fameuses cuisses de grenouilles en persillade et son gratin de ravioles, une petite friture ou un omble chevalier sauce écrevisses. Il faut se jeter à l'eau pour savourer la gentillesse et la cuisine maison de l'Hôtel des Bains.

LA PYRAMIDE

14, boulevard Fernand-Point - **VIENNE**
✆ 04 74 53 01 96
www.lapyramide.com
2 Michelin. Ouvert du jeudi au lundi midi et soir. Menus de 175 à 195 €. Formule midi 89 € (menu du Marché).*

Du haut de cette Pyramide, un des sommets de la gastronomie française, Patrick Henriroux nous régale depuis 30 ans. Avec son épouse Pascale, le chef a su réinventer cette maison emblématique pour en faire un lieu contemporain du meilleur goût. Toujours au devant de la scène, les produits – le plus souvent locaux – qui inspirent la créativité d'un plat comme ce Petit pois et suprême de pigeon à l'huile de menthe, royale de pulpe sans rival en salade acidulé. Des moments d'exception à partager dans un cadre élégant et ravissant. La cave de grands crus et spiritueux de plus de 1 000 références est l'autre grand plaisir de cette Pyramide remarquable. Tous les bonheurs d'une grande table.

LE PANORAMIQUE

84, Le Belvédère RN - **CERDON** ✆ 04 74 37 38 20
A 3,8 km à l'est de Cerdon et 1,2 km au sud de Labalme et de la grotte du Cerdon. - www.restaurant-panoramique-bugey.fr
Ouvert tous les jours haute saison. Se renseigner basse saison. Menus de 19 € à 34,50 €. Formule 18,50 €. Relais Motos.

© LE PANORAMIQUE

© LE PANORAMIQUE

Faites grimper votre plaisir en réservant une table au Panoramique ! Installé sur un belvédère naturel, sur une route taillée pour les motards, ce restaurant jouit d'un cadre exceptionnel s'ouvrant sur le pays du Cerdon et bien au-delà. Terrasse avec vue grandiose, salle chaleureuse, ambiance conviviale et cuisine de Jérôme Abry, chef passionné qui met à l'honneur les bons produits du terroir. Gibiers en saison, spécialité de potence, grenouilles fraîches et filet de sandre au chardonnay du Bugey. Carte des vins tournée vers la région. Nombreuses balades digestives aux alentours, à moins de buller en terrasse. Service traiteur et organisation d'événements privés. Adresse plaisir.

AUBERGE DE CLOCHEMERLE

173, rue Gabriel-Chevalier - **VAUX-EN-BEAUJOLAIS**
✆ 04 74 03 20 16
www.aubergedeclochemerle.fr
Ouvert du jeudi au lundi le soir, du vendredi au dimanche à midi. Menus de 54 € à 92 €. 10 chambres à partir de 99 €.

Une adresse qui fait partie du patrimoine du Beaujolais. Le mot qui vient à l'esprit en découvrant cette adresse est « émotions ». Au pluriel bien entendu, car les émotions à ressentir en venant à l'Auberge de Clochemerle sont nombreuses ! A commencer par celle qui monte face au paysage entourant cette belle maison qui continue de briller parmi nos étoiles. Le chef Romain Barthe réalise une cuisine gourmande et créative à partir des meilleurs produits de saison. Modernité, curiosité et savoir-faire pour un défilé de couleurs et de saveurs dans des assiettes suivant les saisons et les arrivages. Un chef, une équipe, une auberge, un nom à partager pour se faire plaisir.

HOSTELLERIE LA FERME DU POULET

180, rue Georges-Mangin - **VILLEFRANCHE-SUR-SAÔNE**
✆ 04 74 62 19 07 - ZI nord ; prendre direction Mâcon, Palais des Expositions. - www.lafermedupoulet.com
Ouvert du mardi au samedi le soir, du mardi au dimanche le midi. Cuisine du jour 24 €. Cuisine de terroir 35 €.

Un coin de paradis gourmand pour savourer les délices préparées par un chef d'exception. Une magnifique ferme du XVIIe siècle parfaitement entretenue et restaurée dans laquelle on retrouve avec bonheur Olivier Degand, membre des Toques Blanches, Bib Gourmand, et son épouse Catherine, maître d'hôtel et sommelière. Cuisine contemporaine réalisée à partir d'excellents produits de saison. Pâté en croûte bressan aux gènes « Champion du Monde 2016 » des pâtés en croûte. Carte des vins sélectionnée avec passion. 9 chambres pour prolonger le séjour dans cette délicieuse maison.

RESTAURANT AU COLOMBIER

Pont de Saint-Bernard - **ANSE**
✆ 04 74 67 04 68
www.aucolombier.com
Ouvert du mardi au samedi le soir, du mardi au dimanche midi. Menu midi 28,50 €. Menus 39 € à 76 €. Jardin. Terrasse.

Une terrasse qui nous emmène loin, sous les tropiques d'une paillote ouverte sur les bords de Saône. C'est beau, jusque dans la salle contemporaine, et c'est surtout très bon. A table pour savourer la cuisine bistronomique de Frédéric Côte, chef talentueux récompensé d'un Bib Gourmand. Formé dans de grandes maisons, il ouvre des horizons pleins de saveurs, mettant à l'honneur les meilleurs produits dans des recettes inédites, comme ce saumon mariné aux épices et citron noir d'Iran, et sa rémoulade de lentilles, vinaigre de framboises et wasabi, suivi d'un demi-coquelet rôti, graines de semoules aux pruneaux, légumes racines et choux de Bruxelles au jus. Table remarquable.

AUBERGE DU LAC GENIN

18, route du Lac Genin - **CHARIX**
✆ 04 74 75 52 50
www.lacgenin.fr
Fermé de mi-oct à début déc. Ouvert du mar au sam soir, du mar au dim midi. Menus 22,90 à 25,90 €. Logis rest. Terroir.

Sur les hauteurs d'Oyonnax, du bonheur à partager quand on se retrouve au lac Genin chez Denis Godet, troisième génération à la tête de l'Auberge. Sur les bords d'un lac aux airs canadiens, la terrasse est idéale pour se détendre au grand air. Denis, son épouse Pascale et leur fille Charlotte nous font partager leur passion des bons produits de terroir avec une délicieuse cuisine de tradition. Spécialités de l'Auberge, les grillades au feu de bois : côte de veau moutardée, faux-filet persillé, beefsteak aux herbes... Un fameux tournedos aux morilles ou des filets de perche au beurre. Belle carte des vins. L'été, offre de snacking à emporter au bord du lac. Réservation fortement conseillée.

AUBERGE DE LA PRAILLE

Route du Col de la Rochette - **HAUTEVILLE-LOMPNES**
✆ 06 68 66 81 72
www.aubergelapraille.fr
Ouvert toute l'année, tous les jours en vacances scolaires. Formules midi. Menus de 27,50 € à 32,50 €.

Fuir la ville pour monter vers le bonheur de se retrouver dans une authentique auberge gourmande. Partagez du bon temps à l'Auberge de la Praille. Un lieu magique au cœur de la forêt du Bugey : l'hiver avec le domaine nordique de La Praille ; l'été pour randonner à pied ou à vélo (location à l'Auberge) dans une nature préservée. Sur la terrasse baignée de soleil ou dans une salle chaleureuse, chacun savoure l'accueil et la cuisine de l'excellent Christophe Bourgeais. Produits locaux de qualité : fondues au comté de la fruitière d'Aranc, filets de perche meunière, filet de sandre au beurre citronné, grenouilles, poulet fermier de l'Ain aux morilles ou aux écrevisses. Paradis gourmand.

HÔTEL

HOSTELLERIE DU VIEUX PÉROUGES

Place du Tilleul - **PÉROUGES** ✆ 04 74 61 00 88
www.hostelleriedeperouges.com
6 chambres. Chambres doubles à partir de 139 €. Restaurant ouvert du vendredi au mardi, midi et soir. Menu/carte 44 €.

Une superbe maison du XIIIe siècle donnant sur la place principale de Pérouges, tenue par la famille Thibaut depuis 1912. A table, vous trouverez des plats traditionnels ainsi que les fameuses galettes au sucre de Pérouges. Le tout dans un décor de vieux meubles et de parquet qui craque. Spécialités régionales : morilles, poissons des lacs et étangs, volaille de Bresse- ou maison, service en costume. Vous pouvez aussi profiter du salon de thé de l'hostellerie pour déguster une boisson chaude, un cidre ou un jus de fruits frais avec une tranche de galette pérougienne.

© EMMANUEL SPASSOFF

© EMMANUEL SPASSOFF

LE TROU EN UN - GOLF CLUB DU BEAUJOLAIS

Domaine du Chiel - **LUCENAY** ✆ 04 74 67 04 44
www.golfdubeaujolais.com
Ouvert tous les jours à midi. Soir groupes sur réservation. Menu du jour de 12,50 à 21 €. Menu 38 €. Vue sur le golf.

Envie de manger au vert dans la campagne beaujolaise ? Quelques minutes suffisent, par l'A6 sortie 32 Quincieux, pour atteindre le bonheur au restaurant du Golf. Magnifique terrasse entourée de nature et superbe bâtisse du XVIIIe siècle en pierre de pays réunissent golfeurs et gourmands pour savourer une cuisine maison réalisée à partir de produits de qualité. Incontournable salade du Golf, tartare de bœuf, filet de bœuf sauce truffe, souris d'agneau confite... Belle carte des vins. L'après-midi glaces et pâtisseries. Événements privés ou professionnels. Magique !

DR

© DR

© EMMANUEL SPASSOFF

CUISINE RÉGIONALE

CHEZ BIBET

Rue de la Saône
SAINT-BERNARD
✆ 04 74 00 17 58
https://chezbibet.com

En été, du mercredi au dimanche midi et soir, bar lounge en continu. Formule midi 18,90 €. Menus de 32 € à 43 €.

© EMMANUEL SPASSOFF

© EMMANUEL SPASSOFF

Institution basée sur les bords de Saône depuis 1926, Chez Bibet perpétue le meilleur de la tradition tout en innovant. Dans un cadre enchanteur, l'histoire gourmande se renouvelle grâce à Claude Henriques et son équipe. Qu'on se rassure : le décor merveilleux de la terrasse ombragée n'a pas bougé. L'accueil et le service restent absolument adorables et efficaces. Et les authentiques grenouilles persillées de Chez Bibet répondent bien présentes à l'appel sur la carte, mais à côté de belles nouveautés comme ce poulpe fleur rôti au thym. Les végétariens ont aussi leur menu selon les produits de saison. Une version toujours améliorée de Chez Bibet. Bonheur à partager.

BISTROT - BRASSERIE

L'ÉMULSION

57, route de Lyon - **SAINT-ALBAN-DE-ROCHE** ✆ 04 74 28 19 12
www.lemulsion-restaurant.com

1 Michelin. Ouvert du mardi au samedi midi et soir, sauf mercredi midi. Menus 65 € et 95 €.*

Il y a des étoiles qui brillent mieux que d'autres, qui font moins de manières et, au final, nous plaisent davantage. L'Émulsion, c'est le mariage réussi de l'ancien – une ancienne bâtisse aux pierres apparentes – et du contemporain dans un décor charmant, encore plus ravissant avec les nouvelles tables. L'ambition de Romain Hubert : « Démocratiser la cuisine gastronomique ». Et, là encore, c'est une réussite. Des tarifs abordables, un accueil adorable (Oriane Hubert) et une ambiance conviviale. Assiettes d'exception aux associations de saison à partir de produits exclusivement régionaux. Tous les plaisirs d'une grande table d'aujourd'hui accessible à tous les gourmands, merci à l'Émulsion.

GUINGUETTE

LE CANOTIER

539, chemin de la Plage - **ROCHETAILLÉE-SUR-SAÔNE**
✆ 04 78 22 05 26 - www.restaurant-lecanotier.fr

Ouvert 14/02 au 30/11. Haute saison, tlj 12h-23h. Hors saison, tlj midi, jeudi au samedi le soir. Menus 26 € à 34 €.

Une authentique institution des bords de Saône créée dans les années 1930. Une véritable guinguette pour fuir la chaleur urbaine et se détendre dans une ambiance conviviale. Une maison pleine de souvenirs pour des générations de Lyonnais. Une maison reprise par le chef Alexandre Gaillot-Drevon qui, tout en perpétuant la tradition, a redonné un coup de jeune au Canotier. Incontournable terrasse dès les premiers beaux jours pour savourer d'autres incontournables : friture d'éperlans sauce tartare ; filet de canette servie rosée ; fameuses grenouilles à l'ail et au persil. Desserts fraîcheur et belle carte des vins pour prolonger le plaisir d'être dans ce décor enchanteur.

GASTRONOMIQUE

DOMAINE DE CLAIREFONTAINE

105, chemin des Fontanettes
CHONAS-L'AMBALLAN
✆ 04 74 58 81 52
www.domaine-de-clairefontaine.fr

Restaurant ouvert du mercredi au dimanche, midi et soir. Menus de 95 € à 155 €.

Dans un magnifique parc au cœur d'un petit village non loin de l'ancienne Nationale 7, le Domaine de Clairefontaine ouvre ses portes à tous les gourmands avides de découvrir la magnifique cuisine de Philippe Girardon. Belle maison de maître où l'on peut dormir pour profiter pleinement des lieux, on s'attable dans un cadre élégant et raffiné où les plats sont réalisés avec des produits du terroir travaillés avec un soin particulier. Menu Signature avec truite de l'Isère et fraîcheur des grands Som. À notre avis, l'adresse gastronomique la plus abordable.

AUBERGE DE L'ABBAYE

47, place des Anciens-Combattants - **AMBRONAY**
✆ 04 74 46 42 54
www.aubergedelabbaye-ambronay.com
1 Michelin. Ouvert du mercredi au dimanche midi, mercredi au samedi soir. Déjeuner 60 €. Dîner 120 €.*

Si Ambronay s'est construit autour de son abbaye, le village abrite une autre étoile entre ses murs : l'Auberge de l'Abbaye. La table étoilée d'Ivan Lavaux, natif de Nantua, qui a passé son enfance à Ambronay, fait partie du patrimoine de la ville. Une table élégante, raffinée, située en face de l'abbaye à laquelle elle répond par une belle modernité. Avec Ivan Lavaux, l'essentiel c'est le produit. Des produits sélectionnés avec soin, avec des arrivages quotidiens des producteurs et des artisans qui inspirent le chef dans sa cuisine créative, moderne et gourmande. Beau travail sur les poissons notamment. Une auberge pleine de surprises, parmi les meilleures adresses de la région.

L'AUBERGE DU CEP

11, rue des Quatre Vents - **FLEURIE**
✆ 04 74 04 10 77
www.aubergeducep.com
1 Michelin. Ouvert du mardi au dimanche le midi, du mardi au samedi le soir. Formule midi 27 €. Menus de 47 € à 67 €.*

Au cœur d'un village de carte postale du Beaujolais, une charmante auberge qui, tout en conservant un pied ancré dans la tradition, ne cesse de rajeunir sous l'impulsion du chef Aurélien Merot. Originaire de la région, dont il porte haut les couleurs, le chef fait ses classes dans de grandes maisons et nous livre sa vision d'une cuisine tournée vers les bons produits du terroir de saison, revisitant les classiques comme ce Sandre de nos rivières rôti, ragoût de blettes aux champignons et écume de pain ou ce délicieux Poulet fermier de l'Ain cuisiné au vin de Fleurie. Adresse équilibrée entre retour aux sources et créativité personnelle pour s'inscrire dans le meilleur présent gourmand.

RESTAURANT GUY LASSAUSAIE

1, rue de Belle-Cize - **CHASSELAY**
✆ 04 78 47 62 59
www.guy-lassausaie.com
1 Étoile Michelin. Ouvert du jeudi au lundi le midi et le soir. Menus de 85 € à 130 €.

Une étoile qui brille toujours plus fort. Au cœur du village de Chasselay, le chef Guy Lassausaie montre tout son attachement à la terre de ses ancêtres tout en apportant ses notes personnelles, ses créations contemporaines dans un style inimitable : poitrine de volaille de Bresse farcie de la cuisse aux morilles et escalope de fois gras chaud. La boutique propose des produits d'épicerie fine sélectionnés et des plats traiteur pour emporter un peu de la magie Lassausaie chez soi. Une grande adresse accessible pour découvrir le meilleur de la gastronomie française.

LE PROVENCE

20, rue Voltaire - **VIENNE**
✆ 04 74 85 12 03
www.restaurant-leprovence-vienne.fr
Ouvert du mardi au samedi midi et soir. Midi formule 15 €. Menu 25 €. Menu gambas 24,50 €, grenouilles 26,50 €.

© EMMANUEL SPASSOFF

© EMMANUEL SPASSOFF

Par l'A6, il n'y a qu'un saut de cigale qui nous amène de Lyon à Vienne en direction du Provence. En plein cœur de ville, près de tous les sites patrimoniaux, le Provence dévoile d'abord une terrasse charmante et paisible avant une salle chaleureuse où l'accueil se montre toujours d'une grande convivialité. Depuis plus de 20 ans, cuisine maison réalisée par un passionné qui nous prépare comme nulle part ailleurs de délicieuses cuisses grenouilles en persillade, la spécialité maison, des gambas flambées au whisky, des moules marinières ou un faux-filet de bœuf. Desserts maison - tarte aux pommes, crème brûlée, mousse au chocolat - et carte des vins entre vallée du Rhône et Provence.

JE FAIS MON MARCHÉ

Faire son marché à Lyon, c'est une évidence, et pas seulement pour quelques bobos en quête du fameux « petit producteur qui vend un fromage de chèvre formidable », mais depuis longtemps pour ces mères lyonnaises qui faisaient, et font encore, le marché pour trouver les meilleurs produits de saison au meilleur prix. Faire son marché à Lyon, c'est profiter d'un approvisionnement régional exceptionnel entre les fruits des monts du Lyonnais, les légumes des maraîchers des plaines autour de Lyon, les viandes du Charolais, les salaisons et fromages entre Massif central et Savoie, sans oublier les vins entre Bourgogne, Beaujolais, vallée du Rhône… et des chais urbains à découvrir en même temps que les nombreuses microbrasseries pour la bière. La tendance du marché, c'est bien sûr le naturel, pour ne pas dire le bio avec une multiplication des enseignes estampillées de labels divers et variés – pas toujours vérifiés –, même si les prix deviennent un frein à ce développement. Incontournable pour faire son marché, les halles de Lyon Paul Bocuse abritent les grands noms de la gastronomie locale.

VOTRE GUIDE DEVIENT

INTERACTIF

TAPEZ **PETITFUTE.APP**
DANS LE NAVIGATEUR DE
VOTRE SMARTPHONE.

PRENEZ UNE PHOTO
DE LA PAGE DÈS
QU'ELLE A CE PICTO !

EPICERIE FINE

AU PALAIS GRILLET

10, rue du Palais Grillet (2e)
✆ 06 33 58 47 52
www.aupalaisgrillet.fr
Ouvert du mardi au samedi de 10h30 à 19h.

A la recherche de votre madeleine de Proust ? Cette saveur régionale qui vous a bouleversé les sens et que vous pensiez ne jamais retrouver à Lyon ? Rien n'est perdu tant que vous n'avez pas poussé la porte du Palais Grillet, boutique dans la rue du même nom au cœur de Lyon. L'adorable Betty vous accueille et se fait toujours un plaisir de vous guider dans vos recherches. Si vous cherchiez le fameux Baulois de Marylou, rond ou carré, le meilleur fondant au chocolat, ou un caramel original de chez Lorlut, c'est gagné ! Bien d'autres délices - boissons (dont l'incontournable Anis des Gônes), salés, sucrés... - et de belles découvertes dans tous les cas. Coffrets gourmands à composer.

EPICERIE FINE

MUZETTE

102, cours Lafayette (3e) ✆ 06 95 22 05 24
www.muzettelyon.fr
Ouvert mardi, mercredi et dimanche de 9h à 15h, du jeudi au samedi de 9h à 19h. Formule 20 €. Formule complète 25 €.

Qu'est-ce qu'on va bien pouvoir mettre dans notre musette pour tenir toute une journée qui se transforme souvent en marathon, même à la maison ? Aux Halles de Lyon-Paul Bocuse, Muzette épicerie-restaurant nous propose de délicieux produits issus de l'artisanat français, comme ces produits autour de la truffe par la maison Pebeyre de Cahors, de la charcuterie de haute qualité, des condiments artisanaux, des produits salés et sucrés pour toutes nos envies. Le plus agréable, c'est de pouvoir savourer des plats préparés dans le même esprit de proximité et de qualité, comme cet incontournable hot-dog lyonnais au saucisson pistaché Bobosse, confit d'oignons au beaujolais... Muzette gourmande.

EPICERIE FINE

MALLEVAL

11, rue Emile-Zola (2e) ✆ 04 78 42 02 07
www.malleval.com
Ouvert le lundi de 15h à 19h30, du mardi au vendredi de 9h30 à 19h30, samedi de 10h à 19h30.

Mieux consommer, c'est pousser la porte de la maison Malleval. Depuis 154 ans, Malleval fait beaucoup plus que nous proposer une sélection de produits de haute qualité. Les vendeurs spécialisés de chez Malleval nous expliquent l'origine des produits, leur composition et toutes les façons de s'en servir en cuisine. Plus ancienne et plus belle cave de Lyon, avec plus de 5 000 bouteilles - vins, spiritueux et bière - pour toutes les occasions, Malleval présente de délicieux produits artisanaux dans toutes les catégories, des confitures aux jus de fruit, des condiments aux incontournables thés Mariage Frères. Tous les produits pour mieux consommer et offrir de bons moments à partager.

EPICERIE FINE

MÈRE BRAZIER ÉPICERIE COMPTOIR

53, rue de Saint-Cyr (9e)
✆ 04 72 20 05 05
www.merebrazier-epicerie.com
Ouvert du lundi au samedi de 7h à 18h, dimanche de 8h à 14h.

Inspirée du porte-pot d'origine de la Mère Brazier, cette épicerie comptoir (et son double installée dans le 6e) ouverte par le chef Mathieu Viannay et Gilles Demange propose de remplir son panier des meilleurs produits à retrouver sur les tables à déguster de ce véritable lieu de vie à la convivialité toute lyonnaise. Une épicerie buvette où tout devient possible : manger à une table du terroir et remplir son panier d'une sélection des meilleurs produits : charcuterie, pains d'exception au levain, poulets de Bresse, fromages, pâtisseries, vins... Instants gourmands.

EPICERIE FINE

THE GASTRONOMIE HOUSE

9, rue de la Part-Dieu (3e) ✆ 04 26 65 06 37
www.the-gastronomie-house.com
Ouvert du mardi au vendredi de 11h à 19h30, samedi de 10h à 19h.

La gastronomie est un art qui mérite les meilleurs produits et les meilleurs outils. A Lyon, cet art de l'excellence a sa maison. Nombreux coups de cœur dans un espace où les propositions gourmandes se multiplient. Une sélection de produits d'exception pour régaler vos invités en toute circonstance, de l'apéro - tartinades, charcuteries... - au dessert en passant par les boissons avec notamment des champagnes et spiritueux, ou sans alcool, avec les jus de fruits Patrick Font. Cafés et thés. Tout l'art de la table, des appareils et accessoires pour cuisiner, dont les superbes produits signés Ofyr. D'excellents conseils par un homme charmant et compétent. La maison pour se faire plaisir.

FROMAGERIE - CRÈMERIE

FROMAGERIE B.O.F

18, rue Hippolyte Flandrin (1er) ✆ 09 82 23 41 60
www.fromagerie-bof.fr
Ouvert du mardi au vendredi 9h30-13h et 15h30-19h, samedi 9h30-13h et 15h-18h.

C'est la fromagerie de la Martinière. Une fromagerie dont l'enseigne ne dit pas «bof ! « (interjection exprimant le mépris, l'incertitude ou l'indifférence), mais bel et bien B.O.F., acronyme signifiant Beurre, Œufs, Fromages. Loin d'être «bof», la fromagerie est «top» ! Sophie et Matthieu sont des experts ès fromages avec un sens inné du partage. Dans cette boutique de marché, une sélection des meilleurs fromages de saison, affinés comme il se doit (coup de cœur pour le Neuvillois maison), et la réalisation de plateaux sur mesure. Coup de projecteur sur les producteurs locaux. Click & Collect possible, mais conseils charmants en boutique. Autre adresse rue de la Part-Dieu (3e).

FROMAGERIE - CRÈMERIE

FROMAGERIE SAINT-ANTOINE

20, quai Saint-Antoine (2e)
✆ 04 69 67 07 86
Ouvert du mardi au vendredi de 9h à 13h et de 15h30 à 19h, samedi de 8h30 à 19h, dimanche de 9h à 12h30.

Sur un quai où l'on aime faire notre marché, quel bonheur de voir cette crèmerie-fromagerie poursuivre son aventure gourmande avec Pierre aux commandes depuis l'année dernière. Dans un cadre chaleureux de pierres apparentes, toujours le meilleur accueil avec Pierre et Jérémy, de bon conseil pour remplir son panier du marché avec une sélection des meilleurs fromages de saison (oui, le fromage aussi a une saisonnalité !) affinés comme il se doit. Cet hiver, on a adoré le choix des raclettes, mais les belles découvertes se multiplient à chaque visite avec des fromages d'ici et de tous les terroirs. Associations fromages, charcuteries, vins et réalisation de plateaux sur mesure.

FROMAGERIE - CRÈMERIE

FROMAGERIE MONS

102, cours Lafayette (3e) ✆ 04 78 62 36 77
www.mons-fromages.com
Ouvert du mardi au jeudi de 8h15 à 13h et de 15h à 19h, vendredi et samedi de 8h15 à 19h, dimanche de 8h15 à 13h.

Mons est devenue en quelques années l'une des références lyonnaises en matière de fromages. Avec 6 boutiques (et d'autres à ouvrir...), Mons quadrille la ville pour notre plus grand bonheur d'amoureux des fromages. Mons, une maison gourmande fondée en 1964 et propulsée sur le devant de la scène par Hervé Mons, MOF fromager 2000, et son frère Laurent. Dans toutes les boutiques, des passionnés formés par la maison pour nous servir sur un plateau des fromages simplement exceptionnels : fromages auvergnats, camemberts truffés, mais aussi fondue et raclette en saison. Bar à fromages au cœur des Halles pour une dégustation en bonne compagnie. Carte de fidélité. Impossible de résister.

FROMAGERIE - CRÈMERIE

FROMAGERIE PIERRE & MARCELLIN

253, rue Paul Bert (3e) ✆ 09 81 14 16 14
https://pierre-et-marcellin.com
Ouvert du mardi au samedi de 9h à 13h et de 15h30 à 19h ; le dimanche de 9h à 12h.

Avis aux amoureux du fromage : vous allez tomber sous le charme ! Celui d'Angélique, mais surtout celui des fromages proposés par ces amoureux des bons produits, des fromages régionaux, comme ceux du Berger des Dombes ou de la Ferme de Blancabri. Plus qu'une fromagerie de quartier à deux pas de la Part-Dieu, la seconde adresse signée Pierre et Marcellin nous propose une sélection de délicieux fromages, toujours de grande qualité selon les saisons. Accueil adorable et conseils avisés par une équipe de passionnés. Beaux plateaux sur mesure et planches apéro à commander.

FROMAGERIE - CRÈMERIE

LA LAITERIE DE LYON

13, rue Montebello (3e)
✆ 06 76 44 11 85
www.laiteriedelyon.com
Ouvert du mardi au samedi de 9h à 13h et de 15h30 à 19h.

La ville à la campagne pour le bonheur des gourmands. Tous les mardis, ce sont environ 500 litres de lait en provenance d'une ferme bio – Gaec du Mas d'Illins – en proche Isère qui arrivent à La Laiterie de Lyon pour fabriquer fromages et yaourts. Émilie et Anaïs proposent leur production artisanale de Petit Pont (même technique que le saint-marcellin) ou de Halloumi, mais encore de yaourts, de fromages blancs, de faisselles, de beurre… Tout est vendu au poids et servi en pot consigné. Autres fromages comme celui pour la raclette (prêt de l'appareil) et des fromages de chèvre locaux. Coin épicerie avec la même philosophie de qualité et de proximité. La Laiterie qui nous fait envie.

FROMAGERIE - CRÈMERIE

MAISON CELLERIER

102, cours Lafayette (3e)
✆ 04 78 62 37 75
www.maisoncellerier.fr
Ouvert du lundi au samedi de 8h à 19h, dimanche de 8h30 à 14h.

Cellerier, c'est depuis 1890 une histoire de passionnés du goût. A commencer par les fromages que vendait le grand-père Hilaire Cellerier sur les marchés de Vénissieux. Cellerier, ce sont 5 générations qui se sont transmis un savoir-faire unique pour nous nous servir sur plusieurs stands - 4 boutiques et 1 restaurant L'Écailler des Halles - les meilleurs produits. Fromager affineur, Cellerier propose près de 250 fromages de nos terroirs. Même qualité pour les charcuteries et spécialités lyonnaises, pâtisseries et confiseries, vins, spécialités italiennes et au restaurant L'Écailler des Halles. Maison référence du bon goût lyonnais avec 6 boutiques dans la Métropole.

FROMAGERIE - CRÈMERIE

LA MÈRE RICHARD

102, cours Lafayette (3e)
✆ 04 78 62 30 78
Ouvert du mardi au vendredi de 9h à 13h et de 15h à 19h, le samedi de 9h à 13h30 et de 14h30 à 19h.

S'il est un nom connu aux Halles Paul Bocuse, chez tous les amoureux de fromages à Lyon et bien au-delà de nos frontières, c'est celui de la Mère Richard. Une histoire de famille, une transmission mère/fille de Renée à Renée - oui, les deux portent le même prénom - qui perpétue la tradition de l'affinage du fameux saint-marcellin, fromage signature de cette maison d'exception. Alors, s'il ne faut pas manquer d'acheter ces petits fromages odorants emballés avec amour par des petites mains délicates, il ne faut pas oublier le saint-félicien, autre spécialité maison, et des fromages régionaux sélectionnés avec soin. Une légende lyonnaise à savourer sans modération.

FROMAGERIE - CRÈMERIE

DIDIER GALLAND

8, rue d'Austerlitz (4e)
✆ 04 78 39 98 84
Ouvert lundi de 15h30 à 19h, du mardi au vendredi de 8h30 à 13h et de 15h à 19h, samedi 8h30-19h, dimanche 9h-13h.

On a beau habiter à la Croix-Rousse, la vie ne vaut d'être vécue sans un fromage bien affiné ! Merci à Didier Galland, fromager depuis plus de 40 ans, de nous rendre plus heureux depuis 37 ans sur le plateau. Un véritable passionné qui sélectionne avec amour et un savoir-faire d'artisan les meilleurs fromages selon les saisons. Parmi les merveilles du plateau : des fromages d'ici - excellente sélection régionale - et d'ailleurs, notamment de Suisse, des bleus pour tous les goûts, d'authentiques mozzarelles ou un moelleux à la truffe. Conseils avisés donnés avec le sourire. Possibilité de commander un repas de fromage ou des plateaux sur mesure pour régaler vos invités lors d'une réception.

FROMAGERIE - CRÈMERIE

FROMAGERIE LES TROIS JEAN

84, avenue Jean-Jaurès (7e) ✆ 04 37 66 68 86
www.fromagerielestroisjean.com
Ouvert du mardi au vendredi de 9h à 13h et de 15h à 19h30, samedi de 8h30 à 19h.

Huit ans que l'histoire des Trois Jean a débuté à Lyon. L'histoire de Jean Bordereau a commencé bien avant, plus au nord, dans une famille qui produisait... du maroilles. Défendant de belles valeurs environnementales et humaines, Jean a d'abord fait profiter tout un quartier, Jean Macé, de son savoir-faire, avant de gagner le cœur et le palais des Lyonnais. Belle et grande sélection de fromages de saison, si possible en direct des producteurs. Plateaux sur commande, vins, bières, produits d'épicerie fine, boutique en ligne en click & collect. Des fromagers engagés.

FROMAGERIE - CRÈMERIE

LA FROMAGERIE DU CHÂTEAU

3, rue de Sèze (6e)
✆ 04 78 24 32 66
www.fromagerie-du-chateau.com
Ouvert du mardi au samedi de 9h à 13h et de 16h à 19h.

Fromager et affineur à Lyon depuis 20 ans ! Et pour autant, la Fromagerie du Château ne cesse d'améliorer une offre remarquable. Une boutique refaite entièrement pour mieux accueillir les amoureux du fromage avec, pour vous servir avec le sourire, Theresa et Anis, mais aussi leur fils Ulysse qui perpétue le meilleur de la tradition familiale. Une tradition mise au goût du jour avec un site Internet au design superbe digne de la boutique, pour commander partout en France. Car ce qui fait la qualité de cette adresse, c'est l'excellente sélection de fromages français et étrangers. Réalisation sur commande de plateaux à marier avec une bonne bouteille. Des artisans du goût.

FROMAGERIE - CRÈMERIE

LA FROMAGERIE DE SEVERINE

8, avenue Claude de la Colombière
SAINT-SYMPHORIEN-D'OZON
✆ 09 75 37 66 65
www.lafromageriedeseverine.fr
Ouvert du mardi au samedi de 9h à 12h30 et de 15h30 à 19h.

Au centre de Saint-Symphorien-d'Ozon, coup de cœur pour la Fromagerie de Séverine. Cœur sur Séverine qui a ouvert sa boutique en 2020 au premier jour du premier confinement... et qui partage avec un sourire communicatif sa passion pour le fromage et l'histoire. Cœur sur les 80 références de fromages sélectionnées par notre artisan du goût. Des recettes maison avec un brie truffé ou un brillat-savarin truffé. En hiver, grand succès pour le bar à raclette avec un choix de 8 variétés. Épicerie fine pour compléter votre panier. Plateaux de fromages, fondues sur commande.

FROMAGERIE - CRÈMERIE

FROMAGERIE TÊTE D'OR

51, rue Tête-d'Or (6e) ✆ 04 78 24 51 38
www.fromagerie-tetedor-lumiere.fr
Ouvert lundi 15h-19h, du mardi au vendredi 8h-19h, samedi 7h30-19h.

Chez les frères Marchand, la passion du fromage se transmet depuis 1880 à travers six générations. Originaires de Nancy, les frères Marchand ont eu la bonne idée de s'installer à Lyon, ouvrant deux boutiques de qualité dans des quartiers de bonne réputation : Tête d'Or dans le 6e et Lumière dans le 8e. Des boutiques où l'on défend les fromages fermiers et au lait cru de petits producteurs. Produits vivants et délicats, les fromages sont traités avec respect et gourmandise. Service de livraison à domicile avec commande sur la boutique en ligne, même si rien ne vaut la convivialité et les conseils en boutique du fromager. Plateaux gourmands de qualité pour partager du plaisir.

EPICERIE

L'ÉPICERIE DES HALLES

23, rue de la Martinière (1er)
✆ 04 74 57 45 46
www.lepiceriedeshalles.coop
Ouvert du lundi au samedi de 9h30 à 19h30.

Construites en 1838, premier marché couvert de Lyon, les Halles de la Martinière abritaient les étals de producteurs locaux. Après avoir été longtemps laissées à l'abandon, les Halles renouent avec leur passé depuis 2017. Rénovées, elles accueillent une épicerie indépendante en SCOP qui vend des produits de saison issus de fermes locales, une épicerie qui a du sens pour une consommation privilégiant l'approvisionnement direct auprès de producteurs en bio ou en conversion bio. Sur les étals, fruits et légumes, produits frais, d'excellents fromages, produits d'épicerie salée et sucrée, vrac, mais aussi des boissons, cosmétiques et produits d'entretien. Animations régulières.

© EMMANUEL SPASSOFF

© EMMANUEL SPASSOFF

MAISON BOUGEL

22, rue Duquesne (6e)
✆ 04 78 93 18 77

Ouvert du mardi au samedi de 8h45 à 13h et le mardi et le vendredi après-midi de 15h30 à 19h.

Exceptionnelle Maison Bougel ! Thierry Bougel, charcutier, traiteur et fumeur de saumon, passionné des bons produits au savoir-faire remarquable, nous fait les plus belles propositions pour nous régaler à la maison. Des saumons sélectionnés avec soin, un excellent saumon gravlax et d'autres préparations en marinade pour varier les plaisirs. A partager, de délicieuses terrines de viandes ou de savoureuses crêpes de grand-mère. Pour tous les jours ou pour les fêtes, escargots, Saint-Jacques fumées, queues de langoustes et caviar français. Service et conseils adorables avec Stéphanie et toute l'équipe d'une maison à qui l'on décerne le titre de meilleure adresse gourmande de Lyon.

© EMMANUEL SPASSOFF

© EMMANUEL SPASSOFF

© EMMANUEL SPASSOFF

POISSONS - FRUITS DE MER

CHEZ LÉON

102, cours Lafayette (3e) ✆ 04 78 62 30 28
www.chez-leon.com

Ouvert du lundi au samedi de 9h à 22h, dimanche de 9h à 14h. Commande en ligne.

Léon, depuis les origines, il a toujours été au cœur des Halles de Lyon. Léon, un nom synonyme de qualité, une enseigne plus que centenaire ancrée dans le présent. Et si c'est Chez Léon que l'on débarque, c'est chez l'excellent Damien Sibert, entouré de tout son fidèle équipage de joyeux poissonniers et écaillers - José et David -, que l'on vient se régaler d'un plateau d'huîtres et/ou de fruits de mer. Bonne humeur contagieuse et grandes saveurs iodées au programme des réjouissances. Sélection de qualité des huîtres aux oursins selon arrivages. Plateaux composés à la demande et commandes en ligne avec vente à emporter pour faire bonne pêche. Click & Collect et livraison.

POISSONS - FRUITS DE MER

HUÎTRES MERLE

102, cours Lafayette (3e) ✆ 04 78 62 30 29
www.maison-merle.fr

Ouvert du lundi au samedi de 8h à 22h ; le dimanche de 8h à 14h. Fermé le dimanche soir uniquement.

Fondée en 1938 par la famille Merle, voici une maison où se perpétue la tradition du meilleur choix et de la qualité en matière d'huîtres et de coquillages. Chez Merle, les huîtres sont sélectionnées avec soin et le choix est immense avec les fines de claire, les spéciales Gillardeau, les spéciales d'Isigny, d'Utah Beach, les irlandaises Ostra Regal ou les belons bretonnes. Les meilleures provenances pour des produits d'une fraîcheur remarquable. Plateaux d'huîtres à toute heure de la journée et d'excellents fruits de mer. Debout au comptoir, assis dans une salle en forme de wagon des années 1930, entre amis ou en tête-à-tête, à emporter sur le banc, le bonheur est gourmand.

POISSONS - FRUITS DE MER

NOE ATELIER DE LA MER

22, quai Augagneur (3e) ✆ 09 81 44 28 65
www.noeatelierdelamer.com

Ouvert du mercredi au samedi de 9h à 19h, dimanche de 9h à 13h.

Lyon connaissait déjà ce modèle qui mêle avec bonheur le poissonnier - ou le boucher - avec un comptoir de restauration pour savourer sur place les bons produits proposés sur le banc. Face au Grand Hôtel-Dieu, Noé a amarré son arche gourmande sur les quais du Rhône. Décor insolite pour ce lieu inspiré par les briques Lego® avec son immense baleine flottant au plafond. A de larges horaires, attention ceux de la poissonnerie ne sont pas ceux du restaurant, les amoureux de fruits de mer et de poissons viennent faire provision de produits frais et de qualité, issus d'une pêche durable. Également bocaux et conserves faits maison. Comptoir de dégustation et brunch le dimanche.

POISSONS - FRUITS DE MER

POISSONNERIE DURAND

102, cours Lafayette (3e)
✆ 04 78 62 35 25

Ouvert du mardi au jeudi de 7h à 13h30, vendredi et samedi de 7h à 19h30, dimanche de 7h à 13h30.

Aux Halles de Lyon Paul Bocuse, il n'y a pas que des saucissons ! Il y a aussi de superbes poissons sur les étals de la maison Durand. Une maison de tradition, fondée en 1868, tenue par des passionnés - Nathalie et Florent et leur équipe - qui ne comptent pas leurs heures pour nous régaler de poissons sauvages, coquillages et crustacés toujours ultra frais. Des produits de la mer de grande qualité en arrivage direct, préparés et présentés avec soin, des homards dans le vivier et bien d'autres plaisirs iodés à partager au rythme des saisons. Coup de cœur pour le service et les bons conseils pour cuisiner dans le respect des produits. Épicerie de la mer pour compléter le panier.

POISSONS - FRUITS DE MER

POISSONNERIE PUPIER

102, cours Lafayette (3e)
✆ 04 78 62 37 26

Ouvert du mardi au samedi de 7h à 19h, dimanche de 8h à 12h30.

La marée amène ses plus beaux poissons aux Halles de Lyon. Direction la Maison Pupier, une enseigne créée en 1947, installée aux Halles depuis 1960, reprise il y a quelques années par les excellents Nicolas Bureau et Florent Pugeat. Une maison de tradition où la qualité est la règle d'or. Poissons en direct des ports français, mais aussi des petits pêcheurs artisans du lac Léman qui pêchent omble chevalier et féra. Les meilleurs poissons sont abattus selon l'ikejime, désarêtés à la pince à épiler, conservant toutes leurs qualités nutritionnelles et offrant des saveurs uniques. Livraison et sur place : des poissons nobles, des langoustines vivantes, des homards du vivier, de belles huîtres.

POISSONS - FRUITS DE MER

POISSONNERIE VIANEY

112, boulevard de la Croix-Rousse (4e) ✆ 04 78 28 68 67
www.maison-vianey.fr

Ouvert du mardi au jeudi de 8h à 19h, vendredi et samedi de 7h30 à 19h30, dimanche de 8h à 13h.

Parce que Lyon n'est pas une ville comme les autres, la mer se trouve ici à 250 m d'altitude sur le plateau de la Croix-Rousse ! Depuis 1967, la poissonnerie Vianey propose les meilleurs poissons de la ville. A la tête de cette belle maison, un des Meilleurs Ouvriers de France, le fantastique et exigeant Jean-Luc Vianey. Lui qui fournit les plus grandes tables de la région nous régale au quotidien des meilleurs produits de la mer. Grand choix de coquillages - huîtres notamment -, crustacés vivants, dont des homards bretons ou des crevettes grises vivantes, des poissons sauvages de petits bateaux français, un saumon Label Rouge et tous les plats maison d'un poissonnier traiteur d'exception.

POISSONS - FRUITS DE MER

LE COMPTOIR DE L'OCÉAN

36, rue Cuvier (6e)
✆ 04 72 37 42 79
Ouvert du mardi au samedi de 9h à 13h et de 15h à 19h.

Loin de la mer, mais près d'un excellent poissonnier ! Stéphane Navarro, passionné des produits de la mer, et son associé Michaël, cuisinier de métier lui aussi passionné des bons produits de nos côtes, nous proposent au cœur de Lyon les meilleurs produits de l'océan dans les meilleures conditions de fraîcheur pour une qualité optimale et des saveurs préservées. Les poissons arrivent directement de petits bateaux de pêche artisanale, même qualité pour les fruits de mer. Sur place, conseils de préparation du poissonnier. En ligne, possibilité de commander avec livraison à domicile ou en retrait express. Restaurant à Caluire. Un Comptoir à déguster sous toutes ses formes.

POISSONS - FRUITS DE MER

LA POISSONNERIE

86, route de Brignais - **CHAPONOST** ✆ 04 72 66 11 12
www.lapoissonnerie.eu
Ouvert mer et jeu 10h-12h30 et 16h30-19h, vend 10h-13h et 16h30-19h, sam 10h-13h et 15h-19h, dim 10h-12h30.

La Poissonnerie de Chaponost, facile et rapide d'accès par l'A480, rapproche Lyon de l'océan. Aux commandes de cette excellente poissonnerie, Frédéric Chevalier est un véritable passionné des produits de la mer. Sur le banc plein de fraîcheur, des poissons en provenance direct des ports français. Des poissons issus de la pêche artisanale de petits bateaux qui nous ramènent les meilleurs poissons sauvages : bar de ligne, sole, turbot... Autres plaisirs à partager, les crustacés vivants et autres fruits de mer. D'ailleurs, l'autre incontournable des lieux s'appelle «bar à huîtres» avec dégustation possible sur place aux horaires d'ouverture de la boutique. Plateaux délicieux.

CHARCUTERIE

MAISON DUCULTY

20, rue Ferrandière (2e)
✆ 04 28 29 90 19
www.maison-duculty.fr
Ouvert du lundi au samedi de 10h à 19h.

© DR

Connaissez-vous la vraie émotion de savourer un saucisson ? Si vous n'avez pas encore goûter aux saucissons de la Maison Duculty, la réponse est : non ! Depuis 1816, 5 générations de charcutiers et salaisonniers, d'authentiques Maîtres Artisans distingués par le label Entreprise du Patrimoine Vivant, se transmettent les recettes de saucissons d'exception, fabriqués à partir des meilleurs morceaux de porcs fermiers régionaux affinés au bon air du parc du Pilat. Le résultat est sans appel : un plaisir divin et de belles émotions à partager. Saucissons secs, rosettes, jésus, saucisson long-bridé, saucissons à cuire, jambons secs... Dégustations au comptoir, produits du terroir et événements.

CHARCUTERIE

MAISON CRAUSER BELLO

42, rue Franklin (2e)
✆ 04 78 37 09 97
www.crauserbello.com
Ouvert du lundi au samedi de 8h30 à 13h15 et de 14h30 à 19h30.

Irrésistible ! Une maison bien connue dans le quartier, passée il y a deux ans entre les mains des excellents Frédéric Bello (boucher de renommée) et Jérémie Crauser, chef charcutier qui nous a bouleversé par son savoir-faire et sa créativité. Deux passionnés des bons produits à la tête d'une charcuterie, ça donne un «nouveau» repère pour épicuriens qui veulent se faire plaisir aussi bien au quotidien que pour une occasion particulière. La spécialité maison, ce sont les pâtés-croûtes, avec du classique et de délicieuses variations selon les saisons. Charcuteries à base de porc fermier Label Rouge d'Auvergne, volailles, gibiers... Plats de traiteur dans le même esprit. Une merveille.

CHARCUTERIE

REYNON

13, rue des Archers (2e) ✆ 04 78 37 39 08
www.reynonlyon.com
Ouvert du mardi au samedi de 8h30 à 13h30 et de 15h à 19h15. Livraisons à Lyon et dans toute la France.

Une adresse, un nom que toute la France nous envie. Reynon : une passion charcutière familiale qui s'est transmise de génération en génération depuis... 1937 ! La maison Reynon propose ce qui se fait de meilleur dans la capitale de la charcuterie. Immanquable Oreiller de la belle Aurore, pâté en croûte d'exception préparé chaque fin d'année. D'excellents produits gourmands artisanaux, dont une gamme de saucissons de Lyon : saucissons secs, rosettes, Jésus de Lyon, saucissons à cuire, cervelas pistaché, cervelas aux morilles et truffés, quenelles maison. Service traiteur de même qualité pour une maison qui fait partie du patrimoine gastronomique de la ville. Reynon, délicieusement bon.

CHARCUTERIE

BOBOSSE

102, cours Lafayette (3e) ✆ 04 78 62 66 10
www.bobosse.fr

Ouvert du lundi au samedi de 8h30 à 19h, dimanche de 8h30 à 13h.

Bobosse, un nom que tous les gourmands connaissent, qu'ils soient lyonnais ou d'ailleurs. Un nom qui évoque immanquablement une spécialité indissociable de la cuisine lyonnaise : l'andouillette tirée à la ficelle à la fraise de veau. Aux Halles de Lyon Paul Bocuse, comme dans le Beaujolais, Bobosse présente le meilleur de la charcuterie traditionnelle. A commencer par la célèbre andouillette toujours fabriquée artisanalement. Sur un étal splendide, conseillé par une équipe sympathique, il faut se laisser tenter sans retenue : saucissons briochés, saucissons à cuire (nature, pistaches...), sabodets, boudin blanc (nature, foie gras et truffé), terrines, tripes... Bobosse, un pur régal.

CHARCUTERIE

CHARCUTERIE SIBILIA

102, cours Lafayette (3e) ✆ 04 78 62 36 28
www.charcuterie-sibilia.com

Ouvert du mardi au samedi de 7h30 à 19h, dimanche de 8h à 13h.

S'il est malpoli de dire l'âge d'une dame, c'est avec bonheur que nous avons célébré les 100 ans de la maison Sibilia. Une maison installée aux Halles de Lyon Paul Bocuse, à retrouver dans toute la ville avec trois autres boutiques dans le même esprit. Dirigée par Bruno Bluntzer charcutier traiteur et cuisinier, cette maison propose les meilleurs produits artisanaux. Impossible de ne pas craquer pour des produits d'excellence : andouillette des gones, grande andouillette ficelle, saucissons à cuire nature, pistaché, pistaché truffé, sabodet, les saucissons secs, les pâtés en croûte et les saucissons briochés, le jambon... Boutique en ligne, livraison par Chronofresh dans toute la France.

CHARCUTERIE

GAST

102, cours Lafayette (3e) ✆ 04 78 62 32 25
www.gast.fr

Ouvert mardi et du jeudi au samedi de 6h30 à 19h, mercredi de 6h30 à 13h et de 15h à 19h, dimanche de 6h30 à 13h30.

Qui dit Gast dit choucroute et charcuterie. Car si aujourd'hui ce sont les charcuteries lyonnaises qui s'affichent autour de ce beau comptoir des Halles, c'est bien la choucroute qui est à l'origine de cette enseigne fondée par en 1945 par un Alsacien désireux de populariser un plat alors peu goûté des Lyonnais. Saucissons secs suspendus comme des trophées gourmands que les visiteurs convoitent avec gourmandise. Produits artisanaux de grande qualité : saucissons à cuire, cervelas pistaché et truffé, pieds de veau, gras double, fromage de tête persillé, pâté de campagne, pâté en croûte, jambon à l'os cuit blanc... Incontournable choucroute maison. Vente en ligne et plats traiteur.

BOUCHERIE

BOUCHERIE BELLO

48, rue Franklin (2e) ✆ 04 78 37 04 20
https://maisonbello.com

Ouvert du mardi au vendredi de 8h15 à 13h et de 15h30 à 19h30, samedi de 8h30 à 19h30, dimanche de 9h à 12h.

Parmi les grandes maisons lyonnaises, la maison Bello a fait peau neuve. Ce n'est pas qu'elle était très ancienne dans ce quartier d'Ainay, mais, tout en conservant ses valeurs fortes, elle a su renouveler l'expérience client dans une boutique toujours plus accueillante et tentante. Bello, c'est d'abord la qualité de viandes d'exception aux saveurs uniques. Du bœuf français bio (Aubrac, Salers, Angus...), du bœuf primé de concours, du bœuf maturé (oui, on adore le bœuf...), du bœuf remarquable (Wagyu, Galice, bœuf de Kobé !), mais encore de l'agneau ou du porc fermier bio, des volailles et des charcuteries de même qualité. Épicerie et cave pour compléter votre panier.

BOUCHERIE

BOUCHERIE TROLLIET

102, cours Lafayette (3e) ✆ 04 78 62 36 60
www.boucherie-trolliet.com

Ouvert tous les jours sauf lundi (mercredi et dimanche le matin). Fin décembre 7j/7 non-stop. Livraison, vente en ligne.

Parmi les grands noms qui font la renommée gastronomique de Lyon, la famille Trolliet. Au cœur des Halles de Lyon Paul Bocuse, la boucherie Trolliet est une affaire de famille animée par une passion, celle de la viande. Alexis Trolliet et sa sœur Laurence poursuivent l'œuvre de leurs parents, Maurice Trolliet, Meilleur Ouvrier de France, et Marie-Claude. Avec une équipe fidèle, Thierry Giboulet en tête, la maison Trolliet propose des viandes d'exception issues des meilleurs élevages français respectant le bien-être animal. Agneau AOP de prés salés, délicieuses pièces de bœuf ou volaille de Bresse. Boucherie d'excellence avec boutique en ligne et livraison à domicile.

BOUCHERIE

BOUCHERIE BRESSANE

4, place Jules-Guesde (7e)
✆ 04 72 80 04 30

Ouvert du lundi au samedi de 5h à 13h et de 15h à 19h30.

Depuis plus de 30 ans, sur une place Jules Guesde qu'il a largement contribué à populariser auprès des gourmands du quartier et de toute la ville, Eric Cochet et sa fidèle équipe découpent et préparent les meilleures viandes de Lyon, toujours servies dans la bonne humeur. Des viandes aux provenances sélectionnées chez les meilleurs producteurs de nos régions, affichant fièrement leurs labels (Label Rouge, Blason Prestige...) pour une qualité parfaite dans nos assiettes. Des morceaux de choix pour toutes les envies, des conseils pour vos plats et des brochettes marinées qui font le bonheur de nos étés. Cave de maturation. Charcuteries de même qualité et plats traiteur pleins de saveurs..

© DR

HALLE COUVERTE

HALLES DE LYON-PAUL BOCUSE

102, cours Lafayette (3e)
www.halles-de-lyon-paulbocuse.com
Ouvert en semaine de 7h à 19h, dimanche de 7h à 13h. Attention, chaque commerce a ses propres horaires.

Tous les grands noms de la gastronomie lyonnaise se concentrent aux Halles de Lyon-Paul Bocuse, haut lieu de grand appétit et de large soif. Installées dans le quartier de la Part-Dieu depuis 1971, les Halles réunissent le haut du panier avec 56 commerces d'exception, des artisans du goût passionnés. Convivialité autour des comptoirs dans une ambiance inimitable, produits de qualité aux origines certifiées pour bien boire et manger. Le meilleur de la tradition avec une pointe d'innovation pour ces 56 commerçants qui font tous partie du patrimoine gourmand de Lyon.

© DR

© NICOLAS VILLION

© DR

MARCHÉS - HALLES

MARCHÉ SAINT-ANTOINE CELESTINS

Quai Saint-Antoine (2e)

Qualité Tourisme. Ouvert du mardi au dimanche de 6h à 13h. Ouvert jusqu'à 13h30 vendredi et samedi, 14h dimanche.

Le plus grand marché alimentaire de Lyon, le long des quais de Saône, où l'on a plaisir à venir le dimanche matin. Clientèle joyeusement mélangée, toutes classes sociales confondues. Il faut dire que le cadre s'y prête et que l'on y trouve de tout avec une cinquantaine de commerçants en semaine et 121 commerçants les fins de semaine : légumes, poissons, jus de fruits artisanaux, boucheries, charcuteries (notamment ardéchoises...), fromages, fleurs... Bon plan : prévoir de retirer du cash la veille ou dans un autre lieu, car les distributeurs du quartier sont pris d'assaut !

MARCHÉS - HALLES

LES HALLES DE L'OUEST

100, route de Paris

CHARBONNIÈRES-LES-BAINS

Ouvert du lundi au samedi de 8h30 à 19h30, dimanche de 8h30 à 13h. Ouvertures selon commerces.

Vous êtes à l'ouest ? Pour une fois, ça tombe bien puisque vous allez pouvoir faire toutes vos courses gourmandes dans une Halle regroupant d'excellentes enseignes, pour la plupart déjà bien connues des Lyonnais. Dans un bâtiment ultra moderne et d'une élégante sobriété soulignée de noir, Les Halles de L'Ouest offrent un parking souterrain pour les clients. Pour remplir son panier ou faire une pause gourmande sur place : boucherie, poissonnerie, fromagerie, pâtisserie chocolaterie, épicerie, caviste... avec de grands noms bien connus des Lyonnais. Autre nom connu, Philippe Gauvreau, à retrouver au RN Beer, au premier étage des Halles de l'Ouest. Tout ce que l'on aime.

HALLE COUVERTE

HALLES DE LYON-PAUL BOCUSE

102, cours Lafayette (3e)

www.halles-de-lyon-paulbocuse.com

Ouvert en semaine de 7h à 19h, dimanche de 7h à 13h. Attention, chaque commerce a ses propres horaires.

Tous les grands noms de la gastronomie lyonnaise se concentrent aux Halles de Lyon-Paul Bocuse, haut lieu de grand appétit et de large soif. Installées dans le quartier de la Part-Dieu depuis 1971, les Halles réunissent le haut du panier avec 56 commerces d'exception, des artisans du goût passionnés. Convivialité autour des comptoirs dans une ambiance inimitable, produits de qualité aux origines certifiées pour bien boire et manger. Le meilleur de la tradition avec une pointe d'innovation pour ces 56 commerçants qui font tous partie du patrimoine gourmand de Lyon.

MARCHÉS - HALLES

HALLES MONT D'OR

2, place André Michel

SAINT-DIDIER-AU-MONT-D'OR

Ouvert vendredi et samedi de 9h à 13h et de 15h à 20h, dimanche de 9h à 13h.

Les Halles, un format qui plaît bien aux Lyonnais, même métropolitains. A deux pas de l'église Saint-Didier-au-Mont-d'Or, sur une place où l'on peut se garer (1h30 maxi) gratuitement, voici les Halles Mont-d'Or, un superbe et tout marché couvert où sont réunis en fin de semaine d'excellents artisans des métiers de bouche. Dans ce bel espace, la poissonnerie Cigale des Mers, le caviste bien connu La Vieille Réserve, la Fromagerie Neuvilloise, les produits fermiers et locaux de Ma Ferme en ville, le pâtissier chocolatier Aux 2 des Monts, les pains de la Maison Deschamps et l'épicerie fine Maison Carpaye. Brasserie L'Eclat de Pierre pour prolonger le plaisir de bien boire et bien manger.

MARCHÉS - HALLES

MARCHÉ DE LA CROIX-ROUSSE

Boulevard de la Croix-Rousse (4e)

Ouvert du mardi au jeudi de 6h à 13h, du vendredi au dimanche de 6h à 13h30.

C'est le marché où il faut aller pour trouver de bons produits frais chez une centaine de commerçants (une vingtaine les mercredis et jeudis). Les gourmands y viennent pour flâner ou se mêler au melting-pot de la population. Chacun profite de l'ambiance en s'arrêtant sur les terrasses ou pour amorcer une promenade vers les pentes. Fruits, légumes, fromages, volailles et charcuteries, ainsi que des pâtisseries, du vin et des fleurs. Les prix varient selon la provenance et les producteurs, mais l'atmosphère particulière mérite de monter à la Croix-Rousse faire vos courses.

MARCHÉS - HALLES

MARCHÉ AUX FRUITS

Route de Brignais

VOURLES

Marché d'été quotidien du 1er mai jusqu'à fin octobre de 18h30 à 19h30. Marché d'hiver mercredis et samedis à 15h.

Même s'il est un peu éloigné du centre de Lyon, c'est le marché qu'il faut absolument faire au moins une fois pour découvrir les petits producteurs locaux en direct. Facile et rapide d'accès depuis le centre de Lyon par l'A450, ce Marché aux Fruits composé de producteurs locaux venus vendre leurs fruits et légumes a été ouvert au public en 1978. Un marché qui s'ouvre au son de la cloche et se ferme 1h plus tard. Seul bémol, la vente se fait à la barquette pré-pesée et parfois la qualité n'est pas uniforme... Cependant les bonnes et délicieuses affaires restent nombreuses de stand en stand, pris d'assaut par des consommateurs avertis. Des fruits et légumes de qualité sans intermédiaires.

BOULANGERIE

BOULANGERIE SAINT-VINCENT

49, quai Saint-Vincent (1er)
✆ 04 72 00 94 19

Ouvert du lundi au samedi de 7h à 19h30, dimanche de 7h à 18h.

Charles Menetrier, qui a repris cette véritable institution du quartier depuis 3 ans, et Rolande font leur métier avec passion. Un caractère entier qui s'affirme dans la qualité des pains proposés dans cette boulangerie qui a su conserver son charme d'antan (attention à la marche en rentrant...), carreaux de ciment au sol, vitraux et vieilles pierres. Pains réalisés avec des farines bio, pains traditionnels et spécialités avec un pain au maïs. Pâtisseries et viennoiseries de même qualité pour se régaler du petit déjeuner au goûter, avec des bugnes maison par exemple.

BOULANGERIE

POZZOLI

18, rue Ferrandière (2e)
✆ 04 78 42 66 27
www.boulangerie-pozzoli.fr

Ouvert du lundi au samedi de 7h à 20h, dimanche de 7h à 13h.

Un grand nom de la boulangerie. Parce que François Pozzoli fait partie du cercle fermé des Meilleurs Ouvriers de France, mais aussi parce que la famille Pozzoli, reconnue Entreprise du Patrimoine Vivant, alimente la table des Lyonnais en bon pain depuis 46 ans. Fabrication 100 % artisanale qui prend le temps de bien faire la pâte, de la laisser lever et de la faire cuire avec amour et un savoir-faire remarquable. Baguettes de tradition française, pain de seigle auvergnat, pain T80, la machodine – la spécialité maison –, tout comme les viennoiseries et un panettone de rêve. 5 boutiques dans Lyon, dont celles de Gerland et Vaise équipées d'un service en click&collect. Tradition et modernité.

BOULANGERIE

L'ATELIER MAISON GHISALBERTI

135, cours Albert-Thomas (3e)
✆ 04 78 54 38 82

Ouvert tous les jours de 6h30 à 20h.

Chaque quartier abrite un trésor gourmand. Sur ce long cours, L'Atelier de la maison Ghisalberti compte parmi nos bonnes adresses. Et l'on n'est pas loin de pouvoir affirmer que la baguette Tradition maison fait partie de notre top 10... Mais cette grande boulangerie, avec son parking pratique, ne serait rien sans ses vendeuses toutes plus aimables les unes que les autres. Tout en regardant travailler les artisans, on hésite entre les pâtisseries, notamment de délicieux éclairs, sans oublier les viennoiseries, les pains spéciaux, les sandwichs et les salades.

BOULANGERIE

LE PAIN DU GONE

102, cours Lafayette (3e) ✆ 04 78 62 95 54
www.lepaindugone.fr

Ouvert du mardi au samedi de 7h30 à 19h30, dimanche de 7h30 à 14h.

Le Pain du Gone, c'est le pain d'ici fait avec amour par un passionné tombé dans le fournil de son père quand il était tout petit, Quentin Sany. Un boulanger qui ne s'est pas coupé de ses racines paysannes, puisqu'il utilise, entre autres, ses propres céréales cultivées en Saône-et-Loire, broyées à la meule de pierre, pour réaliser dans son fournil de Limas des pains qui nous régalent au quotidien. Incontournable Saint-Roch, roi du Pain du Gone, avec ses arômes de graines toastées. Pains, viennoiseries, pâtisseries, wraps et toastés, même qualité. Respect de la nature et du vivant, respect des produits et des personnes. Le Pain du Gone s'engage pour votre santé et votre gourmandise.

BOULANGERIE

AU PAIN NATUREL

14, quai Victor Augagneur (3e)
✆ 06 76 33 62 13

Ouvert du mercredi au samedi de 7h à 19h, dimanche de 7h à 14h.

Elles devraient être la norme. Elles sont l'exception, même si leur nombre grandit. Elles, ce sont les boulangeries qui fabriquent leurs pains à partir de levain naturel. Face au pont Wilson, discrètement installée sur le quai, une boulangerie qui affiche la couleur avec son enseigne. Ici, tout est fait «naturellement», sans aucun produit chimique. Résultat, des pains bio AB aux farines qui ont du goût - épeautre, kamut... - et des pains savoureux de longue fermentation et de longue conservation. Les viennoiseries maison sont pur beurre, et les brioches et autres gourmandises du goûter sont à craquer. Produits fermiers, comme ces radis pour manger avec le pain, dans le même esprit.

BOULANGERIE

BOULANGERIE DES CANUTS

18, rue Claude-Joseph-Bonnet (4e) ✆ 04 78 91 02 39
www.boulangerie-des-canuts.fr

Ouvert du mardi au samedi de 6h30 à 19h30, dimanche de 6h30 à 13h.

Belle adresse par son décor qui change un peu des boulangeries traditionnelles - hauteur sous plafond d'un atelier de canut, boutique spacieuse et charmante... -, mais surtout excellente adresse pour la qualité des pains et des pâtisseries. Tenue par un couple adorable, Delphine et Julien Croizier, la Boulangerie des Canuts offre un choix absolument délicieux. Les pains artisanaux de tradition française sont à craquer et les pains spéciaux permettent de satisfaire toutes les envies : tourte auvergnate, croiroussin. Autres bonheurs du petit déjeuner : les meilleurs croissants de Lyon ! Sandwichs, salades et tartelettes pour les petits creux. Adresse gourmande à découvrir d'urgence.

BOULANGERIE
PAUME DE PAIN

13, rue Perrod (4e)
✆ 06 24 64 41 56
https://paumedepain.fr
Ouvert du lundi au vendredi de 16h à 20h, samedi de 10h à 13h.

Une boulangerie biologique à la Croix-Rousse, ça semble une évidence. Mais comme il ne faut pas passer à côté de certaines adresses «évidentes», surtout quand elles ont des horaires un peu décalés - ouverture seulement en fin de journée -, le *Petit Futé* vous invite à découvrir Paume de Pain. Dans ce fournil, vous vous régalerez des merveilleux pains au levain naturel signés Sylvain Hanriot-Colin. Des pains artisanaux qui sentent bon les pains d'autrefois et se conservent longtemps. Des pains qui prennent leur temps pour croustiller et fondre sous notre palais. Campagne, graines, épeautre, raisins... pour des pains d'exception. Viennoiseries et biscuits dans le même esprit.

BOULANGERIE
ANTOINETTE

117, rue Sébastien-Gryphe (7e)
✆ 04 72 72 99 69
www.antoinettepainetbrioche.fr
Ouvert du mardi au samedi de 8h à 19h30.

Personne ne peut résister à Antoinette ! D'ailleurs, tous les arrondissements de Lyon mériteraient d'avoir leur Antoinette (à ce rythme-là, ça sera bientôt le cas... 3 boutiques - 1er, 6e et 7e - et d'autres en préparation). Chez Antoinette, pas de baguettes, pas de croissants ou de pains au chocolat, mais des pains, de «vrais» pains, comme on n'en croise pas souvent dans sa vie, et des brioches pour partager du plaisir à plusieurs (et ce n'est pas dégoutant !). Il suffit de mordre dans une tranche de pain au levain maison ou dans un morceau (ne se tranche heureusement pas) de pain de seigle pour connaître l'extase. Vous pensez qu'on en rajoute ? Essayez et dites-nous...

BOULANGERIE
PARTISAN BOULANGER

2, rue du Chariot-d'Or (4e)
www.partisanboulanger.com
Ouvert le lundi, le vendredi et le samedi de 6h30 à 19h30 ; le dimanche de 6h30 à 14h.

Le pain, c'est une matière vivante pour mieux nourrir les bons vivants. Bastien Malugani est un boulanger engagé qui met les mains dans le pétrin avec cœur, éveillant tous nos sens à la gourmandise. Matières premières de haute qualité avec une farine bio pure céréale, du sel de Guérande non raffiné, du beurre de baratte... Le travail est fastidieux, fait de tours de main, de savoir-faire et d'une passion brute et raffinée qui se partage entre deux sacs de farine. Les baguettes Canuses sont à tomber, les traboules aussi, les tartelettes aux fruits de saison à se damner, tout comme le kouign-amann ou le kannelbullar et les fameux croissants qui feraient sortir n'importe qui du lit.

BOULANGERIE
LA MIECYCLETTE

193, avenue Paul Santy (8e) ✆ 09 72 31 52 08
www.lamiecyclette.fr
Ouvert lundi, mardi, jeudi et vendredi de 16h30 à 19h. Marché Ambroise Courtois, mercredi de 14h30 à 19h.

Depuis 10 ans, joyeux anniversaire, la Miecyclette s'est engagé à fabriquer et à nous livrer de bons pains préparés à partir de produits bio : farines Moulin Marion de l'Ain, sel de Guérande Nature & Progrès...) et cuits dans un four à bois traditionnel. La boutique fournil installée dans le 8e n'offre pas les plus larges horaires d'ouverture, mais on peut retrouver la Miecyclette le mercredi sur le marché de la place Ambroise Courtois, ainsi que chez de nombreux professionnels -restaurateurs, collectivités... Pain complet, semi-complet, pain blanc, tournelin aux graines de lin ou Charrasin aux graines de chanvre et sarrasin. Une coopérative qui a tout compris à nos envies.

BOULANGERIE
BOULANGERIE SAINT-PAUL

8, place Saint-Paul (5e) ✆ 09 82 42 74 38
www.maisonfarine.com
Ouvert du lundi au vendredi de 7h à 19h, samedi et dimanche de 8h à 13h.

Sur une place d'un Vieux Lyon où les touristes s'aventurent peu, c'est la Boulangerie Saint-Paul qui abrite cette belle maison. Une authentique maison gourmande qui n'utilise que des bons produits pour faire de bonnes choses à manger. A commencer par des farines issues de blés de l'agriculture bio, broyées sur meule de pierre (Moulins Decollogne en Bourgogne et Moulin Marion dans l'Ain) et un levain naturel pour des pains parmi les meilleurs de la ville. Viennoiseries délicieuses, tartes aux fruits de saison des producteurs de la région, chocolat Valrhona (le meilleur), sandwichs merveilleux... Bonus : la bonne humeur contagieuse de toute l'équipe. Régal total !

BOULANGERIE
JOCTEUR BOULANGER DE L'ILE BARBE

5, place Henri-Barbusse (9e)
✆ 04 78 83 98 35
Ouvert du mardi au dimanche de 7h à 19h30.

Pour les «anciens», Jocteur reste le boulanger «officiel» de Paul Bocuse, son voisin sur les berges de Saône, et l'un des grands maîtres de la tarte à la praline. Aux Halles de Lyon Paul Bocuse ou dans la boulangerie face à l'île Barbe, Jocteur perpétue le meilleur de la tradition. Belle verrière s'ouvrant sur une terrasse, du bois, une belle frise, tout nous rappelle la qualité d'antan. Une qualité à retrouver dans les pains, mais aussi dans les gâteaux, à commencer par les fameuses tartes à la praline. Petit-déjeuner en amoureux et goûter en famille.

MES PLAISIRS SUCRÉS

BOULANGERIE

MAISON LAMBERT

23, Grande-Rue - **SAINT-PRIEST** ✆ 04 78 20 11 86
https://maison-lambert.fr
Ouvert du mardi au samedi de 6h à 19h30, dimanche de 6h à 13h30.

Un authentique artisan et une enseigne, la Maison Lambert, qui régale les gourmands depuis plus d'un demi-siècle. Créée en 1960 par M. Lambert à Lyon, la Maison s'est installée en 1966 au cœur de Saint-Priest et dispose d'autres adresses tenues par les descendants de M. Lambert attachés à perpétuer le meilleur de la tradition artisanale. Ici, tout est fait maison par un chef boulanger travaillant avec les meilleurs produits pour nous livrer au quotidien des délices dont on ne peut plus se passer : les pains, les viennoiseries, toutes les gourmandises d'une maison qui sait aussi nous régaler avec de délicieux sandwichs. Pratique : la boutique en ligne pour commander en click & collect !

CHOCOLATIER

VOISIN

28, rue de la République (2e) ✆ 04 78 42 46 24
www.chocolat-voisin.com
Ouvert lundi 10h à 19h, du mardi au samedi 9h30 à 19h30. 15 boutiques dans Lyon et 7 boutiques dans la Métropole.

Voisin, naturellement labellisé *Made in* Lyon. Voisin, c'est la première chocolaterie artisanale française fondée en 1897, une véritable Entreprise du Patrimoine Vivant. Aujourd'hui, la quatrième génération d'artisans chocolatiers perpétue le meilleur de la tradition de la fève à la tablette en respectant toutes les étapes de la fabrication. L'incontournable de la maison, c'est le *Coussin de Lyon*, délicieuse sucrerie d'une incroyable finesse qu'il faut absolument rapporter dans ses bagages. Dans les nombreuses boutiques en ville : Sarment du Beaujolais, Quenelle de Lyon, Oranges confites et bien d'autres spécialités comme les Palets. Boutique en ligne. Voisin, un des grands noms de Lyon.

CHOCOLATIER

PALOMAS

2, rue Colonel-Chambonnet (2e) ✆ 04 78 37 74 60
www.palomas1917.com
Ouvert du mardi au samedi de 10h à 19h. Fermé le lundi et le dimanche.

Il y a la haute couture et la haute chocolaterie. La maison Palomas est gardienne de la tradition depuis 1917 entre la place Bellecour et les quais de Saône. Sous la direction du maître pâtissier et chocolatier Dominique Clerc, Palomas réalise des chocolats artisanaux dans ses ateliers à partir de matières premières de qualité, du chocolat bien entendu jusqu'aux fruits en provenance de petits producteurs locaux. Parmi les spécialités de la maison : le Palet de Fourvière, craquant dessus (fine meringue) et moelleux dedans (praliné aux noisettes du Piémont), les Amandes de Bellecour ou les fameuses Délicia, rebaptisées «les hosties du diable». C'est si bon de pécher par gourmandise !

CHOCOLATIER

CHOKOLA

3, rue d'Austerlitz (4e)
✆ 04 72 10 02 98
www.chocolatier-bouillet.com
Ouvert du mardi au samedi de 10h à 13h et de 14h à 19h.

Ce n'est pas Charlie, c'est Sébastien qui nous emmène dans sa «Chokola»terie. Pour les accros au chocolat, la boutique la plus tentante de Lyon. Car Sébastien Bouillet n'est pas qu'un pâtissier de génie, c'est aussi un créateur de grand chocolat qui a su mettre en scène tout un univers autour de sa passion. Décor fondant avec cette fontaine de chocolat et ce mur de chocolat liquide. Décor craquant avec cette «chocolathèque» remplie de gourmandises. Tous les sens sont en alerte rouge ! Et les raisons de succomber aux tentations sont nombreuses : Maca'Lyon, 40 tablettes maison réalisées avec des cacaos de différentes origines, des bonbons chocolat et autres bonheurs à dévorer.

CHOCOLATIER

SÈVE

29, quai Saint-Antoine (2e) ✆ 04 78 37 67 81
www.chocolatseve.com
Ouvert du mardi au vendredi 9h30-13h30 et 14h30-19h, samedi 9h-13h et 14h30-19h, dimanche 8h30-13h.

Maître Chocolatier, classé parmi les meilleurs chocolatiers de France, Richard Sève est un passionné du chocolat. Dans cette maison lyonnaise de 1905, il a le goût de la modernité et de la perfection tout en utilisant les traditions ancestrales alliées à un climat d'élégance et de confort qui donnent la griffe Sève. Les chocolats de cet amoureux de fèves comblent les puristes par l'excellence de leurs rondeurs : sensualité, aromaticité et persistance. La Maison Sève, c'est aussi la sublimation des spécialités lyonnaises telles que la tarte aux pralines rouges, les délicieuses pierres des Monts-d'Or (praliné feuilleté enrobé d'une meringue royale). Musée du Chocolat Musco à Limonest.

CHOCOLATIER

PRALUS

27, rue Saint-Jean (5e)
✆ 04 78 62 74 09
www.chocolats-pralus.com
Ouvert tous les jours de 9h à 19h.

Fondée en 1948 à Roanne dans la Loire, la maison Pralus fait l'unanimité chez les gourmands. Pralus, c'est l'excellence en matière de brioche aux pralines, de pâtisserie et de grands chocolats. C'est l'un des derniers à travailler directement les fèves de cacao pour obtenir des grands crus présentés avec soin dans des écrins de bois. Succès assuré pour les 5 boutiques – Croix-Rousse, Vieux Lyon, Presqu'île, Monplaisir et Tassin –, dans une ville gourmande qui aime ces merveilleux produits sucrés. On se précipite aussi bien pour savourer la Praluline que pour offrir des chocolats – François Pralus s'est formé chez Bernachon... – au goût unique, vendus avec le sourire et la manière.

CHOCOLATIER

MAISON BUISSON

3, place Jules-Ferry (6e)
✆ 04 37 24 07 34
www.maisonbuisson.fr
Ouvert le lundi de 12h à 19h, du mardi au samedi de 10h à 19h.

Des bars où l'on peut boire du chocolat chaud, souvent de mauvaise qualité, ça ne manque pas. De vrais bars à chocolat, c'est plus rare. La Maison Buisson, c'est tout le savoir-faire de 3 générations au service, depuis plus de 60 ans, du chocolat. Mais pas que... Car si les chocolats chauds aux origines variées sont l'une des spécialités de la maison, cette chocolaterie réalise bien d'autres rêves chocolatés : traditionnels coussins, damiers, tablettes et macarons, l'hésitation nous gagne devant ce choix gourmand. Incontournable, le plateau Médicis, référence avec ses timbales garnies d'amandes enrobées. En été, les glaces maison offrent une alternative gourmande au chocolat.

CHOCOLATIER

BERNACHON

42, cours Franklin-Roosevelt (6e) ✆ 04 78 24 37 98
www.bernachon.com
Ouvert du mardi au samedi de 8h30 à 19h, dimanche de 8h30 à 17h. Fermeture le dimanche en juin et en juillet. Visites.

Quand on a la chance d'avoir l'un des meilleurs chocolatiers du monde dans sa ville depuis 70 ans, on y va et pis c'est tout ! Plutôt que de broyer du noir dans son coin, il faut rendre une visite gourmande à l'un des seuls chocolatiers à broyer lui-même son noir, puisqu'il fait tout, de la fève à la tablette présentée dans cette superbe boutique récemment refaite. Magnifique écrin, avec sa mappemonde en fèves de cacao, pour dévorer du regard des chocolats d'exception, comme le mythique Palet d'or, crème fraîche et chocolat noir, enrichi d'une feuille d'or, une bouchée de pur bonheur, ou l'incontournable Président, son gâteau signature. La plus cacaotée des adresses à croquer.

CHOCOLATIER

LES CHOCOLATS D'ABI ET LISA

14, avenue de la Villermé
CORBAS
✆ 09 50 64 06 72
www.chocolat-abi-lisa.com
Ouvert du mardi au samedi de 10h à 13h et de 15h à 19h. Livraison possible (commande par Internet).

Des chocolats fabriqués de manière artisanale par une passionnée qui nous fait plaisir avec ses créations originales, ce sont les Chocolats d'Abi et Lisa. Installée dans son atelier de Corbas depuis plus de 10 ans, Céline Boucher réalise des gourmandises chocolatées mariant qualité, chocolats purs beurre de cacao, et originalité. Pour les particuliers et les entreprises : coffrets découvertes, coffrets cadeaux, ballotins, tablettes, bonbons, pâte à tartiner... A Pâques, Noël et toute l'année, l'adresse des amoureux des chocolats. Boutique à la Croix-Rousse.

CHOCOLATIER

LES CHOCOLATS D'ABI ET LISA

73, Grande Rue de la Croix-Rousse (4e)
✆ 04 78 29 62 51
www.chocolat-abi-lisa.com
Ouvert du mardi au samedi de 10h à 19h. Salon de thé. Click & Collect. Livraisons.

© EMMANUEL SPASSOFF

© EMMANUEL SPASSOFF

Repaire gourmand pour savourer les créations chocolatées pur beurre de cacao fabriquées de façon artisanale par Céline Boucher dans sa chocolaterie de Corbas. Des douceurs proposées par Stéphan, toujours souriant, dans une boutique où l'on vient en famille pour se régaler dans toutes les occasions. Des bonbons de chocolat aux saveurs originales, de délicieuses tablettes pour tous les goûts, des pâtes à tartiner sans huile de palme pour le goûter, des ballotins et coffrets à offrir avec plaisir. Vente en ligne et click & collect. Bonheurs gourmands.

GLACIER

UNICO

91, montée de la Grande Côte (1er)
✆ 09 83 80 04 10
www.unicoglacier.com
Ouvert du mercredi au dimanche de 13h à 19h.

Si vous voulez manger une glace à la fraise en plein hiver, passez votre chemin ! Unico ne travaille qu'avec des produits de saison, des fruits sélectionnés chez les producteurs locaux, pour fabriquer artisanalement parmi les meilleures glaces de Lyon. Créations originales et des goûts de folie qui n'ont pas besoin qu'on en rajoute pour nous faire craquer selon les saisons. Autre adresse sur le quai de la Saône, dans un petit espace pour grand plaisir, avec Fresco, le spécialiste de la glace à l'italienne profitant de la même qualité. Insolite : les repas «glace-tronomiques» à faire en grandes tablées le soir chez Unico. Ateliers ouverts au public pour fabriquer ses propres glaces.

GLACIER

BARBARAC

1, rue de l'Ancienne Préfecture (2e) ✆ 04 78 59 21 74
https://barbarac.fr
Basse saison : ouvert du mercredi au dimanche. Haute saison : tous les jours.

Où trouver du réconfort toute l'année ? Chez Barbarac, le glacier de Saint-Tropez (et de Lyon). Petite terrasse, murs de pierres apparentes, service à table dans une atmosphère chaleureuse, cette adresse gourmande propose des glaces artisanales préparées à partir de produits naturels de saison pour des parfums merveilleux comme yaourt, praline ou sorbet chocolat. Toujours les meilleures glaces à emporter en pot ou en cornet, mais aussi des coupes glacées servies sur place. chez ce glacier qui se démarque, une formule salée avec piadina, galette italienne garnie de produits frais. Gaufres, crêpes gourmandes, boissons chaudes et froides. Faites l'expérience du plaisir !

GLACIER

LA FABRIQUE GIVRÉE

66, rue Saint-Jean (5e) ✆ 04 78 37 89 80
www.lafabriquegivree.com
Ouvert du lundi au vendredi de 13h à 19h, le week-end de 12h30 à 19h.

Givré, il faut l'être pour se lancer dans une entreprise gourmande. Des amis d'enfance ont décidé, il y a plus de 10 ans, de se lancer dans l'aventure en changeant un monde un peu trop figé et pas assez givré, celui des glaces. Résultat, le Vieux Lyon abrite un lieu complètement givré imaginé par le chef Jérémie, créateur de glaces différentes, et Martin. Production artisanale en Ardèche à partir de fruits de saison en provenance, de préférence, de la vallée du Rhône. Abricots Bergeron, pousses de sapin du Vercors, raisins de l'Hermitage... Les parfums et les créations renversantes nous font tourner la tête. Du fameux Kif, entre glace et pâtisserie, aux meringues de dingue... C'est top !

GLACIER

RENÉ NARDONE

26, quai de Bondy (Vieux Lyon) (5e) ✆ 04 78 28 29 09
www.glaciernardone.com
Haute saison : ouvert tous les jours de 9h30 à 19h. Hors saison, ouvert du mercredi au dimanche de 13h à 19h.

Nardone, ça rime avec glacier et grand plaisir en terrasse depuis 1899. Une maison et une passion qui se transmet de père en fils et de père en filles. Ainsi, la famille Nardone règne sur la glace et sur ce coin du Vieux Lyon bordé par la Saône et un quai particulièrement passant, pas forcément le plus agréable pour faire une pause relaxante. Glaces fabriquées maison pour une haute qualité gustative. Sur place, un Pink Mojito, un Nardone Cook ou une Coupe de l'amitié pour 3 à partager en tendances. La qualité est au rendez-vous et c'est un bonheur de succomber à une coupe glacée – la Géante fruits avec ses 10 boules ! – signée Nardone. Possibilité de commander de délicieux desserts glacés.

GLACIER

TERRE ADÉLICE

1, place de la Baleine (5e) ✆ 04 78 03 51 84
www.terre-adelice.eu
Haute saison : ouvert tous les jours de 13h à 0h. Haute saison de mai à septembre.

Pause gourmande glacée au cœur du Vieux Lyon, Terre Adélice monte naturellement sur le podium des meilleurs glaciers de la ville. Née en Ardèche travaillant sans artifice, Terre Adélice propose le meilleur d'une nature généreuse et savoureuse dans de véritables délices fondants. Des sorbets et des glaces artisanales bio réalisées à partir de fruits frais de saison, notamment des fruits ardéchois où Terre Adélice trouve ses racines, mais aussi des touches d'exotisme. Terrasse souvent bondée au cœur d'un quartier touristique parfois en surchauffe, attente parfois pour emporter, mais ces glaces au naturel en valent vraiment la peine. Tous les parfums peuvent être rapportés à la maison en pot.

GLACIER

PAGE

51, rue de la Thibaudière (7e)
✆ 06 66 36 53 46
https://boutique-page.com
Ouvert du mercredi au samedi de 10h à 19h.

Une des meilleures pages du grand livre de la gourmandise lyonnaise. Impossible de manquer cet écrin blanc dans le quartier de la Thib' où l'on vient, très régulièrement, faire provision de glaces en bocaux et de gâteaux réalisés à partir de savoureux produits, si possible locaux et notamment pour les fruits de saison. Glaces et sorbets nous font tourner la tête, sans oublier les délicieux cornets maison qui rajoutent à notre plaisir en été quand ouvre le comptoir sur la rue. Autres merveilles imaginées par Agathe et François, des pâtisseries meilleures que bonnes ! A commencer par l'incontournable Moon de saison. Glaces et gâteaux véganes et/ou sans gluten pour régaler tout le monde.

PÂTISSERIE

CONEY COOKIES

14, rue Sergent Blandan (1er)
✆ 04 78 28 49 26
https://coneycookies.bigcartel.com
Ouvert du mardi au dimanche de 13h à 19h.

Quoi de plus réconfortant qu'un cookie ? Encore faut-il trouver le meilleur cookie pour décupler son plaisir ! Direction une petite rue discrète et une boutique encore plus discrète toute proche de la place Sathonay. Il faudra revenir souvent pour goûter tous les recettes de cookies maison, fabriqués sur place par de petites mains délicates. Des cookies composés de bons produits, comme ce Lyonnais aux pépites de chocolat au lait et praline rose ou un New-Yorkais avec morceaux de chocolat noir, cacahuètes et beurre de cacahuètes... Sablés décorés, petits biscuits, «Fat pie» et éditions limitées dans le même esprit gourmand. Accueil charmant. Une adresse pleine de douceur(s).

PÂTISSERIE

ZOI PATISSERIE

46, montée de la Grande Côte (1er)
www.zoi-kitchen.com
Ouvert du lundi au vendredi de 8h30 à 19h, samedi de 10h à 19h, dimanche de 10h à 18h.

Croisée à la Commune, incubateur de talents, Louise Rogelet fait partie de ces passionnés qui se sont lancés dans l'aventure en innovant avec des pâtisseries 100 % végétales. Aujourd'hui installée dans un joli local dans les Pentes, mais également dans le Vieux Lyon où elle a ouvert un coffee shop rue Saint-Jean, cette titulaire du CAP pâtissier nous propose de délicieux gâteaux sans lait, ni œufs, ni beurre ! Et c'est un régal à chaque bouchée. Sur place ou à emporter, en petit format individuel ou en version à partager, voici quelques incontournables maison avec le Tourbillon Pécan, la tarte citron basilic ou la tarte Tiramisu. Attention, adresse addictive !

PÂTISSERIE

MAISON ANTOINE

18, quai Saint-Antoine (2e)
✆ 04 87 74 74 74
https://lamaisonantoine.fr
Ouvert du mardi au dimanche de 7h à 19h30.

Un véritable écrin de gourmandise, une sorte de bonbonnière pour craquer sans compter. Sous le charme de cette boulangerie-pâtisserie et son alléchante vitrine, une maison qui a le charme de l'ancien et le savoir-faire inimitable d'une équipe fantastique. A commencer par le chef pâtissier Nabil Barina, sacré Champion du Monde de Tiramisu ! Des tiramisus à goûter absolument, sans manquer toutes les autres merveilles réalisées à partir des meilleurs produits frais, comme ces fruits de saison. A tomber, tout comme les viennoiseries de Juviana Fernandez et les pains fabriqués par Stéphane Digonnet à partir de farines régionales. Gamme snacking. Autre adresse rue de la Charité.

PÂTISSERIE

MARTIN VEY

15, rue de Trêves Pâques
COLLONGES-AU-MONT-D'OR
✆ 04 78 22 03 72
www.martinvey.com
Ouvert du mardi au samedi de 8h à 19h, dimanche de 8h à 13h.

© EMMANUEL SPASSOFF

© EMMANUEL SPASSOFF

Une pépite gourmande. Après des expériences dans de belles adresses - dont certaines étoilées -, le chef pâtissier Martin Vey partage sa passion de la pâtisserie Aux 2 des Monts et aux Halles Monts d'Or de Saint-Didier. Dans son laboratoire, avec son équipe, il crée des gourmandises à partir des meilleurs produits de saison, des produits le plus souvent locaux. Des gâteaux originaux adaptables à toutes les intolérances (sans gluten, sans sucre, sans lactose, sans œuf) et à toutes les envies. Chocolats divins, glaces artisanales - notamment les vacherins - remarquables, sans oublier la spécialité maison d'un champion du monde 2019 : le pâté-croûte. Des plaisirs à partager.

MES PLAISIRS SUCRÉS

PÂTISSERIE

AUX MERVEILLEUX

32, rue Grenette (2e) ✆ 04 78 68 38 82
www.auxmerveilleux.com
Ouvert du mardi au jeudi de 7h30 à 19h45, du vendredi au dimanche de 9h30 à 18h.

Les plus délicieux des Merveilleux fabriqués sous vos yeux dans une pâtisserie qu'il ne faut pas se contenter de photographier avec son portable comme de nombreux visiteurs émerveillés par les gâteaux et le travail réalisé. Légers, à la fois croustillants et fondants (mais comment font-ils ?), ces gâteaux sont une spécialité du Nord. Frédéric Vaucamps a rendu les Merveilleux plus légers et plus savoureux. Travaillant en totale transparence, cet artisan a sélectionné d'excellents produits pour réaliser ses Merveilleux à manger en part individuelle ou en gâteaux de 4 à 24 personnes. Autre boutique merveilleuse dans le 6e pour succomber à cette tentation divinement diabolique.

NEW

PÂTISSERIE

PAVLOVAS PAR JOEL MAIER

1, rue de l'Ancienne Préfecture (2e) ✆ 04 78 84 09 62
www.pavlovasjoelmaier.com
Ouvert du mercredi au vendredi de 10h à 19h, le week-end de 9h à 19h.

Avec cette nouveauté, vous n'avez pas fini d'être émerveillé de créations gourmandes. Aux commandes, le maître pâtissier Joël Maier nous propose le «dessert roi», la fameuse pavlova. Dans une boutique d'un blanc immaculé, les pavlovas trônent comme autant de tentations auxquelles il ne faut pas résister. Mais c'est quoi au juste une pavlova ? C'est un dessert d'une incroyable légèreté, tout comme la ballerine russe Anna Pavlova pour qui la recette fut créée, composé d'une base de meringue, à la fois craquante et moelleuse, surmontée d'une crème fouettée et de fruits frais. Un classique revisité avec goût par un véritable artiste mêlant beauté et gourmandise dans nos assiettes à dessert.

PÂTISSERIE

MISS MADELEINE

11, rue des Quatre Chapeaux (2e)
✆ 06 83 89 35 62
https://miss-madeleine.com
Ouvert du mardi au samedi de 9h à 19h.

Quand un gâteau traditionnel, la madeleine, devient une spécialité pâtissière. C'est bien, c'est bon, mais ça a aussi un prix que tout le monde ne pourra mettre dans cette délicieuse bouchée. Faisant appel à nos souvenirs d'enfance, Miss Madeleine décline à l'envi ces petits gâteaux sucrés... et salés ! Des madeleines «traditionnelles» à base de bons produits régionaux en version nature, amandes, chocolat, orange... Des madeleines à coque, à partager, des madeleines pâtissières originales, des pièces montées, des madeleines salées, des madeleines de saison... De notre côté, une vraie préférence pour les madeleines pâtissières. Autre boutique craquante dans le 6e.

PÂTISSERIE

SÉBASTIEN BOUILLET

15, place de la Croix-Rousse (4e) ✆ 04 78 28 90 89
www.chocolatier-bouillet.com
Ouvert lundi 9h30-13h et 14h-19h, du mardi au vendredi 9h-19h, samedi 8h30-19h30, dimanche 8h30-13h.

A sa manière très personnelle, Sébastien Bouillet a réinventé la pâtisserie. Et pas seulement la pâtisserie de ses parents qu'il a réinventée complètement depuis plus de 20 ans, mais la pâtisserie en général en lui donnant de nouvelles formes, de nouvelles couleurs, de nouvelles saveurs. Une pâtisserie créative, sans limites, de véritables bijoux qui nous font craquer à chaque visite : Gros caillou, St Ho !, Louvre, Tarte citron, Lyon Tokyo... Du plaisir d'abord, de l'émotion en bouche, un régal absolu. Pratique, la E-boutique et les nombreuses adresses, 12 au total, pour goûter tous les plaisirs signés Sébastien Bouillet. Macarons divins et chocolats au même niveau. Beauté gourmande.

PÂTISSERIE

LITTLE PETITS GÂTEAUX

30, rue des Remparts-d'Ainay (2e)
✆ 09 54 30 87 24
www.little-petitsgateaux.com
Ouvert du mardi au samedi de 10h à 19h.

Créer tout un univers dans un petit gâteau, rien de plus beau, de plus poétique et de plus gourmand ! Régalez-vous en vous amusant avec toute l'équipe de Little Petits Gâteaux. Dans le quartier d'Ainay, un merveilleux salon de thé qui, malgré son nom mi-français mi-anglais, revendique sa «french touch». Le vrai tour de force de cette équipe passionnée de pâtisserie, c'est de réaliser des gâteaux trop beaux, dont les «Layers Cakes» aux formes étourdissantes. Jamais écœurants, les gâteaux sont composés d'ingrédients de qualité aux saveurs inoubliables. Colorés, parfumés, déguisés, des cupcakes petits ou géants aux wedding cakes personnalisables, un choix immense et toujours délicieux.

PÂTISSERIE

DORNER FRERES

91, boulevard des Belges (6e)
✆ 04 72 83 96 28
www.dorner-freres.fr
Ouvert du mardi au samedi de 9h à 19h, dimanche de 9h à 12h.

On les a croisés sur le rooftop de la Part-Dieu, mais on préfère venir se régaler toute l'année dans leur superbe pâtisserie entre Brotteaux et Tête d'Or. Les deux frères Dorner, Maxime, pâtissier passé par des maisons étoilées, et Gauthier, cuisinier manager voyageur, continuent de développer leur idée gourmande : revisiter les grands classiques de la pâtisserie et laisser libre cours à leur imagination dans des créations délicieuses. Des desserts qui se déclinent comme de véritables bijoux dressés sous les yeux des clients. Tarte aux fruits spectaculaire, mille-feuille à tourner la tête... Brioches et madeleine géante, chocolats et plaisirs à partager dans un bel espace dégustation.

© EMMANUEL SPASSOFF

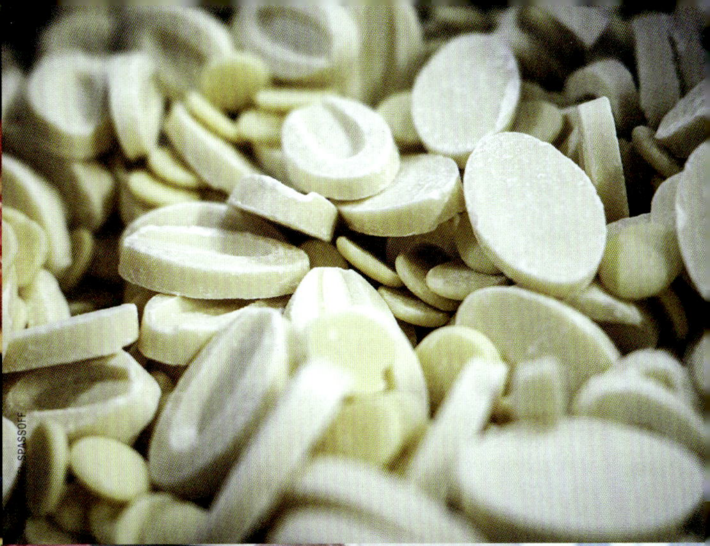

© EMMANUEL SPASSOFF

PÂTISSERIE

MAISON HIRIART

248, rue Paul-Bert (3e)
✆ 04 78 54 68 10
Ouvert du mardi au samedi de 6h15 à 19h30, dimanche et les jours fériés de 6h15 à 12h45.

La maison Hiriart, c'est du grand art. Des chefs-d'œuvre de pâtisseries et de glaces comme seul Philippe Hiriart, Meilleur Ouvrier de France, glacier et pâtissier d'exception, sait en réaliser pour nous les proposer dans sa boutique du quartier de la Part-Dieu. Chaque bouchée vous procurera un immense plaisir gustatif ! Des plaisirs à partager en rapportant à la maison un délicieux Paul Bert, la spécialité maison, des entremets et entremets glacés, des bûches pour les fêtes, des chocolats en toute saison, et encore plus à Pâques, et les fabuleuses glaces maison, aussi originales que savoureuses. Une maison où la tradition du bon goût se marie à la créativité d'un véritable artiste.

© EMMANUEL SPASSOFF

© EMMANUEL SPASSOFF

© EMMANUEL SPASSOFF

PÂTISSERIE

DÉLICES DES SENS

12, boulevard des Brotteaux (6e) ✆ 04 78 24 48 25
www.chocolat-delices-des-sens.com
Ouvert du lundi au samedi de 7h30 à 19h30, dimanche de 7h à 13h.

Romaric Boilley vise l'excellence, autant sur la qualité des produits employés à la réalisation de ces pâtisseries que sur l'aspect visuel de ses gâteaux. Dans ses boutiques (et une boutique de vente en ligne), des produits artisanaux d'une beauté saisissante. Les macarons, spécialités de la maison, sont réalisés suivant une recette traditionnelle. Au total, une vingtaine de variétés vraiment garnis, avec des classiques et des nouveautés selon les saisons. Mais encore des entremets, une délicieuse tarte à la praline, des tartes aux fruits selon les saisons, des entremets glacés, glaces au lait cru et des tablettes de chocolat. Adresses craquantes à partager pour des plaisirs gourmands.

PÂTISSERIE

LES GASTELIERS

123, rue de Sèze (6e) ✆ 04 78 24 87 11
www.lesgasteliers.fr
Ouvert tous les jours de 8h30 à 19h. Petit déjeuner, déjeuner, boissons et café. Terrasse. Boutique en ligne.

Aux Gasteliers, tout est fait maison avec amour et sans gluten. Ces artisans du goût installés au cœur du 6e – livraison possible avec la boutique en ligne – ont été les premiers à Lyon à proposer des produits – pâtisserie, boulangerie, viennoiserie et biscuits – sans gluten. Sans gluten mais pas sans saveur, bien au contraire ! En sélectionnant les meilleurs fournisseurs et des ingrédients issus de l'agriculture raisonnée ou bio, les Gasteliers ne trichent jamais avec le goût. Authenticité de la démarche qui garantit qualité et saveur, même pour certains produits sans lactose ! Tous les gourmands se régalent sans se faire de mal. Créations originales à partager au merveilleux salon de thé.

PÂTISSERIE

GREEDY COOKIES

9, avenue Honoré Esplette
TASSIN-LA-DEMI-LUNE
✆ 06 70 12 48 75
Ouvert le lundi, le mardi, le jeudi et le vendredi de 15h à 19h.

Une adresse pas comme les autres, mais un vrai soutien que veut apporter le *Petit Futé* à cette adresse tenue par l'adorable Audrey. Pas comme les autres, parce que pour la trouver il faudra suivre l'itinéraire indiquée sur votre smartphone. Dans cette rue de Tassin, Greedy partage un local pour nous proposer, à l'heure du goûter quand les enfants sortent de l'école et que les parents ont aussi un creux, de délicieux cookies en différentes versions : chocolat noir, au lait, blanc, au café, au caramel (un régal), aux spéculoos, mais encore un joli cake marbré, idéal pour manger avec son chocolat chaud ou son café. Possibilité de passer commande pour un goûter d'anniversaire gourmand.

MIEL - CONFITURE

LA FABRIQUE DE THÉ

5, rue d'Ivry (4e) ✆ 09 51 86 39 94
https://lafabriquedethe.com
Ouvert mardi, jeudi, vendredi 10h à 13h et 14h30 à 19h, mercredi 10h à 12h et 14h à 19h, samedi 10h à 13h et 14h à 19h.

La Fabrique, c'est ainsi que l'on appelait la Croix-Rousse à l'époque des métiers à tisser. Un quartier qui cultive son esprit d'indépendance, même quand il s'agit de faire son thé. Un comptoir de thé indépendant où les amoureux de cette boisson aux nombreuses vertus sont accueillis par Élodie. Joli cadre épuré pour se concentrer sur l'essentiel : le produit. Accueil agréable pour choisir son thé dans les meilleures conditions avec les meilleurs conseils. Dégustation du jour pour faire de belles découvertes. Des mélanges ou des thés purs aux origines diverses (Chine, Thaïlande, Népal, Inde...). De très beaux coffrets à partager en famille ou entre amis. Magnifiques théières en fonte.

THÉ

LA CHARI'THE

15, rue de la Charité (2e) ✆ 04 78 59 50 52
www.fbkt.fr
Ouvert le mercredi de 14h à 19h, du jeudi au samedi de 11h à 19h.

Qu'a-t-elle de si différent cette belle boutique de thé de la rue de la Charité ? Ce qui fait sa différence c'est que les assemblages de thé sont ici réalisés par la Fabrikathé (aussi appelé FBKT), le premier atelier d'assemblage français, 100% artisanal de thés et d'infusions, implanté à Pouilly-les-Nonains, près de Roanne. Une entreprise familiale qui nous propose dans sa boutique près de 300 recettes originales d'assemblages de thés verts, noirs, blancs, rouges ou bleus, pour la plupart cultivés en bio ! Le samedi, c'est dégustation pour découvrir de nouveaux parfums. Des thés grand cru du monde entier, mais aussi des infusions pour toutes les saisons. Epices pour compléter son panier.

THÉ

HUMAN & TEA

11, rue des Quatre-Chapeaux (2e)
✆ 04 78 38 93 63
www.humanandtea.com
Ouvert du mercredi au samedi de 11h à 19h.

Le thé, boisson la plus consommée au monde, est aussi un art de vivre. Bien avant le café, en Asie puis en Europe le thé a ouvert la voie aux échanges humains. Human & Tea, enseigne lyonnaise créée par Nathalie et Daniel Cotte, propose une centaine de thés. Des créations maison réalisées à la manière d'un parfum. Pas besoin d'être un expert pour découvrir les saveurs quand on est bien conseillé. Rencontre, partage, échange. Des mots-clés pour comprendre la philosophie de Human & Tea. Simplicité, plaisir, bien-être, d'autres mots pour décrire une expérience que l'on peut partager dans les deux boutiques lyonnaises et au nouveau corner chez Smart Inspirations.

CAFÉ - THÉ - TISANE

EN APARTHÉ

29, rue de la Thibaudière (7e) ✆ 04 82 91 28 65
enaparthe-lyon.fr
Ouvert lundi 14h à 19h, du mardi au jeudi 10h à 13h et 14h30 à 19h, vendredi et samedi 10h à 19h.

Faites une pause En Aparthé. Jolies vitrines, boutique charmante tenue par l'adorable Anne qui nous fait partager son amour pour une boisson millénaire : le thé. Une centaine de thés venus du monde entier, avec une sélection de thés bio, de thés d'origine plus aromatisés, des thés sélectionnés avec soin par une authentique passionnée pleine de bons conseils. Anne réalise des mélanges exclusifs à savourer selon les saisons ou son humeur. Vente en vrac, vaisselle, accessoires et nombreux conseils. Dégustation sur place avec une pâtisserie ou des biscuits artisanaux. Cafés bio, tisanes, eaux de fruits, rooïbos, poivres et baies pour parfumer votre cuisine. Vente en ligne.

CAFÉ

LOUTSA

9, place Jules Guesde (7e) ✆ 04 87 24 79 45
www.loutsa.fr
Ouvert le lundi et le mardi de 11h à 18h ; du mercredi au samedi de 10h à 19h.

Il plane sur la place Jules Guesde des arômes de café fraîchement moulu à vous faire perdre la raison. Et c'est encore meilleur quand on rentre chez Loutsa. Une enseigne lyonnaise que l'on a vue grandir et qui poursuit sa route pour nous emmener vers des cafés d'altitude et de caractère. Une passion à partager autour de toute une équipe qui saura vous conseiller sur le café qui vous correspond le mieux parmi les crus torréfiés maison par Simon, vice-champion de France de torréfaction. Toute une gamme en grains, moulu ou en capsules avec de délicieuses saveurs. Espace dégustation chaleureux et caféologie avec des ateliers pour tout apprendre sur le café, le déguster mais aussi le préparer.

CONFISERIE - DRAGÉES

VIOLETTE ET BERLINGOT

52, passage de l'Argue (2e) ✆ 04 72 40 97 49
www.violette-berlingot.com
Ouvert lundi 14h-19h, mardi 10h-13h et 14h30-19h, du mercredi au vendredi 10h-13h30 et 14h30-19h, samedi de 10h-19h.

A celles et ceux qui disent que c'était mieux avant, c'est encore mieux quand on peut profiter aujourd'hui des bonheurs d'autrefois. A commencer par les bonbons de notre enfance (oui, le *Petit Futé* n'est pas tout jeune...). Depuis plus de 15 ans, la maison Violette et Berlingot nous propose des confiseries de tradition. Des confiseries artisanales à l'ancienne fabriquées avec amour à partir d'ingrédients naturels. Boutique toute mignonne, gentillesse de l'accueil et ambiance sucrée. Il y a les spécialités lyonnaises – pralines, quenelles, cocons, coussins... –, les coups de cœur maison et bien d'autres : guimauves, réglisses, nougats, dragées, et aussi des chocolats. Impossible de résister.

CAFÉ

CAFÉS GONÉO

2, rue Grenette (2e)
✆ 04 72 16 56 55
www.cafes-goneo.fr
Ouvert du mardi au samedi de 8h à 19h ; le dimanche de 9h à 14h.

© DR

© DR

Labellisés «Fabriqué à Lyon», les cafés Gonéo offrent la meilleure gamme de cafés - en grains, moulus ou en capsules - de spécialité. Une marque écoresponsable, proposant des emballages recyclables et revalorisant ses déchets, qui fabrique d'excellents cafés pour une expérience de dégustation unique. 13 cafés torréfiés à Lyon, 7 origines pures et 6 assemblages, dont 5 cafés issus de l'agriculture biologique, à retrouver dans les boutiques de la Presqu'île et aux Halles Paul Bocuse. Des cafés que l'on peut aussi déguster sur place ou à emporter avec des boissons préparées par les baristas maison. Thés et infusions avec Fabrikathé. Machines à café Sage, DeLonghi et Jura. Le café des Lyonnais.

BIO

BIOCOOP

11, place Bellecour (2e) ✆ 04 78 42 09 46
www.biocooplyonbellecour.com
Ouvert du lundi au samedi de 9h à 20h, dimanche de 9h à 13h.

Mettre le bio au cœur de la ville, c'est naturel quand on sait que Bellecour désigne un «beau jardin» autrefois planté d'arbres. Aujourd'hui, c'est une grande boutique Biocoop de 130 m^2 qui assure notre alimentation au naturel en proposant un libre-service d'alimentation biologique, ainsi qu'un rayon de cosmétiques naturels, d'écoproduits et de librairie. Biocoop Lyon Bellecour se tourne vers l'approvisionnement local, c'est pourquoi des dégustations de produits bio animées par les producteurs locaux sont régulièrement organisées. L'adhésion à Biocoop, leader de la distribution alimentaire bio, permet de bénéficier d'un large panel de produits. Une grande enseigne qui va dans le bon sens.

BIO

3 P'TITS POIS

124, rue Sébastien-Gryphe (7e) ✆ 09 54 18 54 64
www.3ptitspois.fr
Ouvert du lundi au mercredi et vendredi de 10h à 19h30, jeudi de 10h à 13h et de 15h à 19h30, samedi de 10h à 19h.

Si tu veux devenir à ton tour un P'tit Poids, c'est que tu veux moins peser sur la planète en mangeant de manière plus durable et responsable. 3 P'tits Pois est une coopérative de distribution de produits bio, locaux et équitables sur la Métropole lyonnaise. Située dans un quartier où poussent les meilleures graines, cette épicerie hautement conviviale propose des produits en vrac toutes catégories en provenance de 100 petits producteurs et artisans : fruits et légumes frais, fromages et lait frais en bouteilles consignées, charcuterie, pain... A noter, 3 P'tits Pois fonctionne également pour les groupements d'achats collectifs et les professionnels. Venez avec vos bocaux et régalez-vous

BIO

L'EAU VIVE

50 bis, Grande-Rue de la Croix-Rousse (4e) ✆ 04 78 27 93 96
www.eau-vive.com
Ouvert du lundi au samedi de 9h à 19h30, dimanche de 9h à 12h30.

Une enseigne pionnière de la bio depuis 1979, spécialiste en nutrition santé. 5 adresses dans la métropole -sans compter la boutique Mon Espace Bien-être dans la Grande Rue de la Croix-Rousse- et une 6e à Villeurbanne pour consommer intelligemment, pour notre bien-être et celui de notre terre en respectant les équilibres biologiques. Avec ses façades vertes facilement identifiables, L'Eau Vive, chaîne régionale, propose une vaste gamme de produits labellisés bio sous toutes les formes. On aime particulièrement les pains maison, le rayon épicerie bien fourni, mais encore les cosmétiques naturels et les compléments alimentaires que l'on se laisse conseiller par des dames charmantes.

BIO

LE BIOCAL

24, rue Paul-Verlaine - **VILLEURBANNE**
✆ 04 27 01 40 21
Métro A station Gratte-Ciel
Ouvert du mardi au samedi de 10h à 12h30 et de 15h à 19h.

Des circuits courts dans une boutique de proximité où le vrac est à l'honneur. Un Biocal uniquement consacré aux produits biologiques et écologiques fabriqués le plus localement possible. Et ils sont bien plus nombreux qu'on ne l'imagine. Au premier rang de ceux-là, les cosmétiques avec des produits de soin, d'hygiène, de maquillage, d'huiles essentielles, mais encore des produits pour la maison avec du linge, des ustensiles de cuisine et des produits pour cuisiner bio, des objets de déco, des objets pour les enfants... Sans oublier les livres pour y voir plus clair dans le monde de l'écologie. Ce sont plus de 1 500 références qui nous rendent le quotidien plus « bio ».

BIO

UN GRAIN DANS LE GRENIER

1, rue du Mail (4e)
✆ 04 78 23 60 15
Ouvert lundi de 16h à 19h, du mardi au samedi de 10h à 13h et de 15h à 19h.

Je pars avec mon sac et mes bocaux sous le bras chez Un grain dans le grenier. Quel joli nom pour cette enseigne dans l'air du temps et dans l'esprit de la Croix-Rousse ! Une épicerie alternative pour consommer « intelligemment » en achetant des produits biologiques, solidaires et équitables. Tout pour remplir vos armoires de produits, vous nourrir de manière saine et équilibrée, mais surtout pour vous régaler de bonnes choses : épices, cafés, thés et chocolats bio bretons, quinoa, riz et pâtes, plats cuisinés, confitures, gâteaux salés et sucrés, biscuits, jus de fruits, bières, vins... Panier composé de produits de saison fraîchement ramassés par les producteurs.

EPICERIE

LA FOURMI

8, rue Terme (1er)
✆ 09 81 33 84 58
https://epicerie-lafourmi.fr
Ouvert du lundi au samedi de 10h à 20h.

Une Fourmi futée qui a trois greniers – aux Terreaux, à Guillotière et à Valmy – pour approvisionner les Lyonnais responsables et avides de bons plans en produits de déstockage. Deux adresses futées, puisqu'elles donnent une seconde chance à des produits dont les grandes surfaces (principalement) ne veulent plus pour de multiples raisons. Résultat, il y a de tout selon les arrivages qu'il faut surveiller. Il y a surtout de vraies économies à faire en achetant des produits d'excellente qualité qui auraient été jetés. Pains et viennoiseries de la veille, légumes gratuits et tout plein de produits à petits prix... Des bons plans, de la lutte anti-gaspi, des économies : la Fourmi a tout bon.

NEW

EPICERIE

MAISON COURGETTE

75, Grande Rue de la Croix-Rousse (4e) ✆ 04 72 07 91 76
www.maisoncourgette.fr
Ouvert du mardi au samedi de 10h à 19h30, dimanche de 11h à 15h.

A deux pas de l'hôpital de la Croix-Rousse, portez-vous bien en entrant dans la Maison Courgette. Une enseigne rigolote qui prône, tout comme nous, les valeurs de plaisir et de responsabilité. Oui, il est possible de se faire plaisir en mangeant mieux des produits dits «responsables» qui ont un impact réduit sur l'environnement. Des produits «nus», certifiés bio pour la plupart, issus de circuits-courts, proposés en vrac dans une jolie boutique qui fait à la fois épicerie - fruits et légumes, produits laitiers, charcuterie à l'ancienne, pain, biscuits, pâtes, farines, boissons, hygiène et beauté, etc. -, mais aussi salon de thé et café-cantine. Une Courgette engagée dans le bon sens.

NEW

EPICERIE EN VRAC

LA P'TITE DISTRIB

19, boulevard Yves Farge (7e)
www.laptitedistrib.fr
Ouvert le lundi de 10h à 19h30, du mardi au samedi de 9h à 19h30.

Que dire de ce lieu étonnant découvert, un peu par hasard (bien sûr, nous passions à vélo sinon ça n'aurait pas de sens), au pied d'un immeuble neuf tout près du quartier général Frère ? Qu'il a tout bon ! Tout bon pour nous réapprendre, avec bonne humeur et bienveillance, à mieux consommer en respectant l'environnement, sa santé, le vivant et les animaux en particulier, les petits producteurs locaux... Bref, consommer responsable ! Une belle sélection de produits bio, locaux, de saison et équitables pour se faire vraiment plaisir. Bières et jus de fruits artisanaux, un maximum de bonnes choses à manger distribuées en vrac pour un objectif zéro déchet. Une épicerie engagée avec sincérité.

EPICERIE EN VRAC

EPI C'EST BON !

107, rue Laënnec (8e)
https://epicestbon.fr
Ouvert mercredi de 14h à 19h, jeudi de 16h à 19h, vendredi de 9h à 14h.

Une initiative comme le *Petit Futé* les aime. Parce qu'il n'y a pas que dans les «beaux» quartiers que l'on a le droit de bien manger, parce que les étudiants, les personnes âgées, les personnes aux ressources modestes doivent aussi avoir accès à une nourriture bio et locale, saine et équilibrée, découvrez Epi c'est bon ! Au pied des tours, une épicerie coopérative, une cantine solidaire, un lieu de vie ouvert à tous pour s'approvisionner - avec des tarifs adaptés selon les publics - en bons produits distribués en vrac. Chaque mercredi, des paniers de fruits et légumes remplis de produits de saison issus des circuits courts. A la cantine, cuisine participative pour partager et créer du lien.

EPICERIE EN VRAC

VRAC EN VILL'

16, cours Tolstoï - **VILLEURBANNE**
✆ 09 88 40 84 71
https://vracenvill.fr
Ouvert du mardi au samedi de 10h à 13h30 et de 15h30 à 19h.

Le vrac, c'est l'avenir. Parce qu'acheter en vrac, c'est acheter uniquement les quantités dont a besoin. C'est aussi réduire les déchets en général en apportant vos contenants (sacs ou bocaux), consommer responsable en choisissant des produits issus de l'agriculture bio ou de l'artisanat local pour toujours réduire son impact sur l'environnement. Manger mieux, plus sain, devenir à son tour acteur engagé, même à «petite dose», d'une autre façon d'être sur la planète. Sur des étagères bien rangées et bien tenues, un vaste choix alimentaire en épicerie, mais aussi boulangerie, boissons... Entretien de la maison, beauté et hygiène et des accessoires zéro déchet bien pratiques.

PRODUITS DU TERROIR

RUE DES PRODUCTEURS

33, avenue Berthelot (7e) ✆ 04 37 70 84 41
https://ruedesproducteurs.fr
Ouvert lundi 15h30 à 19h30, du mardi au vendredi 10h30 à 13h30 et 15h30 à 19h30, samedi 9h30 à 13h30 et 14h30 à 19h30.

Avec ses petits animaux - une vache, un âne... - devant les 3 boutiques, Rue des Producteurs annonce la couleur : faire un lien direct entre les producteurs fermiers de la région lyonnaise et les consommateurs urbains désireux de mieux s'alimenter. Des petites supérettes à taille humaine où les produits arrivent au rythme des saisons en direct de petits producteurs du Rhône, de l'Ain, de Saône-et-Loire, d'Ardèche... Fruits et légumes, viandes, produits laitiers, épicerie, pain, glaces... Rue des Producteurs propose également du snacking pour manger plus sainement sans perdre de temps à l'heure du déjeuner. Site de vente en ligne et possibilité de commander des paniers hebdomadaires.

PRODUITS DU TERROIR

TERRES LYONNAISES

68, avenue des Frères Lumière (8e) ✆ 06 26 89 23 57
www.sicoly.fr
Ouvert du lundi au samedi de 8h30 à 19h30, dimanche de 8h30 à 12h30.

A l'origine de Terres Lyonnaises, il y a Sicoly (SIca des COteaux du LYonnais), une coopérative de producteurs fruitiers née il y a tout juste 60 ans. Après la création d'une première boutique dans les locaux de la coopérative, l'aventure lyonnaise démarre avec l'ouverture de nombreux magasins à Lyon et sa région en 2017. Si la boutique Saint-Laurent-d'Agny existe toujours, les Lyonnais peuvent s'approvisionner en direct des producteurs dans la dizaine d'adresses de la Métropole. Fruits frais et fruits transformés bien sûr, mais aussi légumes locaux, viandes et salaisons, épicerie, crèmerie, boissons, vrac... Qualité et fraîcheur des produits des Terres Lyonnaises.

CAVISTE

CAVE GILLES GRANGER

15, rue Antoine-Lumière (8e) ✆ 04 78 75 12 51 - Métro ligne D, station Monplaisir - Lumière.
www.cavegillesgranger.fr
Ouvert du mardi au samedi de 9h30 à 12h30 et de 15h à 19h30.

© CAVE GILLES GRANGER

100% indépendant. 100% excellent. A la Cave Gilles Granger, toutes les bouteilles en vente ont été choisies après dégustation par un authentique spécialiste du vin avec plus de 20 ans d'expérience au compteur : Raphaël Selosse. Un caviste passionné qui nous guide vers les meilleurs choix, quels que soient nos envies et notre budget. Belle gamme de vins naturels, bio ou en biodynamie. Spécialiste lyonnais du rhum et du whisky, avec plus de 300 références de toutes origines pour chacun. Autre bonheur à partager, l'excellente sélection de gins et de cocktails prêts à consommer. Découvertes, dégustations et événements (Lyon Pure Spirits). Coffrets cadeaux entreprises et particuliers. 100% futé.

CAVISTE

FAC&SPERA BY MICHEL CHAPOUTIER

102, cours Lafayette (3e) ✆ 04 78 60 29 10
www.cave-fac-spera.com
Ouvert du mardi au samedi de 8h30 à 19h, dimanche de 8h30 à 13h.

Fais et espère, telle est la devise de la maison Chapoutier. Va aux Halles Paul Bocuse et fais-toi plaisir en choisissant ton vin dans cette cave d'exception. Une œnothèque, ouverte sur les autres boutiques, aux lignes contemporaines, un écrin pour présenter et faire déguster les différents crus de la maison Chapoutier. Le choix se fait parmi les grands classiques de la maison avec la côte-rôtie, le crozes-hermitage, le saint-joseph. Mais Chapoutier présente des vins exotiques élevés à l'étranger. Gamme de spiritueux (rhums, whiskies, Chartreuse...) dans le même esprit.

CAVISTE

VERCOQUIN

33, rue de la Thibaudière (7e)
✆ 04 78 69 43 87
www.vercoquin.com
Ouvert du mardi au samedi de 10h à 12h30 et de 15h à 20h.

Parce que le vin n'est pas un produit comme les autres, direction Vercoquin, une cave pas comme les autres. Dans une ville qui a la fibre verte, une enseigne incontournable tenue depuis une dizaine d'années maintenant par un authentique passionné des vins «nature» : Frédéric Lignon. Un caviste qui sait partager son amour pour des vins faits par des vignerons qui respectent la nature même du vin, de la terre au produit fini. Des vins naturels, biologiques et biodynamiques, que l'on découvre dans une « cave bar à vin » en choisissant sa bouteille parmi 400 références. Autre coup de cœur pour les rencontres avec des vignerons passionnés. Salon du vin nature «On se met au verre» en novembre.

CAVISTE

LE TROISIÈME FLEUVE

23, Grande-Rue de Vaise (9e) ✆ 09 87 02 52 60
https://letroisiemefleuve.fr
Ouvert du mardi au samedi de 10h à 19h30, dimanche de 10h à 13h.

L'amour du vin, c'est la passion de Vincent Dechelette *alias* Gare Gamay. Un caviste souriant, bien au milieu de ses quilles, qui n'a qu'une seule envie : partager le plaisir de bien boire du bon vin. Dans la Grande-Rue de Vaise, comme à l'adresse de la rue du Plâtre, c'est un vrai bonheur de discuter avec ce passionné, notamment de gamay (et donc de beaujolais), qui va lui-même découvrir les producteurs. Pas besoin d'être Crésus pour se faire plaisir avec l'une des bouteilles de toutes les régions de France – notamment vallée du Rhône, Beaujolais (notamment primeurs), Bourgogne, Jura ou Loire. Un caviste jeune, détendu, passionné et d'excellent conseil. Adresse à partager.

CAVISTE

LA CAVE BARBET

6, avenue du Général Brosset
VOURLES
✆ 04 78 42 55 89
Ouvert du mardi au samedi de 10h à 19h.

Si le gras, c'est la vie, c'est quoi le vin ? L'âme des bons vivants. Bon vivant, Claude Barbet l'est incontestablement. Dans sa maison de Vourles, tout à côté de son restaurant, l'épicurien barbu a ouvert une cave à vin digne de sa passion pour le divin breuvage. Belle sélection de bouteilles canons. À commencer par un vin de copains, la cuvée Bamboche du Clos Saint-Marc uniquement disponible à la cave Barbet. À signaler que Bamboche est aussi le nom du bar à vin mitoyen à ambiance festive... Beaujolais, côtes-du-rhône, vins d'ici et d'ailleurs, du Sud-Ouest à l'Amérique du Sud... Saucissons et terrines à l'épicerie. Bières et spiritueux. Bien boire à la cave Barbet.

© EMMANUEL SPASSOFF

© EMMANUEL SPASSOFF

CAVISTE

RELAIS DES CAVES

1, place Jules-Guesde (7e)
✆ 04 78 72 03 30
www.lerelaisdescaves-lyon.fr
Ouvert du mardi au samedi de 9h à 13h et de 15h à 20h. Ouvert 7j/7 en décembre.

L'adresse qu'il faut absolument connaître pour choisir les bonnes bouteilles. Sur cette place façon village, facile d'accès par le Tram T2 centre Berthelot, l'adorable Phlippe Ducerf met ses 38 ans d'expérience dans le monde du vin à votre service. Conseils d'expert entre les bouteilles avec plus de 1 500 références sélectionnées par un passionné. Des grands crus les plus rares aux vins faciles à boire, une belle sélection de champagnes de producteurs, mais aussi des rhums, whiskies, gins, spiritueux, bières d'ici et d'ailleurs ou des cocktails pour varier les plaisirs. Soirées dégustation. Spécialiste des coffrets cadeaux pour entreprises et particuliers. Relais incontournable.

© EMMANUEL SPASSOFF

© EMMANUEL SPASSOFF

© EMMANUEL SPASSOFF

CAVISTE

L'ŒNOTHÈQUE DE LYON

3, rue Marc Bloch (7e)
✆ 04 72 53 96 81
Ouvert du lundi au samedi de 9h30 à 19h30. Dégustation 35 €.

© DR

Sélection des plus beaux flacons à l'Oenothèque de Lyon. Dans un 7e arrondissement qui reste encore à explorer, à deux pas de Jean Macé et de l'avenue Jean Jaurès, une superbe adresse où l'on n'a pas fini de s'émerveiller devant la présentation d'environ 650 références de vins et 200 références de spiritueux, des classiques aux plus fun. Dans ce pays enivrant, nous avons les meilleurs guides. Des passionnés qui nous font découvrir tous les terroirs de France et d'ailleurs, notamment lors de dégustations qui ont lieu tous les jeudis de 18h30 à 20h30. Pour les groupes jusqu'à 11 personnes, possibilité d'ateliers de dégustation privés. Coups de foudre garantis à tous les prix.

ALCOOL

THE WHISKY LODGE

7, rue Ferrandière (2e) ✆ 04 78 42 48 22
www.whiskylodge.com
Ouvert du lundi au samedi de 10h à 19h. Ouvert tous les jours en décembre.

Que vous soyez connaisseur ou novice, une grande adresse du whisky. Une référence qui n'a pas attendu que le vent souffle d'Écosse pour se spécialiser dans le whisky. Une enseigne créée en 1968, installée à Lyon depuis 30 ans tout rond, et une boutique qui est une référence en sa matière avec plus de 1 600 références en whiskies du monde et spiritueux haut de gamme. Le Whisky Lodge est le repère des vrais amateurs de belles et bonnes bouteilles. Blend, malt, old ou plus jeune, d'Ecosse, d'Irlande ou d'ailleurs, mais aussi des rhums et autres alcools. Dégustation ou cadeau plaisir, c'est là que l'on trouve le précieux flacon grâce aux conseils des passionnés. Incontournable.

ALCOOL

LA MAISON DES RHUMS

78, rue de la Part-Dieu (3e) ✆ 04 26 65 87 37
http://lamaisondesrhums.fr
Ouvert du mardi au vendredi 10h à 13h30 et 15h à 19h, samedi 10h à 19h. Achat en ligne.

Embarquez à bord de la Maison des Rhums, destination le monde entier - avec une préférences pour les Caraïbes - à la découverte d'une exceptionnelle - et unique à Lyon - sélection de plus de 1 200 références ! Les bouteilles les plus originales et les plus rares sont disponibles sur le site de vente en ligne, alors que la boutique permet de voyager vers les rhums des meilleures distilleries – Rhum JM de la Martinique, Foursquare de la Barbade, Kirk and Sweeney de la République dominicaine... – ou des embouteilleurs indépendants comme Ferroni de Marseille ou Mezan. Rhums arrangés de Ced'. Conseils précieux. Portes ouvertes, ateliers dégustation. Coffrets cadeaux et entreprises. Coup de cœur.

CAVE À BIÈRES

405 LA BOUTIQUE DE BIERES

1, rue Sainte Marie des Terreaux (1er) ✆ 04 78 31 11 93
www.405-une-boutique-des-bieres.fr
Ouvert de lundi à jeudi de 15h à 20h, vendredi 14h à 20h, samedi 11h à 20h.

Tous les amoureux de la bière connaissent ce chiffre : 405. Deux bars à bière et une boutique de bière parmi les plus «conséquentes» de Lyon. Sur les pentes de la Croix-Rousse, pas loin des Terreaux, un immense choix, on parle de plus de 800 références venues du monde entier, de bières avec un penchant pour les bières locales et régionales. Sur les étagères, entre les caisses, une belle convivialité et des conseils avisés pour choisir la bière, enfin plutôt les bières, à notre goût. Des nouveautés régulièrement et, tous les jeudis, des promos sur les bières régionales.

CAVE À BIÈRES

LE DIABLE ROUGE

23, rue d'Austerlitz (4e) ✆ 04 72 07 76 19
http://lediablerouge.fr
Ouvert dimanche et lundi de 11h à 18h, du mardi au samedi de 10h à 13h et de 14h à 20h.

Les Diables Rouges, c'est le surnom de l'équipe de Belgique de football (sérieux, les Belges jouent au foot ? Déclaration amicale). Le Diable Rouge, c'est historiquement la première cave à bière lyonnaise créée en 1997. Une cave qui met bien sûr à l'honneur... les bières belges. Car si nous restons meilleurs au foot, les Belges sont d'excellents brasseurs. Des bières brassées artisanalement, goûteuses et savoureuses. Un vaste choix puisque la boutique présente près de 500 bières belges de toutes les origines et de nombreuses nouveautés. Il est donc indispensable de se laisser guider par un vendeur charmant et connaisseur. Bon choix de chopes et d'objets autour de la diabolique boisson.

CAVE À BIÈRES

20 000 LIEUES SOUS LES BIERES

56, cours Gambetta (7e)
✆ 04 91 25 05 24
www.20000lieuessouslesbieres.fr
Ouvert du mardi au samedi de 15h à 19h30.

Comme il est agréable de plonger dans cet univers mousseux. 20 000 Lieues sous les bières, il faut saluer le jeu de mots, nous offre un super choix de bières au frais à déguster sur place ou à emporter. Toute la sélection est gardée dans de vastes frigos pour conserver toutes les saveurs. Une sélection qui s'étend vers des contrées lointaines tout en s'intéressant à la production locale avec des nouveautés chaque semaine. Autre avantage de cette cave/bar à bières, ce sont les conseils d'un passionné, ardent défenseur de l'artisanat de qualité. Vive l'apéro !

DISTILLERIE - LIQUORISTERIE

NEW

DISTILLERIE DE CHAVANAY

5, Lieu dit le Pêcher - **CHAVANAY** ✆ 06 88 61 86 54
https://www.distillerie-chavanay.fr/
Ouvert du lundi au vendredi de 8h30 à 18h et le samedi de 8h30 à 12h. Boutique en ligne.

© DISTILLERIE DE CHAVANAY

© FABRICE FERRER

Delphine et Maxime réalisent des spiritueux délicieux dans cette distillerie atypique. Leur spécificité ? Delphine et Maxime sont signataires du manifeste de la gnôle naturelle : cela signifie que toutes leurs recettes sont réalisées avec un alambic en cuivre et sans utiliser d'alcool industriel. Grâce à la macération de marcs, de fruits ou de vin nature, ils peuvent ainsi obtenir un alcool de base qui sera ensuite utilisé pour leurs distillations. Toutes les matières premières sont produites artisanalement et localement en agriculture biologique. Ils s'inspirent également de la biodynamie, un procédé viticole qui suit les cycles lunaires. Il sera bientôt possible de visiter la distillerie !

VINS - ALCOOL

MALLEVAL

11, rue Emile-Zola (2e)
✆ 04 78 42 02 07
www.malleval.com
Ouvert lundi 15h-19h30, du mardi au vendredi 9h30-19h30, samedi 10h-19h30. Livraisons sur Lyon et Métropole.

© GAETAN CLÉMENT

© GAETAN CLÉMENT

C'est en 1869, sous Napoléon III, que Malleval vit le jour. Première cave historique de Lyon, cette maison présente son 154e catalogue ! Une sélection faite par des passionnés qui ont su au fil de temps enrichir une des plus belles caves de France de vins, près de 5 000 références en vins et spiritueux. Une cave qui abrite de prestigieuses bouteilles des terroirs français et étrangers, mais aussi d'excellents vins abordables pour tous les budgets. Grand choix de whiskys, portos, rhums, gins, spiritueux, armagnacs millésimés, eaux-de-vie, bières... Toujours avec le souci de la qualité et du conseil. Coffrets et cadeaux d'entreprise. Malleval, le goût d'offrir et de partager de bons moments.

CAVE À BIÈRES

LA PLANTE DU LOUP

67, rue de Marseille (7e)
✆ 04 37 29 09 12
laplanteduloup.fr
Ouvert le lundi de 16h à 23h, du mardi au vendredi de 11h à 14h et de 16h à 23h, samedi de 11h à 23h.

Pour Guillaume et Constant, la bière c'est bien plus qu'une boisson. La bière, c'est une passion qu'ils partagent à La Plante du Loup. Parce qu'il n'existe pas une bière, mais des milliers de bières artisanales de qualité et qu'on n'a pas fini d'en découvrir d'ici et d'ailleurs dans cette boutique surprenante. Ici, on se tutoie, on fait «ami-ami» (devise de la maison) dans ce lieu hybride, à la fois cave, bar à bière et lieu de dégustation avec 4 growlers en libre-service pour remplir sa bouteille réutilisable et plus de 350 références dans cette belle cave. Spiritueux - whiskies, eaux-de-vie de bière... - produits par des brasseurs. Nouvelle et belle adresse à Vaise.

MICRO-BRASSERIE

BRASSERIE DULION

130, avenue de l'Industrie
RILLIEUX-LA-PAPE
✆ 04 78 97 19 67
www.brasseriedulion.com

Faire une bière 100 % locale, est-ce possible ? Oui, grâce au procédé exclusif créé par une brasserie innovante, la Brasserie Dulion. Une brasserie vraiment pas comme les autres puisqu'elle a décidé de faire de la bière autrement, réinventant la tradition du côté de Rillieux-la-Pape. L'idée, c'est de faire du brassage à partir de céréales brutes, récoltées dans la région et issues de l'agriculture biologique, non maltées. Résultat : des bières qui nous font redécouvrir la bière avec une Blonde 100 % sarrasin (sans gluten), une IPA à l'orge et au blé bio, une ambrée toujours issue de circuits courts ou encore une Triple grain. Des bières locales originales à partager.

VINS - ALCOOL

CHAI SAINT OLIVE

34, rue Malesherbes (6e)
✆ 04 78 13 34 27
https://chaisaintolive.com
Ouvert du lundi au samedi de 10h à 13h et de 15h à 19h.

Quel est ce chai qui se cache dans ce bel immeuble du très chic 6e arrondissement ? Créé en 2020 par des passionnés du vin, Franck et Grégoire, le Chai Saint Olive est le premier chai urbain ouvert à Lyon. Un lieu exceptionnel où l'on vient découvrir l'univers du vin (dégustations, ateliers...) grâce à Marie, la maîtresse de chai. Production locale - labellisée «Fabriqué à Lyon» - réalisée à partir de cépages locaux - chardonnay, viognier, gamay et syrah - sélectionnés dans des domaines situés à moins de 80 km. Des vins urbains élevés en cuves en inox ou en barriques, et mis en bouteille sur place. Organisation d'événements privés ou d'entreprises tout en dégustant de bons verres de vin.

© EMMANUEL SPASSOFF

© EMMANUEL SPASSOFF

MICRO-BRASSERIE

LA CANUTE LYONNAISE

75, chemin d'Yvours - **PIERRE-BÉNITE**
✆ 06 24 11 06 71
https://lacanutelyonnaise.tumblr.com
Drive mercredi de 10h à 12h et jeudi de 15h à 17h30.

Boire une Canute, ou plusieurs (avec modération), c'est éviter les disputes. Car tout le monde est d'accord, même les jurys des concours, pour dire que les bières de la Canute Lyonnaise comptent parmi les meilleures. Pur malt et brassées de façon traditionnelles en petite quantité, ces bières totalement naturelles, uniquement composées d'ingrédients de qualité, ne sont ni filtrées ni pasteurisées. D'excellentes bières de caractère qui se déclinent selon les quartiers de Lyon, de la X-Rousse au Vieux Lyon, en passant par Grange Blanche pour la... blanche ou Gorge de Loup pour une bière noire aux notes de chocolat. A retrouver dans les établissements partenaires et au drive de la Canute.

© EMMANUEL SPASSOFF

© EMMANUEL SPASSOFF

© EMMANUEL SPASSOFF

PATRICK
FONT
PUR JUS
POMME REDLOVE®
REDLOVE® APPLE
PURE JUICE
8.4 fl.oz - 250ml
PUR JUS
APPLE RASPBERRY
JUICE
PUR JUS
POMME GINGEMBRE

ROMAIN FONT

L'EXCELLENCE DE NOS TERROIRS

Romain Font, directeur développement et marketing de la maison Patrick Font qui élabore et fabrique, tout près de Lyon, des jus de fruits et nectars de dégustation, nous raconte l'histoire de cette maison familiale attachée au terroir.

Comment sont nés les jus de dégustation Patrick Font ?

Après avoir repris l'exploitation d'arboriculture de ses parents en 1986 à Saint-Romain-en-Jarez, mon père - Patrick Font - a eu l'idée de créer son atelier pour transformer les fruits des arboriculteurs des environs. C'est en 1993, il y a tout juste 30 ans, que mon père a décidé, avec un arboriculteur, de créer des bouteilles en petit format destinées aux restaurants gastronomiques. Le succès est immédiat et très vite l'arboriculteur abandonne son exploitation pour commercialiser les jus sous sa marque, jusqu'en 2010 date où mon père décide de réaliser lui-même ses jus. Je rejoins mon père dans cette aventure avec la ferme attention de valoriser notre savoir-faire familial et de créer notre propre marque ! Ma sœur Marine nous a rejoints en 2018 et l'entreprise a déménagé à Tartaras en 2021. En famille, nous perpétuons la passion du fruit dans une collection de jus de dégustation régulièrement enrichie.

Comment sont fabriqués les jus de dégustation Patrick Font ?

Ancré dans un terroir riche et de grande qualité, l'approvisionnement est à la source de l'excellence de nos jus de dégustation. 70 % de notre gamme de fruits provient d'un rayon de 60 km autour de l'atelier. Nous avons des partenariats privilégiés avec des producteurs locaux, comme à Bessenay où des producteurs de pêche de vigne ont planté 200 arbres pour nous assurer variété du fruit, terroir et volume de production. Ce partage de production facilite le travail de chacun. Le reste de l'approvisionnement, pour les fruits exotiques, se concentre sur Madagascar et La Réunion où nous sommes, là aussi, très impliqués auprès des producteurs locaux. Le fruit est toujours cueilli à sa maturité optimale afin qu'il exprime toute son excellence.

Où peut-on trouver la collection des jus de dégustation Patrick Font ?

Nos jus et nectars de dégustation, dont huit parfums sont 100 % bio, ainsi que notre gamme d'infusions glacées de thés Grands Crus bio, sont servis dans les meilleurs restaurants, dans les boutiques de C-Gastronomie, chez The Gastronomie House, à l'épicerie Jacotte, chez Fac&Spera aux Halles de Lyon ou dans les pâtisseries Bouillet. Ce printemps, une nouvelle gamme de citronnades revisitées complétera notre collection.

› MAISON PATRICK FONT

https://patrick-font.com

› JUS PATRICK FONT

6, route de Givors - **TARTARAS**

✆ 04 78 07 48 60 - www.patrick-font.com

© DR

© DR

© DR

PRODUCTEUR

JUS PATRICK FONT

6, route de Givors
TARTARAS
✆ 04 78 07 48 60
www.patrick-font.com

Sur l'exploitation familiale située entre les coteaux du Jarez et les monts du Lyonnais, La Maison Patrick Font révèle dans sa gamme de jus et de nectars les saveurs et les sensations du fruit frais. A partir de fruits de saison, cueillis au meilleur moment, et d'un savoir-faire artisanal entre tradition et créativité, Patrick Font propose des jus de fruits haut de gamme et de thés glacés. Dans chaque bouteille, le fruit est respecté et chaque gorgée nous donne la sensation de mordre dans un fruit frais. Pomme yuzu, pêche blanche, mûre sauvage, fraise, tomate noire de Crimée, orange blonde, cassis noir de Bourgogne, et tant d'autres sont présents sur les plus belles tables.

CAVES - MAISONS DES VINS

ANTIC WINE

18, rue du Boeuf (5e)
✆ 04 78 37 08 96
Ouvert du mardi au dimanche de 10h à 13h et de 15h à 20h, dimanche ouverture à 11h.

L'adresse où il faut venir prendre une bonne caisse depuis plus de 20 ans ! Attention, chez Antic Wine, c'est la classe avec l'un des meilleurs sommeliers au monde, celui qui a reçu le prix «Caviste de l'année 2010», l'incontournable Georges dos Santos. Antic Wine, c'est l'une des références absolues en matière de cave et cette adresse nous propose quelques nectars choisis, bouteilles de producteurs sélectionnés avec rigueur par un passionné du vin et bouteilles millésimées de haute volée. Le Vieux Lyon et les vignes nous ouvrent les portes du paradis. Joie de bien boire et de bien vivre sans réseau, sans site Internet, sans se prendre la tête. Passion et partage.

DISTILLERIE - LIQUORISTERIE

DISTILLERIE DE LYON

9, boulevard Edmond Michelet (8e)
✆ 04 69 67 25 69
www.distillerie-de-lyon.com

Une belle surprise dans ce village d'entreprises du 8e arrondissement avec une toute jeune distillerie, qui a 2 ans, qui vient de faire une entrée tonitruante dans le monde des alcools en obtenant le titre (il faut dire pas encore très disputé, mais bon...), lors des World Drinks Awards, de Meilleur Pastis du monde pour son Anis des Gones. Une distillation artisanale, une coloration naturelle qui déroutera quelques habitués d'autres pastis, à savourer avec de l'eau glacée. D'autres productions maison à découvrir avec La Belle Gentiane, un Rhum mélasse de canne ou un Ginissime pink à la praline. Boutique en ligne et quelques heures (jeudi 16h-18h et vendredi 13h-15h30) pour retirer sur place.

CAVES - MAISONS DES VINS

AU GOULOT

76, rue de la Part-Dieu (3e) ✆ 04 82 91 12 67
https://augoulot.fr
Ouvert du mardi au vendredi 10h30 à 13h30 et 15h30 à 19h30, samedi de 10h à 19h. Ouvert dimanche en décembre.

C'est à boire qu'il vous faut et du bio directement Au Goulot ! Tout à côté de la Bourse du Travail, dans un quartier de la Part-Dieu en plein mouvement, voici une belle cave à vins, à bières et à spiritueux. Au Goulot, c'est Antoine. Un passionné qui s'est formé à l'œnologie pour partager ses coups de cœur. Bien boire, ce n'est pas réservé à une élite, grâce à une sélection de petits domaines travaillant en agriculture raisonnée ou en biodynamie. Intéressante sélection de beaujolais, vins blancs nature et de belles pépites à découvrir. Dégustation gratuite toutes les semaines. Belle sélection de bières régionales. Coffrets cadeaux pour les entreprises. Tout le monde Au Goulot !

PRODUCTEUR

LA TÊTUE

3, rue Grobon (1er) ✆ 06 60 69 50 16
www.latetuevins.fr
Ouvert du mardi au vendredi de 17h à 20h ; le samedi de 14h à 19h.

Vendre en direct, et en vrac, du vin bio fait à Lyon, c'est le pari réussi de la têtue Géraldine Dubois. Une vigneronne qui a ses vignes plantées dans les Coteaux du Lyonnais et sa cuverie au cœur de Lyon. Petite production de gamay et de chardonnay élevés en conversion bio par cette Lyonnaise d'origine qui revient sur ses terres pour faire du circuit ultra-court en pressant, vinifiant et vendant en direct au consommateur au cœur de la ville. Bouteilles en verre consignées et gravées La Têtue pour se servir en vrac - ou en bouteilles réutilisées - de vins d'ici à la sortie de la cuve. Du naturel, du circuit court en direct du producteur, tout ce que l'on aime. Soif de bonnes choses.

CAVES - MAISONS DES VINS

LA VIEILLE RÉSERVE

59, avenue Maréchal-Foch (6e)
✆ 04 78 89 15 17 - Métro Foch
www.lavieillereserve.com
Ouvert du mardi au samedi de 10h à 13h et de 14h30 à 19h30.

Si les vieilles vignes donnent de bons vins, que dire de cette Vieille Réserve ? C'est pas du tout jeune – on s'approche du siècle d'existence – mais c'est du costaud, du bien charpenté. Un caviste indépendant depuis 4 générations, à Lyon depuis 1929, qui compte 3 adresses. Cette institution n'est sans doute pas la plus rock'n'roll, mais elle offre une réelle expertise en matière de vins fins, de vins et de spiritueux. Concernant les cognacs, les amateurs retrouveront les crus de Grande Champagne, Fine Champagne et Petite Champagne. Des dégustations sont souvent organisées. Autres adresses du côté des Terreaux pour se ravitailler en Presqu'île et aux Halles Monts d'Or à Saint-Didier.

VINS - ALCOOL

OPALE WINE

20b, avenue de la Table de Pierre - **FRANCHEVILLE**
✆ 09 74 97 03 02
https://opale-wine.com
Ouvert du lundi au jeudi de 10h à 18h, vendredi de 10h à 17h.

Sortez de Lyon, explorez de nouveaux terroirs métropolitains. Sur les hauteurs de Francheville, un quartier de résidences récentes et au pied de l'une d'entre elles (parking facile et gratuit), un caviste : Opale Wine & Spirit. Belle vitrine graphique, décor sympathique et un caviste passionné pour nous guider : Sébastien Chenu. Un large choix dans les vignobles régionaux et nationaux, mais sa spécialité ce sont les raretés, les bouteilles d'exception, des vieux millésimes qui font rêver les amoureux du vin. Très belle sélection de champagnes. Les Chartreuses sont de la partie. Pour les groupes et sur réservation, bar à vin en soirée et planches pour accompagner des vins exceptionnels.

NEW

COFFEE SHOP ET SALON DE THÉ

L'ORMIELLERIE

34, rue Juliette Récamier (6e) ✆ 04 87 77 31 90
https://lormiellerie.fr
Ouvert du mercredi au vendredi de 11h à 19h, le week-end de 10h à 15h.

Une enseigne dont le nom nous donne terriblement envie. Créée par deux sœurs, Aïda et Kenza, formées aux meilleures écoles et aux grandes tables, l'Ormiellerie est un lieu dédié à la gourmandise mêlant excellence à la française et saveurs marocaines. Un lieu de vie ouvert à de larges horaires pour multiplier les occasions de faire une pause dans un décor charmant et se régaler d'une pâtisserie «haute couture», dont les fameux cigares au miel sucrés et salés (à emporter dans un coffret totalement craquant), mais encore d'une soupe marocaine ou d'un agneau confit à l'heure du déjeuner. Lunch, brunch samedi et dimanche, goûter : toutes les occasions sont bonnes pour se faire plaisir.

MÉDITERRANÉE

CIAO CIAO

102, cours Lafayette (3e)
✆ 04 78 95 11 99
www.maisoncellerier.fr
Ouvert du lundi au samedi de 8h à 19h, dimanche de 8h à 14h.

Dans le temple de la gastronomie lyonnaise, la gastronomie italienne s'invite à notre table avec Ciao Ciao, boutique traiteur italien par Cellerier, maison bien connue de tous les amoureux des bons produits. Belle sélection de produits traditionnels italiens pour un repas aux saveurs méditerranéennes. Des produits authentiques bien sûr, de haute qualité en provenance directe d'Italie, fabriqués par des artisans, comme ces huiles d'olive ou ces vinaigres balsamiques. On reste suspendu aux jambons finement tranchés, on se régale déjà des plats préparés avec amour et savoir-faire, antipasti, pâtes farcies ou fraîches, gnocchis, lasagnes maison, fromages italiens et desserts maison.

EUROPE

BOUTIQUE PETROSSIAN

102, cours Lafayette (3e) ✆ 04 78 62 39 75
www.petrossian.fr
Ouvert du mardi au samedi de 8h à 19h, dimanche de 8h à 12h30.

On sait bien que c'est la crise - on pourrait même dire «les crises», notamment avec la Russie - mais le caviar, produit de luxe par excellence, est un produit d'exception qui a sa maison aux Halles de Lyon Paul Bocuse depuis bien longtemps. La maison Pétrossian, créée à Paris en 1920, est une référence en matière de caviar. C'est donc là que vous vous dirigerez tout naturellement pour acquérir quelques grammes de ces petits œufs d'esturgeon (d'élevage européen pour la plupart) qui coûtent les yeux de la tête, mais qui offrent une expérience culinaire unique. Si décidément cela ne vous dit rien d'essayer, vous trouverez aussi ici de magnifiques saumons fumés et autres produits haut de gamme.

MÉDITERRANÉE

TACCA VIA ROLLE

102, cours Lafayette (3e)
✆ 04 78 62 30 27
Ouvert mardi, mercredi et dimanche de 9h à 15h, jeudi de 9h à 19h, vendredi et samedi de 8h30 à 19h.

Lyon et l'Italie, c'est une histoire gourmande que l'on savoure chez Tacca, une institution installée aux Halles de Lyon. Reprise par Rolle, autre grand nom de la gastronomie lyonnaise, Tacca continue de nous régaler des meilleurs produits italiens et des plats à savourer sur place ou à emporter, le tout fait maison bien entendu. Choix de raviolis farcis, arancini maison, des pâtes - notamment signées Rustichella d'Abruzzo - et pâtes fraîches qui se déclinent en de nombreuses variétés et des sauces pour accompagner. Charcuterie, produits frais en provenance directe d'Italie et produits d'épicerie incontournables comme les vinaigres balsamiques. Ta (plus) cca te régaler.

MÉDITERRANÉE

BELLOTA-BELLOTA

102, cours Lafayette (3e) ✆ 04 78 62 82 46
www.bellota-bellota.com
Ouvert tous les jours aux horaires des Halles de Lyon. Traiteur, épicerie fine, restauration. Anglais, espagnol parlés.

Au cœur des Halles de Lyon Paul Bocuse, Bellota-Bellota® nous emmène dans la «dehesa», pâturages en sous-bois, maison du porc ibérique : le Pata Negra. Le meilleur jambon du monde – tranché, entier avec os, réserve… –, des charcuteries et des viandes d'exception – fayet, chorizo, lomo, pluma… – se retrouvent à l'étal de cette boutique qui fait aussi épicerie et restaurant pour savourer les meilleurs produits espagnols comme ces huiles, fromages ou produits de la mer. Accueil adorable, conseils avisés pour remplir son panier et se régaler d'un délicieux sandwich ou d'une assiette dégustation. Possibilité de commander en ligne, click&collect et livraison à domicile. Du plaisir à partager.

PROCHE ET MOYEN-ORIENT

BAHADOURIAN

20, rue Villeroy (3e)
✆ 04 78 60 32 10
www.bahadourian.com
Ouvert du lundi au samedi de 8h à 19h30.

Quand une enseigne se trouve sur la place qui porte son nom (et pas l'inverse), c'est dire toute la reconnaissance d'une ville. Djebraïl Bahadourian s'est installé à Lyon, à la Guillotière, en 1929. Au fil du temps, Bahadourian est devenu la signature lyonnaise de l'épicerie fine en matière de produits «exotiques». Que l'on se rende à l'espace de la rue Villeroy, qui accueille un restaurant, ou à la boutique des Halles, on est subjugué par les saveurs d'ailleurs présentées comme des tableaux colorés : épices, condiments, aromates, herbes, huiles, vinaigres, cafés, thés, confitures, fruits secs, pâtisseries, vins et spiritueux… Bien plus de 1001 gourmandises dans cette Caverne d'Ali Baba.

JE SORS JE ME CULTIVE

Sortir, se cultiver, c'est l'essence même de la vie. En fait-on trop ou pas assez ? Pas facile de le dire en toute objectivité. Ce qui est certain, c'est que la ville de Lyon s'est posé des questions concernant la réglementation des terrasses… trop bruyantes au goût de certains, surtout en soirée quand la fête se prolonge sous les fenêtres bien après minuit. Je sors, mais en respectant la tranquillité de chacun. Tranquille, c'est l'impression que l'on peut avoir dans ces véritables « concepts » où l'on vient boire et faire mille choses, notamment travailler ! Côté sorties nocturnes, les boîtes ne semblent pas s'être encore tout à fait réveillées de leur long sommeil. La nuit lyonnaise s'endormiraient-elle en attendant de nouveaux modèles qui permettraient de sortir la jeunesse de ses écrans ? Nous, on aime et on soutient les grands écrans, comme le Comoedia. L'inauguration de l'Île Ô, théâtre flottant sur le Rhône, et la vitalité des scènes lyonnaises dans tous les genres, des plus classiques aux plus modernes, de l'opéra aux cafés-théâtres, montrent l'importance de la culture à Lyon.

VOTRE GUIDE DEVIENT

INTERACTIF

TAPEZ **PETITFUTE.APP** DANS LE NAVIGATEUR DE VOTRE SMARTPHONE.

PRENEZ UNE PHOTO DE LA PAGE DÈS QU'ELLE A CE PICTO !

COFFEE SHOP ET SALON DE THÉ

IKONE

13, rue Constantine (1er) ✆ 07 67 92 46 58
www.ikone-chocolat.fr
Ouvert du lundi au samedi de 11h30 à 19h, dimanche de 11h à 18h.

Trempez à votre tour dans l'univers chocolaté d'Ikône. Si vous aimez le chocolat à vous en lécher les doigts, Ikône est le « bar à chocolat fondu » qui va vous faire craquer. L'autre bonne nouvelle, c'est que le chocolat en question, celui dont vous ne pourrez plus vous passer, c'est du Valrhona (*made in* Drôme, le meilleur !) Choix de grands crus de chocolats pour faire trempette avec vos fruits de saison. Du chocolat qui peut encore couvrir vos gaufres, vos crêpes, vos glaces artisanales (une tuerie)... Chocolat chaud en hiver, milkshakes et jus de fruit Patrick Font pour accompagner les délices chocolatés. Carte brunch disponible tous les jours entre 11h30 et 14h30. Foncez goûter !

COFFEE SHOP ET SALON DE THÉ

TONKA CROIX ROUSSE

17, rue du Chariot d'Or (4e) ✆ 09 50 16 73 47
www.tonkacroixrousse.fr
Ouvert du mardi au samedi de 9h à 19h ; le dimanche de 10h30 à 18h30. Ateliers.

Joyeuse et cosy à la fois, délicieuse et créative, Tonka fait partie des adresses qu'il faut connaître pour se faire de bons plaisirs sucrés. Tonka, c'est le roi du gâteau personnalisé. Tu veux croquer un flamant rose ou un super-héros ? Manger un savoureux cupcake, dont un sans gluten, un cheesecake savoureux et coloré, un pop-cake sur mesure ? Il suffit de t'installer dans ce ravissant salon de thé et succomber à toutes les tentations ! Service adorable et gâteaux réalisés par des spécialistes du cake design. Petit-déjeuner en terrasse, salon de thé et petite restauration, brunchs, ateliers pâtisserie pour partager de délicieux moments. Un amour d'adresse gourmande.

COFFEE SHOP ET SALON DE THÉ

LES PAPAS SUCRÉS

42, rue Sala (2e) ✆ 06 38 50 68 45
http://lespapassucres.fr
Ouvert du mercredi au vendredi de 12h à 18h30, samedi de 12h à 19h, dimanche de 10h30 à 15h45. Brunch le dimanche.

Papa est en haut qui fait des goûters gourmands... La chanson prend vie quand on entre en famille chez les Papas dans le quartier d'Ainay, près de Bellecour. Décor ravissant, façon cocooning, qui fait qu'on se sent trop bien. Gâteaux fabriqués sur place par Grégory derrière les fourneaux. Des gâteaux généreux et savoureux 100% maison qui donnent du plaisir à chaque bouchée. L'autre papa, en salle, c'est Jonathan. Petite restauration à midi, gâteaux sucrés, citronnade fraîche et jus de fruits régionaux, chocolat chaud onctueux avec ses cookies et muffins, délicieuses gaufres maison (salées à midi et sucrées toute la journée) et, en été, Bubble Tea. Goûter et brunch toute la semaine.

BAR - CAFÉ

LE BROC BAR

20, rue Lanterne (1er)
✆ 04 78 30 82 61
Ouvert du lundi au samedi de 8h à 1h, dimanche de 10h à 1h. Fermeture le lundi matin.

Arrête de perdre ton temps sur les réseaux et passe plus de temps avec de vrais amis au Broc, meilleur bar de Lyon. Quel que soit le temps, il fait toujours chaud chez Stéphane qui, à lui seul, fait monter la température de quelques degrés. Le bar le plus inclusif (ce qui exclut les c... quand même) où chaque instant est une fête. Stéphane et toute sa joyeuse bande t'acceptent comme tu es, avec ce qui tu as, même si c'est un sandwich de la pâtisserie voisine ou une pizza à l'ananas (y a pas de limite). Tu es là pour boire un coup, pas pour en prendre. Café-croissant le matin, planche de bons produits à midi et apéro festif en soirée, ambiance assurée. Mieux que Brooklyn, Broc Lyon.

COFFEE SHOP ET SALON DE THÉ

SLAKE COFFEE

9, rue de l'Ancienne Préfecture (2e) ✆ 04 78 38 24 38
www.slake-coffee.com
Ouvert du lundi au vendredi de 8h30 à 19h, week-end de 10h à 19h. Pas de réservation.

Dans une rue de l'Ancienne Préfecture qui multiplie les bonnes surprises cette saison, rendez-vous au Slake Coffee pour étancher sa soif. Sa soif de partager de bons moments réconfortants et chaleureux entre amis en plein cœur de l'agitation urbaine, mais aussi soif de savourer de délicieux cafés de spécialité. Aux commandes, les baristas composent selon différentes méthodes d'extraction, de l'espresso au Chemex, vos cafés selon les provenances du moment. Superbe *latte art*. D'autres boissons signatures comme le chaï'latte maison ou un incontournable chocolat chaud avec sa sucette fondante. Petits déjeuners tout aussi savoureux, lunch et goûters. Petit brunch le dimanche.

NEW

BAR - CAFÉ

PETIT BLEU

8, rue de la Platière (1er)
✆ 04 78 28 35 96
Ouvert du mardi au samedi de 10h à 1h.

A deux pas de la fresque des Lyonnais, c'est une figure emblématique de la vie lyonnaise - qui mériterait de figurer sur le fameux mur ! - qui a ouvert ce Petit Bleu. Stéphane, auquel on associe immédiatement le Broc Bar, a ouvert le Petit Bleu (hommage à Michou ?). Murs de pierres apparentes, tableaux exposés, des notes bleues, une atmosphère hyper chaleureuse comme Stéphane sait les créer, aidé de Rémy, Côme et Malina. De larges horaires pour faire une pause toute la journée, mais encore plus aux heures du déjeuner, avec une formule plat du jour et café savoureuse et abordable, et en soirée avec des planches à partager, cocktails, bières et vins à déguster. Nouveau chouchou.

NEW

BAR - CAFÉ

CAFÉ JOYEUX

13, rue Ferrandière (2e) ✆ 04 78 71 90 26
www.cafejoyeux.com
Ouvert du mardi au vendredi de 8h30 à 19h, samedi de 9h à 19h, dimanche de 10h à 14h. Menus 14 € et 16 €.

Si nos différences font nos forces, c'est encore mieux quand il y a de la joie pour les partager. Ce Café Joyeux fait partie d'une grande famille de 11 cafés solidaires où les équipiers – serveurs, cuisiniers...– sont majoritairement des personnes en situation de handicap mental et cognitif. Des personnes souvent éloignées de l'emploi dont le travail, mais aussi la joie de vivre et de bien faire, sont ici mises en avant de la plus gourmande des manières. Petite restauration réussie, pause goûter et cafés de spécialités et thés de qualité. Tout le monde participe à créer de la convivialité avec un échange sincère et amical autour d'une table. Joyeusement recommandé.

BAR - CAFÉ

GRAND CAFÉ DES NÉGOCIANTS

1, place Francisque-Régaud (2e) ✆ 04 78 42 50 05
www.lesnegociants.com
Ouvert tous les jours de 7h à 4h. Restauration en continu de midi à minuit.

Ce qui n'est pas négociable, c'est d'ignorer les Négociants. Institution au cœur de la vie lyonnaise depuis 1864, le café Les Négociants offre un décor Second Empire pour se retrouver dans une ambiance cossue, des miroirs, des plafonds peints, de lourdes tentures et des tables un peu serrées entre gens de bonne compagnie. Les prix sont à la hauteur de la fréquentation du lieu, mais certaines boissons en valent la peine, comme les chocolats chauds maison. Selon les envies : bar, restaurant, salon de thé, glacier et centre d'affaires pour organiser vos réunions et cocktails.

COFFEE SHOP ET SALON DE THÉ

COMME A LA MAISON

36, rue Chevreul (7e)
✆ 09 83 36 66 69
https://commealamaison-coffeeshop.fr
Ouvert le lundi de 14h à 19h ; du mardi au samedi de 10h à 19h. Wifi gratuit.

© DR

Sans doute notre coffee-shop préféré où se mélangent, dans une ambiance hautement conviviale, la chaleur d'un décor joyeux, le bonheur d'un accueil adorable avec Yannick et toute son équipe, à boire et à manger, pour en profiter toute la journée. Quelque part entre *Friends* avec son canapé et le bistrot traditionnel avec ses tables en terrasse, une touche arty en plus, Comme à la maison porte parfaitement son nom. On s'y sent tellement bien pour papoter, travailler, déjeuner, prendre un café de spécialité ou un thé bio, partager une citronnade maison avec une pâtisserie artisanale. Autre adresse, même esprit CALM (Comme à la Maison) place Sathonay dans le 1er arrondissement.

BAR - CAFÉ

HARD ROCK CAFÉ

1, rue Président-Carnot (2e) ✆ 04 78 84 22 42
www.hardrock.com
Ouvert du dimanche au jeudi de 9h à 23h, le vendredi et le samedi de 9h à 0h.

Enseigne créée à Londres il y a plus de 50 ans, le Hard Rock Café fait partie du paysage lyonnais. Un bar hors norme, mais aussi un restaurant qui mérite à lui seul un détour gourmand (et pas que pour les burgers). Une adresse phare de la culture anglo-saxonne où les tee-shirts maison partent comme des petits pains. Côté cuisine, le Sirha's, burger mythique déclaré WBB (World Best Burger) en 2019, n'attend que d'être dévoré accompagné d'une bonne bière ou d'un cocktail maison. Surprise avec The Impossible burger à base de végétaux. Salle superbe et immense, pratique pour garder ses distances tout en s'amusant. Belle carte de spiritueux et cocktails. Pour boire, manger, vivre plus fort.

BAR - CAFÉ

HÔTEL ROYAL

20, place Bellecour (2e)
✆ 04 78 37 57 31
www.lyonhotel-leroyal.com
Ouvert tous les jours de 11h à 0h.

Parce qu'on ne pense jamais assez aux bars d'hôtel pour passer un bon moment, osez Le Royal «Côté Bellecour». Magnifique salon tout de rouge vêtu, ambiance feutrée avec accès et vue unique sur la grande place au cœur de la vie lyonnaise pour faire une pause dans une bulle – avec des bulles ? – au cœur de l'agitation urbaine. Dans un cadre splendide, accueil charmant et service adorable, excellente bande-son aux notes jazzy et belle carte de boissons chaudes et froides, notamment côté vins, champagnes et spiritueux. Lieu idéal pour un rendez-vous galant de bon goût ou pour une causerie entre copines au milieu d'une séance shopping. Possibilité d'enchaîner avec le restaurant et l'hôtel...

ET SI ON PRENAIT UN VERRE ?

BAR - CAFÉ

LE FER À CHEVAL

102, cours Lafayette (3e)
www.leferacheval-lyon.com
Ouvert du mardi au samedi de 7h30 à 20h, dimanche de 7h30 à 14h. Restauration rapide toute la journée.

Aux Halles, vous voulez miser sur le bon cheval ? Dès l'entrée, arrêtez-vous au Fer à Cheval, une véritable institution locale puisque l'enseigne était déjà présente lors de la construction du bâtiment en 1970 ! Un bar et une petite restauration/snacking de qualité dans un lieu de mixité où tout le monde se mélange autour du comptoir ouvert à 360°. Grande convivialité avec une équipe animée par le plaisir de bien nous recevoir pour nous servir un verre, belle carte des vins, ou un délicieux croque-monsieur, l'une des spécialités de la maison. Tapas lyonnaises, assiettes avec de bons produits et carte des boissons pour toutes les occasions. La chance, c'est de se retrouver au Fer à Cheval.

BAR - CAFÉ

CAFÉ DE LA SOIE

5, place Marcel Bertone (4e) ✆ 04 78 28 71 37
www.cafedelasoie.fr
Ouvert tous les jours de 8h à 23h30, sauf dimanche 9h à 15h. Restauration.

Une institution de la Croix-Rousse où l'on vient se recueillir pour boire et manger depuis fort, fort longtemps. Une maison qui a su conserver le charme des bistrots d'antan, avec son comptoir, ses banquettes et ses tables, tout en offrant une magnifique terrasse ombragée par de vieux platanes. Au Café de la Soie - hommage aux Canuts -, on vient savourer une cuisine lyonnaise traditionnelle, comme ces quenelles de brochet, mais aussi des suggestions plus contemporaines. Desserts maison excellents. C'est aussi le rendez-vous des apéros-planches bien composées, avec une autre carte passionnante, celle des vins. Les plus gourmands seront en terrasse dès le petit déjeuner.

BAR - CAFÉ

GNOME ET RHÔNE

157, avenue de Saxe (3e)
✆ 04 82 33 25 56
Ouvert du lundi au vendredi de 9h à 1h, le week-end de 16h à 1h.

Une adresse qui porte haut les couleurs de l'art de vivre à la lyonnaise. Saxe passe chez Gnome et Rhône, qui était une marque de moteur d'avion avant de fabriquer des motos à Lyon. Les passionnés de mécanique et tous les autres foncent chez Gnome et Rhône, adresse 100 % lyonnaise créée il y a une trentaine d'années. Un café à la française avec sa terrasse sur l'avenue, son comptoir et des salles climatisées à l'ambiance décalée, comme pour ce cabinet de curiosités avec ses étranges objets... Bonnes bières, mais pas seulement avec une cuisine plus raffinée que vous ne croyez. Soirées blind-test, DJ, diffusion de matchs sur écran géant. Décollez de votre canapé pour cette adresse «Saxy».

BAR - CAFÉ

PADDY'S CORNER

4, rue de la Terrasse (4e) ✆ 09 52 11 21 76
www.paddyscorner.com
Ouvert tous les jours de 8h à 1h. Ouvert jusqu'à 2h du jeudi au samedi.

Roux comme un Irlandais à la Croix-Rousse. Ça fait cliché, mais c'est bon de boire une bonne pinte dans une ambiance irlandaise façon carte postale. Immanquable dans son habit rouge – vert pour la Saint Patrick –, le Paddy's Corner offre non seulement des bières de renom comme la Kilkenny, mais encore des soirées animées de concerts live ou des parties de darts endiablées. Entre une bière et un whisky, chacun reprend ses esprits pour encourager son équipe préférée sur grand écran ou partager sur les réseaux sociaux. Le tout en sifflant un air de musique irlandaise, avant le traditionnel Pub Quiz. Et pour sortir un peu le bout du museau de ce terrier, terrasse des deux côtés !

BAR - CAFÉ

PLOUF BATEAU MOUSSE

21, quai Victor-Augagneur (3e)
Ouvert du dimanche au mercredi de 16h à 3h, du jeudi au samedi de 16h à 5h.

Une péniche qui a changé de nom pour nous inviter à «ploufer» tous les soirs sur les bords du Rhône. Que tu t'installes sur le rooftop de cette grande péniche, avec vue imprenable sur le fleuve et la superbe façade du Grand Hôtel-Dieu, ou que tu restes en cale - en salle - pour bouger ton corps sur des musiques mixées par de bons DJ - regarde bien les réseaux pour voir les invités aux platines -, le Plouf te propose toujours un bon programme. Tu peux boire un verre, avec une bière maison (la fameuse «mousse» du bateau), mais aussi grignoter un bout, dans une ambiance festive dès la fin d'après-midi pour un afterwork réussi. Plouf bateau mousse, la nouvelle invitation à buller joyeusement.

BAR - CAFÉ

TRATTINO

58, rue Clément Marot (7e) ✆ 04 72 76 10 47
https://trattino.fr
Ouvert le mardi et le mercredi de 10h à 23h30, du jeudi au samedi de 10h à 0h.

Dans cette partie de la rue Marot où l'on ne s'attend pas à croiser Trattino, la plus belle des rencontres. Plus qu'un bar, un restaurant ou une épicerie, Trattino c'est un lieu qui ouvre les possibles. Sensation immédiate de bien-être, entouré d'une bienveillance naturelle de la part d'une équipe souriante et disponible. Une des plus belles terrasses de Lyon dans un esprit guinguette contemporaine, comptoir à n'en plus finir et salles chaleureuses aménagées dans un ancien garage. Endroit stylé, Trattino défend de belles valeurs avec des vins nature, des bières artisanales, des smoothies zéro gaspi... Le tout en version 100% bio et équitable. Événements festifs et culturels toute l'année.

ET SI ON PRENAIT UN VERRE ?

BAR - CAFÉ

SKULL

229, Grande Rue de la Guillotière (7e) ✆ 04 72 73 04 43
www.skull-lyon.com
Ouvert le mardi et le mercredi de 18h à 0h, du jeudi au samedi de 18h à 1h.

Un bar audacieux qui nous permet, enfin, de nous évader de ce monde en crise. Passez la porte de chez Skull pour basculer dans un monde taillé pour les explorateurs. Skull, premier bar «steampunk» de France, n'en finit pas de nous surprendre par la beauté de ses décors entre Jules Verne et Tim Burton. Mais il n'y a pas que le décor à être fantastique chez Skull, toute l'équipe est à la hauteur ! Belle carte de bières pression et en bouteille, de cocktails – dont un incontournable Jules Verne – à accompagner de planches à partager bien composées. Régulièrement des animations, comme les blind-tests. Le bar idéal pour s'échapper du présent et vivre de nouvelles aventures.

BAR - CAFÉ

KAFFEE BERLIN

26, cours Albert-Thomas (8e) ✆ 06 18 81 37 13
www.kaffeeberlin.com
Ouvert du lundi au vendredi de 10h à 1h, samedi de 11h30 à 1h, dimanche de 17h à 23h.

Depuis 12 ans maintenant, c'est une succession d'adresses - 5 adresses désormais, dont le dernier rive gauche sur les quais face à la piscine du Rhône - et de bonheurs à partager avec beaucoup d'amour. Kaffee Berlin, c'est un lien culturel et gourmand entre deux capitales, deux arts de vivre qui se rejoignent dans le plaisir de savourer de bonnes choses. Dans tous ces lieux où l'on peut bien boire et bien manger, la même convivialité qui n'est pas réservée qu'aux étudiants. Au programme, des bières allemandes en pression et en bouteilles, mais aussi des cocktails maison et des softs originaux. Burgers, bagels et viandes au gril pour prolonger le plaisir. *Bist du ein Berliner ?*

BAR À BIÈRE

405 BAR À BIÈRES

9, rue Constantine (1er) ✆ 09 82 20 25 13
www.bar-a-biere-lyon.fr
Ouvert le dimanche et le lundi de 16h à 1h, du mardi au samedi de 9h à 1h.

Avant de revenir sur cette adresse en particulier, signalons que 405 ce sont trois bars à bières (deux dans le 1er, un dans le 7e) et une boutique, elle aussi située aux Terreaux. Le 405 de la rue Constantine est l'un des bars proposant le plus large choix de bières pression en France avec pas moins de 30 tirages différents, dont 20 bières de spécialités ! Des bières qui changent régulièrement et nous amènent vers tous les pays dans une ambiance à la fois conviviale et sportive. Le pub 405 Bis propose des bières en bouteille, une carte de whiskys, des cocktails et des shooters. Possibilité de manger des plats faits maison. Choix, convivialité et salles climatisées pour boire au frais.

BAR À BIÈRE

HOPPER

43, cours Gambetta (3e)
✆ 04 78 60 16 21
www.hopperlyon.com
Ouvert du lundi au samedi de 7h à 1h, dimanche de 8h30 à 1h.

Au carrefour de grands axes, métro Saxe-Gambetta, un coin d'avenue pas vraiment glamour avant l'installation de Hopper il y a 5 ans déjà ! Un bar, une brasserie d'une beauté absolue. C'est beau comme un entrelacement de tuyaux en cuivre supportant des cuves, comme des graffitis urbains en version américaine, comme un pub chaleureux avec à l'étage des coins encore plus confortables, comme des serveurs qui font de leur mieux pour satisfaire tout le monde, même un soir de match diffusé sur les écrans. 18 bières pression et une trentaine de bières bouteille pour voyager dans le monde entier. Pour ne pas boire le ventre vide : pizzas, salades, burgers, planches et plats de saison. Refuge urbain.

BAR À BIÈRE

MALTING POT

263, Grande Rue de la Guillotière (3e) ✆ 09 70 95 27 78
www.malting-pot.com
Ouvert du mardi au vendredi de 12h à 14h et de 17h à 0h, samedi de 12h à 0h.

De belles rencontres à faire autour d'une bonne bière. Et toujours faire la fête ensemble dans un lieu joyeusement décalé à deux pas de la Manufacture des Tabacs. Malting-Pot, c'est un lieu de vie de nombreux étudiants lyonnais, un «brew pub» un peu secret dans un bâtiment pas très avenant depuis la rue. De l'autre côté, un jardin clos (idéal pour les enfants) façon «beergarden» pour partager du bon temps en plein cœur de la ville. De nombreuses animations, notamment des jeux pour faire éclater sa culture au grand jour ! C'est aussi bon de pouvoir emporter chez soi les bières artisanales brassées sur place par des passionnés. Autre adresse dans la grande rue d'Oullins.

BAR À BIÈRE

LES FLEURS DU MALT - LE BAR

15, quai Romain-Rolland (5e) ✆ 04 72 65 64 16
www.lyon.lesfleursdumaltlebar.fr
Ouvert 7j/7. Lundi 17h-0h, mardi et mercredi 17h-1h, jeudi et vendredi 17h-2h, samedi de 14h-2h, dimanche 14h-0h.

Avant de trépasser, accordons-nous une bonne Mise en bière ! Le repaire des vrais amoureux de la bière par les passionnés des Fleurs du Malt. Plus qu'une étape sur le quai de la soif, la meilleure destination pour passer une bonne soirée. 16 pressions qui changent régulièrement (tous les tirages sont mobiles) et plus de 200 bouteilles de tous les pays. Conseils avisés de biérologues qui partagent leurs découvertes. Excellent son rock metal... Planches dégustation. Faites-vous plaisir le temps d'une soirée entre Vikings (salle privatisable). Meilleur bar à bières de Lyon.

BAR À BIÈRE

BIERISTAN

14, rue Paul Lafargue - **VILLEURBANNE**
✆ 09 83 69 11 05
www.bieristan.fr
Ouvert mardi de 17h30 à 1h, du mercredi au samedi de 12h à 1h.

Un territoire à part, une enclave de joyeux «terroiriste» dans Lyon. Le Bieristan. Une République aux frontières de la restauration et du bar de quartier, une chaleureuse adresse coopérative du côté de Villeurbanne (métro Gratte-Ciel) où l'on aime se retrouver – les lieux sont plutôt grands – pour partager bonne humeur et bonnes bières artisanales sur les 15 becs pression. En terrasse estivale, des bières régionales - 25 brasseries artisanales, bio... dans un rayon de 200 km -, une sélection de vins également bio, mais aussi du solide avec des plats réalisés à partir de produits locaux bruts et de saison. Concerts, événements, Bieristan reste notre patrie pour le jour et la nuit.

BAR À COCKTAIL

L'ANTIQUAIRE

20, rue Hippolyte Flandrin (1er)
✆ 06 34 21 54 65
Ouvert tous les jours à partir de 18h.

Sans doute la référence lyonnaise dans le monde agité du bar à cocktail version classique (mais pas si classique que ça). Créé en 2010 au cœur de Lyon, dans une petite rue à deux pas des Terreaux, L'Antiquaire dégage un savoureux mélange de chic raffiné, d'ambiance vintage et de modernité de bon goût dans une salle aussi belle que les serveurs sont pros et à l'écoute. C'est tous les soirs que l'on vient découvrir sous les lumières tamisées un comptoir magnifique, un cadre chaleureux, une musique tranquille, mais aussi un pingouin (oui !). Belle élégance décontractée de l'ensemble, service classe et souriant pour des cocktails savoureux, comme le Bacardi Fizz. Incontournable.

BAR À COCKTAIL

BOEMA

8, rue du Mail (1er)
✆ 04 26 55 73 07
Ouvert du mardi au samedi à partir de 17h.

Ambiance tropicale à la Croix-Rousse pour ce bar à cocktails et restaurant où l'on vient aussi bien boire un délicieux cocktail que manger des crevettes flambées, sauce pimentée. Le ton est donné dès la façade, avec l'impression de pénétrer dans une jungle exubérante. À l'intérieur, on est entre le bar de plage et la forêt vierge. Ambiance conviviale pour une escapade exotique dans un lieu à vivre comme une aventure à partager. Carte de cocktails entre classiques et créations maison - Hanamchi à savourer - réalisés par Morgan. Autre carte pour bien accompagner les verres, celle des tapas et, plus étonnante, celle d'*arancini* aux betteraves. Spot exotique pour voyager au coin de la rue.

BAR À COCKTAIL

LE FANTÔME DE L'OPÉRA

19, rue Royale (1er)
✆ 04 37 92 03 88
www.lefantomedelopera.fr
Ouvert du mardi au samedi de 18h à 1h.

Un gentil fantôme qui nous met dans de beaux draps avec ses collections de cocktails. De la vie, de l'amour, du partage, des rencontres pour basculer du côté cocktail de la force sur une bande-son à l'image des lieux : libérée. Tout l'art de la mixologie s'exprime sur la scène feutrée de cet Opéra. Des créations originales, des compositions délicieuses réalisées à partir de boissons et d'ingrédients sélectionnés avec un soin tout particulier – alcools nobles des meilleures maisons –, dans un décor chic mais pas guindé. Fauteuils, terrasse estivale, pour satisfaire notre curiosité et notre plaisir. Assiettes de dégustation pour prolonger la soirée dans les draps du fantôme.

NEW BAR À COCKTAIL

LE GRISBI

1, rue Chavanne (1er)
✆ 06 69 49 46 30
https://legrisbi.fr
Ouvert du mardi au samedi de 19h à 1h.

Si tu n'as pas la référence à l'un des meilleurs films français, il faut te faire faire une ordonnance. Et une sévère ! Dans ce quartier près des Terreaux, un nouveau lieu discret, quasi confidentiel derrière ses verres fumés façon speakeasy, à la signature élégante : «Lieu de détente à la française». Un côté repaire de gangsters aussi, assumé par quelques photos. Mais nous ce que l'on regarde d'abord dans ce lieu à la douce ambiance tamisée, c'est le comptoir en béton ciré et le bar bien fourni. Confortablement assis dans un canapé moelleux, il ne reste plus qu'à déguster un excellent cocktail maison accompagné de tapas réalisées à partir de produits frais. Lieu privatisable.

BAR À COCKTAIL

GROOM

6, rue Roger Violi (1er)
www.groomlyon.com
Ouvert mercredi et jeudi de 18h à 1h, vendredi et samedi de 18h à 4h.

Un «lieu hybride», tout à la fois bar, club et scène musicale. Le Groom est un peu tout ça et davantage sur deux niveaux. Un lieu groovy et créatif avec des formats qui bougent pour s'adapter à nos envies de tout goûter. Notamment sur la carte des cocktails maisons originaux préparés sous vos yeux par les bartenders. Cocktails fun - Groom libre, Pinky gin, Bisous, Docteur Martin... –, Mocktails funs -T'i sobre, Chill Spritz...-, carte de bières, vins, champagnes et spiritueux pour mixer les plaisirs. Sur la terrasse estivale ou dans une salle au décor coloré, du snacking – planches, empanadas... – pour faire durer la soirée au milieu de la nuit. Privatisation possible.

ET SI ON PRENAIT UN VERRE ?

BAR À COCKTAIL

THE MONKEY CLUB

19, place Tolozan (1er) ✆ 04 78 27 99 29
www.themonkeyclub.fr
Ouvert du mardi au jeudi de 18h à 1h, vendredi et samedi de 18h à 3h. Cocktails.

La fin de journée sera belle si vous avez prévu de la passer au Monkey Club. Destination cocktail et bonne humeur près de l'hôtel de ville, l'adresse parfaite pour se changer les idées. Voyage sous les tropiques avec une petite terrasse, rare dans le monde lyonnais du bar à cocktails. Selon vos goûts, votre humeur, les barmen experts vous proposent les prescriptions qui vont bien selon les saisons du Monkey's Medicine plutôt végétal au Red Stone fruité, en passant par un bon choix de gins tonics, spécialités de la maison. Ambiance feutrée et chaleureuse sous les voûtes, service souriant au bar ou dans de confortables fauteuils club par une équipe adorable. Quelques grignotages.

BAR À COCKTAIL

SODA

7, rue de la Martinière (1er) ✆ 04 78 39 06 66
www.soda-bar.fr
Ouvert mardi et mercredi de 19h à 1h, du jeudi au samedi de 19h à 3h.

Soda, le bar qui nous a donné l'envie de boire des cocktails avant tous les autres. A la Martinière, Soda met en scène une équipe de vrais barmen qui savent mixer ! Ambiance chic, glamour, non seulement pour boire un verre mais aussi pour se laisser bercer par une excellente programmation musicale. Plongeons sur la carte des cocktails pour commander, selon ses envies du moment (la carte change souvent), avec, côté classiques twistés maison, un dangereux Zombie (2 verres pas plus), une version Supanova du mojito ou un Soul Sista bien fruité. Nouveau : l'ouverture du dimanche spécialement pour les pros de l'hôtellerie restauration (et tous les autres). Ateliers cocktails. Une référence.

BAR À COCKTAIL

LE PASSAGE

8, rue du Plâtre (1er)
✆ 07 87 75 16 79
https://lepassagelyon.com
Ouvert tous les jours de 18h à 3h.

Le Passage a un côté «speakeasy» qui nous plait. Vous savez, ces bars clandestins du temps de la prohibition aux USA. Caché dans un passage, c'est un véritable petit boudoir qui nous plonge dans une autre époque. Lancez-vous, traversez la petite cour en traboulant et découvrez ce lieu hors du temps où il fait si bon se poser dans un canapé hyper confortable. Bande-son jazzy, sièges en velours, boiseries marquetées, ambiance feutrée, c'est le bar idéal pour un tête-à-tête en amoureux afin de montrer son bon goût et sa connaissance des adresses secrètes de la ville. Très belle carte de cocktails, classiques et créations, avec un choix impressionnant d'alcools de grande qualité.

BAR À COCKTAIL

JUSTIN

4, cour Saint Martin (2e)
✆ 04 72 04 89 69
Ouvert le lundi de 12h à 1h, du mardi au vendredi de 15h à 1h, samedi de 14h à 1h.

Dans l'univers chic et un peu strict du Grand Hôtel-Dieu, Justin s'est amusé à casser les codes en mettant un peu de folie lyonnaise dans nos soirées. Il faut dire que Justin ouvre une superbe terrasse dans une cour protégée de l'agitation urbaine. Une terrasse qui se transforme en bar de plage l'été pour se rafraîchir avec une célèbre boisson anisée et en piste de ski l'hiver quand des télécabines nous permettent de boire un vin chaud… au chaud. Lieu idéal pour chiller, écouter du bon son balancé par un DJ, même à l'intérieur dans une salle décorée avec goût par des artistes. Carte de cocktails et restauration pour prolonger le plaisir d'être chez Justin.

ART SELFIE

Quand Google fait se rencontrer la culture et la technologie cela donne un drôle de concentré. L'application propose plusieurs fonctionnalités, à la fois pour détourner les plus grandes œuvres d'art et pour mieux les appréhender. En deux clics, notre galerie photo se transforme en galerie de peinture, les œuvres s'observent en taille réelle et même notre chien se fait tailler le portrait.

BAR À COCKTAIL

L'OFFICINE

3, cour Saint-Henri (2e) ✆ 04 72 41 84 96
https://legrandrefectoire.com
Ouvert du mardi au jeudi de 18h30 à 0h, vendredi et samedi de 18h30 à 1h.

Le bar à cocktails jazzy un peu secret du Grand Hôtel-Dieu. Accès par le restaurant Le Grand Réfectoire, montée par l'escalier de service pour atteindre l'étage et entrer dans le cadre chaleureux de l'Officine, écrin feutré de la mixologie. Les flacons en grand nombre derrière le bar sont des potions qui servent aux excellents barmans à composer parmi les meilleurs cocktails de la ville. Ça fusionne, ça invente, ça inspire et ça propose des cocktails, Signature avec un délicieux Tiki Blinders ou le Royal Praline, pas vus ailleurs. Cocktails de saison et sur mesure possibles. Des classiques bien twistés, grand choix de gins, des bières et des tapas. Prenez soin de vous à l'Officine.

NEW BAR À COCKTAIL

POMPETTE

12, rue Palais Grillet (2e)

✆ 04 87 37 21 54

www.pompettelyon.com

Ouvert tous les jours et les jours fériés de 18h à 1h.

Désolé, on ne l'a découvert «que» l'été dernier sur une terrasse - chose rare pour un bar à cocktails du centre ville - de la rue du Palais Grillet où il faisait très soif... Nous ne sommes pas ressortis «Pompette», mais le nom nous a beaucoup amusés, autant que le lieu nous a plu ! Un bar à cocktails qui déjoue les codes (trop) souvent vus du bar clandestin feutré pour nous proposer une sorte de bonbonnière raffinée du meilleur style. Pompette a un vrai côté festif qui lui va à ravir. Petite salle chaleureuse, comptoir devant le bar où ça mixe. Les cocktails sont classés par saveurs - épicé, floral, herbacé, fumé... - et sont parfaitement dosés, même pour une Gentiane Balasko. Snacking.

NEW BAR À COCKTAIL

KODAMA

113, quai Pierre-Scize (5e)

✆ 06 13 65 26 14

Ouvert du mardi au samedi de 18h30 à 1h.

Les liens entre Lyon et l'Asie, le Japon notamment, se resserrent encore d'un cran avec l'ouverture de Kodama, côté Vieux Lyon de la passerelle Saint-Vincent. Au chevet de l'église Saint-Paul, un joli bar dédié aux cocktails à base d'alcools asiatiques, essentiellement japonais et coréens. Bon signe pour le *Petit Futé*, un renard veille sur Kodama, enseigne que l'on peut traduire par «esprit de la forêt». A l'intérieur, tout a été refait avec goût, le confort et l'accueil sont parfaits, la playlist est douce à nos oreilles. Le reste n'est que dépaysement des sens, découverte de saveurs méconnues, celles des différents sakés ou du soju. Tapas d'inspiration asiatique pour prolonger le voyage.

BAR À COCKTAIL

LE FLORIAN

4, place de la Baleine (4e)

✆ 04 78 42 24 37

Ouvert du lundi au jeudi de 15h à 1h, vendredi et samedi de 15h à 3h.

L'impression de faire un saut dans le temps (alors qu'on n'a pas commencé à boire, hein !). En plein cœur du quartier classé du Vieux Lyon, avec terrasse sous le tilleul dès les beaux jours, un bar à cocktail qui nous transporte à son tour à l'époque de la Renaissance italienne, tout en nous mettant du bon son actuel dans nos oreilles. On est tellement bien au Florian, un bar à cocktails à l'ambiance à la fois conviviale et feutrée, décontractée et d'une élégance qui se retrouve aussi dans les verres dressés avec beaucoup de goût. Tous les classiques, mais surtout des créations maison réalisées par des mixologues créatifs et à notre écoute. Assiettes pour accompagner. Belle adresse.

BAR À COCKTAIL

L'ARTCHIMISTE

22, rue du Professeur Weill (6e)

✆ 04 78 41 15 85

www.lartchimiste.fr

Ouvert du lundi au samedi de 18h à 1h.

Soirées explosives en perspective ! Dans ce quartier chic entre Masséna et Brotteaux, voilà L'Artchimiste. La mixologie est bien la science des «chimistes» en liqueurs, alcools et autres boissons, puisqu'il faut savoir maîtriser les mélanges (et quelques réactions chimiques aussi) pour réaliser les meilleurs cocktails. D'excellents ingrédients, notamment de grands spiritueux et des produits frais pour composer des cocktails et mocktails qui se déclinent à l'envi. Tellement que le barman peut même vous composer un cocktail sur mesure selon l'humeur du moment. Lieu hyper chaleureux avec murs en pierre, plafond à la française, terrasse toute l'année et une cave. Belle adresse.

BAR À COCKTAIL

BAR DE BON SECOURS

12, rue du Boeuf (5e)

✆ 06 68 67 99 55

Ouvert du jeudi au dimanche de 19h à 0h.

Le Vieux Lyon recèle dans ses caves quelques secrets qu'il est bon de connaître. A commencer par l'existence d'un bar (un peu) clandestin et tellement craquant : Au Bon Secours. Une enseigne amusante inspirée par un alcool produit par la célèbre distillerie régionale Crozet Frères, la véritable Arquebuse Bon-Secours. Dans ce caveau - décoration années 1930 réalisée avec goût, affiches d'une distillerie de 1875, tables en marbre... -, on vient entre amis déguster la fameuse Arquebuse Bon-Secours, du Skos (plus ancien des apéritifs lyonnais) et bien d'autres eaux-de-vie maison et sirops sagement alignés par couleurs au comptoir. Carte de cocktails maison. Entrez dans la clandestinité !

NEW BAR À COCKTAIL

LA BAIGNOIRE

11, rue des 3 Rois (7e)

✆ 06 46 85 82 54

https://barlabaignoire.fr

Ouvert du mardi au dimanche de 18h à 1h.

Dans un quartier de la Guillotière que l'on n'a pas fini d'explorer, plongez dans la Baignoire. Un bar plutôt sophistiqué, pas chic, dans un lieu inattendu, un peu secret. Voilà de quoi titiller notre curiosité. Un bar à cocktails pour se détendre en soirée, réservations conseillées mais pas obligatoires, après une dure journée dans une ambiance réconfortante et décontractée. Bref, c'est cool et la carte des cocktails nous fait succomber à toutes les tentations à des tarifs raisonnables. Coing Coing, Gummy Gummy, Ramos goes bananas... et des Classic bien réussis. Vins, bières, cidres, softs pour compléter la gamme des plaisirs. Petite carte à grignoter. Belle découverte.

ET SI ON PRENAIT UN VERRE ?

BAR À COCKTAIL

SAUVAGE

3, rue Montesquieu (7e)
✆ 04 37 29 23 79
www.sauvage-bar.fr
Ouvert du lundi au vendredi de 18h à 1h ; le samedi de 19h à 1h.

L'époque se montre de plus en plus sauvage et pour explorer leur nature urbaine, celle des bars à cocktails et du monde de la nuit, les Lyonnais peuvent compter sur Sauvage. Un lieu à part pour donner le goût du voyage à des soirées où il fait bon se détendre sans se mettre la pression autour de coquetels - oui, ça peut s'écrire aussi comme ça - «low alcool» (peu d'alcool), mais «high» (riche) en goût et en arômes pour explorer d'autres horizons moins brumeux. La bande son s'associe parfaitement à la carte des coquetels maison, tout comme les tapas pour un voyage complet des sens. Original et créatif, un lieu sauvage où l'on aime prendre le temps de la dégustation.

BAR À VIN

MICRO SILLON

6, place Fernand Rey (1er)
✆ 09 84 23 52 47
www.microsillon-cave.fr
Ouvert du jeudi au lundi de 18h à 23h. Cave à vin ouverte dès 14h.

Cela fait déjà un bon moment que le chef Mathieu Rostaing-Tayard a creusé son sillon. Sur l'une des plus belles placettes de Lyon, juste ce qu'il faut à l'écart de l'agitation pour être animée comme on aime, il fait tourner son Micro Sillon pour nous faire découvrir, en compagnie de l'excellente Joanna Figuet, une belle sélection de bouteilles pas vues ailleurs. Au comptoir ou en terrasse, c'est encore meilleur quand votre verre de vin s'accompagne de la cuisine du chef. Un bar à vin, cave à manger, comme vous voulez, ouvert en soirée, même dimanche et lundi. L'après-midi, partie épicerie fine avec des produits sélectionnés par des passionnés. Un Micro Sillon dans notre playlist.

BAR À VIN

LA BOUTEILLERIE

9, rue de la Martinière (1er)
✆ 06 60 99 35 27 - Métro Hôtel-de-Ville, proximité place Sathonay et quai Saint-Vincent.
Ouvert du mardi au samedi de 17h à 22h.

A la fois restaurant et bar à vin, la Bouteillerie est un lieu de partage et de belles rencontres. Et ça commence par celle d'un sommelier talentueux : Christophe. Sur la place Sathonay, il prend le temps de connaître vos envies avant de vous emmener vers de belles découvertes. Les rencontres, ce sont aussi celles réalisées par Christophe avec les producteurs pour s'imprégner des terroirs. A la Bouteillerie, un seul conseil : laissez-vous guider. En soirée, délicieux verres de vin accompagnés de grandes planches avec des assortiments de fromages et charcuteries, des verrines de velouté, tartes salées et tout plein de petites choses à grignoter sans compter... Tous les plaisirs du vin.

BAR D'HÔTEL

LE DOME

20, quai Jules Courmont (2e)
✆ 04 26 99 23 20
Du lundi au jeudi 18h-00h, vendredi 16h-0h, week-end 15h-0h. Tea time vendredi 16h-18h et week-end 15h-18h.

Majestueux sous le dôme signé Soufflot, avec sa clef de voûte 32 mètres au-dessus de vos têtes, le bar de l'InterContinental au Grand Hôtel-Dieu offre aussi des espaces chaleureux où il fait bon se retrouver autour d'un verre. Car si le lieu est époustouflant de beauté, le Dôme n'a pas été élu Meilleur bar d'hôtel au monde en 2021 uniquement pour son décor exceptionnel. Accueil et service à la hauteur, carte des boissons à l'image d'une clientèle à la fois lyonnaise et internationale, mixant les origines comme pour ce Panthéon. Cocktails création, d'exception, au champagne ou sans alcool. Rendez-vous musicaux tous les premiers mercredis du mois pour ajouter à cet ensemble remarquable.

BAR À VIN

CHENIN N°20

13, rue Général Plessier (1er) ✆ 09 83 45 64 69 - Ligne de métro A, arrêt Perrache ou Ampère-Victor Hugo.
Ouvert du mardi au vendredi de 12h à 14h, du mardi au samedi de 18h à 0h.

Belle histoire que celle de Méliné et Damien, deux passionnés des vins naturels et du bien manger, qui se sont installés à Lyon, près de la place Carnot, pour ouvrir un concept inédit à Lyon : un bar à vin spécialisé dans les vins naturels et biodynamiques du monde à déguster avec des planches sur mesure. Concrètement, ça veut dire que vous allez composer vous-même votre planche en sélectionnant parmi les savoureux produits artisanaux, locaux ou régionaux, présentés (prix en fonction de la composition réalisée). Vins naturels, chenins en tête, à déguster en toute convivialité dans un décor chaleureux, entre bar chic, salle à l'étage et petite terrasse. Le bon Chenin pour arriver au bonheur.

BAR À VIN

PLÉTHORE ET BALTHAZAR

72, rue Mercière (2e)
✆ 04 72 16 09 21
https://plethore-et-balthazar.com
Ouvert tous les jours de 11h à 1h. Terrasse.

Une explosion de vie, de couleurs, de saveurs. Un bar-restaurant pour les gens heureux. Terrasse sur une placette, verrière pour garder la lumière, salle au décor incroyable mêlant lignes graphiques et sol floral, plantes et matériaux bruts. C'est d'une grande beauté pour une grande convivialité. Pléthore et Balthazar, c'est un restaurant écoresponsable à la carte courte. Produits locaux garantis. Union autour d'une cave fantastique avec quelque 600 références sélectionnées avec amour, dont de nombreux vins naturels et en biodynamie. Une trentaine de vins au verre à savourer au comptoir ou à table. Excellent bar à gins du monde entier et cocktails bien frappés réussis.

BAR À VIN

MADEMOISELLE RÊVE

215, rue Vendôme (3e)
✆ 04 78 37 68 14
Ouvert du lundi au samedi de 17h30 à 1h.

Rêver ne suffit pas à trouver les bonnes adresses. D'ailleurs, c'est pour ça que vous lisez notre guide à leur recherche ! Inspirée d'un titre du regretté Bashung, Mademoiselle Rêve s'inscrit assurément dans cette catégorie des adresses à découvrir pour passer une bonne soirée. Juste à côté de la Bourse du Travail, terrasse tranquille, salle à l'ambiance cosy, canapé pour retrouver le goût de se parler tout en partageant quelques bons verres de vin sélectionnés par des amoureux des bonnes choses, des cocktails maison autour de planches composées de produits de qualité. Accueil toujours souriant d'une équipe adorable, bonne humeur garantie, bonne musique aussi. Vivez vos plus beaux rêves.

BAR À VIN

BONSOIR CLARA

7, rue du Chariot-d'Or (4e)
✆ 04 78 39 04 55
Ouvert du mardi au samedi de 12h à 14h et de 19h à 22h.

Élu «Meilleur resto de quartier» à la Croix-Rousse l'an passé, Bonsoir Clara peut aussi se classer parmi les bars à vin. Bonsoir Clara, où la cuisine n'est effectivement pas en reste avec des assiettes aussi bonnes à déguster que belles à regarder, offre d'abord une excellente sélection de vins, notamment en vallée du Rhône, Bourgogne et Beaujolais, pour accompagner des plats savoureux au rythme du marché de saison. Produits frais et des compositions maison. Bon point pour les desserts, chose rare dans un bar de ce tonneau-là. Après le vin, la soirée se prolonge chez Clara avec un excellent verre de whisky ou de champagne. Une invitation de Clara, ça ne se refuse pas.

BAR À VIN

LA CAVE DES VOYAGEURS

7, place Saint-Paul (5e)
✆ 04 78 28 92 28
www.lacavedesvoyageurs.fr
Ouvert du mardi au samedi de 17h à 1h.

Il n'y a pas que le train que l'on peut prendre à Saint-Paul. On peut aussi prendre un bon verre accompagné. C'est face à la gare du Vieux Lyon que La Cave des Voyageurs a posé ses valises il y a près de 25 ans. Ce qui fait de cette adresse l'un des plus anciens bars à vins de la ville. Une adresse lyonnaise dans l'âme avec un patron façon «bouchon», c'est-à-dire avec un caractère bien trempé... Superbe sélection. Bouteilles fortes en émotion et prix en conséquence. Pour garder ses esprits et prolonger la soirée, les assiettes de charcuteries et de fromages font l'affaire. Suivre le programme des dégustations pour ne rien manquer des destinations de cette Cave.

BAR À VIN

ILLUSTRE

1, place Ennemond Fousseret (5e)
✆ 06 64 28 71 34
Ouvert tous les jours de 18h à 1h.

Il porte un nom Illustre, mais avouons que nous étions passés à côté. Sur cette place qui semble garder l'entrée du Vieux Lyon côté place du Change, voici un petit bar à vin très discret. Et comme tout ce qui est petit est mignon, Illustre n'échappe pas à la règle. Terrasse idéale pour trinquer en soirée sur les mange-debout et salle riquiqui mais trop jolie avec ses tables de bistrot. Bar à vin, bar de copains où l'on vient partager quelques tapas aux saveurs régionales du Sud-Ouest pour accompagner de superbes bouteilles, des vins naturels qui font du bien et d'autres trouvailles du meilleur cru. Conseils avisés de passionnés qui aiment partager. Une adresse qui fait du bien.

BAR À VIN

PALM

38, rue du Boeuf (5e)
✆ 09 88 51 67 90
Ouvert du mardi au jeudi de 19h à 0h, vendredi et samedi de 12h à 14h et de 19h à 0h.

Manger, boire, écouter, c'est la devise de Palm. Derrière les pierres apparentes des murs du Vieux Lyon, une adresse luxuriante et chaleureuse imaginée par Marceau Bergeroux. Un lieu que nous aurions pu classer parmi les restaurants, si nous avions voulu mettre en avant une cuisine où les maître-mots sont plaisir et partage. Il y a même un «brunch club». Mais notre coup de cœur est pour la carte des vins réalisée en collaboration avec Antic Wine, meilleur caviste depuis longtemps. De superbes bouteilles à tous les tarifs et une sélection qui nous ouvre les terroirs d'une dizaine de pays. Cocktails réussis aussi. Une maison de passionnés pour partager de belles choses à boire et à manger.

NEW BAR À VIN

LES CANAILLES DE RAPHAEL

32, rue Tête d'Or (6e)
www.chez-raphael.fr
Ouvert du mardi au samedi de 18h à 1h.

Dans le quartier, et bien au-delà, tout le monde connaît Chez Raphaël, le restaurant qui est le lieu de rendez-vous des bons vivants qui veulent partager du bon temps ! Désormais, il suffira de traverser la rue Vibert pour s'encanailler dans ce nouveau lieu : caviste le jour, bar à vin en soirée, lieu à privatiser pour les professionnels et les particuliers quand vous voulez ! Connaissant la passion de Raphaël et de ses associés - Julien Defour, professionnel du monde du vin, et Rémi Loureiro, chef de cuisine de Chez Raphaël, pour le vin et les bonnes choses -, ce nouveau lieu de vie mêlera en soirée les belles quilles à de bons prix et une grande convivialité !

BAR À JUS DE FRUIT

FRUISY

156, rue Garibaldi (3e)
✆ 09 67 05 22 66
www.fruisy.fr
Ouvert du lundi au vendredi de 7h à 18h

Les fruits, c'est essentiel à notre bonne santé. Des fruits pour nous donner de l'énergie en plein cœur du quartier animé de la Part-Dieu, mais aussi une autre adresse pleine de bonnes vitamines au Grand Hôtel-Dieu. Fruisy, qui ne fait pas que des jus de fruits, met à l'honneur, à travers des recettes originales, des fruits et des légumes de qualité issus de l'agriculture raisonnée et locale. Dans un espace clair, ouvert sur la rue, et chaleureux, Fruisy propose un large choix de «fresh juices», avec des mélanges qui vont des Classiques aux Originaux, en passant par des versions Détox et mocktails signatures. Plats healthy, sandwichs et yaourts glacés pour bien manger.

BAR DU MONDE

CALLE LATINO

3, cours de Verdun-Gensoul (2e)
✆ 04 78 42 24 90
Ouvert du mardi au samedi de 19h à 1h. Restauration.

A la recherche d'un bar festif pour s'ambiancer bien comme il faut ? Un bar où l'on ne se regarde pas en chien de faïence, mais où tout le monde se lâche vraiment dans une ambiance «happy people», dans une atmosphère endiablée tendance latino ! Le Calle Latino est votre destination, quand les abords de Perrache prennent des airs de salsa cubaine, de rumba, des airs latino. Bonne musique, bon esprit, ça rigole fort, ça boit l'un des meilleurs, sinon le meilleur, mojito de Lyon, ça mange aussi avec de savoureuses tapas chaudes et froides ou un assortiment de charcuterie. Un vrai sens de la fête dans l'esprit débridé du Sud pour ce Calle Latino chaleureusement recommandé pour se lâcher.

BAR À WHISKY

THE WALLACE BAR

2, rue Octavio-Mey (5e) ✆ 04 72 00 23 91
www.wallacebarlyon.com
Ouvert du dimanche au jeudi de 11h à 0h30, le vendredi et le samedi de 11h à 2h30.

Un concentré de bonne humeur, de fêtes et de copains version écossais. The Wallace fait partie des étapes incontournables d'une vie étudiante ! Mélange unique à Lyon de pub traditionnel, avec plus de 200 whiskies et des bouteilles originales, 15 bières en pression, et de restaurant avec la possibilité de manger une cuisine traditionnelle anglophone : tartare de saumon bio d'Ecosse, Wallace Burger, Fish & Chips, lemon tart... Sans oublier le plat du jour et le brunch le week-end. The Wallace Bar propose régulièrement des concerts, ainsi que les grands événements sportifs sur des écrans géants, des soirées quiz, des soirées à thème et une terrasse avec chauffage côté Saône. Un éternel plaisir.

PUB

SMOCKING DOG

16, rue Lainerie (5e)
✆ 04 78 28 38 27
Ouvert du lundi au vendredi de 17h à 1h, week-end de 13h à 1h.

Le Smocking Dog rapproche Lyon de l'Angleterre. Un vrai pub comme ceux que l'on trouve de l'autre côté de la Manche, une vraie ode à l'amitié franco-britannique, même quand il y a un match de foot ou de rugby avec une Coupe du Monde à suivre en 2023 ! La déco typique, avec coin de lecture à l'entrée, grand bar pris d'assaut et salle plus tranquille au fond, ajoute à l'ambiance. Les anglophones de Lyon ne s'y trompent pas. Les serveuses ont l'accent depuis 25 ans... Un endroit sympathique pour se remettre à l'anglais : la bière aidant, c'est beaucoup plus facile. Ambiance de folie les soirs de matchs, ou quand on peut gagner des shooters lors des quiz du mardi soir, et musique live.

BAR DU MONDE

BLACK FOREST SOCIETY

29, rue de l'Arbre-Sec (1er)
✆ 06 66 17 00 14
Ouvert du lundi au mercredi de 18h à 1h, jeudi de 18h à 2h, vendredi et samedi de 18h à 3h.

Une Forêt-Noire qui ne se mange pas, mais qui se boit ! Un des bars les plus joyeux connus à Lyon. Au programme : humour allemand (si, ça existe), tapas allemandes et cocktails bavaroisement compatibles (ça existe aussi). Sans doute le bar à l'ambiance la plus fun qui peut nous tirer des larmes de rire avec sa communication au second degré et ses cocktails pas bus ailleurs. Il faut dire que la joyeuse équipe – ré-intitulée la Mannschaft – déniche des ingrédients pas piqués des ver (re) s pour des mélanges certifiés « Deutsche Qualität ». Saucisses garanties, bières artisanales, ambiance bon enfant, musique électro et Lederhosen facultatif. *Ein Prosit !* À vous de boire.

PUB

L'ANTIDOTE

108, rue Saint-Georges (5e) ✆ 04 78 37 54 94
www.antidote-pub.com
Ouvert du mardi au jeudi et dimanche de 17h à 0h, vendredi et samedi de 17h à 1h.

Le long de la Saône, dans la suite sans fin des bars du quartier Saint-Georges, le *Futé* a un faible pour les pubs irlandais avec de vrais Irlandais dedans. Un peu excentré par rapport au tourbillon touristique, cet Antidote se veut justement le plus vieux et le plus authentique des pubs de Lyon depuis plus de 20 ans. L'élixir de bonne vie entendu par l'enseigne sera de préférence une Guinness, *of course* ! Mais personne ne nous pousse à la mousse et l'on peut tout aussi bien prendre un cocktail pas trop cher. *Live music* et *big screen* sont également à l'affiche dans cet *english speaking bar* où l'on joue également au poker en buvant une pinte de Kilkenny en regardant un match de rugby.

PIANO BAR

LE BEC DE JAZZ

19, rue Burdeau (1er)
✆ 06 69 38 74 17
Ouvert du jeudi au samedi de 22h30 à 5h.

Pour les oiseaux de nuit qui aiment le jazz, ce Bec est l'endroit rêvé depuis... plus de 40 ans maintenant ! Belle longévité pour ce bar au cœur des Pentes, avec son ambiance club façon Bird et Charlie Parker. Les murs sont couverts des peintures du patron. Tchangodei laisse parfois courir ses doigts sur le piano – un 3/4 de queue Yamaha – pour régaler les habitués de ses compos. Jazzman injustement méconnu, ce Béninois d'origine, et Lyonnais d'adoption, a participé à une vingtaine d'albums. Dans son établissement, dont il faut devenir membre cotisant symboliquement, les heures ne se comptent pas et l'on ressort au petit matin, ivre de musique et frais (ou presque) comme une rose.

MUSIQUE - SPECTACLE

LA GROOVERIE

9, rue du Jardin-des-Plantes (1er)
✆ 04 78 98 52 32
Ouvert du mardi au samedi de 18h à 1h.

La vie nocturne lyonnaise manque de ces adresses où l'on bouge ses pieds, dodeline de la tête, chante, s'amuse tout en buvant un verre. Après quelques marches depuis la place Sathonay se profile un *music bar* qui s'adresse tous les soirs aux amoureux du groove et des jam-sessions qui bougent. Le principe est simple : un bar avec une belle carte d'alcools, notamment de cocktails à base de rhums, une scène pour jouer du bon son avec une programmation live autour de la soul, du swing (manouche entre autres)... Programmation swing et groovy à surveiller de très près pour se régaler. Degré de convivialité élevé pour jouer, danser, bouger et boire un verre en excellente compagnie.

MUSIQUE - SPECTACLE

SUPER5

2, rue de Savy (1er)
Ouvert du lundi au vendredi de 17h à 1h, samedi de 17h à 2h45.

Une Super 5 qui carbure à l'électrique pour transporter nos soirées lyonnaises. Un lieu hybride comme on dit aujourd'hui. A une petite encablure de la place Sathonay, un bar-boîte non conventionnel qui se module, se transforme (se privatise aussi) selon les envies. Ce qui est sûr, c'est que vous y écouterez du bon son - dans presque tous les genres selon la bande du moment, avec une préférence pour l'électro - dans une ambiance club cool et bienveillante. DJ sets, blind test, une sélection de bières, une belle carte de cocktails et des planches composées de produits locaux pour ne pas boire et taper du pied le ventre vide. Lieu de rencontres et de partage, le Super 5 assure.

KARAOKÉ

KBOX KARAOKÉ

8, place Raspail (7e)
✆ 09 83 81 94 64
https://karaokelyon.com
Ouvert tous les jours de 14h à 1h. Samedi à partir de 12h.

© KBOX

© KBOX

Mieux que de chanter dans sa tête, chanter à tue-tête entouré de ses amis dans l'un des salons privés signés KBOX. 4 salons à l'adresse du 7e, 5 à Villeurbanne, insonorisés, très confortables et parfaitement équipés - écran géant, micros sans fil, lumières... - pour partager des heures de fun absolu. Pour faire la fête en famille, entre amis, pour un EVJF, avec vos collègues pour faire du team building festif, les salons peuvent accueillir de 5 à 20 personnes pour chanter quelques-uns des 80 000 titres au choix ! Bar avec commande depuis les salons via l'interface karaoké, planches mixtes et partenariat avec des restos pour manger sur place. Réservation en ligne, simple et pratique.

TOUT UN SPECTACLE !

THÉÂTRE

THÉÂTRE DES CÉLESTINS

4, rue Charles-Dullin (2e)
✆ 04 72 77 40 40
www.celestins-lyon.org
Accueil et billetterie ouverts du mardi au samedi.

À chacun son théâtre, mais Les Célestins restent le meilleur théâtre de France en matière de création de spectacles. Splendide théâtre à l'italienne dont la programmation fait référence, le lieu vaut à lui seul le coup d'œil (et se visite). Spectacles en tournée, et d'autres créés et montés aux Célestins, le tout sous la houlette des directeurs Claudia Stavisky et Pierre-Yves Lenoir, assistés de Lise Gaillard. Quelque 200 000 spectateurs les apprécient chaque année et notamment les créations maison. De nombreuses actions en faveur de l'accès à la culture et au théâtre pour tous les publics, notamment des tarifs raisonnables, des ateliers et des rencontres. Indispensables Célestins.

NEW

THÉÂTRE

VÉRITABLE THÉÂTRE GUIGNOL

1, place de l'Hôpital (2e) ✆ 06 12 42 48 71
https://theatre-guignol-lyon.fr
Tous les mercredis, samedis, dimanches et jours fériés. Ouvert tous les jours de vacances scolaires (zone de Lyon).

Surprise ! Installé depuis 75 ans au Parc de la Tête d'Or, où des générations de gones ont applaudi Guignol et pourront continuer à le faire, Gnafron et toute la compagnie, le Véritable Théâtre de Guignol a pris possession l'an passé du Grand Hôtel-Dieu. Rencontre réussie entre deux monuments du patrimoine lyonnais pour voir et revoir les classiques du répertoire des célèbres marionnettes. Une tradition lyonnaise à respecter pour tous les âges, puisque le spectacle propose différents niveaux de lecture pas toujours innocents... Guignol au cœur de Lyon, c'est bon !

THÉÂTRE

THÉÂTRE DE LA TÊTE D'OR

60, avenue Maréchal-de-Saxe (3e)
✆ 04 78 62 96 73
www.theatretetedor.com

Il est le premier théâtre privé de Lyon, lancé le 17 janvier 1980, aujourd'hui dirigé par Pascal Héritier et Bruno Davanzo. La salle actuelle de l'avenue de Saxe peut, quand c'est permis, accueillir 360 spectateurs et affiche souvent complet. Le public qui réserve, longtemps à l'avance, ses places au Théâtre de la Tête d'Or sait qu'il est parti pour une franche rigolade avec des quiproquos à la pelle et des acteurs – souvent des stars qui brûlent les planches – enthousiastes. L'endroit est spécialisé dans la comédie de boulevard et le vaudeville, sans oublier les chansonniers du Théâtre des Deux Ânes qui font régulièrement escale dans cette salle située dans les beaux quartiers.

THÉÂTRE

THÉÂTRE DE LA CROIX-ROUSSE

2, place Joannès-Ambre (4e)
✆ 04 72 07 49 49
www.croix-rousse.com
Accueil billetterie du mardi au vendredi, de 13h à 19h, le samedi de 14h à 19h.

Le TXR, c'est un théâtre populaire conçu comme un lieu de vie pour les habitants de la Croix-Rousse. Ancienne salle des fêtes, cette scène nationale propose une programmation variée touchant un large public, des plus jeunes spectateurs aux plus avertis, avec des pièces engagées et des grands classiques. Dirigé par Courtney Geraghty, il est un lieu de valorisation du travail des metteurs en scène régionaux. Et un lieu ouvert au monde, dont l'art théâtral se joue aussi hors les murs avec une création itinérante et une résidence de création en milieu hospitalier.

THÉÂTRE

LA MAISON DE GUIGNOL

2, montée du Gourguillon (5e)
✆ 04 72 40 26 61
www.lamaisondeguignol.fr
Ouvert toute l'année. Réservation indispensable.

Impossible de museler Guignol qui dit tout haut ce qu'il pense... tout haut depuis 1965 dans sa maison de la montée du Gourguillon. Coup de cœur pour cette salle de spectacle au cœur du quartier Saint-Georges. *Futé* adore l'atmosphère bon enfant des lieux, la salle climatisée aux airs de café-théâtre, partie intégrante du patrimoine lyonnais, et bien sûr les spectacles de Guignol issus du répertoire classique de Laurent Mourguet, le créateur de Guignol ou composés de créations plus actuelles. Par ailleurs, la Maison de Guignol propose d'excellents spectacles de café-théâtre en soirée, avec un bar pour se désaltérer avant d'applaudir. Une superbe salle à privatiser pour des événements.

THÉÂTRE

THÉÂTRE DU POINT DU JOUR

7, rue des Aqueducs (5e)
✆ 04 78 25 27 59
www.pointdujourtheatre.fr

Un théâtre pas comme les autres dans un lieu en constante évolution, un théâtre vivant. Ancienne salle de cinéma reconvertie en théâtre, le théâtre du Point du Jour a été fondé dans les années 1960. Maison de création dirigée par des metteurs en scène, Angélique Clairand et Eric Massé. Au sein de ce lieu unique et multiple, à la croisée des scènes découvertes et des grandes scènes de la métropole lyonnaise, ils souhaitent développer un projet artistique autour d'un théâtre de diversité linguistique qui interroge le réel, explore l'humain et les territoires. Un théâtre pour questionner notre présent, créer de nouveaux récits et élargir notre perception du réel.

THÉÂTRE

LULU SUR LA COLLINE

60, rue Victor-Lagrange (7e)
✆ 04 72 98 36 28
www.theatrelulu.com

Lulu a installé ses planches du côté de Jean Macé. Lulu, elle nous fait tellement de bien, encore plus dans cette période de «crises» au pluriel, avec sa programmation de comédies pleines de folie à partager. Un théâtre coloré, joyeux, à l'image de Renaud Gairard, le saltimbanque en chef qui a rouvert qui a décidé de faire revivre ces murs avec une belle salle de 180 places et une table à savourer en même temps que les commentaires du public. Un lieu dédié à la comédie, au rire, aux reprises de textes devenus des classiques et à des créations pas piquées des hannetons, ça ne peut qu'être salutaire dans cette période où il faut toujours soutenir le spectacle vivant. Marrons-nous avec Lulu !

THÉÂTRE

THEATRE L'ILE Ô

3, avenue Leclerc (7e)
✆ 04 78 51 48 87
www.scenes-otrement.com

Encore une fois, Lyon innove en accueillant sur son fleuve, en plein cœur de la ville, le premier théâtre flottant d'Europe ! Une structure totalement inédite, tant sur le plan architectural que sur le plan technique, portée par Les Scènes Ôtrement - avec le Patadôme d'Irigny - qui proposent une véritable aventure artistique, éducative et citoyenne. Amarré aux berges du Rhône, au pied du pont Gallieni, ce bâtiment imposant, aux formes curieuses, abrite sur 3 niveaux 2 salles de spectacle de 78 et 244 places et 245 m² d'espaces modulables pour différentes pratiques artistiques et la tenue d'événements. Le rooftop de 140 m² pourra aussi être mis à profit. Spectacles sur l'eau.

THÉÂTRE

TNP VILLEURBANNE

8, place du Docteur Lazare Goujon
VILLEURBANNE
✆ 04 78 03 30 00
www.tnp-villeurbanne.com

TNP pour Théâtre National Populaire. Un véritable service public que ce théâtre dont l'idée est née d'abord à Paris, en 1920, mise en lumière par l'immense Jean Vilar dans les années 1950. C'est à partir de 1972 que le Théâtre de la Cité à Villeurbanne, avec Roger Planchon à sa tête, va naviguer sous le pavillon du TNP. Dans le cadre splendide du Grand Théâtre, rénové il y a une dizaine d'années, c'est désormais le metteur en scène Jean Bellorini le directeur des lieux. Maison ouverte à tous, artistes et publics, ancré sur un territoire riche en événements culturels, le TNP offre un plateau de création placé sous le signe de la transmission, du partage et de l'éducation.

CAFÉ-THÉÂTRE

LE COMPLEXE

7, rue des Capucins (1er)
✆ 04 78 27 23 59
www.lecomplexelyon.com
Représentations tous les jours, sauf dimanche.

Depuis combien de temps n'avez-vous pas pris un fou rire en assistant à un spectacle vivant ? Direction le Complexe où l'on est pris en charge par une équipe souriante. Ici, le spectacle commence avant le spectacle en savourant, dans une joyeuse ambiance, quelques tapas en dégustant un verre de sangria. On mange, on boit, on discute, on pétille même en attendant l'heure du spectacle, que l'on soit dans la salle du haut ou dans celle du bas. Excellente programmation à forte tendance humoristique, à suivre sur le site Internet du Complexe. Un seul conseil, pensez à réserver, notamment les fins de semaine, car les Lyonnais apprécient beaucoup les lieux. Coup de cœur pour les mardis découverte.

CAFÉ-THÉÂTRE

THÉÂTRE LE NOMBRIL DU MONDE

1, place Chardonnet (1er)
✆ 04 72 07 04 44
www.lenombrildumonde.com
Ouvert du lundi au samedi de 19h30 à 0h. Restauration.

Le Nombril du Monde est un peu plus qu'un simple café-théâtre : une scène vivante où les talents peuvent naître et s'épanouir depuis plus de 30 ans. C'est ainsi que le Nombril du Monde a vu la naissance sur scène d'une certaine Florence Foresti... Ce café-théâtre possède une troupe résidente de comédiens professionnels, une quinzaine, qui occupent tous les rôles, du service au bar jusqu'à la scène. Deux salles (climatisées) pour rire toute l'année. Le Nombril du Monde organise des Ateliers de comédie. Petits coups au BistrO d'A Côté pour échanger avec les comédiens.

CAFÉ-THÉÂTRE

LE BOUI-BOUI

7, rue Laurent-Mourguet (5e)
✆ 04 72 05 10 00
www.bouiboui.com
Ouvert tous les jours.

Dans une ruelle du Vieux Lyon qui porte un nom illustre, le Boui-Boui est bien comme il l'affirme « the place to Boui ! », la référence des cafés comiques depuis bientôt 30 ans. Qui n'a pas connu le bar du Boui-Boui pour ensuite descendre au caveau assister au spectacle n'est pas lyonnais. Et pour tous les autres, c'est un incontournable de la vie comique locale. Dans une salle étroite, on peut réellement parler de proximité entre le public et les artistes ! Salle dénicheuse de talents, sous la direction de l'excellent Stéphane Casez, elle a vu débuter des artistes comme Anthony Kavanagh, la Lyonnaise Florence Foresti, Jonathan Lambert... Partie de franche rigolade entre amis garantie.

CINÉMA

COMŒDIA

13, avenue Berthelot (7e)
✆ 04 26 99 45 00
www.cinema-comoedia.com
Ouvert tous les jours. Billetterie en ligne.

© DR

Le cinéma, c'est la vie. Et la vie est plus belle, plus grande quand on regarde un film au Comœdia. Il y a tellement à voir, tellement à partager dans ce cinéma pas comme les autres. 9 écrans, 1 200 fauteuils confortables, une programmation exceptionnelle et des animations toute l'année. Des films d'auteur en VOST, des films documentaires, des reprises, une programmation spécifique pour le jeune public. Projections en avant-première, rencontres avec les réalisateurs, les acteurs, mais aussi rencontres entre spectateurs pour partager les plus belles émotions. De nombreux festivals passent par le Comœdia. Et tout le monde se retrouve au Bistrot autour d'un verre. Le cinéma version originale.

CAFÉ-THÉÂTRE

COMÉDIE ODÉON

6, rue Grolée (2e) ✆ 04 78 82 86 30
www.comedieodeon.com
Billetterie ouverte mar et jeu 16h-21h, mer, ven et sam 13h-21h, dim et lun en fonction des spectacles.

À Lyon, il y a l'Odéon romain sur la colline de Fourvière et il y a la Comédie Odéon au cœur de la Presqu'île. Un théâtre populaire qui accueille de grands noms de la scène et des spectacles pour tous les publics. La Comédie Odéon se compose d'une salle unique de 300 places, véritable petit bijou dans son genre. Si les lieux ont gardé un certain charme désuet (sièges et rideaux en velours rouge), ils ont été repensés pour notre plus grand confort. Spectacles de qualité, grands noms de l'humour, du théâtre ou de la musique. Coup de projecteur sur les Contes du samedi (un samedi par mois), une nouveauté qui transporte petits et grands dans un monde imaginaire. Bar du théâtre.

CAFÉ-THÉÂTRE

LE RIDEAU ROUGE

1, place Bertone (4e)
✆ 04 72 05 10 00
www.rideaurouge.fr
Représentations du lundi au samedi.

Dans le même giron que le fameux Boui-Boui, ce café-théâtre sous la direction de Stéphane Casez est en quelque sorte le cousin de la Croix-Rousse. Ouvert il y a plus de 10 ans dans une ancienne boulangerie du plateau, le Rideau Rouge profite d'une petite salle climatisée où l'on aime venir entre amis pour voir une belle diversité de spectacles, mêlant avec bonheur les comédies 100 % lyonnaises et les têtes d'affiches prestigieuses. Un Rideau Rouge qui s'est associé avec le Café de la Soie voisin pour proposer des soirées complètes dîner et spectacle avec une formule tout compris. Quand le Rideau Rouge se lève sur la Croix-Rousse, ce sont des rires garantis entre amis.

CAFÉ-THÉÂTRE

L'ÂNE ROUGE

11, rue Juiverie (5e) ✆ 06 74 88 38 72
www.anerouge.fr
Ouvert tous les jours. Sur réservation uniquement. Possibilité d'accueillir des groupes. Restauration.

Lyon, à l'image bien sage, est une ville qui aime l'humour. Installé depuis plus de 50 ans dans l'une des plus belles rues du quartier Renaissance, l'Âne Rouge s'est forgé une solide réputation dans le paysage du cabaret lyonnais, entre théâtre et restaurant. A l'abri de son superbe caveau du XVIe siècle, il perpétue une longue tradition tout en restant au goût du jour sous la direction de Didier Bouchaud. Début à 20h30 pour un dîner-spectacle bien mitonné avec l'humoriste du soir et un magicien. Programmation soignée qui privilégie le seul en scène avec de belles découvertes. On rit aux éclats en attendant le dessert servi à l'issue de la représentation. Un authentique cabaret lyonnais.

CAFÉ-THÉÂTRE

ESPACE GERSON

1, place Gerson (5e) ✆ 04 78 27 96 99
www.espacegerson.com
Spectacles du lundi au samedi à 20h30.

Besoin de rire, envie de toi. Espace Gerson, un nom qui résonne comme une évidence quand on pense «spectacles» à Lyon. Plus de 30 ans d'existence pour une salle de 120 places assises et des estrades avec vue imprenable sur la scène, un bar associatif très sympa avant et après le spectacle avec les auteurs et les artistes. Une scène facile d'accès du Vieux Lyon où défilent normalement une cinquantaine de spectacles d'humour par an. L'Espace Gerson est un incontournable du café-théâtre lyonnais avec les Plateaux de Gerson et de jeunes humoristes qui viennent présenter une partie de leur spectacle les derniers lundis de chaque mois, sans oublier de grands noms de la scène et de jeunes talents.

© CIRQUE IMAGINE

© CIRQUE IMAGINE

CABARET

CIRQUE IMAGINE

5, avenue des Canuts
VAULX-EN-VELIN ✆ 04 78 24 32 43
www.cirqueimagine.com
Ouvert toute l'année. Déjeuner spectacle 75 €. Dîner-spectacle 75 € ou 95 €. Formule planche 55 €.

Le temps d'un spectacle, le Cirque Imagine rend la vie plus belle. Sous le chapiteau installé au Carré de Soie depuis 10 ans, les artistes du Cirque Imagine, autour d'Anastasiya et David Massot, mettent des étoiles dans les yeux des grands enfants attablés autour de la piste. Nouvelle saison et nouveau spectacle, Acte VI, mêlant l'univers des arts du cirque et du cabaret. Tout en dînant, on s'émerveille à chaque tableau. Pendant les vacances scolaires, Sacré Cirque, un spectacle pour toute la famille. Sans oublier le traditionnel Cirque de Noël. Chèques cadeaux pour offrir du bonheur. Privatisation et événementiel (1 300 m² d'espaces atypiques et organisation clé en main) jusqu'à 1 000 pers.

© CIRQUE IMAGINE

© CIRQUE IMAGINE

© CIRQUE IMAGINE

TOUT UN SPECTACLE !

CONCERT
OPÉRA DE LYON

Place de la Comédie (1er) ✆ 04 69 85 54 54
www.opera-lyon.com
Guichets du mardi au samedi de 12h à 19h, dimanches et lundis de représentation. Représentations à partir de 10 €.

Lyon fait partie de la trentaine de villes en France à disposer d'un Opéra. Sauf qu'à Lyon, cela fait plus de trois siècles et demi que les mélomanes peuvent aller à l'Opéra ! Les liens privilégiés de la ville avec l'Italie ont mis très tôt l'opéra à l'honneur. Si tôt qu'il a fallu rénover le bâtiment vieillissant, chose faite en 1993 avec Jean Nouvel qui a véritablement repensé l'édifice avec une magnifique verrière cylindrique. Opéra national depuis 1996, l'Opéra de Lyon accueille des spectacles lyriques et chorégraphiques, des concerts, du théâtre, du jazz, des spectacles de musique du monde, des danses actuelles... dans des répertoires très différents. Des saisons passionnantes.

CONCERT
LE SUCRE

50, quai Rambaud (2e)
www.le-sucre.eu
Ouvert du jeudi au dimanche. Ouverture selon événements.

Le Sucre, c'est une scène créée il y a 10 ans qui a fait rentrer Lyon dans le XXIe siècle. Rooftop installé sur le toit de la Sucrière dans le quartier de Confluence, le Sucre est un lieu d'échange, de mixité où l'on vient s'agiter les neurones et taper du pied. Un lieu de rencontre entre différents projets artistiques ou événementiels, concerts, festivals, soirées clubs, apéros, brunchs... Un lieu culturel multi-facettes devenu un temple de la vie nocturne lyonnaise. Il faut guetter avec la plus grande attention la programmation éclectique d'une adresse « culture & club » dont le directeur n'est autre que Vincent Carry, organisateur des Nuits Sonores. Le Sucre, à la pointe des tendances.

CONCERT
AUDITORIUM ORCHESTRE NATIONAL DE LYON

149, rue Garibaldi (3e)
✆ 04 78 95 95 95
www.auditorium-lyon.com
Concerts d'octobre à juin.

Ce temple moderne de la musique classique s'ouvre sur la forme d'une coquille Saint-Jacques de béton. L'Auditorium de Lyon - AO - est l'une des plus grandes salles de concert de musique classique d'Europe. Il est l'écrin à l'acoustique parfaite où se produisent les 104 musiciens de l'Orchestre national de Lyon depuis 1975. 160 concerts chaque saison ouverts au plus grand nombre. Coup de cœur pour les ateliers sonores ou la Fabuleuse Cantine de l'AO anti-gaspi. Concerts découverte afterwork. L'Auditorium abrite le fameux grand orgue Cavaillé-Coll (1870).

CONCERT
MAISON DE LA DANSE

8, avenue Jean-Mermoz (8e) ✆ 04 72 78 18 00
www.maisondeladanse.com
Ouvert du lundi au vendredi de 12h à 19h. 1h avant les représentations le week-end.

Créée en 1980 sur les hauteurs de la Croix-Rousse, la Maison de la Danse, la toute première en France, a pris ses quartiers dans le Théâtre du 8e il y a tout juste 30 ans. La belle aventure continue sous la direction artistique de Tiago Guedes qui investit pleinement un lieu unique qui se dotera, à l'horizon 2025, d'une annexe : les Ateliers de la Danse. Les spectacles s'enchainent, les corps se libèrent, dans une programmation exemplaire faite de grands noms de tous les pays et de belles découvertes dans des styles très différents, du show de Machine de Cirque ou de Body Concert aux spectacles plus intimistes. Tarifs adaptés à tous les publics et sensibilisation à l'art chorégraphique.

CONCERT
HALLE TONY GARNIER

20, place Antoine-Perrin (7e)
✆ 04 72 76 85 85
www.halle-tony-garnier.com

C'est l'une des rares grandes salles de spectacle à apparaître dans notre guide. Non pas qu'elle accueille plus de spectacles que les autres, mais elle fait partie du patrimoine lyonnais. Quelle histoire que celle de cette Halle, merveille de l'architecture métallique réalisée par les ateliers Eiffel et imaginée par Tony Garnier ! Ancien marché aux bestiaux au cœur des abattoirs de la Mouche, la Halle est devenue une cathédrale de fer et de verre bâtie sur un socle de pierres. La salle offre 5 000 places assises et reçoit les plus grandes stars avec une acoustique pas toujours excellente. Parmi les artistes de passage en 2023, Stromae, Scorpions, Starmania ou Lomepal.

CONCERT
TRANSBORDEUR

3, boulevard Stalingrad - **VILLEURBANNE** ✆ 04 78 93 08 33
Bus ligne C1, C4 et C5 – arrêt Cité Internationale ou Bus ligne C2, C26 et 70 – arrêt Cité Internationale Transbordeur
www.transbordeur.fr
Toute l'année. Tarifs en ligne. Pour les enfants, casques de protection auditive adaptés.

Scène incontournable lyonnaise, inaugurée en 1989, le Transbo s'est refait une beauté pour nous présenter un festival permanent où se mélangent les meilleurs groupes du monde. Prévisions de soirées chaudes avec des artistes dans des registres très différents avec quelques dates pour 2023 : les Fatals Picards, Tokio Hotel, Lou, Pomme (déjà complet...), Matmatah, Wax Tailor, etc. Lieu superbe où l'on peut toujours écouter de la bonne musique en tout genre, sans frontière, et se rencontrer autour d'un verre au bar pour prolonger la soirée. Possibilité de se restaurer toute l'année sur la terrasse du Transbo avec des food-trucks qui donnent du goût à vos journées.

© EMMANUEL SPASSOFF

COQUIN

ESPACEPLAISIR

16, rue Constantine (1er)
✆ 04 69 96 16 96
www.espaceplaisir.fr
Ouvert du lundi au samedi de 11h à 20h.

Ce qui était caché hier est aujourd'hui accessible à tous. Entrer chez EspacePlaisir, c'est aller à la découverte de son corps, de son désir pour atteindre l'orgasme en solo, à deux ou plus... En plein coeur de Lyon, un élégant et chaleureux loveshop où il ne faut surtout pas hésiter à demander des conseils personnalisés, sans crainte d'être jugé. Large sélection d'objets connectés pour s'amuser avec son partenaire, même à distance, sextoys, de la lingerie coquine avec les plus grandes marques, des coffrets pour dire oui à ses envies, jeux coquins, aphrodisiaques, des nouveautés très régulièrement et des prix eux aussi accessibles. Accueil bienveillant et possibilité de commander en ligne.

© EMMANUEL SPASSOFF

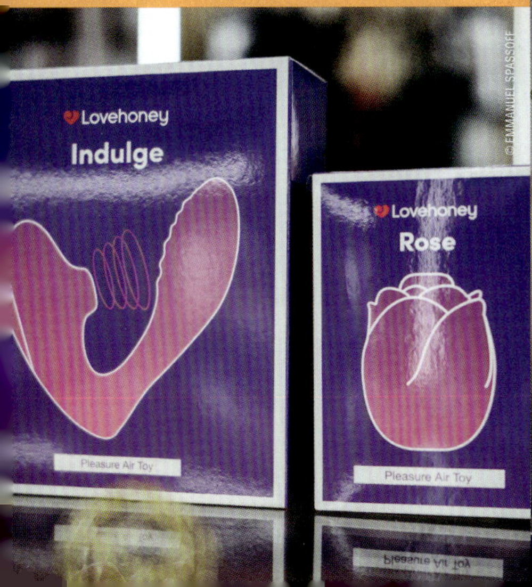

© EMMANUEL SPASSOFF

© EMMANUEL SPASSOFF

© EMMANUEL SPASSOFF

© EMMANUEL SPASSOFF

PASSAGE DU DÉSIR

17, rue Docteur Bouchut (3e)
✆ 04 72 64 36 61
www.passagedudesir.fr
Ouvert du lundi au samedi de 9h30 à 20h.

Amour et Désir ne se cachent plus derrière les volets clos de vilains sex-shops. Un love store à la Part-Dieu, pour les envies fièrement assumées et pour briser la routine dans les couples. Au Passage du Désir, une multitude de jouets pour adultes présentés et expliqués par un personnel avenant qui n'est pas là pour vous juger mais bel et bien pour vous conseiller selon vos envies. En plus des rayons sex-toys, vous trouverez sur les étagères des produits d'ambiance, des jeux de société pour adultes et plein d'idées cadeaux coquins. Et si vous n'osez pas entrer dans la boutique, tous vos objets du désir se trouvent en ligne, expédiés dans des emballages discrets.

© EMMANUEL SPASSOFF

© EMMANUEL SPASSOFF

© EMMANUEL SPASSOFF

BAR À HÔTESSES

BUS PARADISE

44, quai Charles de Gaulle (6e)
✆ 04 78 89 29 41
www.bus-paradise.com
Ouvert du mardi au samedi, de 22h à 5h.

Pour s'encanailler dans l'unique strip club de Lyon, un lieu à la fois coquin, sexy mais aussi rassurant dans un cadre « sécurisé ». Idéalement situé au cœur de la Cité Internationale de Lyon, le Bus Paradise est le strip club numéro un de la région. Dans ce temple du strip-tease dédié à la volupté et la sensualité, venez découvrir les plus belles danseuses françaises et internationales. Soirées très hot en perspective qui laissera de très bons souvenirs, notamment aux futurs mariés avec un pack Enterrement de vie de garçon à ne pas manquer. Soirées after-match pour célébrer la victoire de votre équipe preférée (ou pour oublier une mauvaise prestation...).

COQUIN

RED DISTRICT

22, quai Perrache (2e) ✆ 09 83 20 60 52
https://reddistrict-loveshop.com
Ouvert du dimanche au jeudi de 14h à 1h, vendredi et samedi de 14h à 2h.

Ce quai du Rhône du côté de Confluence n'a pas grand-chose à voir avec le fameux quartier rouge (le «red district») d'Amsterdam. Mais ne boudons notre plaisir d'y découvrir un *love shop* de poche dont l'offre semble infiniment plus large sur le site Internet qu'en boutique (mais on peut aussi retirer en boutique 2h après avoir commandé en ligne sur Internet...). Bien sûr, on peut se faire livrer ses joujoux préférés, mais on peut aussi venir se faire conseiller - accueil sympathique qui sait vous mettre à l'aise - et choisir parmi un choix de lovetoys, de lingeries, d'articles BDSM... directement. Tout ce qu'il faut pour les plaisirs solitaires, mais aussi pour faire vibrer ses partenaires.

SAUNA

HISTOIRE D'EAU

1, rue Romarin (1er) ✆ 04 72 00 83 83
http://histoiredeau.fr
Mixte journée et soirée. Couple jeudi journée et soirée. Homme 60 €, couple de 10 € à 50 €.

C'est un des plus anciens saunas-clubs de Lyon. Au rez-de-chaussée, espace de convivialité avec un bar (boisson sans alcool) et un podium avec barre de pole dance. Concernant la partie humide, elle comprend douches, sauna et hammam. Pour d'autres activités de détente, piscine et deux bains à bulles. Différents salons permettent de vivre ses fantasmes : pièce équipée d'un donjon ou celle avec un grand lit rond pour des jeux collectifs. Pour les couples qui souhaitent se retrouver entre eux, la soirée du jeudi leur est consacrée. Les autres jours, mixité permanente. Si les messieurs seuls sont les bienvenus, surtout le mardi soir pour la soirée gang-bang, l'entrée reste sélective.

CLUB LIBERTIN

LE VELVET & BEFORE KFE

9, impasse du Château-Rouge - **BRIGNAIS** ✆ 06 99 23 24 06
levelvet.fr
Resto du jeudi au samedi, club couple et dames vendredi et samedi dès 21h. Tarifs : 50 €.

Après d'importants travaux, le Velvet vous accueille et Fabrice a toutes les raisons d'être fier du nouveau cadre qu'il nous offre. Avant toute chose, sachez que vous pouvez commencer votre soirée en vous restaurant au Before Kfé. C'est idéal pour les couples et dames seules qui souhaitent faire leurs premiers pas sans aucune pression. Côté club, les possibilités de s'amuser ne manquent pas à commencer par la piste de danse toujours très animée grâce au DJ. Et quand les corps sont chauds, différents salons câlins permettent toutes les audaces. Concernant la clientèle, ici le slogan «tout est proposé, rien n'est imposé» est véritablement l'empreinte que Fab a voulu donner à son club.

SAUNA

L'OASIS

20, rue des Capucins (1er) ✆ 04 69 60 39 14
www.oasisclubsauna.fr
Mixte ven 21h-3h, sam 21h-3h. Gay dim-jeu 12h-21h, ven-sam 12h-19h. Tarifs : homme seul 20 € ; couple 15 €.

Cette adresse appréciée par la clientèle gay s'ouvre aussi à la mixité toutes tendances. Ainsi la clientèle LGBT, voire hétéro curieuse, peut profiter de cet établissement à quelques moments. Très bien tenu par Michel et Stéphane, ce sauna-club comprend des douches, un sauna, un hammam et un bain à bulles. Pour la détente et plus, il y a un salon télé avec film X et plusieurs cabines. Pour vous rafraîchir, il y a un salon de convivialité avec un bar où ne sont servies que des boissons sans alcool. A noter qu'ici, l'homme seul en période mixte ne paye pas beaucoup plus cher que lors des périodes masculines, ce qui est rarement le cas ailleurs et nous sommes heureux de le signaler.

ART SELFIE

Quand Google fait se rencontrer la culture et la technologie cela donne un drôle de concentré. L'application propose plusieurs fonctionnalités, à la fois pour détourner les plus grandes œuvres d'art et pour mieux les appréhender. En deux clics, notre galerie photo se transforme en galerie de peinture, les œuvres s'observent en taille réelle et même notre chien se fait tailler le portrait.

LET'S DANCE !

DISCOTHÈQUE

LA MAISON MERE

21, place Gabriel-Rambaud (1er)
✆ 04 72 00 87 67
www.mmlyon.com
Ouvert le mardi de 18h à 1h, du mercredi au samedi de 18h à 4h.

La Maison m fait figure d'exception dans cette rubrique. En effet, ne se déclarant pas exclusivement comme boîte de nuit, mais plutôt comme bar convivial et festif - n'oubliez pas que l'on a dû rester assis un bon moment avant de pouvoir se relever... -, l'adresse est restée ouverte proposant des Apéro'jeux, des karaokés, des blind tests ou des playlists participatives où chacun s'amuse à prendre la place du DJ. Lieu hybride avec sa superbe terrasse pas très loin de la Confluence, un petit paradis qui a un prix, mais qui permet d'écouter du bon son dans un décor de dingue. Quand tout ira mieux : vrais DJ, concerts live et délicieux cocktails. Bientôt le retour au 7e ciel ?

DISCOTHÈQUE

MAMY ROSE

14, place Jules Ferry (6e)
https://mamyrose.fr
Ouvert du mercredi au samedi de 20h à 4h.

Un lieu chic et festif pour voir la vie en rose, n'est-ce pas notre meilleur projet ? Direction ce bar-club ouvert dès le milieu de semaine pour ne plus toucher terre dans un décor incroyablement... rose. C'est très love-love et ça fait du bien pour apaiser les esprits. Ce qui fait encore plus de bien, c'est la sélection de cocktails d'un excellent barman mêlant classiques et créations, comme ce Grand'Ma Yetta. Autre carte, celle des tapas pour prolonger le début de soirée jusqu'au moment où le bar devient plus club que bar et que DJ Papaaz envoie les basses. Degré de coolitude élevé dans le quartier des Brotteaux, valeur sûre pour faire de belles rencontres.

DISCOTHÈQUE

L'AMBASSADE

4, rue Jacques Stella (2e)
✆ 04 78 42 23 23
Ouvert du mercredi au samedi de 0h30 à 5h.

La danse continue dans ce club référence ouvert au cœur de Lyon depuis 29 ans. Une institution qui n'arrête de groover grave, de bouger sur les basses d'une salle dotée du meilleur sound system de toute la ville. C'est pas bien grand, juste suffisant pour taper du pied dans ton coin, mais ça assure à tous les niveaux. Du physio tranquille au barman très pro, en passant bien sûr par les DJ. Et quand on parle DJ à l'Ambassade, on parle d'abord de Manoo, le tôlier, l'ambassadeur de la danse sous bonne musique. Sans oublier les nombreux artistes, français et internationaux, venus mixer derrière ces platines mythiques. Ambiance «happy people» jusqu'au bout de la nuit.

DISCOTHÈQUE

LOFT CLUB

7, rue Renan (7e)
✆ 04 72 76 55 00
www.loftclub.fr
Ouvert jeudi de 23h à 5h, vendredi et samedi de 23h à 7h.

Créé en 1997, il y a plus de 25 ans, le Loft Club reste un rendez-vous incontournable des nuits lyonnaises, le Loft Club a évolué au fil des années, passant du club de rock au lieu de concerts, puis boîte de nuit à l'ambiance toujours survoltée par les rythmes électro et house. Un lieu facile d'accès au cœur du 7e, ressemblant à une forteresse de l'extérieur, mais très chaleureux à l'intérieur pour vivre la nuit plus intensément. DJ sets qui tapent bien pour faire bouger tous les corps. On aime : un staff attentionné qui ne laisse pas faire n'importe quoi et un public éclectique, jeune mais pas que. Possibilité de privatiser les lieux pour des soirées étudiantes.

DISCOTHÈQUE

AZAR CLUB

52, quai Rambaud (2e)
✆ 04 78 82 52 52
www.azarclub.fr
Ouvert le vendredi et le samedi de 23h à 6h.

Sans doute le plus grand club de Lyon, par la taille et les équipements qui permettent des shows de son et lumière des plus impressionnants. Enfin de l'espace pour se serrer (on n'est pas à un paradoxe près quand la nuit arrive...) et pour bouger son corps sur des grosses basses. Dans ce quartier de Confluence, le Azar est une machine qui a les moyens d'inviter des DJ plus ou moins réputés pour attirer une clientèle plutôt jeune, mais pas seulement... Si vous ne voulez pas passer la soirée sur le dancefloor, possibilité de prendre de la hauteur dans le carré VIP avec vue (à réserver sur le site en ligne). Mention spéciale pour le bar avec un service agréable et une carte variée.

DISCOTHÈQUE

LE PETIT SALON

3, rue de Cronstadt (7e)
✆ 09 64 41 68 41
http://lpslyon.fr
Ouvert le vendredi et le samedi de 23h à 7h.

Le quartier n'est pas très glamour mais nous rapproche de ce que l'on peut imaginer des clubs berlinois. Le Petit Salon compte parmi les adresses pointues en matière de musiques électroniques (et elles sont nombreuses à Lyon) où les événements se succèdent pour électriser les fans de basses qui aiment transpirer au son du disco, de la house, de la techno... Deux salles aux décorations totalement différentes. Une salle high tech et actuelle avec des images qui rythment la musique. L'autre décorée façon Empire pour d'autres délires. Une programmation internationale avec la crème des DJ et autres musiciens. Le Petit Salon accueille également des expositions changées régulièrement.

CIRQUE

LE CRI DU KANGOUROU

21, rue d'Algérie (1er)
✆ 04 72 00 99 10
www.cdk.fr
Ouvert du mardi au samedi de 10h à 13h et de 14h à 19h.

Deux boutiques à proximité pour glisser, rouler, sauter, jongler, s'éclater... enfin façon de parler hein ! Savez-vous qu'à Lyon, nous avons au moins un champion du monde ? Sylvain Behr, champion du monde de rollers de descente, est au Cri du Kangourou – tout le monde dit CDK maintenant – pour vous accueillir et vous donner les meilleurs conseils en matière de rollers et de skate avec une sélection pointue. Ici, les meilleures marques de rollers, les BMX, les skates et les longskates, les shoes, les accessoires, les lunettes... Sans oublier les trottinettes électriques, du matériel de jonglerie, pour les arts du cirque et les indémodables boomerangs, à l'origine de l'enseigne.

MUSIQUE

STAR'S MUSIC

247, rue Marcel-Mérieux (7e)
✆ 04 37 70 70 40
www.stars-music.fr
Ouvert du mardi au samedi de 10h à 12h45 et de 14h à 19h.

Les dimensions d'une salle de concert pour le «superstore» musique par excellence, installé depuis 15 ans à Gerland. 100 % de bonne musique sur 800 m^2 pour un choix de folie dans tous les styles et tous les niveaux de pratique. Amateur de sons électroniques, DJ bidouilleur ou professionnel, passionné des sons acoustiques, une incroyable sélection de belles guitares, de percussions, de vents ou bien d'instruments folkloriques aux notes étranges, chaque musicien trouve son bonheur avec des vendeurs pointus. Auditoriums pour essayer dans les meilleures conditions, même les cymbales. Adresse qui fait du bruit, dans le bon sens, dans le monde de la musique lyonnaise.

LOISIRS CRÉATIFS

WORKSHOP LYON 3

212, rue Paul Bert (3e) ✆ 06 79 68 15 58
www.workshoplyon.com
Ouvert du mardi au jeudi de 10h à 13h et de 15h à 19h, vendredi de de 10h à 13h et de de 15h à 17h, samedi sur résa.

Dans la rubrique «Je développe mes talents», impossible de ne pas citer un lieu dédié au «do it yourself». Dans ce quartier pas loin de la Part-Dieu, de nombreux ateliers pour apprendre à faire les choses soi-même avec - et ça c'est aussi que l'on aime - un vaste choix. Bien sûr, il y a les «classiques» avec la couture (pour adultes et enfants), la déco, les bijoux, la broderie... Mais ce Workshop a de la suite dans les idées en proposant des activités uniques comme un atelier radio podcast, important à notre avis pour les jeunes dans cette période. On aime aussi les ateliers duo parent/enfant pour partager autre chose que du temps d'écran ! Responsable, durable et indispensable.

COURS DE DANSE

ACADÉMIE DE BALLET NINI THEILADE

9, petite rue des Feuillants (1er)
✆ 04 78 30 56 86
www.academie-ballet.fr

© DR

© DR

L'Académie de Ballet Nini Theilade soufflera ses 45 bougies au printemps 2024. Une école de renommée internationale dont la spécialité est la danse classique, mais pour qui toutes les danses sont importantes, comme le modern jazz ou la danse contemporaine. Encadrés à tous les niveaux par des professeurs (diplômés d'État) bienveillants, enfants et adultes s'épanouissent dans chaque discipline. Début des inscriptions en mai. Possibilité de danse-étude de la 6e à la terminale. Stage international tous les étés et spectacle à ne pas manquer à la Bourse du Travail.

LIBRAIRIE
LE BAL DES ARDENTS

17, rue Neuve (1er)
✆ 04 72 98 83 36
www.lebaldesardents.com
Ouvert du lundi au samedi de 10h à 19h.

La lecture est une passion dévorante et les livres ont envahi tout l'espace de cette superbe librairie-galerie. Tout commence en passant l'arche livresque de l'entrée avant de plonger dans une véritable forêt de papier. Ici poussent des titres pas vus ailleurs, sélectionnés par d'authentiques «libraires-lecteurs passionnés» qui s'intéressent à tous les éditeurs, même les inconnus. C'est au Bal des Ardents que vous ferez de vraies découvertes parmi plus de 30 000 références grâce aux conseils personnalisés de «passeurs de livres», véritables guides dans ce monde étrange. L'autre bonheur, c'est la galerie où les expositions se succèdent. Consumez-vous de plaisir au Bal des Ardents.

LIBRAIRIE
LIBRAIRIE ARCHIPEL

21, place des Terreaux (1er)
✆ 04 78 69 93 92
www.archipel-librairie.fr
Ouvert du mardi au dimanche de 12h à 19h.

Une librairie unique dans son genre. Au cœur de Lyon, sur la place des Terreaux, intégrée au Centre de Culture Urbaine, la librairie Archipel s'occupe d'architecture, d'urbanisme, de design, d'art urbain, de paysage et d'environnement. Il faut flâner dans les rayons qui nous emmènent faire le tour du monde à la découverte des architectures en terre, des projets urbains les plus insolites, les plus innovants, des paysagistes les plus créatifs à travers les siècles ou des designers les plus innovants. Un vaste choix et donc un grand conseil par des libraires spécialisés et passionnés. Une librairie spécialisée et passionnante, qui dispose d'un site Internet avec boutique en ligne.

LIBRAIRIE
DECITRE

29, place Bellecour (2e)
✆ 04 26 68 00 12
www.decitre.fr
Ouvert du lundi au samedi de 9h30 à 19h.

C'est quoi Decitre ? Créée en 1907 dans la capitale des Gaules, Decitre est la référence lyonnaise des librairies qui étend aujourd'hui son réseau à travers 10 autres librairies dans la région et deux librairies en région parisienne. C'est qui Decitre ? Ce sont plus de 180 libraires et papetiers passionnés qui vous conseillent et vous guident dans votre recherche d'ouvrages dans tous les genres, d'un roman à dévorer à la BD à offrir. C'est où Decitre ? L'adresse centrale et emblématique, c'est sur la place Bellecour. Plus modernes, les adresses de Part-Dieu et Confluence. Autres accès via le site Internet avec des services performants. Sur place, rencontres avec les auteurs. Incontournable.

LIBRAIRIE
UN PETIT NOIR

57, montée de la Grande-Côte (1er) ✆ 09 73 65 41
www.unpetitnoir.fr
Ouvert lundi de 13h30 à 19h, mardi, jeudi et vendredi de 8h30 à 19h, samedi de 10h à 19h, dimanche de 10h à 18h.

C'est quoi ce lieu étrange où les amoureux du polar vont prendre leur «Petit Noir» ? L'unique librairie indépendante spécialisée dans le polar, plus de 3 000 titres, créée par un passionné du genre : Jean-Pierre Barrel. L'avantage, c'est que l'on peut lire son polar en s'installant dans un fauteuil au salon. Le quartier des Pentes ne donne pas que des idées noires quand on sirote un thé, un chocolat, un café ou une boisson fraîche, parce que ça donne chaud de monter là-haut depuis les Terreaux. Des événements autour du polar avec, par exemple, des rencontres, des expos et des thèmes à explorer. Un Petit Noir qui donne des frissons de plaisir dont il faut se délecter à chaque page.

LIBRAIRIE
FNAC

85, rue de la République (2e)
✆ 0 825 020 020 (0,15 €/min)
www.fnac.com
Ouvert du lundi au samedi de 10h à 19h30.

Magistralement installée dans l'ancien théâtre Bellecour depuis 38 ans, la Fnac Bellecour fait partie depuis toujours (elle fut la première Fnac implantée en province) de nos destinations lecture à Lyon. Comme à la Part-Dieu ou à Confluence, emplacement idéal pour mettre de la culture au milieu de notre shopping urbain. Dans les étages d'un superbe bâtiment, la Fnac offre sur 4 500 m^2 de nombreux espaces thématiques, de la billetterie à l'électroménager. Au 2e étage, immense librairie où l'on fait des découvertes sur les présentoirs ou dans les rayonnages. Ouvrages dans tous les genres, espace Kids. Rencontres auteurs et dédicaces BD. Commandes et livraisons sur le site.

LIBRAIRIE
GIBERT JOSEPH

6, rue de la Barre (2e) ✆ 04 72 77 76 76
www.gibert.com
Ouvert du lundi au samedi de 10h à 19h15. Service achat de 10h à 12h30 et de 14h à 18h30.

Si l'on a tous le goût de lire, lire peut avoir un coût. Créé par un professeur de lettres stéphanois, Joseph Gibert, qui créa il y a plus de 130 ans à Paris la première librairie spécialisée dans les livres d'occasion, cette enseigne propose des livres neufs, mais aussi d'occasion avec des remises pouvant atteindre les 75 % du prix du neuf, pour des lecteurs comblés dans tous les genres. Pour donner une nouvelle vie à vos livres, passez par l'appli ou le site Internet qui estimera leur valeur de reprise. Littératures du monde entier, BD, guides de voyage, ouvrages sur le bien-être... Les occasions d'apprendre, de voyager, de rêver sont nombreuses. La lecture durable.

LIBRAIRIE
IN CUISINE

1, place Bellecour (2e)
✆ 04 72 41 18 00
www.incuisine.fr
Ouvert du mardi au samedi de 11h à 19h.

Nourritures de l'esprit et nourritures terrestres s'associent chez In Cuisine, véritable librairie culinaire au cœur de Lyon. Un lieu de vie où l'on peut à la fois trouver un choix considérable d'ouvrages dédiés à la cuisine d'ici et d'ailleurs, aux bons produits du terroir et du monde, feuilleter un livre tout en buvant un bon café, déjeuner en paix sous une belle verrière d'une cuisine maison de saison ou prendre des cours de cuisine ! Une sorte de maison d'hôtes, avec sa table d'hôtes, qui ouvre les possibilités de se régaler. Des ustensiles pour la pratique, des astuces avec de véritables passionnés et la possibilité d'un coaching nutritionnel... Adresse pour dévorer les livres.

LIBRAIRIE
FNAC PART DIEU

17, rue du Dr-Bouchut (3e)
✆ 08 25 02 00 20
www.fnac.com
Ouvert du lundi au samedi de 9h30 à 20h.

La culture à la portée de tous. Au cœur du centre commercial Westfield Part-Dieu, sur 2 300 m², la Fnac s'adresse à tous les publics dans tous ses univers, à commencer par les livres et la papeterie. Un large choix d'ouvrages pour tous les goûts, dans tous les styles (littérature, jeunesse, BD, pratique, etc.), des vinyles qui reviennent en force dans les rayons, mais aussi des produits multimédias (appareils photos, caméras, ordinateurs, gaming, télévisions, matériel Hi-Fi..) mais encore du petit électroménager (robots, cafetières...). Billetterie pour assister à tous les événements à Lyon et en France. Temple de la culture, la Fnac se renouvelle pour proposer toujours plus de choix.

LIBRAIRIE
LIBRAIRIE PASSAGES

11, rue de Brest (2e)
✆ 04 72 56 34 84
www.librairiepassages.fr
Ouvert du mardi au samedi de 10h à 19h.

La lecture offrant un voyage vers d'autres univers, bienvenue à bord de cette belle librairie qui nous transporte vers les plus belles destinations depuis 23 ans. Dans ce quartier de la Presqu'île, voici une île où il fait bon faire escale. Dans des espaces, sans doute plus grands qu'on ne peut se l'imaginer de l'extérieur, couverts de livres, il y en a pour toutes les envies. Des nouveautés et des classiques de la littérature, des essais, des livres sur les arts et des spectacles, des voyages aussi avec des beaux livres et des guides pour parcourir la France et le monde. Bandes dessinées et livres jeunesse. Notes des libraires qui signalent les livres aimés, rencontres avec les auteurs.

LIBRAIRIE
LA LIBRAIRIE DU TRAMWAY

92, rue Moncey (3e)
✆ 04 78 14 52 27
www.lalibrairiedutramway.com
Ouvert du mardi au samedi de 10h à 19h.

La librairie d'un tramway qu'il faut appeler «désir» tant notre envie de lire monte en suivant les conseils de libraires avisés. A l'arrêt de tram Palais de Justice Mairie 3e, une superbe devanture pour une librairie agrandie récemment d'un rayon dédié à la BD et aux mangas. Accueil charmant et professionnel avec les bons conseils pour choisir ses livres parmi un vaste choix dans tous les genres : littérature, beaux-arts, sciences humaines et ouvrages en langues étrangères, notamment en anglais. Autre bonne raison de prendre le tram pour aller visiter cette librairie : les Cercles de lecture pour petits et grands. Fréquentes rencontres avec les auteurs pour partager son voyage.

LIBRAIRIE
ESPRIT LIVRE

76, rue du Dauphiné (3e) ✆ 04 72 91 69 50
www.lesprit-livre.fr
Ouvert du mardi au vendredi de 10h à 13h et de 14h à 19h, samedi de 10h à 19h.

Une librairie qui montre la voie vers les livres. Arrêt de tram Dauphiné-Lacassagne, une librairie de quartier invitant tous les publics, même les plus jeunes, à aimer les livres grâce aux conseils personnalisés de libraires passionnés prenant le temps de vous écouter pour mieux vous diriger parmi la multitude d'ouvrages. Une librairie bien agencée où tous les genres sont clairement présentés avec les coups de cœur de l'Esprit Livre à partager. Choix important d'ouvrages pour la jeunesse, romans pour toutes les envies, polars, BD et mangas, livres scolaires et fournitures pour la rentrée. Nombreuses animations et rencontres avec les auteurs dans ce lieu de culture et de vie.

LIBRAIRIE
LIBRAIRIE DES CANUTS

17, place de la Croix-Rousse (4e) ✆ 04 78 28 00 86
https://librairiedescanuts.fr
Ouvert du mardi au vendredi de 9h à 12h45 et de 14h à 19h, samedi de 9h à 19h.

Si lire est une activité solitaire et silencieuse, choisir son livre se fait en compagnie de libraires passionnés. A la Librairie des Canuts, des libraires formidables – Philippe Monnier, Mathilda, Blandine et Sébastien – partagent une passion commune : le livre. Le voyage commence par une visite de Lyon, puisque la Librairie des Canuts dispose du meilleur choix d'ouvrages sur la ville. Et pour s'évader : littérature française et générale, bandes dessinées, rayon jeunesse particulièrement fourni, classiques, des poches aux collections prestigieuses de La Pléiade, des ouvrages historiques, un excellent rayon tourisme avec les meilleurs guides de voyage. Coup de cœur.

LIBRAIRIE

VIVEMENT DIMANCHE

4, rue du Chariot-d'Or (4e)
✆ 04 78 27 44 10
www.vivementdimanche.com
Ouvert du mardi au samedi de 10h à 19h.

Des librairies qu'il faut suivre attentivement. Vivement Dimanche, institution à la Croix-Rousse depuis plus de 20 ans, a classé ses espaces en trois catégories d'âge pour mieux répondre à nos envies de lire. L'Aînée, c'est le lieu historique d'une librairie indépendante née sous l'impulsion de Maya Flandin. Tous les meilleurs conseils pour la littérature, les sciences humaines et la bande dessinée. La Cadette – beaux arts et vie pratique – s'est installée grande-rue de la Croix-Rousse. Enfin, la Benjamine abrite l'espace jeunesse de 0 à 18 ans rue du Mail sur trois étages de bonheur pour les jeunes lecteurs. Rencontres, dédicaces et animations pour une librairie toujours en mouvement.

LIBRAIRIE

LA VOIE AUX CHAPITRES

4, rue Saint-Jérôme (7e) ✆ 04 37 70 41 62
www.lavoieauxchapitres.fr
Ouvert le lundi de 13h à 19h, du mardi au vendredi de 10h à 13h30 et de 14h30 à 19h, samedi de 10h à 19h.

Une pépite pour tous les amoureux des livres. La Voie aux Chapitres s'est installée à la Guillotière il y a 14 ans, participant à la vie de ce quartier animé. Cette petite librairie a tout d'une grande et c'est un lieu où les lecteurs aiment particulièrement rencontrer les auteurs, avec une belle sélection faite par des passionnés. Vaste choix dans de nombreux domaines – littérature française et étrangère, classique et contemporaine, poésie, théâtre, livres de cuisine, beaux-arts, bande dessinée, vie pratique... L'occasion d'élargir ses horizons littéraires et d'alimenter sa curiosité. Une porte à pousser, un chemin à prendre pour montrer la voie à tous les chapitres.

LIBRAIRIE

LIBRAIRIE RIVE GAUCHE

19, rue de Marseille (7e)
✆ 04 78 72 72 45
Ouvert le lundi de 13h à 19h, du mardi au samedi de 10h à 19h.

Nos différences font nos forces. Sur la rive gauche du Rhône, dans le quartier populaire de la Guillotière, une librairie indépendante engagée pour nous rendre meilleurs et plus intelligents. Coup de cœur pour une équipe de libraires qui font une belle sélection de livres - d'ailleurs, elles décernent un prix Rive Gauche - dans tous les styles, de la littérature à la BD. Pour vous guider, on prend le temps de vous écouter, de vous parler, de vous emmener à la découverte d'auteurs qui ne font pas toujours la une de la rentrée littéraire. Des auteurs avec qui l'on peut discuter lors des rencontres organisées à la librairie. Espace BD, littérature jeunesse et nombreuses surprises.

LIBRAIRIE

MISE EN PAGE

45, avenue des Frères-Lumière (8e)
✆ 04 72 78 66 88
www.misenpage.fr
Ouvert du mardi au vendredi 9h30 à 19h30, samedi 9h30 à 12h30 et 14h30 à 19h.

Sur l'avenue des frères Lumière, entrez dans l'univers de Mise en Page. Venez cueillir un bouquet de livres dans cette merveilleuse forêt de papier cultivée par l'excellente Christiane depuis 26 ans. La plus merveilleuse des librairies de quartier où il faut se laisser guider après avoir fait sa demande en ouvrages. Christiane est une véritable passeuse d'histoires dans cet univers foisonnant : littérature, romans policiers, jeunesse, rayon poches, BD, guides de voyages, beaux livres, essais, et livres scolaires et universitaires commandés dans un délai rapide. Un large choix pour satisfaire toutes les envies. Papeterie et carterie. La plus belle des rencontres.

LIBRAIRIE

TERRE DES LIVRES

86, rue de Marseille (7e) ✆ 04 78 72 84 22
www.terredeslivres.fr
Ouvert lundi de 13h à 18h, du mardi au vendredi de 10h à 18h, samedi de 10h à 13h et de 14h à 18h.

Proche des Universités Lyon 2 et Lyon 3, Terre des Livres est une librairie artisanale foisonnante, débordante, où le choix est vraiment impressionnant. Depuis bientôt 20 ans, Terre des Livres propose un vaste choix d'ouvrages en sciences humaines. Mais le voyage ne fait que commencer... Dans ce quartier cosmopolite, fonds spécialisé sur le Maghreb, la langue arabe et le continent africain. Des personnes adorables deviennent de véritables guides pour aller à la rencontre de l'ouvrage recherché dans tous les domaines. Bon plan futé pour les petits budgets avec 10 000 livres d'occasion vendus à petits prix, idéal pour les chineurs. De belles rencontres avec les auteurs et avec les libraires.

LIBRAIRIE

LIBRAIRIE FANTASIO

33, avenue Henri Barbusse
VILLEURBANNE
✆ 04 78 84 89 47
Ouvert le lundi de 14h à 19h, du mardi au samedi de 9h à 19h.

Dans une ville où la culture occupe une place importante, dans le quartier des Gratte-Ciel, un vaste espace regroupant une librairie généraliste, un espace papeterie particulièrement bien fourni et un espace tabac-presse. La librairie se trouve à l'étage sur 450 m². Une librairie bien vivante, animée par des libraires énergiques et passionnées qui dépoussièrent l'image de la littérature. Avec elles, ça bouge dans les rayons et les coups de cœur s'enchaînent. Les visiteurs repartent les mains pleines de tous les rayons : littérature, policier, beaux-arts, sciences humaines, jeunesse, BD ou tourisme. Enthousiasme pour les livres communicatif. Rencontres avec les auteurs.

NEW

LIBRAIRIE
CULTURA

Boulevard André Bouloche - **SAINT-PRIEST**
✆ 07 56 79 82 14
www.cultura.com
Ouvert du lundi au samedi de 9h à 20h.

Après Champagne-au-Mont-d'or à l'ouest, Cultura ouvre aux portes est de Lyon ! Une nouveauté saluée par le *Petit Futé* qui aime beaucoup cette grande, mais alors très grande (2 800 m², de quoi se perdre), surface dédiée à la culture et notamment aux livres. Dans ce lieu emblématique du commerce (autrefois Ikea, toujours à côté d'Auchan), Cultura a réussi le pari de mettre la culture à la portée de tous. Impossible de lister tout ce que vous pourrez trouver ici tant le choix est incroyable. Côté livres, des étagères à n'en plus finir, des romans classiques aux dernières BD (superbe rayon en la matière), en passant par les guides de voyage. Beaux arts, musique... Offrez-vous la culture.

LIBRAIRIE
ESPACE CULTUREL E.LECLERC

90, avenue Barthélémy Buyer (9e)
✆ 04 78 25 01 54
www.e.leclerc
Ouvert du lundi au samedi de 8h30 à 20h30, dimanche de 8h30 à 12h30.

Chez E. Leclerc, il y a de la place pour se cultiver. Parce que la culture doit être accessible à tous, E. Leclerc ne propose pas des livres moins chers - rappelant que le prix du livre est unique dans toutes les librairies -, mais un large choix et une belle sélection d'ouvrages : romans, polars, nouveautés littéraires, bien-être, jeunesse, BD, mangas ou parascolaires et étudiants. Un rayon guides de voyage/tourisme. Rayon multimédia bien fourni. Un personnel dynamique et à l'écoute saura vous conseiller. Possibilité de commander en ligne et de retirer sur place.

LIBRAIRIE
ESPACE CULTUREL E.LECLERC

Zac des Baterses
BEYNOST
✆ 04 72 01 32 01
www.e.leclerc
Ouvert du lundi au samedi de 8h30 à 20h30, dimanche de 8h30 à 12h30.

La culture à la portée de toutes et tous. E. Leclerc vous invite à découvrir son grand Espace Culturel pour vous ouvrir l'esprit. Si l'on rappelle que le prix du livre est unique, le choix est ici multiple ! Dans ce vaste espace, il y en a pour tous les goûts, toutes les envies. Côté livres, des romans, polars, nouveautés littéraires, BD, jeunesse, mangas, ouvrages parascolaires et un rayon dédié aux guides de voyage/tourisme. Également des espaces pour la musique, les jeux et le multimédia. Un personnel dynamique est à votre écoute pour vous conseiller.

LIBRAIRIE
ESPACE CULTUREL E.LECLERC

85, avenue de Chaponnay
CHAPONNAY
✆ 04 72 70 26 20
www.e.leclerc
Ouvert de lundi à samedi de 8h30 à 20h.

Parce que les nourritures de l'esprit ont aussi leur importance, E. Leclerc rend la culture accessible à tous. C'est un plaisir de découvrir cet espace dédié aux livres, à la musique, aux jeux et au multimédia. Si le prix du livre est partout le même, le choix est grand chez E. Leclerc - avec possibilité de commander en ligne et de retirer sur place - et les conseils du personnel sympathique sont avisés. Belle sélection dans tous les genres : romans, polars, nouveautés littéraires, jeunesse, BD, mangas, ouvrages parascolaires et guides de voyage et de tourisme.

MAISON DE LA PRESSE
MAISON DE LA PRESSE

3, avenue Adolphe-Max (5e) ✆ 04 78 38 19 46
www.maisondelapresse.com
Ouvert du lundi au samedi de 7h30 à 19h30, dimanche de 9h30 à 19h30.

Emplacement central pour une précieuse Maison de la Presse. Avec pas moins de 3 000 titres de presse française, régionale et étrangère, elle alimente les appétits dans tous les domaines. A l'entrée du quartier touristique du Vieux Lyon, La Maison de la Presse propose aussi des cartes, des guides et des beaux livres pour ne pas se perdre en ville et admirer tous les visages de Lyon et de sa région. Un espace carte et papeterie permettra de faire savoir à votre famille et à tous vos amis que vous êtes bien à Lyon. Souvenirs, goodies au goût du jour, idées cadeaux et sourire d'un personnel jamais avare d'un bon conseil. Nombreux services d'expédition et téléphonie.

RELIGIEUX
LA PROCURE SAINT PAUL

8, place Bellecour (2e)
✆ 04 78 37 63 19
www.laprocure.com
Ouvert du lundi au samedi de 10h à 19h.

Que l'on soit croyant ou pas, nous croyons tous que la lecture peut soigner bien des maux (mots ?). Et ça tombe bien, puisqu'en latin *Procurare* signifie «donner des soins à». Place Bellecour, impossible de manquer la belle façade bleue de cette librairie reconnue pour sa spécialité dans le domaine des religions (histoire religieuse, église et société, arts sacrés, hagiographies, catéchèse, liturgie...). Ambiance chaleureuse, verrière lumineuse dans cet espace de 180 m² parfaitement agencé. Experts, les vendeurs sont des lecteurs avertis et passionnés qui ont des compétences culturelles très élargies, vers la spiritualité mais aussi vers des ouvrages plus généralistes. Soignez-vous bien.

BD
GLÉNAT

12, boulevard Vivier-Merle (3e)
✆ 04 78 95 49 79
https://librairielyon.glenat.com
Ouvert du lundi au samedi de 9h30 à 20h.

En France, il n'existe que deux librairies Glénat. L'une à Grenoble, ville où l'éditeur spécialiste de la bande dessinée, du comics, du manga et du livre jeunesse a vu le jour il y a 53 ans, et l'autre à Lyon, ville qui se passionne pour cet art populaire. Dans l'espace moderne du bâtiment Oxygène du centre commercial Westfield Part-Dieu, les libraires nous font plonger dans un univers fantastique. Les dernières BD parues chez Glénat, des BD parfaitement classées, des comics, des mangas, mais encore des figurines pour donner forme aux rêves de papier. On connaît des grands enfants qui «tapent l'incruste» pendant que les parents font du shopping dans le centre commercial.

BD
LA 9E BULLE

33, Grande-Rue de Vaise (9e) ✆ 04 78 83 65 22
https://la9emebulle.com
Ouvert du mardi au vendredi de 10h à 14h et de 15h à 19h, samedi de 10h à 13h et de 14h à 18h30.

Pour coincer la bulle dans la bulle, une adresse de passionnés de BD qui nous accompagne depuis 17 ans dans nos lectures pleines d'images dans tous les styles. La 9e Bulle compte parmi les références en matière de bande dessinée, avec un penchant pour certains genres comme le fantastique, le polar, l'histoire ou l'aventure. Que l'on soit un bédéphile averti ou un néophyte, l'accueil se montre toujours aussi charmant de la part de Laurent, un passionné qui n'hésite pas à vous conseiller dans les rayons parmi de très nombreux titres, dont toutes les dernières nouveautés ! Mangas, comics... Un large choix pour toutes les envies de lire et de s'évader avec la BD. Une bulle de bonheur.

BD
LA BANDE DESSINÉE

50, Grande-Rue de la Croix-Rousse (4e) ✆ 04 78 39 45 04
www.labd.net
Ouvert lundi de 14h à 19h30, du mardi au samedi de 9h30 à 19h30.

Créée il y a un peu plus de 20 ans, la librairie La Bande Dessinée - référence dans la matière - ne cesse de s'agrandir (trois déménagements), mais il faudrait encore pousser les murs pour accueillir cet incroyable sélection de BD faite par des passionnés, Valérie et Patrice Boudier, également à l'origine du Lyon BD Festival. Une belle librairie indépendante de 170 m² avec tous les univers, de la bande dessinée franco-belge aux comics. Les dernières nouveautés dans tous les genres – jeunesse, manga, BD classique... – et les coups de cœur s'affichent en vitrine avec un grand choix d'éditeurs indépendants. Figurines, expositions, rencontres avec les auteurs, espace jeux.

JEUNESSE
A TITRE D'AILE

23, rue des Tables Claudiennes (1er) ✆ 09 52 74 96 20
https://atitredaile.fr
Ouvert du mardi au vendredi de 10h à 12h30 et de 14h à 19h, samedi de 10h à 19h.

Une librairie de quartier, dans les Pentes, qui fait rêver toute la famille. Depuis 17 ans, un grand ado, A Titre d'Aile accueille nos enfants pour leur donner le goût de lire en proposant une sélection de BD, de livres et autres ouvrages spécialisés. Aux commandes de ce petit monde : Céline, Laurine et Camille. Trois libraires spécialisées qui savent s'adresser aux parents comme aux enfants qui s'installent dans un espace embelli, sur le canapé un livre à la main ou dans le coin jeux. Une librairie indépendante, un lieu de partage où les livres donnent à vivre. Excellents conseils par de véritables passionnés. On aime les expositions et les nombreuses rencontres avec les auteurs.

BD
BÉDÉTIK

9, avenue Jean Jaurès (7e)
✆ 04 78 58 54 49
www.canalbd.net/bedetik
Ouvert du mardi au samedi de 10h à 19h.

A ce carrefour de Saxe-Gambetta, une belle et grande librairie dédiée à la bande dessinée tenue par un passionné. Des milliers de titres pour un vaste choix en matière de BD franco-belge, jeunesse, mangas et comics. Près de 8 000 albums en rayon et encore plus sur commande. Belle sélection effectuée par des lecteurs passionnés, Adrien et Fabien pour nous conseiller. Tous les styles sont présents, même des BD rares et locales, des petites maisons d'édition indépendantes et des BD historiques. Rayon BD jeunesse bien fourni, même pour les tout-petits. Nombreuses séances de dédicaces pour rencontrer les dessinateurs. Coup de cœur pour tous les genres dans cette librairie addictive.

VOYAGE
RACONTE-MOI LA TERRE

14, rue du Plat (2e)
✆ 04 78 92 60 22
www.racontemoilaterre.com
Ouvert du lundi au samedi de 10h à 19h30. Vegan friendly.

Face aux crises environnementales et climatiques, les meilleures réponses ne se trouvent pas dans vos écrans de télévision, mais dans cette librairie spécialisée depuis 25 ans dans les voyages, la découverte du monde, mais aussi dans la transition sociétale et écologique. Une grande librairie de 300 m², avec un café - boissons et petite restauration - pour se poser, discuter, pour aller à la rencontre des cultures du monde, trouver des guides de voyage, des cartes, mais encore des beaux livres ou des bandes dessinées. De nombreux ouvrages pour penser, habiter le monde autrement, connaître la nature et protéger notre planète. En plus des livres, de nombreux objets cadeaux dans le même esprit.

RADIO

CHERIE FM 98.9 FM

134, avenue du 25e-Régiment-Tirailleurs-Sénégalais (9e)
✆ 04 72 53 00 66
www.cheriefm.fr

La radio de «La plus belle musique» pour se détendre les oreilles qui n'en peuvent plus du « bruit » des autres radios FM. Chérie FM, ça commence en semaine par une matinale intitulée Le Réveil Chérie avec Alexandre Devoise et Tiffany Bonvoisin. On enchaîne avec de la bonne musique. Tous les artistes que l'on aime avec des titres d'hier et d'aujourd'hui, des titres que l'on fredonne forcément avec Clara Luciani, suivi d'un Michael Jackson, d'un Adele, d'un Calogero ou le dernier Ed Sheeran. Club Chérie avec Jérôme Bognaux. De nombreuses webradios thématiques : zen, frenchy... Chérie FM, la radio qui ne nous prend pas la tête mais qui nous met de bonne humeur et de la musique plein la tête !

RADIO

JAZZ RADIO 97.3 FM

40, quai Rambaud (2e)
✆ 36 18
www.jazzradio.fr

Eh oui jeunes lecteurs, à la radio on n'est pas obligé d'écouter des playlists abrutissantes de basses compressées imposées par des compagnies commerciales ! On peut aussi écouter de la vraie musique pour se relaxer les oreilles, se faire du bien au cerveau, se laisser bercer par une authentique voix soul, écouter enfin du George Benson, du Ray Charles, un magnifique Billie Holiday... Radio Jazz est la radio de tous les jazz, des standards groovy que tout le monde fredonne aux morceaux plus «pointus», plus «typés». Une radio à mettre entre toutes les oreilles et à retrouver sur Internet en déclinaison de «webradios»... et toujours du jazz, du jazz et de la soul. On adore. En DAB+ à Lyon.

RADIO

EUROPE 2 (100.3 FM)

40, rue Laure-Diebold (9e)
✆ 04 72 85 66 66
www.virginradio.fr

Vous vous souvenez d'Europe 2 ? 15 ans après son changement de nom, Virgin Radio est redevenue Europe 2. Sans doute un peu de nostalgie avec un retour aux origines, et à un son plus rock au détriment des musiques urbaines, qui plaira à toutes les générations, surtout les générations X et Y (nés entre 1965 et 1994). Le meilleur son avec des oldies et des goldies, mais aussi de la chanson française contemporaine et une place au rock. On se réveille avec le Morning sans filtre et les programmes musicaux se succèdent. Programme local en début d'après-midi, Europe 2 Lab et Happy Rock Hours en soirée. Toujours de nombreuses webradios pour tous les goûts musicaux.

RADIO

LYON 1ÈRE 90.2 FM

53, rue Président Kruger (8e)
✆ 04 72 80 90 20
www.lyonpremiere.info

Sur 90.2 FM et en DAB+ sur la Métropole, Lyon 1ère est la radio qui s'adresse directement aux Lyonnais en leur proposant un programme clair : mes infos, ma radio, ma musique. Et ça commence avec la matinale de Christophe et Camille entre 7h et 10h ; ça enchaine avec On en parle avec Rémy Bertholon et Djam Névada entre 10h et 13h ; les Bons Plans du moment avec Cécile entre 16h et 19h ou l'invité politique de Frédéric Duval les samedis de 11h à 12h. De nombreux événements lyonnais à retrouver sur les ondes. Avec l'appli Lyon 1ère, possibilité de retrouver en podcast les infos à Lyon, le Bon plan gratuit du jour et les émissions, mais également les derniers titres diffusés et le direct.

RADIO

IMPACT FM (LYON 106.3 FM - VIENNE 96.7 FM)

2f, rue des Draperies - **SAINT-CYR-AU-MONT-D'OR**
✆ 04 72 85 67 55
www.impactfm.fr

Née à Lyon en 1981 avec un format musical pour les seniors (les plus grands succès de la variété française et internationale des années 1960 aux années 1980), *Impact FM* poursuit sa route en diffusant « vos plus beaux souvenirs des années 60 aux années 2000 ». Côté programmation, la journée commence avec Phil et son *Réveil Impact*, se poursuit avec *Vos plus beaux souvenirs musicaux* toujours avec Phil, Fred et Jérémy. Dès 16h, Antonin prend le relais avec des flashs d'info nationale. On ne passe pas à côté de l'horoscope de Rachel. Sur *www.impactfm.fr*, web-radios thématiques.

RADIO

LYON DEMAIN

VILLEURBANNE
www.lyondemain.fr

Le bonne voie pour rencontrer les Lyonnaises et Lyonnais qui font bouger la ville dans le bon sens. Lyon Demain est un programme imaginé par Gérald Bouchon, un journaliste qui a eu le courage et l'audace de créer un webmedia complet – audio, vidéo, matinale info et webradio diffusée sur Internet et application mobile disponible sur iOS et Android – pour offrir, à travers des reportages inspirants, de l'info locale - avec le 1/4 d'heure lyonnais à écouter en direct ou à podcaster - et des solutions pour la planète. Sur Lyon Demain, la culture est aussi à la page avec G comme Odéon et sa bande de passionnés. Incitation à dénoncer les initiatives positives pour améliorer notre quotidien.

RADIO
RADIO CHRÉTIENNE FRANCOPHONE [RCF]

7, place Saint-Irénée (2e)
✆ 04 72 38 20 22
www.rcf.fr

C'est à Lyon, il y a 40 ans, que tout a commencé à l'initiative de Monseigneur Decourtray et du Père Emmanuel Payen. Radio Fourvière deviendra RCF en 1996 et étendra son réseau au-delà de la Métropole lyonnaise pour être aujourd'hui le 1er réseau indépendant de radios de proximité avec 64 antennes en France et en Belgique émettant sur 270 fréquences FM. Des fréquences qui portent une parole de joie et d'espérance. Des découvertes, du dialogue, de l'actualité, de la musique et des temps de respirations spirituelles : RCF, c'est la radio chrétienne pour aimer le monde.

RADIO
RADIO SCOOP 92.0 FM

2, rue Draperies - **SAINT-CYR-AU-MONT-D'OR**
✆ 04 72 85 80 00
www.radioscoop.com

Radio Scoop tient une place particulière dans notre paysage radiophonique, puisqu'elle fut créée à Lyon il y a plus de 40 ans ! Celle qui étend ses antennes sur la région Auvergne-Rhône-Alpes reste profondément attachée à sa ville d'origine avec des programmes 100 % lyonnais pour ne rien manquer de l'actualité et des événements locaux, notamment sportifs avec l'OL. La journée Scoop démarre avec le Scoop matin de Guillaume avec l'actu lyonnaise, un «P'tit coup du matin» et «Le Journal des bonnes nouvelles» et le très attendu horoscope de Rachel. Les animateurs se succèdent pour passer vos tubes préférés. Des cadeaux à gagner toute la journée. Des émissions à écouter aussi en podcast.

RADIO
RADIO ESPACE 96.9 FM

40, quai Rambaud (2e)
✆ 04 72 10 15 30
www.radioespace.com

L'Espace, c'est celui de la Métropole pour la plus Lyon des radios. Radio Espace, c'est du bon son dans notre voiture pour connaître la situation du trafic routier dans l'agglomération, mais aussi pour savoir où il faut être vigilant... Une programmation dense qui garde toujours le rythme avec des animateurs qui tiennent la route : Bastien et Livia pour le Morning 6/10, Lionel pour le 10/13, Tony pour la tranche 13/16 et Ian pour bien finir la journée. Et pour bien commencer le week-end, l'animateur star Philippe Jacquet. Le samedi soir, c'est avec le DJ résident de Radio Espace, Alex Roma. Webradios thématiques - dance, club, latino, French Touch... -, et la Lou Radio by Radio Espace

RADIO
TONIC RADIO 98.4 FM

1, place Henri Barbusse (9e)
✆ 04 72 74 17 41
www.tonicradio.fr

La radio la plus Tonic de toute la bande FM à Lyon et dans toute la région, mais aussi en numérique avec le DAB+ à Saint-Étienne, Grenoble, Avignon et Marseille. Tonic Radio, c'est le meilleur du son avec des hits de la pop music, tous vos artistes préférés et tous les tubes du moment en non-stop. Tonic Radio, c'est aussi la radio du bien-être et du sport à Lyon avec tous les directs de LDLC ASVEL et l'actualité de vos clubs sportifs préférés. C'est aussi l'information régionale toutes les heures et à tout moment sur Internet : www.tonicradio.fr ou sur l'application Tonic Radio. Une radio tonique pour faire le plein de bons sons, de bonne humeur, de cadeaux et d'infos de proximité.

RADIO
RADIO NOVA

10-12, rue Maurice Grimaud (18e)
PARIS
www.nova.fr

Le Grand Mix, Nova Lova, Un Nova Jour se Lève. Du soir au matin, *Radio Nova* séduit des milliers d'auditeurs chaque jour avec sa programmation originale, qui défriche tous les univers musicaux. Depuis 1981, Radio Nova est libre, curieuse et créative. Et même à quarante ans, elle reste une radio musicale de référence, média musical d'avant-garde, révélant de nombreux talents musicaux aussi bien dans la world music que dans l'électro en passant par le hip-hop ou le rock. Et avec des événements comme « Les Nuits Zebrées » ou sa présence sur les festivals de l'été, la radio parisienne ne joue pas les snobs et navigue dans toute la France à la rencontre de ses auditeurs et des talents en devenir.

RADIO
VIRAGE RADIO 89.3 FM

(2e)
✆ 04 72 10 15 31
www.virageradio.com

La radio qui a pris le virage du rock et du metal. Virage Radio, que l'on capte à Villefranche, Chambéry, Grenoble, Chamonix et en DAB+ en France, est résolument orientée rock avec des notes électro du meilleur ton. Et en parlant de ton, celui de cette radio est très personnel, avec des animateurs légèrement décalés comme on les aime. Il est donné dès le matin avec le Morning de Boris de 6h à 10h. A suivre, le 10/13 avec Arno. Seb prend la relève jusqu'à 16h, alors que Will Smooth, et son humour indéfinissable, termine la journée avec des douceurs musicales dans les oreilles. Ça met des vibrations et de la bonne humeur ! De la musique qui claque et des bons plans à Lyon pour vos sorties.

S'INFORMER

20 MINUTES

(2e)

www.20minutes.fr/lyon

20 Minutes, présent dans toute la France et à Lyon presque 20 ans, nous informe sans nous ennuyer. Un quotidien gratuit qui est né pour occuper le temps de trajet des métropolitains et qui est devenu bien plus important - et bien meilleur - au fil du temps. Si l'on trouve le journal distribué à une trentaine d'emplacements, notamment les stations de métro ou les parkings LPA, il se retrouve de plus en plus sur nos tablettes et smartphones en version numérique pour se tenir informé sur les fils d'actualité. Monde, économie, politique, société, mais aussi sport et information locale, les journalistes font bien le job. Le plus, c'est l'édition Lyon avec d'excellentes pages locales.

S'INFORMER

BULLES DE GONES

CHARBONNIÈRES-LES-BAINS

✆ 06 70 86 21 27

www.bullesdegones.com

Habiter en ville avec des enfants, ce n'est pas tous les jours une partie de plaisir ! Pour que ça le devienne, il suffit de se connecter à Bulles de Gones, le webzine lyonnais pour partager des sorties en famille et titiller la curiosité des enfants. Des activités dans tous les domaines : artistiques, ateliers, bien-être, cirque et magie, cuisine, danse, jeux, musique et chant, nature, sport, théâtre... Sans oublier la culture sous toutes ses formes et les tout-petits qui ont leurs activités adaptées. Des idées balades autour de Lyon pour le week-end et les vacances. Toutes les bonnes adresses pour sortir en famille, avec les cafés et lieux kids friendly, ou fêter un anniversaire.

QUOTIDIEN

LE PROGRES

4, rue Paul-Montrochet (2e)

✆ 04 72 22 23 23

www.leprogres.fr

L'histoire de Lyon et du quotidien *Le Progrès* se confondent depuis 164 ans. Un quotidien local et régional, avec des échos nationaux et internationaux. Chaque jour, *Le Progrès* nous explique, nous informe de la meilleure des façons sur ce qui se passe à Lyon, dans toute la Métropole, dans le Rhône et ailleurs ! Il faut dire qu'avec 17 éditions couvrant 5 départements, rien n'échappe aux plus de 260 journalistes, 1 800 correspondants locaux qui vérifient et font remonter l'information sur le papier, mais aussi sur les supports numériques. *Le Progrès* offre une information 100 % réactive et interactive. Des offres numériques et papier pour s'abonner et ne rien manquer. *Le Progrès* tous les jours.

HEBDOMADAIRE

LYON CAPITALE

51, avenue du Maréchal-Foch (6e)

✆ 04 72 98 05 00

www.lyoncapitale.fr

Du journalisme d'investigation pour tout connaître, même les dessous, de l'actualité lyonnaise. Capitale à plus d'un titre, Lyon peut s'enorgueillir d'être aussi la capitale des «esprits libres». Une capitale qui a son magazine mensuel – intitulé tout naturellement *Lyon Capitale* – pour tout savoir des événements dans (presque) tous les domaines : politique, justice, culture, high-tech, économie, sport, mais aussi gastronomie pour se mettre à table aux meilleures adresses. Sur le site Internet (une version numérique du magazine est disponible en ligne), les lecteurs découvrent également de nombreux articles et vidéos (6 min chrono) qui nous plongent au cœur de l'actualité.

HEBDOMADAIRE

TRIBUNE DE LYON

10, rue des Marronniers (6e)

✆ 08 25 15 57 25

www.tribunedelyon.fr

Hebdomadaire, paraissant tous les jeudis.

Comme dans le cochon, tout est bon dans la *Tribune de Lyon* ! L'hebdo que l'on attend dans sa boîte aux lettres ou chez son marchand de journaux tous les jeudis pour tout savoir de l'actualité lyonnaise. Tout savoir sur l'économie, les entreprises, la politique, le sport, les faits de société, c'est important (il y a même la publication des annonces légales), mais avouons que si l'on dévore la *Tribune de Lyon*, c'est aussi pour la rubrique Gastronomie, la meilleure de sa catégorie, et le baromètre des personnalités. Dossiers, reportages, actus en direct sur le site Internet. Agenda des sorties (*ExitMag*), et un magazine pour les familles, *Grains de Sel*. La *Tribune* : pour mieux connaître Lyon.

MENSUEL

MAG2LYON

20, rue Berjon (9e)

✆ 04 37 46 01 00

www.mag2lyon.com

Mag2Lyon, c'est le magazine mensuel qui allume Lyon. Oui, *Futé* aurait pu dire qu'il éclaire la ville – et c'est vrai -, mais trouve plus amusant de dire qu'il allume, puisqu'il ne se prive jamais de sortir des sujets qui ne plaisent pas forcément à tous les Lyonnais, surtout les plus «puissants». Magazine mensuel indépendant et libre dans le ton, *Mag2 Lyon* passe tous les sujets à sa moulinette : politique, économie, société, santé, culture, sports, mais encore gastronomie, loisirs... *Mag2 Lyon* se distingue par ses palmarès, ses analyses et dossiers qui changent notre vision de Lyon. Hors-séries : développement durable, santé, économie, Autour de Lyon. Sur le site, des reportages vidéo.

S'INFORMER

CLUB DE LA PRESSE DE LYON

5, rue Pizay (1er)
https://nouveau.clubpresse.com

Créé en 1976, le Club de la Presse a su se renouveler pour bouger dans le bon sens. Moins d'entre-soi, plus d'ouverture et d'événements, le Club de la Presse connaît une belle dynamique et réunit plus de 300 journalistes et communicants. Dans une période où il est essentiel de décrypter les infos, le Club de la Presse met en place des modules d'éducation aux médias et de lutte contre les infox. Pour les adhérents, du soutien et des rencontres pour créer un réseau de communication. *Futé* aime le plateau TV connecté et le format de l'annuaire d'un Club qui joue collectif !

TÉLÉVISION

FRANCE 3

14, rue des Cuirassiers (3e)
✆ 04 78 14 60 00

France 3, c'est toute l'information autour de chez vous. Et chez nous, c'est la Métropole de Lyon où France 3 amène micros et caméras pour nous faire partager toute l'actualité. Avec ses rendez-vous quotidiens d'actualité locale et régionale aux heures de grande audience, France 3 couvre un maximum de sujets à voir en direct ou en replay sur les différents supports numériques. France 3 Auvergne-Rhône-Alpes, ce sont aussi des magazines à ne surtout pas manquer : l'incontournable Chroniques d'en haut, Aux goûts du jour, l'émission culinaire présentée par Tabata Mey, ou En Vadrouille avec Loïc Ballet. La chaîne qui nous fait le mieux partager l'actualité de la Métropole lyonnaise.

S'INFORMER

LYON PEOPLE

139, rue Bugeaud (6e)
✆ 04 72 82 97 78
www.lyonpeople.com

Toujours au cœur battant de l'actualité lyonnaise, *Lyon People* nous montre, en mots et en photos, tous les événements, plutôt «people» que populaire, plutôt la nuit que le jour, à vivre à Lyon. Si vous n'êtes pas dans le fameux classement Top 500 des Lyonnais, à vous de découvrir qui en fait partie, et surtout pourquoi ils se trouvent là. Un magazine incontournable de la vie lyonnaise depuis plus de 20 ans, diffusé gratuitement dans plus de 1 200 commerces de la ville. Un magazine à consulter gratuitement sur le site Internet de *Lyon People*. Des histoires et des célébrités locales qui nous font partager leurs points de vue. *Lyon People* est habilité à faire paraître les annonces légales.

WEB

LYON CITY CRUNCH

33, avenue Foch (6e)
https://lyon.citycrunch.fr

Comment ne pas «cruncher» sur Lyon ? La Métropole qui nous fait craquer a aussi son magazine, en version net ou papier, animé par des Lyonnais qui visitent, interrogent et décortiquent la ville sous toutes les coutures. Abonnez-vous à la newsletter pour recevoir de nouvelles idées de sortie originales. Les derniers et les meilleurs spots pour bien manger, boire, bouger, se balader, visiter, voyager ou rester dans son canapé. Des découvertes qui vous donnent envie, de véritables reportages avec un contenu bien ficelé pour aimer et ne rien manquer de votre Métropole. Agenda indispensable pour ne rien manquer des festivités. Un média local actuel qui fait beaucoup de bien.

TÉLÉVISION

BFM LYON

91, cours Charlemagne (2e)
www.bfmtv.com

Tout le monde connaît la grande chaîne d'information en continu. Mais connaissez-vous sa version locale, BFM Lyon ? Toute l'actualité de la Métropole de Lyon et de la région en direct sur le canal 30 de la TNT, 479 pour SFR, 315 Bouygues et 915 Free, mais également sur Internet, en appli et sur les réseaux sociaux. Tous les événements locaux, la météo, les conditions de circulation, les résultats sportifs, les sorties et les loisirs dans la région. Rendez-vous incontournables avec «Bonjour Lyon» présenté par Léo Chapuis de 6h30 à 9h30 en semaine, «Bonsoir Lyon» de 17h à 19h présenté par Elodie Poyade. Top Sorties et LyonCity pour découvrir les activités à faire à Lyon.

WEB

WWW.LYON-FRANCE.COM

Place Bellecour (2e)
✆ 04 72 77 69 69
www.lyon-france.com

Le portail à consulter que l'on soit lyonnais ou bien visiteur pour tout savoir sur la ville et la Métropole. Que faire ? Où dormir ? Où manger ? Toutes les réponses à ses questions et bien plus se trouvent sur l'indispensable site d'Only Lyon. Avant de venir visiter notre capitale lyonnaise, avant de sortir de chez vous, www.lyon-france.com vous offre un choix incroyable dans tous les domaines. Patrimoine, visites guidées, événements, shopping, loisirs, gastronomie, culture, sorties, hébergements avec réservation d'hôtels en direct, agenda avec les sorties et des idées pour préparer votre week-end... Lyon n'aura plus de secrets pour vous après avoir consulté ce site.

SUD
RADIO
PARLONS VRAI
ÎLE-DE-FRANCE PARIS 99.9 ALLIER VICHY 92.4 ARIÈGE AX-LES-THERMES 103 / FOIX 103.7 / PAMIERS 90.3 / ST-GIRONS 88.5 / TARASCON 89.2 VICDESSOS 102 AUDE CARCASSONNE 104.7 AVEYRON MILLAU 101.4 / RODEZ 104.4 / SAINT-AFFRIQUE 103.1 / VILLEFRANCHE-DE-ROUERGUE 104 BOUCHES-DU-RHÔNE MARSEILLE 95.1 / TARASCON 95.2 / CANTAL AURILLAC 101 / MAURIAC 88.6 / CORRÈZE BRIVE-LA-GAILLARDE 97.8 TULLE 95.4 / USSEL 107.2 CORSE CORTE 99.6 DORDOGNE BERGERAC 95.5 / PÉRIGUEUX 104.9 / SARLAT 107.1 DRÔME VALENCE 95.1 GARD ALÈS 95 / LE VIGAN 93.3 / NÎMES 104.7 GERS AUCH 102 / CONDOM 102 / MIRANDE 102 GIRONDE ARCACHON 100.4 BORDEAUX 106 / LIBOURNE 106 / MÉDOC 103.2 HAUTE-GARONNE CHAUM 98.2 / LUCHON 104 / SAINT-GAUDENS 102 / TOULOUSE 101.4 HAUTE-LOIRE LE PUY 91 HAUTES-PYRÉNÉES ARGELÈS-GAZOST 102 / ARREAU 100.9 / CAUTERETS 96.2 / LOURDES 102.2 / TARBES 102 HAUTE-SAVOIE THONON-LES-BAINS 104 / CHAMONIX 106.6 HAUTE-VIENNE LIMOGES 90.5 HÉRAULT BÉDARIEUX 102.6 / MONTPELLIER 104.7 SÈTE 104.9 LANDES DAX 102 / MONT-DE-MARSAN 94.1 LOT CAHORS 105 / FIGEAC 103.8 / PUY-L'ÉVÊQUE 96 / SAINT-CÈRE 95.3 / SOUILLAC 93.3 LOT-ET-GARONNE AGEN 102.3 / VILLENEUVE-SUR-LOT 102.9 LOZÈRE MENDE 101.9 PUY-DE-DÔME CLERMONT-FERRAND 88.1 PYRÉNÉES-ATLANTIQUE BAYONNE 103.9 / OLORON-STE-MARIE 102 / PAU 102 / ST-JEAN-PIED-DE-PORT 101.9 PYRÉNÉES-ORIENTALES FONT-ROMEU 102.3 / PERPIGNAN 103.2 / PRADES 105.7 TARN ALBI 101.2 / CARMAUX 102.5 / CASTRES 104.7 / MAZAMET 104.1 TARN-ET GARONNE MONTAUBAN 104.7 VAUCLUSE AVIGNON 95.2 / APT 95.3 PRINCIPAUTÉ DE MONACO - MONTE-CARLO MONACO 97.9 CÔTE-D'AZUR NICE 97.9 / MENTON 97.9 / ANTIBES 97.9 / CANNES-EST 97.9 / CAGNES-SUR-MER 97.9 / SAINT-LAURENT-DU-VAR 97.9
EN NUMÉRIQUE DAB+ PARIS / MARSEILLE / NICE / LYON / LILLE / STRASBOURG / MULHOUSE / NANTES / ROUEN / LE HAVRE / MONACO / MENTON / BORDEAUX / TOULOUSE / TOULON-HYÈRES / DIJON / CHÂLON-SUR-SAÔNE / AVIGNON / GRENOBLE / NIORT / ORLÉANS / TOURS / POITIERS / BLOIS / ANNECY / CHAMBÉRY / TOULON / HYÈRES / LA ROCHELLE / ANGOULÊME
LYON DAB+
ÉCOUTEZ SUR SUDRADIO.FR
Google play
App Store
amazon echo
dab+
YouTube
La radio généraliste et nationale
Sud Radio est une des sociétés de Fiducial Médias
PATRICK ROGER VALÉRIE EXPERT ANDRÉ BERCOFF BRIGITTE LAHAIE JEAN-JACQUES BOURDIN
CÉCILE DE MENIBUS PHILIPPE DAVID FRANÇOIS TRILLO ÉLISABETH LEVY JACQUES PESSIS
ALEXANDRE DEVECCHIO TRINA MAC-DINH GUY CARLIER FRANÇOISE DEGOIS ÉRIC NAULLEAU
GUILLAUME BIGOT ARLETTE CHABOT ÉRIC REVEL LYDIA GUIROUS PHILIPPE BILGER YVAN CUJIOUS JUDITH BELLER
VINCENT FERNIOT ALEXIS POULIN DANIEL HERRERO NATHALIE SCHRAEN-GUIRMA LAURENCE PÉRAUD
JEAN-LUC MOREAU BENJAMIN GLAISE JEAN-MARIE BORDRY GILLES GANZMANN ALEXANDRE DELOVANE
ALAIN MARTY CHRISTOPHE JICQUEL VANESSA PEREZ MARC EZRATI MURIEL RÉUS DIDIER MEILLERAND

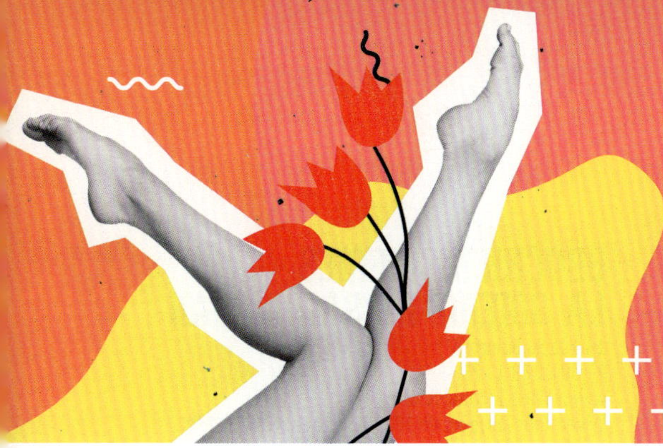

JE PRENDS SOIN DE MOI

Nous sentons confusément que ce monde trop chaotique a besoin de beauté. Nous savons qu'en prenant soin de nous, nous nous sentons mieux, comme une version améliorée de nous-même. Source de bienfaits infinis, la beauté est plus profonde que la simple image que nous renvoyons sur les réseaux dits sociaux. Alors, le plus souvent possible, je prends soin de moi en découvrant tous les lieux, et ils sont nombreux à Lyon et alentour, qui proposent du bien-être sous toutes ses formes : salons de coiffure, instituts de beauté, salons de massage, spas urbains, clubs de gym… sans oublier les opticiens qui habillent notre regard tout en prenant soin de notre vue. Mon corps et mon esprit sortent des écrans pour se reprendre en main ! Prendre soin de soi, c'est aussi s'habiller, porter des bijoux, de préférence labellisés « Fabriqué à Lyon » et dénichés dans des petites boutiques indépendantes, se faire plaisir et faire plaisir aux autres, à commencer par ses enfants. Puisqu'on parle de plaisir, je découvre d'autres plaisirs dans un love/erotic shop. L'essentiel, c'est de se faire du bien.

VOTRE GUIDE DEVIENT
INTERACTIF

TAPEZ **PETITFUTE.APP** DANS LE NAVIGATEUR DE VOTRE SMARTPHONE.

PRENEZ UNE PHOTO DE LA PAGE DÈS QU'ELLE A CE PICTO !

ACCESSOIRES

DUPONTDUPONT STORE

3, rue Auguste Comte (2e)
✆ 06 22 25 28 39
https://dupontdupontstore.fr
Ouvert du mardi au samedi de 11h à 14h et de 15h à 19h.

Pouvoir retrouver au même endroit les meilleurs produits fabriqués en France, direction DupontDupont Store. Né du côté d'Annecy de l'envie de Kateline de partager sa passion pour les petits créateurs français en prêt-à-porter, bijoux et accessoires, ce concept-store nous réserve de merveilleuses surprises à chaque visite. Des marques 100% françaises qui nous font craquer pour leur originalité et leur qualité. Nombreux coups de cœur à prévoir pour des petits bijoux, des lunettes, des sacs pour toutes les occasions, de la pochette au sac à dos, mais encore des vêtements, des tee-shirts, des pulls, pour elle et pour lui. Un concept store à partager, à aimer, beaucoup !

ACCESSOIRES

PASSAGE DE L'ARGUE

Passage de l'Argue (2e)
Horaires selon commerces.

Passage créé en 1825 pour abriter des commerces. D'ailleurs, un Mercure ailé – dieu du commerce – trône dans la galerie. Si vous aimez les anecdotes, vous apprendrez que la mère de Frédéric Dard y a tenu un commerce de farces et attrapes et que ce passage a accueilli le tout premier magasin de photographie en France. Aujourd'hui, c'est pour trouver des accessoires de mode que l'on se rend passage de l'Argue. Les boutiques d'accessoires se pressent les unes contre les autres, proposant des produits de marque et de qualité telles que Lisette Pizzi, l'incontournable pour la maroquinerie, Crozet pour les parapluies ou la chapellerie Weiss pour habiller nos têtes.

ACCESSOIRES

LA MAISON DES CANUTS

10-12, rue d'Ivry (4e) ✆ 04 78 28 62 04
www.maisondescanuts.com
Ouvert du mardi au vendredi de 10h à 13h et de 14h à 18h, samedi de 10h à 18h.

A Lyon, il est naturel d'acheter de la soie à la Croix-Rousse. C'est ici, autour du XIXe siècle, que les fameux canuts, les ouvriers tisserands, ont fabriqué sur leur métier les plus belles pièces de soie. Avec leur collection Philéone, Virigine et Philibert Varenne perpétuent une belle tradition. Des créations «made in Croix Rousse» présentées à la boutique, espace récemment refait pour un meilleur accueil, de la Maison des Canuts. A la vente des accessoires de mode en soie : carrés 100 % soie avec de magnifiques imprimés, notamment sur le thème de Lyon, des étoles, foulards, chèches, cravates, pochettes ou nœuds papillon et même des masques. Personnalisation possible.

ACCESSOIRES

BROCHIER SOIERIES - LA SOIERIE DE SAINT-JEAN

16, rue du Boeuf (5e)
✆ 09 81 83 18 70
www.soierie-lyonnaise.com
Ouvert tous les jours de 10h30 à 13h et de 15h à 18h.

La soierie fait partie du patrimoine vivant de Lyon et constitue un des plus beaux cadeaux à rapporter d'une visite en ville. Si les métiers à tisser ont disparu du Vieux Lyon, la maison Brochier - une des plus anciennes maisons de soierie lyonnaise, tenue par des passionnés - perpétue la plus belle des traditions en proposant des créations de grande qualité. Des accessoires de mode (écharpes, carrés, cravates 100% soie) réalisés sur un métier Jacquard et peints à la main en vente à la boutique et sur Internet. Superbes cadeaux labellisés «Fabriqué à Lyon».

ACCESSOIRES

BLUSH GENERAL STORE

7, rue de Sèze (6e)
✆ 04 72 15 03 81
www.blush-conceptstore.com
Ouvert du lundi au samedi de 10h à 19h.

La toute première boutique, ouverte il y a plus de 15 ans (c'était hier...) d'une enseigne qui a essaimé en Presqu'île. Un véritable «concept store» créé par une femme adorable qui déniche toujours des produits innovants, inédits, inattendus pour mettre du soleil dans notre vie. Un seul conseil : faites un tour de la boutique, vous trouverez même si vous ne cherchiez rien en particulier ! Laissez-vous aussi guider par les conseils d'une femme charmante qui n'a pas fini de vous donner des envies d'objets pop pour votre intérieur, de beaux bijoux de créateurs - très belles découvertes en la matière - et des vêtements... Blush : adresse sensationnelle qui vous donne de l'allure.

OPTIQUE

ENTRE VUES

17, rue Auguste-Comte (2e)
✆ 04 72 77 90 10
www.entre-vues.fr
Ouvert du mardi au samedi de 10h à 19h.

Pour être unique, portez des lunettes différentes et des marques qui sortent de l'ordinaire. Une enseigne créée il y a bientôt 20 ans – aujourd'hui 3 adresses à Lyon – qui se détache des opticiens traditionnels par son style personnel : des lunettes de créateurs réalisées dans les meilleurs ateliers du monde. L'éventail de prix ne dépasse guère celui des produits griffés qui n'ont pas la chance d'être réalisés artisanalement. Le magasin propose des marques de créateurs designers avec des pièces uniques. Des lunettes originales comme celles créées par Mykita à Berlin ou par Gareth Leight en Californie, par de petits ateliers de lunetiers. Un concept sur mesure et un service à la hauteur.

OPTIQUE
NAGABBO

13, rue Emile-Zola (2e)
✆ 04 78 37 43 77
www.nagabbo.fr
Ouvert lundi de 14h à 19h, du mardi au samedi de 9h30 à 19h.

Chaque nouvelle décennie confirme que Nagabbo est une référence en matière d'optique sur la Presqu'île. Cela fait plus de 80 ans que Naggobo met tout son savoir-faire au service de notre regard. Une boutique qui s'est agrandie au fil du temps tout en se mettant au goût du jour pour nous proposer un large choix dans toutes les gammes, notamment dans les solaires qui disposent d'un vaste rayon. Pour les montures, de grandes maisons, souvent de haute couture : Céline, Chanel, Dior, Saint-Laurent... et des créateurs comme Starck. Lunettes adaptées pour tous les sports. Une équipe de professionnels dynamiques de la vision nous guide dans cet univers pour nous révéler sous notre meilleur jour.

OPTIQUE
LES LUNETTES DE MARIUS

1, rue Marius-Gonin (5e) ✆ 09 50 53 57 17
www.leslunettesdemarius.com
Ouvert du mardi au vendredi de 11h à 19h30, samedi de 10h à 19h30.

Entre l'atelier de lunetiers patiné à l'ancienne, le loft trendy version architecte, la grande table qui permet de partager en toute convivialité et les fauteuils club de se relaxer pendant les essayages, cette boutique du quartier de Saint-Georges offre un splendide écrin à vos futures lunettes. Des lunettes faites artisanalement dans les meilleurs ateliers du monde (Jacques Marie Mage...) et sélectionnées par des passionnés : Boris et Nina. Accueil chaleureux, conseils d'experts pour bien choisir des verres à votre vue et des montures à votre visage. De superbes «combinaisons» réalisées par des créateurs (semi sur mesure avec Schnuchel) qui nous donnent le goût de porter des lunettes.

OPTIQUE
MAISON PERCEVAL

3, place des Célestins (2e)
✆ 04 37 57 39 30
www.maison-perceval.com
Ouvert du mardi au samedi de 10h à 19h.

© ANNE LEMAITRE

Comme Perceval, vous êtes en quête du Graal pour votre paire de lunettes ? Depuis plus de 60 ans, installés au coeur de Lyon depuis 6 ans, les opticiens Perceval sont à votre écoute pour vous conseiller et vous accompagner. Une équipe d'experts assure l'entretien et vous offre un suivi complet, ainsi qu'un service après-vente efficace. Vous pouvez faire confiance aux opticiens Perceval pour vous aider à choisir le modèle de lunettes le plus adapté parmi une large sélection de montures de grandes marques fabriquées en France, avec un maximum de montures Origine France garanties, avec des collections magnifiques pour rendre votre visage unique. Des opticiens durables pour une vision parfaite.

OPTIQUE
REGARDS CROISÉS

50, rue du Président Edouard Herriot (2e) ✆ 04 72 31 61 61
www.regardscroiseslyon.com
Ouvert du mardi au samedi de 10h à 19h.

Choisir une paire de lunettes, c'est la rencontre passionnante et engageante avec un authentique professionnel de l'optique. Chez Regards Croisés, les opticiens prennent soin de vous en vous recevant autour d'une table pour mieux vous connaître et choisir ensemble vos prochaines lunettes. Montures sélectionnées chez les plus grands créateurs (Mykita, Oliver Goldsmith, Anne & Valentin...) pour trouver la monture qui vous correspond en vous accompagnant à chaque étape depuis l'examen de vue. Si vous ne trouvez pas aujourd'hui la monture idéale, vous la trouverez demain puisque les collections changent régulièrement. Professionnalisme et bonne humeur au service de votre regard.

OPTIQUE
LES YEUX NOIRS

52, rue de la Charité (2e)
✆ 04 78 92 11 69
http://les-yeux-noirs.fr
Ouvert du mardi au samedi de 10h à 19h.

Saviez-vous qu'il est impossible d'avoir naturellement les yeux totalement noirs ? Autre chose d'impossible, c'est de porter un regard noir sur cette boutique de la Presqu'île où tout est mis en œuvre pour trouver la plus belle et la plus adaptée paire de lunettes à votre regard. Autour d'un café ou d'un verre, venez choisir en excellente compagnie vos prochaines lunettes de créateurs servies au «bar à lunettes» avec de vraies originalités et des exclusivités qui ne manquent jamais d'audace. Des lunettes en toute transparence conseillées par un professionnel qui assure la provenance de chaque produit dans une démarche écoresponsable. Boutique d'optique unique pour personnes uniques.

OPTIQUE

VUE DE QUARTIER

42, avenue Jean-Jaurès (7e)
✆ 04 72 71 39 25
Ouvert du mardi au vendredi de 9h à 12h et de 14h à 19h, samedi de 10h à 12h et de 14h à 18h.

© EMMANUEL SPASSOFF

© EMMANUEL SPASSOFF

Proximité, convivialité, qualité d'un magasin d'optique tenu par un passionné : Pascal Fournillier. Très attaché au quartier du 7e arrondissement, il a créé un véritable lieu de vie où l'accueil se montre toujours adorable et le service personnalisé à toutes les étapes. Et pour trouver les lunettes les mieux adaptées à notre visage, à notre vue et à notre budget, cet opticien expert a conçu une collection maison avec une cinquantaine de modèles portant chacun le nom d'une rue du 7e. Montures sur mesure, corrections adaptées, service après-vente de haute qualité et de belles marques comme les lunettes Paname. Chez Vue de Quartier, des lunettes parfaites avec supplément d'âme. Coup de cœur.

OPTIQUE

GUMII OPTICIEN

136, avenue des Frères-Lumière (8e) ✆ 04 78 74 60 56
Métro ligne D, arrêt Monplaisir Lumière - www.gumii.fr
Ouvert du mardi au samedi de 10h à 12h30 et de 14h30 à 19h. Ouverture jusqu'à 18h le samedi.

Une bonne raison de se réjouir de porter des lunettes ? Aller chez Gumii ! Une paire d'opticiennes pas comme les autres pour une paire de lunettes qui change la vie. Indépendantes, les Gumii ne proposent pas de porter une marque, mais la monture et les verres taillés sur mesure qui vous correspondent vraiment. Vous voulez changer de style ? Faites-vous relooker par Brigitte et Florence, deux professionnelles aux goûts assurés, qui vous diront franchement ce qui va et ne va pas. Conseils avisés, essayages sans stress, ton s'épanouit chez Gumii. Les enfants sont aussi gâtés que les parents. Solaires lookées pas trop chères. SAV au top. Aime-toi avec tes lunettes, va chez Gumii.

HOMME

DOPE

10, rue d'Algérie (1er) ✆ 04 78 28 33 78
www.shoezgallery.com
Ouvert le lundi de 13h30 à 19h30, du mardi au samedi de 10h30 à 19h30.

Une Dope addictive pour les amoureux des sapes qui ont du style. Les vêtements et les accessoires, les sacs notamment, les plus tendances du moment. Côté Shoez, des modèles parfois uniques, du genre à faire la queue sur le trottoir pour l'avoir. Les fringues dont chaque détail fait l'objet d'admiration de la part des nombreux adorateurs de Dope. Jamais de mauvais goût, mais des goûts différents et cosmopolites pour être certain d'être vraiment à l'avant-garde d'une mode décontractée à porter à tout âge (ou presque...). Parmi les marques - de Nike à Dickies -, avec de nombreux arrivages réguliers, il y a de la fraîcheur et du bonheur. Une boutique à part dans l'univers lyonnais.

HOMME

GRAPHITI

8, rue du Plâtre (1er)
✆ 04 78 39 42 94
www.graphiti.fr
Ouvert du lundi au samedi de 10h à 19h.

Fondé en 1978, Graphiti n'est pas né de la dernière pluie, mais ce n'est pas seulement l'adresse des vieux loups de mer. Graphiti, c'est sans doute le plus bel espace dédié à la mode, notamment masculine, où les femmes ont trouvé leur place pour marier les tenues. Place à l'excellence de l'accueil et des conseils. Place aux grandes marques et aux vêtements coupés à la perfection. Costumes d'exception pour être impeccable en toute occasion, avec doudounes, pulls, pantalons, chaussures... Tous les styles, du plus classique au plus actuel, du plus strict au plus décontracté. Pour les hommes qui en ont (du style bien sûr), et les femmes sans faute de goût. Une référence en la matière.

HOMME

LES AFFRANCHIS

12, rue de l'Ancienne-Préfecture (2e)
✆ 04 72 77 93 51
www.lesaffranchis.com
Ouvert du lundi au samedi de 10h à 19h30.

Les Affranchis, c'est du viril. Deux adresses - avec une boutique Kenzo au milieu - pour les hommes qui veulent faire partie du cercle des Affranchis. Rien de mafieux là-dedans, mais de la mode masculine de caractère. Chez les Affranchis, chacun peut s'habiller à son image ou se transformer avec l'aide de grandes signatures du prêt-à-porter : Armani, Versace, Bikkembergs, Horpist, My Brand... ou de la mode haute couture, avec des costumes impeccables et des pièces plus rares. Des chaussures aux accessoires, du jean à la veste, en toute saison, les Affranchis envoient de la qualité et du look. Des pièces de qualité pour une street chic. Reste qu'il faut avoir les moyens de ses ambitions.

HOMME

LES GARÇONS

18, rue Gasparin (2e)
✆ 09 70 35 07 04
www.boutique-lesgarcons.fr
Ouvert du lundi au samedi de 10h à 19h.

Les Garçons sont dans la tendance chic et ils le prouvent en s'habillant chez Les Garçons. Avec ses baies vitrées s'ouvrant sur l'élégante rue Gasparin, la boutique est lumineuse. Équipe chic de choc pour présenter des vêtements dans un cadre épuré pratique pour les essayages. Plus de 30 ans d'expérience pour des conseils personnalisés et un style affirmé. Du streetwear raffiné aux costumes tendance, chacun s'habille avec goût. Les grandes marques sont bien présentes – Corneliani, Fiesoli, Boss, Rossignol... –, mais aussi des petits créateurs qui ont leur chance de trouver une place dans le vestiaire masculin. Nombreux accessoires, des chaussures aux sacs. Pour des garçons so chic.

HOMME

THE ROYAL RACER

48, rue Mercière (2e) ✆ 04 89 51 32 19
www.theroyalracer.com
Ouvert le lundi de 13h à 19h, du mardi au samedi de 10h30 à 19h30.

Royal Racer, « the gentlemen motorsports club », une boutique pour bikers et bikeuses qui aiment les belles mécaniques, le bruit des cylindres d'un moteur, qui ont l'esprit de compétition autant que celui de l'élégance et de la galanterie. Boutique vintage aussi belle qu'une grosse moto lors d'une chevauchée sauvage, le confort d'un canapé moelleux en plus. C'est beau comme Paul Newman et tentant comme James Dean. Des collections à faire pâlir d'envie n'importe quel vestiaire, façon magazine pour homme, avec des marques racées. Des casques, de beaux objets à offrir, des livres... Tout ce que l'on voudrait avoir chez soi. Une boutique royale pour avoir de l'allure.

OPTIQUE

OPTIC 2000

64, avenue Debourg (7e)
✆ 04 72 73 11 89
Ouvert lundi de 14h à 19h, du mardi au samedi de 9h à 13h et de 14h à 19h.

© DR

© DR

Optic 2000 Lyon Gerland, c'est le choix, les prix, les garanties d'une enseigne nationale experte en lunetterie. C'est aussi, et surtout à nos yeux, la proximité, la gentillesse, les conseils, toutes les compétences mises au service de notre vue (et de notre audition) d'une équipe de passionnés. Bien que l'enseigne à Gerland existe depuis 1988, la boutique a déménagé à la Fabrik, un beau bâtiment de type industriel. Une très belle boutique d'optique avec un large choix de montures de marque pour tous les styles et toute la famille. Lunettes de vue, lunettes de soleil, lentilles, des montures et des verres ajustés à la perfection. Espace enfants. Et toujours la seconde paire à partir de 1 € de plus.

CRÉATEUR

LES ARTPENTEUSES

13, rue Romarin (1er)
www.lesartpenteuses.fr
Ouvert du mardi au samedi de 11h à 19h.

Arpentons les Pentes jusqu'aux Arpenteuses. Rien de mieux qu'une vraie boutique de créateurs pour se faire plaisir. Une boutique qui la joue collectif en réunissant 13 créatrices et créateurs qui mettent en avant, et sans intermédiaires, des produits artisanaux et originaux avec une vente directe du créateur au consommateur. Vêtements pour femmes ou enfants pas vus ailleurs, mais aussi accessoires de mode, beaux bijoux, céramique et d'autres petits objets de décoration pour rendre la vie plus belle avec des produits qui ont une véritable personnalité. Chaque mois, des invitées pour se changer les idées. Belles découvertes pour échanger plus que de l'argent avec les créatrices.

CRÉATEUR

CARRIE BRADSHOP

17, rue Romarin (1er) ✆ 09 51 83 93 80
www.carriebradshop.com
Ouvert du mardi au samedi de 13h à 19h30.

La référence lyonnaise en matière de mode vintage. Une boutique hors d'âge, qui fête ses 15 ans, preuve que la qualité paie et que nous sommes des fidèles à une style qui continue d'avoir la cote. Chez Carrie Bradshop, des passionnés de mode féminine version grands couturiers ont rassemblé un incroyable dressing de vêtements et accessoires vintage des années 1950 à aujourd'hui. Un cabinet de curiosités du meilleur goût avec d'incroyables trouvailles pour assumer un total look ou une simple pièce qui fera la différence. De grandes marques, des créateurs, des couturiers, des pièces uniques rarissimes et beaucoup de belles choses accessibles pour une boutique à la page vintage.

CRÉATEUR

LULLI LYON

5, rue des Quatre Chapeaux (2e)
✆ 04 88 00 89 89
www.lulli-sur-la-toile.com/
Ouvert du lundi au samedi de 10h à 19h.

Total look chez Lulli. Une boutique tout à fait surprenante pour celles qui ne veulent pas s'habiller comme toutes les autres. Une boutique qui cache bien son jeu puisqu'elle contient beaucoup plus de trésors inédits à mettre dans notre dressing qu'on pourrait l'imaginer de prime abord. La principale raison, c'est la sélection de créatrices et créateurs pas vus ailleurs avec une liste qui change, s'étoffe, régulièrement. Il faut donc venir souvent chez Lulli pour découvrir des vêtements vraiment originaux, authentiques, avec des pièces fortes, parfois uniques, pour trouver son style. Dans ce concept store, du prêt-à-porter, mais aussi des accessoires, bijoux, sacs et chaussures.

CRÉATEUR

NICOLAS FAFIOTTE COUTURE

8, rue du Plat (2e) ✆ 04 72 41 84 79
www.nicolasfafiotte.com
Ouvert du lundi au samedi de 10h à 13h et de 14h à 19h. Sur rendez-vous.

Avec ses lunettes rondes et sa tête d'ange, il est un trublion imaginant de vraies robes de princesses pour les plus belles femmes du monde, y compris nous ! Nicolas Fafiotte est une étoile internationale dans le milieu de la mode. Une étoile à la boutique brillante et accueillante dans cette rue discrète de la Presqu'île. Après avoir fait ses premières armes chez Max Chaoul et Ungaro, ce génial touche-à-tout continue de se faire remarquer en habillant une Lyonnaise, Sylvie Tellier, égérie de la marque avec les Miss France dont le couturier est partenaire. Pour revenir aux robes de mariée, robes de bal, robes de soirée, elles font rêver toutes les femmes. Une boutique-atelier qui fait rêver.

CHAUSSURES

CORDONNERIE UPPER SHOES

4, quai de la Pêcherie (1er) ✆ 04 78 58 39 33
www.upper-shoes.com
Ouvert lundi de 14h à 19h, du mardi au vendredi de 11h à 19h, samedi de 10h à 19h30.

Parce que marcher dans les rues de Lyon, ça use les souliers, il faut absolument découvrir la cordonnerie d'Anatole Weill installée au sein de la boutique Upper Shoes, boutique multi-marques de chaussures haut de gamme. Même passion, même souci de qualité avec un service de réparation assuré par un compagnon du devoir cordonnier-bottier qui met son savoir-faire au service de vos chaussures abîmées. Pour les réparer ou les protéger : pose de patins, de fers encastrés, changement de talons ou ressemelage complet ; toutes les chaussures auxquelles vous tenez retrouvent une seconde jeunesse et vous arpentez le pavé lyonnais d'un pas plus assuré. Pour des chaussures qui durent longtemps.

CHAUSSURES

POP AND SHOES

6, rue Chavanne (1er)
✆ 04 78 61 10 07
www.popandshoes.com
Ouvert le lundi de 14h à 19h, du mardi au samedi de 10h à 19h.

Comment être en avance sur toutes les tendances ? En entrant dans l'univers fantastique de Pop and Shoes, concept store de mode et de créateurs depuis 13 ans (ça porte bonheur). Une boutique de dingue aux multiples recoins sur 600 m² (rien que ça !), consacrés aux chaussures, au prêt-à-porter, aux accessoires et même à la déco ! Si les chaussures tiennent la vedette dans tous les styles, des plus élégants aux plus déjantés, il suffit de changer de pièce pour tomber sur un meuble vintage ou un bar à bijoux. Bref, impossible de ne pas être vite *pop addict* après un passage dans cette boutique vraiment pas comme les autres. Idées cadeaux à se faire ou à faire par milliers.

CHAUSSURES

SHOEZ GALLERY

15bis, rue d'Algérie (1er) ✆ 04 78 28 33 78
www.shoezgallery.com
Ouvert le lundi de 13h30 à 19h30 ; du mardi au samedi de 10h30 à 19h30.

Mes chaussures, ma street signature. Je les veux uniques et pratiques. Deux solutions : acheter des sandales en cuir dans un monastère ou faire un tour chez Shoez Gallery. Depuis 20 ans, joyeux anniversaire, cette enseigne est la spécialiste des baskets qu'il faut appeler «sneakers». De très nombreux modèles filles et garçons de grandes marques comme Nike, et ses magnifiques éditions spéciales colorées, Converse, Veja, Karhu, Asics, Puma, Saucony... attendent que vous les chaussiez pour frimer en toute décontraction. Par contre, évitez de venir avec des amis, sinon le bon plan «unique» tombe à l'eau ! De l'autre côté de la rue, c'est Dope pour les vêtements dans le même esprit.

FRIPERIE

FRIPESKETCHUP

25, rue du Sergent-Blandan (1er)
✆ 04 78 98 26 64
www.fripesketchup.com
Ouvert du mardi au samedi de 13h30 à 19h30.

Avec FripesKetchup, le vintage n'a jamais été aussi actuel. Les Pentes de la Croix-Rousse sont un petit paradis pour toutes celles et tous ceux en quête de fringues décalées de tous les styles pourvu qu'il ne soit pas contemporain ! Et pourtant, FripesKetchup réussit le pari de rendre très actuels les vêtements d'autrefois, façon marque de créateur, en revisitant le vintage. Une boutique très stylée et les tenues sont soigneusement présentées, loin de certains entrepôts où l'on ne fait aucun effort sur la déco. Certaines diront que ça fait monter le prix des tenues, d'autres seront ravis de trouver des ensembles « total look ». Accueil adorable et bonne musique, ce qui ne gâche rien.

HOMME - FEMME

SOUL & FASHION

6, rue Paul Chenavard (1er)
✆ 06 12 47 50 08
www.soulandfashion.fr
Ouvert du mercredi au samedi de 10h à 13h et de 14h à 19h.

© DR

A deux pas des Terreaux, une belle façade blanche toute neuve pour une boutique vraiment pas comme les autres. Différente par sa destination, Londres. Différente par son concept mêlant disques vinyles dans tous les styles et vêtements trop stylés. C'est une évidence à laquelle la France doit se faire, l'Angleterre est précurseur en matière de mode et de musique ! Des chaussettes Burlington aux blousons Harrington en passant par le tee-shirt Penguin, c'est une masterclass du bon goût. Au sous-sol nous attendent les vinyles bien rangés. Des groupes anglais, mais pas que... Avec la possibilité d'écouter pour faire de belles découvertes. *Good vibes* et *nice clothes*, adresse 100% validée.

HOMME - FEMME

HYPPAIRS

3, place Sathonay (1er)
✆ 06 67 54 20 82
www.hyppairs.com
Ouvert le lundi de 13h à 16h, du mardi au samedi de 11h à 19h.

Ouverte sur la jolie place Sathonay, Hyppairs fait partie de ces boutiques difficiles à catégoriser, sinon par leur engagement écoresponsable. Un concept-store contenant derrière ses larges vitres un dressing pour elle et lui (et eux, les plus petits), des accessoires lifestyle, des objets de décoration, des produits éthiques pensés pour être durables, pour une maison écologique. Chez Hyppairs, comme dans un appartement idéal, chaque espace se répond en mettant en avant un travail artisanal et des produits écoresponsables de qualité, comme avec la marque maison From Craft. Toutes les marques présentes défendent les mêmes valeurs, sans sacrifier - et c'est important - à la beauté.

HOMME - FEMME

WEDRESSFAIR

4, rue des Capucins (1er)
www.wedressfair.fr
Ouvert le mardi de 14h à 19h30, du mercredi au vendredi de 13h à 19h30, samedi de 11h à 19h30.

Honnêtement, vous pouvez encore porter des vêtements fabriqués à l'autre bout de la planète dans des matières chimiques et des conditions humaines déplorables ? Nous non plus. WeDressFair, c'est la garantie de trouver une sélection de vêtements répondant à un engagement écoresponsable fort et 100 % transparent avec : un minimum de 90 % de matières écoresponsables (lin, chanvre, coton bio, matières recyclées) ; une fabrication en France, en Europe ou dans des usines certifiées pour le respect des minimas sociaux ; des labels fiables. Dans cette boutique éthique, des marques engagées qui n'oublient pas de faire de beaux vêtements confortables, chaussures et accessoires, pour elle et lui.

FEMME

BONNY

19, rue Auguste Comte (2e) ✆ 04 37 57 77 96
www.bonny-clothes.fr
Ouvert du mardi au vendredi de 10h à 18h, samedi de 10h30 à 18h30.

Son prénom à elle, c'est Bonny. Enfin, c'est Lisa. Une boutique indépendante vers la belle rue Auguste Comte qui nous propose la meilleure sélection de marques pas vues ailleurs. Accueil charmant de Lisa, une jeune femme adorable, et conseils avisés afin de ne pas passer à côté de l'ensemble qui vous ressemble vraiment et vous démarquera de toutes les autres. Parmi les belles marques qui changent souvent et que vous ne retrouverez pas sur le dos de copines, sauf si elles connaissent l'adresse : Alysi, Bellerose, Frnch, Laurence Bras, Les Jumelles, Mode Trotter, Sacré Cœur... Chaussures – notamment signées Rivecour –, accessoires et lifestyle. Coup de cœur au féminin.

GRANDE TAILLE

KABAYA

15, rue Tupin (2e)
✆ 04 72 77 60 35
www.kabaya-lyon.fr
Ouvert du mardi au samedi de 11h à 13h30 et de 14h30 à 19h.

Il y a celles qui sont entrées chez Kabaya à cause de l'affiche «Liquidation massive» sur la vitrine et qui ont découvert une boutique merveilleuse - et une femme merveilleuse avec une Sylvie toujours rayonnante et d'excellent conseil - proposant un large choix de vêtements tendance (jusqu'à la taille 58), de lingerie et maillots de bain pour femmes généreuses. Et il y a celles qui sont fidèles depuis plus de 15 ans à cette enseigne exceptionnelle qui recentre son activité sur la lingerie (du 75 au 120, tous bonnets jusqu'au O) avec les marques Prima Donna, Marie Jo, Empreinte, Anita, Freya... et des maillots de bain trop jolis. Liquidation à prix doux ou pas, le *Petit Futé* aime Kabaya.

PRÊT-À-PORTER

LES CURIEUX

18, rue Palais-Grillet (1er) ✆ 09 54 69 24 10
www.les-curieux-lyon.com
Ouvert lundi de 13h à 19h30, du mardi au samedi de 10h à 19h30. Achat en ligne également possible.

Dans une ville devenue capitale du développement durable, Les Curieux montrent la voie au cœur de la Presqu'île. Les Curieux, c'est ce qu'il est convenu d'appeler un lieu «hybride» dédié à un mode de vie écoresponsable et éthique. Décoration dans le ton avec mobilier recyclé, chiné, stylisé et résolument vintage. Flânerie entre les gammes de vêtements bio, éco-conçus et labellisés pour toute la famille. L'équipe adorable vous propose accessoires et produits de bien-être. Pour ressortir véritablement transformé, faites un détour par l'atelier coiffure mixte, barbier, massage et soins. Espace salon de thé et ateliers créatifs. Boutique totalement dans l'air du temps.

SPORTSWEAR - STREETWEAR

CITADIUM

7, rue de la Barre (2e)
✆ 04 26 03 77 00
www.citadium.com
Ouvert du lundi au samedi de 10h30 à 20h.

Citadium n'a pas ouvert une simple boutique, mais un «flagship store» (porte-drapeau) dans les murs du Grand Hôtel-Dieu. L'enseigne streetwear par excellence s'est mise à l'aise dans ses baskets. Le temple des tendances qui ne sont pas seulement réservées aux millenials (trop d'anglicisme dans cet article ?). Du Lab dédié aux jeunes marques, aux marques de niche ou à la personnalisation, en passant par la Funky Town, le bon vieux Levi's, les fripes vintage et - au top niveau - le paradis des sneakers (impossible de se retenir) dans un décor à couper le souffle. Citadium fait bouger les lignes dans la confrontation conformistes versus marginaux. 3 niveaux pour conquérir les jeunes.

PRÊT-À-PORTER

OH MY GONE

1, rue de la Martinière (1er) ✆ 04 78 56 32 39
https://ohmygone.com
Ouvert du mardi au vendredi de 11h à 12h30 et de 13h30 à 18h, samedi de 10h à 12h30 et de 13h30 à 19h.

Face à la fresque des Lyonnais, la plus lyonnaise des boutiques. Oh my Gone, c'est une marque locale créée en 2018 par Olivier Michel, une marque qui s'inscrit dans une démarche écoresponsable et durable avec des textiles fabriqués à Lyon avec du coton bio et d'autres produits tous fabriqués en France. Que vous soyez plutôt «Team andouillette» ou «Team pralines», une «Queen quenelle» ou un «Petit bouchon», il y en a pour tous les goûts. C'est fun et c'est beau pour tous les âges. Soieries pour compléter sa garde-robe. Nombreuses idées cadeaux, d'autant que l'on peut composer des coffrets gourmands avec des produits lyonnais. Bonne humeur et joie de vivre à la lyonnaise.

PRÊT-À-PORTER

CONFLUENCE

112, cours Charlemagne (2e)
✆ 04 72 31 32 80
www.confluence.fr
Boutiques ouvertes du lundi au samedi de 10h à 20h. Restaurants, cinémas et loisirs ouverts 7j/7.

A Confluence, le shopping est une fête. Car plus qu'un centre commercial, Confluence ouvre à la dimension des loisirs. Dans un espace naturellement lumineux, où l'on aime flâner, s'installer en terrasse ouverte sur l'extérieur, le bien-être et le plaisir sont au cœur d'une expérience shopping unique. Choix des boutiques, des restaurants au dernier étage, un cinéma, un hypermarché, un hôtel, mais encore une salle d'escalade, une immense salle de jeux ludique et conviviale ou un incroyable voyage immersif dans l'Égypte des pharaons. Sans oublier une véritable réception à l'écoute des clients, de nombreux services 4 étoiles et un programme de fidélité plein d'avantages.

CENTRE COMMERCIAL - GALERIE MARCHANDE

ECULLY GRAND OUEST

Chemin Jean-Marie Vianney
ECULLY
✆ 09 64 29 40 77
Ouvert du lundi au samedi de 9h30 à 20h.

La référence shopping de l'ouest lyonnais. Facile d'accès depuis la M6, doté d'un vaste parking gratuit, agréable à vivre pour faire son shopping en toute sérénité, ce centre commercial abrite 2 ruches qui donnent du miel, mais encore 85 boutiques pour satisfaire toutes vos envies. Shopping pour toute la famille avec une belle variété de boutiques : de grandes enseignes de prêt-à-porter femmes, hommes, enfants, de la culture avec la librairie lyonnaise Decitre, optique, audition, téléphonie, bijoux, accessoires, beauté, mais aussi des gourmandises, du mobilier et de la déco, des jeux vidéo, des voyages... Offre de restauration pour prolonger le plaisir d'être à Ecully Grand Ouest.

MAGASIN D'USINE

THE VILLAGE OUTLET

Parc du Couvent - **VILLEFONTAINE** ✆ 04 74 95 37 01
www.thevillageoutlet.com
Ouvert du lundi au samedi de 10h à 20h. Ouvertures exceptionnelles et dimanches. Parking gratuit.

Rapidement accessible depuis le centre de Lyon par l'A43, juste à la sortie d'autoroute après le péage, un véritable village aux formes contemporaines - et aux vastes parking gratuits - abrite 80 boutiques où les plus grandes marques présentent toute l'année une sélection d'article à -30 % minimum. Shopping premium dans tous les domaines : mode homme, femme, enfant, sport, beauté, maison, mais aussi gourmandise ! The Village propose une large offre de restauration pour toutes les envies et tous les budgets, avec de grandes terrasses ouvertes sur les bassins et un spectacle d'eau fascinant. Packs VIP ou de Luxe pour vivre une expérience shopping unique dans des conditions exceptionnelles.

MODE

WESTFIELD LA PART-DIEU

17, rue Docteur-Bouchut (3e) ✆ 04 72 60 60 62
https://fr.westfield.com/lapartdieu
Ouvert du lundi au samedi de 9h30 à 20h. Cinémas et restaurants ouverts après 20h et le week-end.

Lieu de vie toujours en mouvement, ce centre commercial créé en 1975 dans le quartier de la Part-Dieu a connu d'importants changements ces dernières années et particulièrement l'an passé où il est devenu Westfield La Part-Dieu. Le plus grand centre de shopping urbain d'Europe avec ses 280 boutiques est un véritable «hub» métropolitain où se mélangent boutiques des plus grandes marques nationales et internationales et enseignes lyonnaises, notamment en matière de restauration avec l'excellent Food Society et ses 11 kiosques. Un hypermarché, un cinéma et de très nombreuses animations. Programme de fidélité et services sur mesure avec le Westfield Club. Réinventez votre shopping !

COIFFURE

ROMAIN B

1, rue Gaspard-André (2e) ✆ 04 78 62 74 30
http://romain-b.fr
Sur rendez-vous du mardi au samedi de 9h à 19h, samedi jusqu'à 17h.

Parce que votre différence fait votre personnalité, découvrez une véritable « maison de beauté » unique dans son genre. Tout d'abord, la beauté des lieux. Un salon de coiffure installé dans un superbe appartement d'un immeuble de caractère derrière le théâtre des Célestins. Un canapé pour patienter, des chaises pour s'asseoir face aux immenses glaces, un espace comme dans un rêve qui devient réalité. Formé par l'excellent David Mallet à Paris, Romain allie créativité personnelle et savoir-faire pour réaliser une coiffure à la fois naturelle et travaillée. Écoute, conseils individuels, bien-être, coupe brushing réalisée par un véritable artiste. Coiffeur haut de gamme.

COIFFURE

THOMAS TUCCINARDI

39, rue de la République (2e)
https://thomastuccinardi.com
Ouvert du mardi au vendredi de 9h à 18h, samedi de 9h à 15h30.

Une expérience unique. D'abord parce que le lieu est unique. En plein cœur de Lyon, un salon comme un cocon hors de l'agitation de la rue piétonne juste en bas. Un univers parallèle au design magnifiquement épuré, aux matériaux précieux, avec quelques clins d'œil à l'expérience américaine de Thomas Tuccinardi. Lui aussi, il est unique. Ce passionné de coiffure depuis le plus jeune âge s'est formé en voyageant, notamment aux Etats-Unis, pratiquant, manageant de grands salons. Dynamique, perfectionniste, il innove avec ce salon où il propose un véritable accompagnement personnalisé. Qualité des soins, des couleurs et de la coupe, le Balayage Signature® révèle toute la beauté de vos cheveux.

NEW

SOINS DE BEAUTÉ

SALON ESKAY

21, rue Childebert (2e) ✆ 04 26 00 40 38
www.saloneskay.com
Ouvert le mardi de 16h à 19h, du mercredi au samedi de 10h à 13h et de 14h à 19h.

Entre quais du Rhône et rue de la Ré, la rue Childebert mérite de faire un détour pour se mettre en beauté tout en se régalant dans un nouveau concept store. Le salon Eskay, c'est un lieu pour se faire du bien. Institut de beauté et salon de thé, Eskay marie les genres dans des tons rosés des plus apaisants. Côté beauté, une large gamme pour être belle de la tête aux pieds : soins des ongles, épilation au fil, massages de bien-être, extensions et rehaussement des cils, soins de la peau et du visage, beauté des cheveux... Au salon de thé, dans un cadre réconfortant, pâtisseries maison, boissons froides et chaudes. Brunch tous les samedis midi. Le tout à réserver sur le site Internet.

NEW

COIFFURE

MG CORPORATION

10, rue Duviard (4e)
✆ 06 28 71 13 74
Sur rendez-vous.

Laissez-vous surprendre par ce salon de la Croix-Rousse. MG, c'est pour Geoffrey Martinez. Un véritable artiste et pas qu'avec des ciseaux ! D'ailleurs, certains d'entre vous ont pu voir sur scène au cabaret Oh Paradis ce chanteur et violoncelliste, daslois d'origine (vous chercherez…), lyonnais d'adoption. Un homme extraordinaire dans un lieu hors du commun, un salon divisé en deux parties, installé comme un petit salon intimiste, un véritable « chez soi » propice à la rencontre sans pression. Passionné de coiffure, Geoffrey possède une renommée internationale – ambassadeur de la prestigieuse maison Schwartzkopf. Coloriste de talent, Geoffrey met de la lumière dans nos cheveux.

COIFFURE

SECOND FACE

3, rue Mercière (2e) ✆ 04 78 42 95 46
http://2nd-face.com
Ouvert du mardi au vendredi de 10h à 19h ; le samedi de 9h à 18h.

Nous sommes uniques, mais nous avons plusieurs vies, plusieurs visages ! Second Face, coiffeurs à Lyon depuis 27 ans, aimé depuis toujours par le *Petit Futé*, c'est une expérience à partager. Une enseigne et trois lieux - Mercière 2e, Cavenne 7e et Vitet 1er - pour changer de coiffure, mais aussi pour échanger, s'amuser, vivre ensemble... Des salons comme des lieux de rencontre, une philosophie de vie. Des coiffeurs autrement qui suivent la voie de Bruce Coulaux en nous transmettant de bonnes vibrations, de l'énergie et des coiffures personnalisées. Dans le 7e, coffee-shop Puzzle et running store Distance ! A Sathonay, un espace zen *vegan friendly*. Happy Second Face.

COIFFURE

MARCAPAR

2, avenue du Doyenné (5e) ✆ 04 78 37 48 65
www.marcapar.com/salons-marcapar
Ouvert mardi de 9h à 18h, mercredi de 10h à 18h, jeudi et vendredi de 9h à 19h, samedi de 8h à 17h.

Marcapar, les couleurs 100 % naturelles de vos cheveux depuis plus de 30 ans à Lyon. Inventés par Christian Roche, les produits Marcapar de coloration 100 % végétale donnent à tous les cheveux la couleur de leur choix en retrouvant leur qualité première. Même les personnes allergiques ou les femmes enceintes profitent de leurs bienfaits : colorations végétales réalisées sur mesure, mais aussi shampooings ou soins coiffants. Les couleurs sont naturellement belles, du blond doré au châtain foncé. Dans ce magnifique salon mêlant pierres et bois, détente totale et prise en main par des professionnels adorables. Salon avec service barbier pour homme et toujours des colorations 100 % végétales.

COIFFURE

OCEANE AVAKIAN

32, rue Cuvier (6e)
✆ 04 26 18 76 16
https://oceane-avakian.com
Ouvert du mardi au vendredi de 9h30 à 19h, samedi de 9h à 17h.

Quand un salon de coiffure peut se contenter pour son enseigne d'afficher le nom de sa créatrice, c'est un signe de qualité. C'est le cas pour Océane Avakian qui peut, fièrement, porter le nom de son grand-père dont elle perpétue la passion pour la coiffure. Dans son salon comme un cocon à l'ambiance apaisée, on se laisse prendre en main par des professionnelles régulièrement formées. Sièges massant pendant le shampooing, bien-être, écoute et c'est parti pour un soin, une couleur dans un espace particulier avec son « dressing » à tubes de couleur et une coupe sur mesure. Produits de qualité – Patrice Mulato, Tokio Inkarami, Olaplex… – disponibles en ligne et en boutique.

COIFFURE

SALON BRUNO ESTATOFF

13, cours Lafayette (6e)
✆ 04 72 75 06 45
Ouvert du mardi au vendredi de 9h à 19h, samedi de 8h à 17h.

Une adresse remarquable, un des grands noms de la coiffure à Lyon et bien au-delà. Les grandes vitrines de ce salon de coiffure se font elles aussi remarquer sur le cours Lafayette. Estatoff, le nom est bien connu dans le monde de la coiffure. Si le salon porte le nom du père, Bruno Estatoff (ambassadeur l'Oréal Professionnel, formateur et photographe), c'est toute une famille qui brille par son professionnalisme et sa créativité. Nouvelle génération avec Yvan et Lucca, les deux fils, qui révèlent tous leurs talents pour rendre les femmes toujours plus divines avec des cheveux sublimés par des coiffures originales. Résultats stylés pour ces créateurs de beauté.

COSMÉTIQUES

LA MAISON DU SAVON DE MARSEILLE

9, rue de Brest (2e)
✆ 09 83 37 30 46
www.maison-du-savon.com
Ouvert du lundi au samedi de 10h à 19h.

© DR

Au cœur de Lyon, un voyage en Provence à la Maison du Savon de Marseille. Une destination respectée avec des savons fabriqués dans l'une des dernières maisons traditionnelles marseillaises, la Savonnerie du Fer. Qualité des produits composant des savons pour toutes les peaux, toutes les envies de parfums issus des huiles essentielles de Grasse. Savons au beurre de karité bio, mais aussi au lait d'ânesse ou de chèvre. 1001 idées cadeaux avec des savons en vrac, à la coupe, un déo ou un dentifrice solide, des bougies parfumées… Accueil adorable et bons conseils.

COIFFURE

JOUVANCEAU

52, cours Vitton (6e) ✆ 04 78 24 93 36
https://jouvanceau.com
Ouvert lundi de 10h à 16h, du mardi au vendredi de 9h à 19h, samedi de 9h à 18h.

Dans ce coin paisible du 6e arrondissement, Jouvanceau[2] offre un cadre charmant, tout en élégance, pour redonner vie à vos cheveux. Yohann Jouvanceau a grandi dans le monde de la coiffure et a créé ce salon comme un lieu dédié au bien-être. Ecoute, conseil, accompagnement, ici on prend le temps de comprendre vos attentes, de construire une véritable relation qui aboutira à votre entière satisfaction. Techniques parfaitement maîtrisées par toute une équipe des plus sympathiques, couleurs réussies dans la durée, coupe au top par un expert visagiste… Produits Tokio et Oribe. Ajoutons que ce salon est durable et responsable, ce qui rajoute à ses nombreuses qualités. Affirmez votre style !

COIFFURE

LOUNGE CUT

16, place du Maréchal-Lyautey (6e) ✆ 04 72 81 68 79
www.loungecut.fr
Ouvert du mardi au vendredi de 9h à 18h45, samedi de 9h à 17h15. Coupe à partir de 42 €/femme, 26 €/homme.

En attendant de mesurer la chance d'avoir rendez-vous chez Lounge Cut, mesurez la longueur de vos cheveux pour savoir dans quelle catégorie tarifaire vous êtes. Depuis 15 ans, Mike nous emmène dans son univers fait de beauté et de partage d'expérience. Passionné du Japon et de coiffure, ce professionnel - véritable référence dans son domaine : coiffeur studio, coiffeur plateau, créateur et technicien cité dans les plus grands magazines - s'inspire des soins du monde entier pour des prestations sur mesure. Traitement soin japonais Inkarami pour redonner vie à vos cheveux. Des colorations sublimes avec des coloristes experts. Un seul conseil dans tous les cas : prenez rendez-vous à l'avance !

COIFFURE

HAIR POP

77, avenue Jean-Jaurès (7e)
✆ 04 72 71 09 02

Ouvert mardi, mercredi, vendredi de 9h à 19h, samedi de 9h à 17h. Sur rendez-vous.

Connaissez-vous l'effet «Hair Pop» ? Un effet de beauté et de bonne humeur mélangées. Prenez vite rendez-vous dans cet adorable salon du 7e pour confier vos cheveux aux excellents Alexandre et Anthony. Deux coiffeurs expérimentés à notre écoute et à notre service pour des couleurs et une coupe qui nous rendent plus beaux, plus belles. Deux coiffeurs responsables de notre bien-être et de la planète qui utilisent uniquement des produits naturels et de qualité signés Daviness, Inoa et Moroccanoil à l'huile d'argan. Deux coiffeurs qui ont une même démarche engagée en faisant recycler nos cheveux coupés par Capillum. Prenez l'Hair Pop, vous vous sentirez tellement mieux !

COIFFEUR

VICTORIO SAROLI

75, rue Pierre Delorme (8e)
✆ 04 78 72 05 67

Ouvert du mardi au samedi de 8h à 19h.

Le meilleur barbier-coiffeur de Lyon n'est pas celui que l'on voit le plus, ni celui qui pratique les tarifs les plus hauts. Dans un quartier hors des radars, mais facile d'accès par le tram T6, un salon de coiffure et barbier hors du temps mais bien dans son époque ! Victorio Saroli, italien d'origine, est un coiffeur comme on n'en fait plus. Lui qui a appris son métier avec son père à 13 ans et demi n'a cessé de se perfectionner pour tendre vers l'excellence en remportant de nombreux et prestigieux concours. Salon au décor ultra personnalisé, musique jazzy du meilleur goût (et aussi du grand Charles...), gentillesse, écoute et savoir-faire pour une coupe sur mesure. Du grand art !

COIFFURE

LES SAISONS BY CHRISTIAN NOËL

3 bis, rue Margnolles - **CALUIRE-ET-CUIRE** ✆ 04 72 00 90 11
https://coiffurelessaisons.fr

Ouvert du mardi au vendredi 9h-19h, samedi 9h-18h. Coupe homme 24 €, femme à partir de 38 €. Couleurs.

En toute saison, il faut succomber à la tentation d'un rendez-vous chez Christian Noël. Plus qu'un coiffeur, un véritable ambassadeur de la beauté et du bien-être. Dans un espace cosy aux airs des années folles, Christian Noël nous offre ce grain de folie qui nous rendra différente et nous-même à la fois. Fort de plus de 30 ans d'expérience, utilisant les marques Schwarzkopf, GHD et Authentic Beauty Concept, il prend le plus grand soin de nos cheveux. Esthétique avec maquillage, soin des ongles et sourcils. Cartes de fidélité et tarifs accessibles. Boutique en ligne.

BEAUTÉ

IL ESTHÉTIQUE POUR HOMME

11, boulevard des Brotteaux (6e)
✆ 09 86 71 22 94
www.il-esthetiquepourhomme.com

Ouvert du lundi au samedi de 9h à 19h, fermé mercredi.

Prendre soin de soi, ce n'est pas « genré ». Ces messieurs aussi ont le droit d'être bien dans leur peau en prenant rendez-vous – en ligne sur Internet ou par téléphone – chez Il Esthétique pour Homme. Un institut aux lignes douces et contemporaines, aux notes bleutées, où des esthéticiennes diplômées d'état et formées vous apportent le meilleur pour notre peau et notre bien-être. Après diagnostic sont proposés des soins spécifiques et personnalisés afin de combattre les effets de la fatigue, du stress, de l'âge... Soins du visage hebdomadaires, mensuels ou traitement intensif jeunesse –, modelages, gommages, soins des mains et des pieds, épilation... Pour être bien au masculin.

COSMÉTIQUES

AROMA ZONE

23, rue Bellecordière (2e)
www.aroma-zone.com

Ouvert du lundi au samedi de 10h à 19h30.

Dans le cadre somptueux du Grand Hôtel-Dieu, Aroma Zone se démarque des boutiques beauté traditionnelles. Un grand espace parcouru par des branches de bois blanc au plafond et de vastes présentoirs offrant des possibilités infinies de prendre sa beauté en main de manière responsable dans une boutique-atelier. Des produits 100 % naturels du monde entier s'associent selon les besoins de chacun, composant des cosmétiques sur mesure. Il suffit de prendre une base neutre et d'ajouter les ingrédients qui nous correspondent. Conseils pour les néophytes par les conseillères, ateliers sur place et en ligne. Entre tradition des bons produits et concept futuriste, Aroma Zone séduit.

COSMÉTIQUES

PICK&GRAM

83, Grande Rue de la Croix-Rousse (4e)
✆ 09 71 59 49 16
www.picketgram.fr

Ouvert du lundi au samedi de 10h à 19h.

En vrac plus que jamais et surtout dans ce contexte particulier ! Le vrac, ce n'est pas que de l'alimentaire, c'est aussi de la beauté. Se faire belle, prendre soin de soi tout en prenant soin de notre planète, c'est l'engagement pris par Pick&Gram depuis 3 ans. Le concept est simple : vendre des ingrédients cosmétiques et ménagers naturels... en vrac ! Pour l'utilisation et les assemblages nécessaires, les conseils sont les bienvenus. Heureusement, les responsables de Pick&Gram œuvrent sans relâche et avec le sourire. Pour être sûre de maîtriser la composition de vos produits de beauté, faire un geste pour la planète et quelques économies, Pick&Gram reste votre meilleur allié.

CRÉATEUR

PULP JEWELS

8, rue de Fleurieu (2e) ✆ 06 68 66 91 48
www.pulpjewels.com
Ouvert du mercredi au vendredi de 11h à 19h, samedi de 10h à 18h.

À deux pas de la place Gailleton, à l'entrée du quartier d'Ainay, l'atelier boutique de Camille propose une gamme de bijoux urbains stylés. À Lyon depuis 2010, la marque Pulp propose des bijoux actuels, entièrement réalisés à la main avec un beau savoir-faire et des matériaux de qualité, notamment l'or, l'argent et les pierres fines. Collection de la créatrice et des pièces uniques selon l'inspiration de Camille, mais aussi la possibilité de faire réaliser des bijoux sur mesure en faisant sertir la pierre de votre choix sur l'une des montures maison. Dans tous les cas, des pièces originales pour faire, ou se faire, de jolis cadeaux. Accueil charmant et conseils personnalisés.

CRÉATEUR

SOUFFLE DE CRISTAL

12, rue d'Austerlitz (4e)
✆ 04 37 26 90 01
www.souffledecristal.fr
Ouvert du mardi au samedi de 10h à 12h30 et de 14h30 à 19h.

Un souffle, une vibration, une résonance, une harmonie. Ce qui est merveilleux chez Souffle de Cristal, c'est que l'on ne vient pas seulement pour découvrir la «lithothérapie» (médecine douce et naturelle utilisant les propriétés des pierres), mais aussi pour la beauté d'une collection de bijoux «ethniques chics» très tendances. Près de 200 pierres aux tarifs doux à porter en bijoux fantaisie (bagues, bracelets, boucles d'oreilles, colliers...) du plus bel effet ou à «utiliser» brutes. Souffle de Cristal, ce sont aussi des pierres de collection, un grand choix d'articles Feng shui, d'encens et d'artisanat tibétain. Un Souffle de Cristal qui nous fait le plus grand bien.

CRÉATEUR

MICKAEL K. DESIGNER

7, avenue Adolphe-Max (5e)
✆ 04 78 42 07 29
https://createurbijouxlyon.com
Ouvert du lundi au samedi de 10h à 19h30.

L'élégante devanture de cette boutique se fait remarquer sur la minuscule place de la Trinité, à deux pas du métro Vieux Lyon et de la primatiale Saint-Jean. Créateur et fabricant de bijoux, Mickaël K. travaille aussi bien l'or - blanc, rose ou jaune - que l'argent, le cuivre… et même le bois de rose, qu'il mêle à des pierres, précieuses ou semi-précieuses. Ses parures, d'inspiration contemporaine ou Art déco, naissent de son imagination, mais aussi d'un échange d'idées avec ses clients. De la glaise des croquis successifs émerge alors une bague ou un tour de cou qui ne ressemble à aucun autre ! On peut également lui confier des travaux de réparation ou de transformation de bijoux.

ART - DESIGN

NEW

EYEMAZY

20bis, rue Saint-Jean (5e)
www.eyemazy.com
Ouvert tous les jours de 10h30 à 19h.

© EYEMAZY LYON

© EYEMAZY LYON

Une enseigne inclassable tellement elle est unique dans son genre ! T'as de beaux yeux, mais jusqu'à quel point ? Déjà la vitrine devant laquelle s'attroupent les passants annonce la couleur, mais il suffit de pousser la porte de cette boutique hors norme installée dans le Vieux Lyon pour saisir toute la beauté de vos yeux. Eyemazy, c'est une photo de votre iris (le disque pigmenté qui donne la couleur de vos yeux) - grâce une photobox et un procédé totalement indolore (à partir de 5 ans) - que l'on peut agrémenter (ou pas) d'effets, le tout imprimé en haute qualité selon le format qui vous convient (et de nombreuses possibilités de personnalisation). Résultat saisissant de beauté.

CRÉATEUR

BRUNO ALQUIER

9, cours Vitton (6e) ✆ 04 78 89 24 82
www.brunoalquier.com
Ouvert du mardi au vendredi de 11h à 19h et le samedi sur rendez-vous uniquement.

Un plaisir unique. Depuis plus de 30 ans, ce bijoutier d'exception, véritable artisan d'art, réalise sur mesure des bijoux originaux. Avec Bruno Alquier, chaque pièce est conçue à notre image pour accompagner tous les grands moments de notre vie. Ce créateur nous permet de composer nous-mêmes notre bague à partir de matières précieuses. Sur un catalogue ludique, on choisit le corps de la bague et la pierre à monter, composant ainsi un bijou à notre image. Ce qui est agréable, c'est que non seulement on participe pleinement à l'élaboration de son bijou personnalisé, mais en plus le tarif est identique à celui d'un bijou de série. Alors, pourquoi résister à la tentation ?

CRÉATEUR

CLAIRE SARMA CREATIONS

7, rue de Saint-Cyr (9e) ✆ 06 74 71 71 37
www.bijouxclairesarma.com
Accessible aux fauteuils roulants, Accessible aux personnes à mobilité réduite

Quel plaisir de mettre en lumière les créations originales et labellisées « Fabriqué à Lyon » de Claire Sarma. Dans son atelier-boutique de Vaise, cette artiste et artisane de talent crée des bijoux et autres objets merveilleux autour du verre, matière magique. Pour ses créations personnalisées, Claire Sarma conjugue les techniques du «fusing» (technique permettant d'assembler des morceaux de verre colorés) et du filage de verre à la flamme pour former de magnifiques perles de verre. Résultat : des bijoux colorés composés de perles de verre colorées, toutes uniques, et d'autres objets déco, comme ces lampes et tableaux en verre. Des créations lumineuses que l'on peut encore personnaliser.

CRÉATEUR

BIJOUTERIE JOAILLERIE CRÉATION DE MATOS

23, boulevard François-Reymond - **SAINT-PRIEST** ✆ 04 78 20 48 50 - Entrée magasin sur la place
www.doretdargent.fr
Ouvert du mardi au samedi de 9h30 à 12h et de 14h à 19h.

Artisan d'art depuis plus de 40 ans à Saint-Priest, De Matos vend des bijoux d'exception fabriqués à Lyon, alliant tradition, qualité et lignes personnalisées. Fabrication maison pour des bijoux or ou argent se déclinant en chevalières à graver ou à orner d'une pierre précieuse, bagues, alliances boucles d'oreilles, bracelets, chaînes, colliers, pendentifs, des colliers prénoms en lettres découpées. Pièce iconique, la croix *Rocker à la guitare* adopté par les fans de Johnny. Possibilité de faire réparer ou modifier de vieux bijoux pour leur offrir une nouvelle vie.

GADGETS

BLUSH

7, rue de Sèze (6e)
✆ 04 72 15 03 81
www.blush-generalstore.com
Ouvert le lundi de 14h à 19h, du mardi au samedi de 10h à 19h.

Un concept-store mis en lumière par l'adorable Caroline. De la clarté pour dénicher l'objet, l'accessoire, le gadget rare dont cette boutique pop et décalée a le secret. Le gadget que tout le monde s'arrachera bientôt se trouve déjà chez Blush. A proximité immédiate de l'avenue de Saxe, cette adorable boutique continue de nous surprendre à chacune de nos visites. Un seul conseil, faites les curieuses, vous ne pourrez que craquer, mais laissez-vous aussi guider par les conseils de la charmante Caroline qui n'a pas fini de vous donner des envies. Une version Intimate pour les accessoires et une autre adresse Concept Store sur la Presqu'île rue des Quatre Chapeaux.

CADEAUX DU MONDE

TERRES D'ASIE

5, rue de Marseille (7e) ✆ 04 78 58 95 37
https://terresdasie.fr
Ouvert du mercredi au samedi de 10h30 à 12h30 et de 14h à 19h30.

Loin des clichés sur les produits «Made in Asia», cette belle boutique de la rue de Marseille (facilement accessible en métro ou tram) vous emmène directement en Asie à la découverte d'une culture, d'un art de vivre, d'objets et de vêtements superbes et de grande qualité. Créée il y a une vingtaine d'années, Terres d'Asie propose une sélection exigeante dans tous les domaines. Des robes contemporaines élégantes, de superbes kimonos pour les amoureuses de belles soies, des pantalons, des tuniques, des jupes longues... Plus de 1 500 références pour tous les budgets. Nombreux accessoires, des éventails, des encens et un rayon entier dédié au feng shui. De beaux cadeaux à se faire à prix doux.

CADEAUX

HEUREUX COMME UN PRINCE

41, rue de la Charité (2e) ✆ 04 78 79 14 57
www.heureuxcommeunprince.fr
Ouvert du mardi au vendredi de 10h à 13h30 et de 14h30 à 19h, samedi de 10h à 19h.

Heureux comme un prince à Lyon avec plein d'idées cadeaux pour faire plaisir à ceux que l'on aime. Un bel univers masculin composé par Arthur et Florent, fait de tendresse, de beauté et de quelques objets connectés. Des objets au masculin que les dames pourraient bien emprunter… Une mine d'idées cadeaux pour celles (et ceux) qui veulent offrir avec amour tout le nécessaire de mise en beauté, mais encore des tire-bouchons de pro pour épater les copains, de beaux livres gourmands, des bijoux, des montres, des accessoires de mode (de l'écharpe aux caleçons) et des accessoires de bureau. E-shop si vous ne pouvez pas ou ne voulez pas vous déplacer. Alors, heureux ?

CADEAUX
PERREYON 1884

1, rue Victor-Hugo (2e) ✆ 04 78 37 18 54
www.perreyon1884.com
Ouvert mardi et mercredi de 10h à 13h et de 14h à 19h, jeudi et vendredi de 10h à 19h, samedi de 10h30 à 19h.

Parce qu'il faut préférer l'encre à l'écran, direction Perreyon 1884, le spécialiste à Lyon depuis 139 ans de la plume et du stylo. Bienvenue dans l'univers de Perreyon 1884 où rayonne l'adorable Kelly avec sa bonne humeur contagieuse et son professionnalisme. Sélection pointue des meilleures marques européennes et japonaises : Pilot, Sailor, Platininum, Diplomat, Pélican, Ferris Wheel Press... Plus de 50 grandes marques de stylos et un bar à encres unique pour ne pas écrire et dessiner comme tout le monde. Stylos stylés, superbes papiers, accessoires de bureau et petite maroquinerie de haute qualité. Un beau stylo, c'est le plus beau des cadeaux, la clé vers le bonheur infini d'écrire.

CONCEPT STORE
TENDANCE K

2, rue de la Mairie - **FRANCHEVILLE**
✆ 06 24 20 90 12
www.tendance-k.fr
Ouvert du mardi au samedi de 9h30 à 12h30 et de 15h à 19h.

Une boutique à Francheville, ça nous sort du centre de Lyon et c'est bon. Dans son concept store, Sophie rassemble, renseigne, écoute, prend soin de ses clients de passage ou habitués poussant sa porte pour rentrer dans ce lieu de vie bien animé. Une tasse de thé après l'école, un goûter, un verre de vin à partager, une recherche cadeaux de dernière minute avec des marques originales et des objets sélectionnés avec goût, un bijou plaisir pour ces dames, un petit objet pour les enfants, une soirée à thème le vendredi soir, une conférence, une animation au thème original... Femme, mari, enfant, famille, tout le monde se croise et se côtoie pour partager un pur moment de bonheur.

PETIT BAMBOU

Inspirez, expirez… soyez accompagnés. Petit Bambou invite à ralentir en proposant plus de 2 000 séances de méditation et cohérence cardiaque dispensées par des instructeurs tels que Christophe André, psychiatre qui a démocratisé la méditation de pleine conscience en France. Chaque séance est personnalisable (durée, voix, langue) et balaye des sujets comme le sommeil, la confiance ou la jeunesse.

CONCEPT STORE
BE HAPPY

69, avenue Jean-Jaurès (7e)
✆ 09 81 01 75 80
Métro Jean Macé
www.behappy-store.com
Ouvert le lundi de 15h à 19h ; du mardi au samedi de 10h à 19h.

© PETIT FUTÉ

Un bijou de boutique. Be Happy, c'est l'adresse dont vous ne pourrez plus vous passer. Parce que Catherine est adorable et que sa sélection d'objets est incroyable. Be Happy, boutique indépendante et colorée, c'est la garantie de se faire plaisir et/ou de faire plaisir avec une multitude d'idées cadeaux pour toutes les occasions. Mode avec les pulls cachemire tendance Notshy, mais encore King Louie, Mademoiselle Yéyé ou I Code. Sacs Mila Louise. Large collection de créateurs : Hipanema, By Garance, Zag, Franck Herval, Bijoux Nature ou Belle Mais Pas Que, bijoux tissés artisanalement Nach, Rosekafé, Rice... Sacs Cabaïa adaptés à la vie urbaine. Bolas de grossesse. Be Happy for ever.

CADEAUX DU MONDE
BENOIT GUYOT

15, rue Emile-Zola (2e)
✆ 04 72 56 50 90
www.singulier.com
Ouvert du mardi au samedi de 10h à 13h et de 14h à 19h.

Benoit-Guyon, né en 1899, a toujours une longueur d'avance. Une enseigne qui a su évoluer au fil du temps pour accompagner nos envies d'être bien à la maison. Trois niveaux de cadeaux et de déco dans un magasin aux multiples recoins sur 650 m². Le rez-de-chaussée est le plus petit des espaces, même s'il contient les objets parmi les plus volumineux, comme ces canapés ou ces luminaires. A l'étage, le plus grand des espaces ouvre plusieurs univers avec de superbes objets de décoration, des accessoires originaux utiles et futiles, tout ce qu'il faut pour la cuisine, mais encore des tapis, du mobilier... Pour l'outdoor, ne pas manquer de sortir extra-muros à Lissieu. Site Singulier complet.

BIJOUTERIE

CRÉSUS

29, rue Gasparin (2e)
✆ 04 78 42 72 15
www.cresus.fr
Ouvert du mardi au samedi de 10h30 à 18h45.

Depuis 30 ans, Crésus, le roi de la montre et du bijou d'occasion, nous accueille dans l'une de ses boutiques lyonnaises : une dédiée aux montres, une autre pour les bijoux et les sacs à main, ainsi qu'un atelier pour les montres de luxe vintage et les services horlogers haut de gamme. Achat, vente, dépôt-vente de grandes marques (Rolex, Omega, Breitling, Jaeger-LeCoultre…), Christian Odin – véritable « chasseur de montres » – conseille, renseigne, écoute, puis se plie en quatre pour satisfaire ses clients. Toutes les offres sont disponibles sur le site Internet. De nombreux services avec un atelier de réparation, des expertises, des assurances ou la possibilité de financer son achat.

BIJOUX - HORLOGERIE

BIJOUTERIE GEMME

15, cours Lafayette (6e)
✆ 04 78 60 55 33
www.bijoux-gemme.com
Ouvert du mardi au samedi de 10h à 13h et de 14h à 19h.

Au fil du temps, bientôt quarante ans et une autre boutique en Presqu'île, Gemme s'est imposée comme l'enseigne spécialiste de l'achat d'or ou de bijoux et de la vente de bijoux d'occasion. Gemme achète les bijoux, même s'ils sont cassés, usés, abîmés. Les bijoux, mais aussi l'or, les diamants et les pierres précieuses. Ce qui fait la différence, c'est que chez Gemme le bijou est pris comme une «œuvre» dans son intégralité, ce qui augmente naturellement sa valeur. De véritables experts évaluent la juste valeur de votre bijou et vous assurent du meilleur prix. Avec plus de 3 000 bijoux exposés – sas de sécurité comme dans une banque –, Gemme offre un large choix pour un plaisir renouvelé.

JOAILLIER - DIAMANTAIRE

BEAUMONT & FINET

100, rue du Président-Edouard-Herriot (2e) ✆ 04 78 28 17 17
www.beaumont-finet.com
Ouvert le lundi de 14h à 18h45, du mardi au samedi de 10h15 à 18h45.

Figure emblématique de la bijouterie lyonnaise. Deux noms qui s'additionnent par une esperluette, cela fleure bon le XIXe siècle et un savoir-faire d'exception depuis 1836. Beaumont & Finet, c'est l'un des derniers ateliers de haute joaillerie à Lyon et en France avec sa propre marque B&F. Dans un espace luxueux de la très chic rue Herriot, où l'accueil sait se montrer convivial même avec les clients les plus modestes, monsieur et madame s'émerveillent des bijoux de grande marque :, Hermès, Boucheron, Arthus Bertrand, Ginette NY, le gramme, Poiray, Vanrycke. Encore plus originales, des créations maison B&F, de pures splendeurs de grande joaillerie. Une adresse précieuse.

HORLOGER - MONTRE

MAIER

99, rue Président-Edouard-Herriot (2e)
✆ 04 78 42 08 81
www.maier.fr
Ouvert du lundi au samedi de 10h15 à 18h45.

Avec une succession de boutiques de luxe à faire tourner la tête, la maison Maier s'est imposée dans ce quartier chic de la Presqu'île. Fondée il y a 25 ans, Maier est devenue au fil du temps l'ambassadrice des plus grandes marques de l'horlogerie – une de ses spécialités. Parmi les grands noms des plus belles montres et des mécanismes complexes : Panerai, Blancpain, Longines, Omega (revendeur officiel), Rolex (boutique au n° 79), Breitling et Tag Heuer (boutiques au n° 102) Hublot, Breguet, Bell & Ross ou les manufactures suisses Audemars Piguet et IWC. Du grand art et des systèmes qui nous font précisément rêver. Boutique spécialisée dans les montres vintage à deux pas rue Maupin.

RELIGIEUX

ANGE MICHEL

5, rue Antoine-de-Saint-Exupéry (2e)
✆ 04 78 37 41 05
www.ange-michel.com
Ouvert du mardi au samedi de 10h à 13h et de 14h à 19h.

Avec une enseigne pareille, la « spécialité » de cette boutique est une évidence. Les articles religieux ! A deux pas de la place Bellecour, cela fait 118 ans qu'Ange Michel, nom du fondateur de cette enseigne (depuis 4 générations), est le spécialiste des santons - les vrais, ceux de Provence en terre cuite et peints à la main –, des articles religieux – textes pour toutes les occasions, croix, crucifix, médailles, icônes, cierges, statues –, mais encore des encens – c'est ici que l'on vient chercher son benjoin pour purifier son appartement... Accueil adorable de personnes enjouées, loin de l'image austère que l'on pourrait se faire de ce lieu, et excellentes conseillères.

RELIGIEUX

ARTISANAT MONASTIQUE

11, rue du Plat (2e)
✆ 04 78 42 82 45
www.artisanatmonastique.com
Ouvert lundi de 14h30 à 18h, du mardi au samedi de 10h à 18h.

Vous voulez consommer autrement et donner un sens particulier à vos achats ? A deux pas de la place Bellecour, de Saint-Jean et de Fourvière, une boutique pas comme les autres afin de promouvoir les produits fabriqués artisanalement dans les monastères. Des produits uniques, faits main avec amour, souvent issus d'un savoir-faire ancestral, couvrant la plupart de nos besoins : épicerie fine, notamment avec les fameuses bières trappistes, l'incontournable Chartreuse, de nombreux biscuits, des confitures, des miels, des aromates, mais encore des produits de beauté, des bougies et des articles religieux, des santons à la médaille. Une boutique plus engageante qu'il n'y paraît.

BALNÉOTHÉRAPIE

BALICINA

60, avenue Rockfeller (8e) ✆ 04 28 38 27 00
www.balicina.fr
Ouvert du lundi au samedi de 10h30 à 21h. Entrée Balnéo 30 €. Parking payant au sous-sol de l'établissement.

La meilleure des parenthèses urbaines. Dans le quartier de la santé, proche des Hôpitaux Est, un lieu dédié au bien-être et à la remise en forme. Balicina offre un magnifique ensemble alliant balnéothérapie, spa et coaching sportif afin de nous libérer de nos tensions et nous remettre sur la bonne voie. Trois espaces se complètent : la balnéothérapie pour profiter des bienfaits de l'eau avec des bassins de relaxation, de marche, des machines aquatiques de musculation, saunas et hammam ; le spa avec une gamme de soins du corps et du visage, de massages et de rituels avec les produits Comfort Zone ; le coaching sportif personnalisé et le yoga pour vous accompagner vers un bien-être global.

BALNÉOTHÉRAPIE

CALICÉO

25, rue Sainte Barbe - **SAINTE-FOY-LÈS-LYON**
✆ 08 26 30 36 69
https://lyon.caliceo.com
Ouvert tous les jours de 10h à 18h.

Juste ce qu'il faut à l'écart de l'agitation de la ville, dans un secteur facilement accessible et profitant d'un vaste parking, Caliceo offre un espace de détente grandeur nature. Outre le vaste bassin circulaire sous la verrière créant une belle lumière, Caliceo profite surtout d'extérieurs incroyables, avec deux bassins aquatiques chauffés, agrémentés de nombreux jets pour dénouer toutes les parties de nos corps endoloris. Si l'on resterait des heures dans les bassins ou sur le solarium, il ne faut pas négliger le spa avec des massages et des soins à la carte. Sauna, hammam et puits d'eau froide pour varier les plaisirs. On aime aussi les soirées à la bougie Océan de Lumières.

BEAUTÉ

SPA CINQ MONDES

7, Grand Cloître (2e)
✆ 04 78 42 07 07 - Métro Ampère ou Perrache.
www.cinqmondes.com
Ouvert tous les jours de 9h à 20h.

Dans le cadre majestueux du Grand-Hôtel Dieu, la détente commence bien avant de franchir la porte du Spa Cinq Mondes. Situation centrale en plein cœur de Lyon, architecture apaisante, décor magnifique des voûtes en pierre des anciens cloîtres, il n'y a plus qu'à se laisser porter pour vivre une expérience intense de bien-être. Des soins inspirés du monde entier : rituel impérial de jeunesse Ko Bi Do ou rituel Divine Légèreté, rituel de Félicité à deux, hammam individuel ou encore bain japonais dans une baignoire en bois de cèdre au milieu des pétales de rose. Découverte de la gamme de produits cosmétiques Cinq Mondes, des produits naturels inspirés des traditions du monde entier.

DÉTENTE - FORME

MEÏSO

28, rue de Condé (2e)
✆ 07 66 80 47 01
www.meiso.fr
Ouvert tous les jours de 9h à 21h. Sur réservation.

Zéro gravité. Envie de se blottir dans une bulle de bien-être, une oasis au cœur de la ville ? Dans une rue calme à côté de Perrache, vivez une expérience unique avec les bains flottants en apesanteur par Meïsō. Dans un caisson d'isolation sensorielle, oubliez la gravité de notre monde, évadez-vous dans un profond lâcher-prise. Dans une eau saturée en sels de magnésium, le sel d'Epsom permettant également de soulager vos douleurs articulaires et musculaires, laissez-vous aller et dériver paisiblement dans un état de méditation. Et pour renforcer cette expérience unique, des offres combo avec une autre pratique de bien-être avec des soins corps et eau. Flottez et portez-vous bien.

DÉTENTE - FORME

MYO DOJO

54, rue Denuzière (2e)
✆ 04 78 62 22 13
www.myodojo.com
Ouvert du lundi au vendredi de 8h à 20h.

L'EMS, l'ElectroMyoStimulation par Miha Bodytech, est une méthode révolutionnaire qui permet un travail efficace - et rapide - des muscles en profondeur pour ne pas être seulement musclé «en surface». Depuis 12 ans, Myo Dojo met à la portée du plus grand nombre une technique, l'EMS, prisée par les sportifs de haut niveau. Avec Marc à vos côtés, coach spécialiste de ces machines dernière génération, vous allez transformer votre corps avec des séances de 20 minutes équivalant à 4h de sport. Ratio temps-efficacité remarquable. Entraînement musculaire intense, travail cardio, mais aussi des programmes de relaxation et de récupération. Accompagnement sur mesure pour atteindre vos objectifs.

FORME

L'APPART FITNESS

81, rue de la République (2e)
✆ 04 78 37 93 16
www.lappartfitness.com
Ouvert tous les jours de 6h à 23h.

Sportez-vous mieux ! Avec plus d'une vingtaine de clubs situés dans la Métropole lyonnaise, il y a forcément un Appart Fitness près de chez vous pour pratiquer l'activité sportive dont vous avez envie. Ils offrent un univers actuel au service de notre remise en forme personnalisée avec une seule carte permettant l'accès de tous les clubs à volonté, de nombreuses activités individuelles et cours groupés selon l'intensité recherchée. Vestiaires design, douches individuelles, draps de bain, tout le monde est aux petits soins pour vous accueillir dans les meilleures conditions. Larges horaires, cours outdoor, formules avec ou sans engagement et coachs efficaces. Bougez !

FORME
FITNESS BOUTIQUE

151, avenue du Maréchal-de-Saxe (3e) ✆ 04 78 60 05 01
www.fitnessboutique.fr
Ouvert du lundi au vendredi de 10h à 13h et de 14h30 à 19h, samedi de 10h à 19h.

Faites du sport à la maison avec Fitness Boutique, le plus grand magasin d'exposition de matériel de fitness et de remise en forme (5 adresses dans la Métropole). Pour les fans de fitness, de nombreux appareils de fitness : vélos d'appartement, de biking ou vélos elliptiques, tapis de course, rameurs, appareils de musculation, steppers, haltères, tapis de sol, corde à sauter... Pour compléter l'effort, de nombreux accessoires viennent compléter l'offre : vêtements, nutrition sportive et protéines selon vos besoins. Le temple immanquable pour tous les amateurs du genre bénéficiant d'un large choix, de conseils judicieux et la possibilité de tester le matériel.

HAMMAM
SPA DES CANUTS

51, rue Deleuvre (4e) ✆ 04 78 39 57 72
www.spadescanuts.fr
Ouvert du lundi au jeudi et samedi de 10h à 19h, vendredi 10h-22h, dimanche 12h30-18h30. Réservations recommandées.

Une touche d'Orient pour un bien-être complet. Au cœur de la Croix-Rousse, dépaysement garanti et détente assurée au hammam, au sauna, au bain bouillonnant ou en profitant des nombreux soins prodigués par une équipe adorable et professionnelle. Direction l'Orient dans un voyage de tous les sens. Grand bien-être assuré grâce aux soins et rituels que l'on peut même partager à deux avec son compagnon. Expérience magique à s'offrir le plus souvent possible pour se ressourcer et se refaire une beauté. Beauté des mains, des pieds, du visage. Des «rituels» permettant à chacune de se sentir comme une princesse berbère. Propreté des lieux irréprochable. Thé à la menthe avant de partir.

FORME
WELLNESS SPORT CLUB

153, rue Vendôme (3e) ✆ 04 78 71 02 21
www.wellness-sportclub.fr
Ouvert du lundi au vendredi de 7h à 22h, samedi de 8h à 20h, dimanche de 8h à 17h.

Des salles premium pour du sport en 100 % liberté. Tout compris et sans engagement, profitons des plus belles et des plus complètes salles de sport et fitness de la ville. Qui n'a pas envie de retrouver la forme ou de perdre un peu de poids ? Chez Wellness Sport Club, vos objectifs se concrétisent dans les meilleures conditions. Dans un cadre grandiose, les activités se multiplient dans la zone de cardio-musculation, l'espace de cross-training, les nombreux cours collectifs, plus de 160 par semaine avec des activités inédites comme le boxing ou le pole dance, l'espace aquatique avec piscine et la zone de bien-être avec sauna et hammam pour oublier la fatigue et se relaxer.

SPA
BOSCOLO LYON

11, quai Jules Courmont (2e) ✆ 04 87 25 72 00
www.boscolocollection.com
Ouvert du lundi au vendredi de 9h à 21h, dimanche de 13h à 21h. Samedi et dimanche matin sur réservation.

Un lieu d'exception au cœur de Lyon. Dans des murs chargés d'histoire et entièrement rénovés de la plus belle des manières, le Boscolo Spa & Wellness prend grand soin de vous. Un espace intimiste installé dans de véritables thermes romains - superbes murs de pierres apparentes -, un écrin magique où le temps et l'agitation du monde semblent suspendus. Piscine pour se détendre, hammam, sauna et des cabines pour profiter de soins à la carte d'une équipe utilisant les produits ESPA. Soins du visage, rituels, soins du corps et massage holistique pour retrouver le calme intérieur ou revigorer ses pieds après une journée de marche en ville. Forfaits pour profiter de tous les bienfaits du Boscolo.

HAMMAM
LES BAINS DE L'OPERA

20, rue Jospeh Serlin (1er) ✆ 04 78 29 16 54
www.lesbainsdelopera.com
Ouvert mardi et vendredi de 11h à 22h, mercredi, jeudi et samedi de 11h à 19h.

Certaines rues de Lyon ouvrent des passages vers d'autres mondes. Derrière l'Opéra, poussez la porte du plus grand hammam de la ville. Réservés aux femmes, Les Bains de l'Opéra offrent une parenthèse pour une détente et une relaxation optimales dans un lieu qui semble coupé de l'agitation urbaine. Profitez d'une escale orientale en découvrant la tradition ancestrale du hammam, bain de vapeur humide puisant ses sources dans... les thermes romains. Différentes prestations autour du hammam avec des massages bien-être et des enveloppements. Également épilation et soins du visage pour être bien dans son corps et dans sa tête. Des Bains qui nous font beaucoup de bien.

SPA
SPA LYON PLAGE

84, quai Joseph Gillet (4e) ✆ 04 72 10 44 34
www.lyon-plage.com
Ouvert du lundi au vendredi de 7h à 21h30, le week-end de 8h à 20h30.

Amarré sur les bords de Saône, rattaché à l'hôtel Lyon Métropole (mais accessible à tous), le Spa Lyon Plage est tout simplement le plus grand spa urbain de France. 8 000 m² dédiés au bien-être et à la remise en forme avec des installations intérieures/extérieures exceptionnelles en toute saison. Dedans, de nombreux espaces de détente : piscine de 25 m, bassin Le Grotto, bain à remous, cabines sauna, hammam... Mais aussi des salles de remise en forme, 2 terrains de badminton, un terrain de tennis. Dehors, piscine olympique et un étonnant parcours d'hydromassages dans une eau chauffée toute l'année à 37 °C. Soins et massages avec Cinq Mondes et Shisheido. Unique et incontournable.

SPA

LE SPA PAVILLON DE LA ROTONDE

3, avenue du Casino
CHARBONNIÈRES-LES-BAINS
✆ 04 78 87 79 74
www.pavillon-rotonde.com
Ouvert tous les jours de 10h à 19h. Ouvert le jeudi jusqu'à 21h. Accessible à la clientèle extérieure sur réservation.

Envie de se détendre dans un cadre d'exception ? Direction le Pavillon de la Rotonde et son spa de luxe de 900 m² pour vivre une expérience de détente unique dans un cadre fantastique. Piscine chauffée, bain bouillonnant, sauna, hammam aux huiles essentielles, salle de fitness parfaitement équipée, cabine UV, salle de gommage... Le choix est large. Des soins de beauté sont également prodigués : épilation, maquillage, manucure... Pour les soins, la gamme Sothys. Cadeau à partager en couple avec des Escapades Bien-être, Cocooning ou Délice et Détente.

SPA

ROYAL SPA

75, cours Vitton (6e)
✆ 04 78 89 97 74
www.royalspa.fr
Ouvert du mardi au samedi de 10h à 19h.

Tons chauds et colorés orientaux, bancs de mosaïques oblongs et lumières tamisées introduisent l'ambiance de ce lieu consacré à la détente du corps, à la relaxation et à la beauté. Bel espace de 300 m² pour oublier l'agitation du monde extérieur et se recentrer sur soi. Espaces de relaxation et d'hydrothérapie haut de gamme, des prestations individualisées pour des bienfaits qui durent longtemps. Spa avec sauna, hammam et bain à remous, table en marbre chauffée pour un vrai gommage au savon noir... Il ne reste plus qu'à réserver des soins et rituels inspirés de l'Inde et de l'Orient pour vivre des moments magiques. Possibilité de partager (privatisation) ce bien-être à deux.

MASSAGE - RELAXATION

MILLE ET UN BIEN-ÊTRE

21, rue Ferrandière (2e)
✆ 04 78 42 59 45
www.1001-bienetre.fr
Ouvert du mardi au samedi de 10h à 19h. Rendez-vous en ligne.

Décompresser, lâcher prise, s'évader... Il est temps de vous faire du bien en réservant - très facilement sur le site Internet selon son temps disponible ou son budget - une parenthèse de douceur chez Mille et Un Bien-être. Au cœur de la Presqu'île, un havre de paix où des praticiens spécialisés proposent différentes techniques, des massages issus des traditions ancestrales de plusieurs pays : ayurvédique indien, balinais, le lomi lomi hawaïen, bamboo ou pierres chaudes. A la carte, massages de confort, à 4 mains, rituel de beauté, future maman ou autour de l'enfant. On aime aussi les initiations au massage. Cartes cadeaux pour offrir ce qu'il y a de plus précieux : le bien-être.

MASSAGE - RELAXATION

QUINTESSENCE

4, rue Pravaz (3e)
✆ 04 69 67 23 20
www.massage-quintessence.com
Ouvert du mardi au vendredi de 10h à 19h ; le samedi de 11h à 19h.

© EMMANUEL SPASSOFF

© EMMANUEL SPASSOFF

La terre, l'eau, le feu, l'air : quatre éléments auxquels les philosophes ajoutent un 5e élément - l'amour ou l'esprit - qui devient la Quintessence. Une Quintessence source de plénitude que les urbains épuisés par le quotidien viennent chercher dans ce salon à l'ambiance zen. Deux élégantes cabines de massage aux lumières douces pour profiter des massages bien-être par Ania, véritable perle, forte de plus de 10 années d'expérience. P'tite pause détente de 30 min ou moments plus longs pour un massage personnalisé. Massage aux huiles essentielles, massages du monde, «Détente absolue», à 4 mains, en couple, pour femmes enceintes, enfants et parents... La Quintessence du bien-être.

CHAUSSURES

CORDONNERIE UPPER SHOES

4, quai de la Pêcherie (1er)
✆ 04 78 58 39 33
www.upper-shoes.com
Ouvert lundi de 14h à 19h, du mardi au vendredi de 11h à 19h, samedi de 10h à 19h30.

© EMMANUEL SPASSOFF

© EMMANUEL SPASSOFF

Parce que marcher dans les rues de Lyon, ça use les souliers, il faut absolument découvrir la cordonnerie d'Anatole Weill installée au sein de la boutique Upper Shoes, boutique multi-marques de chaussures haut de gamme. Même passion, même souci de qualité avec un service de réparation assuré par un compagnon du devoir cordonnier-bottier qui met son savoir-faire au service de vos chaussures abîmées. Pour les réparer ou les protéger : pose de patins, de fers encastrés, changement de talons ou ressemelage complet ; toutes les chaussures auxquelles vous tenez retrouvent une seconde jeunesse et vous arpentez le pavé lyonnais d'un pas plus assuré. Pour des chaussures qui durent longtemps.

ENTRETIEN - RÉPARATION

MERCIÈRE COUTURE RETOUCHE

15, rue Mercière (2e)
✆ 04 78 60 70 42
Ouvert mardi, jeudi et vendredi de 9h à 12h30 et de 14h à 18h30, mercredi de 9h à 12h30, samedi 10h-13h et 14h-17h.

Les merciers – qui ont donné leur nom à la rue Mercière – n'ont pas grand-chose à voir avec les merceries actuelles. Ils désignaient les marchands. Peuplée de restaurants, la rue Mercière accueille aussi une boutique de couture, tenue par la charmante et très efficace Lila. Parfaitement équipée, elle réalise des travaux soignés (ourlets, retouches, transformations, réparations...) dans la journée (prévoir quand même de 24 à 48h, maxi une semaine pour les «gros» travaux). Lila propose également du sur-mesure, avec la confection de rideaux, coussins, draps housse...

CORDONNIER

MAISON BALTAYAN

6, place des Célestins (1er)
✆ 04 78 37 30 50
www.baltayan.com
Ouvert du lundi au samedi de 9h à 13h et de 14h à 19h.

Une institution lyonnaise dont on peut cirer les pompes ! Une enseigne réputée depuis 1936, un titre de meilleur cordonnier de France en 1998 pour un travail d'excellente qualité réalisée par des artisans de talent et une boutique remise au goût du jour. Les réparations sont effectuées avec un soin extrême (pour les amateurs, Baltayan est agréé par Paraboot et les chaussures arrivent du monde entier !), mais la maison propose également à la vente ses crèmes de soin pour nos souliers, des embauchoirs qui absorbent l'humidité, des ceintures, des besaces, des casques de moto version cuir et tout plein d'accessoires pour entretenir au mieux nos précieuses chaussures.

LIEU DE RÉCEPTION

LES BATEAUX LYONNAIS

13 bis, quai Rambaud (Siège) (2e)
✆ 04 78 42 96 81
www.lesbateauxlyonnais.com

Les Bateaux Lyonnais embarquent tous vos événements au cœur de Lyon ! Faites monter à bord vos amis ou votre famille pour un anniversaire, un mariage, une fête. Emmenez vos collègues, vos associés, votre public pour un lancement de produit ou un séminaire insolite. Embarquez pour tous vos événements privés ou professionnels à bord des Bateaux Lyonnais, dont le nouveau Saint-Exupéry dédié aux événements. De la promenade sur la Saône à la croisière gourmande autour de Lyon, vos événements prennent une autre dimension ! Toutes les configurations sont possibles grâce à des équipes et des équipages réactifs et performants. Des événements inoubliables à partager. Devis personnalisé sur demande.

LIEU DE RÉCEPTION

CLUB PERNOD

41, rue du Président-Edouard-Herriot (2e)
✆ 04 78 38 51 51

Envie d'organiser vos plus beaux événements dans un lieu d'exception au cœur de la Presqu'île ? Le Club Pernod offre une adresse de prestige et un lieu magnifique pour offrir et partager des moments uniques. Au dernier étage d'un immeuble cossu de la très chic rue Herriot – entre Bellecour et Terreaux, juste à côté du Palais de la Bourse et de la CCI –, le Club Pernod vous ouvre ses espaces parfaitement aménagés sur près de 600 m². Des salons confortables pour des cocktails privés – Pernod étant l'un des spécialistes du cocktail –, des salles pour des réceptions ou des expositions réussies, c'est un sans-faute assuré pour recevoir vos invités. La grande classe.

LIEU DE RÉCEPTION

ROOFTOP 52

52, quai Rambaud (2e)
✆ 04 78 68 89 13
www.rokoriko.com

Et si votre événement avait lieu sur les toits ? Sur le «rooftop» d'un immeuble contemporain, création de l'architecte Rudy Ricciotti. Le bâtiment est splendide, mais aussi écoresponsable dans le quartier futuriste et animé de Confluence. S'ouvrant sur la Saône, offrant un panorama à 360° inoubliable, cet immeuble joue de ses formes arrondies pour créer des espaces uniques. Magnifique toit-terrasse de 600 m² pour se mettre à l'abri de toute agitation. Réceptions privées et professionnelles sur la terrasse de 50 à 200 participants. Salles de réunion avec Rokoriko. Toute l'équipe du Rooftop 52 est à votre service et s'adapte à vos besoins pour que votre réception soit au top.

LIEU DE RÉCEPTION

LES YACHTS DE LYON

16, quai Rambaud (2e)
✆ 04 72 56 51 23
www.lesyachtsdelyon.com

Lyon ne vit pas que sur terre et vos événements prennent une autre dimension sur les flots. Amarrés le long des berges de la Saône, 4 grands bateaux dont *Le Volupté* accueillant jusqu'à 120 personnes pour un cocktail à l'ambiance lounge et des équipements sonores et vidéo complets. Un pont extérieur éclairé disposant d'une bâche assure une couverture complète. A quai ou à flot, le bateau s'adapte à toutes les réceptions, événements privés, conférences... *L'Officiel* offre une belle idée du luxe, le catamaran *La Mouche* de belles prestations pour vos cocktails en petit comité. Louez le *Key West* pour une escapade et prenez le *Vaporetto* pour vos déplacements urbains.

LIEU DE RÉCEPTION

LE CHÂTEAU DE MONTCHAT

51, rue Charles Richard (3e)
✆ 04 72 34 58 66
www.chateau-montchat.com

Ce n'est pas le site historique le plus connu de Lyon et sans doute pas un château comme vous l'imaginez. Même s'il possède une tour, le château du XVIe siècle ressemble plus à une belle demeure, restaurée au XIXe siècle par Viollet-le-Duc, puis transformée en espaces de réunions et de réceptions en 1993. Unique en son genre à Lyon, installé dans le quartier de Montchat, il offre salles et salons pour organiser tous vos événements privés, pouvant accueillir jusqu'à une centaine de convives. On peut aussi utiliser le grand parc. Un bel endroit pour des réceptions plutôt haut de gamme. Nombreuses prestations en fonction des envies et du budget. Séminaires et congrès pour les entreprises.

LIEU DE RÉCEPTION

LE DOMAINE DE L'ILE BARBE

1, place Henri-Barbusse (9e)
✆ 06 20 68 19 12
www.ledomainedelilebarbe.com
Devis personnalisé sur demande.

Lyon est la ville idéale pour organiser vos séminaires et autres conventions. Mais dans une ville aussi belle, vous avez envie d'un lieu à la hauteur, comme le Hub de l'Ile Barbe, un lieu aussi beau qu'insolite puisqu'il abrite sur les quais de Saône le Domaine de l'Ile Barbe, le Musée Jean Couty et Tonic Radio. Ambiance village, cadre superbe, événements outdoor ou indoor... Tout sera mis en œuvre pour la réussite de votre séminaire, convention, exposition, lancement, soirée d'entreprise ou team-building. 3 salles parfaitement équipées. Devis personnalisé sur demande.

BEAUTÉ PRIVÉE

Comme son nom l'indique, en téléchargeant cette application vous aurez accès à une sélection de ventes privées spécialisées dans les soins cosmétiques, mais aussi des offres à prix réduits pour des expériences bien-être en spas et instituts. On aime les offres green qui valorisent les marques engagées, les sélections « petits budgets » et les bons conseils sous format d'articles et de vidéos.

LIEU DE RÉCEPTION

ABBAYE DE COLLONGES

Quai de la Jonchère
COLLONGES-AU-MONT-D'OR
✆ 04 72 42 90 90
www.bocuse.fr

L'Abbaye de Collonges, à 5 km au nord de Lyon, sur les bords de Saône, c'est le prestige d'un lieu d'exception éternellement auréolé du nom de Paul Bocuse. Un lieu de célébration, baptisé Abbaye en mémoire des moines de l'Ile Barbe, où l'on partage le plaisir de bien vivre, de bien boire et de bien manger. Dans une grande salle de 280 m² où trône un grand limonaire unique au monde, équivalent à 110 musiciens !, votre mariage ou réception privée prend une autre dimension. Des prestations sur mesure avec une cuisine dont la réputation n'est plus à faire, délicieuse. Nombreuses formules et menus adaptés, cocktail apéritif. L'Abbaye est réservée aux événements de 100 convives au minimum.

ROBE DE MARIÉE

CYMBELINE

20, rue Paul-Chenavard (1er)
✆ 04 78 30 09 09
https://cymbeline.com
Ouvert du lundi au samedi de 10h à 19h.

Si l'histoire de la maison Cymbeline commence il y a plus d'une quarantaine d'années du côté de Nemours avec l'association de 3 sœurs désireuses de révolutionner la robe de mariée trop conventionnelle, elle s'épanouit à Paris et pleinement dans la capitale de la soie. Les collections de ce créateur français, référence en matière de robes de mariée, changent chaque année et suivent les tendances. Dans une agréable boutique, les essayages sont très agréables et les retouches parfaites pour être la plus belle le grand jour dans le modèle de son choix. Amusante collection enfant pour faire comme les grandes et se rêver en princesse un jour. Une maison de confiance teintée de fils d'émotion.

LIEU DE RÉCEPTION

CHATEAU DE SAINT PRIEST

2, rue de l'égalité
SAINT-PRIEST
✆ 04 87 65 06 02
www.chateau-de-saint-priest.com

Un des incontournables parmi les lieux de réception pour accueillir votre mariage, c'est le château de Saint-Priest. Facile d'accès depuis Lyon, parking gratuit, ce château offre un cadre original, celui d'un bâtiment inscrit aux Monuments historiques - une ancienne maison forte - magnifiquement rénové avec sa verrière, unique en France, de 215 m². Vaste parc, véritable écrin de nature, avec ses jardins à la française pour les plus belles photos. Cérémonie possible en plein air, cocktail sur la terrasse, animations culinaires, dîner de qualité et soirée dansante en salons privatisés. Service de wedding planner possible pour une organisation sans faille de votre mariage.

ROBE DE MARIÉE

MARIÉES DU RHÔNE

8, place des Jacobins (2e) ✆ 04 78 42 27 98
www.mariees-du-rhone.com
Ouvert le lundi de 14h à 19h ; du mardi au samedi de 10h à 13h et de 14h à 19h.

La boutique Les Mariées du Rhône nous propose, dans un superbe espace en plein centre-ville, des collections pour tous les goûts, des «fantaisistes» aux plus classiques dans la tradition du mariage. Le plus grand choix, plus de 250 modèles, avec des prix qui ne s'envolent pas. Quelques noms de créateurs avec Marilyse, Rembo Styling (un étonnant créateur avec ses superbes robes fleuries), Luna Novias, Aire Barcelona, Très Chic, Agora ou les collections maison Mariées Passion Vita et Festive. Romantiques ou futuristes, toutes ces robes feront de vous la vedette d'un jour inoubliable. Les hommes et les enfants pourront partager votre bonheur en s'habillant à cette adresse.

INSOLITE

LE GOURGUILLON

46, montée du Gourguillon (5e) ✆ 09 72 62 56 58 - Métro Vieux Lyon ligne D
www.legourguillon.fr
9 chambres. Forfaits amoureux.

Et si le plus beau jour de votre vie n'était pas celui de votre mariage, mais celui où vous lui avez demandé sa main ? Un instant particulier qui peut nécessiter une certaine «mise en scène», un cadre hyper romantique dans un lieu hors du temps. Situé au cœur du Vieux Lyon dans une maison privée datant du Moyen Age, Le Gourguillon est un lieu dédié au calme, à la sérénité et... à l'amour. 9 chambres comme autant de petits cocons romantiques qui soulignent votre attention d'un romantisme au style parfait. Choisissez votre nid avec un bain à remous et agrémentez votre séjour d'un forfait amoureux avec de petites attentions qui feront la différence en faveur d'un grand «Oui».

TRAITEURS SPÉCIALISÉS

LES GLACIÈRES DE LYON

Allée Denis-Papin - **VÉNISSIEUX** ✆ 04 78 01 33 39
www.glacieresdelyon.com
Ouvert du lundi au samedi de 8h à 12h et de 14h à 19h ; le dimanche de 8h à 12h.

Envie de vous rafraîchir ? Pas la place ni le matériel pour faire de la glace pilée ou sortir un pain de glace ? Pas de souci, les Glacières de Lyon – une véritable affaire de famille – sont le spécialiste depuis plus de 30 ans de la glace, fabriquant environ 7 tonnes de glace pilée par jour pour les professionnels et les particuliers. Fête, buvette, mariage, cérémonie, événement, toutes les occasions sont bonnes pour découvrir une glace de qualité alimentaire qui fond dans vos verres ou maintient vos buffets à température. Une adresse pratique – facile d'accès par le périphérique lyonnais, parking client et possibilité de se faire livrer – qu'il faut avoir dans son répertoire !

ENFANT
CARRÉ JUNIOR

25, rue Bugeaud (6e) ✆ 04 72 14 05 59
www.carrejunior.fr
Ouvert mardi, jeudi et vendredi 10h à 13h et 15h à 19h, mercredi 9h à 19h, samedi 8h30 à 18h.

Pour les enfants, comme pour les parents qui les accompagnent, aller chez le coiffeur peut devenir une véritable épreuve. Sauf chez Carré Junior où, depuis 15 ans, on a compris comment accueillir les enfants et s'occuper au mieux de leurs cheveux fragiles. L'équipe est douce, attentive, compréhensive, sait parler aux parents comme aux enfants et propose des soins particuliers, comme ce shampooing parfumé réalisé selon les goûts de l'enfant à la fraise, à la menthe... Coupes parfaites selon les désirs de chacun. Les enfants trop contents peuvent grignoter un gâteau et repartent avec un petit cadeau, souvenir d'un moment joyeux qu'ils prendront plaisir à renouveler.

MEUBLES
BONTON

60, rue du Président Edouard Herriot (2e)
✆ 04 78 37 65 03
www.bonton.fr
Ouvert du lundi au samedi de 10h à 19h.

Le principe même du concept store, c'est qu'il est inclassable. Une enseigne bien connue des mamans chics – mais pas que – qui a sa boutique en plein cœur de la très chic – mais pas que – shopping zone de Lyon Presqu'île, c'est un peu convenu. Bonton pourrait se ranger dans la catégorie des vêtements de qualité pour enfants modèles, mais ce que nous mettons en valeur, c'est le côté lifestyle, déco, mobilier pour les tout-petits. Même qualité pour la chambre de bébé et un choix incroyable du meilleur goût pour la collection maison qui se transmettra entre générations. Nombreux objets craquants : jouets, livres, ballons, vaisselle façon poupée... Rien n'est trop beau pour nos enfants !

ENFANT - JUNIOR
LILI SUR LES PAVÉS

40, rue Sala (2e)
✆ 09 53 68 26 97
www.lilisurlespaves.com
Ouvert du mardi au samedi de 9h30 à 17h30.

Quand on est sur la paille, on peut aller sur les pavés pour habiller ses enfants. Depuis que des sites l'ont popularisé, le vêtement d'occasion est devenu très tendance. Lili sur les Pavés propose depuis plus de dix ans des vêtements neufs et d'occasion – parce que les bouts de chou, ça grandit tout le temps – pour les plus petits et les futures mamans. Dans cette belle boutique où l'accueil se montre adorable, les familles trouvent du matériel de puériculture d'occasion à des prix très intéressants (et dans un état contrôlé). Recyclage, fabrication européenne pour quelques vêtements neufs, ici la consommation responsable prend sens. Jouets, éveil et linges de chambre.

PUÉRICULTURE
LES ENFANTS RÊVEURS

22, cours Franklin Roosevelt (6e)
✆ 09 86 24 16 11
www.les-enfants-reveurs.com
Ouvert lundi de 14h30 à 19h, du mardi au samedi de 10h à 19h.

Rêveurs, les parents le sont tout autant que les enfants en découvrant les merveilleux meubles et objets d'une boutique qui nous emmène dans un univers féérique. Craquage assuré pour tous les parents qui entrent dans ce concept-store dédié à la décoration des chambres des tout-petits. Claire et Thomas partagent leurs coups de cœur pour des meubles et objets d'une centaines de marques essentiellement locales et françaises, européennes aussi. Des créateurs pas vus ailleurs, une dose de bonne humeur et plein d'idées aussi belles qu'utiles pour faire grandir bébé. Poussettes, lits bébé, tables à langer, tapis d'éveil, veilleuses, incontournables doudous, tout pour le repas et le bain...

DÉPÔT-VENTE
LOCA LOCA

6, rue des Capucins (1er)
www.localocalyon.com
Ouvert du mardi au vendredi de 11h à 13h30 et de 15h à 19h, samedi de 11h à 19h.

Pour consommer responsable, Loca Loca. Dans une rue des Pentes, une boutique tenue par une dame charmante qui nous présente la «circulation» des vêtements pour enfants. Saviez-vous qu'entre 0 et 6 ans un enfant portait en moyenne 600 vêtements et que chaque vêtement n'est porté en moyenne que 7 fois ? Ça en fait des vêtements à fabriquer alors qu'il y en a plein à remettre sur le marché. Une boutique éco-conçue qui donne du sens à notre consommation en rachetant les vêtements (sans tache ni trou), les jeux et les jouets de nos enfants pour que d'autres puissent en profiter à moindre coût. De la seconde main pour un monde meilleur demain. Autre adresse dans le 7e.

PUÉRICULTURE
LE PETIT SOUK

10, rue de Brest (2e)
✆ 04 72 32 94 13
www.lepetitsouk.fr
Ouvert lundi de 12h à 19h, du mardi au samedi de 10h à 19h.

Comme son nom l'indique, c'est un joyeux bazar - mais bien agencé - coloré où les grands se prennent à avoir des rêves d'enfants. Attention, si vous n'avez pas encore d'enfants, passer devant la vitrine du Petit Souk peut vous donner d'irrésistibles envies d'en faire... Tout plein de petits objets trop mignons, trop jolis pour les tout-petits qui grandiront dans un monde plus doux et plus beau. Doudous, poupées, culbuto, dînette, boîte à musique, coffres, coussins et petits mobiliers pour compléter la chambre de bébé. Petites affaires à porter pour elles et pour lui. Conseils et sourires pour les parents qui ne savent plus où donner de la tête. Un Petit Souk craquant.

JE M'AMUSE JE FAIS DU SPORT

La métropole de Lyon est une pépinière pour les sportifs. Sportifs de haut niveau avec la « légende » Karim Benzema, sacré ballon d'or, et la pépite Caroline Garcia, sacrée au Masters WTA. Clubs sportifs qui font rayonner le nom de Lyon en France et à l'international : OL football, ASVEL basket (nouvelle salle fin 2023) et Lou rugby, performant aussi bien au masculin qu'au féminin. Une métropole qui plébiscite le haut niveau, mais qui rend surtout le sport accessible à tous les publics. Si l'on peut s'inscrire dans une salle de gym, de crossfit ou prendre un entraîneur pour guider ses pas, il suffit de chausser ses baskets pour courir dans les parcs ou faire du *street workout* dans les quatre sites aménagés et gratuits. À Lyon, je fais de l'aviron sur le Rhône et du skate – Lyon a aussi son champion du monde en la matière – sur les différents modules. À Lyon, je fais évidemment du vélo. Je transpire et je m'amuse avec mes amis en pratiquant l'*escape game* ou des jeux de réalité virtuelle dans des arènes bien réelles. La métropole de Lyon est un immense terrain de jeu où je me dépense sans compter.

VOTRE GUIDE DEVIENT
INTERACTIF

TAPEZ PETITFUTE.APP DANS LE NAVIGATEUR DE VOTRE SMARTPHONE.

PRENEZ UNE PHOTO DE LA PAGE DÈS QU'ELLE A CE PICTO !

RUGBY

COUPE DU MONDE DE RUGBY 2023

DÉCINES-CHARPIEU
www.rugbyworldcup.com
France/Italie, Parc OL du 24 septembre au 6 octobre.

En attendant les Jeux olympiques 2024 à Paris, le grand événement, cette année 2023 sera la Coupe du monde de Rugby organisée en France du vendredi 8 septembre au samedi 28 octobre 2023. Lyon aura la chance d'accueillir 5 matchs des phases de poule au Parc OL de Décines, dont un match de l'équipe de France. 5 grandes affiches : Pays de Galle/Australie le 24/09, Uruguay/Afrique 1 le 27/09, Nouvelle-Zélande/Italie le 29/09, Nouvelle-Zélande/Uruguay le 5 octobre et l'incontournable France/Italie du 6 octobre. Ferez-vous partie de la grande famille des supporters ?

SPORT

EQUITA LONGINES

CHASSIEU
✆ 04 78 17 62 50
www.equitalyon.com
Du 1er au 5 novembre 2023.

L'incontournable rendez-vous des amoureux des chevaux depuis plus de 25 ans s'installe à Eurexpo début novembre. Le salon du cheval par excellence et un fabuleux concours hippique international se déroulent dans ce lieu unique. Un immense rassemblement de professionnels, de passionnés et de chevaux de toutes origines. 140 000 m² d'exposition, 11 carrières animées en continu, plus de 3 500 chevaux sur un même site et près de 800 exposants et éleveurs... Sans oublier de prestigieuses compétitions et les soirées animées. Equita, qui a sa chaîne TV, est le rassemblement des amateurs de chevaux de toute la France et du monde entier. L'événement des passionnés d'équitation.

CYCLISME

LYON FREE BIKE

(2e)
www.lyonfreebike.com
En septembre 2023.

L'idée de faire des parcours de VTT dans la ville est née en 1995 avec Bike in Lyon. 28 ans plus tard, la Lyon Free Bike est un événement incontournable pour plus de 8 000 vététistes sillonnant les rues lyonnaises sur un parcours changé à chaque édition avec des boucles de 20 à 45 km pour tous les niveaux. Un raid VTT empruntant la descente de la Sarra en passant par les chemins pentus de la Croix-Rousse ou le colimaçon du parking des Célestins. Une compétition à l'esprit familial et bon enfant où chacun trouve un parcours adapté à son niveau : du XL au parcours Découverte en passant par la rando solidaire Rouler pour elles, ouverte aux hommes, contre les cancers féminins.

COURSE À PIED

LYON URBAN TRAIL

5, rue Vauban (6e)
www.lyonurbantrail.com
Le 26 mars 2023.

Voir la ville comme vous ne l'avez jamais vue ! C'est à Lyon qu'a été inventé le Trail Urbain. Un style de course qui s'est propagé à d'autres villes devenues, le temps d'un week-end, des terrains de course à part. Avec ses reliefs marqués (on parle de plus d'un dénivelé positif de 1 400 m et de 6 000 marches d'escalier pour le 37 km, l'épreuve reine réservée à 1 000 coureurs maxi), Lyon est la ville idéale pour accueillir les meilleurs trailers et les débutants (du 8 km au 37 km, sans oublier le 12 km rando). Toujours le même conseil : inscrivez-vous de bonne heure (dès le mois de décembre pour une édition printanière), car les participants se bousculent au portillon de départ.

COURSE À PIED

RUN IN LYON

(2e)
✆ 04 72 44 92 32
www.runinlyon.com
En octobre 2023.

Vous êtes plutôt 5 (run solidaire), 10, 21,1 ou carrément 42,125 ? On parle de kilomètres à parcourir le temps d'un week-end d'automne dans les rues de Lyon. Une course pour faire rugir les runners qui vont pouvoir se lancer sur l'un des 3 parcours : le 10 km, le semi-marathon ou le marathon pour les plus costauds. Du coup, aucune excuse pour ne pas participer dans les rues de ta ville. Que tu sois jogger du dimanche - 10 km à ton rythme c'est possible - ou coureur de fond. Il te faut juste un certificat médical de non contre-indication à la pratique du sport en compétition, une inscription, une bonne paire de chaussures de sport et un peu d'entraînement pour sillonner les rues de Lyon.

COURSE À PIED

LA SAINTÉLYON

31, boulevard Jules-Janin - **SAINT-ETIENNE**
www.saintelyon.com
Prochaine édition : 2 décembre 2023. Épreuves de 13 km à 156 km.

Cette année fêtera la 68e édition de cette course devenue mythique. Avec 17 000 participants de 36 nationalités, et pas moins de 1 000 bénévoles, La SaintéLyon est de loin l'événement incontournable de la ville. C'est toujours à minuit, le premier week-end de décembre, éclairés de leur lampe frontale, que les coureurs s'élancent, formant un immense convoi lumineux le long du parcours qui relie les deux métropoles. Ce raid de 77 km peut être effectué seul ou en relais à 2, 3 ou 4 coureurs, se déclinant en d'autres formules, de la Saintétic de 13 km pour se lancer à l'Ultra de 156 km pour les passionnés ! Ce raid nocturne est la plus grande course nature de l'Hexagone.

PATINAGE

PATINOIRE CHARLEMAGNE

100, cours Charlemagne (2e) ✆ 04 78 42 64 55
www.piscines-patinoires.lyon.fr
Fermeture saisonnière de mi-mai à mi-septembre. Horaires selon saisons. Entrée et locations 7,30 €. Gratuit -6 ans.

Il y a deux patinoires à Lyon, dont la plus importante se trouve à Confluence. Avec sa coque de béton armée, signature des années 1970, la patinoire Charlemagne fait partie des bâtiments emblématiques d'un quartier ultramoderne. Elle accueille les amateurs – et les professionnels avec les meilleurs danseurs sur glace du monde et des hockeyeurs – de sports de glisse et de glace. Après une longue période de fermeture, elle a rouvert ses portes au public et vous pouvez rechausser les patins avec vos enfants au Jardin des glaces... Pratique pour accéder plus rapidement aux équipements municipaux, la possibilité d'acheter des e-billets ou de réserver une séance en ligne.

STADE

HALLE D'ATHLÉTISME STÉPHANE DIAGANA

4, rue Victor Schoelcher (9e)
✆ 09 75 44 71 31
www.lyon.fr

Inaugurée en 2012, c'est l'un des équipements les plus modernes pour la pratique de l'athlétisme en salle. Participant à la revitalisation du quartier sensible de La Duchère, cette halle futuriste offre un plateau complet d'athlétisme sur près de 6 400 m² ! Une piste circulaire de 200 m à 6 couloirs, une piste de sprint de 60 m à 8 couloirs, des ateliers pour la pratique des sauts et des lancers. Elle peut accueillir jusqu'à 2 000 spectateurs. Tous les week-ends en hiver, des meetings régionaux, nationaux et internationaux se déroulent dans cette enceinte.

RUGBY

MATMUT STADIUM

353, avenue Jean-Jaurès (7e)
M° Stade de Gerland. En bus : ligne 60. Stations Vélo'v : Parc de Gerland (allée Pierre de Coubertin), Gerland (square Galtier).

Avant même de parler de stade, parlons d'un lieu historique du sport lyonnais. Situé au sud de la ville dans le quartier de Gerland (facilement accessible en métro par la ligne B), ce stade inauguré en 1920 est l'œuvre de l'architecte lyonnais Tony Garnier. Il est d'ailleurs inscrit à l'inventaire des monuments historiques comme « un chef-d'œuvre de l'architecture du béton armé » depuis 1967. Ce stade historique accueille le LOU Rugby et les rencontres du Top14. Dans l'esprit du rugby, convivialité et partage, une brasserie permet de se restaurer tous les midis en semaine et les jours de match. Boutique officielle du LOU Rugby. Travaux en cours pour créer un vaste complexe avec hôtel.

STADE

GROUPAMA STADIUM

10, avenue Simone-Weill - **DÉCINES-CHARPIEU**
✆ 08 92 69 69 69
www.groupama-stadium.com
Visites guidées sur réservation.

Au cœur de l'OL Vallée, un lieu qui ne cesse de grandir avec l'Arena LDLC qui verra le jour fin 2023. En attendant, le Groupama Stadium est un lieu de vie où l'on vient, bien sûr, applaudir son équipe préférée, mais aussi assister à de grands événements : concerts de Depeche Mode, Muse (complet) et Mylène Farmer en juin 2023. Sans oublier la Coupe du monde de rugby en septembre-octobre. 59 286 places, 10 000 places de parking, 1 gare de tramway dédiée aux portes du stade, 2 parkings relais, 1 gare de navettes. Hôtellerie, restauration intégrée dans le stade et des boutiques OL. Le Pôle de loisirs d'OL Vallée offre des espaces récréatifs, sportifs et culturels pour se détendre et s'amuser.

STADE

PALAIS DES SPORTS

350, avenue Jean Jaurès (7e)

Construit au début des années 1960 à côté du stade de Gerland, le Palais des Sports a connu quelques heures de gloire avant de sombrer dans un quasi-abandon, sauf pendant la période de la crise sanitaire où il connut une forte influence comme... centre de vaccination. Pourtant, ce bâtiment tout rond de béton doté d'une salle modulable - avec un étonnant plafond constellé de lumières - et pouvant accueillir jusqu'à 7 500 spectateurs a accueilli des événements prestigieux, comme la victoire de la France en Coupe Davis ou des concerts de légende avec Michael Jackson ou les Rolling Stones. Aujourd'hui, le Palais des Sports accueille le plus grand tournoi de tennis féminin indoor, l'Open 6e Sens.

STADE

ASTROBALLE

44, avenue Marcel Cerdan
VILLEURBANNE

En bordure de périphérique, l'Astroballe reste la salle mythique de LDLC ASVEL, mais son avenir semble incertain avec le rapprochement de Tony Parker et Jean-Michel Aulas dont le projet est de construire une grande Arena à Décines. Alors, quel avenir pour l'Astroballe construite il y a 25 ans et qui a connu les plus belles années du basket français et international ? Dans l'immédiat, rien ne change et la salle de 5 500 places devrait continuer d'accueillir dès que possible les matchs de notre équipe de basket préférée. Mais dans le futur, certains «grands» matchs d'Euroligue seront délocalisés. Peut-être que les féminines pourraient compléter le planning...

J'ADORE LE SPORT

ALPINISME

CLIMB UP LYON

11, rue Lortet (7e) ✆ 04 72 71 83 84 - Tram T2 et Métro B (Jean Macé). Station Vélo'v à 50 m. - https://lyon-gerland.climb-up.fr

Ouvert tous les jours de 8h à 0h. Tarifs accès libre de 11 € (enfant -12 ans) à 17 €. Pass 52 €/mois.

Prenez de la hauteur. Sensations verticales dans l'une des plus grandes salles d'escalade de France ! Des chiffres à donner le vertige : 2 500 m² de surface de grimpe du 3e au 8e degré, 14 m de hauteur sous toiture, 120 lignes de cordes et 200 voies - renouvelées pour varier les plaisirs - pour monter jusqu'à 13 m de haut sécurisé par une corde. Une salle grandiose, mais surtout une salle à dimension humaine où débutants et experts partagent le même plaisir : celui de grimper. Espace dédié aux enfants, parcours aventure indoor, salle de fitness, sauna, restauration sur place (pique-nique accepté)... Un vrai lieu de vie pour grimpeur autonome ou pas (initiation obligatoire). Une référence.

BOUTIQUE DE CLUB

OL STORE LYON CENTRE

104, rue du Président-Edouard-Herriot (2e)
✆ 0892 69 69 69 - En métro : ligne A, station Cordeliers.
http://boutique.olweb.fr

Ouvert du lundi au samedi de 10h à 19h.

Pour être fier et supporter votre équipe de cœur, équipez-vous OL. Des fans inconditionnels aux amoureux du foot et supporters d'un soir qui veulent se faire plaisir en portant un des maillots du club. Oui, parce qu'il y a les maillots à domicile, les maillots à l'extérieur, les tenues d'entraînement... et toute une déclinaison de vêtements de sport montrant l'étendue de votre amour pour l'OL. Possibilité de personnaliser les maillots pour jouer comme un grand. Également de nombreux accessoires pour être OL dans sa cuisine, dans sa voiture, dans sa salle de bains, où vous voulez... Autres boutiques au Groupama Stadium, à Lyon Aéroport et à Villefranche. OL toujours.

CIRCUIT

ONLY KART

195, avenue de l'Industrie - **DAGNEUX** ✆ 04 30 33 33 33
www.onlykart.com

Fermé mardi. Lundi, jeudi, vendredi 17h-23h, mercredi 14h-23h, samedi 10h-23h, dimanche 10h-20h. Ski indoor. Bowling.

Karting et environnement, deux mots qui vont bien ensemble chez Only Kart. Sur la plus longue piste - homologuée FFSA 100 % sécurisée - de kart indoor de France, vous pilotez des karts électriques ultra puissants. Sur la nouvelle piste extérieure, type circuit F1, les karts roulent au bioéthanol pour relever tous les défis, frissons et challenges garantis. Dans ce complexe multi-loisirs, le jeu se prolonge sur les pistes de bowling interactif, sur l'incroyable piste de ski indoor ou en réalité virtuelle 4K. Glisse en toute sécurité toute l'année. EVJF et EVG, anniversaires pour les enfants, séminaires, team buildings... Espace bar. Pour partager des moments intenses.

CIRCUIT

PARK EVENTS

15-17, chemin du Génie - **VÉNISSIEUX** ✆ 04 72 78 05 05
www.park-events.com

Ouvert tous les jours. Horaires selon activités. Se renseigner. Tarifs complets en ligne.

Des expériences à partager en famille, entre amis ou entre collègues. Des activités sportives et de loisirs pour s'amuser dans un magnifique complexe : karting, bowling et laser game. Et ça démarre sur les chapeaux de roue sur le plus grand circuit de karting indoor de la région offrant 3 pistes indoor permanentes permettant de rouler avec les enfants (à partir de 11 ans, karts à partir de 7 ans). Challenges amicaux entre collègues de travail pour partager des moments forts lors de séminaires et team buildings. 12 pistes de bowling dernière génération avec tablettes tactiles et un laser game avec un labyrinthe de 700 m² pouvant accueillir jusqu'à 28 personnes. Plaisirs XXL.

COACHING

URBAN TONIC

78, rue du Président Edouard Herriot (2e) ✆ 04 72 41 03 03
www.urbantonic.fr

Ouvert du lundi au vendredi de 8h30 à 21h, samedi de 8h30 à 12h30.

Bien plus qu'une salle de remise en forme au cœur de Lyon, Urban Tonic est une véritable salle de coaching pour permettre à chacun, quel que soit son niveau, d'atteindre son meilleur objectif. Des coachs passionnés, présents en permanence avec vous pendant les séances sur des machines professionnelles, vont vous préparer un programme à votre mesure. David Boiron, le fondateur d'Urban Tonic, et son équipe de pro sont à votre écoute : perte de poids, gain de force, gain postural, cross training, Urban Training (parcours urbain alliant endurance et explosivité), souplesse et relaxation, préparation physique, gym traditionnelle et senior, mais aussi réduction du stress.

JEUX VIDÉO

I-WAY

4, rue Jean Marcuit (9e) ✆ 04 37 50 28 70
www.i-way-world.com

Ouvert du mardi au jeudi de 17h à 21h, vendredi de 12h30 à 21h30, samedi de 12h à 19h30.

Tu es trop un pilote, mais monter dans une F1 ça reste du domaine du rêve ! Que le rêve devienne (presque) réalité, grâce à I-Way ! Parfaitement encadré, monte à bord de l'un des 6 simulateurs professionnels uniques au monde. Toutes les sensations de piloter un bolide lancé à 300 km/h pour vivre des émotions fortes. Mêmes émotions fortes en pilotant une moto GP sur un simulateur utilisé par les pilotes professionnels ! Rêve ultime, se prendre pour Maverick et voler dans un avion de chasse pendant un combat aérien. Salle de réalité virtuelle pour s'aventurer dans d'autres univers. Quiz Game, premier du genre à Lyon, pour buzzer comme sur un plateau de télé ! Idéal pour du team building.

SPORT

SPODE

13, rue Tupin (2e)
✆ 04 78 42 02 42
www.spode.fr
Ouvert le lundi de 11h à 19h ; du mardi au samedi de 10h à 19h.

L'enseigne qui nous fait bouger depuis 44 ans bouge à son tour ! Bouge, pas vraiment puisqu'elle garde sa situation privilégiée au cœur de la Presqu'île, mais elle s'agrandit (exit la boutique érotique) d'un nouvel espace dédié à la randonnée : accessoires, textiles, montres, nutrition et, bien sûr les chaussures qui sont les spécialités de la maison. Ce qui ne change pas, c'est le choix des meilleures marques, la qualité et les conseils d'experts, coureurs et sportifs aguerris, pour choisir la chaussure qui colle à votre pied, à votre foulée et à votre pratique. Du quasi sur-mesure, avec la possibilité d'échanger ses chaussures si elles ne vous conviennent pas à 100% au bout d'un mois.

SPORT

AU VIEUX CAMPEUR

38-43-57-6, cours de la Liberté (3e) ✆ 04 78 60 81 00
www.au-vieux-campeur.fr
Ouvert lundi de 11h à 19h, du mardi au vendredi de 11h à 19h30, samedi de 10h à 19h.

Jamais le cours de la Liberté n'aura aussi bien porté son nom que dans l'une des 9 boutiques - oui, 9 - du Vieux Campeur installées sur la rive gauche. Un village de bonnes adresses pour voyager, s'évader, pratiquer tous les sports en liberté avec le matériel le mieux adapté. Dans chaque boutique spécialisée – montagne, plongée, randonnée, vélo... –, de vrais spécialistes vous conseillent vers le produit adapté à l'environnement et à vos besoins réels. Pas de course au suréquipement quand un bon produit basique suffit ! Pour tous les terrains, tous les climats, des produits techniques et des objets parfois inattendus. De la randonnée en famille au trek de l'extrême, le Vieux Campeur assure.

SPORT

TROC SPORT

30, avenue du Général-de-Gaulle
CHAMPAGNE-AU-MONT-D'OR
✆ 04 78 66 25 30
http://destocksportlyon.fr
Ouvert du mardi au samedi de 10h à 19h.

© DR

Envie de sortir faire du sport ? Direction Troc Sport. Facile d'accès et de parking, Troc Sport est le spécialiste du matériel de ski et de sports *outdoor* toutes saisons, en déstockage et occasions vérifiées par des spécialistes. Les plus grandes marques aux meilleurs prix toute l'année. L'hiver, skis, chaussures et vêtements – Sun Valley, Cairn, Dare2b, DC Shoes, Quiksilver – pour dévaler les pentes avec style. L'été, des vélos pour tous les terrains, ville comprise, du matériel et des chaussures de randonnée, running, trail... Déposez matériels et vêtements de sport, Troc Sport se charge de les vendre. Réparation, entretien et affûtage de vos skis. Conseils de pros. Top adresse.

SPORT

INTERSPORT

86, Grande-Rue-Croix-Rousse (4e)
✆ 04 78 29 50 90
www.intersport.fr
Ouvert du lundi au vendredi de 10h à 19h, samedi de 9h30 à 19h.

Alors qu'un nouvel Intersport XXL vient d'ouvrir à Porte des Alpes - en plus des adresses de Villeurbanne, l'Arbresle et Beynost -, les Lyonnais ont la chance d'avoir une grande boutique de sport en pleine ville, à la Croix-Rousse. Accueil charmant et conseils personnalisés de professionnels passionnés. Du foot à la course à pied en passant par les activités été/hiver de montagne (dont la boutique de la Croix-Rousse est la spécialiste), la randonnée, le vélo... tous les rayons sont à visiter en famille. Et si vous ne voulez pas faire de sport, streetwear et sportswear avec les plus grandes marques vous attendent chez Intersport. Choisissez votre façon de vous sporter.

SPORT

CABESTO MONTAGNE

102, rue Boileau (6e) ✆ 04 37 24 22 23
www.cabesto.com
Ouvert du mardi au vendredi de 11h à 14h et de 15h à 19h, samedi de 11h à 19h.

Au cœur du 6e arrondissement, une place forte du matériel pour partir à la montagne pour un bivouac ou pour escalader les plus hautes falaises. Cabesto Montagne - il existe une version mer - propose une gamme étendue de produits de qualité. Escalade, spéléo, alpinisme, grande randonnée, chaussures de trail et de running, skis de rando... Sans oublier le matériel pour le camping. Ici, grâce à l'aide de vendeurs expérimentés, on trouve toujours de quoi s'équiper. A noter, la possibilité de louer tout votre matériel de via ferrata, canyoning, alpinisme et ski de randonnée, très en vogue. Nouveau : une sélection de paddles et kayaks. La meilleure façon d'atteindre vos sommets.

GOLF

GOLF BLUE GREEN GRAND LYON CHASSIEU

Route de Lyon - **CHASSIEU**
✆ 04 78 90 84 77
www.bluegreen.com/chassieu
Praticable et ouvert toute l'année.

La meilleure façon de se détendre, de s'oxygéner, c'est de marcher et de se mettre au vert. Aux portes de Lyon, 15 petites minutes du centre-ville, à proximité de l'aéroport de Bron et d'Eurexpo, le golf Blue Green Grand Lyon Chassieu offre un étonnant cadre de verdure dans la Métropole. Parcours 18 trous (par 70 de 5 900 m), avec de hauts roughs et des greens défendus par de profonds bunkers. Club house de qualité avec un restaurant ouvert tous les jours au déjeuner. 6 trous compacts pour l'entraînement et zone de practice en accès libre pour l'apprentissage.

PARCOURS DANS LES ARBRES

FRANCE AVENTURES

3, place du 158e-Régiment-d'Infanterie (5e) ✆ 04 78 36 31 75
www.france-aventures.com
Ouvert tous les jours en juillet et août. Horaires variables selon les mois, se renseigner sur le site Internet.

Qui n'a pas rêvé de survoler la ville suspendu à une tyrolienne ? A 6 minutes du centre de Lyon, venez vous amuser en famille dans les arbres du bien nommé Parc des Hauteurs. Un écrin de nature où est installé un parc multi-activités avec 9 parcours acrobatiques dans les arbres. Du Ouistiti pour les tout-petits à un parcours difficile Au-delà des Etoiles (accessible dès 12 ans), 80 ateliers au total, et une activité à essayer en famille : Explor Games®, un jeu d'aventure et d'exploration dans l'univers du Serviteur des Ténèbres. C'est le lieu idéal pour organiser l'anniversaire de vos enfants ou un enterrement de vie de célibataire. Dans tous les cas, sensations garanties !

PATINAGE

PATINOIRE CHARLEMAGNE

100, cours Charlemagne (2e) ✆ 04 78 42 64 55
www.piscines-patinoires.lyon.fr
Fermeture saisonnière de mi-mai à mi-septembre. Horaires selon saisons. Entrée et locations 7,30 €. Gratuit -6 ans.

Il y a deux patinoires à Lyon, dont la plus importante se trouve à Confluence. Avec sa coque de béton armée, signature des années 1970, la patinoire Charlemagne fait partie des bâtiments emblématiques d'un quartier ultramoderne. Elle accueille les amateurs – et les professionnels avec les meilleurs danseurs sur glace du monde et des hockeyeurs – de sports de glisse et de glace. Après une longue période de fermeture, elle a rouvert ses portes au public et vous pouvez rechausser les patins avec vos enfants au Jardin des glaces... Pratique pour accéder plus rapidement aux équipements municipaux, la possibilité d'acheter des e-billets ou de réserver une séance en ligne.

SKI

SKIMANIA LYON

17, quai Jean Moulin (2e) ✆ 04 72 72 59 59
www.skimania.com
Ouvert lundi et mardi de 14h à 18h, mercredi et jeudi de 11h à 13h et de 14h à 19h, vendredi de 9h à 15h.

La meilleure façon de partir skier depuis Lyon ! Ecologique, économique et 100 % pratique, Skimania nous emmène en car Grand Tourisme vers les stations des Alpes. Avec Skimania, vous pouvez prendre le métro jusqu'à l'un des 7 points de départ dans la métropole de Lyon et vous laisser conduire vers les sommets enneigés à la journée, pour un week-end ou un séjour dans un car Grand Tourisme. Skimania fournit le forfait de ski et l'assistance secours sur piste. Direction une trentaine de stations parmi les plus belles : Alpe d'Huez, Arêches Beaufort, Chamrousse, Courchevel, La Clusaz, La Plagne, Les 7 Laux, Les Arcs, Les Saisies, Méribel, Tignes, Val Thorens...

SPORTS AÉRIENS

IFLY

48, ancienne route de Grenoble - **SAINT-PRIEST**
✆ 04 82 90 34 70 - www.iflyfrance.com
Ouvert mer/ven 11h-22h, sam 8h-22h, dim 8h30-20h. 7j/7 vacances scolaires. Baptême découverte à partir de 64,90 €.

Pas besoin d'être un super-héros pour voler au-dessus de Lyon ! Il faut juste réserver son vol chez Ifly. Ifly, vous connaissez : c'est la soufflerie géante installée près de l'aéroport de Bron où vous pouvez vous envoyer dans les airs en combinaison de vol. Face à une vitesse de souffle pouvant atteindre 300 km/h et montant jusqu'à 13 m, les sensations de vol étaient déjà magiques. Et pour augmenter encore les sensations de chute libre, vous pouvez faire le saut Ultimate 4D en admirant un spectacle fantastique, la métropole lyonnaise, accompagné des champions du monde de vol libre Karine Joly et Greg Crozier. Grosse montée pendant la descente ! Pack cadeau à offrir.

SPORTS AÉRIENS

AVIASIM

26, rue Émile-Decorps - **VILLEURBANNE** ✆ 04 78 96 36 19
www.aviasim.fr
Ouvert du mardi au samedi de 10h à 19h. Sur rendez-vous. Pack découverte 99 €.

Passionné d'aviation ou envie de faire un cadeau original ? Chez Aviasim, prenez l'air en devenant pilote ! Un max de sensations fortes pour votre premier vol, guidé par un instructeur. Briefing pour découvrir la cabine de pilotage hyper-réaliste, avant de faire un vol de 35 minutes vers la destination de votre choix parmi 24 000 aéroports ! Que vous soyez novice ou passionné par l'aviation, dès 10 ans prenez les commandes. Possibilité d'inviter vos amis et votre famille pour partager l'expérience avec les sièges accompagnateurs (sous réserve). Fighters Academy pour voler sur avion de chasse. Stage contre la peur en avion ou possibilité de se faire quelques frayeurs avec le pack Sensations.

SPORTS DE NEIGE

LOCA SKIS

64, rue du Colombier (7e) ✆ 04 72 73 42 19
www.neige-et-caillou.fr
Retrait lun au sam 10h-13h/14h-19h de nov à mars, mar au sam avril à mai. Retour idem + dimanche 19h-21h de jan à mars.

Arriver en station sans perdre son temps à la case location ? C'est possible en passant d'abord chez Loca Skis. Des professionnels du ski basés à Lyon (facile d'accès) qui vous proposent de réserver en quelques clics sur leur site ou en direct à la boutique (mieux pour des conseils personnalisés) du matériel de qualité, bien entretenu par des passionnés, à des tarifs bien moins chers qu'en station ! Retrait rapide la veille de votre départ et retour à de larges horaires, même le dimanche en saison. Conseils personnalisés pour se faire plaisir sur les pistes. Service atelier, classique ou minute, pour affûter et farter ses planches avant le week-end (tous les vendredis sans rendez-vous).

SQUASH

LE BAD'S

44, rue Victor Lagrange (7e) ✆ 04 72 71 50 50
www.badsclub.com
Ouvert 7j/7, du lundi au vendredi de 10h à 23h30, week-end de 9h à 19h30.

Le Bad's est un véritable lieu de vie où tu peux transpirer, t'amuser, te régaler, te faire plaisir toute la journée et en soirée ! Proche de Jean Macé, facile d'accès en transport en commun, il offre 1 600 m² d'espaces pour jouer aux raquettes - 4 terrains de badminton et 5 terrains de squash -, mais aussi aux boules - les 4 seuls terrains de pétanque couverts de Lyon -, et pour se détendre en buvant un verre au bar - cocktails maison, bières artisanales et bons vins - en partageant une planche et en se régalant au restaurant. Animations pour partager les meilleurs moments. Lieu idéal pour séminaires d'entreprise et événements privés avec une offre complète. Trop bon le Bad's !

SKATE

SKATE PARK DE LYON

24, allée Pierre-de-Coubertin (7e) ✆ 04 78 69 17 86
www.skateparkdelyon.com
Ouvert du lundi au samedi de 14h à 22h, dimanche de 14h à 18h30. Inscription obligatoire : 15 € (âge minimum 8 ans).

Tu glisses sur ta planche à la recherche des meilleurs spots de Lyon ? Futé doute que tu aies besoin de lui pour découvrir *The place to be* pour tout ce qui roule selon des créneaux et des catégories bien définies (roller, skate, BMX...). Mais toi qui veux te mesurer aux rampes, pars à la découverte de cet espace entièrement rénové dans le cadre du parc de Gerland. Destiné aux amateurs de roller, skate et BMX, il comporte un skatepark couvert et sécurisé de 1 500 m² avec 3 zones (bowl, street et aérienne) et une aire extérieure de 2 500 m² avec mini-rampes et modules. Un espace vraiment superbe pour pratiquer son sport préféré dans les meilleures conditions de fun et de sécurité.

SURF

CITY SURF PARK LYON

2, avenue Simone Veil
DÉCINES-CHARPIEU
✆ 09 75 56 38 61
city-surf-park.com
Ouvert tous les jours. Sessions sur réservation.

L'eau est à 27 °C, la plus grande vague indoor d'Europe te tend les bras, ton moniteur de surf n'attend plus que toi... Non, tu ne rêves pas, tu es bien à Lyon au City Surf Park situé à l'OL Vallée. Si tu n'as pas le niveau expert, tu vas pouvoir y aller pas à pas pour une belle initiation - en version Max pour assurer - jusqu'à te lancer sur une vague qui s'ajuste selon ton niveau. Une activité «so cool» encadrée par des pros, un park engagé dans une démarche environnementale vertueuse, de bonnes bières et pas de requins à l'horizon : tu attends quoi pour réserver ta session au City Surf Park Lyon ? Packs et bons cadeaux pour offrir le plaisir de la glisse.

SPORTS INDIVIDUELS

ALL IN PADEL

2, avenue Simone Veil - **DÉCINES-CHARPIEU**
✆ 04 26 17 68 27
www.allin-padel.com
Ouvert du lundi au vendredi de 10h à 23h, week-end de 9h à 19h.

Le padel, à ne pas confondre avec le paddle, est un sport encore méconnu. Vous allez vite vous rattraper en découvrant cette discipline dérivée du tennis dans ce complexe sportif installée à l'OL Vallée. Porté par le tennisman Jo-Wilfried Tsonga et le gardien de l'OL Anthony Lopes, ce complexe de haut niveau, ouvert à tous les pratiquants, débutants et confirmés, abrite 6 courts - il faut dire «piste» - de padel dernière génération, mais aussi deux terrains de badminton indoor, ainsi qu'un superbe espace bar et restauration pour prolonger le plaisir. Encadrement pour découvrir le padel et une Académie pour former les futurs champions dans la Métropole. En piste !

VÊTEMENT - CHAUSSURES

ABS

18, rue Sainte-Hélène (2e) ✆ 04 72 40 01 57
www.abslyon.com
Ouvert le lundi de 14h à 18h, du mardi au samedi de 10h à 12h30 et de 14h à 19h.

Selon les inconditionnels des planches qui roulent, voici la «Big» boutique de glisse, «The Skateshop» de Lyon depuis... plus de 30 ans ! Des pionniers, du costaud, du pointu en matière de glisse urbaine sur asphalte chez Ainay Board Shop (ABS). Tant au niveau matos qu'au niveau fringues, pour les filles comme pour les garçons, pour les pieds comme pour la tête, ça envoie grave dans le style rider branché qui a même pas peur. Également des casques audio totalement fascinants et des bananes pour l'avoir... la banane. Un choix énorme dans une boutique, des vendeurs compétents, il n'y a pas photo et l'on profite de la liquidation des stocks à la fin de saison ! Skatelife style absolu.

ESCAPE GAME

MISSION EVASION

7, boulevard Yves Farges (7e)
✆ 06 15 45 25 93
www.missionevasion.fr
Ouvert 7j/7 de 8h à 2h. 3 salles. Sur réservation.

© DR

L'évasion, c'est tout un art. Sur le papier, c'est simple : 60 minutes pour vous évader et réussir votre mission. Mais il faut d'abord vous prendre au jeu ! Et c'est là tout l'art de Mission Evasion qui, depuis 2017, vous projette dans des univers dont vous devenez les acteurs. Mieux que de l'escape game, du divertissement grandeur nature et du plaisir à partager. 3 missions avec Nuit d'ivresse (grand public), Excursion carcérale (initiation) et Mafia du dimanche (joueurs confirmés). Idéal pour partager des émotions fortes en famille, entre amis, collègues, pour un EVG/JF... Ouverture en 2024 d'une immense salle, de 700 m² route de Vienne, avec de vrais acteurs pour de nouvelles sensations.

ESCAPE GAME

DARK EXPERIENCE

4, rue Constantine (1er)
✆ 09 82 31 46 66
https://dark-experience.com
Interdit -16 ans. Jusqu'à 5 joueurs, à partir de 26 €/pers.

Envie d'avoir peur autrement qu'en regardant un film d'horreur ? Si la réponse est oui, direction l'escape game qui fait... vraiment peur. Ici, pas de «gentilles énigmes» à résoudre pour sortir d'une pièce, mais une simple et viscérale envie de fuir de situations horribles. Si vous voulez tester vos capacités face à vos peurs primaires, bienvenue chez Dark Experience. Deux «rooms» et deux histoires terrifiantes avec Amy, la version horreur qui va vous faire sursauter, et La Créature, version survie dans un monde de ténèbres. Attention, vous n'êtes pas seul dans la pièce... Tout cela est fortement déconseillé aux personnes trop sensibles (interdit aux moins de 16 ans). Hurlements garantis !

ESCAPE GAME

ENIGMATIC ESCAPE GAME

11, rue de la Part-Dieu (3e)
✆ 09 86 15 94 55
www.enigmaticlyon.fr
5 énigmes, à partir de 23 €/pers.

Vivez les aventures les plus intenses, les plus surprenantes en réussissant, avec votre équipe, à vous échapper de l'un des 5 univers totalement immersifs : Cellule 23, le Mystère de Barbe Noire, Arthur (décor fabuleux avec 3 niveaux de difficulté pour tous les âges), Evasion psychiatrique et le fameux Orphelinat, l'énigme la plus glaçante, la plus effrayante (déconseillée aux moins de 16 ans) de toute la région ! Décors soignés qui nous emmènent vraiment dans d'autres époques, aux quatre coins de la planète, pour partager en famille, entre amis ou entre collègues des moments forts et inoubliables. Idéal pour construire l'esprit d'équipe, avec des offres sur mesure.

ESCAPE GAME

LE LIBRE LYON

3, rue des Estrées (5e) ✆ 06 72 01 36 53
https://lelibrelyon.com
Sur réservation. Tarifs 26 €/adultes, 24 €/enfants -12 ans.

Mystères, trésors cachés, Lyon recèle bien des secrets ! Et si vous n'avez pas envie de suivre un guide, participez plutôt aux escape game du Libre Lyon. Version extérieure, découvrez Lyon et son quartier Renaissance classé au patrimoine mondial d'une façon ludique et interactive grâce aux interventions (sur demande) d'un game master. Mieux qu'une simple visite, une aventure passionnante à vivre en famille puisque cet escape game en extérieur est écrit en version adulte et enfant, chacun suivant le même parcours. Petits et grands partageront leurs découvertes après avoir résolu l'énigme finale ! Et pour une aventure à l'intérieur, Le Libre Lyon propose un escape au Grand Hôtel-Dieu.

ESCAPE GAME

IMAGINARIUM GAME

12, place Jules-Guesde (7e)
✆ 09 72 59 09 48
www.imaginariumgame.fr
4 missions à partir de 23 €/joueur.

Un «escape» installé dans un immeuble de la place Jules Guesde avec 4 missions et toujours 60 min pour s'échapper tous ensemble (de 2 à 8 joueurs). Prisonnier d'une cellule high-tech extraterrestre (Prison Gal'Roa), militant écologiste voulant sauver les loutres (la Révolte des Loutres), aventurier sur l'île de Pâques (Silence des Moai) ou enquêteur pendant la fête des morts au Mexique (l'Ofrenda). Beauté des décors, gentillesse de l'équipe et qualité de l'accueil à l'Imaginarium où l'on peut vivre des aventures vraiment extraordinaires. Si vous ne voulez pas rester enfermé, Imaginarium propose également une mission en extérieur dans le vieux Lyon : « Le retour de Giovanni ».

PARC MULTI-ACTIVITÉS

EXALTO PARK

2, avenue Simone Veil - **DÉCINES-CHARPIEU** ✆ 04 28 29 53 83
www.exalto-park.com
Décines ouvert du mardi au dimanche. Dardilly et Villeurbanne, ouverts du mercredi au dimanche.

Triple dose de plaisir avec les 3 parcs de loisirs Exalto dans la région lyonnaise (Dardilly, Villeurbanne et Décines), avec en vedette le parc de l'OL Vallée. Installé tout à côté du Groupama Stadium, un gigantesque parc de loisirs indoor de plus de 3 500 m², avec 3 espaces d'activité pour vivre des aventures intenses. À commencer par les 30 cellules de Prison Island, habile mélange entre escape game grandeur nature et jeu d'aventures. De quoi partager des frissons en équipe ! Une arène gonflable unique en France, mélange entre parcours d'obstacles et jeux gonflables géants. A pratiquer en famille. Enfin, un espace avec 56 trampolines interconnectés pour sauter, sauter, sauter... Foncez !

PARC MULTI-ACTIVITÉS

KOEZIO

50, ancienne route de Grenoble - **SAINT-PRIEST**
✆ 04 28 29 15 15
https://koezio.co
Missions sur réservation. Mission Agents d'élite 30 €/adulte.

Repoussez vos limites l'esprit détendu ! À deux pas de l'aéroport de Bron, voici le plus grand parc d'aventures indoor de la région. Koezio, c'est aussi un lieu de vie outdoor où l'on peut se restaurer, jouer à la pétanque et partager des moments de fortes émotions. Chez Koezio, on ne se contente pas de résoudre des énigmes, il faut surmonter ses peurs en s'amusant, jouer en équipe (à partir de 2 pers.) pour remplir sa mission d'Agents d'Elite. Quatre étapes à franchir, comme le passage de ce parcours aérien à 12 m du sol ! Dans Koezio, on entend «cohésion», manière idéale de faire du «team building» ou de célébrer un enterrement de vie de célibataire. Immersion et sensations garanties.

ESCAPE GAME

ODYSSEUS

10, rue Sully (6e)
✆ 06 98 06 23 54
www.odysseus.games
Ouvert tous les jours sur réservation. 3 aventures. De 2 à 6 joueurs.

© ODYSSEUS

Qui n'a pas rêvé de remonter le temps pour changer le cours de l'histoire ? Mieux qu'un escape game, Odysseus est un «adventure game» qui vous propose un voyage dans le temps pour sauver le monde. Les créateurs d'Odysseus, Julien et Pierre Olivier, cassent les codes de l'escape game pour vous agiter les neurones, même le dimanche ! 3 salles, 3 «épisodes» d'une aventure (possibilité de ne faire qu'un seul épisode ou les 3 !) qui vous transporte dans un laboratoire en 1915, dans un château nazi en pleine Seconde Guerre mondiale et dans les bureaux de la CIA pendant la guerre froide. Pas de limite de temps, mais un système de score. Aventuriers anglais bienvenus. A vous de sauver le monde !

JEUX VIDÉO

LA TETE DANS LES NUAGES

112, cours Charlemagne (1er) ✆ 04 72 11 41 15
https://latetedanslesnuages.com
Ouvert du lundi au jeudi de 10h à 0h, vendredi et samedi de 10h à 1h, dimanche de 10h à 23h. Jeux à partir de 3 ans

Au niveau 2 du centre de Confluence, des lumières clignotent dans tous les sens pour nous indiquer l'entrée de La Tête dans les Nuages (entrée libre, ouvert 365 jours par an !). Une salle de jeux nouvelle génération offrant un choix incroyable pour s'amuser à tous les âges. Du jeu d'arcade rétro comme on l'aime à l'expérience 4D immersive, du bowling aux jeux de foire version XXIe siècle, multipliez les sensations et partagez vos émotions avec vos amis. Beaucoup de jeux à 2 ou en équipe pour des heures et des heures de fun sans voir le temps passer ! Carte à charger pour payer, gourmandises salées et sucrées, boissons pour reprendre des forces entre deux parties... et c'est reparti !

JEUX VIDÉO

DREAMAWAY

7, quai Sarrail (6e) ✆ 04 26 07 23 43
Métro Foch - Parking Morand - Station Velo'v à 30 s
www.dreamaway.fr
Ouvert mardi, jeudi et vendredi de 15h à 21h, mercredi de 14h à 21h, samedi de 11h à 22h, dimanche de 14h à 19h.

Et si, au lieu de jouer derrière un écran, vous rentriez dans l'écran ! Ce sont plus de vingt expériences et aventures que vous propose Dream Away, temple lyonnais de la réalité virtuelle. Grâce à du matériel de haute performance et des productions de grande qualité, l'immersion est totale. Il n'y a pas d'âge pour partir à l'aventure dans les nombreuses expériences proposées. Activité idéale pour le « team building », la réalité virtuelle rend vite accro et on ne se lasse pas de voir les aventuriers « casqués » éviter un zombie virtuel. Des jeux qui se déroulent dans des univers plus ou moins adaptés à certains âges. L'offre culturelle est également passionnante.

ET SI ON JOUAIT ?

JEUX VIDÉO

MÉGAZONE

104, rue de Sèze (6e) ✆ 04 72 74 26 86
www.megazonelyon.com
Ouvert tous les jours, même jours fériés. Vacances scolaires, tous les jours de 13h à 22h. Partie 9 € (7 € étudiant).

C'est quand même mieux de se faire la guerre sans se tuer... En plein cœur d'un quartier chic de Lyon, entrez chez Mégazone où vous vous transformerez en guerrier de jeux vidéo. 650 m² d'aire de jeux sur 2 niveaux pouvant accueillir jusqu'à 36 joueurs en simultané avec 40 modes de jeu ! Muni de votre armure électronique et de votre arme laser, vous devrez dans la pénombre et la fumée trouver vos adversaires, les désactiver et prendre leur base, le tout en 20 minutes au milieu des effets spéciaux et des pièges. N'oubliez pas de vous munir d'un tee-shirt noir et d'un habit de rechange, car la température monte très vite chez Mégazone. Autre adresse à Vaise dans le 9e.

JEUX VIDÉO

LDLC VR EXPERIENCE

62, chemin du Moulin Carron - **DARDILLY** ✆ 09 87 86 18 00
www.ldlc-vrexperience.com
Ouvert mercredi, samedi et dimanche de 14h à 22h, jeudi et vendredi de 17h à 23h. De 30 € à 35 € l'heure.

Avant de rentrer dans le monde virtuel, il faut passer par le réel et venir facilement jusqu'à LDLC VR Expérience (A6 sortie 34, parking gratuit). Seul, en couple, en famille (enfants à partir de 7 ans) ou entre amis, laissez-vous guider par une équipe dynamique qui vous emmène explorer, en toute sécurité, d'autres mondes. Dans un magnifique complexe de 500 m² dédié à la réalité virtuelle, vivez des expériences uniques en immersion totale. Du laser game à la découverte en passant par le sport, chacun vit le jeu à 100 %. Pour revenir au réel, belle terrasse pour prendre un verre et restauration sur place. Super offre pour organiser un anniversaire ou du team buiding pour les entreprises.

JEUX VIDÉO

VORTEX EXPERIENCE VR

2, avenue Simone Veil - **DÉCINES-CHARPIEU** ✆ 04 26 78 49 47
www.vortex-experience.com
Ouvert mercredi de 14h à 23h, jeudi et vendredi de 17h à 23h, samedi de 10h à 0h, dimanche de 14h à 20h.

Le jeu en réalité virtuelle est déjà très impressionnant. Mais la VR en déplacement libre dans une salle de 500 m², c'est un autre monde qui s'ouvre à vous, puisque corps et esprit sont projetés dans une autre réalité ! Une expérience à faire entre amis ou en famille en réservant son aventure chez Vortex Experience VR. Profitez des parkings du Groupama Stadium ou des transports en commun vers l'OL Vallée pour une immersion totale, un voyage fantastique dans la mission que vous aurez choisie : Apocalypse, Extinction, Origine ou l'Arena. Beaucoup de zombies à abattre, beaucoup de cris et de sueurs froides... et surtout beaucoup d'émotions et de sensations à partager.

PAINT-BALL

ONLY PAINTBALL LYON NORD

1749, rue de Jons - **NIÉVROZ** ✆ 04 81 91 42 34
https://onlypaintball.fr
Ouvert toute l'année, 7j/7, jours fériés et vacances scolaires, sur réservation uniquement.

Only Paintball, mais pas seulement ! Un véritable parc de loisirs, un concept unique à Lyon et dans la région pour des jeux grandeur nature qui vont vous sortir de l'ordinaire. Facile d'accès depuis Lyon centre, à proximité du Grand Parc Miribel Jonage, un terrain boisé parfaitement aménagé pour se défouler à se tirer dessus avec de petites billes biodégradables sans se faire mal. Paintball adapté pour les enfants à partir de 5 ans. Accompagné par une équipe fantastique, plongez dans des scénarios palpitants. Paintball en équipe, mais aussi lancer de haches façon Vikings et Archery (combat de tir à l'arc). Bref, l'endroit idéal à privatiser pour un anniversaire, un EVG ou EVJF.

PAINT-BALL

ONLY PAINTBALL LYON SUD

RN 7 - **SIMANDRES**
✆ 04 81 91 42 34
Ouvert toute l'année, 7j/7, jours fériés, vacances scolaires, sur réservation uniquement.

Sortez de la ville - facile par la RN 7 au sud de Lyon - et venez vivre de vraies aventures sur le terrain d'Only Paintball. Pour une journée ou une demi-journée, mettez l'ordinaire de côté pour vivre des scénarios extraordinaires - dans les bois ou en milieu urbain - accompagné par une équipe fantastique. Pour un anniversaire, un EVG, EVJF ou simplement entre amis, réveillez le guerrier qui est en vous en tirant avec des billes colorées biodégradables. Du pur fun, sans danger et sans douleur ressentie avec un matériel performant. Toujours du tir avec du lancer de haches en plein air, unique dans la région, et de l'Archery (combat au tir à l'arc). BBQ pour pique-niquer.

SPORT

OL VALLEE

10, avenue Simone Veil - **DÉCINES-CHARPIEU** ✆ 04 81 68 69 69
www.olvallee.fr
Ouvert du lundi au vendredi de 9h à 19h, samedi de 10h à 18h, jours de match.

Faites partie du club ! Facile d'accès depuis toute la Métropole - accès vélo, voiture avec parking, accès transports en commun -, au pied du Groupama Stadium, OL Vallée offre un pôle de loisirs ouvert à tous les publics. La destination loisirs pour se faire plaisir entre amis ou en famille dans la vingtaine d'enseignes du centre. Des espaces récréatifs, sportifs et culturels avec de nombreuses activités : bowling, padel, badminton, surf, trampolines, foot indoor, club de sport, expérience VR, théâtre, galerie street art, OL Le Musée... Le tout agrémenté d'une belle offre de restauration pour tous les goûts. Un choix exceptionnel pour le plus grand bonheur des enfants et des plus grands !

BOWLING

BOWLINGSTAR LYON

80, rue Marius-Berliet (8e) ✆ 04 78 01 21 65
https://bowlingstar.fr

Ouvert tous les jours de 14h à 1h. De 5,50 € à 8 € la partie. 30 pistes, 4 mini-pistes 3/7 ans.

Tout continue de rouler pour le plus grand bowling de la région au cœur de Lyon, facilement accessible par le tram T4 arrêt Jet d'Eau-Mendès France. Dans un vaste hangar aménagé, 30 pistes de bowling pour faire des strikes en famille – dès 3 ans – ou entre amis. Un espace billard presque tout aussi important avec 17 tables de pools et d'américains pour jouer entre amis. Sans oublier quelques jeux vidéo qui offrent d'autres sensations et le bar pour faire une pause. Accueil des groupes, CE, organisation d'anniversaires, notamment pour les enfants avec des formules «tout compris», et autres événements. Ecole de bowling avec des moniteurs diplômés pour les enfants et les parents.

CASINO

CASINO LE LYON VERT

200, avenue du Casino - **LA TOUR-DE-SALVAGNY**
✆ 04 78 87 02 70 - www.casinolyonvert.com

Ouvert tous les jours et jours fériés de 10h à 4h. Jeux traditionnels ouverts de 20h à 4h. Interdit aux mineurs.

Bien plus qu'un casino, le Lyon Vert est un véritable complexe de loisirs et de divertissements. Ouvert en 1882, ce casino du groupe Partouche propose un parc de 275 machines à sous disponibles tous les jours à de larges horaires et des jeux traditionnels en soirée. Des jeux de table qui se déclinent aussi en jeux électroniques sur 67 postes, alors que la Partouche Tab permet de défier ses amis. Animations, concerts, spectacles pour couronner le tout dans un cadre exceptionnel. Restaurant gastronomique La Rotonde à s'offrir le jackpot en poche ou brasserie Le Caz pour ne pas perdre une main chanceuse ! Détente et évasion garanties et, si la chance vous sourit, d'autres belles surprises.

NEW

ESPORT

EVA LYON NORD

466, rue des Mercières - **RILLIEUX-LA-PAPE**
✆ 04 87 76 76 18
www.eva.gg

Ouvert tous les jours. Jusqu'à 8 joueurs, 19 €/pers. 40 min.

Entrez dans l'arène ! EVA pour Esports Virtual Arenas ouvre une nouvelle dimension au monde de l'Esport. Fini les fauteuils de gamers, avec EVA la réalité virtuelle devient plus réelle et sportive. Une expérience immersive unique au monde où les joueurs s'affrontent dans une arène - en fait il y en a même deux à Lyon Nord - de 500 m². Casque VR sur la tête, armes à la main, vous allez combattre dans l'arène. Deux jeux disponibles : *Battle Arena*, à partir de 12 ans, jeu de tir par équipe dans un monde post-apocalyptique, et *After-H Zombies*, à partir de 16 ans, pour dégommer du zombie dans une base spatiale. Sensations, coups de chaud et sueurs froides garantis ! Cyber-bar pour se détendre.

JEUX ET JOUETS

ARCHI CHOUETTE

3, place du Griffon (1er)
✆ 04 72 27 84 51
www.archi-chouette.fr

Ouvert du lundi au samedi de 10h à 19h30.

Prêt à jouer à volonté avec qui vous voulez ? Chez Archi Chouette, le jeu est bien réel, pas virtuel, et ça c'est super chouette ! Ouverte il y a plus de 10 ans par des passionnés, Archi Chouette est l'archétype des boutiques que l'on aime. Il suffit de franchir la porte pour comprendre qu'il se passe ici des choses qui sortent de l'ordinaire. Des boîtes de jeux par milliers, des jeux traditionnels aux jeux de société, jeux de rôle, puzzles, jeux d'extérieur... Et aussi des jouets pour tous les âges, surtout les tout-petits, alors que les plus grands retournent en adolescence grâce aux sublimes bornes et tables d'arcade Neo Legend. Équipe super chouette, adresse au top.

JEUX ET JOUETS

ANTIC DOLLS TOYS

28, rue Auguste-Comte (2e) ✆ 06 10 66 40 96
https://anticdollstoys.com

Ouvert du mardi au samedi de 10h à 12h et de 14h à 19h. Expertise possible de vos jouets anciens.

Un brin de nostalgie dans cette boutique qui nous fait remonter le temps depuis plus de 50 ans tout en redonnant vie à des poupées qui sont bien plus que de simples jouets, des objets de collection méritant toutes les attentions. Il n'y en a pas que pour les figures de porcelaine et autres poupées chez Dolls Toys, boutique où l'on peut faire estimer ses jouets anciens en prenant rendez-vous avec un expert. Il y a aussi les petits soldats de plomb et les maquettes d'autrefois, comme ces bateaux, ces voitures, ces trains et autres motos. Des jouets exceptionnels qui sont de véritables pièces de musée pour collectionneurs passionnés. Une boutique pour les amoureux des belles choses du passé.

JEUX

LANCER DE HACHE

4, rue de l'Epée (3e) ✆ 09 87 07 71 89
www.lancerdehachelyon.fr

Ouvert mardi et mercredi 18h à 21h, jeudi et vendredi 18h à 22h, samedi 11h à 12h et 14h à 22h, dimanche 14h à 19h.

Vous êtes tendance pacifiste, mais vous aimeriez bien lancer une hache dans une cible en imaginant... Notre coup de cœur continue de nous défouler et y en a sacrément besoin ! Venez vous l(h)âcher rue de l'Épée (ça ne s'invente pas) en toute sécurité à partir de 14 ans (avec vos parents pour les -18) et découvrez un véritable sport à pratiquer entre amis. Dosez bien votre force – pas la peine d'être costaud pour bien lancer – et visez la cible pour ne pas payer la prochaine tournée... Idéal pour un enterrement de vie de jeune fille ou de garçon, un anniversaire, pour une équipe de collègues voulant relâcher la pression. « L'hachez-vous » et venez casser du bois en toute convivialité.

JE CRÉE MON ESPACE DE VIE

Beau et fonctionnel à la fois, mon espace de vie mérite toute mon attention. Encouragés depuis des années par de nombreuses émissions de décoration et de bricolage, les Lyonnais aménagent leur intérieur, fréquentant les grandes enseignes qui ont fleuri en périphérie. À ces grandes surfaces, on préférera les magasins de bricolage qui refont leur apparition en plein cœur de ville et les drogueries où l'on trouve produits de qualité et conseils. Ces enseignes défendent souvent les mêmes valeurs que les nôtres, à commencer par la proximité. Je crée mon espace de vie, mais avec des produits français, le plus souvent locaux et labellisés « Fabriqué à Lyon », des pièces uniques ou à petits tirages réalisées par de véritables artisans – un artisan litier, un menuisier, un coutelier, un fleuriste… – qui donnent une âme à notre maison/appartement. Ces objets durables nous accompagneront toute une vie. Des objets responsables issus de ces nouveaux lieux que sont les recycleries, issus aussi de son imagination avec les ateliers d'objets à faire soi-même. Je crée mon espace de vie sur mesure.

DÉCORATION

MAISON SARAH LAVOINE

31, rue Auguste Comte (1er)
✆ 04 28 70 77 10
www.maisonsarahlavoine.com
Ouvert du mardi au samedi de 10h à 19h.

Une boutique sublime qui ne se dévoile pas de l'extérieur. Il faut entrer dans la Maison Sarah Lavoine, enseigne bien connue des Parisiens où elle est solidement établie dans les beaux quartiers, pour s'imaginer son futur intérieur au présent élégant. Une boutique chaleureuse, atypique, où chaque meuble, chaque objet a trouvé sa place pour notre plus grand bonheur. Des meubles et objets au savoir-faire irréprochable, conçus dans un esprit durable, de qualité et de grande beauté. Consoles, tables, chevets et bureaux, fauteuils, chaises, canapés, luminaires, mais aussi arts de la table et linge de maison, les pièces sont à la fois originales et intemporelles. Art de vivre en beauté.

DÉCORATION

LES BOUGIES DE CHARROUX

30, rue Saint-Jean (2e) ✆ 09 72 52 72 62
www.bougies-charroux.com
Ouvert du dimanche au mercredi de 11h à 19h ; du jeudi au samedi de 10h30 à 19h30.

Ne jamais perdre l'occasion d'allumer une belle bougie. Installées dans le Vieux Lyon depuis plus de 10 ans, les Bougies de Charroux proposent des créations artisanales parfumées fabriquées dans l'Allier. Consommer « local », c'est encore mieux quand c'est artisanal. Et ça tombe bien, car pour faire une bougie de Charroux, toujours fabriquée à la main, il suffit d'un peu de cire (européenne et labellisée), d'un peu de parfum de Grasse, d'une mèche 100 % coton et de beaucoup d'amour. Résultat : un choix de bougies en « pot » aux saveurs délicates et pourtant prononcées pour toutes les envies, tous les instants de la journée. Bougies chandelles pour décorer. Accueil charmant.

DÉCORATION

35 OCTOBRE...

35, rue Auguste Comte (2e)
✆ 04 78 37 64 33
www.35octobre.fr
Ouvert du mardi au samedi de 10h à 13h et de 14h à 19h.

Une date fantaisiste, référence au numéro de la rue et au mois d'ouverture de la boutique. Une référence directe à la rêverie dans laquelle nous embarque 35 octobre... Un « concept store » avec ses points de suspension qui tiennent toutes leurs promesses dans la diversité des objets et la surprise à chaque rencontre. Accueil adorable qui nous laisse faire les curieux, partant à la découverte d'un univers poétique avec des petits meubles fonctionnels et design, des coussins à la fois beaux et confortables, une table en bois blond aux lignes scandinaves et de nombreux objets de décoration, qui font autant d'idées cadeau originales. Un 35 octobre... à fêter tous les jours de l'année.

DÉCORATION

CARAVANE

20, rue Auguste-Comte (2e)
✆ 04 78 79 25 94
www.caravane.fr
Ouvert du mardi au vendredi de 11h à 19h, samedi de 10h à 19h.

Une belle boutique qui a su conserver le cachet de l'ancien - pierres apparentes - pour nous présenter les univers d'une maison qui nous invite à l'aventure : Caravane. On ne sait pas si l'on trouve l'ensemble des collections sur les 150 m^2, mais trois univers sont mis en avant avec le salon, la chambre et la salle à manger. De très nombreuses pièces pas encore vues ailleurs, des formes et des couleurs - beaucoup de couleurs, ça fait du bien - inédites pour un intérieur qui se construit par touches ou en totalité (selon ses envies et ses moyens). Tissus, mobilier sur mesure, coussins, art de la table, linge de maison... Difficile de partir sans avoir rempli son panier de pièces uniques.

DÉCORATION

LA BELLE MÈCHE

43, rue Auguste-Comte (2e)
✆ 04 78 60 24 01
www.labellemeche.com
Ouvert du mercredi au samedi de 11h à 13h et de 14h à 19h.

Des bougies parfumées fabriquées en France, précisément en Provence, pour allumer l'envie d'être bien chez soi. Des bougies fabriquées avec beaucoup d'amour par Pierre et Laura. Leur credo : créer de belles bougies au look contemporain chic à partir de cire 100 % végétale (soja) et des associations de parfums qui nous emmènent vers des voyages olfactifs sensationnels. La Belle Mèche adopte un ton intelligemment décalé pour nous proposer de brûler la vie et les bougies dans des occasions bien particulières. Pour les senteurs : une palette d'une trentaine de parfums et des éditions limitées. Des savons pour se laver les mains et porter un doux parfum sur sa peau.

DÉCORATION

UN CLOU DANS LE MUR

9, rue Gentil (2e)
✆ 04 69 67 95 50
www.uncloudanslemur.com
Ouvert du mardi au samedi de 11h à 19h30.

L'adresse pour ne pas se planter ! Ne surtout pas hésiter à pousser la porte d'Un Clou dans le mur, l'une des plus belles adresses déco. De l'originalité, beaucoup de couleurs, de bonne humeur, cette boutique est unique ! Tout comme les tableaux qu'elle propose à un seul exemplaire pour que vos murs ne ressemblent pas à ceux de vos voisins. Immense choix de 700 tableaux dans tous les styles, dans toutes les matières, toutes les dimensions et tous les budgets. Si vous aimez la diversité, vous aimerez le Clou ! Accueil adorable, conseils personnalisés, ici la déco - tableaux, petits objets, coussins, bijoux, chaussettes, papeterie... - fait aussi les plus beaux cadeaux.

DÉCORATION

HYGGELIG

13, rue Auguste-Comte (2e) ✆ 04 72 04 11 21
www.hygge.fr
Ouvert mardi 11h-13h et 14h-19h, mercredi et jeudi 14h-19h, vendredi 10h30-13h et 14h-19h, samedi 10h30-19h.

Si vous avez du mal à savoir comment prononcer le nom de cette enseigne scandinave, vous n'aurez aucun mal à intégrer à votre intérieur les objets proposés dans cette charmante boutique de la très chic rue Auguste Comte. Inspirée par le «hygge» - sentiment intraduisible de bien-être danois -, cette boutique offre ce qui se fait de mieux et de plus beau à nos yeux en matière de design, et pas que scandinave, hyper tendance. Un concept-store contemporain. Du mobilier, avec de très beaux sièges, des canapés, des tables, des rangements, de nombreux accessoires de décoration de même qualité, mêlant souvent savoir-faire, tradition et modernité. Une adresse originale, un coup de cœur déco.

DÉCORATION

MAISON FRANC

3, rue de l'Ancienne Préfecture (2e) ✆ 04 78 08 33 81
www.maisonfranc.com
Ouvert du mardi au vendredi de 10h à 13h et de 14h à 19h ; le samedi de 10h à 19h30.

Maison Franc, ce sont 2 adresses dans le 2e. Rue Auguste Comte, c'est l'alliance entre la mode et la décoration. Rue de l'Ancienne Préfecture, à deux pas de la place des Jacobins, il y a un peu de mode, mais surtout de la décoration d'intérieur avec une sélection de beaux objets, notamment au moment de passer à table. Le style, c'est essentiel et c'est ce qui caractérise tout ce que l'on trouve ici. Luminaires, coussins, couvertures et plaids, tapis, vases, bougies parfumées et encens, arts de la table... Autres bonheurs, des sacs, des accessoires et des vêtements pour toute la famille. C'est tout un univers qui s'ouvre à votre intérieur, la dimension Maison Franc.

DÉCORATION

ENTRÉE EN MATIÈRES

5, rue du Chariot-d'Or (4e) ✆ 04 78 28 96 30
www.entreeenmatieres.com
Ouvert du mardi au vendredi de 10h à 13h et de 14h à 19h, samedi de 10h à 19h.

Comment embellir son quotidien ? Direction le cœur animé de la Croix-Rousse chez Entrées en Matières, boutique de cadeaux et de jolies choses à s'offrir et à offrir aux gens qu'on aime. Pratiques ou ludiques, les objets de ce concept store, premier du genre à Lyon depuis 2005, sont sélectionnés par Violette et sa fille Victoria, même sourire et même gentillesse pour vous guider dans vos choix. Des objets de grande qualité, pour la plupart fabriqués en France. Quatre univers - décoration et maison, mode pour femmes, activités extérieures et un espace pour les enfants - faits de tendresse, de couleurs, de joie et de bien-être. Faites entrer de la douceur et de la beauté dans votre maison !

DÉCORATION

MATHUVU

43, rue de la Charité (2e)
✆ 04 78 60 36 69
www.mathuvu.fr
Ouvert le lundi de 14h à 19h ; du mardi au samedi de 10h à 19h.

Vous avez souvent une impression de déjà-vu en entrant dans une boutique de déco ? Tout l'intérêt de Mathûvû, c'est sa différence et son originalité. Fondée par deux femmes passionnées d'art et de déco, Mathûvû affiche sa singularité dans un espace en évolution permanente. Laissez-vous séduire par le talent de jeunes créateurs, artistes et designers et craquez sur tous vos coups de cœur. De l'originalité de bon goût dans un espace chaleureux où il faut prendre tout son temps pour partir à la découverte des objets présentés, des bijoux à la vaisselle. Objets dont on se fait raconter l'histoire avec plaisir. Une boutique galerie atelier pour des intérieurs différents.

DÉCORATION

ESPACE FERANO

27, rue Ferrandière (2e)
✆ 04 88 92 74 74
www.espaceferano.com
Ouvert du mardi au samedi de 10h à 18h30.

A l'intérieur comme à l'extérieur, l'Espace Ferano rend votre vie plus belle. Choix et conseils dans une boutique historique et contemporaine au cœur de la Presqu'île pour trouver les plus beaux objets qui donneront forme à votre intérieur. 2 niveaux, 300 m² insoupçonnables depuis l'extérieur et de grandes marques. Arts de la table avec Alessi, tapis Toulemonde Bochart, meubles d'extérieur Fermob, meubles authentiques d'ici avec Drugeot Manufacture et d'ailleurs avec Ethnicraft, confort du Fatboy... De l'idée cadeau originale au mobilier pour la vie, Espace Ferano, fort de son expérience et de sa sélection, répond à toutes vos envies dans toutes les pièces de la maison, jardin compris.

DÉCORATION

MURMURE

7, rue Auguste-Comte (2e)
✆ 04 69 67 90 16
www.murmure-decoration.fr
Ouvert du mardi au samedi de 10h à 12h30 et de 14h30 à 19h.

De la «couture d'intérieur» pour rendre nos vies plus jolies. Dans le quartier des Antiquaires, Murmure donne les meilleures idées de décoration afin d'optimiser votre espace et de le rendre tellement plus agréable à vivre. Conseils avisés d'une véritable professionnelle de la décoration d'intérieur : Marielle Guinchard. En mêlant tissus de grands éditeurs, confection de rideaux, stores et fauteuils, elle nous offre un vaste choix de possibilités pour réaliser du sur-mesure. Également du mobilier et des luminaires des plus grands créateurs européens. Tarifs justifiés par la qualité du travail et des matières utilisées. Un doux Murmure à nos oreilles et à nos yeux.

DÉCORATION

LE PARAVENT

35, rue Auguste-Comte (2e)
✆ 04 78 95 30 22
https://le-paravent.fr
Ouvert du mardi au samedi de 10h à 13h et de 14h30 à 19h.

Parfums rares derrière ce Paravent qui dévoile bien des trésors recherchés par les amoureux des senteurs. Derrière ce beau Paravent, dont la façade nous évoque le Marais parisien, une boutique où l'élégance est de mise et le bon goût assuré. Serge nous accueille avec un large sourire derrière son paravent Louis XVI pour nous présenter toute une collection de fragrances à porter sur la peau, mais encore de bougies parfumées avec en vedette la Cire Trudon (le must en la matière), mais encore des parfums rares avec des grandes marques comme Histoires de Parfum, Le Gallion... Boutique en ligne si vous ne pouvez pas vous déplacer. Coup de cœur assuré pour un Paravent envoûtant.

DÉCORATION

SIMONE SISTERS

33, quai Saint-Antoine (2e)
✆ 04 78 42 30 28
www.simone-sisters.com
Ouvert du mardi au samedi de 10h à 19h.

Une boutique en mouvement, la preuve elle s'est déplacée sur le quai, avec chaleur et bien-être comme constantes. Simone Sisters, c'est Cécile Siméone qui partage sa passion pour la déco dans un espace grandiose où l'on ne sait plus où donner de la tête. Venez faire les curieux dans ces espaces adorables, vous serez forcément conquis par l'un des nombreux objets en déco et mobilier jamais vus ailleurs (où va-t-elle dénicher tout ça ?). Une boutique craquante où l'on se sent tellement bien que l'on aimerait changer tout son intérieur - grâce aux réalisations de Cécile Siméone Studio d'architecture - et faire des jolis cadeaux aux gens qu'on aime. Coups de cœur à prévoir.

DÉCORATION

RDV DESTOCK

19, rue d'Arsonval - **CHASSIEU** ✆ 06 03 16 22 38
www.rdvdestock.fr
Ouvert du mercredi au vendredi de 10h à 13h et de 14h à 18h, samedi de 10h à 13h.

S'il vous faudra une voiture et un GPS pour accéder à cette adresse, cela en vaut largement la peine ! Et ce n'est pas tous les jours que le *Petit Futé* vous emmène dans ce secteur fait de grandes enseignes. Un vaste parking et ce qui ressemble plus à un entrepôt qu'à une boutique. Mais une fois la porte passée, c'est un véritable showroom d'ameublement en déstockage qui s'ouvre sous vos yeux qui ne savent plus où se poser. Selon les arrivages - il est recommandé de regarder sur la page FB... -, d'excellentes affaires, du petit luminaire design au grand canapé, en passant par un choix étonnant de tables de billard. Pour meubler son intérieur avec goût à moindre coût !

DÉCORATION

CERFOGLI

26, avenue Maréchal-de-Saxe (6e)
✆ 04 78 24 70 44
www.influence-maison.com
Ouvert le lundi de 14h à 19h ; du mardi au samedi de 10h à 19h.

Une maison de famille qui s'inscrit dans la durée puisqu'elle a été fondée en 1931 ! Une maison qui sait toujours s'amuser et nous étonner pour donner vie à notre intérieur avec des objets qui rendent le quotidien plus beau. Cerfogli, c'est le spécialiste de la bonne idée pour décorer votre appartement et/ou trouver l'idée cadeau à emballer soigneusement (paquets cadeaux particulièrement jolis). Sélection d'une centaine de marques de qualité et d'originalité qui se bousculent un peu dans cette caverne d'Ali Baba chic où le bon goût prédomine. Heureusement, l'autre spécialité de la maison c'est le conseil (et l'accueil souriant). Tout ce qu'il vous faut se trouve déjà chez Cerfogli.

DÉCORATION

SILVERA

6, cour du Midi (2e)
✆ 04 81 88 80 00
www.silvera.fr
Ouvert du lundi au samedi de 10h à 19h.

Dans l'écrin du Grand Hôtel-Dieu, côté décor nous sommes déjà servis. Voici un autre écrin dédié au mobilier et à la décoration intérieur : Silvera. Un showroom majestueux, luxueux, installé sur deux niveaux, des espaces aménagés avec le même goût, le même sens du détail que l'on aimerait retrouver chez nous. A l'étage, de belles scènes de la vie qu'on imagine, confortablement lovés dans des canapés profonds, autour de superbes tables, dans des lits qui font rêver. Du mobilier design avec de grandes marques : Muuto, Vitra, Gubi, Flexform, Lema, Flos, Artemide. Au rez-de-chaussée, dans une partie concept store, Silvera propose des objets, luminaires..., dans le même esprit design et qualité.

DÉCORATION

DESIGN VEGETAL

11, rue de la Liberté - **SAINT-GENIS-LAVAL**
✆ 04 78 16 92 17
www.design-vegetal-stabilise.com
Ouvert du lundi au samedi de 10h à 19h.

Et si nous faisions rentrer un peu de nature dans nos intérieurs ? Une jardinerie alternative par des paysagistes contemporains, c'est ce que proposent Dimitri Ollagnier et Jean-Yves Achard dans leur showroom de Design Végétal. Objets et décoration végétale, sculptures florales, plantes d'ici et d'ailleurs... On n'imagine pas toutes les astuces et les réalisations possibles de ces professionnels du végétal qui fabriquent eux-mêmes leur terreau et savent mettre en harmonie plantes et environnement. Un vrai showroom sur mesure à découvrir en se promenant au milieu des plantes recouvrant murs et plafonds. Vivre mieux au contact de la nature grâce à ces végétaux fantastiques.

AMEUBLEMENT

AMEUBLEMENT SAINT-VINCENT

46, quai Saint-Vincent (1er)
✆ 04 78 28 15 63
www.asvmobilier.com
Ouvert du lundi au samedi de 9h à 19h30.

Présente depuis 1961, installée dans une grande boutique (1 400 m²) le long des quais de Saône, Ameublement Saint-Vincent vend surtout du mobilier et des objets de designers. Boutique incontournable pour ceux qui voudraient un jour acquérir des pièces iconiques des meilleurs designers. Parmi les nombreux grands concepteurs de mobilier présents, on peut citer Cinna, Hay, Driade, Gubi, Gufram, Tolix, les lampes Jieldé.... Bien sûr, la beauté et la qualité du design ont un prix, mais vous pourrez transmettre votre mobilier à vos petits-enfants avec fierté.

ANTIQUAIRE

ANTIC DOLLS TOYS

28, rue Auguste-Comte (2e)
✆ 06 10 66 40 96
https://anticdollstoys.com
Ouvert du lundi au samedi de 9h à 19h.

Un pas dans cette boutique créée il y a plus de 40 ans et c'est l'aller direct, sans escale, vers un monde tout joli, rempli d'une douce nostalgie. Une véritable caverne d'Ali Baba pleine de vieux jouets, voitures et, bien sûr, poupées. Tout est si précieux, si beau, comme suspendu dans le temps, que les jouets deviennent des objets de décoration pour les adultes qui remontent le passé. Ils sont le lien vers une enfance oubliée ou vers des aïeux perdus. Ce voyage dans le temps a un prix si on veut le ramener chez soi. Mais il est toujours possible, en fouillant dans le bric-à-brac, de trouver un petit objet, un petit clin d'œil qui prendra place dans le cœur et dans la maison.

ARTISANAT

GALERIE 32

14, rue Auguste-Comte (2e) ✆ 04 78 42 25 42
www.galerie-32.fr
Ouvert du lundi au vendredi de 14h30 à 19h, samedi de 10h30 à 12h30 et de 14h30 à 19h.

A la Galerie 32, vous ne trouverez pas deux objets pareils. Ici, chaque objet est véritablement unique et raconte une histoire, celle d'un pays, d'une culture, d'un artisan. Une histoire à son tour racontée par Victoria Brossette, une authentique passionnée depuis plus de 40 ans, une grande voyageuse qui nous emmène sur d'autres continents. Statues et masques, art africain du Sénégal, de la Côte d'Ivoire, objets des nomades touaregs, art des tribus indiennes d'Amérique du Nord, art du sous-continent indien, du Népal, d'Océanie... Bijoux, masques, miroirs, tapis, lampes, boîtes, fétiches, statuettes, tissus, coussins, vêtements. Invitation à la curiosité et au partage. Coup de cœur.

ANTIQUAIRE

L'HISTOIRE SANS FIN

36, route de Paris - **CHARBONNIÈRES-LES-BAINS**
✆ 06 60 11 38 24
http://lhistoiresansfin-antiquites.fr
Ouvert du jeudi au samedi de 14h à 18h.

Impossible de ne pas avoir un coup de cœur à l'Histoire sans fin. Dans une superbe grange à la charpente apparente aménagée avec beaucoup de goût, un nombre incalculable de petits et grands trésors à découvrir. Accueil charmant pour vous laisser flâner au milieu d'une incroyable caverne d'Ali Baba version XXe siècle. Le vintage n'a jamais été aussi beau et le mobilier et les objets reflètent bien plus qu'une époque révolue. Ils ont ce que beaucoup de choses n'ont plus aujourd'hui : du style ! Grandes ou petites pièces, du canapé crapaud au porte-clés, tout est beau et les prix ne sont pas exagérés (négociations possibles). Revenir souvent pour les nouveautés. Craquage à chaque visite.

ANTIQUAIRE

LES PUCES DU CANAL

5, rue Eugène-Pottier - **VILLEURBANNE**
✆ 04 69 85 66 28
www.pucesducanal.com
Ouvert jeudi et samedi de 7h à 13h, dimanche de 7h à 15h.

La chine est à la mode même si la destination n'est pas toujours donnée. La chine sans majuscule, puisqu'il s'agit de celle pratiquée aux Puces du Canal. Un lieu à part dans ce quartier de Villeurbanne – pas toujours simple de se garer – qui a passé le mur des 25 ans et qui peut s'afficher comme les deuxièmes puces de France avec 400 exposants au déballage du dimanche (qui ont fait leur grand retour) et près de 200 boutiques d'antiquités ouvertes dans 4 «univers» : les Traboules, la Halle Louis la Brocante, le Village des Containers et l'Ecole. Tout se discute autour d'un verre et on peut casser la croûte. Toujours une forte affluence (surtout le week-end) mais un plaisir garanti.

ARTS

GALERIE LE RÉVERBÈRE

38, rue Burdeau (1er) ✆ 04 72 00 06 72
www.galerielereverbere.com
Ouvert du mercredi au samedi de 14h à 19h. Sur rendez-vous en dehors de ces horaires.

La photographie ouvre des fenêtres sur le monde. Tout ce dont nous avons besoin dans cette période sombre. Mise en lumière par Catherine Dérioz et Jacques Damez, la galerie le Réverbère offre un regard actuel, pointu et exigeant sur l'art photographique. Depuis plus de 40 ans, les deux créateurs de cet espace de référence, deux pionniers, soutiennent et mettent en avant des photographes contemporains jouant avec l'image pour nous donner une autre vision du réel. Sur les murs, les photos sont autant de matières à réflexion, à évasion de notre quotidien, à explorer d'autres mondes à travers d'autres yeux. Expositions avec des artistes primés. Le Réverbère éclaire un art majeur de notre époque.

ARTS

YELLOW KORNER

69, passage de l'Argue (2e)
✆ 04 72 61 13 47
www.yellowkorner.com
Ouvert du lundi au samedi de 10h à 19h, dimanche de 11h à 18h.

Mieux que l'image, la photo d'art. Mieux qu'un post sur Insta, accrochez de vraies photos de photographes sur vos murs. Yellow Korner met à notre portée les plus belles photos des meilleurs photographes contemporains. Dans ces galeries modernes, la photo est sublimée par des tirages de très haute qualité sous la supervision des artistes. Car on parle bien d'artistes pour des photos splendides, tirées en édition limitée, numérotées (avec certificat d'authenticité) et parfaitement encadrées pour embellir votre intérieur. De grands noms de la photo, mais aussi de nouveaux artistes au regard original. Trois galeries recommandées pour mettre de la vie sur vos murs.

CRÉATEUR

MAISON HAND

3, rue Pleney (1er)
✆ 04 78 58 34 40
www.maison-hand.com
Sur rendez-vous.

La maison Hand, c'est le must en matière d'ameublement et de décoration à Lyon et dans toute la région. Installée près des Terreaux, cette maison de professionnels se concentre sur la réalisation de projets personnalisés. Pierre-Emmanuel Martin et Stéphane Garotin proposent des pièces originales, souvent surprenantes, parfois exclusives, mises en scène au sein d'atmosphères uniques. Le talent des propriétaires, qui travaillent également en tant qu'architectes d'intérieur, se déploie dans chaque espace pour des ambiances tout en métissage et en subtilité où l'artisanat est mis en valeur. Tout l'art de bien vivre à la française dans un studio de créateurs d'intérieur.

LINGE DE MAISON

LINGÉTOILE

33, rue Paul-Chenavard (1er)
✆ 04 78 28 14 35
Ouvert du mardi au vendredi de 10h à 12h30 et de 14h à 18h30, samedi de 10h à 12h30 et de 14h à 18h30.

Une enseigne créée il y a près de 15 ans, grande par ce qu'elle contient et par la gentillesse de l'accueil et du service. Ces dames savent recevoir avec l'art et la manière des choses bien faites. Comment font-elles pour faire tenir autant de tissus dans cette boutique ? Au rez-de-chaussée, des tissus d'ameublement et de confection de qualité à la coupe, du linge de maison, des rideaux et voilages. A l'étage, du linge de bain côtoie des coffrets naissance avec d'adorables sorties de bain et autres doudous très mignons. Astuce pour les visiteurs, Lingétoile propose des produits souvenirs de Lyon. Une boutique qui respire la joie de vivre et la transmet à ses clients.

LINGE DE MAISON

BOUCHARA

43, rue Grenette (2e)
✆ 04 78 37 37 96
www.bouchara.com
Ouvert du lundi au samedi de 10h à 19h.

Envie de rendre votre intérieur un peu plus cosy ? D'y rajouter sans vous ruiner le petit bibelot ou le petit meuble qui fera toute la différence ? Au cœur de Lyon, Bouchara pourrait bien avoir quelques idées à vous proposer ! Cette franchise spécialisée dans l'univers de la maison expose une multitude d'articles couvrant tous les univers de la maison : vaisselle, sets de table, oreillers, luminaires, paniers à linge, porte-savon, vases, bougies, miroirs, petits fauteuils... Difficile de repartir les mains vides ! Un espace est réservé aux tissus d'ameublement pour recouvrir des coussins et autres canapés, sans oublier les rideaux, voilages et matériaux de couture.

RIDEAUX - VOILAGES - TISSUS - TENTURES

TOTO TISSUS

20, place Louis-Pradel (1er)
✆ 04 78 29 64 09
www.toto.fr
Ouvert du lundi au samedi de 10h à 18h45.

Si Toto a plus de 60 ans, il n'est pas né à Lyon où il est apparu il y a une vingtaine d'années sur la place entre Opéra et Hôtel de Ville. Toto, c'est le temple du tissu, le paradis des couturières. Un large choix de tissus à tous les prix, souvent petits, pour tous les goûts (cotons, synthétiques, soies, maison, vêtements, tissus africains...) à la coupe, des coupons, de la mousse pour coussins et du linge de maison. Le personnel qui coupe les tissus n'est pas avare de bons conseils. Leader sur le marché des tissus africains et de wax, Toto offre tous les styles avec un grand choix de motifs et de coloris. Pour les addicts, des arrivages à surveiller régulièrement.

RIDEAUX - VOILAGES - TISSUS - TENTURES

MADURA

46, rue du Président-Edouard-Herriot (2e)
✆ 04 78 42 73 77 - M° Cordeliers-Bourse.
www.madura.fr
Ouvert du lundi au samedi de 10h à 19h.

Quand notre intérieur devient plus beau et notre vie devient plus belle. En plein cœur de Lyon, Madura s'est spécialisée dans les rideaux et voilages, faisant le lien entre la vie à l'intérieur et à l'extérieur. Ici tout est affaire de goût, de bon goût, et l'enseigne propose un choix conséquent de textiles de qualité à mixer en parfaite harmonie. Les conseillères accueillantes peuvent donc être d'une aide précieuse pour choisir les matières les plus adaptées à nos envies et à notre habitat. En plus des tissus, des éléments de petits mobiliers, comme des poufs ou des chevets, dans le même esprit de qualité et d'originalité. Plus que de la décoration haut de gamme, du bien-être.

PAPIER PEINT - PEINTURE

RESSOURCE

16, rue Auguste-Comte (2e) ✆ 04 72 77 57 61
www.ressource-peintures.com
Ouvert mardi 8h à 12h et 14h à 18h30, mercredi 10h à 12h et 14h à 18h30, du jeudi au samedi 10h à 18h30.

Mettre des couleurs dans votre intérieur ! Si c'est pas un beau projet qui nous concerne toutes et tous ! Ressource, labellisé « Entreprise du Patrimoine Vivant » par l'Etat, est l'un des derniers fabricants de peinture français indépendants. Ce nom est à lui seul le gage d'une peinture de grande qualité, écoresponsable, et fruit d'une longue tradition. Toutes les couleurs inspirées et inspirantes se réunissent autour d'une qualité : la subtilité. Au sein du showroom, des conseils couleur de qualité sont dispensés par une spécialiste charmante et attentive. De plus, on apprécie le fait que l'on puisse emmener pour quelques jours des échantillons grand format chez soi. Beauté intérieure.

LITERIE

MATELAS UNIVERS

66, rue de Gerland (7e)
✆ 04 78 72 60 67 - Métro Ligne B : Jean-Jaurès, Bus ligne 96 arrêt Pré-Gaudry
www.univers-literie.fr
Ouvert du lundi au samedi de 9h30 à 12h et de 14h à 19h.

© EMMANUEL SPASSOFF

© EMMANUEL SPASSOFF

Une bonne journée commence sur un Matelas Univers. Labellisés «Fabriqué à Lyon», les matelas sur mesure fabriqués par Christian Abbatecola - 3e génération d'artisan matelassier - offrent une qualité exceptionnelle. Fondée en 1954, cette enseigne prend soin de votre sommeil en proposant matelas et sommiers de qualité avec les meilleures marques françaises et européennes dans un grand showroom contemporain : Diroy, Gomarco, Conulex, Sealy. Linge de lit Sylvie Thiriez, couettes en plumes et duvets Pyrenex. Canapés convertibles et fauteuils pour se relaxer. Christian, toujours souriant, vous donne les meilleurs conseils, s'adapte à votre budget, à vos besoins, à vos envies pour de belles nuits.

ARCHITECTE

MOUSSE ET VOILE

113, rue Marietton (9e) ✆ 04 78 83 75 99
www.mousseetvoile.fr
Ouvert lundi de 14h30 à 19h, du mardi au vendredi de 9h30 à 12h et 14h30 à 19h. Avec ou sans rendez-vous.

Toutes voiles dehors, toutes les mousses sur le pont, une adresse phare pour ne pas se retrouver à plat. Unique à Lyon, tout pour aménager, décorer, rénover les intérieurs de bateau, de camping-car ou de mobil-home, en confection sur mesure. 45 ans de métier pour une petite entreprise artisanale et fière de l'être. Excellents conseils pour guider les clients parmi ses mousses de toutes les formes et toutes les densités. Vaste choix de finitions pour tous les goûts. L'entreprise travaille aussi pour l'habitat non-mobile et propose canapés, fauteuils (avec un atelier de tapisserie traditionnelle pour restaurer vos fauteuils) et literie de qualité garantie. Une référence en la matière.

ENCADREUR - RESTAURATEUR DE TABLEAUX

ARTS 2000

9, rue de la Platière (1er)
✆ 04 78 27 39 84
www.arts2000.fr
Ouvert du mardi au samedi de 9h30 à 12h et de 13h30 à 18h30.

Pour tous les artistes en herbe lyonnais, Arts 2000 est depuis 50 ans un fournisseur incontournable en plein cœur de la ville ! Avec trois boutiques dans la même rue (et cinq au total en Rhône-Alpes), cette enseigne est même immanquable ! Parmi ces trois adresses, l'une est consacrée à l'encadrement, avec tout le matériel nécessaire et un atelier pour le sur-mesure. Les autres boutiques sont dédiées aux arts graphiques et aux beaux-arts avec près de 30 000 références ! Le choix est conséquent et les prix abordables. Les maîtres des lieux ont également le mérite de connaître sur le bout des doigts leurs produits. Une adresse pratique, rentable et efficace pour tous les travaux d'encadrement.

CARRELAGE - CÉRAMIQUE

CAROTHEQUE

12, rue de la Charité (2e)
✆ 04 72 40 96 08
https://bernard-ceramics.com
Ouvert du mardi au samedi de 10h à 12h30 et de 14h à 18h30.

Rendre vos sols et vos murs uniques avec des produits d'exception, aménager votre intérieur (et vos extérieurs aussi, notamment les abords de piscine et les terrasses) pour qu'il soit plus beau, mais aussi plus durable, voilà ce que vous propose la Carothèque de Bernard Céramics. Une entreprise familiale fondée en 1902 à Tassin-la-Demi-Lune, devenue la référence dans le monde des matériaux de construction. Félix et Vincent, cinquième génération, perpétue la tradition d'une maison synonyme de savoir-faire et de qualité. De la salle d'eau (autre adresse voisine Terre & Bain) à la cuisine, laissez-vous guider dans le choix des carrelages mais aussi d'autres revêtements décoratifs. Superbe.

LITERIE

LITERIE FAVROT

50, avenue du Maréchal-de-Saxe (6e)
✆ 04 78 52 08 57
www.literiefavrot.com
Ouvert du mardi au samedi de 10h à 12h et de 14h à 19h.

S'enrouler dans une couette moelleuse, étendu sur un matelas confortable pour une nuit réparatrice ? Depuis 1937 – 86 ans –, la société Favrot est le spécialiste et le meilleur allié de vos nuits. A travers un grand choix de matelas (ressorts, mousse, à mémoire de forme) et une sélection des plus grandes marques de literie (Tempur, André Renault, Lattoflex, Hefel Premium, Technilat par exemple), chacun s'étendra pour trouver son bonheur dans toutes les dimensions. Bien sûr, ce sera après avoir pris le plaisir d'essayer, les uns après les autres, tous les lits alignés dans la grande boutique. Canapés convertibles également. Un bon moment à prolonger par de douces nuits...

ÉBÉNISTE

ONE TWO TREES

191, Grande-Rue de la Guillotière (7e)
✆ 04 37 65 93 38
www.onetwotrees.fr
Ouvert du mardi au jeudi de 8h30 à 17h. D'autres horaires sur rdv.

Le bois remplit toutes les missions en beauté. Révélez votre intérieur avec One Two Trees et Olivier Charrier. Un artisan ébéniste qui a des idées plein la tête et de l'or dans les mains. Création, agencement, restauration, projets... Avec son équipe d'ébénistes diplômés à l'atelier de Villefranche et à la boutique de Lyon 7, votre intérieur prend vie avec des pièces de bois qui s'intègrent dans tous les espaces. Particuliers et professionnels, faites appel au savoir-faire, à la technique et à l'imagination de One Two Trees. Pour aménager une boutique, créer une bibliothèque sur mesure, restaurer du mobilier du XXe siècle, Olivier Charrier rend notre monde plus beau.

MIROIRS - GLACES

MIROITERIE TARGE

60, rue de Marseille (7e) ✆ 04 78 72 22 66
www.miroiterie-targe.fr
Ouvert du lundi au vendredi de 8h30 à 12h et de 14h à 18h30 ; le samedi de 9h à 12h et de 14h à 18h.

Mieux qu'un selfie, se voir dans le plus beau des miroirs ! Dans son imposant bâtiment à l'architecture influencée par Tony Garnier, Targe est visible de loin. Et depuis longtemps ! Car l'enseigne créée en 1907 – 116 ans d'expérience et 4 générations –, est installée depuis plusieurs dizaines d'années au cœur de la rue de Marseille. Service complet : de la vente de miroirs à leur rénovation (réargentage), sablage, collage UV en passant par des créations sur mesure pour toutes vos pièces, de la salle de bains aux envies les plus excentriques. Le travail est rapide et efficace grâce à la proximité immédiate des ateliers de fabrication. Tout le savoir-faire au service de notre intérieur.

BONS PLANS

LA RECYCLERIE CIRCUIT-COURT

17, rue du Docteur Bouchut (3e)
✆ 06 70 39 44 54
Niveau 2 du centre shopping Westfield La Part-Dieu. Ouvert du lundi au samedi de 9h30 à 20h.

Une boutique «éphémère» (que l'on ne pensait pas forcément retrouver dans cette édition et dans la prochaine ?) au sein du centre de shopping Westfield La Part-Dieu. Circuit-Court est un projet de TGLR, structure experte en projets d'urbanisme transitoire. C'est surtout la preuve que les mentalités changent et que l'on peut consommer autrement en achetant des produits de seconde main. Profitez de nombreux articles de toutes sortes à prix réduits, des vêtements aux articles ménagers. Offre de restauration sur le pouce, bar avec carte bio et locale, espace de coworking.

ELECTROMÉNAGER

ENVIE

12, rue de Cronstadt (7e)
✆ 04 72 71 71 52
http://rhone.envie.org
Ouvert du mardi au samedi de 10h à 19h.

Acheter des produits d'occasion remis à neuf plutôt que de les remplacer, c'est bien pour la planète et pour notre portefeuille. Envie ne fait pas que du dépannage, il propose aussi de l'électroménager rénové et garanti pour s'équiper à moindre coût, jusqu'à 60 % moins cher. Le concept premier des Entreprises Nouvelles Vers l'Insertion Economique (Envie) est simple et ambitieux : enseigner une profession à des jeunes et leur permettre, par ce biais, de retrouver une place active dans la société. Cette idée a donné naissance à des magasins d'électroménager d'occasion : gros et petit électroménager, TV, multimédia à prix sacrifiés. Une enseigne qui défend de belles valeurs.

BRICOLAGE - JARDINAGE

NEW

BRICORAMA LYON GERLAND

7, rue Marie Madeleine Fourcade (7e) ✆ 04 82 54 00 08
www.bricorama.fr
Ouvert du lundi au samedi de 9h à 20h, dimanche de 9h à 12h30.

© DR

Parce que le bricolage, l'aménagement et la décoration de notre intérieur sont devenus nos activités préférées, direction Bricorama Lyon Gerland. Quand une enseigne nationale se décline en magasin indépendant de proximité, cela donne du choix - avec 23 000 références -, des prix justes et de nombreux services pour offrir des solutions à tous vos problèmes à la maison. Facile d'accès avec son parking, Bricorama Lyon Gerland propose également un service de livraison à vélo dans un rayon de 2 km. Excellent choix pour toutes les pièces, même pour les extérieurs, avec possibilité de découpe pour le bois, le verre et le plexiglas. Doubles de clés et de badges. Animations et ateliers.

MULTIMÉDIA - IMAGE - SON

FNAC

85, rue de la République (2e)
✆ 0 825 020 020 (0,15 €/min)
www.fnac.com
Ouvert du lundi au samedi de 10h à 19h30.

Le temps n'a aucune prise sur la Fnac qui nous propose une sélection des meilleurs matériels en matière de son et d'image. Installée depuis plus de 50 ans rue de la République à Lyon, dans un magnifique immeuble aux pierres sculptées et aux cariatides invitant les passants à rentrer, la Fnac est l'un des spécialistes de la photographie et de la hi-fi. Les rayons image, son et multimédia sont toujours bien fournis avec les meilleures marques et des conseils avisés. Bref, tout est disponible en termes d'image et de son d'une façon pratique et complète avec de bons conseils. Les prix pratiqués sont dans la moyenne, parfois intéressants grâce à des promotions et des offres régulières.

QUINCAILLERIE - DROGUERIE

GRANDE DROGUERIE LYONNAISE

137, boulevard de la Croix-Rousse (4e)
✆ 04 78 28 27 4
www.la-droguerie.com
Ouvert du lundi au samedi de 8h30 à 19h.

Nostalgique des drogueries d'antan, des produits de qualité - près de 18 000 références ! - aux senteurs inoubliables et surtout à la recherche de solutions efficaces pour nettoyer votre intérieur ? Rendez-vous dans l'une des 8 adresses métropolitaines de la Droguerie Lyonnaise. Une institution locale au goût du jour où l'on vient chercher conseils personnalisés et services de proximité auprès d'experts. Produits de droguerie, d'entretien des meubles et des cuirs, produits ménagers, contre les nuisibles, de la quincaillerie... On aime aussi la marque maison Lucie.

ARTS DE LA TABLE

COUTELLERIE BERTHIER

26, rue des Remparts d'Ainay (2e)
✆ 04 72 64 00 08
www.couteaux-berthier.com
Ouvert du mardi au samedi de 9h30 à 12h30 et de 14h à 19h.

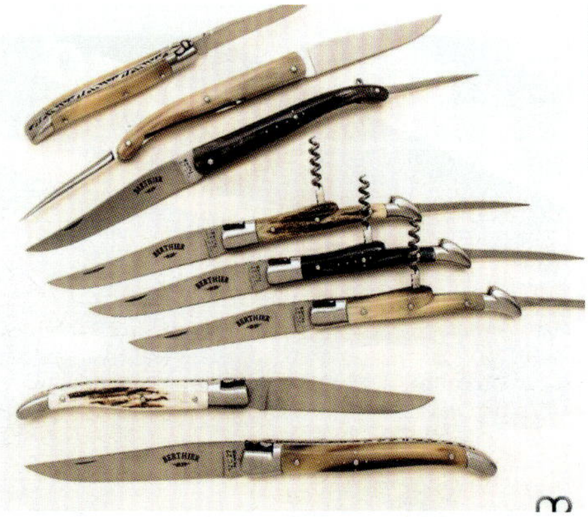

© COUTELLERIE BERTHIER

L'histoire de la Maison Berthier commence il y plus de 200 ans, en 1820, du côté de Valence dans la Drôme. Au fil des générations et des artisans qui vont se succéder, la coutellerie Berthier va s'imposer dans l'univers du couteau. Installée dans le quartier d'Ainay, la maison invite les Lyonnais à découvrir son savoir-faire et une sélection de couteaux de collection, couteaux de cuisine et accessoires des meilleures artisans couteliers et fabricants français ou internationaux, notamment japonais. Pièces uniques, petites séries d'artisans d'exception, grandes marques, de l'Opinel au Rhodanien, un large choix. La Coutellerie Berthier fabrique aussi ses propres couteaux.

DÉGUISEMENT

AU BAL MASQUÉ

2, rue de la Bourse (1er)
✆ 04 78 27 83 36
https://au-bal-masque.fr
Ouvert du lundi au samedi de 10h à 19h.

Au Bal Masqué, c'est la fête toute l'année ! Au cœur de Lyon, deux boutiques proches - l'autre est rue du Garet - où des personnes adorables et d'excellent conseil vous proposent des milliers de costumes à la vente ou en location. Un choix incroyable dans tous les univers, des plus classiques aux plus originaux, pour les adultes et pour les enfants, pour se transformer en super-héros ou en banane géante. Nombreux accessoires pour compléter la panoplie. La fête s'affole avec les feux d'artifice. La fête s'envole avec de superbes ballons de toutes les formes et pour toutes les occasions. Adresse incontournable pour Halloween, Carnaval, les EVJF et EVG, un mariage, un anniversaire...

DÉGUISEMENT

FETA

11, quai Jules Courmont (2e)
✆ 04 78 37 39 93
www.1001deguisement.fr
Ouvert du mardi au samedi de 10h à 19h.

Elles sont comment vos soirées déguisées ? Dès que tu pourras sortir, bouge de ton canapé et rends-toi sur les quais du Rhône chez Feta, le spécialiste du déguisement et autres accessoires de fête depuis plus de 30 ans. Catalogue en ligne sur Internet (avec possibilité de retrait en boutique) bien pratique pour choisir son costume parmi des centaines de références (adultes, enfants et personnes de taille généreuse), sa perruque, son chapeau... On peut aussi faire imprimer des ballons selon ses envies ou acheter des cotillons pour toute la soirée ! Anniversaire, mariage, baptême, enterrement de vie de garçon ou de fille, toutes les occasions seront à prendre pour faire la fête.

ARTS DE LA TABLE

POLY COUTELIER

22, Grande Rue de Vaise (9e)
✆ 04 78 42 28 70 - M° Foch
http://polycoutelier.boutiquesolo.com
Ouvert du mardi au samedi de 10h à 19h.

Un nom qui traverse le temps. Poly une institution, puisque l'enseigne a été fondée à Lyon en 1847, tenue par la famille Poly-Guêpe depuis 7 générations. Une maison experte en sa matière tranchante. Pour la table, la cuisine ou le quotidien avec de magnifiques couteaux artisanaux, tout y est ! Impossible de ne pas trouver ce que l'on cherche parmi les quelque 6 000 références disponibles ! Grâce à Poly, Lyon possède son propre couteau : le Confluent, petit couteau citadin indispensable. Possibilité de personnaliser vos couteaux pour de beaux cadeaux qui ne couperont pas l'amitié. Atelier d'affûtage dans le plus pur respect de la tradition. Poly, un orfèvre de la coutellerie.

ARTS DE LA TABLE

ALICE DÉLICE

80, rue du Président-Edouard-Herriot (2e)
✆ 04 78 62 36 11
www.alicedelice.com
Ouvert du lundi au samedi de 10h à 19h.

Belle boutique installée en toute discrétion dans le passage de l'Argue. Une boutique avec plein de recoins à explorer pour se faire plaisir en cuisine. Une boutique d'enseigne nationale où les passionnés comme les néophytes en cuisine trouveront tous les ustensiles et tout le matériel pour devenir de véritables petits chefs à domicile. Des indispensables moules en silicone au siphon à mousse et espumas, en passant par les casseroles, les robots à tout faire et des produits gourmands, impossible de dresser une liste des très nombreuses références de la maison. Difficile également de trouver tous les renseignements recherchés, surtout quand les conseillers se font trop discrets.

ARTS DE LA TABLE

GUY DEGRENNE

6, rue de Brest (2e)
✆ 04 78 38 29 66
www.guydegrenne.fr
Ouvert du lundi au samedi de 10h à 19h.

En termes de vaisselle, Guy Degrenne est une institution, le symbole d'une tradition française inaltérable et indémodable. Sa boutique de la rue de Brest propose des plats, porcelaines, verres et ménagères aux lignes sobres et épurées, classiques et contemporaines. Chaque pièce traduit un amour des matériaux nobles et de qualité, dans une élégance et une noblesse incontestables. Entrer chez Guy Degrenne, c'est entrer dans une belle maison française qui a su renouveler ses gammes pour se mettre sur nos tables. Des produits qui ont un coût, mais qui offrent l'assurance d'une vaisselle, de couverts et d'accessoires qui vous accompagnent dans le temps et les lavages.

MA CUISINE : CONCEPTION 3D

Tout est dans le titre ! Cette application vous invite à prendre part activement à la modélisation de votre future cuisine grâce à une infinité de possibilités de configurations en termes de couleurs, textures et mobiliers. Vous n'êtes plus simple spectateur auprès de votre cuisiniste, mais co-créateur du projet en pouvant clairement expliquer vos envies grâce à ce logiciel poussé de simulation 3D.

ARTS DE LA TABLE

ESPACE FERANO

27, rue Ferrandière (2e)
✆ 04 88 92 74 74
www.espaceferano.com
Ouvert du mardi au samedi de 10h à 18h30.

L'un des avantages de l'Espace Ferano, enseigne lyonnaise phare en matière de décoration de la maison, c'est que vous avez tout sous la main ! Enfin, sous les yeux... Et pour bien choisir, vous avez gratuitement les meilleurs conseils d'une équipe de passionnés qui vous emmèneront dans les recoins les plus secrets de cette superbe boutique. En plus des plus grands noms du mobilier et de la décoration, l'Espace Ferano vous propose tout l'art de la table pour une cuisine encore plus belle. En exclusivité à Lyon, un «shop in shop» Alessi pour découvrir les objets design de la marque italienne. Un univers où les créateurs se mettent au service du quotidien pour rendre notre vie plus belle.

ARTS DE LA TABLE

LA COUTELLERIE DE LYON

5, place Bellecour (2e)
✆ 04 78 38 05 88
www.lacoutelleriedelyon.fr
Ouvert lundi de 14h à 19h, du mardi au samedi de 10h à 19h.

© EMMANUEL SPASSOFF

© EMMANUEL SPASSOFF

Qui n'a pas son lyonnais, couteau de table à lame fixe ou couteau de poche à lame pliante, n'est pas lyonnais ! Au cœur de la ville, la coutellerie par excellence qui attire l'œil par ses belles vitrines et surtout par sa sélection de couteaux réalisés par d'authentiques passionnés : Luce Bouterige, originaire de la capitale mondiale du couteau - Thiers - et Gérard Bibbeau, sensationnel coutelier. Large choix pour tous les usages et tous les budgets, avec des couteaux d'ici - à commencer le Lyonnais fabriqué par la maison - et d'ailleurs. Merveilleux couteaux d'artisans à offrir pour être sûr de faire plaisir. Rayon barbier. Conseils personnalisés, affûtage et gravure sur mesure.

SOIN - TOILETTAGE

CANICOIFF

10, avenue de Pressensé (8e)
✆ 04 78 61 10 70
www.canicoiff-toilettages.fr
Ouvert du mardi au samedi de 10h à 18h. Uniquement sur rendez-vous.

© EMMANUEL SPASSOFF

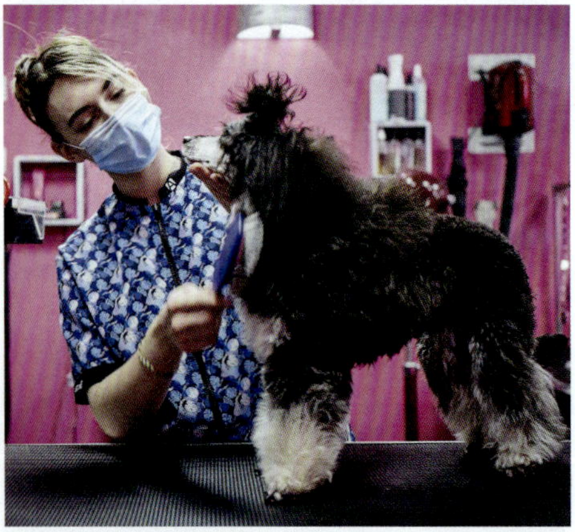

© EMMANUEL SPASSOFF

Parce qu'on les aime tellement forts et qu'ils nous rendent tellement fiers, ils méritent le meilleur des toiletteurs ! Ils, ce sont nos amis à quatre pattes, chiens et chats, véritables champions de concours quand ils ressortent de chez Canicoiff'. Accueil adorable de toute une équipe de passionnés pour prendre soin de nos petits et grands poilus. Excellence et professionnalisme du lavage à la coupe selon les standards de la race pour remporter tous les trophées. La référence du toilettage canin pour nos compagnons de vie. Accessoires pour avoir fière allure et produits de qualité pour entretenir leur beauté. Adresse incontournable pour se sentir bien avec son chien.

ANIMALERIE

ANIMALERIE JARDINERIE DE LA CROIX-ROUSSE

10, rue d'Austerlitz (4e)
✆ 09 83 04 74 00
www.animalerie-jardinerie-lyon.fr
Ouvert du mardi au samedi de 10h à 12h30 et de 14h à 19h.

A la tête de cette animalerie dont l'excellente réputation va au-delà du quartier, un passionné qui continue de nous donner les meilleurs conseils pour nos petits animaux de compagnie. Les poissons exotiques peuplent de beaux aquariums avec leurs végétaux et l'on découvre l'univers des petits rongeurs courant dans leur cage, tandis que les oiseaux chantent quelques notes. Accessoires pour chiens et chats également, alimentation de qualité. En plus des animaux, cette adresse propose quelques végétaux pour embellir notre balcon. Une adresse incontournable à Lyon !

FLEURISTE

AMARYLICE

20, quai Gailleton (2e) ✆ 04 78 37 38 29
www.amarylice.com
Ouvert du lundi au samedi de 9h à 19h30, dimanche de 9h à 12h30.

Maison familiale tenue de mère en fille depuis une trentaine d'années, Amarylice est un véritable concept autour de l'art floral conduit par une équipe de professionnels passionnés : Martine en tête pour vous guider et vous conseiller, la jeune Clémence, née dans ce monde de l'art floral et de nombreux fleuristes et artistes de qualité, certains depuis longues années chez Amarylice, pour répondre à toutes vos attentes. Du merveilleux bouquet épuré ou voluptueux à l'art de la table, des fleurs de soie haut de gamme à la création d'ambiances, sans oublier vos extérieurs, votre mariage ou tout événement, Amarylice répond avec brio à toutes les envies de fleurir sa vie.

FLEURISTE

MAISON CÉLESTIN

7, quai des Célestins (2e)
✆ 09 62 15 46 12
www.lejardincelestin.com
Ouvert du lundi au samedi de 9h à 19h30, dimanche de 9h à 13h.

Une maison d'artisans fleuristes créée il y a 35 ans par une famille d'horticulteurs amoureux des fleurs. Murs de pierres apparentes, belle banque en bois sur laquelle l'artisan fleuriste dépose délicatement les fleurs avant de les organiser dans un bouquet magnifique. Charme authentique d'un Jardin Célestin qui met tous les sens en éveil. Chacun apprécie de pouvoir fleurir son intérieur en plein centre-ville, à deux pas de la passerelle du Palais de Justice, et de faire plaisir à ses amis. Corbeilles, brassées et plantes de Maison Célestin peuvent se trouver aussi dans les autres adresses d'un jardin qui étend ses parfums fleuris à travers 8 boutiques dans la métropole lyonnaise.

NEW
FLEURS
HANK

2, rue de Fargues (1er)
www.hanko-jungle.com
Ouvert du lundi au samedi de 10h à 19h.

Si les grandes surfaces de jardineries ont largement poussé en périphérie lyonnaise, nous sommes plus que ravis de découvrir cette merveilleuse jardinerie urbaine au cœur de Lyon. D'autant plus ravis qu'Hankō cartonne avec son concept dédié aux plantes d'intérieur et son eshop de plantes d'exception. Des plantes à découvrir dans cette belle boutique qui donne de nouvelles couleurs au quartier de la place Sathonay. Tenue par des passionnés du végétal, Hankō propose une sélection de plantes adaptées à votre mode de vie. Et si vous voulez créer une véritable jungle urbaine et tropicale, c'est possible ! On aime les boxes mensuelles de plantes pour se laisser surprendre. Graine de vainqueur.

PROTECTION DES ANIMAUX
REFUGE SPA

660, chemin de Chantemerle - **MARENNES**
✆ 04 72 70 46 36
www.la-spa.fr/marennes
Ouvert du vendredi au mercredi de 14h à 17h.

Avoir un chien en ville, ce n'est pas seulement la possibilité de sortir se dégourdir les jambes trois fois par jour (ou plus...), c'est aussi donner de l'amour, partager de vrais sentiments et faire des rencontres. Ne cherchez pas une SPA à Lyon et dirigez-vous vers le sud de la Métropole à Marennes. Si vous trouvez un animal errant, abandonné ou perdu, c'est ici qu'il sera pris en charge par une équipe d'amoureux des animaux avant de retrouver un foyer aimant. Toute l'année, mais encore plus avant et pendant les vacances, toujours trop d'animaux à l'adoption. Pour soutenir le refuge SPA de Marennes, de nombreux moyens existent. Renseignez-vous sur son site Internet.

FLEURISTE
STÉFANE PASTOR

27, rue Franklin (2e)
✆ 04 78 37 02 30
Ouvert du lundi au samedi de 9h à 20h, dimanche de 9h à 13h.

Stéphane Pastor est un véritable artiste fleuriste qui, depuis plus de 20 ans, fait de ses bouquets des œuvres d'art, donnant un sens esthétique à toutes les plantes, des plus petites aux plus grandes. Au-delà de cette magnifique exposition végétale faite de buis ronds, carrés, coniques, d'hibiscus, d'orchidée ou de gardenia, il faut pénétrer dans la boutique de l'artiste, véritable univers où l'on compose sur mesure votre propre symphonie florale selon vos envies du moment ou le message que vous voulez transmettre. De larges horaires d'ouverture, de beaux objets déco et des suspensions. Un plaisir qui se prolonge jusqu'à la place Bellecour avec l'indispensable kiosque fleuri.

SOIN - TOILETTAGE
CANICOIFF VAISE

25, Grand Rue de Vaise (9e)
✆ 09 81 90 95 03
https://toilettagechic.business.site
Ouvert du mardi au samedi de 9h à 19h.

© EMMANUEL SPASSOFF

© EMMANUEL SPASSOFF

La beauté, le bien-être, c'est aussi pour vos animaux de compagnie. Au cœur du quartier de Vaise, un salon de toilettage proposant des prestations haut de gamme, dont un spa canin unique dans son genre à Lyon. Les nombreux trophées remportés par le maître des lieux attestent de son expérience et de son savoir-faire. Ici, chiens et chats sont mis en beauté par des professionnels passionnés. Lavage avec des shampooings adaptés, séchage en douceur, coupe selon les standards de la race pour des animaux de concours sur la plus haute marche des podiums. Beau dans ses poils, votre chien vous remerciera. Sélection de produits, accessoires, vêtements ou friandises pour le gâter.

JE BOUGE

Bouger, c'est naturel. Alors, après être venu en covoiturage, j'oublie ma voiture à l'entrée de la ville et je bouge dans la Métropole de Lyon par tous les moyens : à pied, à vélo musculaire ou électrique, en trottinette électrique, mais surtout en utilisant les transports en commun. Avec un réseau performant facile d'accès avec les E-tickets, qui ne cesse de s'étendre - la ligne B du métro, désormais automatique, atteindra Saint-Genis-Laval et les hôpitaux sud fin 2023 ; la nouvelle ligne T6 et le début des travaux des trams T9/T10 reliera Vaulx-en-Velin et Saint-Fons -, les transports en commun de la Métropole vous proposent toujours plus de solutions pour vous déplacer en bus, en tram ou en métro dans toutes les directions. Avec le service Vélo'v qui continue de se déployer et ne cesse de gagner des abonnés, les rues de la Métropole sont plus facilement cyclables avec les Voies Lyonnaises, un vaste réseau de voies réservées aux vélos, larges et sécurisées, qui mailleront le territoire d'ici 2026. Et pour mieux bouger, la nouvelle Agence des Mobilités me donne toutes les solutions.

VOTRE GUIDE DEVIENT INTERACTIF

TAPEZ PETITFUTE.APP DANS LE NAVIGATEUR DE VOTRE SMARTPHONE.

PRENEZ UNE PHOTO DE LA PAGE DÈS QU'ELLE A CE PICTO !

VÉLO

BAROUDEUR CYCLES

17, rue Sergent Blandan (1er) ✆ 09 83 43 71 82
https://baroudeur-cycles.com
Ouvert du mardi au vendredi de 9h à 12h et de 14h à 19h, samedi de 9h à 12h et de 14h à 18h.

Une boutique et un atelier (au numéro 10) dans la même rue pour une enseigne tenue par d'authentiques passionnés des belles machines. Si ces amoureux d'aventures à vélo savent tout faire, leur spécialité c'est le bikepacking - les bagages montés sur un vélo taillé pour le voyage - et la randonnée en gravel pour se faire plaisir sur les routes ou sur les chemins. Belles machines avec des montages uniques par des artisans du vélo qui prennent autant de plaisir avec des pièces neuves qu'avec des secondes mains retapées dans les règles de l'art. Super choix d'accessoires, là aussi sur mesure si nécessaire - notamment les sacoches -, et de vêtements. Le voyage commence ici.

VÉLO

GIANT CITY

13, quai Victor Augagneur (3e)
✆ 04 72 75 67 48
www.giant-lyon-centre.fr
Ouvert du mardi au samedi de 10h à 13h et de 14h à 19h.

Face au pont Wilson, les cycles Blain ont créé il y a 8 ans le premier Giant Store de la région. Une boutique qui s'est agrandie en version Giant City avec l'ouverture d'une seconde boutique située au numéro 11, dédiée au vélo de route et au gravel. Pour celles et ceux qui ne connaissent pas Giant, disons tout simplement que la marque est n° 1 au monde, offrant une large gamme pour toutes les pratiques : VTT, vélos de course, gravel, vélos à assistance électrique, vélos enfant et, bien entendu, vélos de ville. LIV est la marque maison pour les femmes. Accessoires pour personnaliser son vélo. Autre plus de l'enseigne : l'atelier multimarque pour l'entretien et la réparation.

VÉLO

VIREVOLT

8, rue Romarin (1er) ✆ 04 87 78 94 68
https://virvolt.fr
Ouvert mardi de 14h à 19h, du mercredi au vendredi de 10h à 13h et de 14h à 19h, samedi de 10h à 13h et de 14h à 17h.

Rien que pour Virevolt, il faudrait inventer une rubrique spéciale car cette enseigne, installée dans les pentes de la Croix-Rousse, est spécialisée dans l'électrification de votre vélo que l'on appellera «musculaire» ou traditionnelle. Saviez-vous que, plutôt que d'acheter un VAE flambant neuf, il était possible d'adapter un système électrique d'aide au pédalage sur tous les types de vélo : VTT, VTC, tout suspendu, vélo pliable, gravel et vélo de route... Franchement, faire électrifier son vieux vélo vintage, ça n'a pas de prix ! Si, ça en a un, mais il reste raisonnable en regard de l'achat d'un vélo neuf. Accueil sympathique, équipe technique et mécanique compétente.

VÉLO

EN SELLE MARCEL

5, rue Jussieu (2e)
✆ 04 72 16 00 02
Ouvert du lundi au samedi de 10h à 19h.

En voiture Simone, c'est terminé. Aujourd'hui, la mobilité urbaine, c'est En Selle Marcel. Une enseigne nationale, c'est marqué «Paris» sur la façade, et une boutique lyonnaise installée sur la Presqu'île pour nous proposer un choix de produits durables ou recyclables avec des marques - Moustache, Cube, Trek, Brompton, Schindelhauer, Electra... - reconnues pour leur qualité et leurs valeurs. Belle boutique où l'on est très bien reçu pour des conseils personnalisés afin de trouver sa monture parmi un vaste choix en musculaire, électrique, pliant, urbain, tout chemin, cargo, enfant... On aime les nombreux accessoires, le marquage contre le vol et la possibilité de location en longue durée.

VÉLO

LE COMPTOIR DU CYCLE

21, quai Antoine Riboud (2e)
✆ 04 78 85 26 70
www.lecomptoirducycle.cc
Ouvert du mardi au vendredi de 9h à 20h, samedi de 10h à 18h.

Et vous, quand est-ce que vous passez au vélo ? A Lyon, la meilleure solution pour se déplacer, c'est de passer au Comptoir du Cycle. Non seulement parce que vous pouvez y vendre votre voiture pour passer au vélo unique en France ! -, mais surtout pour rencontrer une équipe de passionnés du vélo, des pros compétents, dans une boutique cool. Cycle and Chill en terrasse, au bar pour partager ses expériences, essayer tous les vélos et repartir (tous les vélos en stock et disponibles rapidement) avec le vélo, musculaire ou VAE ; adapté à son style de vie : vélo urbain, de route, gravel, trekking, grand choix de vélos cargo (Carqon, Bergamont), fun avec Ruff. Atelier au top. Incontournable.

VÉLO

VELOGIK

32, rue de la Thibaudière (7e) ✆ 04 26 78 51 34
https://velogik-ateliers.com
Ouvert du lundi au vendredi de 9h à 13h et de 14h à 19h, samedi de 9h à 13h.

Parce que la ville à vélo n'est pas un long fleuve tranquille, entretien et réparations font partie de la vie du cycliste. Si de nombreuses boutiques de vélos proposent un atelier de réparation - souvent spécialisé dans les marques maison -, vive Vélogik qui propose des ateliers indépendants où chacun peut apporter son vélo pour toutes les réparations. Possibilité de prendre rendez-vous en ligne avec des mécanos experts qui vous donneront aussi de bons conseils pour mieux utiliser et entretenir votre vélo. Encore plus original : la réparation en itinérance avec une intervention sur le lieu de votre choix, au travail ou à domicile. Tarifs clairs (devis avant toute intervention).

INTERVIEW

LE COMPTOIR DU CYCLE

VOITURE, VÉLO, L'OFFRE UNIQUE DU COMPTOIR DU CYCLE

Pierre Colas, directeur général d'Ora 7, concessions automobiles, et Mathieu Piss-Borel, cofondateur et responsable de la boutique Le Comptoir du Cycle, filiale d'Ora 7, nous présentent une offre unique en France pour faire la meilleure transition entre voiture et vélo.

Pierre Colas, présentez-nous Ora 7 !

En 1998, j'ai créé en France une société de location destinée au groupe Yesss Electrique. Pour revendre ces véhicules, j'ai créé Ora 7, un garage traditionnel qui a pris de l'ampleur au fil du temps. Aujourd'hui, Ora 7 se développe sur trois sites : un s'adressant aux professionnels à Neuville-sur-Saône, et deux aux particuliers, à Sérézin-du-Rhône et Montélimar. Nous proposons des voitures neuves et d'occasion à la vente et en location avec option d'achat.

Quel est le lien avec Le Comptoir du Cycle ?

Chez Ora 7, nous nous interrogions sur les nouvelles mobilités. Si les personnes auront toujours besoin des voitures pour faire certains trajets, elles doivent aussi pouvoir se déplacer autrement, notamment à vélo en ville et à Lyon en particulier. Pour proposer une offre vélo de qualité, indispensable dans la Métropole de Lyon où l'on parle beaucoup de nouvelle mobilité, il fallait que nous nous associions avec de vrais professionnels du cycle. D'où la création du Comptoir du Cycle, partie intégrante d'Ora 7, pour faire le lien entre la voiture et le vélo, deux mondes qui doivent coexister en complémentarité.

Quelles solutions proposez-vous pour passer de la voiture au vélo ?

De plus en plus de gens veulent arrêter la voiture, surtout quand ils en ont deux, pour passer au vélo. En tant que professionnels de l'automobile, nous leur offrons la possibilité de racheter, au prix juste et en toute sécurité, leur voiture lors de l'achat d'un vélo électrique. Au Comptoir du Cycle, le client choisit le vélo adapté à ses besoins avec Matt, Thomas et une équipe de passionnés. Toute la famille - parents et enfants - trouve le vélo qui lui correspond avec une large offre de 400 vélos prêts à partir. Dans les concessions Ora 7, des professionnels enlèvent au client son souci de revente de voiture, évitant la paperasse et tous les problèmes de vente directe. Cette double expertise, voiture et vélo, mise en commun au Comptoir du Cycle permet d'avoir une offre unique en France.

LE COMPTOIR DU CYCLE
21, quai Antoine Riboud (2e)
✆ 04 78 85 26 70
www.lecomptoirducycle.cc

© EMMANUEL SPASSOFF

© DR

© DR

VÉLO

VÉLO'V

2, rue de Savoie - **SAINT-PRIEST** ✆ 01 30 79 33 40
www.velov.grandlyon.com
Au quotidien de 15 à 31 €, 30 premières minutes gratuites. Vélo'v à l'occasion 30 premières minutes gratuites.

Lyon, qui fut la première ville en France à proposer un système de vélos partagés (depuis 2005), est la ville championne d'Europe des vélos en libre-service. 5 000 vélos à prendre en location dans l'une des 428 stations disséminées dans 22 communes ! Facile de louer un Vélo'v. Il suffit de trouver sa station - sur l'appli c'est encore plus rapide -, de créer un compte et de choisir sa formule : au quotidien à l'année, occasionnelle avec toujours 30 premières minutes gratuites ou offre Lyon City Card. Avec les locations longue durée, possibilité d'ajouter une batterie électrique pour booster votre E-Vélo'v. Simple, économique, écologique, Vélo'v accompagne tous nos trajets.

BIO

GRIMPEURS CYCLIST HOUSE

2, rue d'Oran (1er) ✆ 04 72 98 00 04
www.grimpeurs.cc
Ouvert du lundi au samedi 8h-19h, dimanche 8h-15h. Carte 22 € environ. Terrasse. A emporter. Boutique.

Pour un bon grimpeur, il faut avoir une alimentation saine et équilibré. Un lieu original créé par d'authentiques passionnés du vélo, où l'on peut aussi bien choisir ou réparer son engin musculaire ou électrique, s'entraîner et transpirer, mais aussi boire et manger du petit-déjeuner au goûter. Pause gourmande et healthy avec un choix de plats composés de produits le plus souvent bio et locaux. Cuisine maison simple et savoureuse. On recommande le club sandwich, mais les lasagnes Grimpeurs méritent aussi toute notre attention. Pâtisserie maison pour prendre des forces avant de repartir sur la route de nos vies citadines, tout en rêvant d'évasion vers les grands cols des Alpes.

AUTOCARISTES

CARS RÉGION

11, place de la Gare - **GRENOBLE**
✆ 04 26 16 38 38
Centrale téléphonique du lundi au samedi de 7h à 19h.

On a tout à gagner avec Cars Région. Plus de 1 000 cars, dont certains équipés de porte-vélos, offrent un maillage complet du territoire pour faciliter les déplacements entre les 521 communes du département. Et c'est facile d'acheter son titre de transport depuis son smartphone en envoyant un SMS (selon le nombre de zones) au 93038 ou en téléchargeant l'appli Pass'Mobilités pour le Grand Grenoble qui permet de voyager en correspondance sur les réseaux du Pays Voironnais, TouGo, TAG ainsi que sur 5 lignes du réseau (X01, X02, X03, T80 et T81) dans la limite d'1h30 et de 2 correspondances pour 3,80 €. Pour connaître les perturbations, inscrivez-vous sur le site Internet, rubrique Mon Espace.

BATEAU

LE VAPORETTO

(2e) ✆ 08 20 20 69 20
https://vaporettolyon.com
Ouvert d'avril à octobre, 7j/7 en juillet et août de 13h30 à 18h50. Tarif unique 5 €. Pass illimité 39 €/an.

Bienvenue à bord du bateau le plus emblématique de Lyon. Depuis plus de 10 ans, de mars à octobre, le Vaporetto est le moyen de transport le plus insolite pour découvrir Lyon et se déplacer dans la ville. Voguer sur la Saône entre les quatre stations est devenu une habitude pour ceux qui veulent relier facilement Vaise, le Vieux Lyon (Saint-Paul), Bellecour et Confluence. Le Vaporetto est une navette fluviale respectueuse de l'environnement avec son moteur hybride. Croisière entre le Vieux Lyon et ce quartier ultra moderne agréable à découvrir sous toutes ses facettes : architecture, sorties, commerces... Carte d'abonnement à petit prix et transport compris dans la Lyon City Card.

BATEAU

VOIES NAVIGABLES DE FRANCE

2, rue de la Quarantaine (5e)
✆ 04 72 56 59 00
www.vnf.fr

Impossible de parler de Lyon sans parler de ses voies navigables empruntées par les péniches, mais aussi par les plaisanciers. Les Voies Navigables de France gèrent, exploitent et développent le plus grand réseau européen de voies navigables constitué de 6 700 km de canaux et de rivières aménagées, de plus de 4 000 ouvrages d'art et de 40 000 ha de domaine public bord à voie d'eau. Entre Rhône et Saône, VNF ne manque pas d'informer les nombreux plaisanciers et sportifs, on pense notamment aux personnes pratiquant l'aviron, des conditions d'utilisation des voies navigables.

CONCESSIONNAIRE - AGENT - MANDATAIRE

ALEXIS MOTO

58, chemin de la Bruyère - **DARDILLY** ✆ 04 72 52 76 73
www.alexis-motos.fr
Ouvert du mardi au vendredi de 9h à 12h et de 14h à 18h30, samedi de 9h à 12h30 et de 14h à 18h.

Si l'entreprise existe depuis 1928, elle a changé de propriétaire en cours de route. C'est depuis 1971 qu'Alexis Moto est un concessionnaire exclusif de la marque Yamaha. À ce titre, il propose aux fans de la marque des machines neuves ou des occasions avec en prime, un généreux rayon d'accessoires et les tee-shirts Joe Bar, incontournables de toute garde-robe de motard. Un savoir-faire et une expérience incroyables pour cette maison réputée, dont le patron, Pierre Etard et son fils Nicolas se sont élancés sur les pistes du Dakar. On trouve également un beau choix de quads pour sillonner les chemins autrement. Autre adresse à Lyon sur l'avenue Jean Jaurès pour retrouver le scooter Tmax.

CONCESSIONNAIRE AUTOMOBILE

ORA 7

CD12 Lieu Les Tuillières
69360 **SÉRÉZIN-DU-RHÔNE**
✆ 04 37 65 07 07
https://www.ora7.fr
Ouvert du lundi au vendredi de 9h à 19h et le samedi de 9h à 18h.

Présente à Sérézin du Rhône et Montélimar pour les particuliers, Neuville-sur-Saône pour les professionnels, ORA 7 est le centre automobile multimarques de référence pour acheter ou louer avec option d'achat des véhicules d'occasion récents ou neufs 0 km au meilleur prix. Excellent accueil de toute l'équipe, conseils avisés par d'authentiques professionnels passionnés d'automobile qui sauront vous guider dans votre choix selon vos envies et votre budget. Quelle que soit la voiture que vous cherchez, citadine, hybride, break, monospace… ORA 7 vous propose la solution la mieux adaptée. ORA 7, une enseigne de confiance recommandée par le Petit Futé.

CONCESSIONNAIRE - AGENT - MANDATAIRE

ONLY MOTO

80, rue de la Part-Dieu (3e)
✆ 04 81 06 08 40 - Métro Guichard.
www.onlymoto.fr
Ouvert du lundi au vendredi de 9h à 19h, samedi de 9h à 18h.

Situation pratique dans le quartier de la Part-Dieu pour les urbains à la recherche de la bonne occasion en deux-roues motorisés avec le système de dépôt-vente gratuit. Un système beaucoup plus sécurisant que de répondre à une petite annonce d'un particulier sans rien y connaître à la mécanique ! Un large choix qui va du scooter urbain et MP3 pour se déplacer en moto sans passer le permis aux plus grosses cylindrées dans tous les styles. Atelier d'entretien et de réparation toujours aussi efficace avec des mécaniciens expérimentés - plus de 10 ans de métier - pour s'occuper de votre moto ou scooter, le tout avec des tarifs clairs. Accessoires, du casque à l'antivol, pour s'équiper.

CONCESSIONNAIRE - AGENT - MANDATAIRE

GANDI MOTO PEUGEOT

35, avenue Viviani (8e) ✆ 04 78 76 44 35
www.gandi-moto.fr
Ouvert du mardi au vendredi de 9h à 12h et de 13h à 18h, samedi de 9h à 12h et de 13h à 17h.

Concessionnaire exclusif de la marque Peugeot, vente de scooters neufs et d'occasion, cet établissement créé il y une près de 20 ans propose un showroom avec des engins allant de 125 cm³ à 500 cm³, sans oublier les mp3 pour circuler au-delà du périphérique en toute sécurité et un deux-roues électrique, le E-Ludix. Vous trouverez tous les accessoires nécessaires à la conduite et au tuning. Large choix pour tous les usages avec la gamme Kymco. Il existe aussi des mini motos pour les enfants de 5 à 10 ans. Gandi Moto répare encore vos deux-roues, quelle que soit la marque, et vous permet un règlement en dix fois pour l'achat d'un scooter. Et pour ne rien gâcher, l'accueil est charmant.

COVOITURAGE / AUTOSTOP

MÉTROPOLE DE LYON

20, rue du Lac (3e)
✆ 04 78 63 40 40
www.grandlyon.com

A tout moment, le covoiturage c'est la solution pour diminuer le nombre de voitures, faire des économies, aller plus vite à son travail en empruntant les voies dédiées sur M6 et M7… Pour tout plein de bonnes raisons, je pratique le covoiturage en utilisant le site : **https://encovoit-grandlyon.com**. Sur ce site de mise en relation, je peux former un équipage régulier pour mes déplacements quotidiens vers mon lieu de travail ou d'études. Pour des occasions exceptionnelles, l'appli vous géolocalise et met rapidement en relation passager et automobiliste. Il existe aussi des arrêts Covoit'Minute pour pratiquer un «stop» moderne. **Encovoit-grandlyon**, la solution pour mieux se déplacer ensemble.

LOCATION

BLACKSHEEP

430, rue du Companet - **RILLIEUX-LA-PAPE** ✆ 09 51 38 88 15 - Bus C2 depuis la Gare Part-Dieu direction Rillieux Semailles, arrêt Companet. - www.blacksheep-van.com
Ouvert du lundi au vendredi de 9h30 à 12h et de 14h à 18h30, samedi de 9h30 à 12h.

Qui n'a pas rêvé, sur la trace des hippies, de tailler la route en van ? *Futé* en a longtemps rêvé et il l'a fait ! Grâce à deux jeunes et beaux copains qui ont eu l'ingénieuse idée de louer des vans, bien plus confortables que les fameux Combi, aménagés pour partir faire un *road trip* en France ou en Europe. Simplement fantastique, rien d'autre à dire ! Dans ces Campervans de haute qualité, on trouve tout le confort nécessaire pour vivre, dormir et, bien sûr, rouler avec des itinéraires sur mesure – direction l'Espagne, la Corse, l'Italie… –, selon les envies. Un seul conseil : retenez à l'avance, car les vans sont convoités. Meilleure idée pour partir en famille ou entre potes.

MOTO - SCOOTER

PIATON

189, montée de Choulans (5e) ✆ 04 78 25 34 18
www.piatonlyon.fr
Ouvert du mardi au vendredi de 8h30 à 12h30 et de 14h à 18h30, samedi de 9h30 à 12h30 et de 14h à 18h.

Piaton, c'est l'Italie sur 2 (ou 3) roues à Lyon avec l'emblématique marque Piaggio et les modèles signés Vespa. Une adresse de passionnés depuis 1929 où les amoureux des mécaniques italiennes viennent se régaler avec les nouvelles versions de Vespa GTS. Nouvelle version également avec les MP3 de chez Piaggio pour se déplacer en ville et un peu plus loin avec plus de puissance dans la poignée. De belles occasions révisées. L'atelier est irréprochable. Dans le même esprit, la boutique présente tout le matériel nécessaire pour améliorer votre scooter et compléter votre tenue. Casques, vestes protectrices, gants, antivols et produits dérivés Vespa pour avoir fière allure italienne.

TAXI - VTC

TAXI LYON

15, rue Dumont-d'Urville (4e)
✆ 04 72 10 86 86
www.taxilyon.com
Flotte de 400 taxis.

Tout simplement le premier regroupement de taxis à Lyon. Cette société de taxis, 400 artisans taxis 7j/7 et 24h/24, à votre service depuis 1965, gère tous les types de commandes : navettes pour les gares et l'aéroport, séminaires, prestation prestige, transport de groupes, accessibilité des handicaps, transport d'enfants ou encore de colis importants. Il s'agit de la plus grande centrale de taxis de Lyon et elle possède de très nombreux et divers véhicules de standing. Pratique : les taxis de nuit pour rentrer en toute sécurité, même après une soirée arrosée. Pour commander facilement votre taxi, partout et à tout moment, l'entreprise a mis en place une application iPhone et Android.

TRANSPORT

CITIZ LPA

2, place des Cordeliers (2e)
✆ 04 72 41 67 12
www.lpa.citiz.fr
Ouvert du lundi au vendredi de 10h à 18h. Possibilité de rendez-vous.

Quel est le coût réel (assurance, carburant, stationnement, entretien, vétusté...) de votre voiture individuelle ? Quel usage en avez-vous ? Citiz LPA étend son territoire et vos possibilités de vous déplacer en voiture à partager. Avec plus de 400 voitures garées dans plus de 100 stations de la Métropole - désormais dans les Monts d'Or -, Citiz LPA rend la voiture de location accessible. Il suffit de s'inscrire, de télécharger l'appli ou d'avoir un badge pour profiter 24h/24 en libre-service des voitures Citiz. Tout est compris : carburant, assurance, entretien, assistance... Les tarifs sont dégressifs à partir de 2,50 €/h et 0,41 €/km. Libre de rouler avec Citiz.

TRAM

RHÔNEXPRESS

190, rue Antoine-Becquerel - **MEYZIEU**
www.rhonexpress.fr
Tous les jours. Aller simple : 16,30 € (15,20 € Internet). Aller-retour : 28,30 € (26,70 € Internet). Gratuit -12 ans.

Comme les plus grandes villes du monde, Lyon a sa navette reliant directement son aéroport international à son centre-ville (Part-Dieu). Avec un départ toutes les 15 min de 6h à 21h (30 minutes entre 4h25 et 6h et de 21h à minuit), 7j/7, Rhônexpress met le centre-ville à moins de 30 min de l'aéroport sans craindre le moindre embouteillage. C'est bon pour ne pas perdre de temps, pour partir/arriver en toute sérénité, c'est bon pour la planète et c'est bon pour votre moral. Faites des économies en achetant vos billets à l'avance sur Internet... Et un conseil futé, pour rejoindre Bellecour plus rapidement, descendez à la station Vaulx-en-Velin La Soie et prenez le métro A, c'est direct !

TRANSPORT

ONLYMOOV

(3e)
www.onlymoov.com

Onlymoov, c'est la meilleure solution pour optimiser vos déplacements dans la Métropole de Lyon. Plus fiable et réactive que n'importe quelle application de navigation, accessible sur smartphones, tablettes et ordinateurs, Onlymoov vous indique non seulement l'itinéraire le plus rapide pour vos déplacements, mais elle vous propose de combiner plusieurs modes de transport : voiture, transports en commun, vélo et piéton. Etat du trafic en temps réel, travaux, itinéraires à privilégier... Il ne vous reste plus qu'à créer un compte pour recevoir gratuitement des alertes personnalisée par mail et SMS en cas de situation perturbée. Onlymoov, le site de tous vos déplacements.

TRANSPORT

TCL

(1er)
✆ 0 820 42 70 00
www.tcl.fr

Tous mes déplacements dans la Métropole de Lyon avec le réseau TCL : 4 lignes de métro, 7 lignes de tramway, 2 funiculaires, des centaines de lignes de bus et de trolleybus qui desservent 73 communes, dont les 59 communes de la Métropole de Lyon ! Pour vos déplacements, TCL permet de combiner les modes de transport sans changer de ticket. Des tickets matérialisés ou digitalisés (E-Tickets sur smartphone et TCL carte bancaire) pour des transports toujours plus faciles d'accès. Les «parcs relais» permettent de laisser la voiture à l'entrée de la ville. Des tarifs adaptés, dont 2 abonnements solidaires (gratuit ou réduit selon son statut). Indispensable : l'appli TCL.

NEW

TRANSPORT

AGENCE DES MOBILITES

120, rue Masséna (6e) ✆ 04 78 63 40 00
www.grandlyon.com/services/mobilites
Ouvert lundi et du mercredi au vendredi de 9h à 12h30 et de 13h30 à 17h45, mardi de 13h30 à 17h45.

A Lyon, la mobilité se met au pluriel. Pour nos déplacements dans la Métropole de Lyon, de nombreuses possibilités s'offrent à nous. La nouvelle Agence des Mobilités, qui a pour objectif de regrouper tous les services liés à la mobilité, répond à toutes vos interrogations sur vos déplacements urbains. Pour faire le point sur le déploiement de la ZFE et mieux connaître les aides de la Métropole et de l'État afin de changer votre véhicule, pour établir un diagnostic de vos déplacements, changer vos modes de transport et découvrir des solutions de mobilité alternatives selon vos besoins, prenez rendez-vous à l'Agence ou un visio grâce au formulaire Toodego. Déplacez-vous mieux, vivez mieux !

TOUR OPÉRATOR

MES PIEDS SUR TERRE

(1er)
✆ 06 25 39 93 43
https://mespiedssurterre.fr

Mettre ses pieds sur Terre, ce n'est pas aller à l'autre bout de la planète en avion quand, tout autour de soi et accessible en train, on peut découvrir des petits coins de paradis ! Mes Pieds sur Terre, c'est une agence de voyage qui propose des randonnées en pleine nature à moins d'une heure de Lyon. Démarche responsable d'une agence fondée par Emmanuelle Collot qui met en avant le slow-tourisme de proximité et les produits de terroirs d'exception à travers des randonnées vécues comme de véritables excursions touristiques. Ecotourisme à la journée, en autonomie (géolocalisation) ou accompagné, pour vivre et partager de belles expériences près de chez nous, loin de la ville.

TOUR OPÉRATOR

TERRES OUBLIÉES

19, rue rue de Bonnel (3e)
✆ 04 37 48 49 90
www.terres-oubliees.com

Allez là où les autres ne vont pas avec des passionnés engagés pour la planète. Terres oubliées, c'est un créateur de voyages authentiques dans une approche naturaliste. Invitation à la découverte de paysages à travers le monde. Plusieurs gammes de voyages. Les voyages Trek et Aventure pour découvrir le monde à pied, en kayak de mer, à ski... selon votre niveau et toujours avec des groupes de 8 maxi. Voyages d'immersion dans la nature avec des guides avertis. Les voyages «photo» pour braquer son objectif sur les paysages les plus surprenants. Les croisières d'exception sur des mers reculées. Et des voyages sur mesure pour répondre à toutes vos attentes. De belles expériences humaines.

TOUR OPÉRATOR

SKIMANIA LYON

17, quai Jean Moulin (2e) ✆ 04 72 72 59 59
www.skimania.com
Ouvert du mardi au jeudi de 14h à 19h et le vendredi de 10h à 15h. Fermeture hors saison.

Allez au ski, c'est toute une organisation, surtout quand il faut prendre sa voiture pour monter en station. Heureusement, il y a Skimania ! En car au départ de Lyon (mais aussi en train au départ de Paris), Skimania propose des journées, week-ends et courts séjours «tout compris» : transport, forfait, assistance, accompagnateur et même petit déjeuner ! Y a plus qu'à chausser et à partir sur les pistes dans les meilleures conditions, frais et reposé ! En voyageant ensemble, on fait aussi des rencontres, un geste pour son porte-monnaie et aussi pour la planète. Plus d'une vingtaine de stations alpines desservies et des partenaires pour louer son matériel à Lyon.

TOUR OPÉRATOR

MARCO VASCO

144, rue Vendôme (6e)
✆ 04 72 75 10 40
www.marcovasco.fr
Ouvert du lundi au samedi de 9h30 à 19h.

Après avoir créé des voyages sur mesure à travers le monde sur Internet, Marco Vasco a ouvert un concept store à Lyon. Une agence innovante à l'image de ces explorateurs - Marco Vasco est un habile mélange de Marco Polo et Vasco de Gama... - qui ne font rien comme les autres. Le voyage commence avant de rentrer dans l'agence grâce aux films de voyage projetés sur les vitrines multimédia. A l'intérieur, le voyage continue avec un mur média interactif géant, des tablettes digitales, mais aussi des jeux pour trouver sa destination, faire son parcours en savourent cafés et thés du monde entier. Il ne reste plus qu'à concrétiser ses rêves avec des conseils personnalisés.

TOUR OPÉRATOR

AVENTURE ET VOLCANS

73, cours de la Liberté (3e)
✆ 04 78 60 51 11
www.aventurevolcans.com

Le feu bouillonne dans vos entrailles. Marcher sur un volcan, c'est un rêve d'enfant que l'on peut réaliser à l'âge adulte. Créée par Guy de Saint-Cyr, un des plus grands chasseurs de lave au monde, et dirigée par Tanguy, l'agence Aventure et Volcans organise depuis 40 ans sur tous les continents des circuits axés sur les volcans actifs et les cratères en feu. Emotions et dépaysements sur les plus beaux volcans de la planète ! En plus de la découverte de la biodiversité et des populations locales, les différents circuits proposés permettent de découvrir des sites spectaculaires. Le nombre de places étant limité à chaque voyage, soyez aussi explosif qu'un volcan pour réserver votre voyage.

TOUR OPÉRATOR

LES MATINS DU MONDE

24, rue Lalande (6e)
✆ 04 37 24 90 30
www.lesmatinsdumonde.com

L'agence Les Matins du Monde vous propose des voyages pas comme les autres. Des voyages à votre rythme pour vivre toutes les aventures, pas loin d'ici pour une randonnée dans le Vercors ou au bout du monde pour un safari photo au Botswana. Une petite équipe expérimentée est à votre écoute pour vous proposer un voyage adapté à toutes vos envies. Vous trouverez dans cette agence des conseils personnalisés, des voyages originaux et hors des sentiers battus. Des vols secs, avec ou sans accompagnateur, des hébergements variés, des randonnées à pied, des voyages culturels... Plusieurs circuits complets et sur mesure sont proposés. A vous de déterminer le type de voyage qui vous correspond le mieux.

Marre de passer des heures sur internet pour trouver des bons plans ?
mypetitfute
M'A FAIT GAGNER UN TEMPS FOU AVEC SES RECOMMANDATIONS D'ITINÉRAIRES ET SES BONS PLANS TESTÉS PAR DES RÉDACTEURS LOCAUX
VOTRE GUIDE NUMÉRIQUE SUR MESURE EN MOINS DE 5 MINUTES POUR 2,99 €
mypetitfute.fr
© VIKTOR GL - ISTOCKPHOTO.COM

JE PENSE FUTÉ

Si je pense futé, c'est pour mon bien et celui des autres. C'est pour me prendre en main, mais aussi pour tendre la main aux autres, notamment à celles et ceux qui vivent dans la précarité, dans les difficultés de tous ordres : financières, psychologiques, éducatives, familiales... Comme la Métropole, je m'engage en faveur de la cohésion sociale, pour la promotion de l'égalité homme-femme et contre toutes les violences faites aux femmes, je m'investis aux côtés des personnes en situation de handicap, j'aide les personnes vulnérables et âgées dans leur vie quotidienne, je fais un don ou je deviens bénévole auprès des associations. Les parents, les familles trouveront de l'aide dans les Maisons de la Métropole pour les Solidarités. L'autre partie de cette rubrique est consacrée à la formation et au travail. Lyon est une ville de congrès et de séminaires. Le *Petit Futé* a sélectionné des lieux pour recevoir toutes vos réunions dans les meilleures conditions, au cœur de la ville, mais aussi un peu plus loin pour profiter du calme de la campagne. Bienveillance et solidarité, je pense futé.

COWORKING

SOFFA

17, rue Sainte-Catherine (1er)
✆ 04 26 17 40 21
https://sofffa.com
Ouvert 7j/7.

Sofffa, avec 3 F, ce sont 2 lieux hybrides au cœur de Lyon. Des lieux pour prendre son temps, pour se rencontrer, pour se croiser et mêler ses savoirs, ses compétences. A la fois Slowcafé, galerie d'art, lieu d'événements et d'expression, Sofffa est aussi un lieu de coworking avec un espace résident pour bénéficier de l'intégralité de «l'écosystème» : poste de travail fixe, pass sécurisé 24h/24, accès illimité aux équipements et au Slowcafé, une assurance pour votre matériel laissé sur place... et de la bienveillance au quotidien. Et pour ne pas rester dans son coin, mais s'inspirer les uns les autres, le Creativehub ouvre les perspectives. Un Sofffa plein d'atouts.

COWORKING

LA CORDÉE

19, rue Père Chevrier (7e)
www.la-cordee.net

Qui ne connaît pas la métaphore de la cordée à laquelle il faut s'accrocher pour arriver ensemble à conquérir les sommets ? C'est à Lyon que la première Cordée s'est lancée en 2011 dans l'aventure du coworking pour les travailleurs nomades, de plus en plus nombreux. Mais on n'est jamais seul sur une Cordée et c'est ça qui fait la différence de ces lieux, il y en a 5 dans la Métropole (Valmy, Opéra, Liberté/Guillotière, Jean Macé et République/Villeurbanne) qui ont à cœur d'œuvrer pour un monde du travail plus solidaire, créatif et convivial. Il suffit de cotiser pour ne plus jamais travailler seul dans ce grand espace accessible à tous. Permanences d'experts et événements professionnels.

COWORKING

NOW COWORKING

35, rue de Marseille (7e)
✆ 04 28 29 56 95
https://now-coworking.com

Dans un quartier en pleine ébullition où les bonnes adresses ne manquent pas, en voici une tout à fait étonnante ! Etonnante par sa situation au 5e étage de l'ancien immeuble Citroën, bâtiment mythique entièrement rénové. Vue imprenable sur la ville et un espace grandiose dans tous les sens du terme. Plus de 80 bureaux privatifs ou à partager, de salles de réunion équipées pouvant accueillir 350 coworkers simultanément. De grandes baies vitrées pour laisser entrer le soleil et l'inspiration. Partages, échanges, rencontres dans des espaces aménagés, mais encore un jardin d'hiver, une salle de sport, une beauty room relaxante, une terrasse... L'art de mieux vivre en travaillant.

EVÉNEMENTS

CARRE FOURVIERE

5, place de Fourvière (5e)
✆ 04 51 08 98 60
www.carre-fourviere-lyon.fr

Le lieu le plus inspirant pour tous vos événements. Donnez une autre dimension à vos réunions, séminaires, organisations d'événements professionnels. Prenez de la hauteur, au propre comme au figuré, en réservant les espaces exceptionnels du Carré Fourvière. Vue panoramique sur la ville depuis ce lieu emblématique de Lyon, au sein d'un site classé au patrimoine mondial. A votre disposition, 7 espaces modulables, 800 m² équipés (Internet haut débit, wifi, écrans, vidéoprojecteurs...) pour des privatisations totales ou partielles selon vos besoins. La cour carrée, avec son incroyable verrière, ouvre un espace fabuleux pour élever les esprits. Rencontres et partage dans un carré magique !

EVÉNEMENTS

SWEN

442, route du Margand
LÉGNY
✆ 07 63 07 95 99
www.swenbivouak.fr

SWEN pour les 4 points cardinaux en anglais. SWEN pour se faire du bien en se retrouvant, pas très loin de Lyon (1h30 maxi), pour vivre une vraie aventure et pratiquer l'outdoor à côté de chez soi. L'aventure en pleine nature, l'aventure en «circuit court», c'est ce que propose Arnaud Callendret à vos équipes. Faire du sport, une randonnée en forêt, dépasser ses limites, mais aussi faire une veillée et bien manger des produits du terroir local autour d'un feu de camp, monter la tente, le campement le soir venu. Embarquez vos collaborateurs pour un séminaire original dans le Pilat, les monts du Lyonnais... Une expérience imaginée spécialement pour votre groupe par SWEN.

SÉMINAIRE - CONGRÈS

BUREAU DES CONGRÈS ET DES SALONS

Place Bellecour (2e)
✆ 04 72 77 72 40
https://events.lyon-france.com

De par une situation géographique centrale, un réseau de transport dense (TGV, aéroports, autoroutes), un riche patrimoine culturel et historique, un important parc hôtelier, Lyon bénéficie de nombreux avantages pour accueillir congrès et séminaires. Afin de promouvoir la ville sur la scène internationale, le Bureau des Congrès et des Salons propose une aide logistique, personnalisée et complète pour mener à bien l'organisation de manifestations diverses : réalisation d'études de faisabilité, élaboration de cahier des charges, mise en relation avec les institutions locales...

SÉMINAIRE - CONGRÈS

LE HUB DE L'ILE BARBE

1, place Henri Barbusse (9e)
✆ 06 21 47 49 86
www.ledomainedelilebarbe.com

Lyon est la ville idéale pour organiser vos événements, séminaires et autres conventions. Mais dans une ville aussi belle, il faut trouver un lieu à la hauteur. Heureusement, le *Futé* est là pour vous guider vers le Hub de l'Ile Barbe. Un lieu aussi beau qu'insolite, puisqu'il abrite sur les quais de Saône, dans un cadre superbe, le Domaine de l'Ile Barbe, le Musée Jean Couty et Tonic Radio. Patrimoine, culture et média, le tout réuni dans un Hub unique dans son genre. Ambiance village dans la ville, possibilité de jouer à la pétanque, événements outdoor ou indoor... Tout sera mis en œuvre pour la réussite de votre événement. 3 salles parfaitement équipées. Devis personnalisés sur demande.

SÉMINAIRE - CONGRÈS

HÔTEL & SPA PANORAMA 360

4, rue Paul Gateaud - **MÂCON** ✆ 03 85 50 20 42
www.hotelmacon-panorama360.com

Offre business complète. Accueil jusqu'à 300 personnes en réunion. 7 salles de réunion.

Changez d'horizon pour organiser vos séminaires et réunions ! L'Hôtel & SPA Panorama 360****, c'est une offre business complète. Un lieu d'exception d'accès rapide en voiture et en train, proche de Lyon dans une région mariant culture, gourmandise et nature. Journées d'étude, séminaires résidentiels « clés en main » dans les 7 salles du Centre de congrès sur un espace de 450 m^2. Accueil jusqu'à 300 personnes en réunion de 50 à 70 personnes. L'hôtel peut s'occuper de la partie Incentive avec des activités ludiques, du team building, de la restauration, pour terminer une journée de travail en dégustant un cocktail au Skybar. Travail, loisir et plaisir à l'Hôtel & SPA Panorama 360.

SÉMINAIRE - CONGRÈS

EUREXPO

Avenue Louis-Blériot
CHASSIEU
✆ 04 72 22 33 44
www.eurexpo.com

Eurexpo, site géré par GL Events, est le premier parc des expositions français (hors Paris) et le 20e parc européen. Chaque année ce sont plus de 200 événements et 1,5 million de visiteurs qui profitent de ce lieu unique. Ses capacités exceptionnelles lui permettent de mieux accompagner le succès de salons internationaux prestigieux tels que le Sirha, Equita'Lyon ou Pollutec. Au cœur d'un vaste carrefour européen : liaisons autoroutières et ferroviaires rapides, ainsi que de nombreuses lignes régulières à l'aéroport de Saint-Exupéry, cet espace permet de tout organiser grâce à de vastes halls et des salles de réunion modulables s'adaptant à la dimension de chaque manifestation.

EVÉNEMENTS

SECRETS DE SOMMELIER

COLLONGES-AU-MONT-D'OR
www.jacquesrouget.com/

© FRED DURANTET

© DR

Bourguignon d'origine, Jacques Rouget est un authentique passionné du vin. Une passion qui l'a conduit à exercer son métier de sommelier auprès des plus grands cuisiniers : Stéphane Derbord, Eric Pras, un certain Paul Bocuse chez qui il restera 9 ans, et Christian Têtedoie. Un parcours exceptionnel, une expérience et un savoir-faire que Jacques Rouget met aujourd'hui au service des entreprises - et des particuliers - pour créer des événements gourmands uniques. Dégustation de vins entre amis ou collaborateurs, visites de domaines ou balade dans le vignoble, réceptions, repas avec des chefs partenaires... Secrets de Sommelier peut organiser de nombreux événements autour du vin.

ADMINISTRATION - SERVICE PUBLIC

AVF LYON RHÔNE

5, place de la Baleine (5e)
✆ 04 78 42 50 03
www.avflyonrhone.fr
Ouvert du mardi au jeudi de 14h à 16h30, jeudi de 10h30 à 12h.

Quand on arrive en ville, acheter et consulter le *Petit Futé* c'est un bon début pour trouver les meilleures adresses. Mais pour découvrir Lyon et ses environs avec d'autres personnes, s'adapter à la ville, rencontrer des anciens et des nouveaux Lyonnais, rien ne vaut un passage par l'Accueil des Villes Françaises. AVF Lyon-Rhône, dont le siège est situé en plein cœur du Vieux Lyon, est la meilleure façon de s'intégrer rapidement dans sa nouvelle ville par le biais d'un réseau relationnel et amical qui se tisse lors d'animations, d'activités sportives et culturelles, de découvertes de la ville ou de soirées thématiques. AVF Lyon-Rhône, la façon la plus *Futé* de s'installer à Lyon.

ADMINISTRATION - SERVICE PUBLIC

MÉTROPOLE DE LYON

20, rue du Lac (3e)
✆ 04 78 63 40 40
www.grandlyon.com
Ouvert du lundi au vendredi de 7h30 à 18h30.

Innovante, la Métropole de Lyon l'est à plus d'un titre. Créée en 2015, elle réunit 59 communes, près de 1,4 million d'habitants, dans une collectivité territoriale qui a aussi les compétences d'un département : déplacements, voirie, solidarités, culture, environnement, habitat, tourisme... ou la gestion de l'eau que la Métropole a passé en régie publique. Pour tout savoir des actions de la Métropole, il faut suivre toutes ses actualités sur le site très complet de la Met', le magazine de la Métropole de Lyon, et sur le site du Grand Lyon pour retrouver tous les services et les actions menées dans tous les domaines. Une Métropole durable et responsable au service de ses habitants.

BAILLEURS SOCIAUX

GRAND LYON HABITAT

2, place de Francfort (3e)
✆ 04 72 74 67 42
www.grandlyonhabitat.fr

Créé en 1920 par Edouard Herriot, maire de Lyon, Grand Lyon Habitat est un organisme public à caractère industriel et commercial rattaché au Grand Lyon ! Il gère plus de 27 000 logements sur l'agglomération, en privilégiant la revitalisation des quartiers et la richesse sociale. Logement abordable devient synonyme d'agréable pour bien vivre sa ville durablement. Pour la réhabilitation et la maintenance des bâtiments, Grand Lyon Habitat fait également appel à des entreprises qui se positionnent pour l'insertion professionnelle. Un vrai engagement pour l'humain qui fait du bien ! Possibilité de devenir propriétaire de logements dans l'ancien ou dans le neuf (accession sociale à la propriété).

BANQUE - ASSURANCE - ARGENT

CREDIT MUNICIPAL

221, rue Duguesclin (3e)
✆ 04 72 60 63 63
www.credit-municipal-lyon.fr
Sur rendez-vous.

Le Crédit Municipal est un établissement public de crédit et d'aide sociale, présent depuis 1810 à Lyon. Il propose, lorsqu'on est dans le besoin, un service de prêt sur gage, c'est-à-dire de l'argent contre le dépôt d'un ou plusieurs objets de valeur, mais aussi des services bancaires plus classiques. D'ailleurs, on ne sait pas assez que le Crédit Municipal propose des prêts personnels, même pour les seniors qui se voient souvent refusés par les banques traditionnelles à des taux intéressants selon la durée du prêt. Dans un autre genre, les ventes aux enchères des objets dont les contrats de prêt n'ont pas été prolongés sont aussi intéressantes (catalogues en ligne sur le site).

MAIRIE - COLLECTIVITÉ LOCALE

MAIRIE DE LYON

1, place de la Comédie (1er)
✆ 04 72 10 30 30
www.lyon.fr

Lyon est une ville durable à plus d'un titre, et pas seulement parce que son histoire remonte à l'Antiquité... La mairie de Lyon, avec son exécutif sous la bannière verte, met ce thème essentiel au cœur de ses actions, avec un plan de sobriété énergétique par exemple, ou un Label Lyon, ville équitable et durable distinguant près de 250 structures lyonnaises. Démarches dématérialisées réalisables en ligne. A suivre également, l'appli de la mairie de Lyon qui vous simplifie la ville : cadre de vie, culture, enfance et éducation, solidarité, transports, tourisme... La ville prend une dimension plus humaine, laissant une place à la nature avec, par exemple, la création de vergers urbains.

SERVICES PUBLICS

CNR

2, rue André Bonin (4e)
✆ 04 72 00 69 69
www.cnr.tm.fr

CNR est un acteur clé de la transition énergétique. Son expertise sur l'ensemble de la chaîne de valeur des énergies de l'eau, du soleil et du vent et ses missions d'intérêt général en font un partenaire de premier plan pour le développement et l'équilibre des territoires. Depuis 1934, la CNR a en charge la concession du Rhône quant à son aménagement et sa valorisation. Trois missions sont développées dans ce cadre : la production d'électricité, la navigation et l'irrigation des terres agricoles. Les voies navigables permettent de découvrir un patrimoine naturel exceptionnel. De Lyon à la Méditerranée, 330 km de voies navigables s'offrent à vous grâce à 14 écluses gérées par CNR.

TOUTSURMESFINANCES.COM
Toute l'information sur vos finances personnelles
UNE QUESTION ?
TROUVEZ TOUTES LES RÉPONSES SUR NOTRE SITE INTERNET
DE NOMBREUX ARTICLES
CONSEILS, ACTUALITÉS, ASTUCES
toutsurmes finances.com
IMMOBILIER . IMPÔTS . PLACEMENTS
PATRIMOINE . ARGENT . BOURSE
ASSURANCE . VIE PRATIQUE
@toutsurmesfinances
@toutsur
@toutsurmesfinances

RENAUD PAYRE

INNOVER POUR LE LOGEMENT

Face à la « crise du logement », Renaud Payre, Vice-Président de la Métropole de Lyon, en charge de l'Habitat, du Logement social et de la Politique de la ville, nous livre les solutions proposées par le nouvel exécutif en place depuis 2020.

Quelle est la situation du logement dans la Métropole de Lyon ?

Lyon, métropole très attractive en raison de sa vitalité économique, culturelle, étudiante, voit arriver entre 12 000 et 15 000 habitants de plus chaque année. Cela crée un besoin fort en matière de logements. De nombreux habitants rencontrent des difficultés pour accéder à un logement social, avec 9 demandes pour 1 seule satisfaite, pour trouver un logement avec un loyer abordable et pour acheter avec la flambée des prix. Il est de plus en plus difficile pour de jeunes actifs de rester dans leur commune, dans leur quartier, surtout quand arrive un nouvel enfant. La question de la « crise du logement », c'est le quotidien des habitants de notre Métropole.

Face à cette crise, quelles sont les solutions proposées par la Métropole de Lyon ?

La Métropole de Lyon développe toutes les solutions possibles. Il y a d'abord des solutions structurelles, comme la construction de nouveaux logements locatifs sociaux, objectif 5 000 par an dans l'ensemble de la Métropole. Nous avons mis en place, à Lyon et à Villeurbanne, un encadrement des loyers. Nous agissons pour défendre de nouvelles formes de propriétés avec le Bail Réel Solidaire qui permet, grâce la dissociation du foncier et du bâti, d'accéder à la propriété pour moitié moins cher que sur le marché libre. C'est un vrai succès et l'objectif, à horizon 2026, est d'arriver à 1 000 logements par an en BRS. Nous voulons aussi développer d'autres façons de se loger, comme l'habitat participatif. A l'écoute des habitants, nous allons tester des bourses d'échanges ou la chambre chez l'habitant. Puisque les outils classiques ne suffisent pas à régler la crise du logement, à nous d'en inventer de nouveaux.

Quelle est la place du logement dans votre politique de la ville ?

La politique du logement est au cœur de notre modèle de développement de la Métropole. Nous mettons tout en œuvre pour que les habitant·e·s puissent avoir un projet résidentiel et s'épanouir dans la Métropole en profitant d'une meilleure qualité de vie. Le logement, c'est la sécurité et le lieu où l'on se réalise. C'est la pierre angulaire d'une Métropole qui garde de l'emploi. Nous voulons rendre aux Grand Lyonnais·e·s le pouvoir d'habiter.

© MÉTROPOLE DE LYON - ERIC SOUDAN - ALPACA PRODUCTIONS

ZOOM

MÉTROPOLE DE LYON

ENCADREMENT DES LOYERS

Accès au logement, qualité du parc immobilier, soutien à la construction, financement du logement social, la Métropole de Lyon multiplie les actions et les dispositifs pour redonner à tous les habitants le « pouvoir d'habiter ». Pour vivre dignement, pour décider de son cadre de vie, pour accueillir la diversité, la Métropole de Lyon s'engage à faire du logement le fondement d'un territoire accueillant, apaisé, inclusif et solidaire.

L'encadrement des loyers

Face à la flambée des prix des logements en location, pour plus de justice sociale, la Métropole agit en encadrant les loyers.

Quel est le principe ?

L'encadrement des loyers détermine un plafond à ne pas dépasser. Un loyer de référence est fixé : les propriétaires ne peuvent pas dépasser ce loyer majoré de 20 %. Cela concerne uniquement les locations effectives depuis le 1er novembre 2021, les renouvellements de bail et les changements de locataires sur Lyon et sur Villeurbanne

Comment les plafonds de loyer sont-ils fixés ?

Après enquête pour connaître les loyers pratiqués à Lyon et Villeurbanne, 4 zones ont été dessinées avec, pour chacune, des loyers de référence (hors charges). Ces loyers dépendent du nombre de pièces (T1, T2, T3...), de l'année de construction, et si le bien est loué vide ou meublé.

Loyer de référence + 20 % = le plafond (hors charges) que les propriétaires ne peuvent pas dépasser.

Par exemple, pour un T3 de 60 m² loué vide autour de la place Bellecour et construit avant 1946 : le loyer de référence de 12 € par m² fixera le plafond du loyer à 864 € par mois hors charges (soit 60 x 12 + 20 %). Au-delà, les tarifs pratiqués seront illégaux.

À savoir : le propriétaire peut faire payer un complément de loyer si le logement présente des caractéristiques exceptionnelles (localisation, confort...) par rapport aux logements voisins.

Suis-je concerné par l'encadrement des loyers ?

L'encadrement des loyers concerne les locations des logements vides ou meublés (y compris les colocations avec baux multiples) en résidence principale ou à usage mixte professionnel et d'habitation principale, le bail mobilité.

Il s'applique aux baux signés à partir du 1er novembre 2021 : première mise en location, changement de locataire, renouvellement de bail.

Il ne s'applique pas : aux logements appartenant ou gérés par les organismes HLM ou SEM, aux logements conventionnés Anah (article L351-2 et L831-1 du CCH), aux logements soumis à la loi de 1948 et les locations saisonnières, aux logements meublés situés dans certaines résidences avec services.

Faites la simulation en ligne : demarches.toodego.com/logement/encadrement-des-loyers

Informez-vous sur : www.grandlyon.com/encadrement-loyers

© THIERRY FOURNIER

La Métropole de Lyon encadre les loyers

Appelez le 04 26 83 97 82

grandlyon.com/encadrement-loyers

#loyersencadrés
Pour plus de justice sociale

MÉTROPOLE DE LYON

LE BAIL RÉEL SOLIDAIRE

Dans une Métropole où le prix du m² a flambé ces dernières années, devenir propriétaire semble un rêve irréalisable pour de nombreux habitants. Avec le Bail Réel Solidaire (BRS), la Métropole de Lyon offre une solution innovante aux ménages modestes pour devenir propriétaire à moindre coût.

Comment ça marche ?

Traditionnellement, lorsque vous achetez un logement, vous devenez propriétaire du bâti et du foncier. Le Bail Réel Solidaire sépare ces 2 éléments. Les particuliers achètent uniquement les murs, à un taux de TVA réduit à 5,5%, mais pas l'emplacement sur lequel il est construit. Le terrain est acheté par la Foncière solidaire du Grand Lyon. Chaque mois, les propriétaires lui versent une redevance plafonnée par la Métropole de Lyon à 2 € par m² habitable.

Entre le taux de TVA réduit et la séparation du foncier et du bâti, vous accédez à la propriété de votre résidence principale dans l'agglomération lyonnaise à un prix inférieur d'environ 50% à celui du marché ! En contrepartie, vous devrez payer une redevance mensuelle plafonnée pour le foncier et la revente, à un ménage soumis aux mêmes conditions de ressources que vous, se fera à un prix de vente encadré pour éviter toute inflation des prix.

À qui s'adresse le Bail Réel Solidaire ?

L'achat en Bail Réel Solidaire est soumis à des conditions de ressources. Il est ouvert aux ménages dont les revenus ne dépassent pas le plafond du prêt social location-accession (PSLA). Le plafond de ressources du PSLA est mis à jour par l'État au 1er janvier de chaque année.

Le barème dépend de la composition du foyer et de la localisation du bien à acheter.

Par exemple : le plafond du revenu fiscal de référence en N-2 est de 59 263 € par an pour un couple avec 2 enfants qui veut acheter à Lyon ou Villeurbanne.

Où se trouvent les logements éligibles au Bail Réel Solidaire ?

Les premiers logements ont été construits à Dardilly, Villeurbanne et Lyon. D'autres logements en Bail Réel Solidaire ont été commercialisés à Lyon 2e, Lyon 3e, Lyon 7e et à Lyon 8e. Au total, pas loin de 200 logements sont proposés dans ces opérations et l'offre va encore s'étoffer avec l'objectif de 1 000 logements chaque année d'ici 2026 dans toute la Métropole de Lyon.

Contactez l'ADMIL (Agence d'information sur le logement département du Rhône Métropole de Lyon) sur rendez-vous du lundi au jeudi, de 9h à 18h.
9, rue Vauban - Lyon 6e - ✆ 04 78 52 84 84
Informez-vous sur :
www.grandlyon.com/le-bail-reel-solidaire

© DR

© DR

ZOOM

MÉTROPOLE DE LYON

ECORÉNO'V

Avec Ecoréno'v, la Métropole de Lyon accompagne et aide financièrement les propriétaires (bailleurs ou occupants, en copropriété ou en maison) pour engager des travaux de rénovation thermique de leur logement. Avec Ecoréno'v, réduisez vos factures d'énergie et gagnez en confort !

Ecorénover, c'est quoi ?

Écorénover, c'est mettre en œuvre des travaux de rénovation pour améliorer les performances énergétiques d'un bâtiment pour le bien-être de ses habitants et pour la planète.

L'enjeu pour la Métropole est de diminuer l'empreinte carbone de l'habitat pour le parc privé, un élément essentiel pour répondre aux enjeux du développement durable. Pour les copropriétaires et propriétaires, l'écorénovation permet d'améliorer le confort du logement, de maîtriser ses charges, et d'avoir une meilleure étiquette énergie.

Ecorénover comment ?

La Métropole de Lyon a mis en place depuis 2015 le dispositif Écoréno'v. Il s'agit d'un guichet d'accueil, d'information et d'accompagnement au cas par cas de tous les projets d'écorénovation, à travers un service gratuit.

La porte d'entrée de ce dispositif est **l'Agence Locale de l'Énergie et du Climat** de la Métropole de Lyon (ALEC) d'aides financières pour tous les propriétaires qui s'engagent dans une rénovation globale et performante de leur logement.

Tous les propriétaires peuvent prendre contact avec l'ALEC Lyon. Les propriétaires aux revenus les plus modestes peuvent bénéficier d'aides supplémentaires.

Quelles aides avec Ecoréno'v ?

Avec Ecoréno'v, tous les propriétaires, en copropriété, en maison individuelle ou les bailleurs sociaux peuvent être accompagnés dans ce type de projet et recevoir une aide financière pour :

- l'audit énergétique
- la maîtrise d'œuvre
- la réalisation des travaux

Ces aides ne dépendent pas des revenus et sont cumulables avec d'autres subventions.

Des bonus sont également mobilisables selon la nature des travaux : recours aux matériaux biosourcés, végétalisation, confort d'été, raccordement au chauffage urbain, énergies renouvelables, réemploi de matériaux…

Contactez l'ALEC (Agence Locale de l'Énergie et du Climat de la Métropole de Lyon)
14, place Jules Ferry - Lyon 6e ✆ 04 37 48 25 90
Informez-vous sur : www.grandlyon.com/ecorenov

© DR

ENTRAIDE

CROIX-ROUGE FRANÇAISE

17, rue Crepet (6e)
✆ 04 28 29 64 10
http://69.croix-rouge.fr
Ouvert du lundi au vendredi de 9h à 12h et de 14h à 17h.

L'œuvre du Suisse Henry Dunant, commencée en 1859 lors de la bataille de Solférino pour secourir les soldats des deux camps, continue son chemin d'aide et de paix. La Croix-Rouge du Rhône, parmi la centaine de délégations départementales de cette association, agit dans le domaine des urgences, de la solidarité, de la santé et dispense des formations de secourisme à tous ceux qui souhaitent connaître les gestes qui sauvent au quotidien ou dans des situations exceptionnelles. Parmi ses autres missions, de l'écoute, de l'aide alimentaire, de l'aide aux réfugiés ou encore le SAMU social. Vous pouvez devenir bénévole et contribuer aux nombreuses actions de la Croix-Rouge.

ENTRAIDE

SECOURS CATHOLIQUE

76, rue d'Alsace
VILLEURBANNE
✆ 04 72 33 38 38
http://rhone.secours-catholique.org

Le Secours Catholique - Caritas France, qui fonde son action sur la conviction profonde que la vie a une valeur infinie, vient en aide à toutes les personnes en difficulté, personnes âgées, en grande pauvreté, quelle que soit leur confession et leur origine. Des missions à l'étranger aussi. Vous pouvez devenir bénévole à Lyon, comme 900 autres personnes dans le Rhône, dans l'animation de groupes d'enfants ou de personnes âgées par exemple. Des accueils spécialisés existent pour les demandeurs d'asile, les prisons, le Train de Nuit ou pour partir en pèlerinage par exemple. Pour être utile à votre manière, devenez bénévole ou faites un don pour aider les plus fragiles.

ENTRAIDE

LE FOYER NOTRE-DAME DES SANS-ABRIS

74, rue Sébastien Gryphe (7e)
✆ 04 72 76 73 53
www.fndsa.org

Cette association lyonnaise, créée en 1950 par Gabriel Rosset, a pour missions d'accueillir, héberger, accompagner et insérer des personnes sans abri. Le Foyer propose des solutions d'hébergement d'urgences et d'insertion, un accueil de jour, des soins, de l'hygiène et un accompagnement social à plus de 6 000 personnes - appelées des «passagers» - chaque année. Pour aider le Foyer, on peut faire des dons d'argent, mais aussi des dons en nature pour donner une seconde vie à vos objets tout en aidant les autres (liste des points de collecte sur le site Internet).

ENVIRONNEMENT

FRANCE NATURE ENVIRONNEMENT AURA

2, rue Professeur Zimmermann (7e)
www.fne-aura.org

A l'heure où l'environnement, la protection de la biodiversité, du vivant doivent être nos priorités, France Nature Environnement AURA agit pour réconcilier l'homme et son environnement naturel. Une association indépendante dont les équipes sensibilisent les jeunes et les adultes par des actions sur le terrain. Et si vous voulez agir à votre tour, soutenez-les et devenez un des citoyens sentinelles en signalant sur une carte interactive les dégradations et initiatives favorables à l'environnement. Kits pédagogiques, animations, cahiers nature et culture...

ENTRAIDE

SECOURS POPULAIRE FRANÇAIS

21, rue Galland (7e)
✆ 04 72 77 87 77
www.secourspopulaire.fr/69

Un réseau solidaire à Lyon, en France et dans le monde entier pour mettre du soleil dans les cœurs. Le Secours Populaire et ses comités locaux œuvrent pour donner l'accès aux droits les plus élémentaires aux plus pauvres : l'éducation, la santé, la nourriture et les vêtements (dépôt de 14h30 à 17h30 en semaine). L'organisation est aussi connue pour les journées de vacances qu'elle organise l'été en faveur de ceux qui ne peuvent pas partir et pour les Pères Noëls Verts pour distribuer des cadeaux aux enfants des familles démunies. Devenez bénévole ou faites un don.

SOLIDARITÉ - ENTRAIDE

MAISONS DE LA METROPOLE POUR LES SOLIDARITES

4, place Sainte-Anne (3e) ✆ 04 78 54 36 90
www.grandlyon.com
Ouvert lundi, mercredi, jeudi 8h30 à 12h et 13h30 à 17h, mardi 13h à 17h, vendredi 8h30 à 12h et 13h30 à 16h30.

Ce n'est pas toujours facile de savoir où trouver de l'aide quand on n'a jamais frappé aux portes de la solidarité. Le Grand Lyon a ouvert des Maisons de la Métropole pour les Solidarités (au moins une, voire plusieurs, dans chaque arrondissement). Ces Maisons ouvertes à tous sont des guichets uniques d'accès aux prestations et services de l'Aide Sociale. Des professionnels vous accompagnent dans toutes vos démarches administratives, pour des problèmes de logement social, en cas de difficultés financières, pour une aide alimentaire... Premier accueil sans rendez-vous.

Vue sur Lyon.

INDEX